U1005661

主　編

盧禮陽

編　委

王　妍　王　昉　王　昀　陳瑾淵　黄麗任

温州歷史文獻集刊

第五輯

温州市圖書館　編　盧禮陽　主編

黄山書社

二〇二〇年八月

圖書在版編目(CIP)數據

溫州歷史文獻集刊 第五輯 / 溫州市圖書館編;盧禮陽主編. — 合肥 :黄山書社,
2019.12
ISBN 978-7-5461-8912-3

Ⅰ.①温… Ⅱ.①温… ②盧… Ⅲ.①地方文獻－彙編－温州 Ⅳ.①K295.53

中國版本圖書館 CIP 數據核字(2020)第 017007 號

温州歷史文獻集刊 第五輯　　温州市圖書館 編　盧禮陽 主編

出品人　賈興權
責任編輯　徐娟娟　陳金鑫
責任印製　李　磊
裝幀設計　觀止堂_未氓
出版發行　時代出版傳媒股份有限公司(http://www.press-mart.com)
　　　　　黄山書社(http://www.hspress.cn)
地址郵編　安徽省合肥市蜀山區翡翠路 1118 號出版傳媒廣場 7 層 230071
印　　刷　安徽聯衆印刷有限公司
版　　次　2020 年 8 月第 1 版
印　　次　2020 年 8 月第 1 次印刷
開　　本　787mm × 1092mm 1/16
字　　數　660 千字
印　　張　38
書　　號　ISBN 978-7-5461-8912-3
定　　價　80.00 元

服務熱綫　0551-63533706
銷售熱綫　0551-63533761
官方直營書店(https://hsss.tmall.com)

版權所有　侵權必究
凡本社圖書出現印裝質量問題,
請與印製科聯繫
聯繫電話:0551-63533725

卷首語

《温州歷史文獻集刊》自2010年底創刊以來,至2015年12月,六年之間編輯發行四輯,社會反響良好。但因故擱淺達三年半之久。其間各地讀者時常催問後續進展,我們深感内疚。如今在各地同道的鼎力支持之下恢復出版,但願不辜負讀者諸君的期盼。

第五輯包括專題、日記、書札、年譜、考述、文集、專著、拾遺、存目等九項内容。

專題,以玉海樓三代主人著述或生平資料爲主綫,集中發表五組文章,即孫衣言撰《永嘉學案》、《孫衣言致陸心源書四通》、陳守庸撰《我所認識的孫仲容先生》、《孫孟晉遺作七篇》與《孫孟晉檔案一組》(七件)。《永嘉學案》與孫衣言四通書信,均爲浙江文叢本《孫衣言集》所失收,對於理解孫衣言重興"永嘉之學"的心路歷程不可或缺。而《我所認識的孫仲容先生》,可謂迄今爲止與孫詒讓有共事關係者最長且生動的一篇回憶,史料價值不言而喻。陳文曾刊於《温州文史資料》創刊號,原稿六千三百字,可惜刊出時"砍"去一半,所删之段落中記述有孫詒讓與端方書翰往還、牽涉《新山歌》案、與陳介石的糾葛、存檔手稿的流傳諸事,實屬遺憾。現將全文刊佈,以爲知人論世之助。孫孟晉先生,歷任温州籀園圖書館館長,兼浙江省第三特區(永嘉區)徵輯鄉先哲遺著委員會委員,浙江省立圖書館館長,浙江通志館總纂,浙江省文物管理委員會常務委員、省文史研究館館員,畢生精力獻給鄉邦文獻事業。雖然所著《孫衣言孫詒讓父子年譜》《孫延釗集》已列入《温州文獻叢書》第一、三輯出版,但孫先生尚有大量文章散見於省内外報刊,若干篇未刊稿留存温圖,有待陸續整理,公之於世。這次選擇發表《晚清維新運動中的浙人動態》《戊戌前後在浙江出現的若干學館》《浙江近代學藝界集體組織簡况彙編》《略談有關浙江地方文獻的問題》《爲未來的浙江地方志工作敬獻六議》等七篇未刊稿,就是意圖"補課"的第一步。《孫孟晉檔案一組》,則包含職員登記表、浙江省文史研究館館員登記表、孫孟晋參加省文史館活動的記録、孫孟晋致吴山民信、(孫孟晋)建議動員本省各界關心文獻的知識分子參加調查採訪國家和地方史料工作的初步意見、省政協文教組部分組員對孫孟晋建議座談會記録、政協浙江省委員會秘書處函等,原件藏於浙江省文史研究館、民革浙江省委員會,本輯一併刊出,爲深入瞭解孫先生的生平行止,尤其是晚年的學術追求與精神面貌,提供了不可多得的一手資料。

日記,依次爲(清)無名氏《日記佚稿》(同治元年正月至四月),董朴垞《樸莊日記》(民國十六年正月初三至七月初四選録),張宋廎《乙酉避寇記略》等三篇,可以視作《温州市圖書館藏日記稿鈔本叢刊》的有益補充。

書札,爲《厚莊師友函札》《吴百亨往來信札》,前者藏於温州市圖書館,十四家三十九通(其中張元濟民國四年一通爲《張元濟全集》失收);後者藏於温州博物館,此次先行刊佈兩百餘通(作者不乏黄紹竑、余紹宋、屈映光、張雲雷、許蟠雲、阮毅成、余森文、葉芳、楊雨農等政要或名流),對於探討劉紹寬、吴百亨的社會交往,晚清、民國温州新式教育與温州實業艱辛的發展歷程,其參考價值自不待言。

年譜,也是本輯的重點,一次性推出四家:《劉紹寬自訂年譜》《項驤年譜》《張雲雷年譜》《宋慈抱年譜》。其中劉、宋兩家,係舊譜新刊,項、張兩家則屬新撰。就劉紹寬而言,此前已刊行《白沙劉先生年譜》(見《王理孚集》)、《劉紹寬先生年譜》(陳鎮波撰,見《永懷集》)兩種,以劉紹寬先生對近代温州文教事業的重要貢獻而言,一部完整而翔實的劉紹寬年譜依然不可或缺,期待有心人予以完成。

文集,則可謂是本輯的亮點。近年温州推出多套地方文獻叢書,但對於客籍或寓賢著述關注不够,平陽點校出版萬載湯肇熙《出山草譜》八卷,可謂空谷足音。而《出山草譜》的作序者正是時任温處道的太古温忠翰。温忠翰《登瀛先路》《東甌九説》《蠶桑問答》等關涉温州的三種著述,自然而然進入我們的視野。與此同時,明宣德間温州知府何文淵《東園遺稿》、清光緒間樂清知縣何士循《雁山遊草》也選輯整理,一併呈現於讀者案頭。何、温、何三人著作的大部分,以及前面提到的《宋慈抱年譜》手稿,並不藏在温州,此次得以與讀者見面,令人欣喜。客籍或寓賢著述的引進與整理刊佈,或許是我們今後努力的一個方向。

此外,本輯還收入陳增傑先生的考訂文章《永嘉四靈詩派詩家考述》;林競的專著《新疆紀略》(單行本初版於民國七年四月,此屬相隔一個世紀的重刊),《劉景晨集外詩》《朱鵬 洪邦泰詩文輯補》,以及《温州市政協文史存稿篇目匯録》等,盡可能滿足讀者多方面的需要。

"收集與公佈文獻是做功德。"在組稿與編輯過程中,我們不僅得到本地多位同人不遺餘力的幫助,還有幸得到天津圖書館、上海圖書館、河南師範大學圖書館與河南省新鄉市圖書館、南京大學文學院、浙江工業大學人文學院同人慷慨友好的支持,對他們堅持不懈的合作,還有孫孟晉館長哲嗣孫寶麟先生給予的信任,我們表示由衷的敬意。

盧禮陽

二〇一九年十月十四日

目録

專　題

日　記

書　札

年　譜

考　述

文集

專著

拾遺

存目

專題

永嘉學案

(清)孫衣言 撰　潘德寶 點校

稿本共二十七葉,半葉十行,温州圖書館藏,索書號00178。封面題“永嘉學案”,卷首作“永嘉學案第一”。可以想見作者原計劃之龐大,可惜僅有此第一卷《永嘉儒先》,而《遜學齋文鈔》《遜學齋文續鈔》及新刊《孫衣言集》皆未收録。從文獻的角度看,作者的《甌海軼聞》能更完整地呈現永嘉學術史料。從體例的角度看,此稿似乎有針對《宋元學案》而另寫宋學史之意,弁首有言:“獨儒志王先生當皇祐、慶曆之際,其時大臣碩儒僅以文章復古爲事,未及言道;塘奥林先生、經行丁先生隱居求志,伊洛之説亦未至於海濱也;而能憤發自立,著書立行,壹以孔孟爲依歸,群非衆訕不爲屈撓,斯可謂豪傑之士也矣。”考定學者先後,意味著另立學統,這其實是晚清地方意識勃興的一種表現,研究近代史、地方史者不應忽視此稿之意義。

整理本注脚爲整理者所加校記,原文雙行夾注改爲單行小注,難以識讀的脱字,以□代替。

2019年9月7日

永嘉學案第一

瑞安孫衣言

永嘉儒先

宋時永嘉之學，以乾淳間爲極盛，鄭文肅公、陳文節公後先講學，吾鄉之士翕然和之幾數十百人，遂與東陽、建安鼎足而立，後之論者莫能爲軒輊也。然葉文定公嘗言之矣："永嘉之學，必兢省以禦物欲者，周作於前，鄭承於後也"，"必彌綸以通世變者，薛經其始，陳緯其終也"。景望私淑浮沚，止齋親受業常州之門，推厥師承，皆自程氏。獨儒志王先生當皇祐、慶曆之際，其時大臣碩儒僅以文章復古爲事，未及言道；塘奥林先生、經行丁先生隱居求志，伊洛之説亦未至於海濱也；而能憤發自立，著書立行，壹以孔孟爲依歸，群非衆訕不爲屈撓，斯可謂豪傑之士也矣。夫乾淳之盛，吾鄉之學粲若日星，而何以文修潛室，以後漸趨簡陋，元明再嬗，寂無嗣音，而三先生當道術閉塞之時，顧能遐思遠紹，蔚爲名世宗師，得無立志各視其人乎？君子觀於其際，蓋感慨係之矣，述《永嘉儒先》。

儒志王先生開祖

萬曆《温州府志·儒林》

王景山，初名開祖，永嘉人。少敏悟，書過目輒成誦。登皇祐第，不調而歸，從學嘗數百人，召試賢良方正，時伊洛諸儒未作，景山獨能發明經藴，著《儒志編》，曰："復者，性之宅；無妄者，誠之原。"又曰："學者離性而言情，奚情之不惡。"又曰："由孟氏來，道學不明，吾欲述堯舜之道，論文武之治，杜淫邪之路，闢皇極之門，吾畏天者也，吾何敢已哉。"旨多類此，爲東嘉道學倡，郡守楊蟠立儒志坊表之，學者咸稱爲儒志先生。

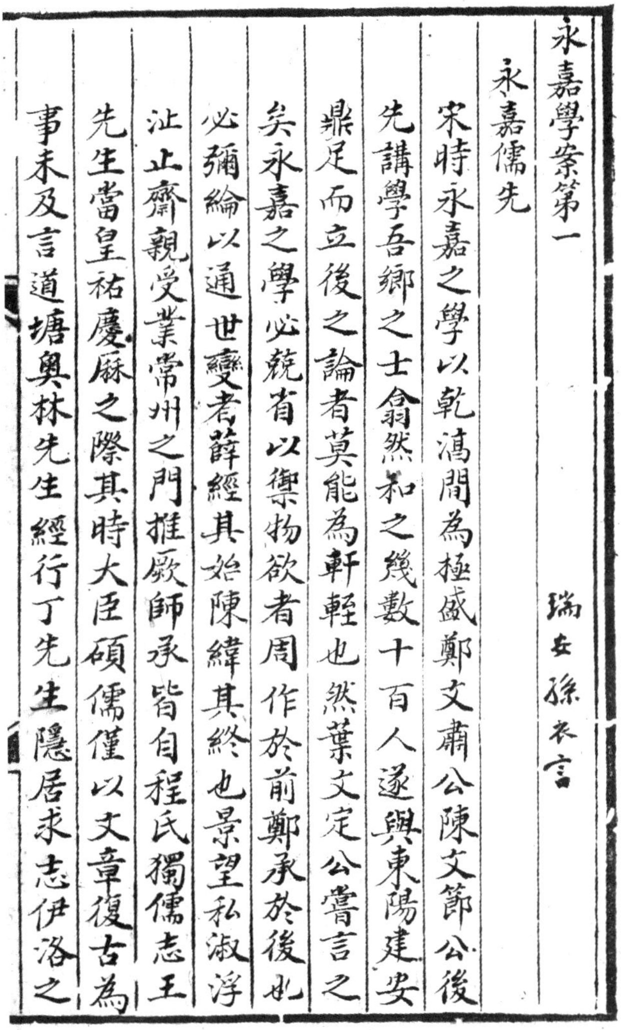

永嘉學案第一

永嘉儒先　　瑞安孫衣言

宋時永嘉之學以乾淳間為極盛鄭文肅公陳文節公後先講學吾鄉之士翕然和之幾數十百人遂與東陽建安鼎足而立後之論者莫能為軒輊也然葉文定公嘗言之矣永嘉之學必兢省以禦物欲者周作於前鄭承於後也必彌綸以通世變者薛經其始陳緯其終也景望私淑浮沚止齋親受業常州之門推厥師承皆自程氏獨儒志王先生當皇祐慶厤之際其時大臣碩儒僅以文章復古為事未及言道塘奥林先生經行丁先生隱居求志伊洛之

孫衣言《永嘉學案》書影

按，郡《志》言先生初名開祖，與許深父《儒志序》、陳益之《學業傳》及《宋元學案》皆不合。考《儒志》附録劉、戴二墓誌，爲至和元年作，已在登第之後，其結銜皆稱“開祖”，則似無更名景山之事，當以“諱開祖，字景山”爲是。

《宋元學案》六《士劉諸儒學案》

王開祖，字景山，永嘉人也，學者稱爲儒志先生。皇祐進士。不仕，杜門著書，從學常數百人，復以薦召試賢良方正，未赴而卒。

是時伊洛未出，安定、泰山、徂徠、古靈諸公甫起，而先生之言實遥與相應，永嘉後來問學之盛，蓋始基之。

許及之《儒志編序》

賢良王景山《儒志編》一卷。先生名開祖，字景山，永嘉人。少緼閎博，有大志。皇祐初，以所業進，召試至京，以後時而歸，築室城東隅，盡焚舊作，絶意進取，日與門弟子以論道考德爲事，多所著述，書成，終不肯出，獨《儒志》一書，爲門弟子默記轉相授受，故永嘉之學言宗師者，首王賢良焉。惜其書所傳未廣，某每介介，近得番易洪公紫微本，與某所藏互異，乃移札友人新喻王欽若了善，裒鄉中所傳數本，參加訂正，刊之臨江郡庠。

按，先生召試賢良，許《序》、陳《傳》皆云以所業進。考《宋史·選舉志》，仁宗天聖元年始置賢良方正科，令應舉者先進藝業，後十餘年有旨禁其自薦，則皇祐時此法廢矣，且以先生抱道自重，亦必不屑輕於自衒，當從《學案》以薦召試爲得其實。

陳謙《儒志先生學業傳》

洪氏《登科記》云是年應制科者十有八人，宰相不曾留意取士，密諭考官只放一人過閣下試六論，賢良趙彦若中選，及對策又黜之。是年制科並不取人，景山皤然不調而歸。

按，《傳》言“是科不取一人，先生不調而歸”，許《序》則謂“後時而歸”，《學案》則謂“未赴而卒”。三説各異，洪氏《登科記》今不可得，而皇祐五年宰相陳執中、梁適，皆非正人，容有其事，惟以先生恬于仕進不赴校爲近之，而他無可考。郡《志》但言"召試賢良",似得缺疑之義。又按,仁宗《紀》皇祐五年二月賜進士諸科千四十人及第出身,八月策試制科,《傳》言先召試而後中第,亦誤。大抵此《傳》出於僞託,其文之拙,水雲必不至此,故姑存其説而略爲之辨。

《蘇伯衡集·書賢良王公遺書後》

伯衡年十二三,側聞鄉之達尊言宋時永嘉,人物之盛,道術之懿,固莫加於淳乾之際。尚論其所由來,實出皇祐賢良王公景山,且盛稱公學術、議論、文章卓然過人。伯衡私念公之在宋,仕不登於朝,化不行於國,而數百載之下,言濬斯道之源者,屬之公焉,必有大過人者矣。自是會永嘉學士大夫,輒從問公遺書,皆以爲高文大册散落無存,間存一二,亦不多見。伯衡未嘗不歎惋久之。兹過永嘉,辱友公九世孫淵,始得見其家藏《儒志編》若干首、劉屯田戴惟嶽二墓文。觀是書,雖不能盡知公,因文以求義,因跡以求用,亦足得其緒餘已。於戲!慶曆之前,固有斯人乎?鄉達尊豈我欺哉?使假之以年,究極高妙,得志當時,則其道不既昌大矣乎!談者安得謂六經群聖人之道至濂溪、横渠、明道、伊川諸子出而後復明?又安得謂五代文詞之習至歐陽永叔、尹師魯、梅聖俞、蘇子美諸公作而後丕變也?惜乎公年三十有二而遽卒,庸非天乎。雖然,楊子雲有言"存則人,亡則書",而近世胡汲仲又廣之曰:"千古聖賢之道,由斯人而知之;後乎千古,亦將由斯文而知今之道。"夫上下千古,其人不相及矣,必於其書而知其道焉,則公之遺書何可以不傳也?淵圖重刻以嘉惠丞[①]學,不亦宜乎!

案,《宋史·藝文志》儒家類有王開祖《儒志》一卷,初無"編"字,蓋先生著書之意,以爲儒術之衰,由於士不立志,因欲明己之志以正人之志,即卷中所謂"存誠治心"者是也,故謂之《儒志》。其子孫或淺人妄增"編"字,志乘遂沿其誤,今宜刊去,以復其舊。至此書在宋時,同郡許參政刊之臨江,以爲得之番陽洪公紫微,蓋即容齋洪公。是其時江右因有傳本。又其九世孫淵重刊時,蘇平仲實爲之序。宏治間汪太守循重爲校刊,亦云司教諸葛文敏參以王氏譜牒,則王氏子孫因世守之。紀文達校四庫書,謂其久無刊本,又謂其久湮

① 叢書集成初編本《蘇平仲集》"丞"作"承"。

復出，真僞難知，皆爲失考。且其書雖止一卷，而一二精粹語，學者終身服行，有不能盡，雖尚論古人，時有未盡當於理，所謂大醇小疵。惟所謂卒章數語，卷中乃獨無之，是散帙誠所不免，其文字亦間有訛缺，不可讀者，先哲遺著，僅僅存此，學者所當寶貴，勿以文達一言忽視之也。

又按，《蘇伯衡集》爲《右文殿脩撰王益大畫像贊》[①]云："其先浮光人，自浮光徙閩，自閩徙温，至公九世矣。公宋皇祐賢良儒志先生六世孫也。"則儒志爲居温第三世。又嘉慶《瑞安志》七《薦舉》"王奕"下注云：與儒志祖同名，則先生祖名"奕"。又《儒志》附録先生爲《屯田郎中知温州軍劉起墓誌》云："女二人，長，吾母也"，則先生母爲劉起女。《誌》又言"起葬建牙鄉丁麼北山"，蓋遂占籍永嘉矣。其先世可考者如此。又《王益大像贊》云："其子與仕元，以樂清縣尹致仕"，書[②]《書王公遺書後》云"辱交公九世孫淵"。其後人可考者如此。又按，吾邑《豐湖王氏譜》，王祚昌所著也，亦自云爲儒志後人，則先生子孫甚蕃衍矣。淵、祚昌，别具《明儒傳》。其弟子可考者一人，曰戴士先。

又按，《儒志》附録有許及之、王都中兩贊，考其文義似以一贊略易字句而託名許、王二公也。又考《宋史》，及之以寧宗嘉泰二年參知政事，而贊末結銜乃云"乾道壬辰"，則孝宗之十年也。相去三十年，豈有先題後銜之理？其文亦甚淺陋，及之人不足取，文章則不至如此。《涉齋集》可覆按也。蓋俚俗譜諜往往僞撰，文字託名巨公，□□□《儒志》書者，亦宜刊而去之。

儒志

復者，性之宅也；無妄者，誠之原也。大畜者，道之歸也；頤者，德之施也。

誠者，成也，所以成人也。人而不誠，禽獸奚擇焉。君子處則其身安，出則其道尊，無他，不欺而已矣。形容不欺芻木，幽晦不欺鬼神，言而不欺童昏，動而不欺愚憒，欲其欺朝廷君臣之間，難矣哉。

收放心者，莫善於存誠，我勿問其所至，速自省而已矣。

學者之言曰性善也，情惡也，莫善於性，莫惡於情。此賊夫情者之言，不知聖人之統也。夫情本於性則正，離於性則邪。學者不求其本，離性而言之，奚情之不惡？

---

① 叢書集成初編本《苏平仲集》卷二此題作《殿撰王公畫像贊》。

② 此"書"字疑衍。

君子之道始于復,成於泰,極於夬。小人之道,始于姤,成於否,極於剥。天地之數,止於五,故乾之上則亢,坤之上則戰,勢之使然。事固有極而不反者,故君子不可不謹。

孔子之道,見乎六經,以至於今,爲君臣父子兄弟夫婦者,尊卑上下各有分,服而脩之者,循循如也。其用如水火,人非水火不生,其功無窮,又豈止一時得位而謂之道大用哉?使孔子用於當時,則六經之道固不若今之著矣。

周之衰,諸侯僭禮,由伯禽始也。爲人臣,受天子之禮,行乎其邦,後雖有僭者,難乎問矣。決後世之亂隄者,伯禽之罪也。

或問:"諸侯無正風而魯有頌,何也?"曰:"是惡夫僭也,非頌也。聖人不得已而名之也,是聖人之微意也,其原伯禽受天子之禮樂乎。"

物莫不盈於泰,然泰不久也,而否承之。故處泰之時,而上之人不能制法立度,未有能久者也。夫制法立度,非以新一時之耳目也,所以久泰也。《易》曰:"后以財成天地之道,輔相天地之宜,以左右民。"其時則成王,其事則周公,其功則年七百而世三十,非唯天道,亦人事也。後之有天下者,豈不逢其時哉?然而不能久者,失乎制法立度也。夫城復於隍,而後欲其有爲者,吾未見其能濟者也。

治天下之道,復則安,變則危,不可不審也。湯武之於天下,其善復者乎?天下之人,不覩吾所爲者,故其道不謀而成也,不善復而變之者,莫愚于秦,使天下之人,嘷然以議,紛然以動,議而且動,則民去其上,然而不亡者,未之有也。

復讎之言,起於六國之時,非生於王者之世也。天立之君,以持民之生也。殺人者死,傷人者刑,爲吏而賊民者戮,三者皆由上出,未有俾之自治也。聖人之言主於治,不主於亂,而復讎者,民自治也。民自治而無君也,烏有上無君而下胥持以生哉?吾故曰:"復讎之言,蓋出於亂世處士之言,非聖人之言也。"

竊天位者之於天下也,惴惴焉,惟恐人之一蹙而覆己也。人常曰小人得志,小人豈嘗須臾得志哉?

或曰:"夫欲取之,必固與之。"然則與之者,取之始也。惟聖人能知與爲取乎?此非聖人之心、强國之道也。古者聖人之于民也,必固與之,非有以取之也。吾所養而不與之,其誰與之云耳?天下之民,戴之如父母,仰之如神明,彼其所以懷者,性也,非報我也。伯者之民,常與而取之,惟恐其不至,且人怨之所由興也。聖人之心，其猶是乎？《書》曰："德惟善政，政在養民。"亦曰："養之而已耳。"豈曰取之云乎？

舜爲天子，盡得天下之善言者，無他，善忘吾勢而已。昔者居雷澤，今也廟廊之上；昔者野人相與遊，今也南面而朝諸侯，其居處禮制則異，而其氣則同也。人何憚而不盡言乎？

或曰："齊侯攘狄而封衛，可謂仁矣。齊侯之仁見於《詩》，孔子定《詩》，宜列諸齊，而反列諸衛，何也？"曰："斯孔子之意，而人莫之知也。蓋孔子不與齊侯之封也。封衛，齊侯也。《詩》列諸衛，以見齊侯之仁也衛而不在周也。苟列諸齊，則齊之行正矣。"

孔子遇師冕，及階，曰："階也。"及席，曰："席也。"有人，曰："某在斯，某在斯。"曰："是相師之道也。使天下之人無所見者，皆知所從。"是孔子之心也。孔子之心，汲汲乎救天下，吾于師冕見之矣。

秦國之危久矣，《兼葭》之詩，無以固之，國人刺焉。其存十餘世，非勢也，幸也。由始皇而上，幸而敵國者存焉，使速得志，亦速亡而已矣。

君子之德莫原於誠，誠則物之來也如鑒。

君子有天下之私，小人有一身之公。

膠柱不能求五音之和，方輪不能致千里之遠。拘庸庸之論者，無通變之略；持規規之見者，無過人之功。《詩》云："就其深矣，方之舟之；就其淺矣，泳之遊之。"

君子之取人也，不以其善掩其惡，不以其過掩其功。

燭，秉之者莫若隨之者見之明矣；奕，爲之者不若覩之者之詳也。人之智長於人短於己，求人之是非易，求己之是非難。

毋苟安而學也，志求諸道。毋苟幸而名也，志輔諸教。毋苟禄而仕也，志安諸民。君子志斯三者，則可立於身而孝於親也。

堯舜之仁，未必不用刑也，蓋有恩以勝之。桀紂之暴，未必不用恩也，蓋有刑以勝之。恩勝刑，謂之仁；刑勝恩，謂之暴。仁暴之分，在恩刑之相勝耳。

或曰："治天下者，教民而不從，豈不勝其欲乎？"曰："教之速其成，猶不教也。不教，亂也；教之速其成，亦亂也。教之勝人，猶藥之勝疾。今以一年之藥，治積歲之疾，疾不間，曰藥不勝疾。又從而廢之，雖有扁鵲，無所施其能矣。夫一日有所行，欲變天下之民，民猶未及知之，又從而廢之，曰教不行也。其可乎？夫欲勝之，必固正之，亦在久而已矣。"

元首股肱，一體相須而成，若尊卑之禮、名位之跡，所謂分也，非上下之心也。古之所謂君臣者，或相歌頌，或相稱德，御下者不敢有其尊，奉上者不獲懼其威，道交而心接，朝廷之間，至和樂也。法家者，起於亂世，其御下也梏而後已。堂陛之間，一筵而千里也。君居其上而不交於下，臣在下而復懼其上，故其心無感而通焉。《易》曰："天地不交，否。"

能致衆力，至勞而用至約者，百工之事也；能致約力，至逸而用至博者，君子之道也。世之爲教者，曰"我善治吾簿書也，我善督吾財賦也，我善勞吾躬以從事也"，是百工有司之事也。今之所謂善政，古之所謂人役也。故君子會其宗、推其綱，問其所宜，不問其所成，察其所歸，不察其所存，是謂大成。《詩》曰："允矣君子，展也大成。"今爲百工有司之事，曰："我善於此。"難乎與言大成也。

或曰："今之所謂《繫辭》，果非聖人之書乎？"曰："其源出於孔子，而後相傳于易師，其來也遠，其傳也久，其間失墜而增加者，不能無也。故有聖人之言焉，有非聖人之言焉。其曰：'《易》之興也，其於中古乎？作《易》者其有憂患乎？'當文王與紂之事邪，商之末世，周之盛德邪，若此者，雖欲曰非聖人之言，可乎？其曰河出圖、洛出書，聖人則之，幽贊神明而生蓍，若此，雖欲曰聖人之言，可乎？"

知縣戴先生士先

先生戴氏，名士先，永嘉人。高祖奎，曾祖皓，祖季父惟岳。士先登治平二年第，知鹽官縣。惟岳，字子嵩，事母以孝稱，厚重恭順，好禮人也。能以節儉起其家，晚年益富足，時推其餘，以周親族之貧者，積廩粟，凶年價踴，則損直以出之，喜救人於患難。儒志爲母夫人營葬，其地適在人園中，求之百端不能得。惟岳爲召諭其人以與儒志，乃克葬，蓋篤行君子也。三子士安、士良、士先。士先事，他無所見，而惟岳之卒，儒志爲之誌墓云："有戴孝子士先泣曰：'士先幸而獲事先生，得以聞道。'"則固嘗學於儒志矣。戴文端公溪、蒙養伯、侗仲達皆其後云。

按,《永嘉戴氏譜》:"士先字君器,由知縣除秘書郎,贈太子少保",惟郡邑《志》但云知鹽官。戴栩《浣川集》載若冰墓誌,亦云知鹽官縣。士先始擢進士第,則秘書郎或即其改官知縣時所得京秩也。《戴譜》似未足據,《通志》"先"誤作"元",亦失考。

唐奥林先生石

陳文節《止齋集·新歸墓表》

吾鄉去京師遠,自爲吴越,而士未有聞者。熙寧、元豐之間,宋興且百年,介夫以明經篤行著稱當世,以趙清獻公與其子屼景仁所遺詩,次其歲月,則先生名動京師矣。自部使者、郡守丞往往造其廬,問起居況何如,肯仕否耶。先生方婆娑泉石之間,作萱堂以養母,未暇出也。客至,戸床瓦豆具酒蔌以延之。請與出遊,則佳山水無不至者,而特罕趨郡。是時,《三經新義》行,學者非王氏不道,《春秋》且廢弗講。先生少從管師常學,師常與孫覺莘老爲經社者也。先生故不爲新學,以其説竊教授鄉諸生。龔原深之嘗以易學行世,比見先生,乃矍然顧恨識《春秋》之晚也。於是永嘉之學,不專趨王氏,其後《春秋》既爲世禁,先生竟不復仕,而周公恭叔,劉公元承、元禮兄弟,許公少伊相繼起,益務古學,名聲益盛,而先生居然爲丈人行,恭叔之銘沈子正也,曰:"河□程正叔,關中吕與叔,與介夫同爲世宗師。"少伊亦云爾,且曰:"非詩書勿談,非孔孟勿爲者",以二公所同尊誦如此。然而海内之士知有程、吕,而先生獨教行於其鄉,人以其所居里稱之,不敢以姓字,他無所概見焉。豈非其居勢使然歟?要之,永嘉之師友淵源,不曰先生之力哉。先生諱石,卒於建中靖國元年。考諱定,妣戴氏。三子,諱晞顔,字幾老;晞孟,字醇老;晞韓,早卒。幾老、醇老皆游京師,從龔氏學。

按,周行己《浮沚集·戴明仲述墓誌》云:其游林定爲哀君之文,其即先生父定歟。又按,晞顔,沈度子正壻,度即彬老先生躬行父也。見《浮沚集·沈子正墓誌》。龔氏名原,字深之,遂昌人,師王安石,《宋史》有傳。

《浮沚集》七《沈子正墓誌銘》

洛陽程頤正叔、京兆吕大臨與叔、括蒼龔原深之,與吾鄉先生介夫,皆傳古道,名世宗師,學者莫得其門,君能資躬行從之遊。

按,此爲唐奥門人之一。

嘉慶《瑞安縣志》八《儒林》

石少有志操,天性至孝。初習進士聲律,既而曰:"古人之學不如是也。"遂沉潛諸經,涵養德性。聞括蒼管師常明《春秋》,往謁之。師常自以爲弗及。時王安石《三經新義》盛行,石獨不爲新學,以《春秋》教授鄉閭。及《春秋》爲時所禁,乃絶意仕進,躬耕樂道。論古今人品,必先行實而後文藝,曰:"本之不立,末於何有?"由是永嘉知有道德性命之學。嘉祐間,遭父喪,不茹草木之滋。葬父新歸塘嶴,廬於墓所,遂定居焉。築萱堂以養母,足跡不入城市。時趙清獻抃就養郡丞署,與孫監司昌齡、石守牧之、李守鈞,皆造其廬。郡丞趙屼、邑令朱素同拜其母,或偕石遊山水間,所至倡和,有《三遊集》。元符間,母年百十九歲卒,石年九十餘,白首終喪,不渝禮節。建中靖國元年,石年九十八,無疾而終。有《唐奥文集》,世稱塘嶴先生。

按,先生以徽宗建中靖國元年卒,年九十八,是生於真宗景德元年,當仁宗皇祐五年,王儒志舉賢良時,先生已五十,年輩尚在儒志之前。邑令朱素,《温州府志》"素"作"著"。按《止齋集·石岡門記》①"郡丞趙屼景仁行縣,與令朱素履常、隱士林石介夫賦詩記事,則有《觀石岡斗門》之作",邑《志》作"素"是。

劉安節《左史集》二《爲林思廉祭林介夫》

大道之行,維國求賢。往往其君,擁篲以先。後世多私,維賢求國。俛首有司,以幸一得。偉哉先生,則異於是。曰予之學,初不爲利。胡爲去親?千里決科。丐禄升斗,其獲幾何?出耕東阡,入奉北堂。夫豈無他,而行一鄉。孟子去齊,國人矜式。王通河汾,訟者自息。施於有政,是亦正人。奚其有

① "石岡門記",當作"石岡斗門記"。

爲，先辱其身。維此麟經，將聖之志。諸儒盾矛，莫究厥義。微發大旨，析其異同。一時諸公，捨己請從。嗟余晚學，實愚不肖。曾謂先生，肯賜之教。誨我諭我，謂我宗盟。勉我以學，忘其不能。維是頑庸，莫堪鞭策。先生之教，夫豈不力？尚期終身，佩服不遺。如何中年，天奪之師？嗚呼哀哉！自今以往，凡我小子，孰勸孰獎？考曰惟良，葬車東馳。決祭一觴，誰知我悲！

按，此又唐奥門人之一，當亦吾温人也。惜無從考其詳。

《新歸墓表》

初，唐奥先生林介夫葬其考妣於新歸、唐奥，而廬於旁。唐奥在瑞安縣治之北二十里，新歸在唐奥西三里。由先生而下再世葬梓隩。其孫諱松孫始附唐隩之墓東百步。曾孫仲損又袝墓西一里所。凡從先生考妣葬新歸者，三世於是。元孫幬、載將奉其母柩合焉。

按，先生蓋葬梓奥。又，邑《志·進士》紹熙庚戌有林載，或即先生元孫載也。《表》末云"載從余學，又以文行見稱於其友"，則載又爲止齋門人。

唐奥家學兑光林先生松孫

《新歸墓表》

醇老一子曰松孫字喬年者最知名。喬年有《詩》《易》學，晚而好《尚書》，其爲文雅潔而善道實事。最厚陳公少南，陳公鵬飛，永嘉人。子從之遊，女以嫁其友張仲謹。當亦吾郡人。喬年雅不樂舉進士。少南先達，復以説《春秋》觸忌諱，流落嶺表以死。喬年遂與沈東美、謝叔望諸君修先生故事，保邱墓，善風俗，自號兑光居士。然至感憤爲詩，每一篇必曰憂邊云云。紹興之季，後進多宦達，及言高尚有舊隱典刑，但曰喬年。其所藴抱，人未必盡知之也。娶葉氏、謝氏。喬年以乾道四年十有一月戊辰卒，享年七十四。葉氏先四十三年而卒，謝氏後十五年而卒，各一子。其一人葉氏出者，是爲仲損，字炳之。余及識其人，恂恂而有守，能世其世[①]者也。娶東美之子，夫婦自以家法相賓友，人之見炳之者，則曰是似喬年；見沈夫人者，則曰是似東美。其親戚相馴染，率恩勤似兩家。吾里中人時節相問饋不絶，有吊慶事，父兄子弟皆至，忻戚盡其情者必兩家也。喬年以事出，母空窮不恤，炳之與沈服勤米鹽以盡歲晚之歡。初，萱堂成，士大夫多樂道之者，至炳之祖子孫事其親如一人，謂之"萱堂林家"云。炳之以乾道七年三月癸卯卒，年四十有九。沈氏以淳熙十二年十有一月戊寅卒，年六十有四。三子幬、載、鼎，鼎早卒。一女適新福州古田縣主簿徐宏。其一人謝氏出，今仲愚也。二子昕、充。

按，兑光事，邑《志》列之《隱逸》，"松"誤作"崧"。謝叔望當亦吾邑人，惜無可考，邑《志》作韓汝翼，而汝翼亦無可考。又按，《新歸墓表》，幾老有子壽孫字稚仁、孫興祖字慶之，醇老少子時可字叔遇、孫誠之與喬年炳之皆袝葬新歸。又按，昕爲止齋族叔孚中婿。見《止齋集·族叔祖元成壙志》。

批注：《止齋集·叔祖母韓氏墓誌銘》："夫人姓韓氏，鄉先生汝翼之兄女。"汝翼蓋亦瑞安人。

《止齋集·祭兑光居士林喬年》

齊、魯兩生，視漢功臣爲貴。列國之千乘，不如洙泗之一言，世固有公論也。公名不至仕版，而懔懔之鄉評不在諸賢大夫下，夫豈求之。嗚呼，士之聞見公者，亦可以興矣。功名一時，典型千古。形器雖亡，道德如故。我等親舊，今來哭公。三年之喪，於此觀禮。自今余鄉，起孝起敬。其誰作之，睠言耆老。潸[②]然淚零，何啻此夕。

經行丁先生昌期

萬曆《温州府志》二十《儒林》

丁昌期，永嘉人，以明經篤行，師表後進，建醉經堂，鄉人尊之曰經行先

---

① 周夢江點校《陳傅良文集》本"世"作"家"。

② 周夢江點校《陳傅良文集》本"潸"作"潸"。

生。三子，寬夫三舉鄉貢，廉夫舉八行，志夫登紹聖進士第，俱好古力學，日侍父側。弟兄商論如師友，不爲苟且，曰："此理天下所共，不可爲家庭屈。"執親喪，斥去浮屠，歲時祭享，一遵古禮。孫康臣、康時，相繼登紹興第。

按，先生孫尚有仲寧、仲脩，《志》失載。

《宋元學案》六《士劉諸儒學案》

永嘉師道之立，始于儒志先生王氏，繼之者爲塘奧先生林氏，安定、古靈之再傳也，而先生人參之。

許景衡《横塘集·丁大夫墓誌銘》

公世爲温州永嘉人，更五代之亂，譜籍不存，然自高曾而下，積善有陰施，號爲長者。至皇考始業儒，通經術，篤行著書，教授鄉里。既没，鄉人以經行先生易其名。三子，曰寬夫、廉夫、志夫，皆好古博學，被服禮義，知名士大夫間。

按，經行，蓋鄉人私謚。

劉安節《左史集》二《祭丁逢辰》

嗟我逢辰，名家以儒。不説方士，不師浮屠。獨抱六經，以恢聖謨。曰異此者，則非我徒。翕然高門，不戒而孚。子如其父，妻如其夫。言不苟發，行不苟趨。咸謂長者，信哉不誣。越歲戊辰，闢多士塗。群舉經行，以公應書。事乃中沮，賢網之疏。臨川太息，失吞舟魚。公曰命也，歸與歸與。笑指東郊，先子舊廬。詩書可樂，琴瑟可娱。盍往葺焉，予將隱居。命二三子，無棄是圖。以講以問，則予與俱。季也早達，調官海隅。彩服從侍，式歡有餘。天不相人，塚子云殂。慈懷孔傷，積憂成瘉。竟以不救，籲亡已夫。嗚呼哀哉，日逝月徂。窀穸告期，永遠幽墟。曾是婚姻，君之葭莩。今此長往，心焉何如？侑祭以文，君其知乎！

按，郡、邑《志》皆不言經行先生字逢辰，而文中所云"不説方士，不師浮屠。獨抱六經，以恢聖謨"，又曰"翕然高門，不戒而孚。子如其父，妻如其夫。

言不苟發,行不苟趨”,皆與經行事合。其曰“群舉經行,以公應書。事乃中沮,賢網之疏”,蓋先生嘗舉經明行脩科而不獲用,故當時遂以經行稱之。其曰“季也早達”,蓋即志夫以紹聖甲戌登第,所謂“調官海隅”者,志夫初登第,調台州尉也。見《許橫塘集·丁大夫墓誌》。其曰“塚子云殂”,蓋寬夫先經行卒也。其曰“曾是婚姻,君之葭莩”,則寬夫娶劉給諫女弟也。見劉給諫祭丁包蒙文。而曰“笑指東郊,先子舊廬”,則又可以知經行之所居矣。

《橫塘集》十八《祭丁二丈文》

嗟我始冠,遊學京師。道大如天,吾將焉之?嶷嶷諸郎,實同旅食。直諒多聞,展也三益。聞誦公文,想見其人。亦既見之,又過昔聞。公曰爾來,凡友吾子,忠信而文,實難爾比。匪今之難,惟終是圖。凡今之人,鮮不有初。竊官於台,公亦從養。安輿往來,惠然我訪。往拜夫人,重敘姻婭。言念伯兄,泣焉其潸。歲月幾何,各返九原。惟其德名,愈久彌尊。今我免喪,始哭公墓。瞻彼大江,日夜東注。

按,此即經行先生昌期。橫塘初尉黄岩,而經行三子志夫嘗尉寧海,故有“竊官於台”云云。

《橫塘集》十九《丁昌期妻蔣氏墓誌銘》

永嘉丁先生墓在郡東南二十五里大羅山之西原,崇寧改元四月丁酉窆其旁,夫人蔣氏祔焉。夫人,郡人諱宇之女,生十八年歸丁氏,逮事先生大父,以孝謹聞。生三男子,曰惇夫、廉夫、志夫,皆儒學,而惇夫早卒。一女子,嫁同里沈希皋。男孫六人,女孫七人。以疾終於家,享年六十四。自周後,喪祭禮廢,學士大夫概仍俗浸,弗省非是,先生父子獨革去,純用古法式,聞者多竊笑,而夫人率行之無難色。温人惑浮屠説,諸子常從容道其必不然者,夫人頷可之,誡諸婦毋違夫子令。歲時宗戚趨寺廟以嬉,或請夫人,夫人曰:“彼豈我屬遊止處耶?”不喜祈禳禁忌,曰:“死生禍福,天也。”自少至老,其言多類此。景衡與夫人諸子游,而志夫同年舉進士,同官於台,比屬銘,不敢辭。先生諱昌期,林石介夫誌其墓云。銘曰:

不惑於佛,不牽於俗。夫人行之,而我銘之。

按，惇夫，蓋寬夫之本名，後以避諱改耳。觀此云惇夫早卒，益可證左史祭文之爲經行作矣。

周行己《浮沚集》七《丁世元墓誌銘》

世元爲人，性寬而色和，尤喜施惠，樂道人以善，無少長戚疏，皆得其歡。閭里有争者，往往先就决曲直，君以爲可，然後敢聞有司，以爲不可，遂不復訟。曰："丁君長者，必不我欺。"至其家一切，飾以儒者法度。常曰男女婚嫁，必於儒家，庶可訓以善而責以義。使子孫學儒，猶坐嘉蔭之下，自有清風。至於他術，譬如置之荊棘，動輒見傷，況足庇身乎。故於丁氏之家無他業，而君子長者之風，子如其父，弟如其兄，鄉党莫不推重以取法焉。則其爲善之效，益可見矣。君治平四年正月乙亥，以疾卒於家，享壽六十有九。其孫昌期承父後，以熙寧一①年四月丁酉，葬君於郡之西山法濟院之北原已，恨弗獲銘其墓，於是始遣其曾孫某來，求所以表其實於某，昌期，蓋周出也，于其父行不可得辭。君諱某，世元其孫②也。曾祖諱某，父諱某，皆不仕。娶葉氏。生子男一人某，先卒。女一人，適進士蔣某。

按，此可以考見先生家世。又，《萬姓統譜》："丁瑜，永嘉人，世元孫，昌期之從兄，以樂善好施聞於鄉，有君子長者之風，子如其父，弟如其兄，子孫世守，鄉黨取法，而瑜尤長者。事見周恭叔、朱元晦文集。"按，所謂《恭叔文集》，蓋即指《丁世元墓誌》。《朱子集·宜人丁氏墓誌》云："宜人姓丁氏，世爲永嘉大姓，以積善好施聞於鄉。父諱瑜，尤長者。兄弟皆以進士官州縣。"《姓譜》所謂見《朱子集》者是也。郡《志》瑜在《義行傳》，而不言其爲世元之孫，亦不言其爲經行從兄。恭叔《世元墓誌》言"子一人，先卒"，則經行不得有同祖諸父。又，許忠簡《丁大夫墓誌》序丁氏家世，亦不言志夫之前有舉進士者，而瑜女適仲光父元默，實生仲光，官至知和州，朱子爲之作《誌》，實據仲光所自敍，不當有誤，或《姓譜》所言"孫與從兄"，文字有誤歟？要之，經行先世，積累忠厚，篤生大賢，見於恭叔、朱子兩《誌》者，固信而有徵矣。

① 周夢江箋校《周行己集》本，"一"作"二"。
② 周夢江箋校《周行己集》本，"孫"作"字"。

經行家學鄉貢丁先生寬夫

劉安上《給諫集》四《祭丁包蒙》

惟靈稟天資之異常，念前修而爲志。潔操履之無玷，坦襟懷而樂易。自郡計之五上，信行能之已試。視科第以俯拾，偶澤宮之未利。方援此以有請，逮被誣而下吏。念横逆之來集，誠古今之異事。嗟造物之頓挫，實伊人之私意。罄多士以懷怨，豈予親之獨議？自去歲之東下，欲投觚而操耜。期閉户以自樂，俄執經之如市。悵講席之未暖，歎沈痾之驟至。攬遺墨以尚温，驚銘旌之已值。嗚呼哀哉！昔先子之捐館，惟一女之醇懿。擇良配以付託，實伊予之兄弟。念久之而未獲，既得公而極慰。匪富貴以皇恤，期偕老以卒歲。何中路之蹉跌，忽如川而先逝？兹孤幼以滿堂，藐餘生之誰寄。將修短之前定，非人謀之能致。嗟彼蒼之謂何，痛斯人之殄瘁。閟聲容之杳然，願再瞻而莫遂。陳薄奠以敘哀，神來舉兮斯觶。

按，包蒙即寬夫字，見《横塘集》四《送剛巽還鄉》詩注，蓋給諫妹婿。左史《祭丁逢辰》所謂"婚姻"，即謂是也。"郡計五上"，蓋即郡《志》所云"三舉鄉貢"，而"三"之與"五"，則字之偶訛。惟其被誣下吏，無可考耳。

八行丁先生廉夫　監丞丁先生志夫

《横塘集·丁大夫墓誌銘》

公字剛巽，經行之季子。自幼篤學，與父兄商論如朋友，不肯苟且，曰："此理天下所公共，不可爲閨門屈也。"既冠，遊太學，益務記覽，其專勤不惰，至忘寢食。擢紹聖元年進士第，起家爲台州寧海尉。縣有海，遊渡舟多覆溺。公命邑人爲石梁而躬督其役，不閲月告辦。民到於今德之。丁内外艱，再調開封府鄢陵主簿，作勸學文，賓禮耆德，邑人翕然趨於學問。攝邑事，御吏民如家人，柔聲緩氣，循循訓飭之，使各適理，至其不悛則刑之，久之皆訓服，曰："主簿不吾欺也。"徙監在京醫藥惠民局，鄢人遮道相丐留者以數百計。辟都水監，措置修塘堤屬官，就闢北丞司勾當公事，豫修浮梁，權都水監丞。大河堤防千里，公往還其間，不憚寒暑，雖幽僻必至，究見利害之實。其贊水政裨益爲尤多，河堤浮梁次第告功。改奉議郎，累遷朝請郎。浮梁役卒輒渡河者五百許人，議者請繩以法。公以爲此屬暴露日久，迫寒饑思歸耳，亦既畢事，罪可略。會使者誕日，有放雀鴿爲壽者，公曰："羸卒冒法，若寬釋之，獨不愈於羽族乎？願以是祝公壽。"使者大悦，薄其罪。擢司農寺丞，屬鄉以罪罷，[①]公獨領寺事。大盈倉火，大理具獄，以公失暴涼節坐。士論哄然不平，曰："暴涼豈丞職耶？論法不當，孰甚於此。"而公未嘗自辨也。未幾，朝廷察其非辜，除國子監丞。以水衡餘賞及積日勞，三遷朝請大夫，再丞國子。公自宦學往還京師三十年，鄉人及四方遊舊疾病死喪急難，皆賴公以濟，其父母妻子之在遠者亦曰："丁公在，庶幾無失所也。"其再至國子也，京師方大疫，太學諸生多感疾。公躬督醫者治療之，日問其食飲臥起狀，多士感悦。居無何，公亦病矣，俄致其事於朝，訖不起，宣和二年五月丙午也，年五十五。又明年七月甲子，葬於永嘉某鄉某原。

曾祖諱某，祖諱某。考經行諱某，累贈朝散大夫。母同郡蔣氏，累贈宜人。公娶吴氏，括蒼人，中奉大夫諱克之女，封宜人。二男子，長曰仲寧，脩職郎，管勾開封府架閣文字；其幼未名。五女子，婿曰迪功郎、淮寧府商水主簿洪興祖，其二早卒，餘在室。

公天性至孝，常歎禮學缺絶，俗習卑陋而喪祭爲缺。比執親喪，皆如古制，而哭泣之哀，人不忍聞。斥佛事不用，廬於墓側，松檟皆手植。終喪，茹酒肉。歲時享祀，齋戒日時幣祝皆有法式，焄蒿悽愴，若將見之。於是州里始識喪祭之禮，人多慕效之。樂聞人善，得其寸長，稱歎不容口，而未嘗及過差。其與人遊有終始，苟有以成就之，竭力弗怠，甚於謀己。其在愚民局[②]，攝事者弗任，累公以罪，後官河朔，而公適在水衡，爲之延譽當途論薦之。或問何以報德，曰："故舊豈可以小忿絶耶？"遇人無貴賤小大，豁然不爲關鍵周防。人

---

① 鄉，《宋集珍本叢刊》第三十二册之許景衡《橫塘集》清鈔本作"卿"。

② 據上文，"愚"當作"惠"。

亦以是信服之,常曰:"官長即父兄也,事之盡誠實爾。"故累爲佐屬,皆得其歡心,施設之際,言無不從,蓋有以感之也。初從進士舉,方尚辭賦,或勸其從時好,曰:"經術吾家學也,舍之而從彼何哉?"卒以治經中禮部高第。未幾,罷《春秋》學官,公曰:"兹可廢耶?"故凡經理世務、與人論議,必稽焉,曰:"他經明理,而《春秋》斷事也。"最後罷官國子,逾年不得調。同里有横貴者,數以挽進招公,非其好,弗就也。公爲人號平易,至利害之際,而其所守如此,雅爲太師清源王所知。王常稱其人,而惜其才未盡用。比公卒,搢紳無識否,下至閭巷老穉,皆曰惜哉!善人而止于此也。其爲文有理致,不事刻琢,發明經旨爲尤多,其家類集之爲若干卷。將葬,仲寧以洪興祖狀泣請盟銘,曰:

嗚呼偉哉永嘉丁,父子兄弟皆豪英。惟公秀發自妙齡,揮斥異端專六經。亶非空言在力行,洞視物我皆以誠。施於有政皆可稱,維爾後人尚儀型,有考其不在斯銘?

按,《宋史·陳桷傳》:權禮部侍郎,議普安郡王出閤儀,與吏部尚書吴表臣、禮部尚書蘇符、郎官方雲翼、字景南,亦永嘉人,見郡《志》選舉。丁仲寧、太常屬蘇籍王普並罷。則仲寧後蓋歷官正郎。又,《鞠嗣復傳》:"丁仲脩,字敏之,温州人。方臘党俞道安陷樂清,道將渡江,仲脩率鄉兵禦諸龍灣,鄉兵失據而敗,仲脩以餘兵與戰,力屈死之。"①郡《志》失載仲寧事,仲脩事載《忠臣傳》,引萬曆《志》云:"昌期孫,忠烈廟從祀二十五人,仲脩爲首。"《剛巽墓誌》:"子二人,長郎仲寧,幼未名。"或即仲脩也。今考《宋史》,則仲寧兄弟皆以氣節克世其家,而郡《志》經行傳,但載其孫康臣、康時,爲失考矣。

① 此與《宋史》文字略有出入。

知州丁先生康臣

《王十朋奏議》三《應詔舉官狀》

左奉議郎新監登聞鼓丁康臣，嘗知處州青田、泉州惠安二縣，獄訟詳明，民無冤訴，催科不擾，辦居衆先，付以繁難，必可倚□[①]。

《梅溪後集》十九《送丁惠安》

某假温陵，獲觀七邑之政，治行可稱者三四人，然未有出惠安之若者。以嚴明爲治，而濟以廉平，以撫字爲心，催科不擾而辦。每至郡，必講論民間利病，田落海而税不除，官鬻鹽而民受害，凡此類，郡皆行之。民無訟牒，犴獄屢空，是宜邑人懷德，繪像而祀之也。於其行也，詩以送之。

把麾平海看操刀，惟我鄉人治最高。但見武城人易使，不同梁竦職徒勞。民懷其愛祠生立，吏必如公責始逃。聞説朝廷考臧否，僉言卓茂德宜褒。

按，《梅溪後集》十七《丁惠安贈肉蓯蓉》詩注"康臣字道濟"。又，《後集》五《林明仲自梅嶼挐舟招丁道濟道揆張思豫及予同飲》詩注"道濟五十四，道揆五十二"，道揆必康時字也。又，《後集》十七有《至福廟會鄉人丁鎮叔張器先甄雲卿項用中趙知録薛主簿同年孫彦忠草酌試院》詩，鎮叔疑即康臣别字，郡《志》康臣、康時僅見《選舉志》，不能據《梅溪集》爲康臣立傳，殊爲疏略。又，萬曆《温州志》列經行先生于"義行"，蓋未考，乾隆《志》移入"儒林"，是也。惟萬曆《志》經行傳，有云裔孫復亨夢神授以"明德新民"之章，曰"讀是書可以出宰百里"，因徙德新里居焉，後果知孝感縣。乾隆《志》明宣德府學貢士有丁復亨，而不知其嘗知孝感，亦不免疏，大儒後人宜附□焉。又，按郡《志》選舉，紹興丁丑丁康時天台尉，亦見《赤城志》三，陳騤《臨川橋記》，蓋淳熙間任。《浙江通志》則云海州録參。

---

① 底本殘缺，只剩單人偏旁。梅溪集重刊委員會編《王十朋全集》本，此缺字爲"仗"。

孫衣言致陸心源書四通

潘德寶 標點

一

存齋仁兄大人閣下：

心儀數載，未敢通書，去歲來此，與貴鄉蔡通守往還，具悉收藏閎富，健羨尤深。不揣冒昧，即求轉覓遺書，茲奉手教先施，過承獎飾，並以忠定別集寄示，熟稔興居安勝，慰頌奚如。

所論永嘉學術，極足以挽近來穿鑿空疎之弊。衣言少小廢學，通籍後溺於詞章，近數年來，始讀陳文節、葉忠定、薛氏、鄭氏遺書，稍稍知好，而鄉居僻陋，鮮有藏書。既不能盡識先輩爲學次第，又恐年代久遠，放失益多，頗欲蒐集永嘉學者之書，俾存什一，而杭、揚兵燹之後，閣本羽化，物色更難。月前武林丁松生來書，謂浪語、浣川二集，鄴架有之，曾囑通守轉詢，茲讀來教，則知尊所收藏，永嘉遺集尤多，而《浪語集》尚未有也。此書已承朱脩伯光禄在都中録副，並云敏齋廉訪必爲攜出，但云只卅卷，則尚少五卷。丁松生所藏，亦尚少一卷，俟寄到時，必先呈清覽也。但不知能並松生書爲之補足否耳。横塘，吾鄉偉人，其集尤望先寄。當速録速奉納。李五峰、陳子上、《習學記言》三書，亦求速爲分别覓寄。二劉集及各宋人集，皆弟所無，即如尊議購定，茲先由通守處寄去廿番，餘再補上。忠定别集，弟所藏本較精於尊書，當爲細校一過,簽出奉繳,大約寫本總須得三數本參互攷訂,乃漸佳耳。近來各省書局,但刊習見之書,而僅存秘本,未有能爲傳刻者,恐久而愈少。前晤雨生中丞,力從臾其刻丁氏叢書,聞渠處頗多未見之書,亦恐未必能行耳。茲呈上敝鄉書目一帙,鄴架所有,幸詳以見示,通守所示尊處託購書目,因弟偶有數種,亦別紙奉閱,如須別墨,亦可次第寄去也。

即頌

著安,不具

小弟衣言頓首

十二月初三日

二

存齋仁兄大人閣下:

二源來晤,知欲假《涑水書儀》,頃謹緘寄。横塘等集,雖已校畢,而尚有漏脱處,刻方專請友人覆校。擬校畢即付手民,尚祈寬留二三月,以成此事,感荷不淺。即頌

台安

弟言頓首

三

存齋仁兄大人閣下:

久未奉箋,時深馳念,惟台履萬佳爲慰。承假鄉先生集,已令兒輩校勘一過,葉忠定别集,已付手民,冬間必可刷印。另於尊書中粘附札記,千慮一得,如有可採,似可略行改正,以成善本。《横塘集》二册,亦已校畢,匆匆未及簽出,先以奉上,祈仍惠假後兩册,並祈以速爲妙,俾得卒業。幸甚幸甚。永嘉

學者，薛常州最爲碩儒，而右丞名節，尤照灼千古，此二集宋以後竟無槧本，殊爲缺典。弟既幸見全書，必欲勉爲重刻，當更與鄉人謀之。明年亦必動手爲之矣。史文璣《四書管窺》，鄴架有否？其他敝鄉人書如有所見，幸隨時見示。前坿上新刻鄉先輩書兩種，聊備滄海一粟，再祈照入。此間事變非常，而迂拘識見，處處鑿枘，勉强在此者，亦徒爲文字之事耳。

即頌

台安，不具

小弟衣言頓首

四

存齋仁兄大人閣下：

前在金陵，時通音問，並荷借讀秘笈。《永嘉叢書》之刻，實賢者之賜也。當時相去不遠，意謂必當一見，乃以衰病乞閑，天涯海角，遂不知復有握手之歡矣，念之悵惘。兒輩每于滬上購書，輒見新刊叢書甚富。又聞插架卷逾十萬，表幽闡微，望益努力，當與渌飲、斧季諸公並美千古。弟家居養痾，頗喜蒐采鄉先生遺著，而苦於收藏不多，僻在海陬，尤苦無可假借，頃敝通家漱蘭閣部，亦有同志，輒以屬之。渠以學使者居三吴名勝之邦，網羅較易爲力，久知鄴架有葉文定《習學記言》、徐常博自明《續宋宰輔編年録》二書，均爲明人精抄本，必當夐異弟處藏本，幸以見假，可由蔡氏二源轉寄。俾得重刻以傳。此外如有永嘉遺書，並望惠借録副，多多益善，新刊黎推官本《水心集》，並以呈政，《十萬卷樓書目》刻成，尤以先覩爲快。手頌

著安

小弟衣言頓首

（《潛園友朋書問》，清末石印本，卷第六，一至五葉，孫琴西太常書）

我所認識的孫仲容先生

陳守庸 撰　洪振允 整理

振允按：此文爲陳守庸先生暮年回憶之作，係迄今爲止與孫詒讓有共事關係者最長而最細的一篇回憶，史料價值自不待言。本文曾刊於《温州文史資料》創刊號（一九八五年二月鉛印本），原稿六千三百字，刊出时只剩一半。而所删之段落中記述有孫詒讓與端方書翰往還、牽涉《新山歌》案並受誣告、與陳介石因事齟齬又釋然如初、存檔手稿的流傳諸事，彌足珍貴，未予披露，實爲可憾。且其中作者與孫詒讓工作生活往來之諸多細節，筆觸生動，讀來亦甚有意味。現將原稿再度整理，全文刊佈，以饗讀者。

我於一九〇七年二月畢業於上海約翰大學。前一月，温州府中學堂（今温州第一中學）監督劉次饒先生（紹寬）來滬相訪，謂奉温處學務處總理孫仲容先生命，聘我回温任中學英文主任教員。孫先生爲一代大儒，又爲當時教育界先達，而我分屬鄉里後學，且曾讀其《周禮政要》一書。此書援古準今，明達政體，久已心殷嚮往。今聞劉監督語，深有感於先生特達之知。顧爲本身前途計，年來蓄有出國深造之志，而在畢業前，約翰母校及南洋公學均有留我任教表示，在滬任事，或遇出國機會較多，故反復考慮後，決意婉辭。而劉再三堅請，脩金由以年計八百元，迭加至以月計百二十元。最後知我出國之志難奪，乃言孫先生培養鄉里後進，固曾全盤計劃，不僅温州中學，須辦到理想階段，即君英文造詣，已到如此程度，決不使僅僅充一中學教員爲止，但望君任教一年，幫助中學樹立一相當規模，定能爲君辦到保送官費出洋留學，我非敢以虛言誑君，實得之孫先生制訂計劃之中。語至此，我更無可爲推託詞矣。

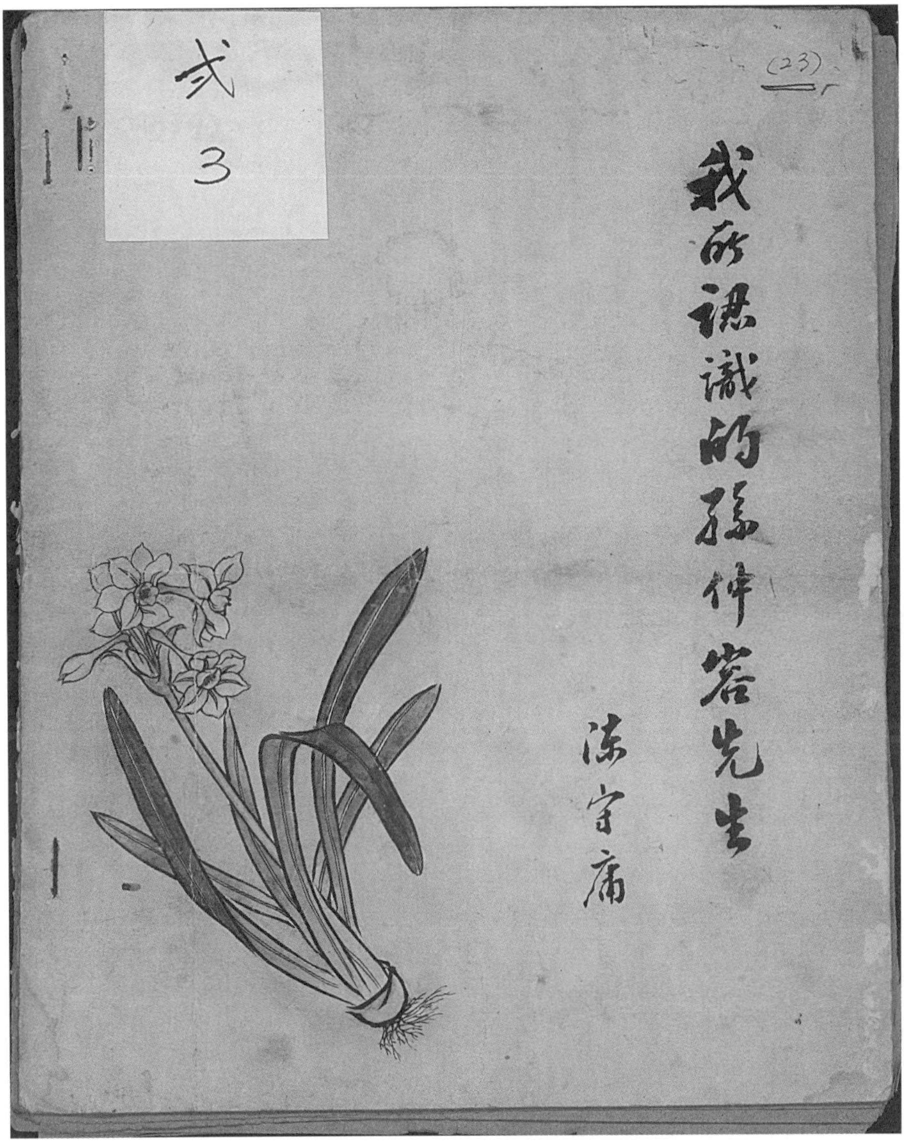

《我所認識的孫仲容先生》題籤頁

我回温後，由次饒監督先容，晉見孫先生於學務處，先生喜極，拱手相迎，詳詢我幾年來在約翰學習經過，西方學者教授方法，及約翰設備管理一切行政事宜。我條舉以對，先生頻頻點首。第一次談話幾達兩小時之久，始興辭出。先生囑嗣後得暇希常來談談，還有許多事，需要問君云云，態度謙遜，藹然可親，可見先輩獎進後學之誠意矣。

我就任温中教員後，每日下課，由倉橋中學回塔下家中，經東公廨，出府頭門、道司前學務處門前，是必由之路。除孫先生回瑞安期間，或我自有事無暇停留外，經常進學務處一見孫先生。遇星期休息日，更以此爲消閒之地，或與學務處賓僚陪同先生遊覽城郊名勝，縱談今古，歡然款洽。時我新購有《大英百科全書》新出版之第十期，先生詢書中内容，我答以各門科學無所不賅，但我是專學英文文學系者，於其他科學，未能盡悉底蘊，恐難道其具體。先生曰：余所亟願瞭解者，近代西洋政治學術沿革經過。我因告以近有新出版之蔡爾康譯英人麥氏所著《歐洲十九世紀史略》一書，盡可購閲。先生以爲然，函滬購到，嗣閲此書遇有疑義，輒以下問。至今回憶當日便坐論談，年餘之間，先生餉我以舊學，畢生受用不盡，而我從外文書報中得來之新知，雖曾貢獻於先生，殆戔戔不足道耳。

是年秋季，先生偶詢及中學諸生英文成績優異者若干人，我臚舉諸生姓名以對，並告以諸生進步情況，旋談及光陰如駛，我任職忽已九閲月矣。劉監督原約擔任一年，似應及早物色瓜代者。先生笑曰：勿忙。余知君志切出洋，但英美學制，多在秋季始業，是君之所悉者。君再教半年，待來年暑假前，余當商請端午帥保送官費留學。我聞此語心竊自喜，深信先生不輕然諾，且端在赴歐考察憲政五大臣之列，回國任兩江總督，舉辦新政，清廷倚重，我屢見先生案頭，有致先生書牘，對先生尊敬備至。苟先生以保送一名留學生爲請，在當權達官視爲尋常事耳，是則我之宿願，當可遂矣。豈知翌年未及暑假，先生即一病不起，使我别無出洋機會，遂爲一生之遺憾耶。

端方自歐洲回國，曾以珍貴物品多種寄贈先生，月餘先生未復書道謝。蓋先生平時所與書翰往還者，達官貴人以學部尚書張百熙、兩湖總督張之洞、兩江總督端方三人爲最多。然端每來書，對先生雖甚尊敬，而先生之於端，卻淡然置之。此因端隸滿洲旗籍，而先生具有種族革命思想，是時方與光復會倡導者蔡元培、章炳麟遥通聲氣，華夷界綫，不以私交廢。惟我恐先生對端太冷淡，明年於保送我出洋事或有影響，一日乘間問及，先生曰：余因未有相當物品還報，故遲遲未復耳。我曰：先生所著新出版不久之《周禮正義》，盍檢寄一部爲報。先生然之，遂援筆寫復書，一揮而就。

一九〇六年，清廷改革官制，設學部，以張百熙爲尚書。張爲當時開通朝士，負時望。一九〇三年，曾保薦先生應經濟特科試，先生雖以病辭，可見久有相知之雅。故學部成立，即聘先生爲諮議。嗣禮部又因時代遞嬗，禮制應有所損益，奏設禮學館，廣聘海内宿儒分任編纂，先生又膺總纂之聘。但諮議無專職，可居鄉遥陳意見，總纂則職有專司，設館之始，厘訂大綱，折衷群議，非親身就職，事弗克舉。故當局屢以私書敦促安車就道。顧年届六十，身體衰弱，且久慣家居，輪船顛簸、火車動蕩，惟恐不堪勞頓，而左右寮宷，亦多以保重身體之説尼之者，遂逡巡不果行。

當先生膺禮學館總纂之聘未赴京就職間，張之洞方擬創設存古學堂於武昌，奏調先生爲監督，函電商請以半年駐京半年駐鄂。先生復書謙讓，亦未成行。惟徐錫麟案發，秋瑾被逮，先生急電張請營救。旋得張復電，謂適奉諭旨，即日晉京陛見，秋果與徐無關，望即提出確證。先生營救秋瑾初心，純出於愛惜革命人才，恃南皮爲知己，故敢不避忌諱，及得復電，終因難於措辭而罷。

一九〇七年樂清虹橋鄉有陳夢熊字耐辛者曩曾入同盟會，得會中白話宣傳品曰《新山歌》歸，教鄉里中人唱詠，並爲講解意義。嗣因事開罪於其友胡倬章，胡銜恨，向樂清縣告密，繳《新山歌》抄本爲證。知縣何士循，頑固吏也，據呈輒以通詳各大憲，一面飭役密緝耐辛。耐辛聞訊，星夜逃至温州中學，扣友人石聘南寢室，語以故，石不敢留，促其速遠離。次日，以告孫先生。是年耐辛方設女學於虹橋，聘玉環女教員戴禮。禮雖長於文學，但喜故而厭新，更惡耐辛爲革命宣傳，曾訴於先生。至是，先生慮耐辛被内外夾攻，將罹重咎，遂函浙撫張曾敭，力爲申雪。時知府旗籍錫綸據何知縣詳文，已爲加入嚴重案語轉詳省方。張撫乃派委沈維城澈查。沈奉委時，省中有人爲言，到温時，須與學務總匯處孫先生妥商，慎重行之。故沈一到，即先見先生，先生爲之剖析。迨沈見錫守。錫守謂事有確據，非嚴懲不可。沈出復告先生以錫守語，頗露難爲轉圜之意。先生急曰：君果欲依錫守意，則爾我不妨各行其是。沈聆言更覺爲難，乃親往樂清，傳見胡倬章。倬章言之鑿鑿，謂耐辛曾在某處演説，聽者有某某等若干人。沈令開列名單，並令單上列名諸人，其在本地者悉招之來，乃會集於東鄉小學教室，令諸人各距離坐，面前置課堂桌，桌上置紙筆，不許交頭接耳。沈自於黑板上書問題若干條，如陳耐辛講《新山歌》，係何時何地，聽者均爲某姓某名，計有若干人，令各一一如題條對。俟各人寫畢收去校閱，則言人人殊。沈遂將此數十紙回省具復。張撫益信先生申雪之言爲不虚。耐辛在滬得悉沈委已爲洗刷乾净，乃赴杭投案請究誣。張撫將予批准而未遽行。藩司寶棻亦旗籍，時已得錫守私函，直訐沈委顛倒是非。寶大恚，背地駡張撫昏瞶，故縱革命逆黨，反爲辦坐誣，若然，吾必具摺參劾之。藩幕中有與撫幕某相善者，私以寶語泄，張撫爲之忐忑不安。

當浙江撫藩兩大憲爲陳耐辛案意見相左間，是年冬突有背捏温處人士多名，以八大款向藩司投遞呈控先生者。首列包庇逆黨一款，蓋即指陳耐辛案，餘款皆係虚構誣衊。原呈不投撫轅、學署而獨投藩司，主動者殆揣知張撫、支學使皆與先生交厚而陳案先生與錫守意見不合。藩司寶棻亦隸旗籍，其仇恨革命，定與錫守同。故首列此款，冀圖聳動聽聞。藩司果爲所動，札行永嘉縣嚴究，在縣查問具呈人，雖無承認者，而陳耐辛案究有其事，使果澈底查究，非特將不利於先生，而於張撫亦難免失察輕縱之咎。維時黄仲弢先生聞悉此事，就近爲言於張之洞。由張設法通過軍機處，奉旨著晉浙兩藩互調，案遂寢息。乃主動者又將原呈抄送上海報館登載，於是學務處人員四出調查。彼時民間寄遞藩司掛號郵件，事屬少有，故郵局曾加注意，至是遂告知學務處人員，送寄函件者爲本城吴木天。經向吴盤詰，吐出實情，呈稿出梅佐羹手，吴代爲抄寫送郵而已。於是學務處函請永嘉縣傳訊，將梅發交西溪司看押。梅乘除夕看役酣醉，踰牆逃颺。翌年正月，先生自瑞安來，謂學務處屬員曰：我願出私貲三百元懸賞購緝。屬員草率，逕寫學務處虎頭牌懸諸門首。適我由家裏來，瞥見此牌，即上前摘下，交給傳達室，進見先生，從容言先生出私貲購緝，事無不可，但懸牌非學務處職權，可函縣辦理。先生頓悟，忙問牌現在何處。我告以已摘下交傳達室。乃命侍者速去取到擦去字跡。此事梅與先生初無夙仇，惟當學務處成立時，梅曾托人轉求派一職司，在先生用人本無成見，而旁人毁之者衆，致擯而不用，後乃出此洩憤。在先生學行，海内傾心，何損毫髮，其人徒自贏得惡作劇之名耳。

先生辦學務處時，黄仲弢先生正在湖北提學使任内。兩公職掌同是推行新學制，故商討辦學往復函件頻數。我猶記先生嘗以《墨子閒詁》稿本寄黄，請爲校正。嗣黄復書甚加讚揚，並附有所撰跋文一篇，已刊於宣統二年出版之《墨詁》後。又仲弢先生在湖北，竭力提倡外文，以期直接吸收西學，曾擬於學署特設外文一科，電請先生調我赴鄂任科長，先生逕電復謝絶。事後月餘，始告我前事，謂假使如仲弢意，由君赴鄂，决非短時能使鄂省外文推行有一定成績，而温州先受損失，亦不必説起，而君來年出國之計，不更因而延誤乎。具見先生對我個人前途愛護備至矣。

當時與先生爲文字之交，不斷郵書商榷者，尚有南通張季直謇、餘杭章太炎炳麟。嘗見張季直因閲某書，遇有古文奇字，不甚瞭解，來書質疑，先生援引古籍，原原本本，剖析答復。惜我看過五十餘年，至今遺忘。章太炎時僑居日本，貽書寄其所著《新方言》來。先生復書報以《周禮正義》一部，並告以近憤外人著有所謂《文明史》者謂中國象形文字已滅絶，爰從金文、龜甲文獲十餘名皆確實可信者爲《名原》七篇，俟寫定當奉寄就正等語。嗣此書脱稿，未及寄與太炎，而先生竟歸道山矣。

陳介石先生黻宸，學問文章，亦温屬各縣之傑出者，少與陳志三虬、宋平子恕、周麗辰焕樞、金穉蓮鳴昌有温州五布衣之目。先生之於陳，素加敬愛，陳之於先生，亦甚心折。惟中間以陳先生之親戚亦門人某，有應童試者，與挨保廪生啟釁端，各有旁人構扇，致兩先生意見相左，彼此避面。一九〇八年舊曆正月，我偕十中諸同事及學務處僚友赴瑞安爲兩先生拜年。先到陳宅，旋偕同人興辭轉往孫宅。我初不知兩先生曾有隔閡，輒請陳先生偕行。陳先生口雖唯唯，而兩足則趑趄不前。我時猶年少，純乎天真，挽臂牽裾，强之偕往。至則孫先生倍加歡迎，設宴招待，請陳先生上座，由是舊嫌釋然，相與和好如初。

劉次饒先生之任温中監督，確具有熱心毅力，欲以振興學務爲己任，其所延聘教員，悉商承先生之意，皆飽學之士，久負盛名者，且自科舉停罷後，盡多年老宿儒，但欲獨善其身，無心問世矣。徒以劉之敦趣殷勤，又以先生之名義相號召，故惠然肯來，如寧波洪樵舲允祥、台州褚九雲傳誥、樂清曹子丹文昇、高聲樸步雲、施仲周紹勳、瑞安張震軒㭎、陳潛夫琮、王子祥景羲輩，其年齡少者亦在四十以上五十相近，或有達六十外者，惟我最少，當時僅二十五歲。每與諸老在先生座上，聆先生談論舊學，或娓娓長篇，窮源竟委，或别出心裁，批駁舊説，但仍撝謙其詞，與在座者商榷當否。可見學問愈深者，愈能虚己謙克，但自先生故後，諸老亦逐年凋喪，至今無一存者矣。

先生在學務處日，凡與權要及友好私人書札，皆親筆自書，不起稿，遇尊長則端楷細書，平輩則隨意行草，書就，發交職員李松舟另簿録稿。上行公文，除例行事件由文牘郭筱梅承辦外，其稍稍有關係或關重要者，亦親自起稿，承辦員抄繕簽稿分别封發存檔，原稿仍由李松舟録存專簿。松舟目染手摩先生手稿久，其字跡遂酷似先生。一九六一年冬，有松舟之友西郊朱某之女，手持一册來問我曰：有人認此册爲孫仲容先生手筆，政府方欲購求，信否？我視之，即當年松舟録存者，乃爲言於本市文管會，以朱女保存此册，已逾五十年之久，應依規定給以相當保管費。嗣當局酬給二十五元，收歸文管會保管，此雖非先生親筆，實係先生遺稿，亦可珍矣。

先生不以字名，顧字不論真草篆隸，大字小字，自然有法，書卷之氣，盎然紙上。嘗在學務處爲求書者寫對聯屏條，職員蔡漱泉冠英牽紙，見寫一家字，詫曰，缺末兩筆。先生笑曰：不缺，此乃㝛字，非家字也。亦以見幽默之致矣。我時從十中來，慕其墨寶，乃曰：待明日我送紙來，請先生寫一紙可乎？先生曰：紙卻不須，我書架上有，惟今日已寫得過多，晚間須回瑞安，且待瑞安回來，作幾句寫與君可也。誰知機會一失，我竟不得片紙隻字，惜哉。

先生貌清癯，額廣而高，生成儒者氣宇，與人談話，操温州口音，輒口吃，期期艾艾，不能出諸口。若操北方音，則又甚爽利，斯亦奇矣。目近視，看書輒數行下，過目能成誦，是其天資迥異常人矣。蓋先生登一第後，數度應春官試不售，恰遂其不求仕進之初衷，於是一意讀書著述。是時德清俞曲園樾，罷官家居，其家藏書素富，此老拼命著書（曾國藩有"俞蔭甫拼命著書，李少荃拼命做官"之語）。先生以年家晚輩，質疑問難，又得私淑諸人之益，及先德琴西公解綬歸，築玉海樓藏書，精心治永嘉學，重刻《永嘉叢書》，延攬鄉里碩宿胡紫塍、許啟疇、蔡書城諸老，父子日與考校討論。蔡書城博聞强記（宋平子《無韻文集》中有"蔡書城安固高士也"等語相推重）。先生父子每有質疑，輒舉某書某卷某葉相訂正，覆案不爽，此又先生得於先德親賢下士之賜也。

先生平時著書，遇有應援引他書以資佐證時，如所引段數過多，且其書非孤本，隨時可以購得者，輒將所需要段落剪下，粘貼於著述稿内，事半功倍，藉省抄寫之煩。故其生平著書特多，然皆於事前搜羅資料極富，而天性穎悟，一經寓目，其取捨抉擇，已瞭然胸中矣。

先生以一八四八年（道光戊申）生，於一九〇八年（光緒戊申）卒，享實年六十歲。畢生無米鹽瑣屑事攖其心，蓋琴西公遺産，雖不足稱富厚，而在一鄉一邑中，亦差可養贍家口，而有爲子弟讀書之資，故先生得致力學業，不問外事。惟自甲午戊戌後，憂憤時艱，輒以興辦學校開通風氣爲己任。先後在瑞安創立方言館、學計館、普通學堂及德象、德巽等女學，而所亟欲廣開風氣者，初不限於學務一端，舉凡禮教、風俗、工商、農業因應改革有關國計民生者，無不在所關心。上海《申報》出版最早，先生勸導紳商戚友，多多購閲，又在明倫堂召集群衆講演時事，一月定期若干日以爲常。其從子有名公權者（孫詒澤之子），年未成童，能登臺講演，痛哭流涕，感動人心，是先生之所教也。瑞安城區士風陋，讀書人每以弄刀筆、攬詞訟爲常業，人皆稱其能。初猶惟一衿以上者，始得稱紳士，監生或濫竽充數；科舉既罷，則不論何等人，苟攫取地方一公職名義，或倚仗父兄勢力，濫稱老爺少爺，作土律師而任意魚肉鄉民矣。其真正讀書謹敕之士，群目爲書獃，加以侮弄，而孫氏子弟，獨無與焉。我昔年遊瑞安，嘗瞻仰孫氏家廟，有琴西公書"詒善祠塾"四字石刻嵌門額，又石刻聯對曰："伊洛微言持敬始；永嘉前輩讀書多。"想見琴西公詒謀之善，而先生秉承家教，率子弟群從以正，有自來矣。

先生早知教育必須男女普及，但當時婦女人人纏足，對於開辦女學，大有窒礙。故在一九〇二年開演説會時，即諄諄以放足爲勸導，並令家庭房族戚友家婦女，率先倡導。由是瑞安城郊及鄉村士紳家婦女逐年推行。故至一九〇六年，德象女學開辦時，已放足女子紛紛報名，額數招足。温屬各縣婦女放足，以瑞安爲最早，實先生提倡之力也。

先生在學務處時，目睹當時官紳出入，雖近地亦必乘轎，先生久思有以革除之。會上海有自日本傳來之人力車，上海人曰東洋車，先生即勸導當地殷户富商，赴上海購辦若干輛，仍仿上海出租章程，在温州試行。購到之日，先生即乘車令人拉出五馬街，過大街，由打鑼橋、府前街回學務處。當時四顧橋衆人聚觀，以爲希奇。

王子祥在未就十中教員前，歷年由先生聘請爲孫氏詒善書塾教師，課孫氏子女讀，並以餘暇校勘先生著作稿本。此君酷嗜先生文，惟日孜孜，手不釋卷。嘗令剃頭匠來剃頭，留一半勿剃，藉此不能出門，以便研究先生著作，故瑞地人有呼爲王憨者。

先生既殁，喪次所懸哀誄文詞詩歌輓聯，無慮千數，珠玉滿前，美不勝收。我僅記王子祥一聯云："千秋玉海樓中客；一個儒林傳上人。"要言不煩，而遣詞亦超脱云。

一九六二年十月

（温州市政協文史稿，温州市圖書館藏）

孫孟晉遺作七篇

邵余安 整理

晚清維新運動中的浙人動態[①]

目次

① 手稿藏温州市圖書館（編號：80102 孫 8・6）。原稿横直兩用稿紙（20×15）45 頁，有目次。——整理者

孫孟晉(1893—1983)

浙江省在中國歷史上的無論任何時代,每每見有可以代表某一時代的人物或多或少地興起着。遠者不具論,單拿辛亥革命前二十年間而言,大致就有兩種不同類型,也可以説形成兩個派别的資産階級知識分子,各自在社會上大搞政治活動。一派比較先出些,是改良主義者;一派稍爲後起些,是反清革命者。當時的如此兩類人在全國各省分道揚鑣地紛紛出現,而浙江方面也頗稱一時之盛。浙江革命派當時在國内外的動態,我已另有專文述其梗概,這裏讓我再略就所知,接寫此篇,以一併術教予熟悉晚清地方文獻掌故者,希望多多給我指正和補充,以匡孤陋寡聞之所不逮。

一般來説,所謂中國的改良主義的政治思想家和活動家,當然是指光緒戊戌前後的一段時期的若干人物而言。但是如果追憶到我們浙江再先一輩人的話,那麽,在此數十年以前,就已經出過了一位龔定庵先生自珍(1792—1841),他是杭州的著名學者,也被人們稱爲早期個别的改良主義的政治理論家。因爲不屬本文題目範圍之内,所以這裏不擬寫述他,只在篇前附提一筆而已。

自從1894年(光緒二十年甲午)中日戰役,清軍慘敗,被迫簽訂《馬關條約》以後,朝野愛國人士都憤慨於滿清王朝封建政府的喪權辱國,紛紛争請廢約而不得遂。在面臨國土將被分割,國帑將被消耗的民族危機下,飽受了深刻的刺激,好像認爲變法維新運動,或許可以用作救國的藥方。粤人康有爲、梁啟超輩既倡議發動於中央,於是浙江人士和各省人士同樣地受到他們相當大的影響,相率起來,縱談所謂改良主義的政治和典章法度的因革損益,各向國人提出自己對國内外形勢的看法和匡濟時局的意見。其進而見諸行動者,有的集會結社,以求互通聲氣,共同策劃;有的編輯發行報刊,以資廣泛宣傳;有的編譯出版書籍,以謀開通知識;有的專做一事,有的兼營並舉。而地方"新政"包括學校教育及農工商務各方面的事業,並在這時候漸爲社會上許多人士所注意講求,有的也開始樂於從事。凡是所有這些一點一滴的改良主義計劃和措施,原不足以使國家興亡大事有什麽根本療治的可能。不過一定限度的某些進步性，和一時社會風氣的初步推動作用，則是客觀上有所存在的，其各種表現的具體情況，分述如下：

（一）集會結社

1.在政治運動方面

1895 年 5 月 2 日（光緒乙未四月初八日），康有爲等發起招集全國各省在北京同應會試的舉人一千三百餘人，到宣武門外達智橋的松筠庵來舉行大會。有爲即被推起草"上皇帝萬言書"聯合籲請拒和和變法。這次所謂"公車上書"有十六省的六百零三個舉人都簽了名，其中有浙籍的七十多個舉人參加列入。這七十多人的名單，我曾在家裏看到一份抄本，後來不知何時失去。當時所寫萬言書，因和約已定，被都察院拒絶，未經呈遞。後來康中了進士，又將原書修改，專言變法，另用個人名義呈都察院轉奏，深得載湉嘉許，而那拉后及一些守舊派大臣則不允可。因此，帝黨的朝官文廷式等若干人，爲要結集群僚，圖謀變法，即於是年秋間，共同發起創辦"强學會"於北京，又設分會於上海。集會每十日開會一次，有演説、有討論，傳觀時務新書、瀏覽朝章邸報。並預定計劃，要做五事：(1) 編印東西文書籍，(2) 刊布新報，(3) 開大書藏，(4) 設博物館和儀器館，(5) 辦學堂。浙江旅外的士大夫參加其列者，有杭州汪穰卿康年、嘉興沈子培曾植、沈子封曾桐、瑞安黄仲弢紹箕、黄叔頌紹第等人。1897 年（丁酉），各省京官，按其隸籍省份分頭組織成立了各個學會，如廣東省人的"粤學會"、福建省人的"閩學會"、四川省人的"蜀學會"、湖南省人的"湘學會"、陝西省人的"陝學會"。而浙江旅京同鄉官員也同時組織了"浙學會"，會址在宣武門外下斜街全浙會館，簽名入會者九十餘人。浙學會和各省學會，每隔數日，分別召開一次會議，地點常借用北京陶然亭或者棗花寺等處。繼又在北京琉璃廠甸共同設立各個學會的聯合會。聯合會中延聘通西文者數人爲教習，招集各該省官員於公餘來會受讀，所以時人稱之曰"西學堂"。其常駐聯合會中主持事務者，是海鹽張菊生元濟。1898 年（戊戌），康有爲等又發起組織"保國會"，邀集當時留京的各省舉人，於 4 月 12 日（三月二十二日），開大會於粤東會館，議定《保國會章程》。其第一條云："本會以國地日割，國權日削，國民日困，思維持拯救之，故開斯會，以冀保全，名爲保國會。"浙江旅京人士參加該會的簽名運動者，有杭州徐仲可珂、鍾笙叔鏞生、吴董卿用威、餘杭褚紉覺德彝、平湖許廷銘文勛、江□□錫爵、林□□正榮、奚□□

銘書、湖州張燕南元節、徐篆香風銜、施德南紹常、姚滌源洪淦、俞□□宏濂、周□□延華、姚□□陛聞、安吉顔叔舟大維、樂清陳志三虬、瑞安章味三獻猷、蔡□□蒙，凡十九人。同時又有“保浙會”，也是旅京浙人的集體組織，據説會員有一百八十餘人。是年5月17日（閏三月二十七日），御史黄桂鋆奏劾保浙、保川和保滇諸會。5月26日（四月初七日），御史潘慶瀾又接上奏劾“保國會聚衆不道”，旋即政變大起，諸會盡歸消散。

康有爲贈孫孟晉聯語（温州市圖書館藏）

2.在學業研究方面

當時浙江人有糾合同志，設會立社，以進行適應時務的各種學業的集體研究工作者，其中大致可分爲一般性的和專業性的來各略舉一些。其一般性的，當首推（A）經世實學社爲創舉，它是1896年（丙申）成立於杭州的，主辦人餘杭章學乘（字枚叔，一名絳，又名炳麟，號太炎）和平陽宋存禮（字燕生，改名恕，又改名衡，號平子）。當時宋先生曾以社約一份郵示我的父親。約中有向人徵求中外圖籍及近著新譯等出版書之惠贈，凡應徵者作爲贊助社友的規定。我的父親因將所著所刻書寄答宋先生轉送於社，以表示願加入贊助社員之列①。該社成立的次年（丁酉），即創刊《經世報》，事在下節另述。該社和該刊停辦後，宋先生曾主杭州求是書院講席，章先生則更進一步而參加反清的政治運動，成爲辛亥革命時期的著名人物。

（B）譯學社，是杭州人魏沖叔易，與福建人林琴南紓等發起組織，並徵求社友，共同研究和進行譯作之事，其成立在 1900 年（庚子）秋間。在這以前，上海創設過一個譯書公會，出版《譯書公會報》，但未久即停辦。該社產生，僅次於譯書公會，在各省中，還算比較獨早的。其成立的次年（辛丑），編譯印行了一種《譯林》月刊，又出版所譯西書，後改爲杭州合衆譯書局，餘詳下節。

（C）群學社，也在杭州，1903 年（癸卯）成立，招集社友，共研中西諸學，我曾見其當時印發的四言《緣起》一篇，大約短短地四五百字，記得其中有"群以集思，學以廣益，集思廣益，致用乃宏"等語。該社歷史較長，辛亥革命後，還辦理下去，其間所有出版書刊，見於下文。

我國專業性的會社爲當時浙江人所倡辦者，以上海務農會爲最早。1898 年 7 月 4 日（戊戌五月十六日），清廷下詔，令各省督撫及地方官注意農業，勸諭紳民興辦；並令兩江總督劉坤一諮送上海農學會（即務農會）章程於總理各國事務衙門；又令各省翻譯外洋農學書籍。這一事情，就説明了清政府從中央到地方官紳向來極不關心農務，同時也説明了在封建統治下的一般社會知識分子向來極其輕視農務。到這時候，上海務農會的出現，似乎可以説稍開風氣之先吧。該會成立於清廷下詔的前兩年，即 1896 年（丙申），創辦人是紹興徐仲凡樹蘭、上虞羅叔韞振玉及江蘇蘇州人蔣伯斧黻、如皋朱祖榮等。當他們開始發起時，得上海時務報館汪康年、汪俞之等的贊助，特在報上大登徵求會友的啟事，一個月間，東南各省地方人士向他們通函表示加入或提供意見者頗多。會章内容分十二章，（一）原會，（二）正名，（三）擇地，（四）聘師，（五）分董，（六）購器，（七）設學，（八）創報，（九）估本，（十）集資，（十一）賽

① 我父當時寄贈杭州經世實學社者，有《札迻》《墨子閒詁》《古籀拾遺》《周書斠補》四種，每種各二部，及彙刊本《永嘉叢書》十三種，每種各二部，餘詳我所編我父年譜稿。（此稿即《孫徵君籀廎公年譜》，見《孫衣言孫詒讓父子年譜》，徐和雍、周立人整理，上海社會科學院出版社 2003 年 7 月版。——整理者）

會,(十二)紀事。大致以兼采中西各法供給會友研究和實地試驗爲設會的宗旨。一時列名爲會友者,以浙江人爲最多。單拿瑞安一縣而言,有黄仲弢紹箕、黄叔頌紹第、陳志三虬、章味三獻猷、林和叔調梅、洪博卿炳文、周仲龍拱藻、郭筱梅風誥、許仲笙金鏞、王雪璞恩植、池仲鱗虬、伍小園恭寅等若干人。各地會友,有的分别組織小團體,進行一些實地研究,例如瑞安有務農會[1],海寧有樹藝會等,並與上海務農會互相聯繫。上海務農會歷辦十餘年,編譯出版了《農學報》,又譯印了外國的農學書籍百餘種,對國人農學知識的開發是有一定作用的。其實際試驗工作,則曾在江浙兩省各辟農事試驗場數處,但是成績有限得很。農業之外,在商業方面,當其時國人受到外國資本主義經濟侵略勢力壓迫的困難環境下,刺激甚深。杭州商業界部分人士曾經集會組織了商學公會,以共同講習有關商學的通常知識,研究中外商務的實際情况,其成立年月未詳。會中曾出過所謂《演講録》一册,演講者署名知白,也不知是誰。

當時與務農會並起於上海者,有算學會和蒙學會。算學會成立於 1897 年 3 月 3 日(丁酉二月初一日),在這時候,清廷爲了“興學育才”,認爲有提倡算學教育的必要,意在使學者兼採西法,以補中術的缺短,並得以由此而講習西洋各種科學技術。於是各省地方,有的專辦算學書院或學館,有的在原有書院中添設算學課程,相互仿效,漸致廣泛。平陽黄愚初慶澄,是一個兼治中西的算學家,因與其鄉友陳質甫宗虞等創辦此會,招人加入,共同講習。一時入會者,多上海各書院師生,其所出《算學報》,頗便利於教者和學者的閲讀。蒙學會是杭州葉浩吾瀚所創辦,汪穰卿康年也是發起人之一,成立於 1897 年 10 月(丁酉九月),同時附設蒙學書報局,以編譯出版發行兒童讀物爲事。在當時蒙學教育初辦,組織團體來研究進行,是符合相當需要的。

1900 年(庚子),上海初辦起了一個新型學館,名曰“亞泉”。這學館在表面看來,好像一個學校。其實不然,它有會友相與研究,而没有招收肄業生徒,所以可認爲是學會或學社的性質。創辦者紹興杜秋帆煒孫,亞泉是他的别號。設館趣旨,是集體研究當時所謂“格致”之學。參加爲會友者,以舊紹

---

① 上海務農會的瑞安會員姓名及瑞安務農支會經過情况,並詳於我所編《瑞安五黄先生繫年合譜稿》。(此稿見《孫延釗集》,孫延釗著,周立人、徐和雍編,上海社會科學院出版社 2006 年 4 月版。——整理者)

興府屬各縣人士爲多,曾出有幾種刊物。與亞泉學館類型相似者,有四明實學通藝會,地點在寧波。鎮海鍾憲鬯觀光和鄞縣張伯岸之銘等爲創辦人,成員以舊寧波府屬各縣人士居多,於 1902 年(壬寅)成立。旋因鍾、張二人遊日本,會務停輟,二人回國後,改辦實學通藝館於上海。又有新學會社,也在寧波。醫學社在杭州,並成立於 1902 年(壬寅)。一爲寧波教育界部分人士所組織,以共同研究自然科學,兼做編輯出版工作;一爲當時浙江人在各地做醫務工作者聯合舉辦的研究團體,所編行《醫學報》,爲一時創見的刊物。又有格致學會,在舊嘉興府屬秀水縣,由當地士紳陶拙存葆廉、陶惺存葆霖兄弟二人發起組織,成立於 1905 年(乙巳),會中收藏中外書報頗多。1908 年(戊申),改爲嘉郡圖書館,即民國後嘉興縣立圖書館的前身。又有浙江簡字研究會,在杭州,發起組織者是楊見心復,成立於 1909 年(宣統元年己酉)。楊先在浙江藏書樓任監理,附設簡字學堂於樓下,至是浙江藏書樓改爲浙江圖書館,楊改任會辦,也就將浙江簡字研究會附設在館中,並以簡字學堂學生作爲基本會員。

3.在教育策劃方面

自從 1901 年(辛丑)以後,各省地方逐漸設立了中小學堂,但許多封建地主家庭及較偏僻鄉村裏,還仍然存在着不少的保守陳規的私塾或蒙館等。以致未能盡人將子弟送入學堂。因此,教育界人士在舉辦學堂的同時,不能不兼考慮到對所有遺留的私塾和蒙館的改良問題。1905 年(乙巳),浙江和江蘇、安徽三省士紳三十五人,聯合發起組織三省地方私塾改良會,設總會於上海,而在各該省的會城各設分會。當總會成立之初,即推派人員分往各該省地方,對所有私塾和蒙館教學情況進行初步調查,並選定當時書坊所編出而爲學堂通用的課本和教材,推行採用。杭州的浙江分會,成立於同年夏間,從此本省各縣地方的私塾和蒙館,才被動而逐漸走向學堂化。而在瑞安等縣,各有支會之設。當時我父曾經擬《瑞安改良私塾辦法》八條,以試行本縣城鄉,並將辦法全文寄投上海報發表。其後學部於 1910 年(宣統二年庚戌)秋,才頒佈《改良私塾章程》二十二條。其中多採取三省幾年來所經過的某些措施而通令全國各省酌予推行的。

1906 年 7 月(丙午六月),清政府學部《奏定各省教育會章程》十五條,要使省教育總會與省學務公所及縣教育會與縣勸學所,即各地方辦教育的官紳之間,互相聯繫,共策進行。在這之前,只有江蘇一省,曾於 1905 年(乙巳),

在上海成立一個江蘇全省學務總會。部章頒行後,蘇會改稱江蘇全省教育總會。而浙江全省教育總會的産生,實僅次於江蘇而較先於其他各省。1907年(丁未)秋間,浙會開始籌備,在9月22日(八月十五日)的第一次籌備會議上訂定會章。旋於12月9日(十一月初五日),舉行成立大會,到會員一百六十六人,選舉海鹽張菊生元濟爲正會長,我父和金華王孚川廷揚並爲副會長。次年(戊申)我父逝世後,繼選瑞安項申甫崧爲副會長。再到第二年(宣統元年己酉),項又病故。9月19日(八月初六日),舉行第三次年會,出席會員代表等一百三十五人。10月17日(九月初四日)續開大會,選舉富陽夏伯定震武爲會長,主持會務兩年。到辛亥革命軍興,他以遺老自居,解職而歸,會即暫告結束,以待改組。

又1911年4月29日至5月12日(辛亥四月初一日至十四日),第一次"全國教育會聯合會"在上海江蘇全省教育總會舉行,到會參加者,有江蘇、浙江、安徽、江西、湖北、湖南、福建、廣東、廣西、河南、山東、直隸(今河北)、奉天(今遼寧)十三省代表。

4.在通俗講演方面

晚清在各省州縣地方,原有官辦的宣講所,每月逢朔(初一日)望(十五日)循例集衆宣講一次,但是講者只不過虚應故事,聽者都認爲官樣文章罷了。到光末宣初年間,浙江好像有由省擬訂一項通俗宣講會的章程,通飭各縣酌辦。要求官紳學商各界組織團體,經常進行時事講演,但當時究竟有哪些人在這方面帶頭工作,具體辦法爲何,我這裏没有資料可考,我所想起來的,只有一件故鄉的事,似乎還可以作爲小小的例子來談一談。1902年(壬寅),瑞安縣城青年人士林左髓文潛、孫季芃詒棫、孫公權衡等,發起組織瑞安演説會,於11月30日(十一月初一日)成立。參加爲會員者,有余松舫思勉等四五十人,多屬學界分子。會場設在舊縣學明倫堂,每月舉行經常講演二次,日期也定在朔望。每次到會聽衆約有千人以上,其中包括域區各學堂師生和一般社會老少人士。演説項目,分爲(甲)議論之部,(乙)述告之部。(甲)項又分(子)德義,(丑)科學知識,(寅)縣政興革,(卯)農工商實業,四目;(乙)項又分(子)中外歷史故事,(丑)中外時事,(寅)地方新聞,(卯)通俗小説,四目。又遇國鄉有重大事故發生,則臨時通知集會開講,以引起特殊注意。此會歷史經過了三年多,到1906年(丙午)舊縣學改辦中學堂,此會因告結束。我父一直擔任該會會長,每會必參加,家中舊藏有演説稿鈔本幾册,後送歸瑞安縣立圖書館收存。

5.在婦女易俗方面

我國婦女纏足之風，由來甚久。從宋以後，且普及於全國。直到晚清，才有人開始提倡天足。這可以説是革除婦女界的惡習敝俗的一件大事。1895年1月18日（甲午十二月二十三日），清廷雖曾下詔，令縉紳家勸諭解纏，而一時未有應者。到1897年（丁酉），上海才較先地組織成立了一個"女子不纏足會"，創辦人是杭州汪穰卿康年和湖南瀏陽譚復生嗣同、廣東新會梁卓如啟超、南海康幼博廣仁、順德麥孺博孟華等十餘人。據説一月之間，中年婦女入會自解其纏者二百餘人。於是各省地方聽到消息，逐漸仿行。浙江杭州，於1902年（壬寅），由當地士紳高子白□□之母和鍾璞岑豐玉之母二人發起組織團體，名曰"天足會"。於是年2月15日（正月初八日），舉行成立大會於錢塘門外的張祠，邀集紳商各界的男女人士七十餘人來聽演説。演説中講明纏足貽害無窮，希望大家各向親友廣泛宣傳，務使已纏者即放，尤其對幼女特别强調千萬勿要再纏。但該會只僅僅開過這一次，後即杳無消息。而本省各府州縣中，則聞風繼起，不止一二處。如瑞安縣，即在1902年（壬寅）冬，設立"勸解婦女纏足會"。宋平子衡和孫季芃詒棫二人爲發起人，並在成立會上演説。印刷甲午詔文及宋孫二人的演説辭萬紙，發寄城鄉各地，徵求男女會員。其會章九條中有云："凡人家幼女尚未纏足，而能首向本會聲請從此決不再纏者，由本會查明確實後，即贈送鞋面皮料每人一雙，以供新製備穿，並將其家家長及幼女等姓名列榜示衆，以資勸導。所備鞋面布料，以三百雙爲限，送完而止。"又云："本辦法先在城内及近郊紳商家小試其端，俟有成效，再謀逐漸推廣及於各界各鄉。"會所在城内東北隅長春道院，經常到會的會員有二十餘人，並約定各家婦女先自放足，以示提倡。該會自是年12月10日（十一月十一日）首次集會後，繼在1903年（癸卯）上半年，續行開會數次，事詳孫季子日記中①。

（二）著書論政

晚清浙江改良主義派學者的政治著作，勒成專書者，當其傳誦於時流，足以引起不同見解的互相商榷。及其遺留於後代，又可以資論世知人的分析研

① 孫季子日記，是我從叔季芃先生遺著之一，今存鈔本。

究。這裏擇要地舉出幾種，按成書的年月先後，次第排比，而摘録各書的内容篇目，以略示代表性的範例，覽者於此，似或有以窺見那個時代思潮的一斑。

1.危言

書凡四卷，撰者湯震，字蟄仙，後改名壽潛，其初字孝起，又字翼仙，舊紹興府治山陰縣人。是書成於1890年（光緒十六年）庚寅六月，首有自序，到1896年（丙申）有上海圖書集成印書局鉛印巾箱本出版。卷一有遷鼎、尊相、議院、中學、考試、書院、部臣、停捐、保舉、冗員，十篇。卷二有限仕、世俸、包釐、鹽捐、小輪、開礦、洋税、錢糧、郵政、鐵路，十篇。卷三有兵制、海軍、籌暹、保朝、夷勢、教民、僧道、盜工、罰鍰，九篇。卷四有京路、内旗、水田、水利、衛屯、分河、堵口、東河、北河、變法，十篇。總篇數三十有九。

2.浙東宋氏六齋卑議

書凡四卷，撰者宋恕，字平子，原名存禮，字燕生，後又改名衡，平陽人，居瑞安。是書成於1891年（辛卯）之冬，1893年（癸巳）後請俞曲園樾，爲作《書後》。1897年（丁酉），補做自序，即付鉛印出版，亦小型本。内容是民瘼篇第一，有患貧、盜賊、旱潦、士妖、庶莠、僕役、胥幕、賦税、釐鹽、刑威，十章。賢隱篇第二，有塾課、教官、書院、科場、小楷、養望、洛閩、漢學、文詞、外務、歲月、用違、傳舍、政本、山林，十五章。變通篇第三，有師範、四科、博文、開化、學會、取士、議報、樞部、閣院、華銜、民政、軍政、九曹、鄉聚、聽訟、輕刑、司捕、懲罪、重禄、停捐、泉幣、醫藥、道路、水火、三業、著書、正名、廣譯、圖籍、服色、旌表、倫始、析承、救慘、節漸、同仁、禮樂，三十七章。基礎篇第四，有更律、帥信，二章。總章數是六十有四，册首載廣白十條，其末條云："此書宗旨雖在治平，而所擬之方於治平真際不過得半，故命曰《卑議》。"此書後於1928年（民國十七年戊辰），又出版了永嘉黄群《敬鄉樓叢書》鉛印版，附載撰者遺作《留别杭州求是書院諸生詩》。

3.報國録

這是蟄廬叢書之一，書凡五卷，撰者陳虬，字志三，號蟄廬，樂清人，居瑞安。此書成於1892年（壬辰），1894年（甲午）甌雅堂刊行，即東甌詠古齋，木刻巾箱本，册首有癸巳正月自序和甲午陳黻宸序。其自序寫到："報國録者，爲團防而作也，光緒甲申，中法失和，沿海戒嚴，將録以貽當事，初名《東甌防禦録》，會事解不果，因重加改定，易今名，取《忠經》語也。"卷一天澤，有崇聖、待士、養廉、罷徭、蠲貸、採辦、賞兵、卹囚、裁嬪、褒忠，十篇。卷二防務，有設局、分董、和衆、協謀、籌捐、練團、選勇、築城、扦港、聚糧，十篇。卷三上兵略，有束伍、列隊、佈陣、安營、兵約、簡器、操技、軍號、開仗、水團、陸戰、城守、教戰、兵鈐，十四篇。卷三下圖説，有一隊四十人陣圖、中團九十人陣圖、全團二百五十人方圖、中部四先鋒分隊之圖、中部二百人之圖、疇星飛宫圖、水團新製快群船之圖、三角壘之圖、三角坎字壘圖、獨輪土車圖，並附説十篇。卷四團政，有留防、表忠、建塾、置倉、興利、防弊、通變、審因、制亂、移殺、任人、飭法、紀事、頌聖，十四篇，總篇數是四十有八，又圖説十。

4.治平通議

書凡八卷，這是蟄廬書之二，撰人見前。有 1893 年（癸巳）自序，是年十月東甌詠古齋木刻巾箱本刊成。内容包括《經世博議》四卷，《救時要議》《東遊條議》《治平三議》《蟄廬文略》，各一卷。其《經世博議》册首另有光緒壬辰冬月自序。卷一有法天一篇，變法八篇，附擬定職官九品表；卷二有變法八篇，保民一篇；卷三有治河三篇；卷四有籌海、籌邊、腹地廣置木路議，擬建洛陽爲西京議，擬援公法許高麗爲局外之國議、治法在嚴刑賞議，總篇數二十有八。《救時要議》前有光緒壬辰冬自序，内容分富策、强策、治策三個部分。富策有設官鈔、定國債、開新埠、墾荒地、興地利、廣商務、遷流民、招華工、汰僧尼、税妓博、搜伏利、彙公産、開鼓鑄、權度支，十四篇。强策有更服制、簡禮節、變營制、扼要塞、開鐵路、改砲臺、廣司官、併督撫、弛女足、求材官、限文童、練僧兵、禁煙酒、限姬妾、優老臣、廣外藩，十六篇。治策有開議院、廣言路、更制舉、培人材、廣方言、整書院、嚴舉主、疏閑曹、定户口、權盈虚、嚴嫁娶、定喪葬、彙祀典、正詞戲、新耳目、申誥命，十六篇。總篇數四十有六。《東遊條議》是 1890 年（庚寅）夏，撰者往山東去見巡撫張曜時所提的八條建議，題目是《上東撫張宫保書》。所議：一曰創設議院以通下情，一曰大開賓館以收人才，一曰嚴課州縣以責成效，一曰酌提羡銀以濟同官，一曰廣置幕賓以挽積弊，一曰鈐束賤役以安商賈，一曰變通交鈔以齊風俗，一曰分任佐雜以策末秩。其册首也有光緒壬辰冬自序。《治平三議》是他於 1883 年（癸未）的舊作。有宗法議、封建議、大一統議和十科表一、十科表二（三公七等）、十科表三。册首有光緒十年甲申正月自序。所謂十科，指曆科、醫科、農科、工科、禮科、樂科、刑科、兵科、訓科、鈔科而言。《蟄廬文略》收録他在光緒丙子、辛巳、癸未、甲申、戊子、己丑、庚寅、壬辰、癸巳歷年所寫散篇文章十四篇，中有戊子《書〈校邠廬抗議〉後》，首有自序，也作於光緒癸巳冬。

5.湖上答問

書凡一册,撰者黄慶澄,字愚初,一作源初,平陽人,寓居上海多年,此書世傳刊本,是1895年(乙未九月)東甌博古齋木刻出版的。册首有撰者自識云:"長白貴君翰香,今世士大夫中之識時務者,與慶澄交最洽,今歲(乙未)孟夏,慶澄客武林,寓西湖之葛嶺,君日以經世之學相質證,慶澄信筆答之,既返滬,檢行篋草幾滿,因擇其言不駭俗者次綴之。"貴翰香,名林,滿洲旗人,時官浙江杭州府知府①,本書所録答問之語有四十四條。

6.變法條議

書凡一册,是我父的《經微室遺著》之一。内容篇目如下:朝儀(坐論)、冗官(兼職、減員、裁缺)、重禄、達情(臣民言事)、宫政(内務府隸户部)、奄寺(革内監)、吏胥(革胥吏差役)、鄉吏(鄉董)、教胄(官學堂、王公遊歷)、廣學(學堂)、通藝(算學、光重化電)、選舉(薦舉、征辟)、博議(議院)、廣報(報館)、通譯(譯書、言語文字)、覿新(憑單、博物院、博覽會)、治兵(民兵)、巡察(警察)、圖表、會計(預算、決算)、户版、口税、廛布(市肆、房屋税)、券税(印花税)、金布(金銀圜)、券幣(鈔票)、漁征、度量、礦政、冶金(錬金銀、錬鋼)、水利(治河)、教農、樹藝(園圃、木材)、保商、同貨(公司、商會)、考工、考醫、獄訟(訟費、陪訊)、諭刑(西律)、收教(警惰、教遊、教疾),總篇數有四十。而撰者只於僅僅旬日之間,屬草急就,並非宿構。時在1901年(辛丑四月),由於正當清廷重議變法,有詔令京官和外省臣僚,各陳新政意見,以備采擇施行。撰者因爲其友翰林院編修武進人費屺懷念慈函囑代爲寫稿,即此寄答。但費看來,認爲其中有些議論,過離難行,不敢奏上。於是撰者再取家藏副稿稍加修訂,作爲自己私著。此議内容,原以周禮爲綱,西政爲目,因此,即改定題署曰《周禮政要》,並將四十篇分作上下兩卷,由瑞安普通學堂付刊出版。一時本省和外地各學堂多購用作爲教科課本,而其時科舉未廢,社會上一般士子,並認爲是應試者必讀之書。因此,除刊本外,上海書業界陸續有人起來翻印,或鉛印,或石印,見有十餘版本之多。而上海有一家求新圖書館發行的鉛印平裝本,並附加評點,於1903年(癸卯)夏出版,其流行尤爲較廣。

7.學務平議

書凡一册,撰人同前。這是撰者於1907年(丁未)向清廷學部提出的教

① 貴翰香,係駐防杭州旗營協領,并非杭州府知府,作者記憶偶誤。——整理者

育改進意見,内容分《本議》和《枝議》兩個組成部分。《本議》四條,曰定國是、保國粹、籌官吏之普及教育、籌學校之大宗經費。《枝議》十條,曰注重初級小學之應用科目、專設補習學校添招聽講生、譯教科書宜統一名詞、優異下户學生之父兄、重官紳商子弟不入學之罰、優獎久任學校之教員、罷教職而提學田以助學費、設女學位以獎女學、教草書以代簡字、除迷信以興科學。此稿曾由學部抄發京滬各報刊上登出,旋又經浙江全省教育總會鉛印出版,其後再有瑞安廣明書局石印本行世。

以上所舉的幾家整套著作,篇目紛繁,大致包括着晚清的政治、軍事、經濟和教育文化許多方面大大小小的時務問題。其中有共同或者近似的議論,也有各不相同的説法,這裏限於準備不夠,不擬作比較分析。但是總的看來,諸凡盡忠竭慮地籌策設計,在本質上都是爲封建主義的清朝統治的最後掙扎而服務。其主場觀點和思想方法,彼此之間,並没有什麽異致的。當時類此的浙人著作,還有如汪康年的《中國治策》三編,夏震武的《中興十六策》及嘉興許竹篔景澄出使歐西各國時條陳洋務及中外交涉事件,撰作尤爲豐富。這些等等,都屬維新運動時期的文獻。至於簡短文字,有的登諸章奏,有的載於報刊,有的散見家集,有的選入《經世文編》,沈沈夥頤,不勝統計。又關於戊戌變法浙籍士大夫單銜或聯名抗疏言事之作,今見於中國史學會所彙編印行的《戊戌變法》,即 1953 年(癸巳)出版的中國近代史資料彙刊第八種,及 1958 年(戊戌)中華書局所選輯出版的《戊戌變法檔案史料》二書中者,也頗不少。

(三)設學施教

在封建教育下"變更學制",是改良主義者强調提出的口號。於是引起了一時朝野上下的比較開明士大夫,都認爲廢科舉、罷書院、開學堂、講時務,是"革故鼎新"的當務之急。而"中學爲體、西學爲用",成爲辦學校教育者的共同觀念,浙東西人士值其際而從事於斯者不少,這裏擬將其中比較早期的前輩人物,撮舉一二,以見篳路藍縷的相當業績。

先拿杭州方面來説,如汪穰卿康年、陳仲恕漢弟等,在 1895 年(乙未),倡議要在杭州創辦一個崇實學堂,但當時省城官紳,未有起而應者。次年(丙申),杭州府知府林迪臣啟,請於浙江巡撫廖穀似壽豐,創設了一個求是中西書院,才有士紳朱敏士智、陸勉儕懋勳等贊助其成。但因"學堂"二字,當時守舊的官紳還看不習慣,或持異議,所以仍然沿用"書院"名稱,不敢遽將學堂招牌公然揭出。按其實際,則已採取了一些學堂的組織形式,而且開始走向了“經史與時務兼講,中學和西學並課”的教學辦法的。該書院由林自任總辦,陸爲監院,於1897年5月21日(丁酉四月二十日)開學。1898年(戊戌),添設總理,以陸改任,而陳仲恕接充監院。1900年(庚子),才將書院招牌更换,名曰求是大學堂。次年(辛丑十月),名稱上冠以“浙江省”三字。再次年(壬寅),又易稱浙江大學堂。其時陸、陳二人他去,主持者是桐鄉勞玉初乃宣,先充監院,改任總理,又改做監督。1903年(癸卯),改組成爲浙江高等學堂。次年(甲辰),嘉興陶拙存葆廉繼爲監督。是年冬,陶去而陸勉儕重來,並添設副監督一席,以項蘭生藻馨充任。1906年(丙午),吴雷川震春繼陸爲監督。1910年(宣統二年庚戌),孫廑才智敏又繼吴爲監督,擔任到辛亥革命前爲止。而民國後的浙江高等學堂則辦到1914年(甲寅)年底宣告終結。

林迪臣於1899年(己亥),又創辦了一個養正書塾,也是學堂性質。1901年(辛丑),浙江巡撫任道鎔奏改爲杭州府中學堂。其先後主持學務者,有楊雪漁文瑩、潘歲賓鴻、邵伯絅章、姚作霖漢章、錢均夫家治。當時省城除官辦中學堂外,還有如“安定”“宗文”等幾個較早舉辦的私立中學堂。安定成立於1902年(壬寅),在辛亥革命前,相繼任監督者,有項藻馨、姚作霖、鍾鬱雲毓龍、葉仲裕景萊,並杭州人;王晉民垚,奉化人。宗文成立於1907年(丁未),是拿舊有的宗文義塾改設的,組織有董事會,董事有陳仲恕、吴雷川及楊見心復、吴經才緯炳、許緘夫炳堃、張青廷霖、陳伯園純、經子淵亨頤、汪曼峰嵚、錢墨卿宗翰、范儆文耀雯等,朱碩甫炳炎和鍾鬱雲二人,先後任監督甚久。

又有女子師範學堂,最初是地方士紳集資私立的,創辦人有陳仲恕、邵伯絅、孫廑才和胡藻青煥、鍾希洛濂、鄭岱生在常、袁文藪毓麟等,成立於1904年(甲辰),在各省中也是比較辦得早的。原名杭州女學堂,設内外監督,内監督由婦女充當,於是鍾母爲内監督,鄭岱山爲外監督。1907年(丁未),易名私立浙江女子師範學堂,附設女子兩等小學及保姆傳習所和蒙養院。次年(戊申),改爲官立,設監督一人,不分内外。又官立兩級師範學堂,是1906年(丙午)浙江巡撫張曾敭奏設的。首任監督是邵伯絅,繼之者有黄岩喻子韶長霖、金華王孚川廷揚、嘉興沈衡山鈞儒、富陽夏伯定震武及孫廑才和永嘉徐班侯定超,徐任到辛亥革命前爲止。至於初等教育,則陸勉儕於1905年(乙巳)創辦了高等小學堂一所及初等小學堂十所於省會城廂内外,也算先走一步的。

杭州西湖的蠶學館,也是林迪臣創辦的,早在1897年(丁酉)就成立了。

林並兼任其總辦,聘(仁和)樊(介轩)恭煦爲總董,邵伯絅爲館正,慈谿林晉霞頤山爲館副。次年(戊戌),沈銘繼邵任館正。1908年(戊申),改爲中等蠶桑學堂。同年八月,杭籍京官吴絅齋士鑑,奏請改爲浙江高等蠶桑學堂,館正改爲監督了。1910年(宣統二年庚戌),設分校於崇文書院舊址。民國後繼續辦理,名稱再更。杭州當時還有蠶桑女子學堂,創辦者樓文鏕,成立於1907年(丁未)。又有浙江高等工業學堂,附設於浙江鐵路公司内,1906年(丙午)成立。私立富草工藝學堂,杭州人胡佩貞捐資開辦,也成立於1906(丙午)。女子工藝兩等小學堂,張章燮等舉辦,成立於1908年(戊申)。又有許緘夫創辦的省立中等工業學堂,籌建於1910年(宣統二年庚戌),次年辛亥正月成立,附設中等工業教員養成所及藝徒班,民國後改稱學校,成爲浙江大學工學院的前身。又有鄭岱生創辦的私立浙江中等商業學堂,成立於1910年(庚戌),民國後改爲學校。

當時的浙江法政學堂,有官立和私立各一所。官立的開辦於1907年(丁未)。1911年(辛亥),改稱法政專門學堂。私立的是陳叔通敬第舉辦的,1909年(己酉),經浙江巡撫奏准設立,次年(庚戌)春開學,有官款補助。

此外,杭州還有一件事在晚清也是創見的,因爲勞乃宣當初研究中國簡字,就王照所創的官話會聲字母加以增訂,撰成《增訂合聲簡譜》《重訂合聲簡字譜》及《簡字叢録》等書,於1906年(丙午)出版於南京。於是楊見心首先在杭州辦起一個傳習簡字的學堂,用勞書爲教本,楊時任浙江藏書樓監理,即將學堂附設在樓下,招收學生二十餘名,自行任教。次年(丁未),南京繼續出版了勞著的《簡字合譜》和《京書簡字述略》等書,再由楊通過教學以介紹於浙人。1909年(己酉),勞在北京設立簡字研究會,楊又隨着在杭州設立浙江簡字研究會,已略述於前。

省城學風既初步地有所開通,於是這一教育啟蒙運動逐漸推行到浙東西各府州縣。但限於我個人見聞,筆難廣述,只有温州一隅,個人所知較多。擬將早期事實輯其大略①,以見當時僻處浙南的地區,也還不致獨後於人。而温屬各縣比較起來,則以瑞安學計和方言二館,及永嘉蠶桑學館爲最先開辦者。瑞安學計館的創辦者是本籍京官黄仲弢紹箕、黄叔頌紹第、士紳項申甫芳蘭(後改名崧)、洪叔琳錦標、周仲龍拱藻和我父等人。館址在縣城卓祠,於1896

① 關於温州早期學務辦理情況,詳見於我父年譜稿。

年4月13日(丙申三月初一日)開學。初名算學書院,因仿北京同文館例而改稱。我父手撰《瑞安新開學計館序》[①],開首説道:“光緒乙未,東事甫定,中國士大夫始有國威未振之懼,於是京都及南洋皆有强學書局之舉。而瑞安同人,亦議開學計館,以教邑之子弟,皆以甄綜術藝,培養人材,導厥途轍,以應時需。”又手撰學規,規定“學生除習算外,如中外交涉事務,本國及各國時事新聞,及近譯出版西人所著格致諸書,每日擇簡明切要者講示若干條,以廣見聞而裨實用。”聘縣人林和叔調梅爲館長,也稱總教習,陳式卿範、金遯齋晦二人分爲教習。1900年(庚子),陳代林任館長,到次年(辛丑)年底爲止,館也就此停辦。瑞安方言館開辦於1897年(丁酉),項和我父也做發起人,館址在縣城項祠,分設東文和西文(英文)兩班,兼課外國歷史地理。是年3月18日(二月十六日)開學,辦到1901年(辛丑)冬季爲止,與學計館合併起來,成爲瑞安普通學堂。於1902年2月27日(壬寅正月二十日)開學,堂舍仍用卓祠,官撥地方公款充經費的主要來源,比私立的兩館規模略大,分設中文、西文(英文)、算學三班,學生專修或兼習都可以的。總理由黃仲弢在北京遥領,我父任副總理兼總教習,並不受酬給。又設監學二人、教習八人,辦到1904年(甲辰)年底,因爲學生多數要求出洋留學,即告結束,並將卓祠改設瑞安官立高等小學堂。1906年(丙午),官立瑞安中學堂成立,又收納了舊普通學堂的部分師生繼續肄業,即就是現在的瑞安中學的前身了。

永嘉縣城的温州蠶桑學館,成立於1897年(丁酉),我父以創辦人名義寫了《告温州同鄉書》[②]一通刊印發表,其文略稱:“温州古稱八蠶之鄉,遠當劉宋時代(420—478),鄭緝之在《永嘉郡記》中曾載其名目,而後世失傳,亟宜集合同人,搜拾文獻,重加研究,專設學館,招生肄業。博取歷來相傳之中國種桑養蠶舊籍,兼採近時新譯出版之法蘭西、意大利和日本各國蠶桑學書,並作教材,以資講習。附闢廣場,以供實驗,務使土桑劣種逐漸改良,多病蠶身隨時療治,則吾鄉斯業,可期復見振興。倘使所獲絲質,能與蘇湖名産相媲美,或更進而勝過之,誠於國計民生裨利甚多也。”又《館章》中也説:“參用[③]中西新舊諸法,考驗蠶種,選制蠶子紙,教導並推行植桑飼蠶事業。”該館辦到1901

---

① 序文見《經微室遺集》。

② 全文見《經微室遺集》。

③ 原稿第29頁,“用”字誤作“加”,據《戊戌前後在浙江出現的若干學館》引文(本集62頁)校改。——整理者

年(辛丑),改爲官立温州蠶桑學堂,任平陽黄愚初慶澄爲堂長,同時在樂清、平陽二縣各設蠶桑分局,將學堂中所挑選的桑秧分發士民領種,以期推廣。到民國後,該學堂還在繼續辦理。

1899年(己亥),温州府城辦起了一個瑞平化學館,樂清和平陽縣城各辦起了一個算學館。化學館是瑞安人金遯齋晦和我父及平陽人楊愚樓鏡澄和吴霽庵箴四人合辦的,推金爲館長,於是年3月26日(己亥二月十五日)開學。旋易館字爲學堂,我父撰有《瑞平化學堂緣起》一文[①],以示提倡。後辦到1901年(辛丑),官立的温州府學堂設立,將該學堂歸併辦理。所謂府學堂,就是現在的温州中學的前身的最初形式。樂清算學館的館長是陳詠香莛,平陽算學館的館長是黄源初慶澄,陳質甫宗虞任教習。這兩個私立算學館,並仿照瑞安學計館辦法進行,後各歸入官立的各該縣學堂裏去。

自從1903年(癸卯)冬清廷頒佈《學務大臣奏定學堂章程》後,瑞安原有已辦的蒙學堂一律照章改爲初等小學堂,永嘉、樂清、平陽、泰順各縣相繼而起。女學則開辦較晚於男學,瑞安最初只有一個私立女子蒙塾設在縣城匯頭,任教者是蕭亦陶侃的女兒仁果,辦到1906年(丙午),改爲公立德象女子初等小學堂,移設於玉尺書院,仍用蕭仁果爲堂長,辦理數月,蕭即逝世。而與德象同時設立者還有"宣文"和"毅武"二所,也算縣城公立女子初小。平陽最初有一個毓秀女學堂,是縣紳姜笑樵會明和黄梅生益謙合辦的,設在縣城雅湖陳祠,於1905年(乙巳三月)開學。又工商各界的業務補助教育,在温屬各縣中,也以瑞安爲先辦。1903年(癸卯)正月,瑞安縣城,見有實用學塾一所、工商學社一所、商務學社一所,各附設在蒙學堂内。後到次年(甲辰)春,接上舉辦者,永嘉六所、樂清三所、平陽四所,泰順、玉環各有二所,都在城區。

當時在浙江全省學務處下設有温處學務分處,以便就近管理舊温處兩府屬十六縣的教育事務,我父被推舉爲總理,於1905年(乙巳十月)就職。次年(丙午九月),改名温處勸學公所。再次年(丁未)正月,又改名温處學務總匯處。我父一直連任總理,到1908年(戊申五月)逝世爲止。據當時約略統計,十六縣各類學堂增至三四百所,而特别對於師範教育,尤認爲是首要的迫切任務。擬訂計劃,籌集建築校舍和常年需要的經費,於是温州初級師範及處州初級師範兩學堂,分别設立。而在建築未完成以前的一段時間,先後辦過

① 《緣起》見《經微室遺集》。

博物、理化、體育、音樂、圖畫等各科短期講習所。到1908年(戊申)春,温州師範學堂全部落成,才正式招生,於3月12日(二月初十日)開學。民國後,與全省各府師校一樣都改省立,終於併入各地的省立中學校。

(四)發行報刊

晚清浙江之有報刊,大概發端於寧波。早在1854年(咸豐四年甲寅),人們開始看到《中外新報》半月刊,1856年(丙辰)改月刊,到1860年(庚申)停刊。但是這一家報刊的經營者是外國人。其由浙江人自辦者,據説有寧波所出的《白話報》也是百餘年前的產物,但其事其人,現在已無可查問。據我這裏所想到的,認爲1894年(甲午)上半年在杭州創刊的《杭報》,可算較早的一種小型日報,但其當事者姓名也難稽考。

浙江前輩以辦報著名於當時者,有汪穰卿和夏穗卿曾佑等,夏也是杭州人。1896年(丙申),汪、夏與梁啟超及嘉應黄公度遵憲等所辦的《時務報》,於8月9日(七月初一日)在上海創刊發行。每旬出連史紙石印本一册,一時銷行頗廣,其對維新運動有着相當大的影響,出到1898年(戊戌六月)爲止,後改辦《昌言報》,不久停刊。而1898年(戊戌)上海出版的《時務日報》,也由汪、夏編輯,發行四個月,改名《中外日報》。又夏和定海王菀生修植,及福建嚴幾道復在天津創辦了《國聞報》和《國聞彙報》,於1897年10月26日(丁酉十月初一日)創刊發行,一爲日報,一爲旬刊,並用鉛印排印。後來汪又在北京主《京報》的筆政者數年,從1906年(丙午)發刊,到1909年(己酉)因案被封。次年(庚戌),再辦《芻言報》,三日一刊。

1897年(丁酉),杭州有了經世實學社所主辦的一種刊物出來,名曰《經世報》,編輯者章太炎和宋平子等,每月發刊一册,連史紙石印本。内容分論述、國内外大事,並譯載英法各國報刊上所見文章及政情消息。後出到十餘期而止。這一刊物,在浙江算最早出版的一種,而我曾看到過它的第一期和第六期兩册。又紹興徐樹蘭和上虞羅振玉等在上海所辦的務農會,於1897年(丁酉)發刊《農學報》,初爲半月刊,石印綫裝本。内容分書籍調查、譯述、專著等欄。次年(戊戌)改爲旬刊,後將版權讓於日本人香月梅外,出到第三百十五期爲止。又平陽黄愚初和陳質甫在上海所辦的算學會,也於同年發刊《算學報》,出過十二期,到次年(戊戌)政變起而停刊。1899年(己亥四月),有桐鄉嚴杏林、嚴槐林兄弟和廣東人朱憲章、朱成章兄弟,四人將該報續編印行,也僅出二期而已。又杭州葉浩吾在上海所辦的蒙學會,也於同年發刊《蒙學報》,有湖南人曾廣銓及江蘇人汪鍾霖等共事編輯,每七日一刊,石印本,譯載西文通俗作品,適合兒童閲讀。又紹興杜煒孫在上海所辦的亞泉學館,於1900年(庚子)發刊《亞泉雜誌》,爲中國人自辦科學刊物最早的一種。同時該學館並編出《中外算報》一種,石印小本。又魏沖叔在杭州所辦的譯學社,於1901年(辛丑)發刊《譯林》月刊,栲貝紙印本。内容分法律、經濟、商業史、名人傳、遊記等欄,出到十二期而止。又群學社在杭州有一種不定期刊物,名《群學社編》。

其時浙人在上海所辦的雜誌銷行較多壽命較(長)者有兩種,一種爲羅振玉和海寧王静安國維主編的《教育世界》,一爲張元濟主編的《外交報》。《教育世界》創刊於1901年(辛丑),初爲旬刊,專載譯文。從第六十九期起,改爲半月刊,擴充内容,包括論説、學理、教授、訓練、學制、中外學事等,出刊一百十六期爲止。《外交報》是我國研究國際時事問題最早的刊物,也算上海商務印書館出版最早的雜誌。而對外則用普通學書室爲總發行所,普通學書室就是由杜煒孫所辦的亞泉學館改組者。該報第一號,於1902年1月4日(辛丑十一月二十五日)出版,也是旬刊,有光紙鉛印綫裝本。内容有論説、文牘、外交紀聞、要電彙録等。到1910年(庚戌)停刊,共發行過二百零三期。其他還有桐鄉陸費伯鴻逵,於1906年(丙午),編輯了一種《圖書月報》,上海書業商會爲之出版發行。關於當時出版通訊的報導刊物,此爲最早的一種,僅出過三期即停止了。諸暨蔣觀雲智由,於1907年(丁未)在上海編行了《政論》月刊,内容分演講、論著、記載、社報等,這是梁卓如所辦的政聞社的機關刊物,僅出到第七期而止。嘉興陶惺存葆霖,於1911年(辛亥)在上海編行了《法政雜誌》,内容分社説、資料、雜纂、記事等,每月出版一册。民國後繼續下去,到1914年(乙卯)停刊。此外還有兩種學報,未詳發刊年月。一在上海出版,是瑞安陳介石黻宸主編的,名《新世界學報》①;一在杭州出版,是樂清陳志三虬主編的,名《利濟學堂報》②,此報與杭州醫學社所出的《醫學報》有一中一西之别。又,杭州還有所謂《新政交儆報》《五日報》等,並屬雜誌一類的出版物,主編者及發行年月都無考了。又,1904年(甲辰),金衢嚴處四個舊府屬各縣

① 1902年9月,《新世界學報》創辦於上海。——整理者

② 《利濟學堂報》,1897年1月20日陳虬於瑞安創辦。——整理者

部分人士，聯合起來，用“東浙學會”名義編出了《東浙雜誌》，發行於金華，這是本省地方性的早期刊物之一。

報紙方面，除汪辦的幾種已見上頁外，有杭辛齋和彭翼仲在北京所辦的《中華新報》，創刊於 1906 年（丙午），後因登載軍機大臣衛兵搶刦事被封禁，並將杭、彭二人遞解回籍。其時在杭州比較早出的報紙，次於《杭報》者，有《浙報》，創刊於 1901 年（辛丑）以前，又有《全浙公報》《浙江日報》《危言報》等，而寧波的《甬報》、紹興的《紹興公報》、上海的《江浙匯報》等，也屬早期産物。又清季時，紹興湯蟄仙壽潛和慈谿陳屺懷訓正等在上海舉辦的《天鐸報》，洪樵齡允祥任主筆，洪也是慈谿人①。

（五）編譯書籍

上文所述各種會社，大多兼營編譯出版事業。各種報刊，也大多兼載譯論或所翻譯的專書等，以充實其内容。所以編譯書籍工作，在那個維新運動時期也算一個重點。如務農會既發行《農學報》，在報上刊登譯述，又翻譯了東西文的農學書籍。十年之間，陸續出版者凡百餘種。蒙學會附設的蒙學書報局，既發行《蒙學報》，又編出兒童用書多種，有《初學讀書要略》《植物學歌略》《動物學歌略》，並出版於 1897 年（丁酉），每書都四字一句。1901 年（辛丑）編出《天文地理歌略》，也四字一句。其内容關於天文者二百九十句，關於地理及中國地方志者一千另十八句，並附載《行星圖表》及《東西兩半球地圖》。1902 年（壬寅），編出《中國各省府廳州縣方名歌》，每五字一句。又從英文書報譯成彙編爲《輿地啟蒙》一書，附有地圖，内容包括世界各國面積、人口、政治、教育、交通及進出口貨等情況。同時編出《亞洲全國簡明略説》《亞洲山勢略説》《亞洲水流略説》，其陸續編出者還有《蒙學地理紀要》《小學外國地理》《測繪輿圖入門》等書，又編出《中國史學策》《中國政治策》《中國藝學策》等書，並將諸書匯成叢刻，其中出於葉浩吾手撰者居多。譯學社既發行《譯林》月刊，而魏易、林紓二人合譯的美國人原著《黑奴籲天録》四卷，即於 1901 年（辛丑）木刻成書，由該社發行。該社改杭州合衆譯書局後，繼續譯行

① 晚清浙江地方報刊及浙人在外地所辦報刊，除本文所述以外，還有的是當時革命派宣傳反清革命的工具。如《杭州白話報》《平湖白話報》及蔡元培在上海編行的《警鐘日報》，章炳麟、諸宗元、馬敘倫等在上海編行的《國粹學報》，張恭、劉焜、盛俊等所編行的《萃新報》等，我已另寫，本文不録。

書籍頗多,而魏、林合譯的書,後來在上海及他處出版者甚多,其中尤以西洋小說爲著。又當時有吴挹清,杭州人,通法文,在上海譯書公會,參加《譯書公會報》的編譯工作,並將法文《五洲通志》《歐洲今世史》《歐洲通制》《國政制度字典》等書,譯成中文本出版,這也是戊戌前後的事情。又,亞泉學館改爲普通學書室後,印行了一些新書,其中如《普通新歷史》《普通新地理》等,是它自編的,頗能流行於一時。群學社於1905年(乙巳)編輯了《黄梨洲(宗羲)遺書》十種,石印出版,有《明夷待訪録》一卷、《今水經》一卷、《自著年譜》一卷、《南雷詩歷》四卷、《南雷文案》四卷、《外集》一卷、《南雷文定前集》十一卷、《後集》四卷、《三集》三卷、《附録》一卷。次年(丙午),該社譯印出版了《美國獨立史别裁》,繼又於1910年(宣統二年庚戌),譯印出版了《美國獨立史》。新學會社於1903年(癸卯),編出初級程度的理化和博物等各種教科書,爲一時寧波及外地學堂所採用。

在這時候,上海有兩個較大的編譯書籍的事業機構,兩個機構並與浙江人發生過關係。一個是上海教科書譯輯社,諸暨何燮侯燏時、義烏陳樂書槻,二人並爲該社組成的主要分子。所譯輯書,如1902年(壬寅)出版的《中學生理教科書》,是何譯美國人斯提爾的原著。1903年(癸卯)出版的《物理學》,是陳譯日本人水島久太郎的原著。1906年(丙午)出版的《中學算術教科書》是陳所編著的。該社與日本東京清國留學生會館所辦的教科書編譯社有聯繫,因此,陳所編著的《物理易解》及何譯日本人吉田彦六郎原著的《中等最新化學教科書》二書,曾於1902年(壬寅)和1904年(甲辰),先後在東京出版。何、陳以外,還有若干浙江人參加該社進行譯作,現在不能多舉。又一個是上海商務印書館編譯所,該所成立於1902年(壬寅),紹興蔡孑民元培和海鹽張菊生元濟,先後任該所所長,對編譯事宜,初定計劃。在1902年(壬寅)編出的,有《地理叢書》及以《帝國主義》爲首的《帝國叢書》,又有《華英音韻字典集成》,而嚴幾道復編著的《英文漢詁》也在是年由商務館印行。同時蔡、張爲該所羅致編譯人手,於是杜亞泉被任爲理化數學部主任。凡關這一方面的教科書及研究參考用書,都由杜計劃進行編譯。同時杜也自己動筆,或譯或編。1902年(壬寅),杜編的小學教科書《格致》和《筆算》二種,先在商務出版。1904年(甲辰)杜譯的最新中學教科書《植物學》和《礦物學》各一册,及杜編的《理化示教》一册,並在商務印行。1905年(乙巳),杜譯日本人三好學原著最新中學教科書《植物學》,隨著出版。從此杜的著作,與商務的出版事業,關係日深。1910年(庚戌),杜又主編了商務原辦的《東方雜誌》,大加改進,銷行才廣。杜在該所,曾介紹了紹興同鄉若干人進去,共事編譯,如謝洪賚就是其中之一,譯著也頗多。其在商務出版較早的,如1904年(甲辰)有謝與潘慎文合譯美國人路蜜士原著《最新微積學教科書》。1906年(丙午),有謝編《瀛寰全志》及謝譯美國人何德麥原著《最新中學教科書物理學》《最新中學教科書平面幾何學》《最新中學教科書立體幾何學》。1908年(戊申)有謝譯美國人費烈伯·史屈朗原著《最新中學教科書三角術》(附對數表)。又杜的堂弟名就田,也曾在該所襄助編譯。杜氏兄弟,並在商務印書館歷二十餘年之久。又當時上海有科學儀器館,是鎮海虞自勳銘新(一名和欽)和鍾憲鬯觀光等主辦的,也兼營編譯出版事業。如1903年(癸卯),有鍾觀光、鍾觀誥合譯中谷平四郎原著最新化學理論《伊洪説》和《平衡説》,及鍾觀誥譯日本人岡野英太郎原著《演説學》,並由該館印行。而虞和欽、虞和寅合譯日本人坪井次郎原著中學生理教科書,則出版於上海啟文社。

在這時候,南京有一個官辦的江楚編譯局,是江蘇、安徽、江西、湖北和湖南五省合設的,成立於1902年(壬寅),以編譯發行教科書及參考教材供應各省學堂需要爲任務。由於首任總纂是瑞安黄仲弢紹箕、副總纂是上虞羅叔韞振玉,所以浙籍人士在局裏參加編譯工作者有之,在局外接受徵稿特約者也有之。又黄旋於1904年(甲辰)任京師學務處編書局監督,有手定《中小學堂教科書編輯條例》若干條,又建議應將《中國教育史》和《外國教育史》分别編纂。於是他就自己着手進行《中國教育史》的撰作,但已成書者僅上古時代的部分,後在上海中華書局印行,其餘未刊之稿,散佚無存①。

其時在杭州出版界,還有一個没有出名的"彪蒙書室",曾於1905年(乙巳)編印了一些要給蒙學堂用的書。有《繪圖蒙學識字實在易》二十册,《造句實在易》《中國地理實在易》《外國地理實在易》《筆算實在易》《格致實用易》《衛生實在易》《中國白話史》《外國白話史》《蒙學虚字法》各四册。又有初等小學《筆算》《修身》《中國歷史》等各種教科書。《私塾改良全書》及《三千字文》諸書經送學部審查,都以不合教科書體例,批示駁斥。1908年(戊申),該書室又有《杭州鄉土歷史教授法》石印本出版,編者葉兆鯤。《杭州鄉土地理

① 關於江楚編譯局及黄任京師學務處編書局事和黄編《中國教育史》事,並詳見《五黄先生繫年合譜稿》。(此稿已收入《孫延釗集》。——整理者)

教科書及教授法》,也用石印發行,編者何孟廬。在這同一年,有何琪編《初等女子小學國文教科書》,出版發行於浙江,學部因其書中有男女平等之説,下令查禁。

(六)從事實業

半封建半殖民地的舊中國,在列强環伺的帝國主義經濟侵略日深一日的情況下,愛國的知識分子都以實業不振引爲憂慮。也有些人從地主或從官僚或從商賈出身者,開始感覺到在思想上發生民族資本主義的傾向,企圖用改良主義的辦法,使中國走向資本主義的道路,因而集合一些親友,小試其端地搞起了有關國計民生的一些機器生産事業。他們可以説一方面具有愛國主義的富强理想,另一方面,也還存在着個人主義的名利觀念,要藉此爲自己的社會活動準備一些條件。當其時此類的人,東南各省地方比較多,而浙江以杭州、湖州、寧波、紹興等府屬的紳商比較有些本錢可出。

杭州紳富丁松生丙與湖州絲商龐萊臣元濟,對繅絲和織布業合力經始,是一個可舉的先例。丁的生平,亦讀亦商,愛收圖籍,又編又刻,所居有八千卷樓,也稱爲晚清海内四大藏書家之一。他還似乎曾在地方上做過些所謂"急公好義"的事情,所以當時人也有稱"善士"者。龐官候補四品京堂,在杭經營錢莊之業,因而和丁交好。二人先於1889年(光緒十五年己丑),籌集股本,向國外購辦紡紗機器,創設通益公紗廠於拱宸橋。但在當時倡始的情況下,商股難集,經龐奏准清廷撥借官款,以助建廠。其後歷八年而開工。1897年(丁酉)建廠工竣,才得開始生産,但由於資金不足,經營不善,終於辦到1902年(壬寅)而告停業。後來讓歸李鴻章的鄉親高懿承鳳德接辦,改爲通益公紗廠新公司。丁、龐二人又於1895年(乙未八月)另設一個世經繅絲廠,地點也在拱宸橋,向上海磨尼篤公司購辦機器,燃料用日本煤。而丁丙再於次年(丙申)在塘棲開辦制絲所,時丁已六十五歲。後到1899年(己亥),他就逝世了。1904年(甲辰)龐奉清廷商部命令承辦機器造紙公司於上海,他並因此於1908年(戊申)得到清廷賞給封典。看來龐對我國那最初期的機器造紙工業,也算是在始事出過力的官員之一吧。

又,杭州商人有楊長清、陳素臣、金敬秋者,發起招集股本,並邀紹興紳富陳文卿、陳竹卿參加,合辦杭州電廠。於1908年(戊申)建築廠房,初定名稱"浙省大有電燈股份有限公司",而浙江興業銀行協理紹興人吴毅庭等,也隨而入股。次年(宣統元年己酉),省撥官股,更名“浙省官商合股商辦大有利電燈股份有限公司”,聘杭州總商會會長王薌泉爲總理,陳文卿、吴毅庭分任經協理。其他在杭州初設的工廠,還有如杭州蒸汽石印廠,開辦於1892年(壬辰);杭州振華肥皂廠,創辦人許元謙,1901年(辛丑)成立;杭州利用麵粉廠,是信義洋行買辦莊誦先辦的,成立於1900年(庚子)。此外,則航運方面也有了幾個商辦的輪船公司,分别經營從杭州到嘉興、湖州及上海、蘇州等處的航運事業。

在寧波初設者,當首推1887年(光緒十三年丁亥)開辦的“通久源軋花廠”。而以官僚經商的嚴信厚是它的創辦人,先後購用日、英兩國製造的機器,並聘用幾個日本工程師和技師。到1892年(壬辰),再向本地及上海商人添招股本,擴展規模,兼營紡紗。於1894年(甲午),成立了通久源機器織布紡紗局,地與軋花局相連,1896年(丙申)開工。又,寧波的電燈廠,也比杭州辦得早些,於1901年(辛丑)就成立了。在這一年,寧波還成立了一個順記機器廠。又,慈谿火柴廠,也是寧波商人創辦,其成立大約也在這幾年間。

在舊紹興府屬方面,較先開辦的工廠,算蕭山紳富樓景暉創設的兩處,一個是合義絲廠,另一個是通惠公紗廠,並在縣城東門外,建立於1897年(丁酉)。拿絲來説:本來湖州名産一向著稱於中外,而機器繅絲工廠的舉辦並不那麼很早。1908年(戊申),才有當地殷商王笙甫維鏞和范芹甫及官僚吴書年匡、温蔗青以燠四人發起集資經營。次年(己酉),建廠於府城北門外,名曰公益繅絲廠,由王任廠長,同時王、吴二人,並在上海合辦源錩絲廠,以助推銷於各外國洋行。

至於開採礦産的工業,在浙江當時發起來搞的人更少了,現在可舉者衹有如嚴州府屬壽昌縣李家竹龍圍煤礦公司、台州府屬臨海縣赤霞煤礦公司和温州府屬永嘉縣富强礦務公司而已。

1961年12月於杭州

戊戌前後在浙江出現的若干學館[①]

短引

在中國教育整個歷史上看來,學館和學堂及書院等,都是老早已有了的事物名詞。宋元以後,書院之稱,獨爲通行。學館和學堂,則直到晚清才在社會上再度出現。晚清時期的演變經過,又可分爲兩個小小階段。前一小小階段,是三者暫時並存的,有的名叫學館,有的名叫學堂,而舊式書院,仍延殘局。新型書院,個别産生[②]。後一小小階段,則學院和書院俱廢,一律换上學堂的招牌了。學館也好,學堂也好,書院也好,其組織形式和教學内容,雖隨着各個朝代而有舊制新規的某些差别,而它們總是一貫地爲那地主統治階級的封建主義政治繼續服務,與那老早已有的東西比較,表面上大不相同,而封建性的實質依然絲毫没有什麼改變。至於當時中國是個半封建半殖民地的國家,凡百教育措施,既爲封建統治盡忠,同時又要開始推行爲資産階級改良主義而致力所謂"中體西用"的新學運動。有的甚至更要培養買辦洋奴,使得外來帝國主義經濟文化侵略效其犬馬之勞。如此走向極端反動的情況,則不是老早已有,而是到晚清才有的特點了。關於晚清學館的遺聞,我此前曾經在所寫的以全國爲範圍的《晚清學校教育始末簡記》一文中[③],一併談及一些,有如北京同文館、譯學館、計學館,上海廣方言館,廣東實學館和浙江蠶學館等等,大約舉出幾十個。那篇稿子,已由省政協審核轉送全國政協去了。這裏我想單將當時屬於本省方面的若干學館,不論大小,統按它們的成立年時先後爲次第,另述一番。大致包括了前文已載的部分學館,以及前文没有列

① 手稿藏温圖(編號:80103 孫 8 · 7)。原稿用横直兩用稿紙(20×25)17 頁,散頁 3 頁,共 20 頁。——整理者

② 例如杭州求是書院和養正書塾,又當時外國教士在華辦學,也多稱某書院。

③ 此文後更名爲《晚清學館始末簡記》,收録於《文史資料存稿選編》第 24 册"教育",中國人民政治協商會議全國委員會文史資料委員會編,中國文史出版社 2002 年 8 月版。——整理者

入而本文加以拾輯的部分學館。而有些地方,隨筆插進了一些有關的原始資料,但由於所知所憶僅止於此,所以各節寫得或詳或略,分量不能平衡。其中缺誤之處甚多,希諸熟悉近代浙江地方教育掌故者給以增益和訂正。

臨海算學館

臨海算學館,創設於 1895 年(光緒二十一年乙未),聘本地老算學家李璆及其弟子李作羹、陳爾文等任教師,但没有多少時間就停辦了。璆字琅鄉,專治算學凡三十年,歷主龍山、石録各書院算學齋長,著書十四種,合署爲《鍾秀庵算學》,也稱《衍元海鑒》,凡二十卷,有活字版本及石印本並行於世。作羹字紫霞,爾文字澤成,並本縣人。

瑞安學計館

瑞安學計館,原名瑞安算學書院[①],成立於 1896 年(丙申),陰曆三月初一日是它的正式開學日期。發起創辦者,有黄紹箕(字仲弢,號鮮庵,後任湖北提學使),項崧(原名芳蘭,字申甫,後任浙江省教育總會副會長)和我父親等共九人[②]。據我父親手撰的《瑞安新開學計館敘》,開首就説:"光緒乙未,東事甫定,中國士大夫,始有國威未振之懼,於是京都及南洋,皆有强學書局之舉,而瑞安同人亦議於邑城卓忠毅公祠開學計館[③],以教邑之子弟,皆以甄綜藝術,培養人材,導厥途轍,以應時需。"這一段話,説明了這一個學館,與當時京都、南洋各地的强學書局,因爲甲午戰争失敗以後戊戌變法維新以前適"應時需"的産物。其學規規定學生除習算外,如中外交涉事務,本國及各國時事新聞,及近譯出版西人所著格致諸書,每日擇簡明切要者講示若干條,以廣見聞

① 瑞安學計館籌辦之初,原擬定名爲瑞安算學書院,訂有章程十六條,學規二十六條,大課規程十條,並曾木刻印行。院舍建成之後,看内容設備,好像與本地原有的舊式書院有所不同,因仿北京同文館中的天文算學館,及上海、湖北、廣東各地的算學館例,將"書院"二字改爲"館"字。而"學計"二字,出於《禮記》書中的《内則》篇,好像比"算學"二字來得古雅些,所以也把它改掉。這是由於舊時代人文士的好尚習慣,總是事事喜歡引經據典,厚古薄今,其實這二字的改動,是無關必要的。

② 瑞安算計館的發起創辦者,除黄、項二先生和我父之外,還有:黄紹第,字叔頌,號縵庵;周拱藻,原名璪,字仲龍;洪錦標,字叔琳;王思植,字雪璞;鮑錦江,字稚琴;楊世環,字笑滄;都是本縣在城居住的士紳。

③ 序文見《經微室遺集》卷四。卓忠毅名敬,字惟恭,是明初時代本地唯一的算學專家。學計館用他的祠宇來作館舍,具有紀念鄉賢以承前啟後的含義。

而裨實用。據此,則學計館除教授兩級程度的中西算學外,還經常兼向學生灌輸了一些時務及通常的各種科學知識。館中設館長一人,也稱總教習,設分教習二人,爲之助手。學生分甲乙兩班,按期到館上課,每月各九天,其餘日子,學生在家各自修習,並各自做筆記,於上班時送館審評,作爲平時成績。館中分發所備書報,令學生於課餘時間輪流傳借閱讀,隨時提出疑問,由總教習或分教習給以解答。館中教師待遇,是總教習每月致送銀洋十元,分教習每人每月致送銀元四元。當時科舉制未廢,學生中如有應歲科試而入邑庠者,則對總、分教習各有所謂"贄敬"之送,這一點還沿用向來書院的舊例。該館首任館長林調梅(字和叔),他是當時本地的一個兼治中算和西算的學者,分教習是陳範和金晦。陳字式卿,著有算書数種,名曰《形代通釋》《重學釋例》《算藝偶存》和《算學引蒙》,曾由館中油印作爲課本①。1900 年(庚子),林因病請長假,由陳代理職務,林旋逝世,陳繼任到次年(辛丑)年底爲止,館也就此停辦。其歷年所招學生,據我所知,第一年(丙申)只有十四名,第二年(丁酉)有二十七名,第三年(戊戌)有二十九名,第四年(己亥)有二十六名,第五年(庚子)有三十五名,第六年(辛丑)有三十四名。其經費來源,出自地方官紳捐款,並曾經向外地籌募補充一些,總之是一個私立性質的學館。

瑞安方言館

在瑞安學計館成立的第二年(丁酉),我父與項芳蘭等接上開辦了另一個私立學館,名曰瑞安方言館。館址在縣城范大橋街項家祠堂,分設東文、西文(英文)兩班,學額各有二十五名,是年陰曆二月十六日開學。功課兼及外國歷史地理,並設有教材室,其中陳列中外新書及輿圖等,以供師生使用。辦到 1901 年(辛丑)冬季爲止,與學計館歸併成爲瑞安普通學堂②。瑞安普通學堂的開學,在 1902 年(壬寅)陰曆正月二十日,堂舍仍用卓祠。它是官撥地方公款作爲經費的主要來源的,比私立兩館規模稍微擴充了些,分設中文、西文(英文)、算學三個班。學生既可以專修、也可以兼習。學額每班三十名,以年在十五歲以上三十歲以下、文理清通身心健康者爲合格。脩金(即學費)兼習

① 林調梅是本縣老算學家陳潤之的學生。潤之字菊潭,著有《割圓弧矢捷法》《古今朔閏表》《春秋朔食演算法》《東甌星晷表》等書,陳範就是他的兒子。

② 瑞安普通學堂章程三十條,有木刻本印行。

生每年二十元,專修生每年十二元。堂中設正副總理各一人,監學二人,總教習一人,教習八人。黄紹箕任總理,我父任副總理兼總教習,並不受酬給。教習以兩館原任教習爲基本人選而加以添聘。中文班功課,有經學、史學、子學、掌故、西政、西藝、輿地七門。教習口授,不編講義,口授之後,指定參考書目,令學生取書自讀。條爲札記,備有考問簿。教習日常授課之餘,留二十分鐘,就前所已授各課中出題發問,當場令答,以作測驗。諸生各將答案寫入簿中,於退班時呈繳教習,評記分數。每逢星期日,試作策論一篇,仍如一般書院家塾改卷舊例,評定名次,揭榜出示。西文班功課,有英語讀本、會話、文法及英文世界史、世界地理、世界文選六門。學生中之初習者,用《華英初階》《英文法程》二書爲基本教材。程度較高者,酌授以英文史地、英文文選等,由教習選録,用謄寫版印發諸生。算學班功課,有中西新舊數學及物理、化學等門。初學者用《筆算數學》一書爲入門,程度較高者,用《代數備旨》《數理精藴》二書,及勾股、三角測量、製圖等書。又除三班分課各門外,另有國文、倫理、體操三門,則聚全堂學生共同上課。該學堂辦理到 1904 年(甲辰)年底,因爲學生多數要求出洋赴日本遊學,即告結束,並將卓祠改設官立瑞安高等小學堂。1906 年(丙午),官立瑞安中學堂成立,又收納了舊普通學堂的部分師生進去,那就是現在的瑞安中學的前身了。

寧波中西格致學館

寧波中西格致學館,是舊寧波府屬各縣部分士紳聯合集款舉辦的,於 1897 年(丁酉)在府城成立。以算學、物理、化學及國文、英文、日文等課分班教授,學生頗多。旋改稱學堂,其後又演變成官立的寧波府學堂。

温州蠶桑學館

晚清時期,在全國範圍内所見比較早的有關蠶桑生産事業的教育機構,可以説只有三個單位,一個是温州蠶桑學館,一個是杭州蠶學館,一個是江西高要縣的蠶桑學堂。這三個都在戊戌以前就産生了的。温州蠶桑學館設在永嘉縣城,成立於 1897 年(丁酉),當時我父曾以創辦人名義寫過一篇《告温州同鄉書》刊印發表,其中略云:"温州古稱八蠶之鄉,遠當劉宋時代(420—478),鄭輯之在《永嘉郡記》中曾載其名目,而後世失傳,亟宜集合同人,搜拾文獻,重加研究,專設學館,招生肄業,博取歷來相傳之中國種桑養蠶舊籍,兼採近時新譯出版之法蘭西、意大利和日本各國蠶桑學書,並作教材,以資講習,附闢廣場,以供實驗。務使土桑劣種,逐漸改良;多病蠶身,隨時療治。則吾鄉斯業,可期復見振興。倘使所獲絲質,能與蘇、湖名産相媲美,或更進而勝過之,誠於國計民生裨利甚多也。"[①]又《館章》中也説:"參用中西新舊諸法,考驗蠶種,選制蠶子紙,教導並推行植桑飼蠶事業。"[②]該館開辦的同時,瑞安成立一個務農會,也兼經營蠶業,與該館互相聯繫。會中所種植物,即以桑爲大宗,會員吴詒壽字子翼,專司其事,後來著有《蠶桑驗要》一書,刊行於世。該館創辦1901年(辛丑),改爲官立温州蠶桑學堂,任平陽黄慶澄爲堂長,同時在樂清、平陽二縣,各設蠶桑分局,將學堂中所挑選的桑秧分發士民領種,以期推廣。到民國後,該學堂還在繼續辦理下去。

杭州蠶學館

1897年(丁酉),杭州府知府林啟,創辦了杭州蠶學館。啟字迪臣,福建福州人,當他在浙江做官時,還先後辦起"中西求是書院"和"養正書塾"於杭州,也是能開地方風氣之先的。該學館是由浙江布政使特撥巨額官款而設立起來的,比温州蠶桑學館經費充裕得多,規模廣大得多,所以籌備工作做到第二年春間才完成,於1898年(戊戌)陰曆三月十一日正式開館。館舍在西湖金沙港舊關帝廟和清怡賢親王祠堂的故址。林自任總辦,當地士紳樊恭煦(字覺先,號介軒)爲總董,邵章(字伯絅,號倬庵)、沈銘先後爲館正,慈谿林頤山(字晉霞)爲館副,鄞縣江金生等爲教習,後添用日本人爲副教習。初招學生一班三十名,都用官款發給津貼學膳各費,以資特别鼓勵。旋因辦有成績,對社會吸引力加强,於是增添學額,以廣招致,而官費津貼則認爲不需要而取消了。教學規程,也通過逐年改進而相當完備。1902年(壬寅),闢試驗場於長慶寺。1908年(戊申),改爲浙江中等蠶桑學堂。同年八月,本籍京官吴士鑑(字絅齋)上奏清廷,改爲浙江高等蠶桑學堂,並改設監督,以代替館正。1910年(宣統二年庚戌),設分部於崇文書院舊址。辛亥革命後,易名公立蠶桑學校,旋又改稱浙江省立甲種蠶桑學校。該館從始設到後期,數十年來,所造就這方面的專業人才,最爲稱盛,又該館師生曾兼從事於有關蠶桑學書的譯作,

① 此書見《經微室遺集》卷六。

② 温州蠶桑學館章程二十條,有木刻本印行。

當時上海書業界匯印出版過一種叢書,名曰《蠶書叢刊》,即有該館所譯的日文書数種並見入選,以流行於世①。又杭州當清末時,另有一個蠶桑女子學堂,成立於1907年(丁未),創辦人樓文鑣,餘事未詳。

紹興中西學館

紹興中西學館,是紹興中西學堂的原名,開辦於1898年(戊戌),聘杜亞泉等爲教習。功課包括中外歷史、中外地理、國文、英文、算學、理化、博物等門。杜原名煒孫,字秋帆,號傖父,本地人。1900年(庚子)秋,該學館停辦,他到上海去,創設"亞泉學館",編印《亞泉雜誌》,我國有自辦的科學刊物從此始,又編行《中外算報》《普通學報》(初名《普通學書室雜誌》)。

上虞算學館

1898年(戊戌),上虞縣城開辦算學館,聘專家支寶枏爲教習。當時有課藝二册印行,見於課藝册中者,有學生二十八人。寶枏字雯甫,嵊縣人,與嘉善陳維祺、嘉興繆朝銓、桐鄉沈蕫蒸等共治算學,各有著作。寶枏後任兩湖書院及江南高等學堂算學教習多年。

瑞平化學館

1899年(己亥)春,温州府城出現了一個以瑞平二字冠首的化學館。瑞指瑞安,平指平陽,説明了這一學館是由兩縣的幾個士紳合資舉辦的。我父也爲創辦人之一②,因即用當地原有的孫氏詒善試館舊屋修葺爲學舍,其他創辦人還有楊景澄、吴箴、金晦等。楊字愚樓,吴字霽庵。金字稚蓮,號遯齋,原名鳴昌,字志習,先任瑞安學計館分教習。該館成立,他即轉任該館館長。該館首期招生三十名,於是年二月十五日開學,旋易"館"字爲"學堂",後到1901年(辛丑),官立的温州府學堂開辦,將該學堂歸併辦理,所有館藏書籍、儀器、金石、藥劑等都移交府學堂接收。學生成績較優者,並選送入堂繼續肄業。所謂府學堂,就是現在温州中學的前身的最初階段形式。

---

① 關於杭州蠶桑學館史事,《浙江文史資料選輯》第一輯載鄭曉滄先生所撰《戊戌前後浙江興學紀要與林啟對教育的貢獻》一文,敘述翔實,本文節略其所已詳,而也另有數語,似可稍補其所未及。請覽者参互閱之,並向鄭先生求教,以爲何如?

② 《經微室遺集》卷四有《瑞平化學學堂緣起》一篇。

樂清和平陽算學館

樂清算學館設在縣城，成立於1899年（己亥），縣人陳莛任館長，有學生二十餘人。莛字詠香，著有《訴軒算草》等書多種。同年平陽縣城也成立了算學館，縣人黄慶澄任館長，陳宗虞任教習①。慶澄字源初，宗虞字質甫，二人先在上海編行《算學報》，出過十二期。慶澄所著《代數鑰》七卷、《幾何析義》二卷、《比例新術》一卷、《開方提要》一卷、《中西普通書目表》一卷，並在算學報館印行。宗虞在浙江輿圖局任水陸道里的測繪工作。這兩個私立算學館，並仿照瑞安算計館辦法進行，後各歸入官立的各該縣學堂裏去。

桐鄉算學館

1900年（庚子）春季，桐鄉人士嚴杏林、嚴槐林兄弟，在縣城舉辦了算學館。二人先曾在上海，與廣東番禺人朱憲章、朱成章兄弟，繼黄慶澄等之後，續編發行《算學報》，於1899年（己亥）四月出版，僅出二期即停刊了。

其他各種學館

據我當初所聞，自晚清光緒乙未到庚子之間，在浙江各府縣地方先後産生的學館，大約有了四五十個。除如上述十多個以外，其他許多學館，創辦人、成立年月及辦理經過，我現在都回憶不起來了。有一部分，只記得它的名稱和所在縣份。例如武林學館，在舊杭州府屬錢塘縣；成達學館，在舊杭州府屬海寧州；英算學館，在舊嘉興府屬秀水縣；育才學館，在舊嘉興府屬海鹽縣；格致學館，在舊嘉興府屬平湖縣；知新學館，在舊湖州府屬烏程縣；理化學館，在舊湖州府屬歸安縣；英文學館，在舊寧波府屬鄞縣；夜讀學館，在舊寧波府屬慈谿縣；樂群學館，在舊寧波府屬象山縣；商務學館，在舊寧波府屬鎮海縣；東文學館，在舊紹興府屬山陰縣；英日文講習館，在舊紹興府屬諸暨縣；勵志學館，在舊紹興府屬蕭山縣；體用學館，在舊台州府屬臨海縣；農藝學館，在舊處州府屬麗水縣。

而專講算學的，則如舊嘉興府屬嘉興縣、嘉善縣，舊湖州府屬長興縣，舊寧波府屬定海縣，舊台州府屬黄岩縣、太平縣（今温嶺縣），舊金華府屬金華

① 黄慶澄、陳宗虞二人，同從楊鏡澄受業，又同受算學於金晦。

縣、義烏縣，舊嚴州府屬崇安縣[①]及舊處州府屬青田縣，也各分别舉辦，其中或稱算學館、或稱明算館、或稱中西算術館、或稱算法實習館。又，有的我祇記得其名，而忘記了它們的所在。如曰速成(不止一處)，曰半日(不止一處)，曰尚志，曰啟明，曰廣智，曰通藝，曰精勤，曰啟新，曰競進，曰三育，曰致知，曰致用，曰華英，不能盡舉。至於童蒙學館，好像也有幾個，可是名稱和所在地，也説不出來了。

小結

綜上所述觀之，除杭州蠶學館地處省會，種種條件與衆不同，可以説獨能成爲一個巨擘外，大都困於社會環境，限於人力物力，只得因陋就簡，至多不過草創其小試的規模，或僅辦了個短短時間，即歎難以爲繼。但是其中有由各該地方的比較開明士紳出來倡辦的，有學者足夠充當師資之選的，教學方法比較切實有效的，歷年來館肄業人數不致很少的，曾經有過一二人才出乎其間的。如此之類，就可以説是比較能夠適合那個時代辦學標準的典型事物。也就是説對當時爲封建教育服務的所謂“興學育才”運動可能起着些微進步作用，同那毫無成績的學館，以及當時遺留而原封未動的舊式書院和一般官僚地主人家私塾等，連起碼的改良主義也且談不上者，似乎可以區别開來看待。因此，我個人認爲把它們的點滴寫記下來，在浙江地方教育沿革上，也似乎具有一定的歷史意義。至於在這批學館中，專治算學者比較特多，爲什麼當時會這樣的呢？我個人認爲這裏的原因大致有四，即：

1.明末清初之間，西洋有些科學書籍包括天文算學書籍在内傳到中國，並開始譯行中文本，讀者認爲算學必須中西兼治，取長補短。因此，清朝在國子監中專設算學齋肄業生，而即以中西算書並作教本，可是學額太少，效果甚微。道光以後，外國算籍及各種科學技術新書輸進我國而譯行者越來越多，讀者又感到研究這些東西，非先打好算學基礎來準備條件不可。同治年間，在北京同文館中增設了天文算學一館，徵聘著名的專家如海寧李善蘭等人爲總、分教習。這一措施，比國子監算學齋爲稍進一步。在各省地方，先也只是某些書院設有算學齋，到光緒甲申後，才有專設算學書院或算學館者。這也是比較地由小到大的發展過程，同時，也就在社會上逐漸形成了一股時髦的

① 崇安縣，原稿如此，疑爲崇德縣之誤。——整理者

治算風氣,流播四方。浙江當然同樣受到影響。

2.當時全國各省的改良維新運動,可以説湖南搞得最熱烈,其主要人物如譚嗣同(字復生,號壯飛)、唐才常(字佛塵)等,尤致力於提倡振興中國的算學。1898 年(戊戌),他們在組織瀏陽算學館的同時,即在《湘報》上大聲疾呼地發表了長篇的《興算學議》,一時湖南各縣地方相繼而起設立算學館或算學社者甚多。其《興算學議》一篇文章,又經上海各報轉載,廣泛宣傳,引起了一時寫作者的同情,並在各報上陸續刊布其同類題目的論撰。於是各省人士包括浙江人士在内,每接觸到這些報刊,便在心情上不能無所感動。

3.按照清朝科舉考試制度,早有算學取士的規定,但先前不大有人報考。到光緒十三年(丁亥),總理各國事務衙門(後改外務部)需要培養一批辦理洋務的人員,因將所謂算學取士辦法重新修訂,特别對各省士子報考算學者(包括格物、機器及各國史地等在内),增加名額,給以某些獎勵,以示優待而盡先任用。再到光緒二十三年(丁酉),清廷又飭各省學政及鄉試考官,對士子應考算學的試卷,特别留心選拔。"如果精通算學,即文筆稍次,亦准取中,以示獎勵"。這樣接二連三的給士子以精神刺激,因而導使醉心八股時文之徒,也發生較多興趣來兼事治算,認爲這是得科第入仕宦的新捷徑。不過此時他們的治算,還只有舊式書院的算學齋可入,到專設的算學館一開,而科舉制仍未廢止,他們當然認爲比算學齋來得好,更能適應他們集體學習的要求而願意舍彼就此。因此,在學館方面,就可以把這些人當作招生的一個好對象,而不致有學生招不起來的顧慮了。

4.戊戌辛丑年間,清廷兩次下詔令各省地方開辦新學,各地方官和紳士們,不得不奉行朝命,各謀應付所謂當務之急。但是由於經費、設備、師資種種問題,都感到困難重重。於是他們就考慮到單一性的算學館,比辦其他各種專修的或者普通性質的學館或學堂,爲費輕而易舉,認爲有先走一步以小試其端的可能。而某些地方上還能有幾個平素治算的人士,可以找出來充作教師,就地取材,又比較省事。因此,所以當時的學館,就以這一方面爲較易於觀成,這也是各省皆然,不但浙江如此。

1962 年 1 月於杭州

浙江近代學藝界集體組織簡況彙編[①]

本文編寫範圍:縱的方面,自入民國起,到新中國成立以前幾年爲止;横的方面,分爲四個部分。第一部分,是創辦成立於浙江省範圍内各縣市地方的學術界和文藝界各種集體組織;第二部分,是有些全國性的集體組織,總機構不在浙江而浙江有其分支組織者;第三部分,全國性的集體組織曾經來到浙江搞過臨時活動者;第四部分,外國教會中人在浙江所辦含有文化侵略性的文藝團體。各部分的簡略情況,姑就我個人當時所見所聞,而現在還能記憶得起者,及自己手頭參考資料可查者爲限。

第一部分

商學協會

商學協會在寧波,成立於 1913 年(民國二年癸丑),曾經編輯出版過刊物,名叫《商學雜誌》,内容有商業學科研究、商法條文解釋和商情調查報告等欄。

目録學社

1915 年(乙卯),杭州浙江圖書館職員有目録學社的組織,由該館監理兼編輯章箴(字仲銘,餘杭人,後繼龔寶銓任館長)主其事,旨在集體研究,以便利進行館藏圖書的編目工作。

剡溪學社

剡溪在嵊縣,因而嵊縣在古代曾經名爲剡縣,該社是當時嵊縣人士所組

① 手稿藏温圖(編號:80098 孫 8・2)。原稿横直兩用稿紙(20×25)30 頁。——整理者

織,但社址所在及成立年月並未詳。我衹知道該社印行的第一期年刊,是1917年(丁巳)編印出版的。

四明文獻社

寧波人士於1917年(丁巳)組織成立了四明文獻社,以徵集和研究地方舊文獻及校理刊印鄉先哲遺著爲工作任務。如馮貞群(字孟顓)、梁秉章(字廉夫)、忻江明(字紹如,號鶴巢)、夏啟瑜(字同甫)、張壽鏞(字詠霓,號約園)等,都是社員。次年(戊午),將清全祖望遺著《續甬上耆舊詩》一百二十卷,附馮貞群《考略》一卷,排印出版。後到1931年(辛未),《四明經籍志》編撰成書。又將清董沛舊輯《四明清詩略》二十五卷,與忻江明新輯《四明清詩續稿》八卷,卷首三卷,合併寫定,在上海中華書局印行。1934年(甲戌),又組織了"四明書籍提要編輯社"於上海,6月1日成立,推夏爲編輯主任,忻爲副主任。1936年(丙子),撰成《四明書籍提要》甲集十卷。該社附設在上海寧波同鄉會藏書室内。又張所編印的《四明叢書》,自1933年(癸酉)至1940年(庚辰),凡出版過七集,一百六十種,一千七百七十卷,其第八集刻未及半而中輟。張饒於官僚資本,邊購邊刊,而編校工作,實得夏、馮等人的襄助爲多。

芝社

芝社在1918年(戊午)成立於杭州,是當地若干人士共同組織起來的文藝性團體。當時印有《芝社同人録》一册,社員人數頗多。

求知學社

餘杭縣人士李子幹等所組織的求知學社,成立於1919年(己未)10月,分設閱書、讀報兩部,社務經費,出自募捐。1923年(癸亥)4月,改爲縣立公同圖書館。又該社成立之初,曾經聘請章炳麟爲名譽社長。

新學會

1919年(己未),永嘉縣的青壯年若干人士聯合組織了新學會,會所在温州倉橋浙江第十中學校内。次年(庚申)1月,創刊出版了《新學報》,每半年刊出一册。

浙江印刷公司工作互助會

1920年(庚申),杭州浙江印刷公司的職工們,聯合組織成立了“工作互助會”,以革除舊工業,研究新技術,圖謀工界福利,增進工人智識爲趣旨。是年12月,創刊出版了一種在當時看來是相當進步的新鮮刊物,名曰《曲江工潮》,每半月出一期。這是五四運動後浙江工人階級開始發動的產物。

悟社與新吾學會

悟社是浙江第一師範學校學生阮毅成等所組織,1920年10月24日成立於杭州。凡社員都須閱讀《三民主義》和《知難行易》等書。編印發行了《悟社季刊》。1923年(癸亥),改組成爲新吾學會,時阮等在上海中國公學附屬中學讀書,該會因即設在上海。會中設備,有圖書室、學術研究部、社會問題研究組、非宗教講習會,但組織多不夠健全。後又分別成立各地方事務所二十處,各事務所之間有輪流通訊。對外事業,有參觀團、講演會、露天通告(即壁報)等。其先後出版刊物,有《新吾彙刊》《新吾旬刊》《新吾與新種子週刊》《新種子與新芽半週刊》。發行期間,以《新種子與新芽》出到一百十五期爲最長久。而該學會辦到1926年(丙寅)之冬停止。

慎社甌社戊社和陶社

慎社成立於1920年(庚申),甌社成立於1921年(辛酉),是當時温州的詩詞作者陳閎慧(字仲陶)、梅雨清(字泠生)、夏承燾(字瞿禪)、王起(字季思)、嚴文黼(字琴隱)等發起組織。[①] 社員各相當多,有的兼入兩社,而外籍人之官於此地或流寓而來者,也有參加。慎社是研究詩學的,先後編出印行過《慎社》社刊四集。甌社是研究詞學的,選印出過《甌社詞鈔》一卷。兩社並設在永嘉縣舊東山書院内,因爲這裏原有永嘉詩人祠堂,是幾年前冒廣生在甌海關監督任時所建,並彙刊了《永嘉詩人祠堂叢刻》十四種。兩社社員經常在此集會,也可兼任管理之事。其外籍社員之以詩詞著稱者,有如林鵾翔(字鐵尊,吴興人),時任甌海道尹,有《廣詠梅詞》一册,印行於甌社。

其後幾年,平陽也有了一個詩社,因爲它於1928年(戊辰)成立,所以名之曰“戊”。主其事者,是劉紹寬(字次饒,號厚莊),有社員王理孚字志忱等二

① 經查《慎社交信録》與《甌社詞鈔姓氏録》,王季思均不在内。——编者

十餘人。社事繼續舉行了好多年,有《戊社》社刊若干册。同時瑞安又組織成立了一個有社員四十餘人的陶社,發起人是池志澂(字雲山,號臥廬)、孫延畛(字星農)、俞煦牲(字春如)、李翘(字孟楚)等,印有《陶社同人録》一册。

甌社、慎社、陶社,都是以所在地得名。甌是東甌,即温州的古名;慎是慎江,即甌江的古名;陶是陶峰,在瑞安城北内外,其地舊有孫敬軒先生(希旦)的讀書樓,因而設社於此,以表紀念。後來該社曾於1929年(己巳),石印出版了《卓忠毅遺稿》三卷,是明初瑞安人卓敬所著,原刊於1809年(清嘉慶十四年己巳),相隔一百二十年了。

任社

1922年(壬戌)之秋,任社成立於杭州,編刊了《責任雜誌》。是年11月27日,創刊號出版,五四運動後在浙江發行的刊物,這也似可算作比較進步者之一了。

工商友誼會

工商友誼會是當時温州工商業界若干人士聯合組織以共事調查研究工作爲團體,成立於1922年(壬戌),會所在舊永嘉縣城大沙巷二十五號。次年(癸亥)1月,創刊出版了《工商友誼會報》,中有工商知識一欄。

三三醫學社

紹興裘吉生醫士,先於1912年(民國元年壬子),創辦《紹興醫藥學報》,編刊出版過若干期。到1923年(癸亥),在杭州組織成立了三三醫學社,以便利進行集體研究和出版事業。成立之初,即編行《三三醫報》,隨後陸續編輯而彙刊之書,有《三三醫書》,凡三集,每集各三十三種,合共九十九種。又有《醫藥叢書》《鮮溪醫書》《國醫百家》等,都凡二百七十餘種。[①] 1929年(己巳),將社中所有出版書報,撰成書目提要印行。1936(丙子),上海世界書局

---

① 據楊東方教授等研究:裘吉生在《讀有用書樓醫書選刊》第一種《温熱類編印行》"本書緣起"(1926年)中梳理了他們出版的醫籍:孤本醫書百數種、《醫藥叢書》四集、《紹興醫報叢書》八十餘種、《國醫百家》八種、《鮮溪醫述》七種、《醫報彙編》三十種、《三三醫書》九十九種。初步算下來有幾百種之多。(楊東方、周明鑒《民國中醫典籍出版特徵探究》,載《吉林中醫藥》第三十七卷第四期,2017年4月,第418—422頁。)——整理者

彙印《珍本醫書集成》,全書凡九十種,是由吉生爲之選輯而成,其凡例中談到自己收藏情況説:“搜求醫書四十餘年,積醫書三千數百種。”

浙江世界語學社

1887年(清光緒十三年丁亥)的時候,波蘭人札曼荷夫所創的一種世界通用語言,稱爲“世界語”。後來逐漸推行,引起人們研習,在我國也就有世界語學會的設立。而浙江這個學社則組織成立於1924年(甲子),社所在杭州,有社員三十餘人。研究結果,編印出版了《世界語漢文新字典》一書。

霜楓文藝社

霜楓文藝社在杭州,1924年(甲子)刊印出版了沈復《浮生六記》。

乙丑小説社

1925年,温州文藝界若干人士,爲集合研究古今中外著名小説作品,組織成立了這個社,因爲歲值乙丑,即取用爲社名。次年(丙寅)10月1日,編撰出版了《晨鐘雜誌》,每半月發行一册,第三期起,改爲月刊。該社社所在舊永嘉縣城殿巷四十七號。

迦音社

迦音社是佛學的研究團體,社設在杭州。1925年(乙丑),編印出版《法事指南》一書。自1926年(丙寅)7月起,發行《迦音社週刊》,到次年(丁卯)11月,出至第七十八期。又另編《迦音社彙刊》,隨着發行。又當時杭州還有另一個佛學研究社,曾經刊行過唐王勃撰《釋迦如來成道記》。

西泠書畫社

杭州的西泠書畫社,創辦於1925年(乙丑),徵集古今書畫作品及參考用書,以供共同研究。社址初在直箭道巷,旋遷水亭址,再徙盔頭巷,又移舊行宫前。後到抗日戰爭時期,該社遷出杭州。曾於1939年(己卯)11月8日起,在永康浙江省立圖書館舉行書畫展覽三天。

四明學會

四明學會，不知成立於何時，是不是就是四明文獻社的易名？1926年(丙寅)，寧波公立圖書館開始籌辦時，當地各機關團體列名發起者，有"四明學會圖書館"一個單位在内，可以想見該學會的設立當在這時以前，姑係於此，以待考。

浙江省中醫協會

1926年(丙寅)，浙江省中醫協會在杭州成立，到會參加的會員五十餘人，旋即編印發行月刊。1931年(庚午)，出版了成立後《五週年紀念刊》。

中華古琴學社

中華古琴學社的發起組織者有汪自新等，成立於1926年(丙寅)。社在杭州西湖雷峰塔下，其中附設中華古物保存室，陳列古代舊琴多件，又有其他古物，如書畫碑帖及瓷銅玉石器等，並供人觀覽。自新，杭州人，自署所居曰"千今百古琴巢"，著有《旋宫轉調譜正調彈各變調徵分弦位簡明圖説》一書，曾經刊行於世。

杭州經濟學社

杭州經濟學社，是杭州若干人士對地方經濟進行調查研究的集體組織。1926年(丙寅)，編印《杭州經濟匯報》創刊號出版。

藝海同鳴會

1927年(丁卯)春間，藝海同鳴會成立，其發起組織者，有鄞縣沙文若(字孟海)等人。社址在杭州東清巷海獅溝一號。曾經編印出版過一種刊物，名曰《藝海畫報》，又曾計劃組織"藝海美術公司"及"光明影片公司"。

浙江經濟學會

浙江經濟學會，設在杭州浙江省財務人員養成所内。1928年(戊辰)，印行魏頌唐編著的《財政學撮要》。1929年(己巳)，又出版魏編《浙江經濟紀略》。1932年(壬申)，印行徐鼎年編著的《經濟革命救國論》《經濟革命論的要旨》及《國難期間經濟之設計》等書。又該學會也曾經編印發行刊物，是《浙江財務經濟彙刊》。

佛學會

1928 年(戊辰),泰順縣佛教居士林中附設了佛學會。是年 7 月,編輯出版了《佛化週刊》。到 1929 年(己巳)12 月,共出過第一百三十五期爲止。

弘法研究社

弘法研究社在寧波成立,也是宣揚佛學的集體組織。1928 年(戊辰)10 月,創刊發行《弘法社刊》,每月一册。

熱帶病研究所

當時浙江醫衛學術界人士洪式閭,字伯容,樂清人,與袁可士、黄鳴駒、錢潮、林萱、屠寶琦等,共同組織了熱帶病研究所於杭州。1928 年(戊辰)7 月開始成立,用錢王祠爲所址,所中分設病理學、細菌學、寄生學、動物學、醫化學、藥化學,凡六組。又設清血菌苗製造館及治療部、圖書陳列館。

林業學會

林業學會附設於浙江省政府建設廳内,曾編印《森林法規》及《護林方案》二書,於 1929 年(己巳)送廳審定,付印出版。

漁業學會

當時的浙江省建設廳,也曾附設了漁業學會,但似乎只是空掛一塊招牌,没有看到它做出什麽調查研究工作及出版什麽書刊。

檇李金石書畫會

1929 年(己巳),嘉興文藝界人士組織成立了檇李金石書畫會。檇李就是嘉興的古地名,會所設在縣城寄園,曾經舉行過幾次展覽會於寄園及煙雨樓等處。

非社

非社在杭州,社中有研究部和出版部。社員王耘莊編著的《文學概論》,

於1929年(己巳)印行。

天趣農藝社

天趣農藝社設立於紹興,是當地人士集體研究農作樹藝的組織。1930年(庚午),印行了《果樹園年中行事》一書,編著者筆名農隱。

設計學會

設計學會附設在浙江省政府設計委員會内。1930年(庚午),集體編輯了《浙江之紙業》及《浙江手工造紙樣標本説明書》。

一八藝社

杭州西湖有一八藝社,曾於1930年(庚午)舉行首次展覽會,隨即編印特刊,出版於上海。

健德會

1930年(庚午),杭州有健德會之組織。即派會員若干人分赴本省各地調查書肆書攤所販賣的淫書,開單呈請浙江省政府下令嚴禁,又請"轉呈中央訂定青年人犯煙酒嫖賭之懲戒條例,以整世風"。

園藝學會

園藝學會是1930(庚午)成立的,會所附設在國立浙江大學農學院内,是年編印出版了《塘棲枇杷調查報告》。1932年(壬申),又印行了《枇杷栽培法》,編著者章恢志。

國術推行社

當時本省所辦的國術推行社有兩個。一個在杭州國術館内,是1930年(庚午)成立的。1932年(壬申),印行社員李影塵編著《國術史》一書。另一個在吴興國術館内,有《吴興國術年刊》,也於1932年(壬申)創刊出版。

法學研究會

法學研究會設立在杭州。1931年(辛未),有會員萬德懿編著的《中國司法制度一瞥》付印出版。又有《特別刑事法令輯要》同時印行,也是德懿編的。德懿,安吉縣人。

圖書版本研究會

當時浙江省立圖書館設有圖書版本研究會,成立於 1931 年(辛未)1 月。其組織以該館館員爲基本,而本省各縣市圖書館工作人員及私人藏書家,也可以互相聯絡,參加研究。研究對象,包括古今中外圖書版本。國內外有精治版本學者,本會得聘爲名譽指導。該會會長,由會員公推該館館長楊立誠擔任。立誠,字以明,江西豐城人。

新光郵票研究會

1931 年(辛未),新光郵票研究會成立於杭州,旋即出版了《中國郵戳紀略》一書,編輯者是謝鄂常和包子俊二人。

國術教研所

杭州市私立國術教研所,於 1931 年(辛未)曾印行了兩本書。一本是湯吉人編著的《洪拳易知》,另一本是湯顯編著的《拳劍速成法》。

中國民俗學會

1932 年(壬申),中國民俗學會在杭州組織成立,有會員四十餘人。旋即出版了一本書,名曰《民俗學集鐫》,是鍾敬文、婁子匡二人合編的。

民衆學會

民衆學會附設在浙江省立杭州民衆教育館内,於 1932 年(壬申)7 月 17 日舉行成立大會。事前向杭州市文教工商各界廣徵會員,是日到會參加者有五六百人。討論事項,多關於業餘自學問題。又議決組織編輯委員會,向會外聘請各科學者,集體編寫民衆讀物,以備印行。

浙江經濟調查協會

浙江經濟調查協會在杭州,是 1932(壬申)組織成立的,對本省地方經濟歷史資料徵集整理,庋藏頗多。有的原始記録,與當時官方所作公開報告,不無出入。1935 年(乙亥),編印出版了《各會員機關現有經濟資料彙刊》及《浙江省各縣土地面積分類統計》。1936 年(丙子),編印出版了《浙江經濟圖書目録》,民國二十四二十五各年份《杭州市食糧價格統計》《杭州市金融統計》《杭州市重要商品市況》,又編印出版了《糧食問題書報論文索引》。1937 年(丁丑)1 月至 6 月,創刊發行了《浙江經濟情報》。又印行了沈一隆編著的《一年來浙江經濟之檢討》一書。

吶喊文藝社

吶喊文藝社在杭州,其出版發行的《吶喊週報》,是於 1932 年(壬申)創刊的。

黄鐘文學社

在杭州有黄鐘文學社,編輯出版了《黄鐘週刊》。自 1932 年(壬申)10 月起,到 1933 年(癸酉),出過十六期。

土木工程學會

當時浙江所見的土木工程學會有兩個。一個是國立浙江大學附屬高級工科中學校所辦的,曾編輯發行過《土木工程》年刊。自 1932 年(壬申)3 月至 1935 年(乙亥)3 月,出版四期。又於 1933 年(癸酉)印行合刊一册。另一個是之江土木工程學會,設在杭州六和塔舊之江大學内,成立於 1936 年(丙子),也曾有會刊編印發行。

中國文學會

杭州之江文理學院附設有中國文學會,於 1933 年(癸酉)6 月,出版了《中國文學會會刊》一册。後之江文理學院改爲之江大學,中國文學會繼續存在下去。1948 年(戊子)6 月,又出版了《之江文會》月刊的第一期。

湖山金石畫社

湖山金石畫社在杭州,不知其所自始。該社曾於 1933 年(癸酉)11 月 22 日,與當時的北平湖社畫會聯合舉行展覽會,假杭州舊迎紫路(即今解放街)浙江省立國貨陳列館游藝部作爲會場。

中華人地輿圖學社

1933 年(癸酉),中華人地輿圖學社成立於杭州。張宗文編輯的《東北地理大綱》,就是該社出版物之一種。

宗景國醫專修學社

宗景國醫專修學社在温州,是 1933 年(癸酉)開辦的,社設於舊永嘉縣城鐵井欄府學前十九號。次年(甲戌),編印出版了成立《一週紀念特刊》。我國東漢時代,有一個著名的醫學專家張機,字仲景,這裏"宗景"二字,大概就是"學宗仲景"的意義。

擷英文藝社

擷英文藝社設社所於杭州。1933 年(癸酉),印行了社員吴伯咸編譯的《北歐集》。

湖風社

湖風社也是當時在杭州所見的文藝性研究團體。1933 年(癸酉),有社員葉時修編著的《中國文學常識》印行。

醫師與藥師公會

在杭州市醫師與藥師聯合組織的公會,有會員百餘人。1934 年(甲戌)4 月,編輯出版了《醫學與藥學月刊》的創刊號。

時輪金剛法會

1934 年(甲戌)5 月,浙江省會研究佛學的若干人士,聯合發起舉辦時輪金剛法會。會場在杭州西湖靈隱寺,西藏班禪來會主持。會後即刊印出版了釋超一譯班禪傳授《時輪金剛法開示録》一册。又當時浙江省立圖書館檢出舊藏貝葉經,送請該會審查。這是暹羅文佛經一匣,凡三百二十葉。當經班禪審定,據説是最初拔巴羅珠時印度包直達等所用之一種密宗經,年代已很久,現已失傳。又據該會秘書處人員持經送還該館者説,現在印度及西藏,此經並告絶蹟云。

教育學會

教育學會附設在國立浙江大學教育系内。1934 年,該學會與浙江省立圖書館聯合舉辦了民衆學校一所,於 10 月 22 日開學,地點在該大學文理學院,學生六十七人,分高初級兩班。在這以後幾年,浙江又出現了一個教育學會,是平陽鄭樓温州師範學校附設的研究團體。1937 年(丁丑)1 月,出版《師生月刊》創刊號。

國學扶輪社

1934 年(甲戌)10 月 25 日,國學扶輪社在杭州舉行成立會。該社是旅杭各機關職員與旅杭外國人士各若干人共同組織,杭州本地人也有參加者,成立時有社員六七十人。

國醫學社

當時平陽縣第四區有中醫生黄子宣等,集合舉辦國醫學社,於 1934 年(甲戌)10 月成立,中設研究室、療養所及國學圖書館等。其所藏國醫書籍,是由社員各出私家珍秘而來,以備公用,但只許到館閲覽而不出借。

圖書館學研究會

蕭山湘湖鄉村師範學校圖書館,於 1934 年(甲戌)建築新館舍落成,於是學生方面,即有圖書館學研究會的集體組織,並由該校邀請浙江省立圖書館派員參加指導,省館爲之特編《圖書館學研究綱要》一册,印發該會會員。

中國文學研究會

中國文學研究會,於 1934 年(甲戌)在温州成立,附設於浙江省立温州中學高中部,出版刊物名曰《中國文學》。

先代人文研究社

臨海人士項士元,字慈園,於 1934 年(甲戌),在當地發起組織先代人文研究社。訂有調查搜訪整理研究辦法,以(一)人物:關於學術淵博、氣節剛毅及有功國家社會,足爲後人楷模之先烈、先賢;(二)文化:關於文獻、美術、雕刻、歌曲、童謡、農諺及民間故事等;(三)勝蹟:關於山川、名勝、古蹟、舊建築等爲調查範圍。調查之外,有必要時,進行專題搜訪。調查搜訪所得之人文資料,須加工整理,精研詳究其事物内容、歷史價值及特徵之點等,逐一作出説明,後寫成有系統之著述。該社社所在他的家裏"寒石草堂"。

自然科學研究會

1935 年(乙亥),浙江省立温州中學高中部師生共同組織成立了自然科學研究會。旋即編輯發行《自然科學》年刊,是年 5 月 15 日出版第一期,次年(丙子)續出第二期。

温州中醫學社

温州中醫學社的社員,包括着舊温州府原六縣的中醫生和一般對中醫學有研究興趣者,所以人數較多。1935 年(乙亥)6 月,編輯出版了社刊第一期。社所在舊永嘉縣城西街郡廟後門三十九號。

杭州市作者協會

1935 年(乙亥)秋間,杭州市作者協會成立。這是當時本市所有各種刊物的撰稿者和各種報社的新聞記者,以及一般社會寫作人士聯合組織,以古今中外歷代各種著名作家及作品爲會員研究對象,參考資料由浙江省立圖書館選目供給。曾於 1937 年(丁丑)3 月 14 日,召集全體會員在裏西湖蘇東坡祠,舉行蘇軾誕生九百年追思會。同時邀約會外人士對蘇軾生平及其著作有研究者參加座談,到會外人士三十餘人。1938 年(戊寅)在金華改組,成爲浙江省戰時作者協會,於 4 月 24 日成立。有《作者通訊》月刊,自 1939 年(己卯)3 月起,出到 1940 年(庚辰)12 月止。

南雷社

1935 年(乙亥),鄞縣文獻委員會募款重建萬氏白雲莊落成,奉祀黄梨洲先生宗羲,及證人書院高第弟子萬季野先生斯同等十八人。隨着即由當地人士組織了南雷社,附設在莊中,於是年 8 月 8 日成立。社章規定"本社蒐集與浙東學術有關之圖書文物,保存於莊内,必要時可以借出閲覽。凡社員應各致力於梨洲學説與浙東學術之研究。開會時,社員得貢獻研究心得,共同討論之”。該縣原有“深寧社”，紀念宋王伯厚先生應麟（號深寧），還有一個“新徵社”，紀念清全謝山先生祖望，至是與南雷社成爲鼎足云。

大風社

1935 年（乙亥）9 月，大風社成立於杭州，該社是集體研究戰爭學理和技術而組織的。當時預定編輯出版計劃，有《大風叢書》和《大風文庫》。抗日戰爭時期，遷社於金華，發行《大風週刊》，自 1938 年（戊寅）3 月創刊，到 1939 年（己卯）12 月，出至一百一十八期。

蓴社

蓴社是當時在杭州的書畫作家二十餘人組織起來的研究團體，1935 年（乙亥）成立，社所在西湖。

貞社

貞社是當時研究史地之學的若干人士的集體組織。1935 年（乙亥），有社員陳叔時編著的《世界史之地理因素》一書印行。

社會科學研究會

當時金華八婺女子中學内附設有一個社會科學研究會。1935 年（乙亥），會中出版了《中國歷史綱要》一書，編著人唐公憲。

杭州市新聞記者公會

杭州市新聞記者公會，開始成立的年月未詳。1935 年（乙亥）9 月，該會與中國文化建設協會浙江分會合辦全國報刊展覽於杭州。

浙江史地學會

1935 年（乙亥）之冬，浙江省各大專學校和杭州市各中等學校的歷史地理課教師們，及社會人士之研究歷史學地理學者，聯合起來組織史地學會，推浙江省立圖書館長兼浙江大學教授陳訓慈等人進行籌備。1936 年（丙子）1 月 12 日，在該館舉行成立大會，選陳訓慈等九人爲理事。同時編輯出版了本會成立紀念特刊，其中載有當時國内各大學史地學系調查、國内史地學會調查、一年來國内各大書坊史地新書彙目、國内日報中之史地專刊、浙江省立圖書館出版輿地書目等。該會初成立時,名曰"中華史地學會",旋於 3 月 29 日在杭州師範學校召開大會,議決將名稱上所冠的"中華"二字改爲"浙江"。12 月 27 日,在浙江大學舉行第二屆大會。1937 年(丁丑)5 月 29 日,在杭州舊樹範中學(今杭州市第九中學)舉行第三屆大會。在幾次大會上所議定進行的工作,有擬定中學史地科教具儀器等設備標準,印發各學校史地教學上參考資料,搜集有關史地研究的重要書物及珍貴圖片,製造浙江省史地的新圖片新模型,進行本省鄉土史地調查編輯報告等事。

在當時與該學會性質相同的,有"吴越史地研究會",1935 年(乙亥)8 月 30 日成立於上海。會員大多數是浙江人,蔡元培擔任會長。該學會曾與杭州西湖博物館合編《杭州古蕩新石器時代遺址之試探報告》,於 1936 年(丙子)出版。1937 年(丁丑),又印行何天行編著的《杭縣良渚鎮之石器與黑陶》。

浙江省土壤研究會

浙江省土壤研究會設在杭州。有會員馬壽徵、余皓、宋達泉等合編的《浙江省杭縣土壤調查報告》,於 1936 年(丙子)印行。

經濟學會

當時浙江的大專學校裏附設著的經濟學會,有較前和較後的兩個。前者在浙江之江文理學院内,1936 年(丙子),曾與浙江省商務管理局合編《浙江經濟論文索引》,在《浙江商務》月刊上發表,内容分土地、水利、災患、交通、金融、漁業、蠶絲、茶業、工商業等,凡二十三類。後者在英士大學内,1945 年(乙酉)8 月,編輯出版過《經濟研究》一册。

中國醫藥研究社

1936 年(丙子),中國醫藥研究社在杭州組織成立,旋即編輯出版了月報,到 1937 年(丁丑),出至第七期。

浙江全省農業推廣討論會

1937 年(丁丑)1 月,在杭州有浙江全省農業推廣討論會成立會的舉行。到會參加討論者頗多,議決在會員通力合作下編輯本省農業志,訂出三項辦法:(1)整理一切關於本省農業及經濟之書報雜誌及其他資料,加以研究;(2)舉行全省各縣農業概況之實地調查;(3)組織專門委員會進行編輯事宜。

中國藝術運動社

中國藝術運動社在杭州,成立於1937年(丁丑)2月6日。

國學講習會

抗日戰争時期,浙江大學遷出杭州,即於1938年(戊寅)2月,先到江西泰和,假當地一家姓蕭的"遐觀藏書樓"作爲臨時校舍。於是利用其書,特設國學講座,聘請專家馬一浮主講。在講習過程中,有《泰和會語》印行。下半年10月間,該校再移到廣西宜山,以該縣文廟及城東標營舊址作爲臨時校舍。馬則繼續主持國學講席,又有《宜山會語》印行。在這兩次講習會中,凡該校教師也多同一般學員各執弟子禮參加聽課。

浙江省戰時新聞學會

抗日戰争時期,浙江新聞界人士組織成立戰時新聞學會於金華。出版發行了《戰時記者》月刊,自1938年(戊寅)9月至1941年(辛巳)2月,出到第三卷第六期。勝利後,改組爲浙江省新聞記者公會於杭州。1947年(丁亥)11月,重新編行了《浙江記者》。

東南文藝社

東南文藝社,當抗戰時成立於紹興,其編印發行的《東南文藝》,是半月刊,自1939年(己卯)2月起至4月停刊。

東南戰綫社

金華在當時有東南戰綫社,也是文藝性的集體組織。1939年(己卯)2月3月之間,編印發行了《東南戰綫》半月刊,出至第五期止。

浙大文科研究會史地學部

1939年(己卯),教育部特撥補助經費給浙江大學,作爲舉辦文科研究會史地學部及採購中外史地書籍雜誌之用。於是該會部參加研究工作人員議訂計劃，擬編《中國大事年表》，書本式之《歷史地圖》《地理辭典》《史地手册》等有關史地參攷工具書各一種，以後每年修訂再版一次，並擬編有系統之地理入門書籍一套。

浙江省佛教哲學會

浙江省佛教哲學會於 1939 年（己卯）在永康方岩組織成立。次年（庚辰），編有《人間佛教》季刊創刊出版。同時縉雲有“人間佛教哲學社”，於 1940 年（庚辰）編行《人間佛教》月刊。

元慶會計學社

元慶會計學社於 1940 年（庚辰）在麗水成立，出版發行《元慶會計學刊》，自是年 9 月起到 1942 年（壬午）1 月①，共出過三卷二十一期爲止。

浙江省地方行政學會

僞浙江省政府民政廳長阮毅成主辦的浙江省地方行政學會②，於 1940 年（庚辰）在金華成立。旋即舉辦地方行政圖書館於永康柿後村，4 月 1 日開放閱覽，其中分設普通和特别兩個閱覽室。普通室只陳列中外報章雜誌，特别室將關於行政之參考資料，如本省和各省縣市地方新舊志書及當時各地方機關施政計劃、工作報告及各項統計圖表等，搜集陳列，以便檢閱。1941 年（辛巳）7 月，編印出版了藏書目録，内容分書籍、地圖、方志、譜牒、行政資料五部分，而其藏書則移到宣平暫放。抗戰結束後，學會和圖書館，遷入杭州，在南山路建築館舍。1946 年（丙戌）2 月，發刊《浙江省地方行政學會會員通訊》。

現代英文研究社

1942 年（壬午），麗水碧湖舉辦現代英文研究社。1943 年（癸未）2 月，出版發行《現代英文》半月刊的創刊號。

---

① 原稿誤作 1940 年，下文稱出過三卷，又，壬午年爲 1942 年，逕改。——整理者

② 原稿於“浙江省政府”“國民黨浙江省黨部”前冠以“僞”字，爲保留歷史語境，未予删改。——編者

第二部分

中國經濟學社浙江分社

中國經濟學社於1924年(民國十三年甲子)在上海成立。1928年(戊辰)籌辦浙江分社,向浙江省政府租得西湖寶石山房舍,作爲社所及附設經濟圖書館之用。1932年(壬申)9月16日至22日,該社總社召開年會於杭州,同時先後在浙江省立圖書館及杭州市銀行公會等處舉行小組討論會數次。1933年(癸酉)6月,杭州市政府呈准撥款補助該分社建築經濟圖書館經費。

中國科學化運動協會杭州分會

中國科學化運動協會杭州分會,設總會於南京,各省城市地方又分設機構者。1933年(癸酉),杭州也籌辦了分會。6月21日開會成立,會所在浙江大學。11月14日該分會開始舉行浙江省省會第一次科學化運動。1934年(甲戌),舉行了科學化宣傳周。1936年(丙子),有議設杭州科學館的設計而未果行。

中國航空協會浙江分會

中國航空協會總會設於南京。1935年(乙亥)5月28日,在杭州成立了浙江分會,假浙江省立圖書館舉行會議的第一次。

中國地政學會杭州分會

中國地政學會於1933年(癸酉)在南京成立。1936年(丙子),杭州籌設分會。3月15日,舉行成立大會,而其總會則於是年4月4日至7日,假浙江省立圖書館大學路總館開第四届年會。

中國地方自治協會浙江省支會

中國地方自治協會總會在南京,1936年(丙子)3月21日,浙江省支會在杭州僞國民黨浙江省黨部舉行成立會。

中華自然科學社浙江分社

1927年(丁卯)9月,南京中央大學部分學生組織了"華西自然科學社"。1928年(戊辰)7月,改爲中華自然科學社。1936年(丙子)籌設浙江分社,於10月18日舉行成立會,社所在浙江大學。當時曾在《浙江青年》雜誌上編出一種副刊,名曰《自然科學講座》。抗日戰争時期,浙江大學遷移到貴州遵義,於1941年(辛巳)4月13日,成立了該社的遵義分社。

中華民國法學會浙江分會

中華民國法學會總會在南京,1937年(丁丑),設立浙江分會於杭州。

中國國民外交協會浙江分會

1940年(庚辰)6月17日,中國國民外交協會浙江分會在金華舉行成立大會。

中國青年記者學會浙江分會

1940年(庚辰)12月,中國青年記者學會浙江分會成立於金華。

第三部分

中華農學會

中華農學會是當時我國留學日本研究農林者數十人共同發起組織的,1915年(民國四年乙卯)8月成立於上海,推張謇爲名譽會長。1927年(丁卯)9月9日,在杭州舉行了第十届年會,會場假浙江省教育會,到會員百餘人。

中國礦冶工程學會

1933年(癸酉)4月4日至5日,中國礦冶工程學會舉行第三届年會於杭州,會場在浙江省建設廳。

新中國農學會

新中國農學會設在南京，1933年(癸酉)8月24日至29日，舉行年會於杭州。後到1935年(乙亥)7月14日至19日，又於杭州舉行年會。

中國文藝社

中國文藝社在南京。1936年(丙子)4月26日，該社社員汪東、汪辟疆、謝壽康等所組織的旅行團，來到杭州，即於次日在西湖中山公園舉行茶話會，邀集本市文藝界若干人士，參加討論中國文藝問題。

中國工程師各學會

1936年(丙子)5月20日至22日，中國工程師學會第六届年會、中國電機工程師學會第二届年會、中國自動機工程師學會第一届年會、中國化學工程師學會第四届年會、中華化學工業會第十一届年會，聯合舉行於杭州，分設兩個會場。第一會場在舊西湖大禮堂，第二會場在浙江大學，各學會會員出席者及來賓參加者，共有千數百人，中有學術專家二百餘人。年會經費，除開支外，尚餘二三千元，即以捐贈浙江大學，作爲學生閱讀研究獎金。又中國機械工程師學會，於同年同月21日，中國土木工程學會，於同年同月23日，先後在杭州召開成立會，各邀請前五個學術團體推派代表來開座談會，共同商討工程上各項技術之互相聯絡。

第四部分

基督教公益社青年勵進會

基督教公益社青年勵進會在杭州，該會曾編寫《綠萍》一書，於1929年(己巳)出版。

祝平學社

溫州有祝平學社，是當時基督教會所辦的，社所在舊永嘉縣城八字橋二十三號。1934 年(甲戌)4 月，出版發行刊物，即名《祝平》。

1962 年 8 月於杭州

略談有關浙江地方文獻的問題[①]

目次

① 手稿藏温圖(編號:80117 孫 8・20)。原稿廠 020#457 稿紙(20×20)19 頁,散頁 3 頁,共 22 頁,有目次。——整理者

前言

爲了發展歷史唯物主義的我國史學工作，爲了適應社會主義的我國建設事業，所以研究史學，也與研究其他科學一樣，需要有一個新的積極進行的長遠規劃。現在中央倡導規劃於上，全國各地的有關各界，聞風興起於下，都對祖國悠久而豐富的文獻資料的調查、採訪、收集、整理和編輯等諸問題，群起而作進一步的注意和商討。又由於地方志乘，有它的一定歷史價值，也有現實的科學研究價值，所以人們於關懷國家史料的同時，兼要考慮到地方文獻的調查、採訪、收集、整理和編輯等諸問題。幾年以來，歷次各級人民代表會議，及歷次各級人民政治協商會議上，屢見有人就這些問題發了言提了案。到最近一次全國政協舉行會議時，歷史學者顧頡剛等，又聯合建議關於編輯地方志的八條意見，比較地是接近具體的。近數月來，各省市的有關機關，也曾進行了一些修志的準備工作。例如北京市在舊國子監新建成的市圖書館，首先就要廣收關於北京市的歷史文獻，爲編纂新北京市志做好準備。聽説現已覓得資料不少（見今年二月《文匯報》）。他若各省市的民主黨派，以及社會知識分子們，也各在這方面有所活動，或組織方志問題的座談，或參加徵搜資料的工作，或發表方志專篇的論文（分别見於《光明》《團結》《文匯》《浙江》各報及《新建設》等刊物）。諸如此類的事實通訊，可以説明在全國範圍内有志成爲地方文獻服務者，正在開始做出或多或少的貢獻。我想關於地方文獻資料問題及地方志問題，雖然是一向常有的老問題，而到了今天則應該成爲如何"推陳出新"的問題，所以我們有重新商榷和及時努力研究的必要。清代方志學者章學誠説"地近則易核"，我認爲我們在浙言浙，也並不是提倡什麼地方主義，而是爲了可能比較近核。因此，我今天姑就自己平日在本省内耳目接觸所到，略將個人對地方文獻資料問題及地方志問題上一些淺近的主觀看法，大致提出來談談，以請教於同人，也似乎不是没有一定意義的。我這裏擬分如下的五節來談，對或不對，希望大家批評。

（一）浙江地方文獻資料的概述

1.歷來志乘編纂的總情況

地方志乘之書，有官修的，也有私著的。我們浙江的地方志，開始撰作的時代是很早的。如袁康、吴平同撰的《越絶書》，趙曄所撰的《吴越春秋》，就是遠在東漢時代即西元第一二世紀時代的産物。到如今這兩部書，還有好幾種版本流傳下來,給人們研究。其次,如三國時代的朱育所撰的《會稽土地記》,晉朝虞預所撰的《會稽典録》、賀循所撰的《會稽記》,隋朝夏侯曾先所撰的《會稽地志》,今並見於魯迅先生所輯刊的《會稽郡故書雜集》中。而《會稽典録》,並且還有其他好幾種的傳本。此外則晉朝孔曄所撰的《會稽記》,南朝劉宋時山謙之所撰的《吴興記》,左文質所撰的《吴興統紀》,孔靈符所撰的《會稽記》,鄭輯之所撰的《永嘉郡記》和《東陽記》等,也各遺有不完全的傳本,其中雖多並非原來的面目,而辛勤輯佚的成果,也可供讀者得以窺見其一斑。隋唐到趙宋,有地方物産風俗記及圖經等書,可惜多散失了,浙江方面今僅存有南宋《乾道四明圖經》及《康熙嚴州圖經》而已。清朝《四庫全書總目提要》所著録各省地方的宋元舊志,宋存廿八部,五百三十七卷,其中浙江得十二部二百廿八卷(包括圖經二部及《乾道臨安志》等)。元存十一部一百廿四卷,其中浙江得三部三十九卷。明清兩朝,爲編修《一統志》取材之用,令各省地方,普遍修志以遣。據前燕京大學《史學年報》所載歷代方志統計列表的數字:明修者,浙江得四十九部,九百八十八卷。以部數論,僅次於江蘇(六十四部);以卷數論,已超過蘇省(九百三十四卷)。清修者,浙江得二百六十六部,五千七百五十七卷。在全國各省中,部數居第八位,而卷數則居第四位。部數多於浙江者有直隸、四川、山東、江西、河南、山西、廣東七省,卷數多於浙江者有江西、江蘇、湖南三省。辛亥以後,直到解放以前爲止,由於内戰屢起,紛擾不已,後來又對日本帝國主義抗戰,兵連禍結,國家社會極度混亂而不安,各省地方留心鄉邦文獻的人士們,雖間或有在當時政府的籌劃下從事秉筆者,而成績不多。大概在這三十餘年之間,我們浙江續修成書的縣志,僅僅見有二十幾個縣份。然而比較他省,還算能夠多了一些。至於全省範圍的《浙江通志》,自從明嘉靖創修,經過清康熙、雍正兩次增輯以後,失修太久,屢謀而修於中途廢輟,這是一個要待今天重新考慮的重大問題。至於過去所有省府廳州縣志之外,則一鎮一鄉、一山一水、以及一事一物,如學校、兵制、海防、海塘、水利、賦税、鹽法、荒政、風俗、物産、祠廟、寺觀、古跡、金石、藝文、人物、雜事等各個門類,往來頗有人爲之分别纂述,獨自成爲單行的專志者,種種從不同角度出發來研究有得的東西,無論大小,往往足與省府廳州縣鄉志互相爲用。我這裏只拿數量方面來談一些情況,至關於所有舊志書的内容品質問題,當然也有很多的話可談,兹姑從略。我想將來另寫一篇評述性的專文,送會求教。

2.歷來資料薈萃的總情況

（甲）一般書物

我們浙江，歷來公私藏家和政治學者們先後繼起，對祖國文化遺產的保存，對本省地方文獻的愛護，曾經有傳統地作出過一定的成績。這是人所熟聞的。解放以後，在黨和人民政府的正確領導下，使得保存愛護的一切措施，更加完善，這也是人所共見的。拿一兩個事例來説，如浙江圖書館特藏的《文淵閣鈔本四庫全書》，它是在大部分散失後經過數十年間的再三抄校配補，才得重新成爲完帙的。它是華南僅存的祖國文化遺產的一個大宗，裏面當然會有關於浙江地方文獻資料的不少東西。（對《四庫全書》本身的批評，是另一問題，兹不論。）又如四五百年歷史相承的寧波天一閣所遺留下來的方志古籍和舊時代的各種史料，特别是如科舉史料等，在全國藏書文獻中是最著名的。解放後，它在公共管理的新情況下，更能引起人民群衆的重視，也就更可供應四方學者的充分利用了。本省的圖、博兩館及幾個大專學校的圖書館，都有了幾十年的建設過程。近年以來，在固有庋藏規模的基礎上，凡屬國家及本省歷史資料，無不日增月益。再加之以省文管會在解放後成立了新的工作機構，更可與兩館互助合作。各市縣之已設有圖書館、文化館者，及解放以後有些市縣已設有文管會或文物小組者，各對地方文獻資料的收藏和整理工作，有了相當的注意和努力。大概幾年以來，它們一方面購求流散四方的圖書和實物，一方面收集城鄉各地大小故家一向秘藏的私有東西，一大批一大批地聚歸公有。今後保管既可妥善，供人使用又得便利。

（乙）新舊檔案

國家和地方檔案，在我國過去朝代，平時未見有計劃的統一管理，一天遭到災害或變亂的發生，就很容易毁壞散失，恐怕萬不存一。自從中華人民共和國成立後幾年來，經過學習蘇聯先進的檔案科學知識和培養檔案工作人員，從而開始建立起統一管理的制度。凡是建國前後的新舊各部門的檔案，都要收歸人民政府專設的統一管理機關來集中庋藏，經常保持完整和安全。因此，在中央特設國家檔案館，而我們浙江，也與各省地方一樣，都要成立地方的國家檔案的專門管理機關。這對今後地方文獻的研究者或地方志的纂修者，可以提供大宗有關政治經濟文化等等資料。如果各市縣普遍有了檔案管理機構，則地方掌故，處處信而有徵。

（丙）革命史料

省文管會及圖、博兩館，對革命史料的搜求，也曾收得相當多。而博物館則成立了一個“革命文物徵集小組”，專司其事。今年一月間，中共浙江省委會又特向本省各地發出關於開展收集革命歷史檔案和文物的通知，要求各級黨委會指定專人有計劃地開展收集工作，並向群衆廣泛宣傳收集革命文物的重要性。促使群衆積極參加收集工作，並且要求在一九五七年内基本上完成。又浙江人民出版社，近來爲“浙江革命鬥争故事”廣徵文稿，準備選印出版。這樣一來，則所有流散在本省各地的革命史料，可能在最近的將來得到更大數量地集中起來。

再加之以省文管會在解放後成立了新的工作機構，更可與兩館互助合作。據我所知，如文管會與博物館共同收集的太平天國史料，近百年來内政外交史料，以及各種藝術作品，各地古今産物等；文管會與圖、書館的分别收集的各地故家舊籍，各家遺著舊稿，以及各地各種印刷出版物等，都是饒有價值的。文管會在諸暨得來明鈔本《明實録》及康熙《浙江通志》兩部書，尤爲最近一次的重要收穫。又如革命史料，文管會及圖、博兩館，也曾徵集到數百種之多。而中共浙江省（下缺一頁）。

（丁）地下文物

地下有關歷史考證的文物，在本省現在也正表現出前所未有的搜集成績。由於過去只有博物館搞過一些，今則文管會同博物館一起來搞。根據邵裴子先生在浙江第一届人民代表大會第四次會議上的發言中所談到：“在解放以前，只發現過三處新石器時代的遺存。現在據我們初步調查，本省新石器時代的文化遺址或遺存，已共有三十九處之多，分佈於二十五個市縣。”這話是他在去年六月間説的，此項向地下搜索文獻史料的工作，正當展開，所以到同年十二月，邵先生在省人代會第一届第五次會議的發言中所報告，就不止此數了。

（二）今後浙江地方文獻資料的調查採訪和收集

地方的舊文獻資料，是各時代的遺物，處處表現着各時代社會演進的跡象和人類生活的情況的，所以文獻足徵才好，搜集不厭其詳。即如其中許多具有封建性反動性的，今天也還是不可以輕棄它。因爲它具體地顯示出舊社會時代種種不合理的事實，留下給人觀看，在新舊對比下，能夠敏感到現社會新事物的可愛,明確認識了新事物必然戰勝舊事物的革命真理,以堅定反對舊事物支持新事物的決心和信心。因此,我們無論對國家的舊史料也好,對地方的舊文獻也好,不但要將已經積藏着的東西繼續守護,並且還要對某些部門文殘獻缺不甚足徵者,仍加搜訪,使得可以拾遺補佚,此其一。

再就舊地方志書而言,有些事物,前人向來疏於觀察,略於記載,而今天則應該用心致力去找補充資料者,即如民族、人口、方言、宗教……各門。浙江明清舊志中記載及民族遺聞者,如萬曆《上虞縣志》和餘姚、定海等縣志,見有丐民和惰民;光緒景寧等數縣志,見有畲民。其載及宗教遺聞者,如同治《寧海縣志》有金元間道教事。大概是寥寥可數的。辛亥後續出各縣志,則有稍善於前者。又如有關歷代經濟建設、勞動生産、人民生活、公共衛生、市場物價、社會活動等的種種史實,可備參考互證的古來口碑傳説、民間歌謡等,都是應當注意訪求的。又如浙江的絲茶漁鹽及釀造各業的生産,歷代浙江省内外水陸交通及海外交通和貿易,歷代浙江沿海的國防建設,歷代浙江的地方戲曲和人民音樂等,尤爲本省地方文獻的若干特點,前人對於這些事物的原始和發展經過,往往語焉不詳,有的缺然失載,現在我們當運用科學的知識,以匡前人工作之所不逮,此其二。

有些事情,前人因其爲封建統治階級服務而有意將它埋没或改竄者,今天應該將被埋没者表而出之,將被改竄者追尋根底。即爲明末清初的浙江遺民抗清遺事,及歷代多少帶有人民性革命性的政治和文化史跡等,我們當以新的立場觀點方法,特别留心搜討,以存信讞,以闡幽光,此其三。

舊政權的機關文書檔案,舊社會的私家帳册單據等,都是舊的地方文獻的原始資料的大宗專案,廢棄日久,因而佚多存少。如何搜羅掇拾,也覺費事,此其四。

舉此四點,可以概見舊文獻的調查採訪和收集工作,是相當麻煩的。另一方面,我們要對眼前的洋洋大觀的新事物,將繁巨者博訪周諮,即細小者也不容輕視,希望能應有盡有,無美不備。這就是要把本省在新中國的政治經濟和文化的整個建設中所表現的一般情況及特殊成績,通過調查採訪和收集工作,千端萬緒、鱗次櫛比,使得成爲現代浙江的地方文獻的淵藪。章學誠説"時近則跡真",我們爲了要是多多益善的現代真跡一一保存下來,就非及時地趕緊努力採集不可。

(三)浙江地方文獻資料的整理

現時對本省地方文獻資料的整理工作,一般地説,似可包括四個方面,列舉如下:

1.有關浙江地方文獻資料的總書目提要的編製

這是要將浙江全省範圍所有現存的省府廳州縣志、都邑志、鎮鄉志、山水志、各種事物專志,以及其他有關地方文獻資料的群書,匯合編制一個總的目録。分别部居,排比時代,以次羅列書名、卷册數、作者。現存有幾種刊本,幾種抄本,或者衹有稿本,或者還有經人批校之本,各本或完或缺,内容優點缺點,其本現藏何處,一一説明。使得檢查者可以一覽無遺,而分地、分時、分人、分事、分物而作專題研究者,按圖索驥,都感便利。又其書存佚莫定而眼前未見者,可另編成未見書目,附綴於後,以待徵訪。

2.有關浙江地方文獻資料的文章索引的編製

這是要將古今人的筆記詩文集中有關浙江地方文獻資料的單篇論述之文,及各種報刊中所載文章有關浙江的地方文獻資料者,並包括調查報告、統計圖表等件,彙編一個總的索引,標揭篇名、作者及其時代年月、原文出處。這對檢查或研究者的案頭參考,也是很有幫助的。其文已經地方志書或事物專志收録者,附加注明。又如碑記誌傳之文之有石刻本等,也注出它。

舊時代的許多文章,從現在的角度來看,當然會有立場觀點方法都成問題之感。但我們爲了要充分研究過去真實的經過情況,則所有這些文章中屬於資料性的部分,不能就説無用而一筆抹煞它的。所以我們今天編索引時,還仍然可以將這些文章酌量收入,使其得在史實研究上,或在修志參考上,能夠供應着一定的用途。所謂酌量,就是説要將文章的内容檢閲一下,看它的資料性是否重大,才定去取。假使碰見題目,就列進去,則未免看得太簡單了。

關於新事物的專題索引,幾年來我們仍在《浙江圖書館通訊》這一期刊上常有看到。其中以《浙江土特産參考資料索引》及《浙江省三年來的偉大成就資料索引》等,則是專屬本省範圍的。此外如《速成識字參考資料索引》《婚姻法參考資料索引》《普選參考資料索引》中,也列有關於浙江地方的若干檔。這些從眼前所見隨手採輯起來,比較多得近便。假使將整個浙江的新舊文獻資料的有關文章都來排隊做分類索引,則工作就相當繁重了。

3.浙江地方重要文獻資料的校理

這是對本省舊方志中若干重要部門的記載内容有模糊欠明確者,精細地爬梳一下,把他弄個一清二楚,是必要的。

(上缺)做了一次綜合研究和精細校讎後所得的結晶。先將所謂重要部門適當地選定,就各部門檢集有關參攷的群書及記録以外的資料,一一對勘,如有新採集得來的舊文獻資料,也是正好應用的。通過如此互相審閲,遇有記載舛謬者,或敘述紛歧者,給以攷訂;陳編的脱簡,傳寫的誤文,給以校正;疏漏之處,給以補充;真僞混淆是非糅雜之處,給以辨析;其有改竄内容,或曲解事實,則詳加論究。這些等等,都需要掌握辯證唯物主義和歷史唯物主義的科學方法來做慎審整理工作,因爲我們今天處理國家史料要這樣,那麼,處理地方文獻當然也要這樣。凡是經過研校條理所獲得的成績,隨手筆録,最後發凡起例,撰成札記。列舉孰得孰失,誰長誰短,使覽者分别觀察,處處得到明確。假使還有剩下來的疑難問題,因一時掌握資料不夠,未能即下斷語者,姑且提出問題,留待後人解決。"信以傳信,疑以傳疑",這是實事求是的態度。

我認爲此項整理工作,首先要在地理沿革疆域分並的問題上詳細商榷。這是一個最基本的問題,而浙江舊的地方志書中,多數對此門類有模糊欠明确者,精细地爬梳一下,把它弄个一清二楚,是必要的。

4.《浙江地方文獻資料叢編》的選輯

《浙江地方文獻資料叢編》選輯的取材,似可從如下幾個來源分别酌采。

(甲)本省各地方過去修志,除已成志書刊印出版者外,如有已成全稿待刊,或已成部分志稿而終止進行者,這些不同程度的稿本,我們可以檢閲一下,擇其善者輯入《叢編》。

(乙)前人或時人,有對舊方志做了一些研究工作者,如批評、校勘、改訂、續增、補遺等等,所有這些著作未經刊行者,我們也可以檢閲一下,擇其善者,輯入《叢編》。

(丙)其他私家著述稿本有關本省地方文獻者,廣徵精選,輯入《叢編》。

(丁)新舊檔案中有關本省政治經濟文化各部門的設施記録、調查報告、統計圖表等等的文件,酌取其比較重要的有可供研究參攷之必要者,輯入《叢編》。

《叢編》内容,約略如此。徵輯起來,其數量是會日益增多的,可以分期付印,陸續出版。

(四)浙江新方志的編纂

新方志的編纂内容,貫穿了縱史横地的古今事物,包涵着有關自然科學和社會科學的客觀存在及其發展形勢。這是當前本省地方文獻工作上最主要的中心任務。任務的目的,是要求浙江的省志、市志和縣志,從此各能自具充實的内容,而且成爲一個足夠適應時代的創作。因此,體例的因革損益,就是這一個工作的先決問題。必須由中央在原則上訂出一個現代方志的統一體例,及與新體例相配合的採訪綱目和調查表式,頒行全國,使秉筆者有所遵循。但也有些個别部門的記載,秉筆者兼要考慮到本省地方的自然、歷史和當前建設情況上的若干特點。因地制宜,相體裁衣,不可强求形式或内容上的一律。(我對浙江新方志的分門篇目及其編法,也有一些不成熟的意見,容後再談。)

纂修似可先從杭州等幾個市志着手,取得新的經驗後,逐漸推廣,將一些比較有條件的縣份接上來修,再其次普及到其他各縣。全省各市縣志修齊,然後纂修省志。我想,如此穩步而行,次第成就,可以避免輕易冒進和曠日持久的種種錯誤。輕易冒進,則草率成書,而曠日持久,則浪費百出,這些都是過去在修志工作上往往發現的毛病。今天爲人民的地方文獻有志服務者(下缺一頁)地訂入一項"本省地方文獻問題研究",其内容包括今後浙江地方文獻資料的調查、採訪、收集、整理及地方新志的的編纂等等專案,以期在原則上與國務院科學規劃委員會所訂的十二年歷史科學規劃中"地方志的編纂"相適應。所有關於地方文獻資料的今後調查、採訪、收集、整理等一切工作,可説都是爲"地方志的編纂"預先準備條件而服務的,所以我認爲似應把這些看作是一個值得整套研究的東西。在此項整套研究中,時間如何估計,現有人力物力如何調配,新生的力量如何培養,應否另有研究機構,如何組織,都須預作充分考慮。有些工作,目前似可由有關單位與本省各地所有留心文獻的社會知識分子(包括年紀較大的人士)隨時聯繫,取得協助。總之,先將這些客觀條件經過充分考慮,使此項整套研究工作建立在確實可搞的基礎上,然後就這方面逐漸地擴充了一些工作隊伍,挖掘出一些潛在能力,推動着一些積極因素。我看這樣一來,在本省地方文獻上發揮"推陳出新"的作用,才是有可能的吧。

爲未來的浙江地方志工作敬獻六議[①]

地方志的編纂,本是我國固有的一門專家之學。到了現在,更成爲在馬列主義指導下的社會科學研究事項中歷史科學方面的一種重要工作。關於這一重要工作,中央已經於社會科學規劃中將它在原則上作出了專條的明文規定。全國各省區地方,應該根據這樣的規定,各自參酌地方的具體情況來及時地適當考慮這個問題,使它能夠有計劃有步驟地切實進行。“繼往開來、推陳出新”,既爲祖國學術的發揚光大而服務,同時也就是爲社會主義的新時代建設事業而服務。

正當學術界“百家争鳴”,而這一工作問題在全國各地方也開始引起人們討論的今天,我們在浙言浙,也是不容或已的。我認爲我們討論這一工作的問題,同時就不能不把與編纂取材有關的徵集和整理等等的許多問題相提互涉。並略就管窺所及,擬具初步意見六條如下,提供大家作爲商榷進行上的一些參攷。

(一)議徵集

文獻務求足徵,資料必須廣集。所以欲議修志,當先謀徵集,以準備有利條件。爲要能得全面地對客觀存在着的資料展開徵集,自當作事前預定相應的徵集範圍。我認爲這裏的徵集範圍,應該包括過去時代所遺留的舊文獻資料和現在時代所産生的新文獻資料。拿舊的地方文獻資料來説,歷來公私各方面已掌握的,固已很多,而其散在四方,並未亡佚,現時還可能設法訪求的,也或不少。因此,就一般看來,搜墜鉤沉,拾遺補缺,也還值得我們用心致力,以匡前人之所不逮。再就舊志書中某些部門的敘述内容來看,有如民族、人口、方言、宗教……各門的事物,前人向多疏於觀察,略於記載;又如有關歷代經濟建設、勞動生産、人民生活、公共衛生、市場物價、社會活動等的種種史

① 手稿藏温圖(編號:80109 孫 8·13)。原稿杭州解放街大東美術館製(27×30)格稿紙 10 頁。——整理者

實,可借參攷互證的古來口碑傳説、民間歌謡等,也往往被前人忽視;又如浙江的絲茶漁鹽及釀造各業的生産,歷代浙江省内外水陸交通運輸及海外交通和貿易,歷代浙江沿海的國防建設,歷代浙江的地方戲曲、手工藝術等,尤爲本省文獻的若干特點。前人對於這些事物的原始和發展經過,有的語焉欠詳,或者缺然不攷。諸如此類,凡是我們讀過舊志書而不夠瞭解之處,應該盡可能去找一找足供補充的資料。同時或偶然遇見資料出於舊志書以外者,即當兼收並蓄,此其一。

有些事情,前人因其爲封建統治階級服務而存心將它埋没或改竄者,今天應該將被埋没者表而出之,將被改竄者追尋根底。即如明末清初的浙江遺民抗清軼事,及歷代多少帶有人民性革命性的政治和文化史蹟等,我們當以新的立場觀點方法,特别注意搜討,以存信讞,以闡幽光,此其二。

舊政權的機關文書檔案,舊社會的私家簿册單據等,都算舊的地方文獻的原始資料的大宗。其廢棄日久的,原是佚多存少,間有流傳的殘賸東西,如何網羅掇拾,使得略見其萬一,也是我們應該攷慮的,此其三。

舉此幾點,可以概見對舊的地方文獻資料的徵集工作,今天也還有或多或少地需要我們繼起來搞的。再如向民間訪求近世革命史料,向地下搜索古代一切實物,在本省現時已經有了前所未見的成績,今後當然還正好展開工作,自不待言。至於現在時代所産生的新文獻,更是洋洋大觀,日增無已。須將所有應徵集的一切事物,精詳考慮、綱舉目張、臚列鉅細,並將重點徵集與普通徵集分别指出,製成一個完整的徵集方案。這就是要把本省在新中國的政治經濟和文化的整個建設中所表現的一般情況和特殊成績,通過周諮博访,薈萃而成爲現代浙江地方文獻資料的淵藪。清代方志學者章學誠説:“地近則易核,時近則跡真。”我們爲了要使多多益善的現代真跡一一保存下來,就非乘此“二便”不可,所以及時而徵,就地而集,是我們當前面臨的主要任務。

徵集工作,包括調查、採訪、收集等各事項,調查有一般調查與專門調查兩種方式。一般調查,就各事各物製成類聚群分的種種表格,印發填報。中央如有統一表式通行頒到,我們自當一律遵用。但遇有必要時,我們也不妨參酌本省當地情況,自議訂製一些更能切合現實應用的通行表式,以作補充。專門調查是有重點地指派或委託專門研究人員,特别對某些事物進行實地調查,以求得精密的書面報告;採訪工作與調查工作相輔相成,並行不悖。採訪有口頭採訪與書面通訊兩種方式。其進行口頭訪問時,須録存問答筆記。書面通訊,可任從事採訪者撰寫史料,形式不拘,以能充分説明問題爲得,根據正確。收集工作,是將調查和採訪得來的新文獻資料,條分縷析,製成綜合報告;並在報告中指出調查或採訪工作中所存在的缺點,以期改進。其報告每月做一次,或每若干時間做一次,可視所得東西的多少繁簡而定。同時並須將所得東西給以歸類編藏,以便檢用。

今議修志,我認爲不僅只是向國内徵集資料,而且可能還有某些資料似應徵及於國外。何以言之?

(1)建國後幾年以來,世界上和我國友好的盟邦,時常不斷地有不少個人或團體從遠道來到我們浙江,有的爲參觀我國之光而來,有的爲遊覽地方風景名勝而來,還有的爲表演各種藝術而來,尤其是有如蘇聯等國的科技專家,每次特來幫助我們進行新建設事業。舉例來説:如金戈連克、吉赫諾夫和魯達等對錢江大橋的修建,阿连大耶夫對浙江的公路工作,古塞依諾夫、查立斯仰克等對浙江的蠶桑事業,都有很大的幫助。我想,凡是這些外賓的來蹤去跡,都有值得我們紀念之處。假使在本省地方志的新頁上擇要記録,也是有意義的。因此,我們就應該向他們徵集一些有關的資料作爲參考。而這些人們如有關於浙江的寫作,如參觀筆記、遊覽筆記或者表演報告、工作報告之類的文件,我們可以向他們徵求原文,摘譯入志。

(2)世界各國,也多有地方志之書。如蘇聯,就有各省、市和自治省、民族州等的地方歷史及地理志。它們各有各的體例及編纂方法,其中或許有先進經驗可資我們酌採的。因此,我們做徵集工作時,並應分向各個重要國家徵求其最新出版的志乘一種或數種,以備研究之用。

(3)外國人編著出版有關我國史地研究的書刊,也應在考慮徵集之列。

(4)在歷來流散於海外的我國古籍中有關浙江研究的東西,也還不少,網羅放失,盡其可能。

(二)議整理

所謂整理,是要在地方志工作上附帶地把地方舊文獻資料,加以適當的整理,作爲我們對過去的一次大總結。在這裡,我想提供三點具體意見。

1.撰輯浙江地方文獻書目提要

我們浙江歷代文籍之現存者,以東漢時代的袁康、吴平同撰的《越絶書》

及趙曄所撰的《吴越春秋》二書爲最古。其次則三國吴、晉、劉宋、隋各朝的地記類書，尚存十種。趙宋南渡後以迄最近解放前，八百年間，所出志書，今有傳本者，三百四五十種，其中包括省志、府志、直隸廳志、廳志、州志、縣志、都邑志（臨安三志）、鄉鎮志。此外則本省的一山一水、一事一物，如學校、兵制、海防、海塘、水利、賦税、鹽法、荒政、風俗、物產、祠廟、寺觀、古蹟、金石、藝文、人物、雜事等等，又各有分編别述而自成專志單行於世者。我們今天要總結過去在地方文獻工作上所經久積累的成績，應將這一切所有遺產，盡檢而統計之，並更旁及其他有關浙江文獻的群書，彙合撰成一個總的目録，分别部居，排比時代，以次羅列書名、卷册數、作者、現存有幾種刊本、幾種鈔本。或者只有稿本，或者還有經人批校之本。各本或完或缺，内容優點缺點，其本現存何處，一一説明。使得檢查者可以一覽無遺，而分時、分地、分人、分事、分物而作專題研究者，按圖索驥，都感便利。又其書存佚莫定而眼前未見，可另撰未見書目，附綴於後，以待徵訪。

2.編製近百年來浙江地方掌故論文索引

這是要將私人著作中有關近百年來浙江地方掌故的單篇論撰及譯述之文和各種報刊中所載論撰及譯述作品有關浙江地方掌故者，以及近百年來有關浙江地方政治經濟和文化事項的調查報告、統計圖表等等文件，彙合編成一個總的分類索引。標揭篇名、作者姓名、寫作年月、原文出處。而譯述之文，並須注明外國原作者姓名、撰作年月、原文見於外國某種刊物。又其文已經地方志書或事物專志收録者，附加注明。又如碑碣傳誌之文或有石刻本者，也注出它。

歷來文章作品，是浩如煙海的。做索引時，不可漫無去取。應該通過博採和精選，才好決定收入與否。其選擇當以本文的資料性是否重大爲標準，這就是説資料性重大者在所必收，不然者可以不收。大凡舊時代的許多文章，從現在的角度來看，當然會有立場觀點方法多成問題之感。但我們爲了要充分研究過去事實的經過情況，則所有這些文章中屬於資料性的部分敘述，只要其真實足据，也還是不無可取的。做索引時，似當可以將這些文章酌量收入，以備一定的用途。

此項索引工作和前項的書目工作，同樣是相當費事的。但不這樣地先來費事一下，則將來做起地方新志的編纂工作，在没有整個底子可摸的情況下，臨時欲其資料知道得多，掌握得好，就會比較困難。那麽，其費事的程度，恐怕還要加甚。

3.校理省縣各舊志稿及專志稿

浙江省通志,是明嘉靖年間創修的,有七十二卷。其次算清康熙年間所修的五十二卷本,再次是雍正年間所修的二百八十卷本。雍正本最通行,前兩本也還有傳帙。雍正之後,就很長時間地失修。直到辛亥革命與己丑解放之間,曾議修過兩次,而終於中途廢輟,成績無多,存稿若干,有待整理。若論私家著述,則有王國維的《浙志通志攷異》,今存殘稿四卷,在《王氏遺書》三集刊行。李應珏的《浙志便覽》十卷,有光緒間自刊本。馬冠群的《浙江地略》,龔柴的《浙江攷略》,二書並刊入王錫祺編印的《小方壺齋輿地叢鈔》中。依我看來,我們現在對於省志,似可從校理舊志先做,即將過去的幾次刊本稿本以及私著各種,盡行撿取出來,綜合研究一下,撰成校理札記,備作將來編纂新省志時基本上參攷之用。

本省各縣志書,除已刊出版者外,如有已成全部稿本,或已成某些部分稿本,有可流傳之價值者,由省分令各該縣自行校理付印。

私家著述的本省各種專志,如有未刊稿本,有可流傳之價值者,由省向各所在地徵取原稿,或傳鈔副本,爲之校理印行。例如裘瀛先的《浙江政鑒》,范鑄的《浙東山水譜》,丁丙編、孫峻續編的《武林坊巷志》等,似可校理一下。

近時各地人士,如有對本省舊志書做了一些研究工作者,如批評、校勘、攷訂、續增、補遺等,所有這些著作未經刊行者,其關省志部分,送省備校理之用,其關縣志部分,存縣備校理之用。

校理工作,要能闢僞存真,攷同辨異,糾正舛謬,補充疏漏,但是不可以不誤爲誤,率意輕改。其有感到懷疑,而因一時掌握資料不夠,未能即下斷語者,姑且提出問題,留待後人解決。“信以傳信,疑以傳疑”,這才是實事求是態度。

(三)議纂輯

1.纂修地方新志

方志體製兼史地,述事記物貫古今,它包涵着有關自然科學和社會科學的客觀存在及其隨時代發展的迹象,所以纂修工作,是有相當繁鉅的任務的。拿今天我們的新任務來看,其目的是要求浙江省志、市志和縣志,從此各能自具充實的内容,而且成爲足夠適時的創作。因此,體例的因革損益,就是這一工作上的先決問題。必須由中央在原則上訂出一個現代方志的統一體例，及與新體例相配合的採訪綱目和調查表式，頒行全國，使執筆者有所遵循。但也有些個别部門的記載，執筆者兼要考慮到本省地方的自然、歷史和當前建設情況上的若干特點，因地而制宜，相體而裁衣，不可强求形式或内容上的一律。（我對浙江新方志的分門篇目及其編法，也有一些不成熟的意見，容後再來細談。）

本省修新志次序，我認爲要以市志當先。市志前無所因，正好發揮自我創作的精神。首試其端者，當然要屬杭州市。世人曾稱杭州是祖國歷史上的六大都城之一，與北京、南京、西安、洛陽、開封並論。就地理環境説，它也非常優越，它所擁有的西湖，名聞世界，今則成爲國際公園。它歷來是浙江省政治經濟和文化的中心，人才薈萃，物質方面，也有足夠的條件。因此種種理由，可見杭州市志的及早創修，是極其必要的，也是肯定可能的。

從杭州市志編纂工作中取得新的經驗後，以次修及其他各市，再其次逐漸推廣這一工作，將一些比較有條件的縣份接上來搞，從而做到普及全省各縣。省志事最重大，須先通過比較多的準備時間，所以要把它的編纂工作，放在各市志之後。我想，這樣可以避免輕易冒進和曠日持久的種種錯誤。輕易冒進，則草率成書；而曠日持久，則浪費百出。這些都是過去在修志工作上往往發現的毛病，今天我們爲人民服務，應當引爲殷鑑的。至於縣志以下的一區一鄉之志以及一山一水、一事一物的專志，今後也似可準備作出若干新型的東西。分别由省市縣公私各方面選擇主要題目，進行撰述工作，使得多存地方文獻，與新型的省志、市志和縣志等書相輔而行。

2.創編《浙江年鑒》

地方志乘，總是要經過若干年才修一次的。我認爲每年編印一次地方年鑒，也是地方文獻工作上的一件大事。此將每一年中的地方現實情況和有關文件及時地記録下來，最爲詳確可靠。經常施政，備此以供一般查考，固甚便利。年年積累起來，前後緊相銜接，又可成爲地方修志時或學者研究時一個最有系統、最能具體的整套參攷資料。

一省範圍的地方年鑒，在解放以前出版的，有如《江蘇省鑒》《江西年鑒》等。我們浙江，那時也曾有人提議要編，但是没見成書。現在我很希望有關方面能夠編出《浙江年鑒》。從解放起到今年年底爲止，似可連貫起來，合編爲一本。抑或將解放後至一九五二年先編一本，一九五三年至今年年底即第一個五年計劃期中續編一本,也是一個方法。從明年起,進入第二個五年計劃的頭一年,最好能夠逐年編印,作爲經常定期的出版物。

3.輯印小册的浙江鄉土史地書籍

在地方纂修新志的同時,我認爲可以因利乘便來製造一些副作品。採取修志工作中所見現成資料,隨筆撰輯一種或數種有關浙江鄉土史地的小册書籍,内容力求簡要明晰,廣泛發行,以供一般社會普遍應用。因爲地方志書,卷帙繁鉅,只能供給少數人研讀或收藏,非廣大人民所得而盡閱,而廣大人民欲在本省鄉土史地方面吸取一些通常知識,那就不可能叫每個人都去找看地方志書。假使於本省地方志外,再有着這樣一類的浙江史地小册子,則他們大可手買一本。對於一般求知的問題,就好解決了。近來頗有人建議各地中小學校於史地課程中增入一些本省鄉土史地教材,要使隨時隨地地對他們進行愛國主義思想教育。我也很同意這樣的建議。因此,我在這裡,也就想到這些簡明讀本,似可兼作小學補充教材之用。中學教材,可再另編一種高級本。

我們浙江,以一省爲範圍的鄉土史地教材,前未曾見。一九一八年在杭州出版的林傳甲編《大中華浙江省地理志》,篇幅相當多,在當時也並非教材用書。現在我們倘做這一工作,是要從新創造的。編例如何,應該先加考慮。

(四)議機構

本省未來的修志機構,似可取用"浙江省地方志工作委員會"的名稱。這個委員會,我認爲應該是隸屬於省人委會科學工作委員會的工作部門之一。同時也應該請由省委文教部、統戰部來領導其事,規模可能會相當大的。假使目前爲精簡節約計,委員會還要暫緩成立的話,那麽,似可先設一個"浙江省地方志工作小組",使得爲這一方面進行工作開始其端。小組成員,可由省人委會就各個有關單位的工作人員中選聘兼任。所謂有關單位,似應包括省文化局、省文管會、省文史館、省政協文史工作組、浙江圖書館、浙江博物館、浙江師範學院歷史系、地理系、中國文學系、浙江人民出版社、浙江日報社、杭州日報社、浙江史學會、浙江考古學會等等。每個單位,能各有一二人參加,就好分工合作地着手搞起來了。

地方志工作小組的任務:(1)擬訂浙江省地方志工作委員會的組織章則草案;(2)擬訂浙江全省地方志工作長遠規劃草案(包括徵集、整理和編纂三個方面);(3)擬製浙江全省地方志工作經費總預算草案;(4)調查本省各市各縣應具備的修志各項條件,並根據情況,預定分批進行修志工作的先後次序,作出草案;(5)就現在本省各地方散處的知識分子中調查所有可能參加修志工作的各種人才,彙列名册,以便分别由省市縣酌量選用;(6)其他有關修志的籌備事務。

地方志工作小組結束時,即擴而大之,成立地方志工作委員會。在成立會上討論決定上列各草案及調查報告,同時推選常務委員若干人,組織常務委員會,經常執行公務,並分組擔任徵集、整理和纂輯等工作。

各市各縣地方志工作委員會,應根據省委員會討論決定的先後次第,如期組織成立,並各自將修志工作具體進行辦法作出決定,報送省委員會備案。

(五)議儲材

地方志工作,既有了一個長遠的全面規劃,千端萬緒,需材很多。目前只能就現有人才,挖掘一些潛力,調動一些積極因素,盡先利用,以經其始。但是一天過了一天,老輩人士,衰退的衰退,凋謝的也有所不免。而年紀輕者,對地方志工作有學識和經驗的,恐怕還很少。因此,我們爲要使這一方面的工作隊伍,逐漸擴大,或者不斷補充,則設法培養新生力量問題,就應有及時考慮的必要。我認爲(1)似可建議浙江師範學院歷史系和地理系,添設地方志學一課。延致當代地方志學專家擔任主講,以資造就。(2)似可建議省文管會、浙江博物館、浙江圖書館、浙江大學圖書館、浙江師範學院圖書館,這五個單位,各自動員青年工作同志,分别組織地方志工作研究小組,或者聯合舉辦地方志工作短期講習班,指定相當人員擔任小組或講習班的指導者,使他們從而問業。浙江省地方志工作委員會成立之日,便可酌調他們,兼做此次修志的助理工作,使他們再在實習中得到一些學識和經驗。將來會中老班出缺,就可以不患無新班接替的人。

(六)議進度

整個浙江省地方志工作長遠規劃,假定以十年爲期,則全部工作,應該預計從一九五八年開始,到一九六七年底而完成。一九五七年下半年,即最近幾個月,先將浙江省地方志工作小組設立,期能於年底完成任務,到明年就應該進一步成立浙江省地方志工作委員會。會成立後,即分設徵集、整理和纂輯等組。徵集組、整理組都充分地爲新省志做準備工作。纂輯組先做《浙江年鑒》及小册的浙江鄉土史地書籍的編輯工作,後做新省志的編纂工作。因爲新省志須待它的準備工作做得相當程度時,才好動筆起稿,順利進行撰作。

本省市縣的地方志工作委員會,杭州一市,應盡可能首先成立,以起帶頭作用。其他各市各縣,參酌各地具體情況,分作幾批,先後成立。但各市應該争取在第一批的期間内成立地方志工作委員會,各縣中有較好的條件者,也不宜自落人後,以早能成立機構爲是。所有分批辦法及每一批工作的起訖年限等,都要在浙江省地方志工作長遠規劃中先各預定下來,使得一律按照實施。至於工作的分年進度,可能各不相同,任由各該市縣自作個别計劃,報省備案。

依我這樣總的説來,未來的浙江地方志工作的預定指標,要在一九六七年以前,編出新省志,各市新市志,以及全部或大部分的縣的新縣志,這是主要的方面;同時還要逐年編出《浙江年鑒》,還要編出鄉土史地通行讀物;而在新地方志的準備工作中,還要先做好《浙江書目》《浙江論文索引》和《舊志稿校理札記》等的作品。這些雖似節外生枝,但我認爲一舉數得,比較便利。近幾年來,浙江歷史科學新的研究工作,是取得了一些成績的,但發展還落後於形勢,不及鄰省安徽、福建來得活躍。福建省文史研究館中,最近有人正在編撰一部《福建编年史》,據説時期由福建開闢到辛亥革命爲止,預定全部約在一百萬言左右,現已完成百分之六十(見該館新出版的《小鳴》刊物)。由此可見彼省對地方文獻進行新的工作,先我着手,也是事實。我想,這一方面的工作,本省既有落後於形勢之威,我們就不能不起而注意。因此,我這獻議,似乎或可略備芻蕘的採擇。請求大家加以審核,討論裁定,使得我的意見,由不成熟走向成熟,不勝企幸之至。

1953 年 7 月,於浙江省文史研究館草擬此篇,有俟修改

漫談有關地方文獻問題[①]

隨着我國社會主義的政治、經濟和文化建設事業的形勢發展，對現代百科學術的研究工作，就都需要有一個新的積極進行的長遠規劃。唯物主義的歷史科學，也不例外。現在中央倡導規劃於上，全國各地有關機關和各界有關人士，回應號召於下。在祖國從古到今的歷史資料的調查、採訪、收集、整理、編輯等諸問題上，群起而作進一步的注意和商討。又由於地方志乘等，有它的歷史價值，也有現實的科學研究價值，所以人們於關懷國家史料的同時，兼要考慮到地方文獻資料的調查、採訪、收集、整理、編輯等諸問題。近年以來，歷次各級人民代表會議及歷次各級人民政治協商會議上，屢見有人就這些問題上發了言提了案的。到此次全國政協舉行會議時，顧頡剛、李培基、葉恭綽等聯合建議關於編輯地方志的八條意見，比較接近具體的。

他如各省市的民主黨派，也有在這方面參加了一些活動者。例如民革雲南省委員會在去年冬間召開的一個關於地方志問題的座談會，以整個省作爲討論對象，而且内容包括史料的收集和整理，以及舊本志書的補正，新縣志新省志纂修先後的次序（見去年十一月《光明日報》）。人民政協九江市委員會會同民革九江市委員會組織部分社會人士，開始整理本市的歷史資料工作，據説從去年十月起進行，許多年近古稀的老先生，自動地到處搜集材料，以表示他們年紀雖大，現在還有爲人民服務，特别是爲社會主義服務的精神（見今年一月《團結報》）。又各省市的文化事業機關，也多做了與方志研究工作相配合的一些業務。例如山東省圖書館，已將館藏的最早一部山東方志——《齊乘》，到明清兩朝暨辛亥以後到抗日戰争前，所有的省府州縣各種方志編成一個總目録，付印發行；青島市圖書館也編印明清兩代《山東人的著述目録》，供研究者參考（見今年一月《文匯報》）；北京在舊國子監新建成市圖書館，首先就要廣收關於北京的歷史文物資料，爲編《北京市志》做準備，現已覓

---

① 手稿藏温圖（編號：80117 孫 8・20）。原稿（20×15）格稿紙 1 頁，廠 020#457 稿紙（20×20）9 頁，共 10 頁。——整理者

得秘本不少(見今年二月《文匯報》)。諸如此類的近事,可以説明了在全國範圍内正有不少人聞風興起,爲地方文獻而努力服務了。

值此中央提倡準備普修方志,全國各界熱烈討論地方文獻問題的時候,我們本會正新成立一個文史工作組。關於這一方面的各種任務,顯然不是本組少數人所能承擔得了,但我認爲我們同人,似乎可以在這些問題上,各就自己平素鑽研思考之所及,準備意見,提供商榷,並可即在自己力所能及的範圍内,少試其端,做一些自我貢獻。這裏就我個人所想到的,有如下面幾點,質諸諸同人,以備參考。

1.本組第一次會議上,曾經將我前在省政協文教工作組所提得的《建議動員本省各界關心文獻的知識分子參加調查採訪國家和地方史料工作的初步意見》一條,拿出請大家公同審核,經討論後,頗承不棄。本案提出,在去年九月間。當時我主張請由本省文教部門主持發起,聯合各人民團體、各有關機關,以及有關人士組織一個"浙江省各界調查採訪史料工作"的專設機構,現當國家積極進行精簡節約的情況下,專設機構之議,顯然是應該從緩的。如果大家認爲調查採訪史料工作,仍要廣泛地帶動全省各界所有關心文獻的知識分子(包括年老的一般社會人士)一起參加,則對這一方面廣泛宣傳和密切聯繫的工作,究竟需要由誰來搞?假使没有人來及時地開始進行的話,就不足以使這一方面社會知識分子都能執起筆來,發揮爲社會主義服務的積極因素。那末,本組是不是可以主動地把這一部分的初步工作暫行迎接下來呢?我想,這正值得我們亟加考慮的。因爲聯繫群衆進行宣傳,原是本會工作組的通常職責,而本組聯繫和宣傳的對象,正將着重於這一方面的。

2.假使由本組對外做了一些聯繫和宣傳工作之後,接上就要談到調查採訪的本題。我認爲我們似可用分工合作的方法,也把它全部或局部地接受下來,這就是説把所有本省地方文獻資料現應調查採訪者,開出若干書目,由本組所有成員分認擔任去做。而本組成員的來源,則是浙江省人委會參事室、浙江師院、浙江師專、文管會、圖書館、博物館、文史館等幾個單位(和個别的社會人士)。所以就等於是分配給幾個單位各自擔任一部分事情去調查採訪,同時由本組對一般人士經常聯繫,帶動他們在三自的原則下分别參加活動,作爲群衆性的協助,而以本組作爲各種工作的集中會報及公開討論之地。我這樣的提議,與沙孟海同志在第一次組會上的談話中所主張的,大致相似。如果得到大家採取的話,我們再來酌定如何分工辦法及具體進行計劃。

3.革命歷史檔案和文物,已經由中共浙江省委員會積極進行搜集工作,並且要求在今年内基本完成(見二月三日《浙江日報》)。我們這裏,如有所見所聞,也不妨隨時向它反映情況,以供參攷。最近浙江人民出版社又爲《浙江革命鬥争故事》在報紙上登了徵文啟事,我們這裏,如在調查採訪時有意或無意中得有此類東西,也不妨隨時向它介紹,以備采擇。

4.如果本組做起調查採訪工作時,也得要求本會的許多友組協助進行。例如查訪農村經濟的新舊史料,向農業工作組請教;查訪城市工商業在社會主義改造前後的史料,分向工商業組請教;查訪文藝、戲劇、民族、宗教各種史料,也分向各該組請教。假使我們在本會内部有了這樣的組際間的聯繫,我想,在調查採訪的工作上,也可能多得瞭解一些情況,或者可能幫助解決一些疑難的問題。

5.至於史料的收管和整理工作,即應由原任調查採訪的單位分别處理,以便各自歸入庋藏。專題研究的工作,可讓正在準備的要成立的"浙江史學會"仔細來做;方志的編纂工作,我看將來當另設機構專力從事。所以我認爲我們目前所要做的,似可只到調查採訪爲止,其他姑留以待將來再説。不過調查採訪,也須有相當時間和相當人力,我們究竟應當如何調動人力,應當如何估計時間,這是首先要在大體上有一個預定的打算才好吧。

試談有關地方史的若干問題[1]

目次

---

① 手稿藏温圖(編號:80116 孫 8·19)。原稿橫直兩用稿紙(20×25)37 頁,政協浙江省委員會稿紙(20×15)11 頁,散頁 1 頁,共 49 頁。有目次。封面標注:"已迻録一份送浙江歷史學會,經沈鍊之轉交黎子耀。"——整理者

(B)體例問題

(C)門目問題

(D)方志三書的新議

(E)《鄉土史地簡明讀本》的編行

附記

(一)從繼承歷史文化遺産談起

1.批判繼承與厚今薄古

馬克思列寧主義者對於古代歷史文化遺産要不要繼承呢？如何繼承才是正確辦法呢？關於這個問題，早經在原則上得出結論，就是説要對它進行具體分析的科學研究，做到有批判又有吸收的繼承，不是什麽唯心主義的抽象繼承，也不是什麽採取粗暴態度的籠統排斥。

列寧在《無産階級文化》一篇文章中寫道："馬克思主義這一革命的無産階級思想體系取得了世界歷史性的意義，是因爲他並没有拋棄資産階級時代最寶貴的成就，相反地卻吸收和改造了兩千多年來人類思想和文化發展中一切有價值的東西。"(《列寧全集》卷三一)毛主席在一九三八年中共六届六中全會上的講話中指示説："學習我們的歷史遺産，用馬克思主義的方法，給以批判的總結，是我們學習的另一任務。我們這個民族，有數千年的歷史，有他的特點，有他的許多珍貴品。"又説："我們是馬克思主義的歷史主義者，我們不應當割斷歷史。從孔夫子到孫中山，我們應該給以總結，繼承這一份珍貴的遺産，這對於指導當前偉大的運動，是有重要的幫助的。"又一九四〇年，毛主席再在《新民主主義論》中教導我們説："中國的長期封建社會中，創造了燦爛的古代文化，清理古代文化的發展過程，剔除其封建性的糟粕，吸收其民主性的精華，是發展民族新文化、提高民族自信心的必要條件，但是決不能無批判地兼收並蓄，必須將古代封建統治階級一切腐朽的東西和古代優秀的人民文化即多少帶有民主性和革命性的東西區別開來，中國現時的新政治新經濟是從古代的舊政治舊經濟發展而來的，中國現時的新文化也是從古代的舊文化發展而來。因此，我們必須尊重自己的歷史，決不能割斷歷史。但是這種尊重，是給歷史的一定的科學的地位，是尊重歷史的辯證法的發展，而不是頌古非今，不是讚揚任何封建的毒素。對於人民群衆和青年學生，主要地不是要引導他們向後看，而是引導他們向前看。"(《毛澤東選集》第二卷)

列寧和毛主席的這幾段話發表後，幾十年來，成爲世界上革命的無産階級者對待和處理古代歷史文化遺産的正確方針。從新中國建立，這一方針，就使得全國的學習歷史、研究歷史和編寫歷史者受到了極大的啟發教育，大家開始認識到我國悠久而豐富的古代歷史文化遺産中，有創造性的輝煌成績，有人民性、革命性的優秀特點和珍貴品，這些應該相信它是精華而給以尊重，給以歷史的一定的科學地位。但是同時也應該看到長期封建統治階級遺留下來一切腐朽而有毒素的東西，實占一大部分，都還須把它區别開來而予以剔除，決不可以兼收並蓄。這樣的批判吸收繼承法，才是發展民族新文化提高民族自信心的必要條件，也才是人民群衆和青年學生所必不可或缺的必要教材。

一九五八年和五九年之間，黨中央爲了要進一步督促資産階級知識分子的人生、觀世界觀和學術思想的改造，以適應哲學社會科學隨着社會主義建設而躍進的形勢，由宣傳部陳伯達副部長在國務院科學規劃委員會的講話中提出了“厚今薄古，邊幹邊學”的八字方針，提出了學術思想界的革命鬥争的正確方向。他説：“學術要爲一定的時代、一定的階級服務，要表現了那個時代，才能對那個時代起積極的作用，就是説我們的學術界不要總是面對古代，背着現代和將來，要站在工人階級的立場上，認識中國人民鬥争的新面貌，認識中國全局的新面貌，認識中國和世界關係的新面貌。要對於中國人民革命和社會主義改造、社會主義建設所出現的一系列新問題新經驗，用唯物辯證法的哲學思想，在各個方面，在哲學上，在政治經濟學上和歷史科學上，作出新的概括，使中國的學術成就大大地高出過去中國一切歷史時代的水平，這就是我們所説的厚今薄古。”(《紅旗》雜志一九五九年十三期)這一方針提出後，一時學術專家如郭沫若、陳垣、范文瀾、侯外廬、吕振羽、夏鼐等若干名宿，相繼發表闳論，同聲應和。於是又使全國的學習歷史、研究歷史和編寫歷史者對古與今的關係問題，及文化的革新和創造要不要古爲今用、能不能古爲今用、如何古爲今用等一系列的問題，都得到了明確指示。大家認識到厚今薄古的古爲今用，與資産階級所謂厚古薄今的古爲今用，是史學界存在着新舊兩種學風的表現，也就是興無滅資與興資滅無兩條道路的鬥争。我們必須對無産階級新學風能起促進作用，對資産階級舊學風能起促退作用，才好在兩條道路的鬥争上最終勝利，才好使歷史學術界得到健康而走向新的發展，這樣的認識近幾年來已經爲絶大多數人所共同具有而正在逐步提高着。

由於在無産階級政治革命的整個歷史時期,即從資本主義過渡到共産主義的整個歷史時期中,所有客觀存在的階級鬥争,是長期性、艱巨性、複雜性和時起時伏性的。在學術思想戰綫上的兩條道路的鬥争也不例外,所以關於繼承歷史文化遺産問題及古與今關係等問題,直到現在,還是有人在争論着。有的在原則上雖表示接受,而在具體問題上往往還解決不了,以致意見或多或少地有些紛歧,未能完全一致。最近全國城鄉正廣泛地進行以階級教育爲綱的社會主義教育運動,這在歷史學術界説來,也有重大意義。又自從現代修正主義在當前國際共産主義運動中與革命的馬克思列寧主義展開有偉大歷史意義的公開論戰後,中國科學院哲學社會科學部委員會擴大會議,對全國哲學社會科學工作者發出必須參加鬥争發揮積極作用的號召,指出:"現代修正主義全面地篡改了馬克思列寧主義的革命路綫和理論基礎,他們在哲學、政治經濟學、社會主義和共産主義學説、歷史學、文藝理論等各個方面,向着馬克思主義的基本原理進攻,我們必須從政治上、理論上,從哲學社會科學的各個領域,對現代修正主義進行全面的、系統的批判,保衛宣傳和發展馬克思列寧主義,這是當前哲學社會科學戰綫的頭等重要的任務。"根據以上國內外的方面各種具體情況,總的來看,我們史學工作者,爲要在現實鬥争中作出應有的貢獻,就必須對批判繼承歷史遺産問題及古與今的關係等問題上繼續深入地進行理論與實際相結合的學習工作、研究工作和編寫工作。這就是邊幹邊學,以馬克思列寧主義、毛澤東思想來重新教育自己,從而澈底改造自己的人生觀、世界觀和學術思想。只有自己堅決澈底改造,拋棄了資産階級不革命的人生觀、世界觀和非馬克思列寧主義的形而上學的學術思想,建立起無産階級革命的人生觀、世界觀和馬克思列寧主義的辯證唯物的學術思想,我們才可能與先進工作者們一樣地向前進而不向後看,才可能有充分條件做好準備,以共同參加當前國內史學界兩條道路的階級鬥争而作出貢獻,使得批判繼承、厚今薄古的革命理論基礎進一步鞏固和發展。同時我們也才可能響應中國科學院哲學社會科學部委員會擴大會議的號召,從社會科學的領域,對國際共産主義運動中所出現的現代修正主義的歷史學説認真批判,在保衛宣傳和發展馬克思列寧主義的當前頭等重要任務上起積極作用。

2.知古識今與述舊作新

歷史的一切事物,都隨着時代的演進而向前發展的。由於時代是無古不成今,所以事物就無舊不成新。古與今,新與舊,既有截然劃分的階段,又有割斷不開的聯繫。今是從古中孕育而形成起來的,新是由舊裏醞釀而改造出來的。我們今天要批判繼承祖國古代歷史文化的遺産,我認爲必須做到爲知今而識古,爲作新而述舊。知今是知道今勝於古的具體實情,識古是認識古不如今的必然真理,述舊是述評舊事物的價值,作新是創作新時代的東西。知古、述舊,是手段不是目的,目的在於識今、在於作新。應該按照陳伯達副部長所指示的:“不要總是面向古代,背着現代和將來。”

這裡所謂知今識古,與前人所謂“博古通今”“陳古剴今”“托古改制”“國粹主義”等等的説法,是本質上完全相反的兩回事,不可併爲一談。他們好像認爲“今不如古”“古道今衰”“古風今微”“言必稱三代”地要教人養成所謂“尚古”“循古”“師古”“執古”的頑固態度和保守思想,以便於把古的東西兼收並蓄下來,有時還加以美化,拿它來作爲今的榜樣,並且還想把它絶對地繼承到後世去。要而言之,是“貴古賤今”“頌古非今”“使今復古”,也就是今天資産階級學者所謂“厚古薄今”,他們雖然也説什麼古爲今用,但是要將歷史車輪倒退,而爲維護封建統治的延續存在服務的。至於這裡所謂知古識今,則是對古代歷史事物進行廣大而精細的總調查研究。站在今的階級政治立場,運用今的歷史觀點和思想方法來具體分析,作出新的概括,批判其中已經過了時的大量糟粕,提取還可能爲今用的某些精華,這就是符合於“厚今薄古”的方針,而這些精華繼承下來,正如毛主席所指示的:“繼承這一份珍貴的遺産,這對於指導當前偉大的運動是有重要的幫助的。”有助於説明今勝於古的歷史規律的正確性,有助於使一般人們在頭腦中對歷史規律的感性認識和理性認識都能由少到多、由淺入深,成爲當前運動的推進力量。這就意味着我們所謂古爲今用,是爲無産階級政治,即社會主義革命和社會主義建設服務的。

知古是求得歷史知識,識今是求得現代知識,並包括着階級鬥爭知識和生産鬥爭知識。有了這些歷史知識和現代知識,二者結合起來,才能善於述舊,又能善於作新。知古識今是述舊作新的思想準備,述舊作新是知古識今的實踐表現,有了思想準備,才能站穩無産階級立場,接受馬克思列寧主義和毛澤東思想的原則指導。運用歷史唯物主義觀點和科學分析方法,來進行述舊工作,才不會被舊的事物現象所迷惑,才能分清它們在本質上的精粕。這就是有批判有吸收地繼承遺産,不是什麼簡單地把舊的事物一概都否定,好像認爲無足敘述的價值,又不是簡單地把舊的事物一概都肯定,好像認爲只有平鋪敘述而没有評論優劣的必要。這裡所謂述舊,不是爲述舊而述舊,而是爲作新而述舊,與二千年前孔夫子所謂"述而不作,信而好古",也根本上毫無相同之處,因爲這裡是有述有作,信而好今的。

述舊工作的具體内容,要全面深入地探討舊中國的舊政治、舊經濟、舊文化有關的形形色色的歷史事物。無論是書本記載,或是口頭敘述,又或是書本以外的文字資料,或是從地下發見的或完或缺的東西。其中尤重要的,是有關歷代政治和教育制度的因革,經濟計劃和具體措施的經過,文化事業和學術風氣的演進,階級鬥爭的起伏,社會活動的情況,人民生活的條件者,都必須廣搜博訪,集中研究,以進行有原則的認真去取,作出結論。區别精華和糟粕,區别有益和有毒部分,把精華而有益的部分接受下來,通過加工,化腐朽爲神奇;作爲新政治、新經濟、新文化上可以吸收來充營養的新東西,同時即以創成新紀録,供給人民大衆,作爲階級教育和社會主義教育、愛國主義教育上的必需學習或參攷的資料。資料内容所必須具備者是歷代平時反封建統治的階級鬥争的傳統和經驗及改朝换代時的革命起義的英勇事實,發動人民群衆貢獻智慧和力量創造生産的奇偉成績,以及一般人們在思想上和行動上作出某些有人民性、革命性、進步性的表現。知識分子在學術上或藝術上的研究心得和撰作發明,前人著述中對歷史事件的分析或對歷史人物的評價比較能符合實際者,認爲此類種種不同情況的人,都可以看作是中國舊政治舊經濟舊文化史上的珍貴品,也就是中國歷史文化遺産的特點,都應該不厭其詳多多益善地把它述寫下來,這就一方面足以盡彰往的能事,一方面足以作策來的工具。除此之外,有些無關重要的事物,則在可述可不述之列了。至於所有反人民、反革命,阻礙社會經濟和文化發展,倒退歷史時代車輪的事情,有的可以述評作爲人們的反面教材,其他都應該痛加筆削而去。

所謂通過加工,就是説從述舊到創新,即從糟粕裹吸收精華,這一工作過程中,還應該進行必要的改造和融化,方能使舊事物中有益於新時代的某些東西變爲新事物的有機組成部分,這才是古爲今用的正確意義。毛主席在《新民主主義論》中曾有一段寫到:"凡屬我們今天用得着的東西,都應該吸取,但是一切外國的東西,如同我們對於食物一樣,必須經過自己的口腔咀嚼和腸胃運動,送進唾液胃液腸液,把它分解爲精華和糟粕兩部分,然後排洩其糟粕,吸取其精華,才能對我們的身體有益,決不能生吞活剥地毫無批判地吸收。"(《毛澤東選集》)毛主席這段話,原爲批判吸收外國文化而發,而當我們批判吸收本國的歷史文化遺産的時候,也當然應該遵照毛主席這幾句原則性的正確指示來辦事。由於舊事物中所存在的糟粕和精華,是錯綜複雜的,糟粕裏會有精華,精華裏也還會有糟粕。我們既不可以“囫圇吞棗”地把二者一口吃進,又不可以“因噎廢食”地把二者盡行吐掉;既不可以隨便地拿來就用,又不可以疏率地丢開就算。總之此項工作任務,是艱巨而細微的。首先必須立場明確,觀點和思想方法對頭,才不致於把糟粕錯認爲精華,或者把精華誤當成糟粕。

通過了這樣有充分的批判精神的述舊而作新,使得人們在所述的精華中看到有些人民性革命性的優秀東西,的確足以稱爲我們民族固有的創造,對人類社會的確有過相當貢獻和進步作用。而這些往蹟,正足以作爲現在的借鑒和啟發,並且只有在偉大的黨和毛主席的正確指導下,在今天時代形勢的優越條件下,才能由借鑒啟發而進一步向前發展,成爲中國人民在革命鬥争中不斷創造出來的,爲過去中國一切歷史時代所未曾有過的新事業。同時人們也在這裏感覺到許多糟粕中包含着的封建性遺毒的危害,從而對今所以宜厚、古所以宜薄的道理,提高了認識,深信而無疑。有了這樣的信心,才善於邊幹邊學,爲適應新時代、新階級的政治、經濟和文化的需要而自我改造爲新人,在新的成就上作出新的貢獻。

在我國歷史文化遺産中,地方史籍年積月累,佔有了很龐大的數量,因此,今天我們地方史學工作者,對舊地方志應當如何看待和處理,就是屬於知古述舊的問題,對新地方史應當如何取材和創造,就是屬於識今作新的問題。綜合起來,就是屬於批判繼承歷史文化遺産的範圍以内的一件大事,所以我們也只有嚴格遵照如上所引的毛主席許多名言至論,作爲學習和工作的準則。正如《衢縣縣志編輯工作簡況》中所首先揭明的:“以毛澤東思想爲指導”。這一指導,應該説是放之四海而皆准的馬克思列寧主義唯物史觀的普遍真理。只有把這一真理,貫徹到處理舊志和創造新志的專業學習和實際工作中去,才能將舊地方史料做好總結,而開始産生出最新型的高質量的人民性的地方志來,才能完成我們爲無産階級政治服務,爲社會主義革命和社會主義建設服務,爲當前的階級鬥争、生産鬥争和科學實驗三大革命運動服務的應有任務。至於在黨的正確領導下調查編寫村史、社史、街史、家史、廠史、校史等,是爲新縣市志及省志做好基層工作,是地方史學研究者邊幹邊學的首要一課。要認真揭露舊時代的階級剥削,並如實反映那個時代的階級反抗，所述的事實都是舊時客觀存在，而撰述者立場觀點和調查研究方法都必須是整套新的，才能寫出新的内容，發揮新的作用。這就是具備了勞動人民革命鬥争歷史的豐富内容，使在今後階級鬥争教育運動上起有積極作用，所以説不是爲了述舊而述舊，而是爲了作新而述舊。現代新地方史的基本特徵正在於此。

（二）舊地方史的回顧

1.舊地方志遺籍的概括

我國舊時代的地方志書，溯自始創起直到解放前爲止，經過了漫長歲月的繼續纂修，普及了全國大小各地區的分别編行，形成了充塞楹棟的浩繁卷帙。而其書的組織形式和記載内容，由最初的簡單疏略而走向比較完整詳備，可以説是逐步有所改進的。根據王重民先生爲北京大學中文系古典文獻專業中國文化史專題講座所作的題爲《中國的地方志》的報告（見一九六二年三月十四日《光明日報》史學專刊）：地方志的發展，大致可分爲四個階段：①最早全國性的區域志（公元前四世紀——公元一世紀），是隨着中央集權的封建政府的發展和鞏固而編輯出來的，但它的依據則是來自地方上的資料。地方志是隨着地方上的封建地主勢力的成長而産生的，它出現於全國性區域志撰成以後。②地記（公元一世紀——六世紀），主要是爲地方的封建勢力（地方政府和豪族）服務的。③圖經（公元六世紀——十二世紀）。④地方志（公元十二世紀——二十世紀）是由地記、圖經漸步發展而成的。到南宋以後，地方志與全國性的區域志的關係愈密切，互相影響也愈多，所謂全國性區域志，以現存的上古《禹貢》一書爲始，後到元明清的《一統志》等並屬之。所謂地記、圖經及地方志各類書，現在我們所看到還存在着的統計數字，共有 7413 種（宋 28、元 11、明 860、清 6514），109143 卷。這個數字，是指國内所見者而言。此外還有一部分在鴉片戰争以後屢次被帝國主義的外國侵略軍進入内地時掠奪而去，歸入彼國圖書館所有者若干種。又有一部分當解放前夕被國民黨反動派從南京逃走時攜到臺灣去者若干種，並不在此數之内。其流落外國者，據我在解放前所聞，歸入美國國會圖書館者最多，有千數百種，哈佛大學圖書館次之，英國圖書館，法國巴黎圖書館，日本東洋文庫、内閣文庫、宫内省圖書館、帝國圖書館等若干處，各有收藏。其中有的中國地方志，並且已稱孤本，爲國内所不見者。

就我們浙江而言，歷代曾經共修過各級地方志書一千八百餘種，其現存者，據我所聞，有 571 種 7245 卷。這一數字，在全國各省中算佔着比較前列的地位。清方志學者洪亮吉說："一方之志，始於《越絶》"（《澄城縣志・序》）。《越絶》就是東漢會稽人袁康、吴平同撰的《越絶書》。它的内容，記載着一地的歷史沿革、掌故、人物紀傳及山川、城郭、風土、塚墓等事。因此可以認爲是吾浙江地方史籍之最早出者，而到了今天，還有多種刊本在流傳着。所以人們也就看作是全國範圍内現存地方志書的一種最古者。其次是趙曄的《吴越春秋》，也是東漢時代的遺産，現存刊本也有好幾種。

地記一類，在浙江方面，則存在着若干輯佚之本。如三國吴朱育的《會稽土地記》、晉虞預的《會稽典録》、賀循的《會稽記》、劉宋孔靈符的《會稽記》、隋夏侯曾先的《會稽地志》等，並見於魯迅輯《會稽郡故書雜集》。而孔《記》别見於清范鍇的《范聲山雜著》中。另有晉孔曄的《會稽記》，見於明陶宗儀撰、清陶珽編的《説郛》及清王仁俊《經籍佚文》中。此外則三國吴沈瑩的《臨海異物志》、劉宋山謙之的《吴興記》、左文質的《吴興統記》、鄭緝之的《永嘉郡記》和《東陽記》、梁吴均的《吴興入東記》等，也各有輯本傳世。而《永嘉郡記》則有兩個先後不同的輯本，《臨海異物志》有三個先後不同的輯本。

圖經一類，如北宋景德年間修的《海鹽圖經》、南宋乾道年間修的《四明圖經》、淳熙年間修的《嚴州圖經》，可以看做是代表的作品。據宋鄭樵的《通志藝文略説》，宋時原有《兩浙路圖經》九十五卷一書，這是全省範圍的總圖經，也可以看做是《浙江省通志》的前身，可惜此書久已失傳了。

地方志類，宋元時代所修舊本現在遺留下來的，僅只江蘇、浙江等二三省份有之，其他省份都没有了。這二三省份合計，存有宋志 21 種 419 卷，而浙江則有 12 種 228 卷，種數卷數，並佔一半以上。元志 8 種 117 卷，浙江則有 3 種 39 卷，種數卷數，並佔三分之一以上。明清以來所修而現存者，種數大約占全國的第六位，卷數大約占全國的第二位（據朱士嘉從前調查統計，與現在實況可能有些出入，這裡只不過用來作大概説明）。所有這些地方史籍，包括省志、府志、直隸廳志、廳志、州志、縣志、都邑志（如宋乾道、淳祐、咸淳三部《臨安志》）及鄉鎮志。此外則有關於本省的各部門事物，如山川、海防、水利、海塘、賦税、鹽法、兵制、荒政、學校、物産、風俗、坊巷（如清丁丙編輯、孫峻續增的《武林坊巷志》）、名勝、古蹟、金石、經籍、人物等等。又各省分編别述成爲專書而單行於世者，大約數十百種，也包括着宋元明清歷代的遺産，而辛亥革命到解放前一段時期也有些續出的。

2.舊地方志遺籍的用途

清地方志學者章學誠説“州縣有志,國有史,其義一也”(《大名府志·序》),又説“志之爲體,當詳於史,志爲國史取材”(《文史通義外篇·答甄秀才論修志書》),又説“正史既有大體,而部府州縣之志以漸加詳焉”,“州縣博收,乃所以備正史之約取也”(《永清縣志·士族表序例》),又説“方志當補史之缺,參史之錯,詳史之略,續史之無,方爲有功記載”(《修湖北通志駁陳增議》)。又乾隆《無錫縣志·纂例》中寫道:“志與國史相衡,自必縣志加廣,史遠而志近,史統而志專。近者見多,專者文備,理勢當然。”由此觀之,地方志與國史,一則詳備,一則簡要,互相爲用,並爲研究工作者所需要參覽的。所以歷來人士在搞著作的時候,往往採用方志中較詳備的記載以成書。例如清陸心源撰《宋史翼》、錢大昕撰《遼史拾遺》、顧炎武撰《天下郡國利病書》、朱彝尊撰《日下舊聞》等,都曾經在方志書中下了不少功夫來找到許多給他們有用的資料。這就説明了前人對地方志應該與國史同樣重視的大致情況。到了現在,我們正在翹首迎接社會主義的新地方志及時開花結果。那麼,新地方志普遍産生以後,舊地方志是否還有什麼用處呢。這個問題,王重民先生在《中國的地方志》那篇報告中分析得清楚,他説:“舊方志的材料,有些來自現實生活,這就在客觀上保存了一部分地方情況的真實性。因此,他的内容,不僅比正史的《地理志》或《一統志》更爲豐富,而且在歪曲現實的程度上,也比受王朝嚴密監督所編修的正史、《一統志》小得多。這樣,地方志所保存的材料,在今天就有多方面的作用。”他於是指出了七項用途,即①有關農民革命的史料,②少數民族史料,③經濟史料,④物産資料,⑤科學資料,⑥人物傳記,⑦文化藝術文獻。他並逐項舉例説明,在這七項的記載中,當然有的原來是當做反面材料敘述的,有的被編纂者所歪曲的,一經改造,無不可用。此外我還想起一件事情,這是關於我國歷代自然災害情況的調查研究,也非翻閲舊地方志不可。當一九六一年間,浙江省文史研究館同人,曾經對本省解放前五十年間的自然災害情況作一次書本上的探索,結果就在一大堆的舊府縣志及一些舊報刊中,找出了半世紀時期本省所有不同程度的水、旱、風、蟲、冰雹、霜凍等災害共1036個縣次的大批資料。寫成概述,並附表二萬餘字,那時候其他省區人士,也各進行過同樣採輯資料工作。這一工作,通過了述舊以明自然災害在過去發生的規律而供給現在的參考,并且對今後人民群衆在黨和三面紅旗的指導下進行改造大自然的鬥爭也會起作用的。

我個人又回憶到自己在解放前曾經寫過幾本書,一是《明代温州倭寇編年》,一是《明季温州抗清事纂》,一是《浙江疇人別記》。其中從地方志所散見而收拾攏來的資料,多是《明史》《清史》《浙江通志》及阮元、羅士琳、諸可寶三部《疇人傳》之所未詳。有些可補夏燮《明通鑒》、陳鶴《明鑒》、胡宗憲《籌海圖編》及晚清明史籍之所未及。又我讀了温州最早的古志《永嘉郡記》一書的輯本,覺得其中所見事物,可與漢唐以來舊史地書互相校證,對山川記載甚明晰,足補酈道元《水經注》及清齊召南《水道提綱》的遺漏。不但足糾後來温州志書的失考,而記中所稱"八蠶",可以攷知當時蠶的優良品種的不一。又如杭嘉湖各府縣舊志中,載古來蠶絲生産的發展經過,各有可資稽討。而湖屬各縣舊志中,載有"蒸焬米",正是二十多年來爲世界所稱讚的一種最好的大米加工方法,也就是糧食熱處理法,曾經某些國家取而仿效,給以推廣。據説採用了這個舊經驗,如法加工,就能節省許多糧食,假使這個舊經驗,没有舊志把它記録下來,那就無可稽攷了。又如本省有些府縣舊志中,載有北宋方臘及明末清初白頭軍的事情,都是屬於農民起義的史實。又如餘姚、定海等縣志,及明萬曆時修的《上虞縣志》,各載有惰民和丐民;清光緒時修的景寧等幾個縣志,並載有畲民,都是屬於本省地方的少數民族的問題。而宗教遺聞,如同治時修的《寧海縣志》,載有金元間道教事。上述所舉出的,儘就我個人過去覽涉所及而關於浙江部分者,作爲事例以説明舊志在今天是還有一些用處而已。至於近代所修的本省各縣志,其中有的在取材和編法上作出了某些擴充和改進,所存地方政治、經濟和文化史料,比較前志多了一些,有的並附有一事一物的統計圖表者,我們查考也可得有一些便利。

3.舊時代修志採取資料的不盡不實

舊時代所修的地方志書,從現在的角度看來,缺點之多,是不可勝言的。其中如採取資料的不盡不實,則爲普遍存在着的通病之一端,也就是它們所造成許多缺點的基本因素。所謂不盡,是不能盡量收容所有客觀存在的歷史事物;所謂不實,是不能如實反映客觀存在的社會情況。由於是過去修志,既爲地主資産階級統治及地方的豪族封建勢力服務,因而一般看來,所徵集而準備編纂用的史料,只是憑主觀的階級偏見。對統治勢力有利的東西特爲留心,其他都漠然視之,有的還有意把它抹煞,有的又存心把它歪曲。所以凡是今天我們所認爲是封建性的糟粕的東西,在當時他們看來,正是所謂的"寶貴的文獻”,就特别能注意徵存。其中有的到手以後,還加以塗脂抹粉,過分吹噓,或者通過改竄,以隱諱罪惡,縮小過失,而且自成爲足以考信的實録。又凡是有關階級鬥争、生産鬥争及社會實現生活的事情,我們今天認爲是有人民性和革命性的精華,在他們當時是熟視無睹或避而不談。

過去修志,一般都由地方官紳集團奉行通令開局鋪張其事。所設冗濫職員,每爲官紳位置私人之地,局中也有所謂採訪員、調查員者,其人是否能做採訪調查工作,在所不問,於是其中就往往只是隨意去搞了一些不三不四的所謂採訪調查稿,送局塞責了事。其真能博訪周採,實地調查客觀存在情況的始末經過者百不得一。辛亥後解放前這一段時間,各地修志,有改局而組織所謂委員會者,也多徒易形式,辦法依然是换湯不换藥的,對徵集資料工作還是馬馬虎虎的。這樣一來,就影響到一般官修的舊志書的質量了。若論其中有些由著名學者來主編的,例如清乾嘉時代的杭世駿、王昶、姚鼐、謝啟昆、章學誠、洪亮吉、孫星衍、武億、江藩、李兆洛等,晚清時代的馮桂芬、鄒漢勛、陳澧、鄒伯奇、何紹基、李慈銘、王棻、董沛、徐時棟、繆荃孫等,以及辛亥以後的陳漢章等若干人。他們所撰的志書,比較一般官修者似乎能勝一籌,在某些地方採訪調查,或較詳細,但是他們在工作中對徵集和處理史料的看法,總是保守着一貫繼承下來的歷史唯心主義觀點和厚古薄今態度。這就意味着有時代的局限性,有地主資産階級立場封建傳統思想的片面性,誰都不能是例外的。另一方面,又由於他們做徵集工作者,只是少數人士,没有也不欲面向群衆,考慮未周,見聞欠廣,地方交通阻滯,採訪調查不便等等,也都足使徵集工作的進行上增加了不同程度的困難,結果只有付之不盡不實就算了。

至於舊時代各地修志,對於地方人物的事蹟及著作,都只是憑着來自私家製造的所謂家傳、行狀、墓誌、壽序之類的文章,便作爲敘述的根據。由於從舊階級個人主義揚善隱惡出發的舊觀念,善惡的階級性是另一問題,這裡不談,久已成爲社會上習爲故常的一種歪風。所有這些文章的内容,往往真實和虚假相間而出,相互而見,是不盡足信的。其中即有誇大或虚構善的方面,又有縮小或諱言惡的方面,但向來修志的當事者,明知其然而漫不加察,只是摘抄原文入志,不敢改動。而也有些資料,本來寫實,當事者反而憑臆改竄,以致失真。又有些人在行狀、傳誌中開出著作一大批,以自誇飾,而實際上則僅有書名而並無其書者居多,徵訪及編纂者,並不經過調查其書之有無優劣,即以濫登於藝文志或經籍志的書目之列。又有些人爲了要將他的祖父或族黨親友厠名志册,僞造了一些事實,向當事者請託作傳,甚至有賄賂公行,以求達其目的者。又如舊志敘述地方職官,例有所謂名宦或循史等傳者,其資料來源的真實性也是很不齊一的。由此觀之,可知採取史料的不盡不實,在舊地方志的人物、職官等門中的具體表現,是各色各樣的。并且以此類推,可知不但舊地方志如是,即論舊時代的國史的紀傳中,也是免不了有這樣的通病,我們做研究工作者務當分析辨别其真假和曲直。

4.舊地方志及有關史料的整理

舊地方志既然在今後還有用處,且也既然看到其中資料有不盡不實處,那麼,我們對它過於輕視或者盲目相信,都不符合於馬克思列寧主義實事求是的科學態度,都會造成自己在學習歷史、研究歷史和編寫歷史上的錯誤後果。因此,我個人認爲有進一步加以整理的相當意義,認爲舊地方志的整理似應同時並舉地兼及其他一切有關的地方史料。這是有綜合性、系統性而不可偏廢的工作,也是對現在議修新地方志者有重大幫助的事情。這裡在浙言浙,我個人姑妄提出如下列的幾項不成熟的意見,聊供參考。

(A)編製浙江地方舊史料的總書目

這一總書目,不但只限於舊地方志諸書的本身,要兼及歷代許多有關浙江地方史料的一切書籍,把它們糅合編在一起,分别部類,排比時代,以次羅列書名、卷册數、作者、現存有幾種刊本、幾種鈔本,或者只有稿本,或者還有經人增補或批校之本,多本或完或缺,現存何處,一一載明,使得今後的纂修新地方志者及從事研究和著述者,按圖索驥地取以參攷。又其書存佚莫定而眼前未見者,可另爲《待訪書目》,以附綴於其後,又歷代人著作中如有單篇文章與某書有關者,並注出其題目以便檢覽。

(B)編製近百年來有關浙江地方史料的論文總目録

這是要將私人著作中有關近百年來浙江地方史實的記述或考證的單篇論文和譯文,各種報刊中所載論文和譯文有關浙江地方史實者,以及近百年來有關浙江地方政治、經濟和文化事項的重要調查報告、統計圖表等等文件,彙合編成一個總的分類目録,標揭篇名、作者、寫作年月、原文出處,而譯文並須載明外國原作者和撰作年月,原文見於外國某種刊物,又其文已經舊地方志書或事物專志中收録過的,附加注明。又如碑碣傳誌之文,或有石刻本者,也給注出,諸如此類的文章和文件,是極其浩繁的,是良莠不齊的。其資料性重大而確有歷史價值者,編目時當然必收,其不然者,則不妨在不濫不缺不重復的原則下酌予去取。又凡舊時代的許多作品,從現在的角度來看,當然會有階級立場和觀點方法多成問題者,但我們爲了要充分研究歷史,總結過去,使得做批判時言之有物,那麼,這些文章和文件中屬於資料性的部分東西,也都不無足取,也可將篇名收録入目。

此項編目工作和前項編目工作,似可先由各縣地方分頭進行,或在修新志以前預事準備,或在修新志的同時分配一些人專心來搞。假使各縣地方都編出了一個分目録作爲基礎,然後由省級加以審訂匯合編成總目録,那就可能比較完備了。專做這樣的工作,固然是相當費事的,但不是這樣地先來費事一下,將來做新地方志編纂工作時,就没有整個底子可供摸索,臨時茫無頭緒,欲求資料掌握得多,處理得好,可能會有問題吧。

(C)對省縣諸舊志及專志的綜合校理

前人對於浙江地方舊志書曾有做過校理工作者,現在我們似乎還可以在前人校理成績的基礎上,再做一次最後的總結工作。如省通志,現存者有明嘉靖年間修的七十二卷本,清康熙年間所修的五十二卷本,雍正年間所修的二百八十卷本,雍正本最通行。前兩本也還有傳帙,雍正之後,失修甚久。辛亥後到解放前,兩次修而未成,各存下一些稿本。私家著述與省志有關者,據我所知,有王國維的《浙江通志考異》,今存殘稿四卷,已刊入《王氏遺書三集》中;李應珏的《浙志便覽》十卷,有光緒年間自刻本;馬冠群的《浙江紀略》,龔柴的《浙江考略》,二書並刊入王錫祺編印的《小方壺齋輿地叢鈔》中;沈德潛的《浙江省通志圖説》,在《沈歸愚全集》中;于敏中的《浙程備覽》,在《觀自得齋叢書》中;裘瀛先的《浙江政鑒》,是未刊稿本,舊藏杭州楊氏豐華堂。這些都可以作爲校理舊浙江通志的參攷資料。

以本省地方的事物專志而言,如宋周密的《南宋市肆記》(原題撰人泗水潛夫),在宛委山堂本《説郛》中;清翟均廉的《海塘録》,在《四庫全書珍本叢書》中;齊召南的《浙江諸水編》,無名氏撰《兩浙水利詳考》,二書並在《小方壺齋輿地叢鈔》中;明姚文灝的《浙西水利考》,在胡思敬輯刊的《豫章叢書》中;清沈愷曾的《東南水利》,有鈔本舊藏吴興莫姓人家,范鑄的《浙東山水譜》,有稿本舊藏浙江圖書館。以上所略舉的,只是一些全省範圍的私人著述,其屬於各縣地方性者,不勝縷指,所有一切有關書籍的記載内容,與省縣舊地方志本身的記載内容,往往岐牾百出,互有得失和短長。現在我們既然説要總結過去,則綜合校勘澈底清理的工作,似不可省。這是要將向來留下的莫衷一是的地方舊聞，弄個明白清楚，特别是比較重要的史事，尤非弄個明白清楚不可。不然的話，現在將憑什麼來作編纂新地方志的比較正確的取材呢？假使經過一次的專心校理，做好一個概括性的札記，那麼，編纂新地方志者，便可根據校理札記來了解真實情況了。但校理工作，相當繁鉅，非組織集體力量來搞，則曠日持久，無濟於目前修志的需要。

(三)新地方史的展望

地方史的纂修，在今天看來，不僅只是舊事的重提，而是屬於新業的創造，其如何發凡起例，如何選料取材，如何分門編撰，都要打倒向來陳陳相因的一套，而建立現在適合時宜的規模。此中所應該重新考慮從長商榷者，千端萬緒，是一下子筆所難盡的，這裡不過是初步地談一談我個人對這方面的一些看法和想法，是極其簡陋的，極其粗淺的。

1.史料的徵集

(A)建國以來各界徵集史料的豐收

舊時代修志工作者徵集史料的局限性和片面性，有如上述。到了現在，情况就完全兩樣了。我們處於今勝於古的偉大歷史時代，經常看到或聽到在社會主義社會上出現了各界人士徵集史料的群衆活動。這就爲我們歷史科學研究者開闢了廣闊的新天地，大大地幫助和鼓舞了我們，我們從此得以拓開思路放寬眼界以縱考古今横覽宇宙了。因此，也就對修新志工作者在搜羅地方文獻上給以若干有利的條件，使得擴大其調查採訪的範圍，儘可能多快好省地實事求是地把所需要的東西徵集攏來。這樣的調查採訪範圍，就包括着舊時代幾千年來不斷積累的文化遺産，及現時代日新月異發展無已的生産文獻、革命文獻和社會生活文獻；包括着正面的資料和反面的資料；包括着經人記録過的文字資料及記録以外的其他資料。而記録的資料又包括着國内和本地方上現存的圖書文物、新舊檔案文件和未經系統整理的原始性的公私寫件印件，以及從地下發現的金石和其他古刻遺文。記録以外的資料，又包括着歷來流傳下來的故事史話和民間傳誦的短謡長歌，以及解放以後所新聽到的老年工人、老年農民和老年知識分子所口頭敘述的第一手資料。

拿圖書文物來説，當解放前，向來在私有制度下爲少數人所私藏而壟斷着的珍貴遺産，到今天都得解放出來，歸到人民手中，讓廣大人民群衆去觀覽和使用。這是我們徵集志料的有利條件之一。拿檔案來説，在過去因庋藏不善,管理無方,易散失而難保存,有的甚至由官方當作廢紙而拋棄或燒燬了的。到了現在,黨和政府認爲新舊檔案,包括着古今政治、經濟、文化各方面的大宗史料,有歷史研究的相當價值而加以重視,就開始建立起國家統一管理的制度,經常保持其完整和安全。在中央特設檔案館,各省區特設檔案局,各縣市地方並各設專門機構來永遠保管。今後修新志者要找地方檔案作參攷,就很方便了,而各地方的檔案機關,並可對當地修志工作者進行具體指導和幫助,這又是我們徵集志料的有利條件之一。再拿未經系統整理的原始性的公私寫件印件來説,如公私函牘、契據、工商業者記賬原册之類的舊物,在過去修志時,很少注意及此。即個别有採取入志者,也因徵集太不夠廣泛或私家不願應徵,還只能見其中的某些部分,未曾有系統的詳明記載。到了現在,所有這些東西,只要客觀還存在的話,都可能歸入研究者手裡隨時給以收儲整理和使用。這又是我們徵集志料的有利條件之一。

關於太平天國的歷史資料,在過去時,是散落在私家秘藏的故紙堆中隱没不彰的。十多年來,經中央和各省區地方有關部門,發動群衆,多方搜集,才得陸續出現於人間。一九五三年四月,杭州發現了大批太平天國史料,是從清蘇松太道吴煦的後人家裡散出的,隨後即在中國《近代史資料》一九五五年第三期選刊了其中的一部分。同時我們曾經參觀了浙江省文物管理委員會所舉辦的太平天國展覽會,看到展覽品内容,包括有軍旗、武器、錢幣、文件、圖書、石刻拓本以及有關史蹟的照片、圖畫等等。其中有關浙江的東西,如在杭州、紹興、金華等處所殘存着的文化遺物,則足以充作新地方志的珍貴資料。此外該會在最近幾年來繼續收穫,還有不少,這又是我們徵集志料的有利條件之一。

近代革命文獻、現代革命文獻、階級鬥争文獻、勞動人民創業文獻以及百年以來中國人民反對帝國主義侵略的鬥争的英勇事蹟,在十多年間,全國各界在黨的號召和領導下,組織群衆,分頭而多方網羅,曾經形成了一個大規模的徵集運動。以本省言,上年中共浙江省委曾向全省各地發出《關於開展收集革命歷史檔案和文物的通知》,要求各級黨委指定專人有計劃地開展收集工作,並向群衆廣泛宣傳收集革命文物的重要性,促使群衆積極參加收集工作。同時浙江人民出版社,也曾特爲浙江革命鬥争故事向各界廣泛徵文,付印出版。此外則如省文物管理委員會、浙江圖書館和博物館,也各曾從事於此。博物館於是成立了一個革命文物小組。近年如省檔案局和各縣市地方檔案機構、杭州大學歷史系、浙江師範學院歷史系、省政協文史資料研究委員會、省文史研究館等各單位，並積極地進行這方面的具體工作，取得了巨大成績。而杭州師範學院歷史系曾從一九五九年起專事收集浙江辛亥革命時期史料，並編成資料匯編。繼則省政協文史資料研究委員會於一九六一年響應全國政協的號召，爲紀念辛亥革命五十週年徵集史料，並就全國政協所定《紀念辛亥革命五十週年徵集史料參攷題目》，給以補充，印發有關浙江部分的補充參攷題目一百三十多個，展開徵稿工作。到一九六三年，該會又擴大徵集範圍，再行印發一個徵集浙江文史資料參考題目，共幾百個，包括從戊戌變法至解放前夕爲止五十一年間的政治、經濟、文化、人物、民族、浙籍華僑、舊社會骯髒事情、人民在舊社會的血淚史、帝國主義在浙江侵略史等等各方面資料，並在徵集之列。不但徵稿，而且旁及有關的當時原始資料，如函電、會議紀録、調查報告、筆記日記等。所有徵集得來的，並擇要在《浙江文史資料選輯》陸續發表。同時民革浙江省委員會，則響應民革中央的號召，進行了國民黨政府政治史資料的徵集工作，印發了歷史事件的選題三百八十二個及人物姓名各百數十人。在諸如此類的徵集工作中，省文史研究館員，也能以老年餘力踴躍參加，寫出了部分稿件。

杭州大學歷史系和浙江歷史學會，對浙江地方史料工作，不但只是徵集，而且進入研究。杭州大學歷史系於一九六三年二月，成立了浙江地方史研究室，係經浙江省委決定由哲學社會科學研究所主持領導的，訂製了《三—五年工作計劃》。要完成多種專著和史料彙編，並將有重點地展開專題研究，如《浙江太平天國鄉官制度初探》《有關光復會幾個問題的商榷》《浙江新文化運動》《杭州史研究》等，又將有重點地添置有關地方史的圖書資料。自從浙江省委黨校成立村史編寫組，下鄉編寫村史，進行調查收集資料的工作，於是浙江歷史學會就向全體會員發出了積極參加所在單位的村史、家史、廠史、社史、校史的調查編寫工作的號召。同時杭州大學歷史系也隨即起來組織本系師生參加工作，成立幾個編寫組，分往各地進行調查和編寫。這一系列的措施，都是貫徹歷史科學爲無産階級政治服務的方針，對廣大群衆進行階級鬥争教育，以配合社會主義教育運動的一件重要而巨大的學術任務。一年以來此項工作，也得到了不少的經驗和成績，使得最近舉行的浙江歷史學會一九六三年年會上，就以村史和廠史的論文最爲前所未有的特色。所有此類有地方史料特殊珍貴價值的真實記録，都是從若存若亡的情況下及時搶救而得，足以作爲當前纂修地方志的新鮮内容的主要組成部分，這是值得我們多麼興奮的事情。

向地下搜求有關歷史研究的東西，在解放以前，好像已有人做過，但是做得不夠多也不夠好。近十多年來，隨着社會主義建設事業的積極發展，使得這方面的探索、發掘和研究種種工作，也因而走向進一步深廣的程度。拿我們浙江來説，省文物管理委員會曾經發現過新石器時代的文化遺址及遺存古物，在本省許多縣市中分佈着的，有數十處之多。浙江博物館歷史文化部在它成立的三十多年的過程中，所作田野考古工作，是先走一步的，它在抗日戰爭以前，曾在杭縣良渚發現過黑陶遺産，又有當時出在浙江的越州縹瓷遺産，當抗戰時在紹興出土頗多。一九四一年，續出了一個三國吴景帝永安三年殉葬明器穀倉，足爲中國在漢末已有瓷器的明證。後來省文物管理委員會也收得類此東西，及晉康以來越州古瓷多件，又五代到北宋間的浙江古窯遺産，如秘色窯、餘姚窯、龍泉窯（包括哥窯弟窯）及官窯等等，並在該會搜羅之列。這些東西，在今天新修地方志中，應該給以詳細收録，以超出歷來舊志的記載之外，而顯示地方性文化遺産的特色。因爲中國幾千年來由勞動人民的智慧創造出來的陶瓷器，已經達到了世界的最高峰，赢得了“瓷器國”的光榮稱號。而本省古來勞動人民在這方面的成就上的卓越貢獻，有如上述，所以浙江可以稱爲中國的一個瓷器省，這還不值得在新地方志上大書特書嗎？

由這些一系列的事實總的看來，可見在黨和政府重視祖國歷史文化遺産的政策方針下，浙江各有關方面同全國各界一樣已經共起而致力於徵集整理和研究等工作，收穫是巨大的。所有這些，爲新修地方志準備了必要的物質條件，是前所未有，也不可能有的。

（B）修新志時應如何進一步徵集史料

十多年來各有關方面對各種地方文獻資料的徵集、整理和研究等工作，既有了許多收穫，可備今天修新地方志者採擇。這是依靠群衆智慧和力量的一個重大幫助，但這不等於説客觀存在的地方文獻資料已盡於此，没有再可訪求的東西了。因此，凡做修志工作者，除了向各方面取用現成資料外，同時還必須自做更進一步的徵集工作，以期更能滿足需要，或解決在資料上可能隨時發生的新問題。徵集工作要通過調查來進行的，調查有一般調查和專門調查兩種方式。一般調查就各事各物製造類聚群分的種表格，普遍印發填報。中央如有統一表式通行頒到，地方自應一律遵用；但遇有必要時，也不妨參酌地方特殊情況,自議訂製一些更能切合當地實用的單行表式。專門調查是有重點地請由專門研究人員特别對某些事物進行實地探討,以求得精密的報告。又如遇某些事情複雜,真相不夠明瞭,信疑一時未決時,則除正面調查以外,還要進行反面調查和側面調查。通過了來自幾個不同方面的調查報告和參合審閲,要使得可能作出比較正確的判斷。又調查除書面方式外,並須進行親身觀察和口頭詢問,或者廣泛通訊、博訪周咨,以期徵求面廣,搜索度深。例如最近各地對於村史、社史、街史、家史和廠史等的調查編寫,使廣大群衆共同起來響應黨的號召來進行的一種有領導有系統的社會調查和階級調查,是史學工作者和勞動人民群策群力來編寫階級鬥争、生産鬥争和科學實驗的地方歷史,根據各地老工人、老貧農和下中農等各自口頭敘述的回憶情況,邊聽邊記而得來的第一手資料,把它整理成爲信而有徵而且生動感人的大文章。其中就充分地述寫出解放前後在社會生活苦樂時對比上所表現的階級鬥争的重要事跡。這些資料,假使不及時親身前往徵求,那就文獻無徵了。像這樣的爲前人所没有做過的徵集工作,是爲無産階級革命和社會主義建設服務的人民性的新地方志創造了必要的物質條件。同時也就爲中國近代和現代的革命鬥争史,包括政治、經濟和文化各方面提供非常豐富而完全真實的史料記録,從而對廣大人民和子孫後代的階級鬥争教育和革命傳統教育起着極其深遠的作用。所以這一調查編寫工作,確有在全國範圍展開深入,成爲波瀾壯闊的文化運動的必要。

今議纂修新地方志,既要適應今勝於昔的客觀形勢,似應先來摸索一下舊地方志中記載貧乏或欠缺者究竟有那些東西,摸清底子之後,就拿它作爲當前重點徵集的對象,徵集有所收穫,才能匡補前人之所不逮。一般看來,如民族、人口、方言、宗教等事,前人每多疏於搜討,略於序述,特别是有關階級鬥争、勞動生産、社會經濟、人民生活、公共衛生、群衆運動等史實,在舊志書中尤其感到文獻缺徵。現在做徵集工作者必須從頭至尾,自上古到近代重新進行一次總結性的探索,使得足夠作爲新地方志的重要組成部分。浙江方面,如絲茶漁鹽及釀造各業的生産和運銷,歷代省内省外水陸交通運輸及對海外交通和貿易,歷代手工藝、地方戲劇以及浙江沿海的歷代國防建設等,是本省地方經濟、文化和軍事文獻的特點。在舊地方志中,雖已間有記載,但遠遠不能滿足於讀者的需求,而近代私人著述中,則頗有及之者,或已印行,或屬稿本,或在報刊上發表過。此類資料,似應廣徵博集,作爲參考,藉以編撰專篇,入於新志。

今議修志,我個人認爲不僅只是向省内和國内徵集資料,而且可能還有某些資料,應該徵及於國外。何以言之?①建國十多年來,世界和我國友好的許多國家的人民,時常不斷地有不少個人或團體從遠道來到我國,有的爲參觀偉大的社會主義新中國之光而來,有的爲正式作友好訪問而來,有的爲進行國際間的互助合作而來,有的爲商品貿易而來,有的爲表演各種民族藝術而來,有的爲交流科學技術上的經驗而來,還有的爲遊覽我國各地方風景名勝而來。因此,我們浙江,特别是杭州,就逐年逐月甚至逐日經常地看到這些外賓的來蹤去跡。所有這些經過事實,我認爲似乎值得在新地方志上特闢新頁擇要記録下來,不是没有意義的。在這裡我們應該隨時向他們徵集一些有關的原始資料和實物照片,以備採編,而這些人如有關於本地方的寫作,如參觀筆記、遊覽筆記或者工作報告、表演報告、經驗報告之類的文件,我們可以向他們徵集原件,摘譯入志,也是史無前例的一個創舉。②世界各國,也多有地方歷史或地理志的書籍,其中特别是社會主義國家的地方史志,其體例和編撰方法,或許有可能供纂修新地方志的某些參攷。因此,做徵集工作時,似可向各該國家徵求其最新出版的史志書一種或數種,以資研究。③外國人編著出版有關我國史地研究的書刊,特别是屬於浙江方面,也似應在考慮徵集之列。④在歷來流散於外國的我國孤本古籍中,有關浙江各地方歷史文獻的東西,也或有之,網羅放失,是否可能,要看具體情況而酌行之,此事也與總結過去有關,因而附及。

2.志材的研究

(A)分類排隊和别等

修新志工作者對於已掌握到的全部材料,必須要站在無産階級立場,以毛澤東思想爲指導,用馬克思列寧主義的唯物史觀,加以科學的分析研究,才可能動手編纂。舊地方志書裡所有遺存的東西,既不是完全無用的,就不得不經眼寓目,要看其中認爲可以酌採的一些,選録出來,輯成長編。並似應寫具卡片三份,卡片上所寫的,是卡片號碼及資料名目和來源所在。同時做分類、排隊和别等工作,類是依事物的性質區分的,隊是依年月時日先後而排比的,等是依資料質量的優劣而鑒别的。三份卡片,以一份納入其類,一份列入其隊,一份歸入其等。别等辦法,據我個人初步考慮,大致如下:即事物内容的政治、經濟意義或文化學術意義較大,歷史價值較高,當時在社會上影響較深廣者,作爲甲等;有一般性的歷史價值和經濟意義或文化學術意義,及一般性的歷史價值和社會影響者,作爲乙等;不夠乙等的各項標準的條件者,作爲丙等。各等中有關本地方的特點者,並依此標準别爲甲特、乙特、丙特,各等資料以内容完全真實或基本真實者爲合選,其真實性不夠者當作别論。對舊志原有的史料這樣做,對現在新徵集得來的材料,也就照此標準,分别歸納,使得新舊材料在一起穿插起來,於是整個志材,在大體上作出初步品評。大概凡屬於甲乙等者,編纂時便可作精華看待而採用,屬於丙等者可採可不採,或簡化其内容,或節取其一部分,可各就具體情況斟酌決定,這是志材研究工作的一個方面。

(B)校勘和攷訂

志材研究工作的另一方面,是校勘和攷訂。具體來説,包括勘誤、攷異、訂僞、補疏漏、拾遺缺、辨疑難等事。要詳細檢查已掌握的志材中,有無空白的門目或薄弱的環節,有無敘述的歧異或記載的錯誤,有無僞造或情節可疑之處。如有的話,應加以攷校,證據不夠,還應考慮再搜求必要材料來作幫助,必須通過反覆審核,缺空者給以補充,紛歧者給以考定,謬誤者給以糾正,雜亂者給以爬梳,有疑難問題者給以辯釋,疑問一時不能解決者,暫存以待個别研究。所有這些,都把它逐條寫出,成爲札記,使其得失短長,一覽瞭然。這就爲編纂者鋪平了工作前進的道路。

(C)考訂工作的推陳出新

考訂史事,本是中國讀書治學的人們所一向重視而且下過不少艱苦功夫的。所以從前編纂地方志書者,由於受到這樣的學風影響,也就或多或少地對考訂志事做出過一些成績。他們的這些成績,固然有足稱之處,但是有些地方,無關宏旨而末流之失,往往做的煩瑣破碎,有鑽入牛角尖去的偏向。因此,儘管清嘉乾以來的樸學大師,在這方面工作的表現,都不能無一定的局限性和片面性。這就説明了他們的形而上學的思維方法和研究興趣,在今天看來是有可議的一面的。所以現在無論考訂一國或世界的史事也好,考訂一地方的史事也好,除批判地繼承前人治學的傳統精神和工作方法的某些長處外,應該擴大其眼光,改進其作風。就是要盡可能掌握到更多更好的材料,正確地運用馬克思列寧主義即歷史唯物主義原則和毛主席實事求是的科學研究方法從事考訂,才是有意義的。陳伯達副部長在《批判的繼承和新的探索》一文中寫道:"馬克思主義者,爲要説明或解決問題,爲要探討某種歷史的規律性,絲毫不反對必要的攷證。相反地,正是認爲必須掌握大量的材料,做許多嚴格的攷證,而且只要有需要,對於某一個字、某一件事,馬克思主義者也並不反對給以周到的攷證。”(《紅旗》一九五九年十三期)

又施東向先生在《義理考據和辭章》一文中引到拉法格回憶馬克思恩格斯的話説:“馬克思引證的任何一件事實,或任何一個數字,都是得到最有威信的權威人士的實證的,他從不滿足於間接得來的材料,總要找原書尋根究底,不管這樣做有多麻煩。即全爲了證實一個不重要的事實,他也要特意到大英博物館去一趟。”文中又寫道:“恩格斯爲了寫作《英國工人階級狀況》一書,不只閱讀了大量文獻,而且親自訪問了許多工人。恩格斯在他的書的標題下,還特地加了一句話,根據親身觀察和可靠材料。”接下來他又引到《克魯普斯卡婭的向列寧學習工作方法》一文中的話説:“列寧敘述事實,是很確切的,他對地方自治局統計材料的研究及整理作過很多的工作。在他筆記簿裡仔細地寫了很多的統計表,當涉及有巨大意義和巨大比重的數字時,他連已公佈的數字表的總計也加以檢查,仔細地檢查每一事實、每一數字,是他始終用的方法。他的結論,都是根據事實來做的。”(這裡幾段並摘自《紅旗》雜誌一九五九年十四期)

以纂修新地方志言,我個人認爲凡新舊事物有關歷史意義、階級關係、社會生活、群衆動態或本地方特點者,應該不厭求詳地把它弄個一清二楚,使能足夠説明問題或解決問題,以得到準確或接近準確的結論。要做到這樣,就應該拿馬克思、恩格斯、列寧如此的研究精神和考訂方法來作榜樣,把抽象的正確觀點和具體的必需材料完全結合,以發揮考訂工作的功用,才不至於徒費精力了。

郭沫若先生在他所著的《十批判書》中曾經寫到:“無論作任何研究,材料的檢討是最必要的基礎階段,材料不夠,固然大成問題,而時代的真僞和時代性,如未規定清楚,那比缺乏材料還要更加危險。因爲材料缺乏,頂多得不出結論而已,而材料不正確,便會得出錯誤的結論,這樣的結論比没有更加有害。”由此觀之,志材的真僞和時代性的考訂工作,是非常重要的。至於歷史上原始的真實材料中,有些被反動統治者故意抹煞以致湮滅,或歪曲改竄以致失真,又有些史事評論,因他們觀點倒置而荒謬百出者,在今天尤有進行翻案的必要。對舊史事和舊史論的翻案,就是要新史學的很好建立,不破不立,是當然的道理。所以中央要編纂新通史,各地方也應該要編纂新地方志,這也是相因而至的事情。舊方志學家章學誠説:“方州修志,其便有二:地近易核,時近跡真。”(《修志十議》)所以我認爲凡關於各地方史事中有須考訂或翻案的必要者,似應由各地方趁着修新志的時候,就近集合政治水平和學術水平較出衆、多見多聞的群衆,共同商榷,寫成文章,而此類文章,同時也足以爲中國新通史提供更多更好的材料。

(D)舊志地理門的考校工作

因爲地方志初由專載地理的地記演進而成,所以每必首載疆域、山川、建置、沿革等門。在形式上似對地理有所重視,但是實際上有敘述的内容,多不夠詳明準確,少能將古往今來的客觀方面異同情況,如陵谷滄桑的變遷、名稱隸屬的更改、疆域分並的經過等,如實反映在志書之上。所以有的地方,此縣與彼縣的情況拼合不起;有的地方,前一時與後一時的情況啣接不牢。像這樣的缺點,在舊志書中只不過是個别的。回憶三十年前,我曾經取浙江舊通志與一百多種舊縣志的地理名册,作過一次粗略的校對,發見這樣或那樣的分歧之處,頗難理董。當時只寫出《校勘記》幾十條,就感到情況複雜,非個人單幹所能倉卒竣事,不再搞下去了。因此,我認爲現在假使修新志的話,對此似應在集體研究的條件下求得一個解決辦法,以免這樣沿誤失實的缺點再蔓延下去。至其他屬於地理方面的事情,如氣象、地質等,並屬今勝於昔的專門科學,現在在新地方志上寫起來,當然也要翔實可靠,使得能盡其爲工農業生產服務的責任。

3.志書的編撰

關於志書的編撰方面,我覺得有如下列的幾個問題,似乎可以先約略地提一提,以供大家的參攷和討論。

(A)名稱問題

歷代地方志書的名稱,有過若干種,而一般以稱志者爲最多,其他如稱圖經、圖説、圖考、圖記、地記、録、略、考、記,以及元于欽的《齊乘》、明何喬遠的《閩書》、清張澍的《蜀典》等,都是志書的别名。但是從來未見有稱史者,其實志既屬於史體,則直稱曰史,也無不可吧。由於過去一般多稱志,所以上自一統志和省通志,下到州縣志和鄉鎮志,以及記載一事一物的專志,如山志、水志、金石志、經籍志等,都稱作志,這可以説過去的名稱基本上已經一致了。到了現在,應該怎樣呢?我認爲要稱志一律稱志;要稱史一律稱史;或者地方通志稱志,專載個别事物者稱史;又或者地方通志稱史,專載個别事物者稱志。這四種方法,可以擇定一種來通行就好了。假使採用第一種辦法,則新修的各省志、縣志當改稱省史、縣史,使得與新出的社史、村史、街史、家史、廠史、校史等,同歸於一致。如果採用第二種辦法,則新修的各省志、縣志仍可沿用舊名,而社史等各種專載書,似須改史稱志。再假使採用第三種辦法,則現在事實上大概已是如此,都可不動。又如果採用第四種辦法,則現在新修的各省志、縣志及新編的社史等,名稱上志與史二字並須互易了。總之關於這一問題,要待中央作出統一名稱的指示,才好決定。

(B)體例問題

體是體製,例是凡例。地方志既屬於史書,即可取史的體製而編撰,所以編撰地方志,是歷史科學的研究工作。但同時也如編史似的,是一項有階級性的政治任務,所以編撰新地方志者,首先要認清究竟爲誰服務的一個關鍵問題。兹是發凡起例,使得工作方針和路綫能夠明確而且始終貫徹,以達到完成這一政治任務的目的要求。也就是做好有對當前及後代能起革命化的思想教育作用的歷史科學研究工作。

由於我國是一個歷數千年王朝貴族封建統治的國家,所以自從有國史和地方史以來,直到解放前爲止,所有地方志編撰凡例,基本上是一脈相承的。雖說它們的條文和綱目,有比較完整優長或者不夠周備精密的程度不同,而總的精神實質,都是同樣地爲封建主義的政治、經濟和文化服務。他們在發凡起例中所標揭出來的敘述趣旨和內容組織,處處充分地表達着這一基本原則,這是没有也不可能有例外的。到了現代,既是改了天换了地,肇了事開了物。那麼,修國史和地方志的凡例,就不能不另立爐灶,以適應革故鼎新的空前偉大的創造局面。就是説現在所訂出新地方志的編撰凡例,必須在精神實質上能符合於發揚無產階級政治和社會主義制度的優越性的要求,能符合於闡明階級鬥争、生產鬥争和科學實驗三大革命運動的重要意義的要求,能符合於運用馬克思列寧主義的唯物史觀和毛主席的歷史科學思想的原則的要求。有了這樣的凡例,使做具體工作者得到了一致的認識,作爲共同的規矩,那就好辦了。拿參加具體工作者來説,通過了這樣的理論與實際相結合的工作過程,在個人學術思想的改造上也大有幫助,可以努力做一個革命化的中國方志學者。

我認爲新地方志的編撰凡例,可能會有全國性一般通例和地方性單行特例兩種。通例由中央訂定頒行,是放之四海而皆准的共同綱領,特例則由地方各就某些特殊情況而做出補充條款，是因地制宜的規定。以通例爲主，特例爲輔，並行互用，而不可有所抵觸。如志書名稱（稱志或稱史）、工作的共同方針和方法、機構組織、人才選擇、進行步驟、書中應具備的一般性的門目、與門目相配合的調查表式等等。各地方除依照通例辦理外，如認爲有應當補充之處，似可隨時隨事請示於上級給以核定。省級請示於中央，縣級請示於省級，縣級以下請示於縣級，這樣使全國新地方志的編撰凡例在基本上一致起來，而在具體實施上也能各得靈活應用。那麽，編撰成書之後，省志可以足夠爲國史取材，縣志可以足夠爲省志取材，縣志以下的志書可以足夠爲縣志取材。至於書中各部門的文章組織，有以時爲經而事物爲緯，或者以事物爲經而時爲緯等方式，可以各隨所宜而用之。有的地方也可以兼而用之，不拘一格。好像歷來史籍中有編年紀傳和紀事本末各體之用，又近代以來編著之書，往往分章分節敘述。原爲條分縷析，眉目清楚，新地方志也似可仿行，如我所見《衢縣志·政治志》綱目，已是如此。

（C）門目問題

今議編撰新地方志，既要爲幾千年來的歷史舊事物無遠不屆地作出大大的總結，同時又要爲當前偉大時代氣象萬千的新鮮事物盡量記録下來。其所應有的門目，當然會倍多於舊志，但也有些門目，爲舊志所曾有過而在新志中已不適用，便當删除或縮小記載篇幅附入他處而不立專門專目者。例如舊選舉、舊職官、舊祠墓、舊寺觀、舊神廟、舊風習及舊人物的分目等都是。那麽，新志的門目，也應該是焕然改觀的，就我個人的初步考慮，是不是可以分作如下列舉的若干門目呢？

我這裡所擬的門目是這樣的。

全書之首，冠以序例，即序言和凡例，二者分寫或合寫，但分寫的話，内容語言，應不重復，不自相抵觸。書的本身，以大事記居組成的第一部分，作爲地方史實的總括。大事記分甲乙二編，爲了厚今薄古，詳近略遠，以甲編專寫現代大事記，乙編合寫歷代大事記。

第二部分自然志，開首評述本地方的地理位置和自然條件的特點或優缺點，以次分立歷代區域、土地、山脈、水系、沿海港灣、潮汐、氣象、地質、水利、物産、自然災害、名勝風景等專篇。

第三部分社會志，開首總述地方社會演進和今昔對比情況，以次分立民族、人口、語言、生活情況、風俗習慣、婚喪事務、宗教信仰、福利事業、華僑事務等專篇。

第四部分政治志，開首總述歷代政治制度沿革和屬於階級鬥争性的歷史事實，以次分立地方建置沿革、政治黨團組織、地方行政機構、選政（包括舊時代科舉考試銓敘及各級議會選舉等等在内）、民政、財政、司法、外交、軍事、群衆政治運動等專篇。

第五部分經濟志，開首總述歷代地方經濟建設和勞動生産發展的情況，以次分立農林業、畜牧業和水産業、重工業、輕工業、手工業、商業、合作事業、金融事業、交通運輸、海外貿易、經濟團體組織等專篇。

第六部分文教志，開首總述地方歷代文化教育的設施和作用，以次分立學校（包括舊書院學塾等）、文化館圖書館和博物館（包括舊時代私家藏書樓），掃除文盲運動（包括舊時代識字教育）、廣播事業、新聞事業、出版事業（包括過去私家刊書）、學術研究事業（包括過去古物保存委員會及現在文史研究館、文物管理委員會等）、科技研究事業、藝術研究事業、電影戲劇事業、文化團體組織、群衆娱樂活動、群衆文化運動等專篇。

第七部分醫衛志，開始總述地方醫藥衛生事業隨着時代而改進的情況，以次分立醫院和診所、婦幼保健事業、防痨防疫事業、中西醫藥研究事業、公共清潔衛生運動、獸醫等專篇。

第八部分書物志，開首總述歷代地方圖書文物的流傳散佚和徵藏整理的情況，以次分立地方革命文獻、地方書籍、地方文物、地方報刊、地方檔案、地方藝術作品、古今建築物、田野考古、古籍古物的保護整理和展覽事業。

第九部分人物志，包括正面反面人物，開首對地方上比較著名的歷史人物作出總的評述，如果要分類，似可分爲革命人物、勞模人物、政治人物、文教人物、學術人物、科技人物、藝術人物等專篇。假使不分類的話，則合併起來依時代先後爲次序，最好能將所有生卒年月可查者一一查出排列起來。人物中應選擇一部分爲之作傳，餘下來的可彙列成表，以求簡明（歷代地方職官可據任期先後列表附入人物志）。以上七個部分，並應分甲乙兩編，先敘現代的，後敘歷代的。

第十部分雜輯志，凡地方歷史故實中有今天認爲不大重要，只可約略附及者；又有文殘獻缺，僅有鱗爪的東西，不可能作出系統的敘述者；又有現代事情，比較瑣碎，在上列各個部門中無可歸納者，都拉雜以入於此，以作全書的結束。又全書的末尾，似可綴以地名索引、物名索引、事名索引、人名索引及編餘資料簡目、舊志纂修源流考略等附件。

(D)方志三書的新議

地方志分立三書之議，是清方志學家章學誠提出的，他説："志、掌故、文徵，三書相輔而行，缺一不可，合而爲一尤不可。"這一主張，他自己曾經實施過，而且也被一些人採用過。到了現在，我們讀《方志學》，應該解散舊體，創立新載，章氏此議，無庸再論了。我這裡另提一個建議，要立新的三書，即①新地方志本身，②地方各種專史叢書，③地方年鑒。我認爲把此三書一齊編好，合而讀之，則地方史新的全貌才能極大清楚地看到。因爲各種專史和各年年鑑，内容都是如實詳載而鉅細無遺的。而新地方志本身，則統賅全地方的古今一切事物，不可能將各種專史及各年年鑑所記載的東西盡取而容納下來，而只能以簡取繁地酌取各個方向的精要部分而綜述之。拿讀者來説，欲知其概要，看了志書本身便可以得到，如果欲求其詳盡，那就非再看其他三書不可。因此，所以我覺得這三書似應相輔而行，缺一不可，合而爲一尤不可。

所謂各種專史叢書，即將現在地方正在發動群衆進行調查編寫而且取得豐富經驗和巨大收穫的各種專史，如社史、村史、街史、家史、廠史、校史等，各按預定計劃，分列編寫成帙。從這方面工作發展的趨勢看來，，必然會形成各地方每社、每村以至每廠、每校都有史的可能性。將來數量一多，與其各自單行出版，不如彙合輯印叢書，既便人們閲覽，又使書能完整地永遠保存下來。叢書之輯，似可以縣爲一個單位，一縣假使有各種專史較多的話，可以分作第一輯、第二輯至第幾輯次第付印。其分輯方法，或視各史成書先後來分，先成者先出，後成者後出，或按種類來分，如社史叢書、社史叢書[①]等，我看都可以的。各種專史，都是編撰新地方志的資料來源的最主要部分，所以在新地方志和各種專史叢書同時編成刊物以後，各種專史叢書就成爲新地方志的羽翼。拿目前全國各省區地方史工作的情況來看，有的準備修省通志，有的着手修市縣志，而社史等各種專史，則如雨後春筍似地正在不斷産生和發展。所有這些，都是爲修省縣志大大地開闊了新的資源，而將來都成爲新省縣志豐滿的羽翼。我們浙江地方修新志者，目前已有衢縣等七八個縣份，有些地方，對各種專史的調查編寫工作，成績也已斐然可觀，叢書的輯刊，似爲地方出版界的一件大事。

---

① 底稿如此，據上下文意，第二處"社史叢書"疑係"村史叢書"之筆誤。——整理者

地方年鑑，在解放前我所看到的，只有如《江蘇省鑑》和《江西年鑑》而已。這二種並以一省地方爲範圍，以一縣爲範圍者我未之見。《浙江年鑑》，那時也有人議編而没有搞成，今後是不是需要編行呢？我個人認爲凡地方志書通常須隔幾十年才修一次，年鑑則可逐年或隔幾年來編，時間較短，記載可以詳細些。假如有了年鑑把地方日新月異的情況隨時記録下來，則修志時藉以取作整套的基本資料，給以系統的貫穿起來，這是一個有利的物質條件。但志書不能將年鑑所記録者都行搬用，而是應該有所要刪的，所以志書編成之後，與年鑑可以互稽其詳略的。因此，這裡要將地方年鑑也作爲方志三書之一，也就作爲新方志的另一隻羽翼。現在倘使要編的話，似可從解放後即一九五〇年編起，解放以前的可以不設了，這也是厚今薄古，取近捨遠的趣旨。這樣要補編的，可分爲三個階段，即一九五〇年至一九五二年編成一册，一九五三年至一九五七年（第一個五年計劃時期）編成一册，一九五八年至一九六二年（第二個五年計劃時期）編成一册，一九六三年以後是不是也五年編一次，可再考慮。若能逐年一編，是比較近便些，若仍五年一編，則每逢一個五年計劃時期終了時，編年鑑以作一次總結，也是有相當意義的。總之要使前後所編完全銜接的起，没有間斷，那就可以看作地方編年史的長編了。

（E）鄉土史地簡明讀本的編行

地方新志、地方各種專史叢書、地方年鑑，既三位一體地編行於世，使從事史地研究者及執行地方政務時需要借鑒者，都得隨手應用。但是三書卷帙浩繁，非盡人所能遍讀而悉閱，而有的要在鄉土史地方面吸收一些通常知識，那叫他們都去看三書，是供求不相適應的。因此，我認爲在三書編行後，似可附帶地考慮到另編一種鄉土史地簡明讀本，以資大衆閱讀的便利。而此種讀本所編述的，必須以自然環境、地理沿革、歷史大事、社會發展大略經過、地方經濟重要條件、勞動生産大概情況、階級鬥争典型事蹟、正反面人物簡傳、重要文化遺址遺物等爲主要内容。我聽説前此幾年，我們浙江曾經有人建議各地方中小學校於史地課程中增入一些本省鄉土史地教材，要使隨時隨地對他們進行愛國主義思想教育。這裡所談的鄉土史地簡明讀本，也似可以兼作學校教材，用來教育青年學子。因三書分量太多，當然也不宜直接供給青年學子閱讀之用。

附記

本文就一九六三年浙江歷史學會年會地方史座談會上的本人發言稿稍加整理和補充而成,内容凡分三大部分,送存會中,請求大家審閲指正,如無用之處,即給退回爲幸。一九六四年三月,孫孟晉自識。

孫孟晉檔案一組

張小宇 整理

目録

職員登記表(編號 207)

(填寫時間:1950 年,月份不詳)

<table>
<tr><td rowspan="2">姓名</td><td>現名</td><td>孫孟晉</td><td>性別</td><td>男</td><td>年齡</td><td>五八</td><td>文化程度</td><td colspan="2">大學</td></tr>
<tr><td>原名</td><td>延釗</td><td colspan="2" rowspan="2">結婚否、對方姓名、現在何處作何職業</td><td colspan="3" rowspan="2">結婚已四十年。對方,姓李,名瑤華,溫州市人,現住該市謝池巷六號,料理家務</td><td rowspan="2">有無疾病或殘廢</td><td rowspan="2">有目疾</td></tr>
<tr><td>現職別</td><td colspan="2">浙江省文物管理委員會常務委員</td></tr>
<tr><td colspan="2">籍貫</td><td colspan="2">浙江省瑞安縣</td><td colspan="3">家庭通訊處</td><td colspan="3">溫州市謝池巷六號</td></tr>
<tr><td colspan="2">學歷</td><td colspan="8">前國立北京法政大學政治經濟科畢業[1]</td></tr>
<tr><td rowspan="4">家庭經濟狀況</td><td>什麼人姓名作何職業</td><td colspan="8">本人系家主,職業已列現職別欄。妻一人,姓名已列結婚否欄。子一人,名寶麟,現在杭州之江大學工學院機械系肄業。</td></tr>
<tr><td>種多少田地用幾個人</td><td colspan="2">有祖遺田地數十畝劄佃耕種</td><td>多少房產</td><td colspan="2">有祖遺房屋七開間樓屋半座</td><td>多少牲口</td><td colspan="2">無</td></tr>
<tr><td>什麼營業</td><td colspan="3">未營任何農工商業</td><td colspan="2">薪金或資金多少</td><td colspan="3">現在月得薪金一百五十單位</td></tr>
<tr><td>每年收支情形</td><td colspan="3">合田租及薪金收入勉可應付家用及兒子教育費</td><td colspan="2">主要收入來源是什麼</td><td colspan="3">薪金為主而以田租輔助之</td></tr>
<tr><td>家庭成分</td><td>小資產階級</td><td>個人出身</td><td>地主</td><td>有何特長</td><td>粗識中國舊學,未能深造精詣</td><td>有何嗜好</td><td>無</td><td>有何宗教信仰</td><td>無</td></tr>
<tr><td>受過何種訓練</td><td colspan="4">除在小學、中學、大學受過教育外,未曾參加任何訓練。</td><td colspan="2">曾經專習何種科目</td><td colspan="3">已列學歷欄</td></tr>
<tr><td colspan="2">有哪些親戚、朋友、同學、家族等,在何處作何職業</td><td colspan="8">侄婿洪瑞釗在上海市文管會任編纂工作,外甥洪煥椿在南京金女大任圖書館工作,從兄公度、從侄經鎔在杭州經營江南農業供應公司,侄女文薇在杭州市政府工作。朋友以教育文化界居多,如夏鼐現任浙大教授、張慕騫現任浙大圖書館館員、金嶸軒現任溫州中學校長。同學及舊日同事差不多各省都有,而離散沒了,消息鮮通,情況不詳,無從備舉。</td></tr>
<tr><td>參加過何</td><td>作過何種活動
任過何種職務</td><td colspan="8">在國民黨裡未作過何種活動,未任過何種職務;在浙江省圖書館協會曾被選為理事,並到杭州、紹興出席過大會及理事會多次。</td></tr>
</table>

[1] 北京法政專門學校政治經濟本科乙班

<table>
<tr><td rowspan="2">種政黨或團體</td><td colspan="2">名稱，何人介紹，現在何處，作何職務，對其關係如何</td><td colspan="6">一九三五年，我在籀園圖書館時，曾被國民黨徵求為黨員，介紹人是我隨便填的，我的讀者許桑，瑞安人，與我有編戚關係，現已逝世。一九三六年由陳訓慈介紹，參加浙江省圖書館協會及中華全國圖書館協會為會員，陳君慈溪人，是我朋友，現在本會與我同事。</td></tr>
<tr><td colspan="2">現在對該政黨或團體的認識及關係不其如何</td><td colspan="6">現在我對國民黨種種卑污的反革命行為深覺可恥，已堅決地與他們斷絕關係。至於原有中華及本省的圖書館協會現已停廢。假使將來中央或本省的圖書館工作者再議恢復此種團體聯合改進組織的話，則我仍願隨時與之發生新的關係。</td></tr>
<tr><td rowspan="10">任職簡歷</td><td rowspan="2">機關名稱</td><td rowspan="2">職別</td><td rowspan="2">擔任工作</td><td colspan="2">任免年月</td><td rowspan="2">薪額</td><td rowspan="2">卸職原因</td><td rowspan="2">長官姓名</td></tr>
<tr><td>任</td><td>免</td></tr>
<tr><td>財政部</td><td>賦税司主事</td><td>撰擬文稿</td><td>一九一六年九月</td><td>一九一九年十二月</td><td>銀幣一百三十元</td><td>調充科長</td><td>梁啟超</td></tr>
<tr><td>財政部</td><td>賦税司科長</td><td>籌辦新税</td><td>一九一九年十二月</td><td>一九二三年一月</td><td>銀幣一百八十元</td><td>調往鹽務署事</td><td></td></tr>
<tr><td>財政金融討論會</td><td>會員</td><td>參加討論整理財政</td><td>一九二零年三月</td><td>一九二零年八月</td><td>兼職不支薪</td><td>會務結束</td><td></td></tr>
<tr><td>關税籌議處</td><td>委員</td><td>參加討論裁整加税</td><td>一九二二年五月</td><td>一九二二年十二月</td><td>兼職不支薪</td><td>處務結束</td><td></td></tr>
<tr><td>鹽務署</td><td>秘書兼總務處幫辦</td><td>核閱各廳文稿</td><td>一九二三年一月</td><td>一九二五年四月</td><td>銀幣二百四十元</td><td>調回財政部</td><td></td></tr>
<tr><td>財政部</td><td>總務廳會辦</td><td>核閱各司文稿</td><td>一九二五年四月</td><td>一九二七年二月</td><td>銀幣二百八十元</td><td>辭去</td><td></td></tr>
<tr><td>籀園圖書館</td><td>館長</td><td>主持館務</td><td>一九三五年三月</td><td>一九四一年一月</td><td>任義務不支薪</td><td>調省館</td><td>許紹棣</td></tr>
<tr><td>浙江省立圖書館</td><td>館長</td><td>主持館務</td><td>一九四一年一月</td><td>一九四四年三月</td><td>銀幣三百二十元</td><td>調通志館</td><td>許紹棣</td></tr>
</table>

<table>
<tr><td></td><td>浙江省史料征輯委員會</td><td>委員</td><td>徵輯文獻</td><td>一九四一年五月</td><td>一九四三年六月</td><td>兼職不支薪</td><td>會務結束</td><td>余紹宋</td></tr>
<tr><td></td><td>浙江省通志館</td><td>總編纂</td><td>核閱志稿</td><td>一九四四年三月</td><td>一九四九年六月</td><td></td><td>機關停辦</td><td>余紹宋</td></tr>
<tr><td colspan="2">何人對你最瞭解，現在何處，作什麼工作</td><td colspan="7">現在交遊中以蘇步青、夏瞿禪二人往來最密，似乎他二人對我比較別人瞭解些，他二人都是浙大教授，一在理學院，一在文學院。</td></tr>
<tr><td colspan="2">本人詳細履歷（自十歲起至現在止的工作經歷及思想上的重要變化）</td><td colspan="7">自十歲至十六歲先後在本縣小學中學讀書，二十一歲在大學修業期滿，歸裡家居數年，梳理家中藏書及我祖我父的著作遺稿，但未能用心閱讀與研究。
二十五歲再遊北京，入財政部經十餘年之久，然值軍閥當國、財政紊亂的局面中，我站在財務行政工作的崗位上，能潔身自好地求其寡過，談不上表現成績。而我因此對行政工作起了消極的念頭，乃於北京政府未解散前即自動離職而行，這是一九二七年的春天。
後來雖有人介紹我于南京國民政府財政部，我亦無意再幹了，此次到一九四零年在家鄉又住了十多年，依然如故地過其閱讀舊書的生活，把所見所聞的綜合起來，編著幾本書，叫做《文獻足徵纂編》，在温州鉛印出版，同時替我祖、我父做成了兩部年譜。
一九三五年，我四十五歲，温州教育界推為籀園圖書館館長，於是開始走進公共圖書事業界中，後由籀園調省圖書館再轉省通志館，這十餘年間可以説專心一意從事於浙江歷史文獻的繼續搜集與闡述。
至於我的思想概括來説，自少至今有三種變化：第一種是初在鄭曹時心裡想做一個有猷有為有守的公務員；第二種是轉業於圖書機關裡想因利乘便養成自己的閱讀習慣，加強自己寫作的能力，準備做一個徵文文獻整理的助手到最近。解放以來，便又感覺得像我從前所想到或做到的，都不免偏重於個人主義，亦就是犯了短視的毛病，所以今後更須把這些偏向矯正而改造之，以期可能為人民大衆服務，適應新民主時代的現實需要，這一變化可説是第三種。</td></tr>
<tr><td colspan="2">你對現在時局的認識如何</td><td colspan="7">我認為帝國主義的侵略集團的弱點敗徵不久即將隨著臺灣及整個朝鮮的解放而完全暴露，所有偉大而光榮的一切勝利無疑地是屬於我們新民主的各個國家，因為我們方面有廣大而持久的群衆力量的支持，勢必使彼一方面陷入孤立寡助的環境而不敢再動了。於是世界的永久真正和平即將在我們新民主國家聯合陣地上的凱歌聲中實現出來。</td></tr>
<tr><td colspan="2">本人志願及解放後思想上有何變化，現在有何顧慮</td><td colspan="7">本人今後志願仍要在學術文化界努力服務，目前，我想把舊的頭腦中所積留的腐化部分洗去乾淨，一面把新的智識隨時補充，不過所想顧慮在於資質駑鈍，私務紛擾，恐不免有妨自我學習的進程。</td></tr>
<tr><td colspan="2">你個人現在工作中的主要優缺點</td><td colspan="7">我覺得自己治學或做事的優點在於能勤能恒終日不厭，可是天賦予以的腦力不強、眼光不精，尤其短於講話，往往有詞不達意之苦，不但夠不上做群衆的代言人而且不能儘量發抒我個人的所欲言。平居雖好覽誦，而得一遺十，記憶不清，雖喜寫作而思筆不能敏健，亦是恨事。</td></tr>
</table>

填表人簽名蓋章　孫孟晉

浙江省文史研究館館員登記表

（填寫時間 1979 年 11 月 4 日）

<table>
<tr><td>姓名</td><td>孫孟晉</td><td>字或別號</td><td>延釗</td><td>曾用名</td><td>/</td><td>性別</td><td>男</td><td>民族</td><td>漢</td></tr>
<tr><td>籍貫</td><td colspan="2">浙江省瑞安縣</td><td>家庭出身</td><td colspan="2">地主</td><td>個人成分</td><td>職員</td><td>宗教信仰</td><td>/</td></tr>
<tr><td>年齡</td><td>出生年月</td><td colspan="4">西元：1893 年
農曆：正月二十日</td><td rowspan="2">健康情況</td><td colspan="3" rowspan="2">視力極差</td></tr>
<tr><td>通訊處</td><td>永久住址</td><td colspan="4">浙江省杭州市新聲路新聲新村 6 號</td></tr>
<tr><td>曾得過何種學術獎賞</td><td colspan="5">因捐獻家藏古籍及文物多種獲得獎狀。因撰寫文史資料稿件數十篇，獲得稿酬數百元。</td><td>有何貢獻</td><td colspan="3">撰寫文史資料約 30 萬字</td></tr>
<tr><td>專長愛好和著作</td><td colspan="4">民族文獻史料及古典文學，著作有浙江歷代人物傳記、年譜等三十五種。</td><td colspan="2">現準備進行何種學術研究和著作</td><td colspan="3">無</td></tr>
<tr><td>有何主要著作譯作何處出版出版日期</td><td colspan="5">部分稿件曾在中央或者省地方報刊上發表。</td><td>存稿情況</td><td colspan="3">稿件現均存北京圖書館及溫州市圖書館</td></tr>
<tr><td>學歷和工作經歷</td><td colspan="9">1913 年畢業于北京法政大學，歷任溫州籀園圖書館館長、浙江省立圖書館館長、浙江省通志館總纂。解放後，曾任浙江省文物管理委員會常務委員，省政協文史組副組長及浙江省文史研究館館員。自從浙江省歷史學會最初成立直到現在，連續多次當選為理事會理事。</td></tr>
<tr><td>解放前後參加什麼黨派組織任何職</td><td colspan="5">1935 年參加國民黨，1955 年參加中國國民黨革命委員會。</td><td>家庭成員</td><td colspan="3">子：孫寶麟，媳：董菊卿，長孫：孫義棨、次孫：孫義樂。</td></tr>
<tr><td>主要親友社會關係姓名職業住址與本人的關係</td><td colspan="9">章太炎、邵伯絅、王季思、毅群、夏瞿禪、王栻</td></tr>
<tr><td>備註</td><td colspan="9"></td></tr>
</table>

孫孟晉參加省文史館活動的記録①

（一九五二年十月——一九五八年十二月）

一九五二年

十月五日，函致慰問並盼聯繫，十日得覆信。説近三年來，摧毁舊稿若干，餘留有關浙江地方文獻資料數種，擬再事整理送館。現在研究生活，擬仍以選讀新文學一類書籍爲常課，以目力甚差，腦力亦減，閲覽進程不能不少緩耳。

十一月廿五日，通知自十二月起來館領取薪金。

一九五三年

六月廿六及十月十六的兩次在杭館員座談會，均參加並都發言。

五三年十次週末小集均參加。

十二月十日，對丁安期説：錢保塘的歷史，有久客瀘州和好收古泉兩事，這與以前研究時有所補充。

一九五四年

一月五日，來館，寫了一副爲本館慶祝元旦用的對句，文曰：

取舊文字記載衡以新史觀，適館從容商舊學；

用新社會主義改造舊經濟，大家愉快過新年。

認購公債八十萬元，二、六兩月各扣十萬，三、四、五各月各扣二十萬。

三月十五日，送《在滿清一朝所行用的公文種類》一文，爲答覆市府所問的參考資料。

五月四日，代高誼致送關於莊以臨的簡歷，即日面交吴秘書。

上半年二十三次館員小集，他每次都到。

七月六日，館員小集時，推他寫一篇關於憲法的稿子，投登《浙江日報》，

① 標題係整理者所加。

十日來館説：稿已寫好交館，曾和林端甫、蔣象怡聯繫，同意他所寫的，他們不再另寫，也曾送邵副館長閲，他的意見，由館方送請領導上核閲後，送報館。十一日來館，他對昨天所交稿子，有所修正，希望抽換。（其實在交稿的當天，也已經抽换過了的，這是再抽换。）

十二日，又來館，詢問改稿、抽稿事，即將原稿的末頁還他，加入昨天送來的改稿。同時他還致書吴主任，説明擬稿改稿經過。

九月九日，來館，談童庚申於八月二日向他借款三十萬元事。

又談些關於研究範圍和著作方面的情况，他自認對史學比較多用功，所以有些述而不作。著有《浙江疇人别傳》《明季温州抗清事纂》《杭州紫陽書院遺聞録》《温州文獻述概》（以上浙江通志館刊印）、《明代温州倭寇編年》（温州日報館刊印）、《孫敬軒先生年譜》（甌風雜誌刊印）等，已刊印。還有《孫太僕公年譜》《孫徵君年譜》《瑞安五黄先生系年合譜》《温州經籍志校勘記》等稿本未付印。其他尚待修正補充的作品，有《中國歷代事業輯覽》《中國古今鈔書工作紀聞》《中國讀書會文獻考略》等。

十四日，他又補充了些著作，他有已寫完的《明儒學案浙中王門補遺》一種，有待寫完的《中國圖書歷來整理情況叢記》一種，又有《永嘉學林宗派》《温州藏書家考》二種，初稿已印行，修正本未刊。還有論文序跋等，曾在杭州《文瀾學報》、上海《制言月刊》及《青鶴雜誌》中發表。

十月廿五日，來館聯繫。（省府内）

十一月九日、十六日，也曾來館。

下半年十五次館員星期小集都參加。

一九五五年

一月十七日，邵副館長函詢他和林端甫、張行簡、吴伯盛、蔣象怡、陳錫鈞的住址。當即抄送去。

一月三十日，收到三十日來信説："聯歡會適爲病所阻，不能行動，致未參加。茲欲有事奉商，可否乞周秘書惠臨一談。"當天，周秘書往訪，他前患重感冒已愈，惟目疾甚劇，就樊際春醫師診療，醫藥費所費甚多，因問館方是否可爲列入公費醫療，在中心門診部就診，因樊醫師在該處候診也。當告已事關通案，未便獨異他的要求，只可作爲參考。

二月二日，他對鄭錦濤説：日前提出的希望，經邵副館長解釋，決定取消前提意見。

二月十八日,發舉行聯歡會的通知,廿一日到館參加,並在反對使用原子武器宣言上簽了名。他目疾已開刀,在療養中。他先人玉海樓藏書是他分别捐送的,清初精刻本及清以前刻本,都送浙江大學。明萬曆本《宋宰輔編年録》也在内,現歸師範學院圖書館。其餘書籍,都送温州市立圖書館。他還説:向師院借書,可與任銘善聯繫。

二月十九日,發推銷公債的通知。廿一日,面交認購表,認購三十萬元,經説明後,改認五十萬元。(三至五月各十萬,六月廿萬)

三月十五日通知,檢寄《兵役法》草案等,請於三月底前,將書面意見送館。

四月五日,來館聯繫。

四月十八日,發二十日舉行座談會通知,届時他到館參加。

五月六日,來館看報。並反映了吴梅菴館員的生活困難情況。

五月十六日,辦公廳人事室來信,囑向他聯繫,要他爲孫鋼同志寫一份證明材料,附交原件。即連同原件,耑函轉致。

五月廿三日,發廿五日舉行座談會通知,届時他來參加,並發了言。

五月廿三日,來館,面交關于孫鋼的證明材料。當即轉送人事室周偉同志。又談關於市協商會邀集座談的情況,並説會後有金仲春同志向他聯繫。

六月七日來館説,王夢曾在市協商會與徐青甫有很大的争論,因王有兩個兒子在臺灣,徐説不要再認這種兒子,王不同意。他同時面交照片一張,備貼出入證明。

六月二十日來信,請借閲《三國演義》,並送致出入證。因病足,不能出門,當即由鄭錦濤送去。七月一日,來館面還。

六月二十日,發廿二舉行座談會的通知,届時來館參加,並發了言。

八月廿二日,來館聯繫。

七月十五日,借閲《孫定國講稿》一册。

八月廿九日,來館説:在杭館員有十人參加民革召集的時事座談會,昨天還有棋會。

九月二日,來館説:昨天民革的朱同志向他聯繫,民革擬舉辦一次太極拳的表演會,問文史館中有會的,將邀請。他介紹了張行簡、斯道卿兩位。

他同意參加博物館的座談會(九月十五)。

本市岑子潛,提出關於文武成湯爲生號非死謚的疑問,已經圖書館朱中翰擬答,九月三十日,將全案交他,請提意見。十月七日,提出書面意見,但没有補充。

五五年下半年廿六次館員小集,他只一次未到。

十二月廿八日上午,他參加聽孫定國在杭第四講的録音轉播。

十二月三十日,林端甫説,民革即成立學習小組,有他和張行簡及林本人參加。

本館下半年廿三次學習會,他都參加,且有記録。

一九五六年

一月四日,經與民革聯繫,省協商會明天的報告會入場券,已由他們轉送。

一月十日,民革通知,參加浙江政協常務委員會擴大會議大會發言的旁聽,十一日也參加。

一月十八日,吴山民委員電話通知,組織館員及工作人員,于下午二時,參加市政協組織的資本主義工商業社會主義改造的參觀團。通知他前往參加,他到會後,以曾參加了第一批,這次可不參加。

一月廿四日説,明天上午要參加市政協召集的會議,同時館中館員星期小集不能參加。他近患感冒,聲重。

一月三十日,來館説:(一)參加了市政協組織的私營工商業清産定股的參觀團,將有相當長的一個時期。(二)他原參加民革組織的學習第一小組,現新成立第二小組,他調到第二小組,任副小組長,即召集人,因組長邱孟涵目力不好,要他多負責。

春節,丁安期前往訪問。

二月十六日,省政協派員聯繫,要館方提名介紹參加他們組織的關於農業發展綱要的座談會,把他提名介紹,將來由他們直接聯繫。

二月二十及廿一,兩次來館聯繫。

二月二十六日,參加了元宵聯歡。

三月一日,參加省市政協聯合舉辦的參觀文字改革及民間手工藝術展覽會。

認購公債五十元。

參加民革組織的學習小組第二組,任副召集人,學習時間是每星期六下午。

三月十四日，參加民革召集關於和平解放臺灣的座談會。

三月廿六日，説，民革成立學習第四小組，他就推爲該組召集人，時間同第二組。

四月七日，省政協電話聯繫，瞭解館員中可參加理論學習的名單。九日提出了十六人，他是其中之一，由周秘書將名單面交。

四月十二日，他于集會後，來館面交文管會要的古跡文物目録。

五月七日，面致專家調查表。九日填好面交。

他被省政協工作組分配在文教工作組。

六月九日，向他瞭解關於洪鶴瑞的情況，把他記下來，十一日送吴秘書參考。

又交給他人民出版社的組稿問題全部材料，請他提意見，請將材料和意見於十一日交館。十八日，繳回文件，並提了意見。

上半年，參加了十八次館員星期小集，廿三次館員學習小組全到。

七月十九日，集體去龍駒塢郊遊，備午餐，各出分金。

颱風過境後，丁安期八月四日前往訪問。

八月十四日，他參加了民革組織的和平解放臺灣報告會，他夫婦都參加。

八月廿一日，來館面交對本館的意見一份：（一）對每週座談會及學習小組的一些看法；（二）館員自動參加集體工作的建議。

九月十九日，見《浙江民革》第一期載，他參加了“長期共存互相監督”筆談會。

民革代他報名參加省政協舉辦的哲學講座聽講。

十月九日，領去十二年哲學社會科學規劃草案。廿日，繳還原件，並提了意見。

十月十二日，他邀朱師轍教授參加重九雅集。

十一月十三日，館員小集時，簽名參加歷史地方文獻研究。

中國文字改革委員會十二月十五日，寄到《通用漢字草案初稿》等三種，囑爲分發，提意見後，適寄該會。十九日，轉給一份。他還介紹温州文管會副主委方介堪，可以送他一份。即於同時轉給一份。

下半年廿四次館員星期小集，只一次未到，十一次學習小組，到了九次。

一九五七年

一月二日,來館聯繫,作新年的訪問。

三日,來館參加新年聯歡,並贈館自撰聯一副,金致淇館員寫,待裝裱。

一月十三日,當選爲民革省代會的杭市代表。

二月三日,丁安期前往作春節訪問。

二月間,他與陳錫鈞被推爲省政協文史組的副組長。

認購公債 50 元,三至七月各繳 8 元,八月繳 10 元。

三月五日,浙江人民出版社編輯部介紹該部鞠紹品同志來館聯繫關於作品和稿件問題。當介紹他,請其徑與訪談。

五月十六日,徐月英、徐廣程同去訪問,因他家中有客,没有來館參加今天的學習。

五月十八日,來館説:昨天參加了人民出版社的座談會,也介紹了程耿、裘孟涵、施建中、林端甫等五位,可以聯繫寫作。

五月十九日,浙江文史會成立,他當選爲候補理事,並被推爲地方史研究組的召集人。

六月五、六兩日下午,參加了沙省長召集的座談會,他兩天作了兩次發言。

六月八日,贈民革團結報附刊《盛世新聲》第二集一册。當具第 35 號收據面致。

六月二十八日,省人委辦公廳召集部分在杭館員座談會,他參加座談,並發了言。

八月二十七日,通知請參加聽方秘書長報告。届時參加。

八月三十一日,常山縣委來員瞭解通志館的人員情況,即爲介紹與他聯繫。

九月二十九日,張副館長交下《鐵如意館手抄書目録》21 本,囑轉贈一本。

十一月五日,他寫了慶祝蘇聯十月革命四十周年紀念的獻詩七絶六首,是和張副館長元韻的。當抄送《浙江日報》,請其登載。八日,退還原稿。十二日,《浙江日報》又退回他自己徑送的慶祝長聯一份。當將兩件退回稿,一併面交。

一九五八年

二月十九日,春節,丁安期前往訪問,未遇。

二月二十八日,來館認購公債60元,自三月份起,每月扣繳15元,至六月份繳清。

三月七日,浙江省教師進修學院余伯泰等來館聯繫鄉土教材編寫工作問題,當爲備函介紹,前往訪問。

三月十三日,向省政協提名,介紹他參加文字改革的宣傳工作,十九日電話聯繫,請去温州,二十三日出發,由他們去直接聯繫。

四月一日,來館説:這次去金華、温州宣傳文字改革,見到紹敉初、張達生等館員。

據統計,五七年舉行館員星期小集42次,他參加30次。

四月二十二日,浙江省教師進修學院余伯泰、戎文言、馬允倫等四位同志來館聯繫,請再爲介紹,前往再談。即爲備函。

五月十三日,館員星期小集,爲交心問題座談。

五月十四日,函知請他參加爲編選古詩詞的座談。十五日,來館參加。

六月二十八日,在館集會,漫談對古籍書目的意見,他負責將意見搜集整理,懇請館長審核。七月五日,又在館集談。

七月五日,民革號召成員辦工廠,他投資150元,分三個月繳。

七月二十二日,將館中對古籍整理出版意見,轉交給他,請他綜合整理。

八月十三日,代發省政協組織參觀通知他參加的信。

九月二十六日,把北京圖書館十九(日)寄到徵集戊戌變法六十年紀念展覽會展品的目(録),希望供給展品或介紹情況的信,交他擬答。三十日,將原件交送,並提供了自己所瞭解的,補充些材料。即根據他的材料,函復北京圖書館。

九月十一日,收到中華書局總公司(北京總布胡同10號)六日來信,以最近擬整理出版陶成章和秋瑾的全集,希望供給資料或指示一些綫索。十二日,將來信請他整理。他表示很有興趣接受此類工作。因約定成爲制度,以後遇到類此案件由他主辦。三十日,將原件還館,提供了二人所編著及有關二人史料的書名。十月九日,將他的材料抄成附件,函復中華書局。

十月二十六日,北京圖書館來信,對供給戊戌變法六十周年紀念補充有關資料,表示致謝。

十二月一日,西北工業大學科學研究部介紹教師姜長英搜集有關中國航空史料,附本人十一月二十七日來信,提出四點問題,希望協助解決。十五日,將來信交他,請其搜集意見和材料。三十日,交還原件,説已向五個方面徵集意見和資料,待得復後,再行回復。

十二月三十日,撰長聯一副送館,是田宿宇館員用舊宣紙書。

孫孟晉致吴山民信

吴主委山民先生:

自從前次文史館座談會上聽見先生對我們講話以後,我覺得像我這樣年紀並不很大的人,還可能而且也願意在第三類型中,跟部分群衆一起學習。所以現在我要一方面依照宋副館長所指出的三種讀物,取作自學的基本資料,一方面請求王秘書長暨先生等,每於蒞館之便,隨時向我們講解些一般原則性的重要理論及國内外的現實概況,以補充我們在書本上鑽研與體會的不足,逐漸提高我們對新事物的認識,不勝盼幸之至。本擬趨候左右,但恐公忙,無暇接談,特修寸簡,以當面謁。

此致

敬禮

孫孟晉謹上

一九五三年十一月八日

(菩提新村六號)

建議動員本省各界關心文獻的知識分子參加調查採訪國家和地方史料工作的初步意見

文教工作組組員孫孟晉提

用馬克思列寧歷史唯物主義的理論原則與我國具體史料相結合,是我國歷史學文獻學的新建設的輝煌事業。歷史不可割斷,文獻要求足徵,因此,史料的及時地搜集和科學地整理工作,無論在何時何地都應當不斷地進行。而調查採訪的工作,則爲搜集整理的必要前提和條件。史料包括新的和舊的,包括政治的、經濟的和文化的,包括全國性的和地方性的。凡如各類圖籍書刊,各種古今刊物,國家和地方檔案,民族和個人譜牒,工農商各界公私企業、單位日常所用的簿册單據等等,名目衆多,内容複什,都是我國歷來在社會生活中逐步形成,而不斷發展著、積累著的東西。這些東西,歷來經公共管理機關收藏以供研究之用者,固已極多,其他除非是確已亡佚無可再見者以外,其散在四方,現時可能設法訪求的,也還不少。

國家和地方檔案,在我國過去朝代,平時既未曾有過什麽統一管理,一天遭到變亂或災害的發生,就很容易毁壞散失,恐怕萬不存一。自從中華人民共和國建立後,幾年來,經過學習蘇聯先進的檔案科學知識和培養檔案工作人員,從而開始建立起統一管理的制度。凡是建國以後機關、部隊、團體,以及舊政權檔案,除一部分經鑒定剔出銷毁的外,都要收歸人民政府專設的統一管理機關——中央的和地方的國家檔案館集中庋藏,經常保持完整和安全(詳見一九五六年四月間國務院公佈關於加强檔案工作的決定)。今後我國這一方面的所存在的大宗史料,得到了永久維護和儘量利用,這是空前盛事。不過現存的建國前革命歷史檔案,其完缺的實際情況,不知究竟怎樣,是不是還須旁求補充一些?舊政權檔案,流傳下來的,本不會齊全,則網羅放失,爲事之所當然,關於如此等處,我們也應該注意考慮及之。

像我國這樣大而且這樣悠久的一個國家,歷代史料這樣多而且這樣散漫,要想調查採訪得面面俱到,詳盡無遺,確是一件非常麻煩的事情,但如果由各個地區分别進行起來,那就會比較小而容易辦理,近而容易普及,再如果由各地區發動多數人的智慧和力量來共同下手,那就會更加便利進行了。從來我國的知識份子中(包括年紀大的一般社會人士在内),平素對徵文考獻饒有興趣,懷鉛握槧、不厭不倦的,隨時隨地都有,最近比較重要的例子,如福建省晉江第一中學的歷史教師吴文良同志,從一九二七年起,專事搜集有關泉州在唐、宋、元時代中外交通歷史的各種資料,凡得百餘件,爲過去史書上所失載的。中央文化部鄭振鐸副部長因公過泉州時,曾到吴家參觀,認爲這些資料的歷史價值甚大,後來吴同志就把這些東西全數捐獻國家。即就我們浙江本省來看,這樣一類的人,在各市各縣也都還找得出來(任銘善同志在本組第一次會上曾談及此,我有同情)。但是其中埋頭單幹的多,互助合作的少,所以往往耳目難周,事倍功半,並且往往有些地方,我搞你搞他也搞,各不相謀,也有的地方,人人都不搞,長付缺如。現在假使把這些分散的工作者們,使在有組織有計劃的情況下各就所見所聞群策群力來搞,我想必定可能得到較多較好的成績,而這一方面的知識份子的潛在力量,借此發掘出來,不讓埋没,也是正合時需的。

大家都知道浙江圖書館、浙江博物館、浙江省文管會和本省各地的文化館、圖書館等各單位,歷來所積聚保管著的全國性的、地方性的各種史料,都極豐富,但是不等於説都已完備;它們歷來對於史料的調查搜集工作,也都做得又多又好,但是不等於説全都做了。現在假使把各單位的人力密切聯繫起來(浙江省文史館中部分館員也還可能自動參加),組織成一個分工合作的整體,全面規劃今後調查採訪一切史料的擴大活動,多多吸引關心文獻的一般社會人士參加,作爲群衆性的助手,使此項工作能夠在過去成就的基礎上進一步做得廣泛和深入些,不是更好的嗎?

我想現在正當學術界百家争鳴的偉大時代,抱實事求是態度的歷史學文獻學的研究者,爲了要充分思考,準備辯論,言之有物,持之有故,由綜合證據而解決問題,他們對於具體史料的要求,當然會異口同聲地説多多益善的。范文瀾先生説:"必須掌握大量史料,然後用馬克思主義科學方法予以全面的深入的鑽研,依個人鑽研的程度,得出切實的或比較切實的成果來。"(見《學習雜誌》七月號第三頁)每一個歷史學文獻學者鑽研的程度怎樣,是和他手頭所掌握到的史料多少分不開的,而積極搜集史料者,正是爲供應鑽研者以大量掌握而服務,詳細調查採訪者,又正是爲告訴搜集者以客觀存在而服務。因此,我認爲在今天去調查採訪史料,也算及時當務的一件事情。茲就這個方面提出一些不成熟的意見來談一談,是否有當,請大家指教。

1.工作機構,擬定名爲"浙江省各界調查採訪史料工作團"(或工作委員會),由文教部門主持發起,聯合各人民團體、各有關機關以及有關人士共同組織之。

2.在工作團(或工作委員會)的領導下,全面規劃和實施今後對於史料的調查採訪工作,工作團成立後,即向全省各界所有關心文獻的知識份子(包括年老的一般社會人士)進行廣泛宣傳,帶動他們來參加這一工作。

3.工作團(或工作委員會)的主要任務可略舉如下:

(1)廣泛聯繫各方面關心文獻的群衆;

(2)廣泛吸收各方面有關史料問題的意見;

(3)廣泛反映各方面有關史料存佚或完缺的現實情況;

(4)提供有關進行調查採訪史料的具體辦法;

(5)于必要時擬出有關史料的研究專題來討論解決,以供有關機關及專門研究的學者們參考。

4.通過調查採訪,使得我們可能對下列的各種問題有所瞭解:

(1)各方面所感到缺失甚至空乏的重要史料,究竟有哪一類或哪一些的東西;

(2)各方面所確實存在著正可公開利用的史料,有些什麼東西;

(3)各方面可能爲這一工作服務而貢獻出智慧和力量的,究竟有些什麼人;

(4)各方面已經成就或正在從事的關於史料的私人著述,有些什麼作品;

(5)各方面平日愛好收藏史料的,有哪些人家;

(6)各城鎮地方舊書店書攤方面,在故紙堆中有無夾什著史料的另篇斷簡;

(7)各地寄售商店及舊貨攤販方面,有無發現有關史料的大小實物;

(8)各地公家或民間,在處理廢紙的時候,有無發現有關史料的東西。

以上各種問題的瞭解程度如何,要看調查採訪工作進行到如何地步而定。

5.凡是全國性的,浙江本省地方性的,以及有關他省地方的,一概注意調查採訪,特别對於百年以來的近代史料,是我們工作的重點,百年以前以至歷朝有相當價值的史料,也兼及之,分别處理。

6.假使某項史料的調查採訪工作,在有關機關方面如圖書館、博物館、文管會等先經過或正在做著而還需要各方面共同協商其進行者,本團(或委員會)可接受各該有關機關的委託,代爲多向各方面聯繫。

7.檔案方面,如建國以前的革命歷史檔案和舊政權檔案,往往有流散在私人手中者,無論大批的或另件的,又無論是原始資料或印件抄本,都須調查採訪及之,而有數位記載的公文圖表,我們尤應重視。

8.關於都市及城鄉各地的社會經濟和人民生活等各種情況的因革損益,在過去史書中記述最爲疏略,甚至等於空缺,現在我們尚對此類史料之遺留於世者,盡可能詳細調查採訪,多求收穫,匡前人之所不逮,正就是爲今後的研究者提供了一些綫索。

9.調查採訪工作,可兼用口頭詢問及書面通訊兩種方式進行,工作團(或委員會)於每月或每兩個月將調查採訪所得到的具體情況製成報告,提出討論,如果大家對報告没有什麽不同意見,那就將報告寫定付印,分别送交各有關方面,以供他們搜集工作上的必有參考。(例如報告中指出某些書本的史料,經訪查明白存在某處,或某些實物的史料,經查訪明白存在某處,那麽,圖書館、博物館或文管會,即可分别考慮收藏。又如報告中指出某些檔案,現經查訪得到下落,本省檔案管理機關,即可根據這一報告,予以搜集。)

10.每次調查採訪報告,可多印一些,以備參加這一工作運動的人們隨時索閲,其參加工作運動比較得力者,可於報告中附加表揚,以資鼓勵,又每次報告中,應將調查採訪工作上所遇到而未能解決的問題,隨時提出,以廣征意見。

(附注一)這件建議,如果大家對原則上認爲不謬,則具體的進行計畫,有待修訂,並似先應在一九五六年——一九五七年本省知識份子工作綱要中規定進去。

(附注二)聽説最近中央正在計畫創辦全國方志館,因此,部分學人,有的提出普修新地方志的擬議,有的把整理舊方志與編輯新方志的問題相提並論(見《新建設》月刊一九五六年五、六兩期)。我想此議將來如果見諸實行,則當然很需要有大量的地方史料來作充分參考,我們現在先期替它做了一些調查採訪工作,足爲整舊編新創有利條件。

(附注三)浙江師範學院歷史系,曾於一九五六年五月十一日在體育場路分部,召開一次關於本省歷史研究長遠規劃的座談會,被邀出席的,有浙江圖書館、博物館、文管會、文史館等幾個單位的部分人員,我也幸參末席,當經與該系教師和研究生等若干人,共同討論過一些有關本省理事研究的專題。我們這裡如果要組織工作機構的話,似可邀請該校歷史系師生推代表參加,我看這樣於雙方的工作都會有裨益的。

一九五六年九月

省政協文教組部分組員
對孫孟晉建議座談會記録

本會文教工作組於本月十八日下午召集部分組員座談會，座談孫孟晉組員關於“動員本省各界關心文獻的知識份子參加調查採訪國家和地方史料工作的初步意見”的建議。

在座談會上，林端甫認爲搜集史料工作是重要的，但由原來的浙江圖書館、浙江博物館和省文管會負責呢，還是另設機構呢，這是需要研究的。張慕騫認爲有必要設立搜集史料工作的專門機構，它的任務不僅僅在於通訊聯繫，而是應當全面地開展史料的搜集和整理工作。陳訓慈也説：設立一個搜集史料工作的機構是需要的，至於機構的名稱，可以考慮。他認爲，我們應當建議省級有關部門設立一個搜集國家和地方史料工作的機構，但是具體來説，目前有關革命方面的史料已由省委宣傳部負責，檔案方面的史料已由國家檔案部門負責，因此，只要設立搜集社會經濟方面和人民生活方面的史料工作機構即可。

那天到會人數雖少，但到會的對搜集史料工作是關心的，如鍾毓龍和陳錫鈞二人對杭州市的經濟特産、掌故考訂工作發表了意見。最後，一致認爲孫孟晉的建議是及時的，特別是根據哲學、社會科學規劃草案的精神，做好這一史料搜訪工作，就可爲將來修訂地方志準備前提；建議中的組織領導問題和工作領域問題，可請有關部門研究決定。但爲了集思廣益，建議今天没有到會的組員及關心這一工作的人士對建議提出補充和修正，以便使建議内容更臻完善。

省政協秘書處整理

1956 年 10 月 30 日

政協浙江省委員會秘書處函

政協浙(56)秘字第1889號

中共浙江省委文教部、省委統戰部、浙江省人委第二辦公室、文管會、文史館、浙江圖書館、博物館、浙師(分部)歷史系、浙大歷史系、浙江日報:

兹隨函附上本會文教工作組孫孟晉組員"關於動員本省各界關心文獻的知識分子參加調查採訪國家和地方史料工作的初步意見"的建議,以及本會組織部分文教組組員座談孫孟晉的建議的記録各一份。孫孟晉組員這個建議是九月份送到本會來的,迄今已有二個多月時間了。在這段時期内,我們曾將這一建議送省人委、省委文教部、省委統戰部以及有關方面人士,同時,組織了有關方面人士進行座談,徵集了一些補充意見。

我們認爲:孫孟晉組員這一建議是一個積極的意見,希望省委文教部召集有關方面(包括國家機關和個人)對這個建議進行一次研究,並根據本省條件使其與今後可能開展的地方誌工作銜接起來。爲此,並建議送《浙江日報》予以發表,以引起各界人士的重視,吸引更多的文史工作愛好者投入這一工作方面來。是否妥當,請予答覆爲荷。

政協浙江省委員會秘書處(章)

1956年12月12日

日記

日記佚稿

同治元年正月至四月

（清）無名氏 撰　何　偉 點校

館藏殘稿共四葉。

按，此爲同治元年太平天國軍隊攻永嘉、瑞安、平陽之記載。原稿首尾俱闕，與瑞安林夢枬[①]《瀕江戰守日記》互核，前後各有詳略，未知撰者何人也。（編者）[②]

（上缺）館一百餘座，沿江賊壘，一律踏平。是日大捷。奪獲炮獲、炮位[③]、馬騾、旂械，不計其數。救出難民男婦八百餘名。共斃逆匪二千餘名，生擒者五百餘名。其時李朝安、徐承禧[④]與各都團董，協同各營將士，分頭截擊、追逐三四十里。處州特鎮軍[⑤]亦在事。是日，觀察[⑥]飭李、徐二軍追捕。

① 林夢枬，字星樵，瑞安浦西人，咸豐己未（1859）舉人。金錢會起事失敗後，奉孫鏘鳴之命，在飛雲江中游南岸整頓團練組織，被推舉爲團總。《瀕江戰守日記》收入馬允倫編《太平天國時期温州史料彙編》（上海社會科學院出版社 2002 年 11 月版）。

② 此按爲温州市圖書館前館長梅冷生作，編者即梅冷生。

③ 炮位，亦作"礮位"，指在野外用於安放火炮等的平臺和支架等。《清通典・兵十一》："滿洲八旗，每旗各設子母礮五位，其餘大小銅鐵礮位均貯漢軍八旗礮局内。"《清文獻通考・兵十六》："其千觔以上礮位演放十五礮中十礮以上，五百觔以上礮位演放十五礮中十二礮以上，四百觔重等礮位演放十五礮中十三礮以上，俱爲合式。"

④ 李朝安，時任清軍遊擊。徐承禧，福建福寧府知府徐鼎之子，參見徐鼎《敝帚齋主人年譜》。

⑤ 特鎮軍，指特保，滿洲人，咸豐十年任處州府總兵。

⑥ 指張啟煊。張啟煊，字煥堂，平陽蒲門（今屬蒼南）人，署福建延建邵兵備道。

十二日,探知金角山敗匪逃至小港頭,越白沙嶺而出。被該處團首王□□[1]等擊敗,折回大嶴。是日觀察親至垟頭分飭勇跟蹤搜捕,鎗斃二百餘名,赴水死者無數。餘匪逃青田八九都。是日温溪勇首何東泮攻青田,該匪棄城而遁。

十六日,督悉大營以前此陶山大捷,員弁人等著有殊勳,頒賞六品軍功四十道。

十八日,青田九都髮逆在嶺根爭毆,自相格殺。匪首何松永率夥回竄大岇,另股竄小港。李朝安之勇乏餉,延不進剿。

援高樓李軍分千總施渠英所部三百人赴湖石。□□□觀察嚴檄李軍全隊力遏賊鋒,並飭賴□□、承禧[2]各自團嶼、平陽坑出兵援應。

由高樓渡過湖石,徐承禧迎剿潰退,李朝安半路聞警折回,而馬嶼防勇亦潰。觀察聞知,傳諭各地民團整備,各敗勇經過,盡殺勿留,而親赴陣前,攔截逃勇,手刃三人。始各立住,激勵向先。觀察親臨督戰,派陳元彩[3]督水路前進,賴忠復[4]回陸路迎敵,潰勇以後無退路,亦即跟隊而進。賴忠復聞水路砲聲即奮呼陷陣,用洋槍擊倒逆首一名,奪馬割級,各勇齊奮,賊遂敗回。仍屯馬嶼、平陽坑。是日觀察飛飭徐承禧收集所部潰勇,進駐平陽坑,以保平邑。李朝安收合臺勇,協同賴忠復守團嶼,與賊離五里。

觀察以賊勢浩大,飛調各團助戰。應命而至者二萬餘人。料知賊意有大營牽制,其後未必遽竄平城,必先撲營,連夜整備待戰。

廿一日黎明,觀察督軍三路,進取馬嶼,該逆悉數來抗。我軍三戰三捷。賊勢不支,向原路奔至江邊。舡橋已經水師焚燬,逃生無路,回鬥兩時,均爲我軍圍戮。惟由湖石竄回者二千餘人,逸過北岸,奔赴小港,與分股合,踞前坑、陳山平等處。是日大捷,俘獲首從三百餘名,殺溺以死者,積屍遍江,水爲不流。所奪僞印、衣械、册簿、旂幟千餘件。其逃匿山谷者,復□民團搜殺。

二月十六日,張觀察軍至平陽。是日,青田之賊從方山竄入白沙嶺,由旁

① 原文有空缺。

② 賴,指賴得福,時任清軍遊擊。承禧,指徐承禧。

③ 陳元彩,時任清軍遊擊。

④ 賴忠復應爲賴忠腹,時任清軍都司,參見秦湘業、陳鍾美:《平浙紀略》卷八(《中國野史集成》編委會,四川大學圖書館編《中國野史集成》第46册,巴蜀書社2000年版,第413頁)。

徑抄襲。在防勇團潰退，賊屯周垟、大嶺垟。

十七日，孫學士[①]派姪孫詒穀[②]率團進至潮漈街，迎戰失利，孫詒穀被戕。

十八日，張觀察聞信，飛調平陽官兵協剿，自率所部由平邑起程赴援，連夜過大樹埭，十九日至程頭誓師，平協率部隨征。

二十日，巳刻軍至陶山，賊由固前擁至。觀察預派民團扼守兩旁平岡，自以小隊扼險迎戰。陣斃首逆白老三及紅衣賊目二名，鎗斃餘匪百餘名，奪獲旂械一百餘件，餘匪敗奔。

廿一日，我軍乘勝追剿，該匪從原路奔出白沙嶺，沿途自殺勾引之會匪。秦鎮軍[③]派都司賴正修帶兵五百名至瑞城。

廿四日，觀察率隊赴平，率撤盧成金、陳捷元二軍。

草弁蘇慶河、李貞沅等偽冒官兵，在平邑北港，藉稱搜捕，焚燬平民房屋。浩刦疊聞，張觀察拏獲吴得升、李世石等十餘名正法，稍能安戢。

觀察提借平邑存典賓興本錢五千串，又江南垟金鄉捐錢一千串，解□□濟用，先後辦解温郡食米六百二十石，穀三千金。

飭平邑官紳編查保甲。

委平陽教諭王□□[④]，福建補用知縣謝崧榮，前照磨王沅，前署瑞安孫傑，選補紳董勸辦捐輸助餉。

三月十五日，瑞邑沙園，有盜舡二十餘只駛泊，希圖上岸刦奪。經該處團練擊退，附近沿海各地戒備。

平邑生員項勳、□□等，僉控革貢項樞元二十四人，或身汙偽職，執令攻城，或充賊保首，主謀勒捐等情，經觀察詳請拏辦。先獲之生員邱德修，廩生陳嶲芬、邱道修，貢生王棫、蘇元，武生夏肇元，交縣訊辦。又聞翟前縣幕友何丹成、門丁王榮，平日把持公事，勾通草弁李明邦，袒護金錢，觀察派員拏解平陽蘇令[⑤]看管。平邑民人張玉佐，當會圍瑞，聲言屠城。該民人終日求神，願官兵早到。轎夫李順蘭於首逆繆元入城，傳夫應役不屈。此二人深明大義，

---

① 孫學士，指孫鏘鳴。

② 孫詒穀（1838—1862），字稷民，縣學生員，孫詒讓之胞兄。太平天國進攻温州時，協助叔父孫鏘鳴操辦地方團練白布會，抗擊金錢會，最後在與太平軍的激戰中戰死。

③ 秦鎮軍，指陝西陝安鎮總兵秦如虎。

④ 王世傑，字萸岑，餘姚舉人，咸豐十年任。

⑤ 蘇令，蘇金策，字獻臣，咸豐十一年代理平陽知縣，同治元年被革。

觀察稟請獎賞，以挽風化。

三月廿一日，福建署水師提督，曾軍門玉明統帥（中脱文）。

臺勇一千一百名抵平，觀察接見，約同進（下缺）。

連日青田逆匪四出探路，愈增賊勢，處州（下缺）乞師。

三十日，午刻，青賊忽至林垟、梅後，温、瑞復行告警（下缺）。

賊過界牌，防兵單薄，致被深入，此次秦鎮軍擁重兵，不出城堙一步，而界牌又未置戍，議者非之。

四月初一日，張觀察聞報，即刻由平起隊，午刻已至程頭駐紮，飛傳各都。正議剿定分班守隘章程，是日瑞邑黄令告急。三稟未發，而觀察已到，誠無恇怯之象。

陸提統帶官祥參將奎告奮勇，願挑所部精鋭二百名隨剿，尚餘兵八百名（先已挑撤，尚存二百四十名）留守平城。

初二日，觀察親至陶山，是日曾軍門率部繼至，約會於桐嶺。

初三早，觀察與曾軍合守桐嶺，特鎮軍亦在。

是日，髮逆以瑞防無隙可乘，另由瞿溪竄上河鄉，任橋、潘橋，意將越桐嶺犯瑞，以絶温郡餉援之路。

初四日，觀察親率所部，逾桐嶺進紮河頭，與賊營相離咫尺。

是日曾提軍以閩撫咨，匆匆回閩，將所部移交觀察調度。觀察以臺勇初至内地，未習賊情，令賴得福守桐嶺，爲其後路，自以舊勇進至潘鎮迎剿獲勝，追至皎嶼，乃任橋賊大股竄出，觀察親身迎戰，自辰至午，復斃百餘賊，該逆退踞瞿溪。

是日之戰，千總陳連福因見任橋之賊大股竄出包抄，即親向賊陣單騎沖入，手殺數賊。後隊不繼，致被戕害。同時傷亡勇團廿餘名。

初五日，天雨，未曾出隊。觀察聞賊中有新至大股，賊勢浩大，函約秦鎮軍出隊夾擊。

初六日，平明，觀察調派陳、賴二遊擊，各率六成隊，分兩路進攻。行至潘橋，賊已竄至，而温郡未曾出隊，任橋股逆，無所牽制，復從旁斜沖。觀察揮軍兩路奮戰。天雨大至，我軍隔河扼守。嗣恐該逆暗襲桐嶺，收隊回營。該逆以我軍轉動，遍地來追，各軍轆轤轉戰，始克獲全（惟祥参將、陸提兵聞警潰散至平）。是日，人人奮勇，惜秦鎮失約，致無夾擊之勢，軍衹一面，屢戰無功。

初七日，觀察馳書秦鎮，責以失約，回書約初十日再舉。觀察息兵以待，飛調平瑞團丁三萬餘人，以冀大舉。征糧平邑，該縣以秦軍需糧，不能兼顧，聞者失色。

初十日，平明，整集勇團，整裝出隊。忽接秦鎮來函云：郡西太平嶺有賊旂，慮賊攻城，不便出隊，請改期云云。觀察以一面進攻，終難成事，徒爲賊輕，而糧復不接，團丁盡散，人知大事已去。

四月十一日，小桐嶺團勇等擊殺探路逆匪數十名，觀察先經探明通瑞僻徑，分派各隊扼守。

是日晚間，上河鄉火光徹夜，我軍戒嚴。

十二日，平明，有髮逆五路攻撲桐嶺，各軍奮擊，斃匪屍積如山。午刻陣雨驟至，該逆乘雨撲營，我軍火器難施，觀察親督守營，正在相持，忽遊擊賴得福爲賊砲中傷，臺勇驚潰，營盤被陷。觀察親突重圍，得遊擊陳元彩率親軍自小桐嶺回援，前後混戰，殺賊甚多，都司邱龍高陣亡，傷失各勇數十名。新臺勇大半潰退。慮後路有失，收集潰散。同陳元彩、都司賴忠復所部回守瑞城，至已二鼓，即請在城文武兵練，登埤設守，佈置甫定而賊至。

十三日，髮逆數萬，由横山攻撲瑞城，勇團協力擊退。是時觀察冒雨巡城，通身盡濕。

平陽縣城陸提潰兵造謡，詐稱賊至，文武倉皇出走，縱放監獄，平陽縣親勇搶掠署内錢物，居民頃刻一空。在城紳士祝垚之等集議，以觀察方諭調兵團赴雲江南岸巡守，何得有賊匪飛渡之謡，正在糾合義團守城，適平邑蘇令自城外遁回，紳民擯不納延，至日晡潛入城。

十四日，觀察調瑞邑河鄉民團守隆山，以爲犄角，分諭南岸上港各都民團，協力堵勦。

十五日，賊由慈湖嶺竄攻瑞邑之河鄉，冀絶温瑞往來之道，爲該處民團擊退。

十七日，觀察以賊勢趨重，上港勾合金角山餘匪，欲圍（中脱）。

陽觀察派賴忠復會同賴正修及瑞安協□□□，自率舊部，配用販曹舡赴上游堵禦，越過程頭（中脱）大樹埭，逐日乘潮進攻，迭有斬首，該逆（下脱）。

十九日，小篁竹匪徒勾引髮逆，偷越南岸，我軍在（中脱）誅竄逆，乘勝追至小篁竹，焚賊屋數十餘座（中脱）。

守備陳登三、千總蕭邦佑率舟師至瑞隨勦（下脱）。

是日賊由大車嶺、慈湖嶺繞攻河鄉之三都梓嶴，（中脱）擊退，調江南垟團丁,在平陽境巡防,以防内患。

二十日,秦鎮同守備馬雲標帶楚勇[①]五百名抵瑞,旋因温郡有警調回,是日馬軍滋事,爲瑞民勒請(中脱)爲首一人,杖二人。

廿四日,賊匪用棉胎包頭,負梯攻城,守城軍民縋城出擊,陳登三師舡,砲斃多賊。後登岸夾攻,賊終解圍,敗奔。

(《温州區地方資料彙編》,軍事類,93,温州市圖書館藏)

二〇一九年七月廿三日校注

① 楚勇是太平天國時期的一支地方團練,亦稱楚軍。

《樸莊日記》選録

董樸垞 撰　易永誼 徐越海 整理

整理者按:該日記非專記個人瑣事,也非搜録鄉間逸事,而是保存了北伐時期的一段瑞安往事。作者既有寫日記存歷史真實的自覺意識,也有小説筆法敘録瑞安城中軍政的人事變遷,政治風雲的激蕩蹤跡,更與鄰近平陽、温州、杭州,乃至上海勾連,將小城瑞安放置於歷史坐標系之中。吉光片羽,彌足珍貴,期待將全部日記公佈於衆。

括注爲謄録稿所有,係作者添加。原稿於南軍、縣議會、飛雲閣、曹軍長、微塵等人名(團體)、地名之下加專名號,今未予保留。

2019年7月31日初稿,8月12日修改

丁卯(1927年)

正月初三日　聞南軍將過境,其宣傳部隊已到。

初六日　是日各店鋪懸旗歡迎南軍,至晚仍無一卒,聞兵來未有定時也。旋遊縣議會,今改國民黨縣黨部。場中佈置井然,牆壁間遍貼畫報及宣傳紙。

初九日　轉至飛雲閣(在大校場兩邊河附近,一座樓閣突處田間,風景絶佳,爲清時鄉哲黄體芳漱蘭退歸後所建之別業也,中供祀瑞安詩人之栗主。近年來,瑞安圖書館附設其間焉),有黨員在内辦事,名爲招待運輸隊。

十一日　晨六時起,正讀書間,聞樓下有南兵腳步聲,知爲黨軍已到,秩序整齊,絶非去年孫兵可比。午刻,曹軍長(萬順)至,民黨及軍事招待處豫備歡迎,沿街放爆竹,懸旗結彩,頗形熱鬧。知事余立係駐温省防軍陳其蔚、來偉良二人所委,先時肩輿出,至馬道,學生輩將轎擲入江灘,知事遂竄匿一魚

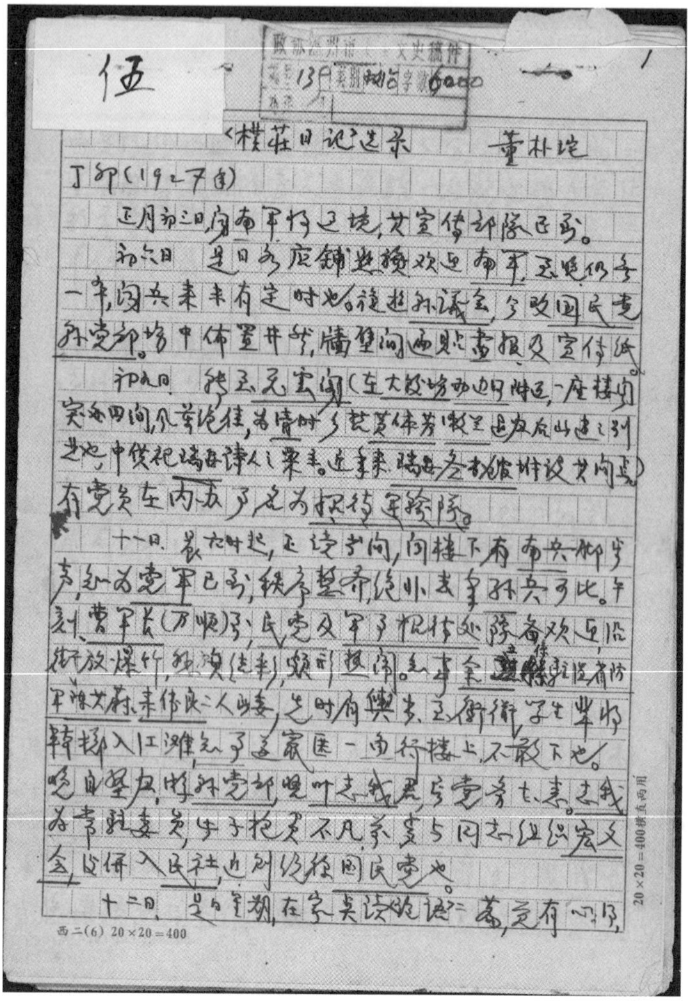

樸莊日記

行樓上，不敢下也。晚自塾歸，遊縣黨部，晤葉志我君，言黨務甚悉。志我爲常駐委員，此子抱負不凡，前歲與同志組織宏文會，後併入民社，近則統稱國民黨也。

十二日　是日星期，在家點讀《論語》二篇，覺有心得，而兵隊仍陸續經過樓下，心爲之分。傍午，出南城，一望輪船埠頭，遍插青天白日旗，以及歡迎旗多隻，結彩奏樂，盡表歡忱。民党同志奔走忙碌，時兵已到二千餘，炮隊最爲嚴整。

十三日　上午，南軍過境，共約七八百人，並聞有閩輪貳艘運彈來泊馬道，惟所豎旗爲五色，可疑。或言温州江口（狀元橋等處）有聯軍軍艦巡邏過瑞。爾後散館,即往視之,果然,五色旗船大者與海晏埒。又前言白氏(寶山)倒戈,未確。而余師長憲文確已到温,約明午後一時可來瑞明倫堂演説,早有水紙貼於縣前磚屏上。至於瑞中改革,聲浪驟高,孫次鏐恐不再保校長職矣。繼之者傳係林省中(林,東大教育系畢業,去年與同志辦甌海公學,以與谷暘意左,遂來謀瑞中校長職也)。

十八日　是日喧傳南軍由甌退瑞,紮守海口,以防孫方兵艦,此爲突變風聲,二日前炯孫弟來函尚未提及也。時事孔艱,不知伊於何底;但爲大局計,願蔣師奏捷,然於予無關,似多言矣。

十九日　又外傳余憲文新聚之師,退分紮温地各要隘,因得大釋前謂南軍勒餉疑事。按余憲文原屬孫部一師,反戈後與孫戰錢江上,敗退吾甌(爲憲文故鄉)。憲文樂清人,乃商地紳集兵自衛,需餉幾萬金,由五縣分籌,一時風傳,即此因也。余知事志俠立亦得同時自郡歸署,請兵自衛,虚張聲勢,極可憐,亦可笑也。

廿一日　晚赴内家談鄉先生黄漱蘭體芳故事。歸途視縣前磚屏上貼有一紙,謂黨軍確占紹興,並下杭州消息。是夜,貧民拖洋油箱,叫罷市,以議米價。蓋因久苦米貴,至一元僅購一斗,故趁此機求解脱也。未悉黨軍對此如何處理。

廿二日　微塵先生適有書並字條到家,知杭城確降,彼亦將待船北上。孫軍一敗至此,可勝浩歎!

廿四日　數日來爲定米價罷市,商情冷落,過午始開市,米一元可糴一斗三升。

廿七日　又閲《甌報》,知本縣縣長(即前知事之改稱)已改委余國輝。余係别省人,在郡地檢廳作司法官,頃由十七軍政治部所委派,而余志俠祚命已告終矣(計自去冬廿三四接篆,至今僅兩月餘耳)。瑞中委員長已委胡旭哲民先生充任,孫次鏐即此下臺,而林省中亦不來也。胡師在校已有十四年之久,人頗温厚,得黨部及學生會共推舉者也。但恐迫於面情,改新事難見實行,此謂换湯不换藥,母校前途,未得樂觀,爲之一歎。

三十日　又歸途晤陳瑞炘君,言胡老榕邨已仙逝,爲歎里中失一讀書人!(胡前輩字榕邨,調元其名也,爲清季進士,曾知寶山縣事,工詩,著有《補學齋集》行世。伊姪質民曾贈予一卷。胡老近年來任圖書館長,對館務頗廢弛,以名譽高,地人莫敢非。去歲閩軍過境,推爲冬防局長,招待軍事,積勞致疾,痊而復發，至昨晚始離人世，傷已！）

二月初五日　午時散館，與淞生共歸。過縣署前，知今日下午一時開市民大會。（場址四柏巷坦，攤三戲臺，城鄉農工商學界雲集。）爲反對孫、張，又作仇英遊行。適大雨降，而鄉人已到者結隊去搗鮑潄泉屋，雜物無少遺。鮑某前爲商會長，幫辦漏海事，及以前許多不平間隙，遂激成市民公憤也。

初七日　午後李正賢表叔來談黨務，並以不入黨見責，謂頭腦陳腐，當有革新志向，今竟如此，爲我所不解。余笑應以才薄，然意實不屑也。國學衰替極矣，二三好文之士，又不能專心於學，如吾友林宇翔輩。又聞林君震東（公旦）、林君去病（寶康）、戴君毅、王君毓婝、胡君慥諸人，亦皆余之故交，年各相若，今皆充瑞中行政委員兼教習也。之數子或畢業外省各大專學校，或只受中等教育爲母校卒業者，今因奔走黨務，遽然一躍至此。又圖書館館長一職，自胡公榕邨去世後，已委其孫準接充。準實年幼學稚，而館長事頗鄭重，非有指導文學之能力，斷難勝任，且代表全縣之文化，今竟以此等人爲之，可堪浩歎！

初八日　晚遊明倫堂，以明朝爲孫中山逝世二周年紀念。在場與黨員項季千、陳天放諸同學相晤。

初九日　是日爲孫中山先生逝世二周年紀念，各學校放假，予塾亦停教半天，往遊明倫堂，時縣長、警察所長及各法團、學校、各業公會，男女齊集，達數千人，頗極一時之盛。下午散館，歸途晤姜萃夫，共赴縣黨部，與去病、子我、執中輩坐談黨務，並言解放各事。

十三日　將寢時，聞有逐悟真寺僧，並毀佛像于江中事，實黨徒之暴動也。

十四日　午餐方罷，聞人言悟真寺佛有擲江訊，乃牽季弟往游，毫無影響，惟至殿後山上，見新築一座小刹，題爲瑞安蓮社，係一輩文士鄉愚合建以拱拜者，清致若登上界。入殿晤黨員沈桂清，與之談數語歸。

十六日　旋出，遇陳君瑞炘，與共至利濟醫院舊址，談修養事甚久。又與林公旦晤到，問瑞中改革情形。林君爲與余同肄業工專者，今歲畢業，即在母校作委員兼教員，學問尚佳，惟年稍稚昧耳。

十八日　是日爲瑞中開學。瑞中自創辦以來，首先革新，行委員制。委員長爲胡哲民，委員黨部居其二，爲林宇翔、戴毅，公推委員爲王毓婝、林公旦、林大經、洪某（疑爲特民老）。教員除舊江閬仙、俞煦甡二前輩及董仲璿、陳起陸數子，餘如沈覺夫等素有訟師氣味者，一律淘汰。授課時間，改爲上午四時，下午二時。第一時授課，第二時習操，並重三育也。又有朱君介甫、洪君特民皆新卒業於東京帝大，學識高强，亦屈留於此。取生亦極嚴，爲之可喜，蓋亦地方之福也。

十九日　晚詣内家，路過縣前，知有鮑賊素傳（即漱泉譯音）罪狀一大紙榜貼於磚屏上，觀者如堵。鮑某係心餘叔之莫逆，椿弟之義父也，本不敢有間言；但以此人輿情全無，地人共非之，應遭此災，室内無餘物，搗毀盡矣。

廿二日　是日爲省政府成立，及國民政府遷鄂紀念日。瑞平輪亦於夜間放申，植民先生、渭夫先生輩三數人相與赴杭。又《杭報》十九日欄載自地劣紳爲陳氏叔侄，亦箴、穆庵，而吾叔祥夫亦列名其内，想所遊者多"陳派"人也。事極可怪。又有一極無禮事，即將文廟改爲孫中山紀念堂。其餘如拆毀寺廟、破除異教，間爲有理，然無結果而散會。

廿三日　晚間遊縣黨部，爲是日有木匠以違會規，著赭衣遊街。近各業工會、商農會均成立，傳廿九日仍開大會。

廿四日　遊悟真寺及國民黨部，知林宇翔欲介一兒附學，予以微塵先生前已有約，辭之。林君素館王家，近因奔走黨務，遂辭退專任商人部委員也。

廿九日　下午總工會開成立大會，余亦往觀其佈置。場址爲公衆運動場（即寄園故址），面積極大，竟有人滿之盛況。場内搭三戲臺，青天白日旗飄揚空際。臺上結彩，樂聲齊奏，甚自樂也。開會後由縣長余國輝、公安局長某某，相繼演説，謂本日以天雨，只好縮短辭句，晚即大遊行。

三月初一日　本日爲五顯爺郊祭之日，處此黨治之下，律被禁止，清明亦然。又瑞中學生爲開會更選事，與教員争執，致鬧學罷課。教員爲林大經（宇侯）、胡熙如（時雍）。胡爲邑中最可惡人物。即晚民衆在悟真寺（改稱總工會）要求迎神（城隍司），旋集縣黨部。不允，幾致肇禍。余亦立外觀，逮轉歸，聞有人爲黨部扭去，禁於室中，而清明節修禊，全打消矣。瑞平報到，知南京、上海統爲黨軍所佔領，英兵上陸掘壕，閘北焚成焦土，孫傳芳北遁，白寶山受改編。秩序定後，各工人復職，故余深以二弟爲念。

初三日　聞瑞中鬧學愈熾，午間縣長親來監視，竟被學生侮罵，隨員及法警等幾被辱，遂星散去。縣長上郡請示焉。報到，載杭縣、江山兩處縣長委女人充任，爲新局面。自地男學堂亦改聘女先生，如鄭演、陳某女士等。此社會溷濁，不堪言狀也。二弟亦有埘信來，述上海近況，槍聲礮聲，時有所聞；罷市罷工，未得解決。余甚念之。

初九日　傍午過九成堂前，知《申報》已到，悉滬瀆平安，遂爲二弟一慰。惟載軍閥末路一節，言孫傳芳服毒自盡，及畢庶澄槍斃説，恐皆未確耳。

十二日　晚散學，遊悟真寺（總工會），知土菩薩悉被搗毁，爲之慨歎。此輩罪孽滔天，不知如何結果。

十五日　至於國民黨内部相衝突，顯分爲左右二派。自温州戒嚴後，特駛專輪至瑞安，捕去黨魁戴毅及林去病二人，押省治辦。晚聞人説縣黨部被解散，另委陳穆庵來改組，未知確否。陳君前亦土豪之一，何入省運動，得此復活，以後"陳黨"徒衆，亦可做事矣。

十六日　星期日，遇鏡如，共過陳天放家，談黨變。陳亦不知其内情。别出再過縣黨部，知内部潰散，正辦結束。傳改組者確爲陳穆庵（邑先輩介石之從孫，年幼，早任地方事）。

十七日　傍晚閲報，載國民黨内部分裂爲左右派，左派巨魁徐謙、鄧演達，以及省政府查人偉、宣中華輩，統被捕緝。而學者章太炎亦以前袝孫（傳芳）見斥，没封其財産，剥奪其公權也。

十八日　下午四時半散館，遊黨部及老屋，知縣執内容渙散，諱言得電繼辦也。此日各牆上滿貼"打倒林允民、林去病、林熹"等字樣，又繪言董田蘭與其子允民、去病變豬狀，甚滑稽也。

十九日　午間，人言平陽被匪所擾，圍城緊迫，虜掠幾空，舟楫不通，乃急電海門調兵來勦，故於五時後，郡兵二百，匆忙過瑞往，不知勝負如何耳。世亂多事，殊可畏也。此間縣黨部，聞有改組説。前黨徒被嘲甚烈，所辦青年團明出反抗，此最可惡者，以其爲搗亂派分子所組成，故余前有以踏脚車行戲之也。

廿二日　散館，歸途晤林石民先生，與語時事，知有紳黨假名革命，團結以謀反抗者出現。旋游許成遠家，亦以此爲談資，並悉知行社、青年團與舊黨部合作消息。

廿四日　歸過内家，聞林去病兄弟及陳天放三四人逮捕。晚飯後，果見爲士兵捆送縣署，明旦將解郡也。國共二黨破裂，已見報端。武漢政府由共派馮玉祥、唐生智輩主持者，定然反抗蔣總司令介石。蔣方與汪精衛、蔡元培輩合作，另設南京政府，爲遵循先總理孫文之遺意。

廿六日　又聞自地商民協會解散。前在會出頭宣傳者，皆被緝拿，或言係土豪劣紳從中作祟也。想大局前途，難得樂觀，不是中國之福。

廿七日　下午散館歸，覽報，知漢口將有婦女免恥裸體大遊行之惡舉，近上海婦女界迭電抗止。世風澆薄，一至於此，可慨也！吴佩孚已途窮，謀下野，張作霖有意大位，故其内部將擁選爲總統焉。旋得二弟來書，言上海近捕共産黨人甚急，同廠工友亦有無故被捕者。以處境極危，函稟堂上欲歸意。

四月初六日　下午散學歸。得泉弟信，言滬廠工友已放回，風潮稍輯，不作歸計，極慰。

初七日　散館歸，一遊悟真寺，前聞又爲兵所解散，至則果然。

初八日　下午開"擁蔣護党市民大會"，到者爲城區男女各中小學校，以及各公團等，不下萬餘人。女生服裝爲外國式。會場佈置與運動會同，較前更有系統，更形熱鬧云。余時偕項君芾民往觀之。

初九日　此日爲"五九"國恥紀念日，城中各學校一律放假。而三弟居郡，本有大遊行，但不知天雨有舉行否。

廿二日　晚間有大隊兵（約四五百人）過樓下，爲飭剿平陽土匪之亂。日來瑞、平河道不通，殆爲此歟？

廿四日　午散館歸，聞平陽於昨夜開火，故晨見官兵馳往也。下午聞平陽官兵敗退，受彈傷數十人，死亦數人，未詳。遂起，過厚齋醫院前，確有人圍觀。道上譁然言此等事，瑞安遂戒嚴。晚間往告内家。見縣署前兵士出入甚慌急，蓋平陽土匪先據鳴山（在平陽城外數里）險處，官兵反居其下，如建瓴勢也。是夜深有大兵逃歸，過樓下回温，蓋皆新招募而膽怯不堪一戰者，誠烏合之徒也，可笑！

廿五日　當入塾時，在途中聞人説縣署内槍斃四人，狀甚慘。及至縣前，果見閒人如雲集。旋又虜三人，入夜又捕一人去。如此境況，觸目驚心也。自昨晚官兵失敗後，悉數已退郡矣。即夜後有官兵自杭來救，紮于南門外，亦有一大部趕至平陽。於是城外一帶，往來不便，南岸人亦無來交易者，商情爲之頓減云。

廿八日　是日下午，聞平陽土匪已退匿山中，以經駐瑞各軍隊，及郡來各兵奮勇追剿而致，但未知以後情況如何耳。

廿九日　又聞平陽匪退蕭家渡，於城中吴聲玉家搜出降匪簿册一本，中列許多地紳，如阮伯濤、葉氏第四壻亦在内，而吴家眷已被官兵捕獲，屋廬悉付一炬。時瑞、平舟楫不通，惟城中戒嚴稍鬆耳，大慰。

五月初一日　並聞日内又有槍斃泰順人及女子之息。平陽官兵剿匪大失利，翁營部反戈向賊匪矣。故晚間自處兵士來往道上又增多，可畏可畏。

初二日　傍晚有大隊官兵過門前，知前方失利而退郡守也。

端陽日　平陽匪兵，遠竄福鼎，縣署出示言之也。

六月廿九日　又聞縣黨部已得省特派員改組矣。前所委執行幹事一律裁汰。新進爲中校教員王毓焥、林詠仁、林渭侯等，而薛君幼經仍留任。此輩頭腦較清，想有一番大改革也。

七月初四日　母校（瑞中）近得余友林君輩盡力整頓，已大非昔比，教室、操場，設置亦頗完備，氣象一新，爲地方造福不淺云。

以上選録拙作《樸莊日記》丁卯歲一部分，以有關於北伐勝利初期，瑞安城中之軍事、政治、文教與習俗各方面活動興革事情，時余年才二十六，思想陳腐，文筆稚嫩，更不知有所謂立場、觀點，特據事直書，存地方掌故一二而已。

一九六四年五月中旬，退休教師樸垞識。

（政協温州市委員會文史存稿，編號伍—19，原編號139，温州市圖書館藏）

乙酉避寇記略

張宋廎 撰　王長明 整理

長明按:1945 年春夏之交,日寇已處窮途末路。爲防範美軍攻擊上海,確保長江三角洲地區,盤踞温州、福州一帶約九個月的日軍開始向上海方面撤退。5 月 18 日,日軍獨立混成六十二旅團放棄福州,經連江、寧德、霞浦、福鼎等地,於 6 月初竄入浙江平陽境内。與此同時,侵佔温州的獨立混成第八十九旅團南下接應閩敵,於 5 月 26 日(夏曆四月十五日)陷瑞安,次日陷平陽。兩股日軍在平陽之錢倉、古鼇頭一帶會合後,經瑞安、温州、樂清等地至台州境内北撤,平陽、瑞安、温州城遂於 6 月 9 日(夏曆四月二十九日)、13 日(五月初四日)和 18 日(五月初九日)相繼光復。《乙酉避寇記略》所述之事即發生在此時。

四月十四日夜,敵自永嘉犯瑞安,一支由梅頭襲沙園,繞林垟抵馬道;一支出横山,渡嶼頭。時官府軍警聞報,倉皇渡江馳往南岸。孰知敵竟先時已由南岸登陸矣,嶼頭與沙園敵兩路呼應夾擊,官軍莫支,相繼引去,於是瑞城淪敵手。

十五日晨,永嘉敵絡繹來瑞安,分隊過江竄平陽。時飛雲江舟楫斷絶,競伐電杆,編筏以渡,輜重、車馬、貨物無算,駢萃於南岸碼頭。群疑永嘉敵自瑞自平,或可從沙埕航海脱逸,我瑞安城庶無虞矣。余在圍城中幾半月,寐然無變化。敵時來我家搜索,至他家皆然,心慄甚。小兒女輩復念其母氏不置,蓋内子才羈教務於仙降中心小學,杳無消息者亦半月。而我一家深陷重圍,恐貽内子左顧之憂。余既窺探横山敵雖有駐兵,而與南岸寶香舟楫尚可通也。

廿八日,遂挈小女冒險往横山,乃與敵軍摩肩接踵,相見各自愕然而已。舟抵嶼頭,敵方刦掠財物以去,死婦豎三人。中途遍野絶無人跡,景象蕭颯,怵目傷心。及仙降時未薄暮,内子見余來,驚問城中狀。余告以無恙,復曰:"子來既犯敵境,得無危乎?"夫婦相對,悲喜交集。

廿九日,擬渡江返城。敵復自平陽引軍回瑞安,途中牛馬往來如織,寶香與東山兩渡交通梗斷。次日,潰軍益衆,深疑城中必復生變。後晤某商從閩中來,言敵由福州潰退狀甚悉。至五月初一、初二兩日夜,相繼争扎渡江未已,約有兵馬二萬左右。

三日晨,忽報敵兵盡遁,官軍乘勢追至,與敵抗於中洲。是役也,官軍傷數人,並舁至仙降醫院,仙降人益懼,喧甚,恐敵後復來撲也。余遂偕内子,轉趨至暘坑,暘坑距仙降五六里許,群山環繞,水竹清美。余既樂其地之幽静,久欲往遊,不圖於寇患中得償宿願焉。

暘坑之谷,有寺曰悟空,相傳建於石晉時,地尤幽邃,四圍林木蓊鬱,别有佳趣。寺凡三進,蓋清代所重建也。余襄纂邑志時,曾憶其寺有高僧曰鏡堂法師者,清修梵行,主僧會正,樂清章恭毅公爲志碣。欲謁其墓,徧歷四圍,顧無所得,詢之僧侣,亦無知者,奄然若失。既而一僧來,道余前,入一室,有客在座,請余少留。内子固識客,遂彼此通款曲,其室特明净,案置古書梵典,秩然淵雅。余頗詫異,問客曰:"此何居?"客曰:"此了聰上人之静房,其住院有年矣。"有間,了聰自山間擕楊梅至,意欲餉客,見余亦分嘗數顆,味尚甘美。了聰年四十餘,道貌岸然,聽其談吐,固非俗僧。余遂詢以鏡堂法師事,了聰曰:"我固知之。其碣在山右,但其墓已毁耳。民國十九年,山有蔡姓者,私其地,鬻於城商李某。後啟土得古壙,乃即鏡堂法師之塔。聰時方雲遊杭垣,迨返院,已爲李氏域。欲訴之官,不得直矣。"言之殊惋惋。復道余登山相其地,碑刻尚存,字画朗朗。余抹誦其文,禮拜而辭,與内子下山。是夜宿於鶴嶼周姓。

四日,天微曦,復步行至玉暘谷之間,見悟空寺環嶼之上聳立浮圖,似舊志圖經未載,驚爲創獲。昨日聞了聰言,以爲鏡堂師建,心殊未了。覩其形製,極甚古樸。就審視之,四圍並鐫佛像,像間小字累累,藤蘿緊體,雖未能詳讀,蓋皆當日施主之姓氏題名,惟有"縣官班六軍率萬姓同建""熙寧四年辛亥造"等字可辨。曾記《東甌金石志》稱周湖石塔建於熙寧元年,此在四年,相去不遠,或同出一石匠手,故結構得相似。在此寇亂流離中猶能從容摩挲金石文字,得非墨緣乎?

日將午,復渡暘坑嶺,至五公寺。相傳梁時有五公者會於此,載《名勝志》,事或可信。今之浮圖,乃清季陳姓重建,有光緒五年縣正堂蕭某勒石文。住持尼了德見余夫婦來,殷勤具蔬留午飯。飯罷復前往,行二里許下嶺,有明思恩縣大尹吴公鎮神道門,墓在蘋莽間,隱隱莫辨。不数十武,至常寧寺,爲吾邑名刹,結構宏敞,寇亂之餘,僧衆四散。一僧告余曰:"前月廿二夜,寺側錦溪鄉公所被敵圍攻,體解鄉丁七人,槍斃學生二人,事至慘烈。而同時暘坑東村爲害尤鉅。方官軍守下嶼,意欲防杜山頭之敵南犯,敵竟自平陽縣踰小湖嶺,度山皇襲其背,而官兵一隊喪亡幾盡。倭鬼狡計,不可思議,可恨!"進後殿,有明崇禎乙丑仙陽李燦箕擘窠書,極雄快,自署"玉道人"。又有清邑人孫太僕贈卍蓮上人題字及籀膏居士跋文,皆名跡之可紀者,他無所見焉。晚間遥望聖井、梅尖諸峰,烏雲聳起,頗有雨意,急踰嶺返鶴嶼,復宿周氏。

初五日,聞敵潰退已盡,縣長亦先入城,爲之狂喜。今日爲端陽節,周氏餉以角黍、蒲酒,余浮一大白。内子乃撿拾行裝,同返仙降。余先與小女回城,見家人驚惶問狀,入室睹所儲卷帙,儼然尚存,即家禽亦各如故,如無他虞。吁!遭此大軍壓境,而室廬尚得無恙,誠所謂天幸矣!乃拉雜書此以記之。

民國三十四年五月。

(《温州區地方資料彙編》,軍事類,96,温州市圖書館藏)

書札

厚莊師友函札

陳盛奬 整理

盛奬按:《厚莊師友函札》藏温州市圖書館古籍部,題名係老館長梅冷生手筆,下書"劉紹寬輯"字樣。封面注明:"孫詒讓書札抽出單存。"係劉厚莊生前把師友部分信札抄存一份,在每位師友信前面撰寫作者的生平履歷,且大部分信件注明寫於何時,其實這已是一種整理,包括作者簡介、信札本身、寫作時間三個部分。其中孫詒讓、徐定超、宋衡、陳黻宸共三十九通,已被整理進各家的文集裏,不再重復。《劉紹寬日記》民国三十年二月廿四日:"又編寫《知舊信札彙存》第四十册之人名目録,頗費手録。"又八月十九日:"檢舊信札,交陳筠庵爲黏於簿册,以劉貞晦爲最夥,當揀擇之。"同月廿三日:"舊書札檢糊畢,頗可觀。"可見其師友信札非常多,起碼有四十册,現在整理的只是其中的一册,可能是第一册,早期的,彌足珍貴,原件已佚,其餘大部分函札也已失傳。另輯補楊仁山信一通。

2019 年 7 月 30 日初稿,8 月 14 日二稿

曾廣鍾

湖南湘鄉人,曾文正之孫,前清以候補道員來温查案,得晤。

信一通[①]

① 鈔稿厚莊眉批:"此等書,照式鈔之,以存八行舊式耳。"

清宣統初，侯官郭嘯麓觀察則澐被控謂忌辰宴會，浙撫增韞委曾來查，滬甌同舟握晤。余贈以先人印譜，别後以此來報。

鹿城行役，麈論藉聆。重承印譜之頒，彌切圖書之好。拜嘉祇領，欣感交深。敬維次饒仁兄大人鼓吹文明，主持風雅。東嘉學派，羨繼起之得人；西漢經師，知精研之有素。行見彤廷對策，定知淡墨題名，引睇升華，莫名預頌。弟征塵甫浣，衙鼓重聽。耿耿寸衷，難效瓊瑶之報；迢迢遠道，彌深風雨之思。外呈先大父文正公日記一部，尚希披存爲幸。耑此，敬請

文安

愚弟曾廣鍾頓首

吴震

字曙君，江蘇人，爲永嘉縣知事、前温州府知府馮念勤太守敎典幕賓。是時民國二年，余與同事永署，將辭歸吴，以此贈行。吴時年三十餘。

信二通　詩一首

來甌九月，忽忽無聊，得見君子，襟懷湉爽。今者君既厭塵俗而高蹈，余亦將次北旋。判襼有期，黯然惜别，賦兹一章，聊以見意，愧無辭韻，覆瓿可爾。

鯤鵬徙南溟，鸞斯飛蒿畔。舉朝啜糟醨，鷦鷯笑尺鷃。孤芳世識希，永夜起長歎。之子東南來，奎壁耀曙燦。清風暢心神，高志薄雲漢。夜月臨前除，斗柄邀相看。縱横議古今，慷慨多侃侃。方期長相從，豈伊千里判？欸睇在何辰，塵世容或暫。涔淚濡衿袂，浮梗悲聚散。時會阨陽九，三年再喪亂。妖霧迷重闥，烽火舊天半。勞勞徒爲誰，何以沖懷淡？卓哉《歸去來》，臨風摇柔翰。日暮巾柴車，晨曦曝書案。採藥登高山，老圃親溉灌。塵俗無相侵，優游自伴唤。殷勤酒一樽，爲君加餐勸。君今歸故鄉，我亦隱里閈。吴越不可接，瓊瑶還相换。自兹一揮手，江海路漫漫。

又

余在永署爲第一科科長，方向省署辭職（時各縣科長由省署委任），而馮知事撤任文至，曙君隨馮以去，此交卸時作。

次饒先生尊鑒:

日前臨行,趨前告辭,適已外出,曾託子明先生代致拳拳,亮蒙鑒及。歲月匆匆,倏又七日,夜闌人静,殊切睠褱。新令尹[①],聞甚精鋭,從此塵穢垢積,必當磨刮一新。唯念足下長才,恐未能遽賦《遂初》耳。

茲敬懇者,《浙江公報》未改章以前,每分每年應解若干,改章以後,應解若干,敬乞費神飭書,一查開示。至叩,專此,敬請

大安

吴震啓白　十月朔日晚

謝焯鎣

字建臣,清光緒二十五年來爲平陽知縣。

信一通

時光緒辛丑,平陽創設鳳山書院,專課策論,甫一年而罷。

别違塵譚,倏已逾月矣,正深馳念,接讀手書,並評閲各卷,具見門下多材,將來棫樸呈庥,濟濟共登,不獨爲一邑之光也,佩甚佩甚!即維道祉綏嘉,文祺咨適爲慰。弟學薄才疏,一行作吏,此調不彈久矣。昨因甄别策題,偶抒己見,不足當方家一粲。惟當時講求有用之學,仍應從本原處做去,方爲有體有用。否則俾初學入手不清,將有離於吾道宗旨。録呈質之高明,然否,筆削爲荷。

茲寄上《東甌金石志》十部,乞詧存分贈可也。敝署官課,擬朔以文,望以策論。誠如尊見,博古固是,而通今亦爲要務。此後佳作,乞隨寄閲,藉洗塵俗,開茅塞,不勝欣幸之望。

愚弟焯頓首

胡爲和

字克之,貴州獨山人,清光緒丁酉科拔貢。二十七年,來任平陽知縣。

---

① 新令尹:指永嘉縣新知事姚憲曾,字菊人,民國二年六月代理,至三年二月辭職。

信五通

光緒壬寅，清廷詔興學校，胡令在平，力任興之。余以龍湖書院山長改任學堂教員。此函是年初夏作。

次饒仁兄同年大人閣下：

頃奉來書，備悉龍舟盛行，花會又開，回署後當力查禁，此風斷不容稍長也。台端録科，聞不果行，至省時亦甚便，於鰲頭之志無礙耳。刻由府寄到《浙報》十分，展閲一過，中有寄上閣下一函並《報》一本，兹特呈上。此報大致可觀，縣學堂中置數分，以廣各生見聞，不無裨益。返旆何時，甚欲一晤雅教，奈俗務勞人。本晚赴瑞，暫兼印務，料理一切，大約四五日，乃能旋署。學堂西文教習究於何日可到，深以爲念，如何，並望示知，是爲至禱。此覆，即請旅安。立候回玉，不盡所懷。

年愚弟名正肅　十八申

又

余癸卯秋闈報罷，歸至滬上，入震旦學院肄業，寄書杭垣，得覆。

正思眉宇，忽奉手書，欣悉留學滬江。前修有志，以老同年遠到，高材暫安蠖屈，終慶鵬飛，此固私衷所時祝者也。院中學業觀摩，固較在平爲便捷，然異日科名首在專門，似較勝於今日之駁而不精矣。但政府有議未決，又值時世多艱，縱有一二學識高遠之臣，舉措亦多掣肘，直使四民莫所措手足，可不嘅哉！弟兩局從公，如恒栗碌，書生面目，不工營謀。苟不得知己，唯自安我素耳。大局如此，銅符得握與否，若科名然，榮辱無關焉。高明以爲何如？遊幕之説，笑譚則可，實做則萬不可，此中損多益少，非個中人不得領會，恃在知己，特以奉聞。泐此怱覆，即頌文安，不盡所言。

年愚弟爲和頓首

又

癸卯。

小垞仁兄大人
次饒仁兄同年大人　閣下：

去秋别後，曾於冬間由永邑雨暘差寄上寸箋，耑鳴謝忱，諒邀青覽。兹者律已再賡，春光明媚，悵半載之暌違，益寸衷之眷戀，懷人風雨，想彼此有同情也。即諗興居安迻，學與年增，翹企清暉，莫名欣忭。弟奉襄滬運，栗鹿如恒，自悔風塵，有慚清望，所幸頑軀無恙，猶得於公事餘閒，藉求舊本，以闊胸懷，否則誚同俗吏，更覺詒羞耳。平邑學堂近聞經槃才整頓，踵事增華，殊深欣幸。弟應捐去歲六七兩月經費，已於交代給歸庫書具領，未識查收否，深念。回憶攝權一載，應辦事宜，諸多未逮。地主之情文兼盡，私衷之抱歉良深。後令尹多才，年來必多展佈，尚乞略示一二，以開茅塞。次饒同年，轉瞬秋高，鹿鳴可爲預賀，把晤杭垣，諒非遥也。專此奉佈，即請文安。惟照不備。

愚年弟胡爲和頓首　清明日

小巖、君雅、和卿、梅生、仲甫[①]諸同好，並乞致意道謝，恕未另函。

又

按，此函約在乙巳、丙午後。

久暌雅範，渴想頗殷。昨奉手書，恍親面教，悵何如之！邇維時祺鼎泰，道履咸亨，孚祝爲慰。閣下熱心教育，凡學務中所當研究者，在遊歷東瀛時，固已攷察維精。此番本心得以造就國民，貴校進步之速，當可預計也，佩甚羡甚！弟權任蕭然，毫無建樹。學堂、警察諸新政，非不竭力圖維，然學淺才疏，時以不克勝任爲慮，尚乞南鍼時賜，匡所不逮。前在滬曾購閱尊著《觀學記》，萬分佩服。《管理法》一書，既承慨許賜閱，深盼從速惠寄，以開茅塞，不勝拜謝之至！專覆，順請冬安。諸維爰照百益。

年愚弟胡爲和頓首

① 小巖：即祝肖巖，也寫作肖崖，名霖，平陽昆陽鎮人，廩貢生。君雅：楊佩芝長子慕份，字君雅，平陽縣江南張家堡（今屬龍港市）人。民國《平陽縣志》有傳。和卿：諸葛鈞（1855—1906），字和卿，昆陽鎮坡南人，光緒十五年（1889）己丑恩科舉人。湖北試用知縣，曾任龍湖書院山長。梅生：即黄梅生，一作梅僧，名光，昆陽鎮東門人。仲甫：夏巽申，字仲甫，平陽縣金鄉鎮夏八美村（今屬蒼南縣）人，夏克蕣之叔。

又

此在民國初年，胡任江蘇東臺縣知事時所寄。①

昨奉華箋，拜悉種切。寄懷拙作，復蒙賜和，盥誦再三，無任傾倒。百朋錫我，謹當什襲而藏。承示纂修邑志，辱荷揄揚，感佩之至。不虞之譽，愧恧何似！我公秉春秋之筆，尚乞毋留後人笑我輩私交則可耳。弟歸志難償，饑驅四方，濁世功名，不堪回首，言念故人，更不禁蒼茫感想也。執事將游蘇杭，此間雖交通欠利，然由滬而通而東，不過三日程途。或由滬而鎮而東，日程亦相若。倘荷枉顧，甚表歡迎。成行，乞先期見示是盼。

年小弟胡爲和頓首

周恩湛

字舒荄，泰順人，清諸生。兄恩煦，光緒乙酉科拔貢，嘗與李文忠之甥張楚寶觀察善。湛師往依觀察，爲天津軍械局提調，又供職錢幣局及山東學務委員等差。民國以來，尚供職天津各局差。余於光緒乙酉，與楊子閶同從學焉。

信五通

光緒丁酉。

次饒仁棣大人左右：

惟案掣閑，久闕椾問。在都晤余筱璿太史，詢知執事得拔萃之選，慶抃無量。惟朔南夐隔，未得聚談爲悵。子閶腳疾曾否痊瘉，便中尚祈函示。兄析津供差，乏淑可述。現擬引見到省，而款項頗鉅，尚須籌措。辛卯冬，在津續娶，去夏又賦悼亡，喪費一切，約耗銀貳千餘兩，家運不佳，如何如何？際此時艱，督撫兩司均以敷衍了事。日本首相伊藤謂中國三品以上無人才，真確論

① 此函作於民國九年（1920）。查《劉紹寬日記》民國九年六月一日有寄東臺胡克之大令詩並箋的記載，日記中有厚莊往札，說："别後聞聲相思，時縈寤寐。比來兩奉惠章，兼領妙翰芬芳之贈，寵比瓊琚。敬諗政祉綏愉，文祺懋暢，如頌爲慰。紹寬株守家園，乏淑足述。邇因與修《縣志》，將次殺青，補缺訂譌，日尠暇晷。夜闌燈灺，乃命管城，妄欲以巴里之詞，上賡陽雪，誠不自量，幸知我者毋以見哂也。拙《志》宦傳載及，嘗思微末蕪詞不足以闡鴻烈，然桐鄉朱邑，遺愛千秋，倘亦修史者所不廢歟？夏秋間擬蘇杭一行，晤時再領大教。"《厚莊詩文續集》詩一有《次韻酬胡克之同年東臺》詩。

也。手此展慶，祇承箸祉。餘非面不宣。

愚兄恩湛頓首

又

戊戌九月。

津上把晤，未及久談。比維動定咸宜，述作富淵爲慰。醉珊來此[①]，述及執事夏間應考，首藝甚佳，徐尚書謂爲廿三省之冠[②]。夜光暗投，不勝惋惜。十稔睽離，初不料進境如此之速也。兄擬即回里，因有經手未完事件，未便徑行請假。一俟部署清楚，即趁輪南下。昨接家兄曉芙由金陵來函[③]，言及敝地荒歉殊甚，而兄此次寄回僅有百金，不敷接濟。今冬又爲長小兒完婚，在在需用，擬向執事暫借刮洋伍拾元，以應急需。早則今冬，遲則明春，准照數備還，吾郡無論何人，兄不肯侵用一文也。如可通融，請寄至順溪陳子臨，托其專人送至舍下爲荷。

兄恩湛頓首　九月廿三日

仲愚先生代爲問訊[④]。

又

庚子，湛師由天津歸過平，别後作。

聞台從由郡旋里，感冒風寒，目下已痊愈否，至以爲念。執事以曾閔之行，絜管邴之修，中心欽佩，非同面譽。務乞静養，幸勿客氣。手候

痊安

愚兄恩湛頓首

---

① 醉珊：姓周，青田人。

② 徐尚書：即徐樹銘（？—1900），字壽蘅，一作壽衡，湖南長沙人。道光二十七年（1847）進士。歷任編修，兵部、工部、吏部侍郎。先後督學山東、福建、浙江。光緒二十三年（1897），以吏部侍郎簡放浙江學政，後即升左都御史，因丁憂未到任。

③ 曉芙：名恩煦，泰順人。周恩湛（舒荄）、恩錡（季蘭）的胞兄。光緒十一年乙酉（1885）拔貢。

④ 仲愚：即楊鏡澄，字仲愚，一字仲漁，晚號愚廔，平陽縣江南張家堡（今屬龍港市）人，楊配籛次子，曾就讀瑞安詒善祠塾，係孫衣言弟子。

又

癸卯。

音問久疏，惟箸祉綏愉如頌。兄去秋承黄仲弢學士函薦吴仲懌侍郎處，事已諧矣，以先兄病重，不果去。十月間，適張楚寶觀察應周中丞之召，同至濟垣，札派山東全省學務校閲委員。每月薪銀四十兩，張觀察酬勞尚不在内，一年約有千元之數，兩三年後當歸伏林壑，以安無能之分。東省風氣尚未大開，振興新學，頗不易易。寓居大明湖，去歷下亭僅數十步。鵲華二山，如在几席。城外尚有趵突泉、黑虎泉、漪園諸勝，曾子固、鐵忠定鉉均有祠在内。濟水從地湧出，飲之令人疏爽，實爲他處所無。去臈曾電約仲龍[1]兄相助爲理，接其來信，已繞道赴汴會試，至今未到。先兄一病不起，痛何可言！聞愚樓先生去秋逝世，老成凋謝，爲之嗟歎。子閬世兄，去冬以塵事尠暇，未及唁慰，抱歉殊深。現在東西國各科之書，日刊月佈，玉石雜糅，頗難選擇。幸儀徵劉謙甫先生恭甫先生九弟。於花朝前抵東，晨夕相從，叨益不少。貴邑學堂設立多否，習過溥通者有幾人，購辦書籍，最爲緊要。去冬香帥奏明中小學堂應辦之書，有書目否，共三十六種，並圖在内。教習何人，便中希示一一。自客冬至今，閲過中外書籍二百餘種，喜精神如舊，惟兩目昏花如五六十歲人，殊可恨耳。撥冗佈臆，敬請

纂安

愚兄周期恩湛頓首　三月廿二日

又

庚子。此箋應在丁酉箋後。

久疏椾問，企念無似。比維箸祉綏愉，定如心祝。兄於春間乞假，由津旋里，已將亡妻安葬。端節後擬即北上，以海氛不靖，衹得俟探有確音，再定行止。拳匪之變，蔓延數千里，疊准友人函述京津各節，頗駭聽聞。昨接式卿、仲龍復函，云瑞邑拳民蓄根六七年，此次聞風蜂起，焚殺教堂教民，與北方大同小異。聞叔容、申甫兩月之久，尚無飛函到郡，珂鄉情形如何，便乞示知。

---

① 仲龍：即周璪（1860—1924），字仲龍，又名拱藻。光緒十四年戊子（1888）舉人，任山東學務分處文案。

家兄曉耉[①],在寧時有來信,惟遜兒在津育才館,自四月至今,未有函件寄到,並以附聞。手此奉詢,祇承興居。書不一一。

愚兄恩湛頓首

仲漁先生,均此問訊。

吴學莊

字博泉,安徽人。清宣統初爲温州府知府,入民國來,聞在審計院,未與通函。

信三通

吴博泉太守善書,短札十餘通,皆言温學堂事,書皆佳妙,已什藏之,此録其文三通。

次饒先生大人閣下:

前開考試日期,分配甚好,請即照行。新舊教員姓名能一併列入文憑,更爲周妥,舊教員或加"前充"字樣,均請裁酌。前備瑞安試卷,尚存數十本。未填姓名者。此次貴校畢業者幾名,各科試驗共需試卷若干,請開示數目,以便照印。其英文、圖畫如用別種試卷,亦請備就送印。《五種遺規》八册收到。手復,敬頌

道安

小弟吴學莊頓首

又

時商拓中學旁地之較場爲體操場。

次饒仁兄大人閣下:

馬王廟之地,前已面談大略,究竟或移或借,何者爲宜?昨日邱鎮軍亦曾詢及,頃陳城守又有函催。請尊處酌定妥善辦法,備文移府,以便轉諮鎮軍爲

① 曉耉:即周恩煦,字曉芙。

盼。手此，敬頌

台安

小弟吴學莊頓首

又

時請截温州留備穀價爲學校建築經費。按，該款戊戌未政變前，本奏准由各郡籌爲學堂經費。自政變停止學堂令下，乃奏改爲留備穀價，故此時請撥之。

昨承枉顧，暢敘爲快。留備穀價，似可援照衢、處兩府成案，請全數截留。現時作爲特别建築之費，將來作爲常年拓充之費，於文内切實聲明。至於僅留兩年，由府核轉，作一曲筆，似較有力。尊意以爲何如？原件奉繳，請覆酌定。手此，敬請

次翁先生台安

小弟學莊頓首

張元濟

字菊生，浙江人。前清進士，在上海商務印書館經理。

信一通

次饒仁兄先生閣下：

未瞻雅範，時切欽遲。比接敝友周柳庭君來函[①]，敬諗教祉多忻，動定佳勝，風裁言論，傾倒一時，引企德暉，莫名忭慰。弟鷦寄滬壖，乏淑可告，書林戢影，徒笑勞薪。此次敝友前來温郡推廣營業，辱承不吝指示，已深銘感，復蒙大著宏編，主持公道，饋遺學者，更無津涯。兹謹寄上本年《東方雜誌》一至八各一册，聊供披覽。以後續出，仍當寄呈，尚乞哂存爲幸。手肅鳴謝，敬頌

道安

鄉小弟張元濟謹啓

① 《劉紹寬日記》民國四年八月廿三日："商務印書館周柳庭來，爲推廣書籍銷路事。"可見此函作於 1915 年。《張元濟全集》書信卷未收。

邵章

字伯絅，仁和人，前清進士，時爲杭州中學堂監督。

信二通，此二件皆在清宣統年間。

迭奉大札，俗冗未及泐復爲歉。論分數事，詳明切至，甚爲欽佩。已於公所會議時提出，刻决定由學使呈請部示，俟得復，當可通行也。弟意考試分數之計算，仍照戊申冬間之部令，惟升級、留級由各學堂自行平均兩期分數而定，不載文憑，不填表格，庶可兩全。亦以陳之學使，已邀採擇，列入呈内矣。夏間入都，晤學部堂司諸公，均云學制須大加改革，刻稍提議案數件於資政院，尚非完璧也。餘容續佈，敬請

大安

小弟章頓首

又

頃奉手書，備承奬飾，慚何以當？敝堂章程又經改定付印，業由堂中專寄二册於貴堂，想可遞到。職員假册底樣一紙坿上，祈詧收。經訓一科，敝堂今年亦列爲講課，延諸暨壽錫恭主之。壽夙爲曲園高弟，于經學頗有心得。辱荷賜教，已囑壽教員參酌授課，唯敝堂仍依原經次序，遇有關係處，特提編講義數十字，或數百字，使學生抄録，以資研究，如此則易於從事。貴堂經訓講義照大指編列，必有可以取法者，可否惠示一二，至盼至盼。各府考棚經費業由弟等面陳中丞，逕飭學使以其半費議撥各府，補助府縣學堂。學使許請，由府尊核議匀派。杭府學堂擬請撥每年一千二百元爲補助，温府每屆亦近二萬串。三年爲一届。貴堂自可援例先與府尊接洽，俟公文到日，即可詳撥。雖爲數無多，亦不無小補也。貴堂章程便希寄示，如有改良之處，彼此隨時通牒，以期互相觀摩。省中須立教育總會，各府中學堂監督、教員等似均須入會。目前議長部復未轉，不久當可發起也。專复，即請

篹安，諸維愛照，不宣

小弟章頓首

錫綸

字眷臣，滿洲人，清光緒間爲温州知府。

信七通

次饒仁兄大人史席：

頃奉手示，讀悉前牘並弟致孫仲翁一函，均經達邀青覽，而閣下仍撝謙自下，退讓未遑。紬繹尊緘，益用欽佩。惟是郡學自閣下蒞堂以來，加意改良，固已漸見效果，教益咸資，一旦而毅然言退，則一簣功虧，致學者徒切典型之望。循思至再，缺然於懷。且弟之於閣下，亦既相信之深，相期之切，賴有大雅以主持斯席。誠如仲翁所云，欲得如閣下者竟無其選。爲再肅函挽駕，務冀鑒念至誠，始終其事，以宏公益而匡不逮，則群感大君子樂育人才之盛心，弟亦紉佩無已矣。肅復，敬請

道安，諸希雅照

愚弟名正肅

二十七日

又

昨承枉顧，罄譚甚快。蒙示《纂定中學堂章程》，展閲一過，詳細周密，具見大君子殷殷教育之盛心，其足以裁成後進，蔚爲大器者，胥於是編徵之，佩服之至。兹著價送還，祈察收，請付剞劂，分示同學，以資循守而宏作育，幸甚！敬請

道安

愚弟錫綸頓首

初九日

又

昨奉惠書，祇悉種切。中學堂經費經濟困難，日甚一日，莫展一籌。弟自愧庸材，未能措置裕如。興言及此，良用歉然。來示擬將道憲捐洋及學費餘款彌七、八兩月開支，藉資周轉，具徵藎籌用心之苦，感佩曷已！嗣後有可籌捐設法之處，仍當隨時竭力維持，仰副雅懷。王時圖等與鏡心學堂齟齬一案，

前已批縣查復,不意鄉愚無知,又有截途穢辱之事。此等舉動自非繩之以法,不足以消其桀驁之氣。但兩造同鄉共井,總應和平辦理,解釋前怨,不宜固結日深,禍患靡已。如可理處了事,尚乞大君子調停於其間,爲桑梓造福於無形也。手肅,佈復,敬請

台安,維照不一

名正肅

初四日

又

逕覆者。頃接手書,以近日糧價增漲,民情洶洶,北港紳士備價擬赴玉、樂兩處採辦薯絲,殊見關心桑梓,莫名欽佩。弟當即札飭平陽縣胡令填發護照①,分給前往採辦。一面由府移會玉環廳,並札飭樂清縣,一體保護,查驗放行,弗任阻滯。知關錦注,特肅佈覆。敬請

台安,維照不一

名正泐

初一日

又

甌江萍寄,幸接音塵,聆清論之繽紛,極畢生之紉佩。② 瀕行承惠大著,並勞駕送江干,情誼殷拳,迥逾恒泛,感謝無已。敬維撰祺佳邕,道履沖和,引企清芬,定孚私祝。弟言旋省會,旬日稽留,月之二十四日抵嚴,二十七日接印,一切托庇粗適,藉攄雅懷。惟斯郡地方僻陋,俗尚野蠻,施措爲難,撫綏未易。竊愧鳩愚之質,恐貽鵜翼之譏。便冀巽語,頻頒以匡不及,心藏實無既耳。手肅申謝,敬請

道安,諸希愛照不盡。

諸位先生,均此致意。

愚弟錫綸頓首

① 胡令:即胡为和,字克之,贵州独山人。光绪二十三年丁酉(1897)拔贡,二十七年(1901)攝任平阳县令。

② 鈔稿此處厚莊眉批:"錫守拘守體制,故通候之函,俱用八行正式,存之以見其人之梗概。"

又

次饒仁兄大人閣下：

葭思正切，芝簡遥頒，荷藻繪之謙詞，值樨芬之節序。敬諗卿暉日滿，雅裒秋澂。手抉雲章，滌冰壺於玉府；聲鑾月鑒，邀露紵於銀墀。矚目鴻騫，傾心凫祝。弟猥以樗拙膺此劇區，樹建毫無，芳韶虚擲。回憶東甌竽濫，幸接音塵，積歲以來，備承教益。閣下學業淵茂，壇坫尊崇，允爲斯文繫屬。惟監督一席，經理繁富，極費賢勞，匪異人任，夙欽睠念梓桑，熱心教育，所冀恢茲鴻業，廣厥裁成耳。景企高山，益用傾佩。手此奉畣，恭賀秋禧。敬請

道安，諸希愛照

愚弟錫綸頓首

又

睽隔芝暉，恒殷葭溯。頃奉惠翰，辱荷注存。敬諗道履綏和，撰懷邃密，慰孚私系。尊處學務擴充，造就宏富，具見閣下桑梓關懷，熱心公益。私悰佩服，欣幸滋多。承寄尊大人印譜貳部，筆畫剛勁，蒼老異常，展閱一周，令人愛不忍釋。惟弟學問淺薄，近複雜以塵俗，文字更覺荒疏，囑纂弁言，深以爲狗尾續貂，轉爲方家見哂，實所不敢，違命弗斥，幸甚幸甚！復請

道安

愚弟期錫綸頓首

林鵾翔

字鐵錚，浙江吴興人。民國十一二年間，爲甌海道尹。十七年，爲浙江民政廳祕書，旋爲嘉興統捐局長。

信五通①

次老先生賜鑒：

迭次奉手諭，敬悉一一，並蒙惠搨靈峰詞②及録示諸名人詞，均照收領。

---

① 信五通，實有七通。

② 靈峰詞：即《百字令》詞，南宋人作，佚名，鎸在金鄉靈峰摩崖上。

又承示《銅權唱和詩集》,當於稍暇奉和。大著雅詞,體格高勁,至堪佩服。以續續事忙,致稽肅復,罪甚罪甚!

梅冷生兄之尊翁壽辰,弟與甌社同人謹制屏爲祝。昨日龔雪澄兄來譚,知先生擬加入,甚善,乞將尊銜稱謂開示爲荷。

處屬各縣均遭水災,尤以縉雲、麗水兩縣爲重,現弟發起募捐及請款塾款等事,殊爲忙碌。專此復謝,不盡一一。敬請

道安

弟林鵾翔頓首　九月三日

又

兩辱損書,敬承一一。拜誦大作和詩,風骨高騫,遠軼凡近,欽佩無似。惟過承獎評,實令惶悚耳。鵾翔於倚聲係是初學,囑題靈峰摩崖詞,填就後,雖寄請況夔笙先生審定①,然尚有須商改之處,容俟此次歸來後另紙録請誨正。

鵾翔因有事晉省,並擬在滬就醫,順道赴毘陵寓次度歲。已奉准假半月,定於廿八日乘海晏赴滬,明年元宵前可回甌也。

肅復稽遲,至深歉疚,尚乞鑒諒。專此復謝。敬請

道安,謹賀春禧。

鵾翔謹狀　一月廿一日即舊曆十二月廿四日

又

去臘肅復一緘,度早邀省覽矣。獻歲以來,伏維杖履萬福。弟於元宵後回甌,碌碌無善狀。前作靈峰詞,在毘陵時曾倩朱仲超舍親代爲書就,兹特寄呈,伏乞晉閲爲荷。專此,敬請

道安,不盡縷縷。

弟林鵾翔頓首　二月二十六日

---

① 況夔笙(1859—1926):名周頤,一字揆孫,别號玉梅詞人、玉梅詞隱,晚號蕙風詞隱。廣西臨桂(今桂林)人,原籍湖南寶慶。工詞,尤精於詞論。與王鵬運、朱孝臧、鄭文焯合稱“清末四大家”。著有《蕙風詞》《蕙風詞話》。

又

奉惠復，敬悉一一。拙詞别琢青石，嵌諸寺壁，極好。刻工及石價，當由弟出資，乞分神代爲付刊爲感。

弟前承杜志老昆仲約游石門洞[①]，來往五天，頗爲暢快，昨甫回甌。

匆復，敬請

道安，不盡一一。

弟林鵾翔頓首　三月十三日

又

前者兩奉賜書，敬承一一。屬事當即函達審判廳，惟因筆懶，久稽裁復，歉疚何如！先生曠達，當不見責也。頃奉手書，敬悉一一。並蒙賜墨搨三紙及謝、錢、鄭三女士詞稿[②]，感謝感謝！拙詞殊愧不工，雖經況蕙風先生改定，亦僅能平妥而已，承付石刻，爲之顔汗，然得以痕留鴻爪，皆先生愛我之心所致耳，且感且愧。

東山書院地址幽勝，發願修葺，承諸同志解囊相助，得以蕆事，衆擎易舉，信然。承賜聯語，所引據爲他人所未知，從兹可添一掌故，爲之浮一大白，即付手民鉤摹鋟版矣。康樂祠及詞人祠，擬擇日致祭。今與吕文老[③]相商，擬於舊曆閏五月十八日舉行，是日邀請本地耆老主祭，以重典禮，並略備茶點，開一茶會，藉與父老長者一敘情愫，伏祈届期賜光，並請轉約黄梅生兄同來，至爲盼禱。縣議會未知何日閉會，倘十八嫌期促，即乞示知，可改遲數日也。

鄙意擬搜集永嘉自宋以來詞，彙刊付印，已請宋墨庵、陳仲陶、鄭薑門諸君代爲訪求，尚屬無多。承賜錢、謝、鄭女士詞，足爲閨閣生色。鄴架藏書甚富，尚乞賜爲搜尋，倘有續得，請隨時賜寄。此事編纂亦需時日，擬抄録成帙後，寄請朱彊村、況蕙風二先生校閲。朱、況二先生收藏詞稿甚多，曾許爲助力也。尊邑議會得先生主持一切，成績必在他縣之上，慶慰無似。

雜拉奉覆，敬請

---

① 杜志老：指杜志遠（1875—1938），名持，青田人。曾任陸軍第十四師中將師長、福建鎮守副使。

② 謝、錢、鄭三女士：分别指謝香塘、錢蕙纕、鄭蕙，清代平陽女詩人。

③ 吕文老：指吕文起。

道安

林鷴翔謹狀　七月七日

《水仙》詞頗悽然，詞調似《滿江紅》，但《滿江紅》雖有八九體，而無此體，容再考求之。

又

昨奉手教，敬悉一一，遵即面商公米局總幹王永翁，據稱“此項公米已經售罄，無從設法收回，祗好俟此次由蕪湖公平輪船運裝之公米到後，再行照分配之數撥付”等語。查貴邑應分之公米，因郭知事來函知照公米局，[①]自十三次起無需此米。當經公米局總幹王永翁來商，謂此米久存，既恐損壞，款復滯擱，不敷周轉，只得另行拍賣云云。當即照準。嗣因永嘉局需米，即行備款如數購去。旋由陳筱垞先生來商，欲購二百石，因即托王永翁轉商永嘉公米局，照數劃讓。其時以永局尚有存米，故可想法也。今則永局之米既盡出售，且亦需米正急，實屬無法可想。抱歉萬分，尚希鑒諒是幸。至由蕪裝運之公米大約後日可到，此次運來商米極多，聞公、商米共有三萬餘石，公米四千石，此外皆商米。目前尚可無憂缺乏矣。並以附聞。專復，敬請

台安

愚弟林鵾翔頓首　六月四日

又

久別，正勞馳企。吴君志謙來杭[②]，展奉手教，欣審杖履安康，著述宏富，快符臆頌。奉讀尊選《壽詞擇雅》兩卷，搜羅既富，銓選又精，署曰《擇雅》，可謂名副其實，自是必傳之作，亟盼付梓，以公同好，容覓妥便奉繳。

---

① 厚莊眉批：“是歲經水荒後，大歉。余商准郭知事，只有向殷富籌糴接濟，不可出示平價，致啓紛擾。郭令從其議，是歲饑而不虞，遠近帖然。此函有關於糴運之事，故録之。”

② 吴志謙：平陽縣萬全鎮湖嶺陳喦村人，遷居縣城，曾在縣教育局任職。係英語專家吴景榮之父。《劉紹寬日記》民國十七年三月廿三日：“前以所選《壽辭擇雅》一書，呈請林鐵尊前道尹鵾翔作序，得復書，云此書可棻。又前託照拂吴志謙君，復云已薦禁煙局録用矣。”可見此函作於 1928 年。

吴君志謙本屬舊交，重以尊屬，特約殷肅祥①、王超凡②兩兄聯名介請禁煙局長余育三君任用，或可得處屬禁煙處特派委員。惟特派委員現章介紹之外，並須擔保，已向殷、王二君聲明，雖同具名介紹，弟可負責擔任也。知承垂注，並以附聞。

又承屬查前墾放分局林局長出賣平陽竈地一節。查去春墾放局停辦時，各分局案件有就近送交本縣保存者。所有總局存案内，查無楊洽一户，或當時分局尚未呈請給照，其款已否繳省，亦無從清查。兹將抄件寄還，請就近向縣政府一查。倘縣政府亦難查，似可由户主抄送收據，呈請省政府發給執照，當可令縣向該分局長確查也。專此奉復，不盡欲言。敬頌

道安

弟林鵾翔拜啓　三月十七日

劉鳳儀

字來韶，青田九都人，前清廩貢生。

信一通

次饒宗兄大人足下：

奉誦手教，辱承遠念殷拳，曷勝感佩！憶自蝸居話别，又將十年。時於兒輩詢悉足下興學設教，熱忱可灼。且得于父母之邦，樹學界赤幟，以導後生。事業盛大，孰過於是？弟則衰病日甚，萬事灰心，無補於時，終日兀坐，殆所謂哀莫大乎心死乎？

吾國今日别無可圖，新政亦恐不及事，然求免爲奴之心固未嘗刻己於懷也。家國前途，奢望何限？以足下之年華，本所學爲吾國樹赤幟，俾身得親見其盛，豈非厚幸？小兒燿東夏間歸，圖少聚，乃闔門多病痢者，殤及兒孫，致東

① 殷肅祥(1878—1955)：名汝熊，一字叔祥，平陽縣金鄉鎮(今屬蒼南縣)人，殷汝驪胞兄。宣統二年(1910)法政科舉人，任農工商部七品京官。入民國，歷任浙江、江蘇高等審判廳推事，浙江高等檢察廳檢察長，湖南高等審判廳廳長，署大理院推事。

② 王超凡(1887—1945)：名人驥，字超凡，永嘉縣永强七甲二社(今温州市龍灣區沙城街道七三村)人。光緒三十二年(1906)，考入浙江兩級師範學堂就讀，入同盟會。歷任國民黨浙江省黨部執行委員兼商人部部長，永康、諸暨、衢縣縣長，浙西行署參議等職。

兒藥爐相對，俯仰皆愁，鬱鬱家居，牢騷時發。遂乃遣其出遊，竟以足下之命，濫廁講席。不舞之鶴，得毋爲羊公羞耶？然得隨足下之後，與聞邃密，受賜實多矣。來書云云，何相知之深也！惟東兒未聞大道，知莫若父，伏望進而教之，感將何若！隨園有詩云："此生未必重相見，且把兒孫托舊人。"弟與足下相見僅數日，心交逾十年，足下得毋羞與老人證因緣乎？手此，復頌

箸安，惟鑒不宣

宗愚弟鳳儀頓首寄書　九月廿五日

洪允祥

號蕘舲，慈溪諸生，豪於文。自日本留學歸國，來温爲中學堂總教習。後以中學進步，所聘教員多上選，有與蕘舲抗衡者。蕘舲不自安，遂辭去總教習之名，次年出爲瑞安中學教習。歸而任教寧波中學、師範兩校多年。録二書，以見其人之梗概焉。

信二通

次翁道長先生座右：

啓者。祥至貴郡，坐而素食者，五閲月矣。人苦不自知，以祥之愚，猶覺受過其量，内愧於心，則世之清議，可推而知也。徒以欽佩先生之德性問學，與夫見待之厚，不能決然引去，以至於今日。然以責任之重，而學殖不足以副之，清夜自訟，祥之良知罪祥久矣。

矧來歲，教習、學生俱當加多，而外間之責望於本堂者亦當加甚，而豈可令碌碌無短長如祥者尸總教習之名，月食百餘金之俸，以爲本學堂名譽之累，而重祥之不德乎？抑祥於先生主賓之名分雖新，而師友之風誼似古，試設身而處，當必有善爲祥計者。以祥自策之請，先生許祥之去，計之上也。倘先生以爲鄭重而招來，不欲輕忽而使去，息壤在彼，吾愛吾鼎，則祥自願去總教之名，減過厚之脩，俾自春涉夏五六月間，少捐良知之責，先生之所厚祥者，不益多乎？祥誠不肖，斷不稍役詐僞之心，以欺世人，而矧於所欽佩如先生者乎？言出於誠，當蒙俯察。抑祥在此，見諸同事多樸雅之士，相待至優，而今日學生亦似無大不滿於祥者。貴郡中學堂即本國學堂之一，蓋絲毫無所歉於其間，何歉何疑，而有□意，則陽明氏之有以教之。而祥之良知不能無自責，而

使出於此也。

先生自申江返時，倉猝未及陳，今敢以書達，望憐其愚而從其説焉。此請潭安，不宣。

十二月初三日　教弟洪允祥拜上

又

捧讀教言，領悉一是。昨夕之論，正以知愛既深，不妨直白所疑，以冀啟迪，非敢於先生相待之優有所不滿。自去秋以來，日侍光塵，所議無不見采，所存無不蒙原，以小喻大，魚水之歡，無以過之。以祥之劣，何多望焉？自知性情訐直，黑白太分，非先生必無以自安。即許君招祥之時，亦謂先生道德學問足以宗依，祥故來耳。相處既久，未嘗不感許君之不我欺也。旋以他人娼嫉，有意見傾。苟有節概，便當引去，徒以先生見顧未衰，學生感情尚好，遂爾默默，然已當爲天下丈夫所笑矣。客卿孤立，憂讒畏譏，豈無織錦之工，將有投機之懼。心理略變，眼識易蒙，遂於不必疑者而疑焉。事或有之，而在先生容人之量，固於此無所損也。既蒙開誠相示，自當盡釋前猜。抑祥以異鄉腐生積輕既久，當道以俸厚爲嫌，同列以多事見詈，使先生易地而處，亦必有悒悒不快者。職任所在，不敢自外。權利非所欲争，勞怨又豈敢避？惟亦曰在職一日，盡一日之心力而已。瞻言大局，敢不同心？望拓明遠之規，以全始終之雅。來日無多，心期自在。又教言所謂寇賈葛法，祥非其人，匿怨而明，仲尼所恥。不見惡於小人，不足爲君子。區區之守，蓋在於此。昔孔北海之疏豪，終見殘於郄慮；王文公之宏肅，乃受欺於惠卿。祥固自危，亦爲先生危焉。如曰不然，驗之異日。

祥拜答

朱壽保

號眉山，富陽人，前清温州府學教授。國變後更名潛屏，居永嘉以終。

信一通

次饒仁兄大人纂席：

日前疊接惠翰，並《從祀》舊卷二件，衹悉。承詢宋儒輔氏廣從祀年月，檢牛氏所輯《文廟通攷》,國朝先儒至張氏履祥於同治十一年入祀止。弟接任學篆在光緒十年臘月,此後並無人奏請。輔氏從祀,亦未有部文行知,年分未遠,確無遺忘。中間惟十九年游氏酢從祀,二十年吕氏大臨從祀,皆弟飭工製就牌位,躬送入祀。貴學吴師具存,想亦尚能記憶。是輔入祀,當在同治末,迄光緒十年以前。學中舊卷早散失,無案可稽,書識早已物故,無從查詢矣。[①]手此佈復,順□

箸祺

愚弟朱壽保啓　十月十二號

楊仁山

信一通[②]

接讀手書,得悉閣下潛心内典有年。文學之士,往往輕净土而崇性理,鄙人初學佛時,亦有此見。自閲《彌陀疏鈔》後,始知净土深妙,從前偏見,消滅無餘。現住娑婆世界,水火土石,皆是衆生染業所感;極樂世界,金銀琉璃,乃從彌陀净業化成,非如世人有貪愛心也。《楞嚴》十因六報,就造惡最重者言之,所受之苦,從自心變現,各各差别,非從外來也。遥想閣下但閲經文,未看注疏,故生此種見解,若多閲注疏,自然了達無礙矣。《金剛》《心經》二種,注解甚多,須分三類,一曰正解,二曰俗解,三曰邪解。專閲正解一類,俗解、邪解萬不可閲。大凡佛經八面玲瓏,其文義之妙,如神龍變化,飛空絶跡。若以世俗之見窺之,徒增迷悶耳。

佛經理事圓融,毫無虚妄,久久精研,自能通達。拙作《佛教初學課本》可閲,附呈僧學堂課程一紙。

---

① 厚莊眉批:"言之凄然。"

② 此信録自黄夏年主編《楊仁山集》,中國社會科學出版社 1995 年版,近現代著名學者佛學文集之一。楊仁山(1837—1911),名文會,安徽石埭(今石台)人,佛學家,中國近代佛教復興的開創人之一。《劉紹寬日記》宣統三年五月十六日"閲《彌陀疏鈔》"後按語道:"是年三月間,曾致函楊仁山先生,詢《彌陀經》疑義,仁山先生答以須購閲是書,乃託仲荃購之。"可見此信作於宣統三年(1911)。

吴百亨往來信札

謝作拳 整理

吴百亨(1894—1973),永嘉县(今温州鹿城區)人。浙江知名實業家。1926年創辦百好煉乳廠,産品獲中華國貨展覽會一等獎,西湖博覽會特等獎。1939年創辦西山瓷器廠,生産的建築陶瓷打入國際市場。還創辦遠東蛋粉廠、西山造紙廠、百好釀造廠、中國食品罐頭廠,投資興辦化工廠、蠟紙廠以及試製平面玻璃等。1944年被選爲浙江省臨時參議會參議員。中華人民共和國建立後任浙江省政協委員、浙江省工商聯執行委員和温州市工商聯副主席等職。

整理説明:

一、據温州博物館所藏吴百亨資料加以整理。温州博物館藏吴百亨往來信札有三四百通,此次整理了二〇五通。

二、吴百亨的信札大都爲文書起草,經吴百亨修改后的存稿,故大都只有時間没有落款,部分信札天頭上有吴氏親筆"閲,亨+時間"。標題及地址原有,未加改動。來函則爲原件,標題爲筆者添加。

三、原件落款部分無年份,筆者能考出的加( )以標注。

四、按每人第一通發信時間先后編次,以便讀者檢索。殘缺以及難以辨認文字,以□代替。

五、行文中的數字,原札多數爲漢字,少數阿拉伯數字,不予統一,以存其真。

六、可考的收信人和寫信人有簡略的介紹,以便了解吴百亨的社會關係。

目録

三一、復許蟠雲先生函　上海大名路一〇一號墾殖公司上海辦事處
三二、復性書院董事會来函(打印件)
三三、屈映光、陳其采致吴百亨(打印件)
三四、復張雲雷先生函　樂清虹橋
三五、復章味三先生函　重慶來龍巷新六號
三六、致許宗武先生函　雲和軍管區司令部許副司令
三七、復馮儀九先生函　福建永安交通銀行
三八、致馮經理函　杭州交通銀行
三九、浙江衛生處孫序裳來函
四〇、致李默庵先生函
四一、羅霞天來函
四二、復羅霞天先生函　杭州浙江省黨部
四三、致黄主席函
四四、致黄中委季寬先生函
四五、黄紹竑來函
四六、致羅明湛先生　黄振池小姐函　上海勞爾東路六弄卅二號
四七、致張忍甫先生函　杭州中央銀行
四八、復張忍甫先生　杭州小湖中國農産公司
四九、致袁堯卿、鶴松先生函　上海雲南路 47 號濟華堂大藥房
五〇、致袁堯卿、鶴松先生函　上海雲南路 47 號濟華堂大藥房
五一、致葛鏞聲、淩蔚川先生函　上海九江路二一〇號安度公司
五二、復葛鏞聲、淩蔚川先生函　上海九江路二一〇號安度實業公司
五三、致朱議長函　杭州省參議會
五四、致余副議長函　杭州省參議會
五五、致陳秘書長函　杭州省參議會
五六、致章顯達先生函　上海南京路石路口五四六號華英藥房
五七、復章顯達先生函
五八、致章顯達先生函　上海辦事處轉
五九、復章顯達先生函　上海愚園路一〇三二弄一三八室
六〇、復陳權熙先生函
六一、致何子庚先生函　上海法界西愛咸斯路極星化學製藥廠

六二、致葉兆熙(上海孟蘭路一〇九號恒昌五金號)、謝錦堂(上海西門路西湖坊五十三號)、朱文奎(上海西門路西湖坊五十三號)、徐斌才(上海中法藥房)
六三、致葉兆熙、兆熊先生函
六四、致沈翰卿先生函　上海金神父路花園坊四十一號
六五、復錢承基先生函　上海南京路中三一四號鴻康電料行
六六、復范芥生先生函
六七、復范芥生先生函
六八、復范芥生先生函
六九、復范芥生函
七〇、致范芥生先生　平陽鼇江
七一、致許曉初先生函　上海北京路中法藥房
七二、致劉德銘先生函　上海虹口海寧路168號軍之友社總社劉總社長
七三、致永中葉校長函
七四、致王質園先生函　金華交通銀行
七五、致王質園先生函　金華交通銀行
七六、致王質園先生函
七七、致谷校長函
七八、致谷寅侯先生函
七九、致王副處長函
八〇、致何校長函
八一、致何養和校長函
八二、復朱介夫先生函
八三、致朱介夫先生函
八四、復孫處長函　杭州勞動路一二五號衛生處
八五、致宮下君函　附朱介夫先生函内
八六、致日僑宮下函
八七、致重松君函
八八、致米田先生函
八九、致張縣長函
九〇、致邵修善先生函　此信託謝超劍先生帶

九一、復邵修善先生函　上海江西路二六七號二樓大明火柴公司
九二、致邵修善先生函
九三、復陳孟侯先生函　上海南京路石路口五四六號　黄直文先生收轉陳孟侯先生收
九四、復邵元烺先生函　上海辣斐德路辣斐坊五十二號
九五、致温中初中部總務處函
九六、致孟楚林先生函　此信寄上海南京路石路口本廠辦事處魏望先生收轉
九七、致謝哲文先生函
九八、復鍾子然先生函　徐州綏靖公署軍法處
九九、復許康祖先生函　蘭州耿家莊(上海轉)農林部西北羊毛改進處
一〇〇、致方介堪先生　上海海寧路軍之友社
一〇一、致饒華階先生函　江西浮粱景德鎮　饒華豐瓷器號
一〇二、復黄啟羅、馬德輝兩先生函　合衆冷氣工程公司,上海江西路三二〇號
一〇三、致黄啟羅先生函　上海漢口路市府大廈 345 室上海市工務局審查科機械股
一〇四、致杜夢丹先生函　本埠滄河巷四十五號
一〇五、致周主任函　瑞安海關
一〇六、致伍岳先生函　麗水鐵工廠總務部伍主任
一〇七、復張緝之君函　瑞安西門外永叔仁記行内
一〇八、致汪惺時先生函
一〇九、復黄坤如先生函　江西臨川展屏圩
一一〇、復黄坤如先生　江西臨川展屏圩
一一一、致宋税務司函　耑呈甌海關宋税務司勛鑒
一一二、復程業精兄函　江西景德鎮饒州會館轉
一一三、復柯劍俟先生函
一一四、復葉其宗君函　本埠民權路十七號收轉
一一五、復裘生年君函　上海北四川路底多倫路 202 弄 61 號
一一六、致林子標先生函
一一七、復李無庸先生函　上海大通路青雲里七號
一一八、復李無庸先生函　上海復興西路二九九弄三號

一一九、復包斌先生函　岿呈沙垟包斌先生

一二〇、浙江省舊温屬旅處同鄉會王鴻來函

一二一、致舊温屬旅處同鄉會函　送八區專員公署王庶務瑞德先生收轉，麗水三坊鋪十號舊温屬旅處同鄉會公啟

一二二、復洪君勉先生函　南京立法院經濟委員會洪委員

一二三、復許朔方先生函　黄巖縣政府許縣長

一二四、復許朔方先生函　臨海浙江省第六區專員公署

一二五、余森文、蔣一鳴請柬（油印件）

一二六、致余專員函　岿呈

一二七、復丁文霖先生函　鎮江九如巷五十九號

一二八、復尤樹勛先生函　上海圓明園路169號中華基督教勉勵會全國協會

一二九、致尤建人先生函

一三〇、致屠白麐先生

一三一、致屠白麐先生函

一三二、復張堯臣先生　瑞安湖石鄉

一三三、致翁來科先生

一三四、致翁來科先生

一三五、復翁來科先生函

一三六、致翁來科先生函

一三七、致童總經理函　童蒙正字果順

一三八、致許綬之、烈夫、砥中先生

一三九、復宋鎮圻先生

一四〇、致徐世康先生函

一四一、復陳立昌君函　瑞安馬嶼田糧辦事處包主任收轉

一四二、致阮毅成廳長電

一四三、浙江省民政廳阮毅成復函

一四四、致張昌敬先生函　上海四馬路晝錦里口華美大藥房

一四五、致徐安邦先生函　上海南京路石路口華英大藥房

一四六、致陳子良、俞康甫先生函（分繕兩信）

一四七、致陳子良、俞可甫先生函

一四八、致潘立夫先生函　上海牯嶺路181號

一四九、致潘立夫先生函

一五〇、致康肇基先生函　上海河南路 505 號大康行

一五一、致康肇基先生函

一五二、致李懷新、周鶴皋、顧維向先生函　上海河南路 505 號大東行

一五三、致葉嘯谷先生函　上海四川中路 149 號甌海實業銀行申行

一五四、致張亦苗先生函　上海四川中路（149）B 號甌海銀行申行大華公司

一五五、致蔣德乾、戚鳴鶴、金洪振先生函　上海中正西路七號上海廣播電台金〇〇先生台啟

一五六、致陳鏜聲先生函

一五七、致李民新先生函　永嘉鄉村電話局李主任

一五八、致陳團長函

一五九、復陳司令函　金華浙西師管區司令部

一六〇、致陸漢卿先生函　上海中正西路七十四號光中造紙廠

一六一、致陸漢卿先生函　上海中正西路七十四號光中造紙廠

一六二、致陸漢卿先生函

一六三、復胡旭庚先生函　瑞安龍首橋九號

一六四、致蔡海觀先生函

一六五、致周南坡先生函

一六六、致馮站長函　氣象台永嘉站

一六七、致毛龢振先生函

一六八、致陳縣長函

一六九、致鄭源興先生函　上海中山東二路一九六號茂昌公司

一七〇、致謝錦堂先生函

一七一、致項啟宗先生函　瑞安申明里

一七二、致徐康年先生函　杭州中央銀行杭州分行會計主任

一七三、致徐主任函　外附白脱六磅

一七四、復洪維駿先生函　瑞安貨物税局辦事處

一七五、復葉性傳先生　朔門屯前 33 號

一七六、復葉性傳先生

一七七、致董鳴皋先生函

一七八、復薛萼樓先生函　瑞安屏星街

一七九、復楊保富君函　淳安湖濱路十號
一八〇、復王濟群君函
一八一、復蔡丹忱先生函　附沙垟廠轉交
一八二、復朱瑞艷先生函　平陽東門靛青行廿五號
一八三、復吴孟晋先生函　平陽縣參議會吴議長
一八四、復彭志川先生函　嵛陳永嘉國税稽徵局
一八五、致省銀行永嘉分行函
一八六、朱傳經來函
一八七、湛廷輝來函
一八八、致蕭青萍先生函
一八九、朱哲光來函
一九〇、方青儒來函
一九一、復方青儒處長函
一九二、浙江省政府李傳英來函
一九三、致平陽鄧警察局長函
一九四、甌海關税務司葉學希來函
一九五、浙江田賦糧食管理處陳詒來函
一九六、童烈來函
一九七、致夏仲逵先生函　東門外化魚巷家庭餅干廠
一九八、復朱副司令函　浙江省第五區保安司令部
一九九、致李鏡湖先生函　面塵甌海醫院李院長勛啟
二〇〇、復林維猷先生函　平陽地籍整理處
二〇一、復謝純廉先生函
二〇二、致葉專員函
二〇三、致陳縣長函
二〇四、致瑞安陳縣長函
二〇五、致陳舜華先生函

一、葉藴輝、楊雨蘇、沈永年來函

百亨先生大鑒：

本縣社會服務處籌建處舍，舉辦各項事業，以期造福社會，普利人群。曾蒙李鴻文先生獨資認建圖書館一座，並以李先生大名額館，永留紀念。素稔先生對社會事業尤抱熱忱，敢乞慨允獨資捐建食堂一所，並擬“百好”額堂，則他日落成，非第社會受惠，且先生之名亦永留人間齒頰也。專肅，並請

台安，並乞賜復

葉藴輝、楊雨蘇、沈永年仝頓首　三、廿四(1940年)

(中華民國廿九年四月一日收到)

二、復葉藴輝

藴輝先生大鑒：

頃奉大函，承示以社會服務處食堂囑獨資捐建，具見先生等改造社會轉移風氣之精神，惟念亨本以赤手起家，並無多大産業，平時所賴以挹注者僅一煉乳廠耳。上年十月間，本廠被敵機轟炸損失五六萬元，又以材料缺乏，停工至六個月之久，加之修建廠房，添辦機件，以及各項捐税，均向各行莊分别籌墊，有簿據可證，足見力瘁筋疲，已入□□之境，此皆確實情事，自非飾詞推避，以見尤于社會人士。所囑捐建食堂一節，委實無力負擔，敬乞格外原諒，請賜改推有力者擔任。前晤沈永年先生時，經將此意奉達，將來如仍有餘力，自當再爲社會效勞也。耑復，順頌

公綏

楊雨蘇、沈永年二先生均此不另。

弟吴百亨頓首　四月二日

(二十九年四月五日發)

三、吕律[①]來函

百亨先生：

好事多磨，於是一週之約，遷延匝月，在台端好客素著，弟固傾心久矣。而魯人本色，二年來，尚屬初次暴露，知我者當能諒我也。大嶨方面空房甚多，好壞均有，弟對此事早已注意，如有所需，及需要若干，請以電話示知，而日内當可辦到。

弟律　七、十七(1940年)

四、復吕律函

古音縣長大鑒：

日前旌從過甌，適弟因事下鄉，不獲面聆雅教，歸後拜讀手書，並悉已挈寶眷返瑞，衹以蝸廬湫隘，招待不週，甚爲抱歉。想大君子雅度休休，當能諒我恕我也。大嶨方面，擬租空房一座，荷承代辦，感激之至，請煩將看定房屋地點、間數及租金見示，以便奉洽，費神併謝。耑復，順頌

潭安

弟吴百亨頓首　七月廿二日(1940年)

五、瑞安縣長吕律來函

伯亨先生台鑒：

前承慨捐第四支隊置辦軍用器具國幣壹千弍百伍拾元，具仰執事熱心慷慨，追步前規，遠超弦卜，至深感佩。兹由本府代爲招商製辦床板壹千副，竹欖弍千張，逕送該隊核收，附呈收據一紙，祈請察收。又置辦此項床板節餘款壹百元，經提交縣抗衛會，議決撥充縣立塘下中心小學開辦津貼費，以表執事樂助教育之宏旨，此款業已如數撥領，一併取據附繳。專此肅函，藉以申謝，統希亮督爲荷。順頌

籌綏

吕律拜啟　九月四日

附收據四紙。

---

① 吕律，字古音，山東黄縣人。1938年起任瑞安縣長，兼抗衛會會長。1942年去職，接任者爲許學彬。

六、吕律來函(殘件)

(上缺)以二分之一投資七八千元,當然微乎其微,不值一談。惟楊君方面七千五百元之數,殊非個人一時所能負擔,擬另外設法數千元以成此事,深恐此種苦衷事先不加説明,事後引起誤會,故再去永面洽一次。因便奉候,即頌

財祺

弟吕律　二月廿七日(1941 年)

七、致吕律函

古音縣長大鑒:

敬啟者。兹因馬社孫文愷君被拘一案,據馬安鄉姜鄉長貽蓀及地人王獻臣君来談,係因私怨,被人誣陷,現雖訊明返里,日前仍由仙降區署傳案發押,乞爲轉懇一言,從寬辦理云云。因思該案業經縣座親自詳細審釋,當無其他嫌疑,如有未盡之處,請賜面加詢問明白,予以釋放,則渠等豁免冤累,戴德靡涯矣。耑此布懇,順頌

崇安

弟吴百亨頓首　三月十二日(1941 年)

八、致吕律縣長函

古音縣長賜鑒:

前日夜間,接奉尊來電話,以令郎患恙,囑購 Sranshlumin 藥式盒,當向敝號暨各藥房詢問,均無出售,轉向吕醫師處借到一盒,即夜遣小徒專足送上。是藥極有靈效,想吉人天相,早已藥到病除矣。便希示知,以慰懸念。

又有懇者,煉乳廠沙垟第二製造部及蛋品廠喬里製造部,迭來電話,云瑞安縣政府所派節約儲蓄券[1]各五千元,已來催繳,請酌奪等語。查節約儲蓄,本屬人生之美德,尤其在抗建期内,不論商民人等,均應踴躍購儲,以固國本。惟敝兩廠關於是項儲金已在永嘉總辦事處,遵張專員命,各認購國幣式千伍

① 瑞安縣政府通知(財字 23265 號　中華民國三十年三月初七日):"兹派定該廠應認購節約建國儲蓄券國幣五千元,務仰遵照,尅日向本縣郵局照數購儲,以示愛國熱誠,毋得違延爲要。右通知沙垟百好煉乳廠。縣長吕律。"

百元,合共五千元,又喬里蛋品製造部,另由雲南鄉派購五百元,先後繳納在案。現在既經向張專員處認購,儲政推行,事屬整個,當無永嘉、瑞安地域之區分,貴府所派該兩廠儲金數額,請准摘免注銷,以免重購。且敝兩廠邇因物料原料逐日猛漲,原有資金,不敷週轉。蛋品廠更以結匯問題,廿九年度營業計純損二萬七千餘元,迄今尚未開工,經濟至爲竭蹶,已將該兩廠製品物料暨財產等分向地方銀行抵押,確可查察。敬乞格外宥原,准如上懇,俾得維持工作,則來日方長,報效有日,豈徒維護生産工業,皆出自縣座之賜而已哉。耑此布臆,順頌

勛安,並盼示遵爲幸

弟吴百亨頓首　三月廿六日(1941 年)

九、致吕律函

古音縣長大鑒:

昨接王秘書電話,驚悉令郎病殤,殊深惋惜,苗而不秀,應切西河之痛,但繞膝多賢,蕃衍正未有艾,自可達觀以釋憂思也。飛雲江口,日來有無敵艦騷擾及其他企圖否,江防想已部署完密,敬乞撥冗賜示一二,以慰懸懸。耑此上佈,順頌

政祺

弟吴百亨頓首　三月三十日(1941 年)

一〇、致吕律函

古音縣長大鑒:

别後維政躬曼福爲頌。茲有懇者,友人陳勉君,向在軍警機關服務,人頗忠實。頃聞貴轄警察局陶山等處,有分局長出缺,囑弟介紹,特爲修函推轂,請賜設法擢用,必能勝任快愉。如陳君到地叩謁時,並希准予延見,俾聆明訓,則噓植之恩,感同身受矣。耑此,順頌

勛安

弟吴百亨頓首　二月廿六日

附陳君履歷片一紙。

一一、致王秀巖①函

秀巖我兄大鑒:

近未晤候,甚爲馳念,想政躬康泰,閤第安吉也。前承吕縣長盛意,代囑大嵒俞區長,租到陳則民家房屋三間,頃據該房東來函稱,斷明半年租金六十元,自國歷九月一日起租,八月杪已取去六十元租金收據一紙,由渠呈奉吕縣長轉交,至今三月有餘,未將租金賜下,究如何處置,請示覆等語。兹因陳天放先生赴瑞之便,託其帶上租金國幣六十元,即煩詢明轉交俞區長照付爲感。如吕縣長返署,並乞關照道謝也。耑此奉託,順頌

公安

廿九年十一月五日

一二、王秀巖來函

百亨吾兄有道:

嫂夫人清恙已否健痊,吉人天相,定卜早日康復。素馨日前在永患病,曾在藥房購藥丸十二粒,計十四元四角,又前代購奶油九盒,兩並法幣卅九元六角,兹隨郵寄上,請轉飭收賬可也。久不晤談,殊爲懷念,何時莅瑞,幸便中見告爲盼。祝

好

弟秀巖拜書　十一、八日(1940年)

一三、復王秀巖函

秀巖先生大鑒:

頃誦手書,敬悉政躬綏和爲慰。寄來法幣卅九元六角,已轉交敝藥房乳廠收賬,勿念。内人近已康復,荷承垂詢,感謝感謝。弟赴瑞期尚未確定,届時當再電告。耑復,順頌

公祺

弟吴百亨頓首　民國廿九年十一月九日

---

① 據吴百亨《我所知道王秀巖》記載:"王秀巖,東北人,吕律在瑞安爲縣長時擔任主任秘書之職。當時我因與外商大衆乳品廠爲專製區域事涉訟,我有公文到縣,得吕律介紹,始識王秀巖,當時他對該案亦主張公道,爲我協助。該廠後被省建設廳封閉,因此他時有與我交往。"

聞哈納、飛康均被敵艦扣留，未知確否。附聞。

一四、王秀巖來函

百亨執事吾兄：

廠工食米問題，吕縣長答應負責辦到，專署公事如果便當，仍有請求轉飭之必要，以便增速本案之進行。叔華兄幾時榮行，屆時當趨前聆教。歷次所談之生意經只有上半段，此番希望得到下文，或者叨光大發其財，高明以爲然否？專此恭祝

年禧，並頌發財大吉

弟秀巖拜手　二、十八

一五、復王秀巖函

秀巖秘書吾兄勛鑒：

手書敬悉，工米問題日前吕縣長電話通知，業蒙見允，惟乞早日撥發，有勞清神，感謝感謝。倘有妨礙之處，不能强人所難，請作罷論，款希擲還，以便另行設法。至舍弟大華出行之舉，一時尚未實踐，俟其定奪，當再詳聞。專復，即頌

新禧

二月廿日

一六、致王秀巖函

秀巖先生賜鑒：

永嘉近因糧源缺乏，無法採購食米，敝廠總辦事處暨藥房各職工共八十餘人，幾有孔子在陳之厄，雖經實行一飯二粥，無如食指繁多，至低生活，亦必須設法維持。擬向貴治河鄉一帶，購辦茹絲式萬斤運温接濟，敬乞轉陳縣座，准予填給禖糧採辦證，俾便派人前往採購，費神感謝。

素馨分娩事，已向白累德醫院洽妥，俟臨盆時入院，一切均甚便利也。知關錦念，特此附陳。耑布，順頌

公安

弟吴百亨頓首　四月七日

一七、王岫巖[1]來函

百亨先生大鑒:

本縣公營印刷所亟待籌組成立,茲特請本縣楊仁大印刷店主楊兆桐君來前洽商,請予指示。關於進行方式,暨台端意見如何,仍盼見告爲荷。此頌

台綏

弟王岫巖手啟　二月八日(1941 年)

一八、復王秀巖函

秀巖先生大鑒:

頃接大函,承示籌辦公營印刷所一節,刻與楊仁大店東楊兆桐君洽商一切,以商人事業,公營諸多困難,結果擬與楊君合資私營,較爲便利,將來政府方面,如有承印事件,自當格外優待也。入春以來,公務繁忙否? 晉郡時,希過舍下一敘爲盼。此復,即請

履祺

弟吴百亨頓首　卅年二月十一日

一九、復王秀巖函

(上缺)印刷所資本事,前與楊君洽妥,由渠負擔一萬元,弟投資五千元,決定返瑞進行,遵函所云爲數有限,原應樂從,惟弟近爲事業所累,新創西山瓷器廠,出品不多,銷路又不暢旺,致籌備及墊款,共需十餘萬元,挹彼注茲,影響乳廠,現已將煉乳製成品及原料抵押於地方銀行,並以財産爲第二抵押品,爲週轉金融之需,此中苦況,豈外人所能及料哉! 楊君之事,再洽結果,仍照原議辦理。特此布復,順頌

崇安

弟吴百亨頓首　三月四日(1941 年)

二〇、致王秀巖函

秀巖先生大鑒:

晤後維道履勝常爲頌。茲有瑞安共和鄉第四保四甲住民林邦情,於去年

---

① 王岫巖,即王秀巖。

十二月間被鄉長指控被押。兹據該民親友來懇,邦情平日爲人,尚稱爽直,因爲贖田事,與鄉長有隙,故被控告,並已由該地保甲長戴邦權等具保在案,請賜轉懇一言,從寬釋放云云。詢問之下,情似非虛,敬煩轉商縣座,准予從寬具保釋放,以免羈押之累,則渠等感德,不啻戴三山矣。耑此奉達,順頌
公祺

弟吴百亨

二一、王秀巖來函

百亨兄:

所寄藥品服用尚佳,請再購一瓶賜寄爲感。囑抄件奉上。並祝
近好

王弟秀巖拜啟　三、一日

二二、致王秀巖函

秀巖先生大鑒:

頃奉手書,敬悉一是。囑再購兜安氏利腎丸一瓶,兹已購就送上,即請查收爲盼。附下抄件,亦併收到,費神感謝。吕縣長晉郡,適弟在西山廠,致未晤面,惟託購三陰瘧酒二瓶,已代爲辦就,交其帶去,順便附聞。此復,並頌
近綏

弟吴百亨頓首　三月三日

二三、致王秀巖函

秀巖先生大鑒:

近疎晤教,維政躬康泰爲頌。兹有高樓區順泰鄉鄉民張叔明君來稱,家中置有民田百餘畝,但除早經出典暨欠交租穀外,去年收有租穀一萬餘斤,家中男女共十八丁口,原供自去年晚穀收成至本年早穀成熟期間八個月之用。日前區署派員將是項食穀六千餘斤、糯穀三百三十餘斤、小麥三千餘斤,一概過秤,提出移送食糧管理處核辦,舉家嗷嗷,將遭絶粒之虞。業經將詳情縷呈,請准如數發還在案,乞賜轉進一言,以資證明等語,面懇前來。弟思該民所存食穀,實係自用,與商民買穀囤積牟利者情形不同,且家口繁多,用費浩大,如果悉數提用,於情於理,亦有欠缺之處,擬乞俯念民艱,轉陳縣座核准,

囑知主管科處，允將提去食穀酌量發還，並准免予拘辦，則該民閤家，感德無量矣。耑此布懇，順頌

公安

弟吴百亨頓首　三月廿五日

二四、陳則中來函

百亨執事先生台鑒：

敬啟者。鄙人從前承大碞俞區長向敝處租就洋式房屋三間，據説由瑞安吕縣長有函囑托原代尊處租用，對于租金，已斷明半年計國幣陸拾元正，自國歷九月一日起租，八月杪已向鄙人取去陸拾元租金收條一紙，由渠呈奉吕縣長轉交尊處，且言明無論已住未住，而租金一節必照約履行，至今已二月有餘，未蒙將租金賜下，不知當日曾得尊處同意否。去後因時局關係，來租住屋者接踵而來，鄙人托親友往詢俞區長，是否可以另租他人，而俞區長仍堅執原議，不肯放棄。今時逾兩月，此事究竟如何處置，請即示覆，幸勿久延爲荷。專此，順頌

秋安

鄙人陳則中謹啟　十一月二日(1940 年)

二五、吴叔華來函

二哥大鑒：

敬啟者。頃因馬社姜貽蓀、王獻臣、孫文愷三先生來廠，談及孫文愷先生被人誣告一節，刻下雖已讞明返里，但前日又由仙降區署來馬社將孫君拘去，擬暫押該區署内聽讞，當由姜貽蓀先生代爲暫行保外，因孫君現下尚有要事未經辦妥，擬請吾哥代向吕縣長乞情，暫緩看押，在外聽讞，囑爲作一言之介紹。兹因電話不通，故特函陳一切，詳情由孫君面達，故不多陳。專肅，敬請

春安

弟叔華敬上　卅年三月八日

二六、佚名來函

百亨先生大鑒：

逕啟者。兹緣舍親孫文凱係孫玉珊之胞弟，前月廿二日敝區蔡區長持縣

座手諭緝拿孫文凱到案事由,係縣座在大嵒區訊得敝地異黨份子夏炯供辭内涉及文凱,當時已由弟等覓得五家商保並立具保證書壹萬元,限五天到案候訊,月之四日幸蒙縣座親訊,係談話式查問文凱,亦無結果,衹得面囑文凱將廿五年間突遭匪綁之經過情形擬一報告呈閲,當時態度極好,並説"吾並不是要辦你,實要出脱你,你要明瞭吾的意思"云云。當日下午即將報告送上,詎料第二日他即用電話通知蔡區長,須將文凱傳來在區署監視,並須優待他。似此不接不離、不扣不放,令人如墜五里霧中,難辨東西南北,毋從下手,爲此函懇請先生推屋烏之愛,代向縣座説項,設法解孫文凱無犯之災,則非但身受者感德已也。兹再遣萼甫兄仝文凱面陳經過情形,請賜予接洽爲荷。此上,
即請
籌安

名另肅　三、八(1941 年)

二七、浙江省第八區行政督察專員張寶琛[①]來函

百亨先生惠鑒:

嚴冬已届,天氣驟寒,永嘉警察局拘留所因經費支絀,設備欠周,羈押之人犯日無棉衣,夜無棉被,整天在寒風凜冽中戰抖,行見瘦斃之慘。寶琛目擊斯狀,心有不忍,特大聲疾呼,發起勸募囚犯寒衣、棉被各五十件,以資救濟。業經撰就緣啟,印製收據,並向成衣店問明價格,衣每套一百六十元,半新舊棉被一百五十元。素稔台端惻隱爲懷,熱心慈善,用特檢奉收據二本(自第一號至二十號),請代向慈善家勸募衣十件、被十件,並請於二日内勸募完畢,將代金送署,俾便趕製,以應急需。事關慈善,務請大發慈悲,努力勸募,毋任感佩。

耑此,即候
台綏

弟張寶琛謹啟
民國三十一年十二月五日

計送捐册二本(自第一號至二十號)。

---

① 張寶琛,浙江東陽人。1939 年 12 月至 1946 年 5 月任浙江省第八區行政督察專員,1948 年 8 月任浙江省第六區行政督察專員。

二八、致某某函①

□□先生尊鑒：

前奉上奶油土産，聊表敬仰微意，乃蒙惠函云謝，感愧奚如。決勝印刷所諸賴鼎力主持，得能推行順利，足見君子之才，能大能小，豈如措大眼孔，僅以寒破屋子爲事哉。謬承垂愛，擬以省動員會慰勞工作委員會見推，駑散凡庸，何敢康莊並轡，倘能代爲摘銷，以免隕越，則拜賜多多矣。耑此布復，敬叩

鈞安

吴百亨頓首　三月六日

二九、浙江省動員委員會許蟠雲來函

百亨仁兄閣下：

此次到温，參觀貴瓷廠，至爲快慰。惟日用品畫花不如配雅色之邊較爲省工。弟到青田温州中學講演時，見朱校長在江西購來之茶盃及碟子均本色而加淺蓝色之闊邊，甚爲美觀，蓋“整齊、清潔、簡單、樸素”，不僅在生活之形態上應如此，即一切物件之式樣、色彩，亦應如此，方合于抗戰建國之要求也。《管子》云：“工事無刻鏤，女事無文繡”，亦即此義。吾兄爲本省有數之實業家，未悉以爲何如？

電瓷及耐火磚兩部分，弟認爲甚好，此後凡用洋鐵製之罐頭，如能將罐身改爲瓷質，僅於封口處用金屬品，則與民族工業之建設原則可以吻合，蓋以中國爲産鐵量甚少之國家也。此意未悉在技術上有不可通之處否？（如消毒及罐頭機器改造之不易等）弟欲以陶瓷之品代替爐灶上各鐵製之件，已在貴廠定製千份，如試用便利，當大量定造，工料之費若干乞示，以便照寄。

此致，順頌

公綏

弟許蟠雲啟　三、卅一

黄、唐兩君所指導建築之灶效率如何？

有扰郇厨，并贈奶油，谢谢。

---

① 某某疑指許蟠雲，理由有：（一）函中“奉上奶油土産”，與下通“并贈奶油”相呼應。（二）函中提及“省動員會”，正是抗戰時間許蟠雲任職的單位，決勝印刷所也歸省動員委員會。許蟠雲，黄巖人，曾任浙江省第三特區（永嘉區）行政督察專員兼永嘉县长，浙江省政府委員、浙江省動員委員會委員、食鹽運銷處處長等。

三〇、致許蟠雲先生函　上海大名路一〇一號　浙江墾殖公司上海辦事處

蟠公先生勛鑒：

闊别缺候，歉念萬分。比維褆躬夏大，偉業日隆，爲頌以忭。月前因事赴滬，滿擬趨謁崇階，親聆麈教，適值吉座赴杭公幹，莫遂所懷爲悵。邇聞吾公新組礦産公司，興發東南地利，下風逖聽，益深欣佩。但不悉尊營礦産是何品類，是否對敝廠製瓷原料有所需要，尚祈明示。因小兒吴枚[①]赴滬之便，特囑持函晉謁，面聆教誨。臨穎神往，不勝瞻依。虔頌

勛安

卅七、六、十五擬

（閲，亨，六、十五）

三一、復許蟠雲先生函　上海大名路一〇一號懇殖公司上海辦事處

蟠公勛席：

别後時切馳思，七月十二日惠簡因被來科兄擱置，甫於昨晨奉到，適吴經海先生來，又復辱片存注，感慰同深。承示滑石礦樣，品質優良，益佩偉績，更符臆祝。惟是項滑石耐火程度，確與青田臘石不同，因青田臘石可製火磚缽匣，能一千八百度以上高熱，恐非滑石所能勝任。至化驗成分，因敝廠化驗設備未齊，暫難列計比較。兹特檢奉青田臘石樣品一包，敬希飭妥化驗。倘得化驗成果，尚乞便以示我，更所企盼。耑復，敬頌

勛安

卅七、八、廿六擬

（閲，亨，八、廿六）

計奉臘石一塊。

三二、復性書院董事會來函（打印件）

百亨先生惠鑒：

敬啟者。竊惟往聖道術寄精微於群經，中土文明集大成於儒典，將以匡謬正俗，救敝扶衰，必資於是。自軍興七載，寇虐鴟張，五戹並臻，三災總集，遂使山巖屋壁之藏與塵埃以同棄，大邑名都之肆訪詩書而不逢。斯文將墜，

① 吴枚，1947年畢業于國立中山大學化學系，返里從事化驗工作。

匹夫有責,及今不圖,來者何述? 敝會同人實爲此懼,爰議廣集貲糧,從事刊布,別爲通啟,粗竭鄙懷。夙仰先生扶持文教,具有深心,竊在下風,飫聞嘉譽,輒不自揆謬附同氣之求,引爲將伯之助,庶幾共植德本,有裨將來,當爲仁者所鑒許也。惠而好我,示我周行,謹別奉通啟,伏候

教示,臨穎不勝延佇之至。

復性書院董事會謹啟　三十三年十月一日

附籌募刻書基金啟　份。

三三、屈映光、陳其采致吴百亨(打印件)

百亨先生道席:

敬啟者。此次復性書院籌募刻書基金,荷承熱忱贊助,曷勝銘感。兹謹奉上基金籌募委員聘書暨函啟各一件,至乞詧存,並懇鼎力倡導,俾成盛業,無任企幸。專此佈陳,敬頌

公綏

復性書院董事會董事長屈映光　敬啓
基金保管委员會主任委員陳其采

三十三年　月　日

附奉基金筹募委员聘書暨函啟各一件。(浙财厅代发)

三四、復張雲雷[①]先生函　樂清虹橋

雲雷先生卓鑒:

前辱賜書,備諗道履康綏,潭祺篤祜,慰如所頌。衹以俗冗蝟集,致稽裁答,無任惶歉。

① 張雲雷(1883—1977),原名守銘,後名烈,字雲雷,樂清人。光緒三十一年(1905)留學日本早稻田大學師範科,加入同盟會和光復會。回國後曾加入南社。1912 年任浙江省都督府參議。1913 年爲國會參議員。1918 年再次當選參議員。1922 年返里,于虹橋創辦居士林。中華人民共和國時期任浙江省文史館館員、省政協委員。

甌行股東大會業遵尊囑代表出席,(中缺)其餘半股則由房産數撥充,知關遠注,敬希察照。同舟共濟,始終如一,倘亦大君子之所贊許也。耑復,敬頌
崇安

七、十五擬

三五、復章味三[①]先生函　重慶來龍巷新六號

味三先生賜鑒:

奉讀惠書,敬悉旅福雙綏,如頌爲慰。房産登記證件自當如命妥辦,勿勞垂注。浙東殘敵已成强弩之末,不足深慮。甌埠雖居沿海前綫,要非軍事必争之地,亦尚苟安,祇是整個戰局愈近勝利之日,人民生活尚有一度艱苦耳。時當溽暑,諸祈珍衛。耑此布臆,復頌
道安

七、十五擬

三六、致許宗武[②]先生函　雲和軍管區司令部許副司令

繼能副座勛席:

月前騶從蒞甌,備聆偉略,快慰離悰。再别公車,尤深企念。恭維勛猷,□祉與時俱茂,如頌以忭。

兹有懇者,緣現任甌海中學教官金鎮奎君,係軍校三期畢業,迭經廬山暨中央訓練團受訓,學術兼長,性行俱優,歷充排連營長、中少校團附、公安局長及縣副司令等職,自民十八年奉派温中教官,繼續至十六年之久,忍勞苦守,更屬難能可貴。上月間吉座蒞温,金君聞已晉謁四次,得蒙俞允,在調整兵團時儘先爲之提植。小草知春,其喜可知。惟此君家口繁多,老弱牽累,遠行似非甚便,倘能在温台兩屬較近縣份畀其工作,或較安心任職,以展所長。吾公爲國擇才,弟等祇敢薦賢以宜。區區之心,惟祈亮奪,書不盡往懷。耑布敬叩

---

① 章味三(1869—1944),名獻猷,瑞安人。光緒十五年(1889)舉人,與蔡元培爲同年。光緒三十二年任廣東廣方言學堂文科教授。宣統元年(1909)署廣東直隸州。民國第一屆國會議員,北京大學教員。

② 許宗武(1892—?),别號繼能,廣西臨桂人。畢業於保定軍校第一期,曾任桂系第四旅第七團團長、中央軍校第一分校(南寧)軍事教官。1936年6月任浙江省第九區行政督察專員兼保安司令。抗戰爆發後任浙江省軍管區參謀長和副司令。1938年8月任浙江省第八區行政督察專員兼保安司令。

勛安

與葉志超雙名具　七、十五擬

三七、復馮儀九先生函　福建永安交通銀行

儀九經理勛鑒：

兩月前台從蒞甌，獲聆偉論，數載欽馳，一朝晤對，快慰何似。别後縈思，迄未釋懷，乃荷琅簡先施，殷拳備至，瞻睇雲天，彌增欣感。此間諸事如恒，乏善足陳。所喜國内外整個戰局咸獲决定性勝利，而將枯之晚禾得大沛甘霖，人心市況益趨穩定。閩浙接壤，安危與共，想尊處亦必有同樣情形也。囑轉渝款已代辦妥，並由穎士兄轉達，想荷察洽。風便尚乞德音時惠，大開茅塞，更所企盼。肅箋布復，敬頌

勛綏，諸照不莊

八、七擬

三八、致馮經理函　杭州交通銀行

儀九先生經理勛鑒：

杭垣謁晤，辱承寵待，申江叙首，又領高談，感幸之私，無可言宣。别後弟尚在申羈遲近月，始於舊曆臘尾返甌，裁謝有遲，惟祈鑒原。敝營乳、瓷兩廠工貨事申報手續均已照章遵辦，尚望逾格關垂，早准貸撥，庶幾復興，嫩苗得借春風滋長也。肅箋申謝，並盼德音，敬頌

勛安

卅五、二、九擬

三九、浙江衛生處孫序裳[①]來函

百亨先生大鑒：

此次大駕蒞杭，因彼此冗率，致未能稍盡地主之誼，中心内疚，如何可言。比維起居多吉，指揮如意，以頌爲慰。

兹有懇者，舊屬李文斗（即耀北）勝利以前曾任永嘉鹽務支局局長，勝利後奉調鎮海清泉場場長，近以被人誣告控與運商串通取利，除受停職處分外，

① 孫序裳，抗戰期間任浙江第一臨時輔助醫院院長、浙江省政府衛生處處長等職。

尚須移送永嘉法院審訊。查此案牽累原因,據云係其屬下轉運站長與運商勾結,運鹽時照約應旱運,但運費較高,運商取巧改以水運,而運費較低,高低之間而成舞弊之罪。該案原發生於去年春季,當時微有所聞,即經令飭徹查,有案可稽,果與運商串通,何至出於徹查。至希先生向永嘉法院方面予以説明,並乞轉請以不起訴處分了案,次之亦望辦到交保外出。公冶長非其罪也,務請鼎力周章之。專此奉託,敬頌

新祺

弟孫序裳拜啟　元月八日

四〇、致李默庵先生函

默公總座勛席:

日前鈞座蒞温,招待簡慢,良深惶歉。公車榮旋之日,賤軀適爲病魔所纏,未獲趨送,尤滋慚疚。辱承尊囑,覓購手印機一具,早經連同零件開附發票送至楊宅行轅,尚蒙垂察。惟前談四萬元價值,係依滬上進購原價而言,發票填爲七萬元者,係連同零件及運費在内,如鈞部公用需要,惠價多少,毫無問題,蓋運費部份,弟可轉向前途商讓,決不致有所爲難也。耑此陳悃,敬叩

鈞安

卅三、八、十三擬

四一、羅霞天來函[1]

百亨先生惠鑒:

旅渝同鄉褚輔成、陳其采、屈映光諸先生爲謀在抗戰聖地爲桑梓留一紀念,特發起重建浙江會館,已于上年十二月四日奠基,所有建築費用約需五百萬元,端賴我鄉友共同籌措,弟忝列籌募員之一,特函奉聞,如承慨助款,請惠寄省黨部,以便彙轉。耑此奉達,佇俟回示。順頌

勛祺

羅霞天拜啟　元月二日(1946年)

---

① 羅霞天(1898—1980),浙江於潛(今臨安)人。1921年赴德國柏林大學政治系學習。1945年5月當選國民黨第六届中央執行委員,並任浙江省黨部主任委員,兼浙江省銀行董事、華西建設公司總經理等。1947年3月當選監察院監察委員。1948年任立法院立法委員兼預算委員會委員。

四二、復羅霞天先生函　杭州浙江省黨部

霞天主委勛席：

省垣晤教，快慰生平，辱承邀飲，羈冗缺陪，惶歉奚似。離杭之後，在申耽擱逾月，甫於農曆臘尾抵達梓桑。展讀元月二日手教，知爲募建旅渝浙江會館，已在積極進行之中，足佩賢勞，所慚棉力有限，未能多所將助，薄具萬金交由温州地方銀行匯奉，到祈飭收彙轉，區區之數，倘亦大海細流之擇歟。耑肅寸箋，聊申微悃，敬頌

勛綏

卅五、二、十一擬

（即發，亨，二、十一）

注意：發信時支付法幣壹萬元，交温地行匯寄杭州浙江省黨部羅霞天先生收轉，切切。

四三、致黄主席函[1]

季公主席鈞鑒：

會垣晤教，獲聆政績，申江晉謁，備荷殷拳，快慰何似。祇緣公務各牽，未遂平原十日之歡，匆匆言別，仍多悵結。承賜駿馬一匹，迥異凡材，倘亦長者督勵下走及時猛進之意歟？拜受之餘，感奮無已。敝徒在申累繫之事，仰蒙推愛關垂，即經訊釋，尤切肌銘。晚以冗務所羈，直至本月廿三日始搭穿山離滬，舟行五天，甫於一昨到永，箋候遲遲，時縈内疚。此次過滬之便，曾商請第三方面軍設法聘用外籍高等技師來温，改進永瓷事業，倘能見諸事實，對復員生産或有莫大幫助，聊可仰副鈞望矣。耑肅鳴謝，虔叩

鈞安

卅五、元、廿九擬

（閲，亨，元月卅日）

---

① 黄紹竑（1895—1966），字季寬，時任浙江省政府主席。

四四、致黄中委季寬先生函

季公鈞右：

違教多日，時切馳思，緬維翊贊中樞，賢勞和節，瞻望雲衢，彌殷露祝。

敬肅者。晚營各廠迄今仍在艱苦中力圖掙扎，雖各種産品質量託庇日有長進，差慰廑系。而受工業資金萎縮影響，及高利剥削，幾乎無法以蘇喘息。何況國家銀行所辦工貸款徒擁虚名，無裨實益，非因手續繁瑣，審核迂緩，即是貸額微細，輾轉費時，此民營工業之最感苦悶處也。涸轍之魚，待濟西江，叨蒙夙愛，敢以瀆陳。如中央金融機關對正式民營工業在合法範圍以内肯爲有效之輸血急救，固所泥首以禱。否則，亦擬懇請鈞座一本愛護工業之熱腸，商諸京滬友好，或請投資合作，或請代貸實物。如能投資合作，則煉乳、瓷器、造紙各廠可分爲三個單位，每一單位參加者能在三五人以内爲佳，蓋股東太多，恐非所宜。如係代貸實物，擬以三廠房地産及機械設備作爲抵押，限定半年爲期，借物還物，以物計息。倘亦樂成其美，本擬偕同各廠工程師朱俠、蔡鎮瀛兩先生趨陳覼縷，惟恐鈞座斡旋國事，遽難謁聆教潭，敬肅寸箋，連同三廠最近出品貨樣，先陳鈞察，並備考量。如蒙俯助，候電遵即摳衣而往，不勝迫切待命之至。耑肅，虔叩

鈞安

卅八、三、廿八擬

四五、黄紹竑來函

百亨仁兄台鑒：

沁電誦悉，當函白懷民兄請爲關照，知注，特復，並頌

時祺

黄紹竑啟　十一月廿八日

四六、致羅明湛先生、黄振池小姐函　上海勞爾東路六弄卅二號

明湛先生、振池均鑒：

此次滬杭之行，既承寵賜珍廚，復辱厚頒嘉貺，不惟百亨個人食德難忘，且使舍下妻孥分霑潤澤，群相鼓舞不置也。感謝之忱，匪可言喻。弟于本月廿三日搭穿山輪離申，舟行五天，甫於前晚抵埠。敝廠所製茶杯，因農曆年内無船可裝，準俟新正第一班輪船帶奉，承委代管青鋁一百十二條計重二萬餘

斤早已妥存,請抒廑念,將來如何處理,幸盼明示,當爲遵辦。耑此肅候,並鳴謝悃。敬頌

儷福

卅五、元、廿九擬

(閱,亨,元月卅日)

四七、致張忍甫[①]先生函　杭州中央銀行

忍甫先生卓鑒:

杭垣謁晤,備聆偉論,既深快慰,復擾郇廚,飲和飽酒,益切肌銘。別後在滬逗留兼旬,甫於昨日抵埠,諸凡託芘粗安,謹肅箋謝,並祝

年禧

卅五、元、廿九擬。

(閱,亨,元月卅日)

四八、復張忍甫先生　杭州小湖中國農産公司

忍老勛鑒:

別久情深,正切停雲,忽奉手書,快同覿面。茲聞倡導農産,惠及民生,將來出品之好評,定與湖山相媲美,不獨爲利而已也,可勝忭慰。囑詢敝處消毒機,以敝廠日來乳源增加,機器正在運用,無剩餘機件足以應命,殊以爲歉。特此奉告,尚祈另圖是荷,風便寄意。順頌

春祺

卅七、三、廿四擬

(閱,亨,三,廿四)

四九、致袁堯卿、鶴松先生函　上海雲南路47號濟華堂大藥房

堯卿、鶴松二位先生均鑒:

申江謁晤,暢敘離悰,無任快慰。乃荷珍廚寵召,時令齒頰生香,尤深感謝。敝廠出品幸承垂愛,續訂經銷合約,仰見古道熱腸,足爲敝業前途助益不少。別後舟行五日,始於昨晚抵埠。聞原輪卸貨後直放福州運兵,此間年内

① 張忍甫,時任中央銀行杭州分行經理,浙江省臨時參議會參議員。

已無輪期,出廠貨品將於新正首班輪船裝滬,屆時另當函告。知關注念,敬先陳聞。耑肅申謝,順頌

籌安

卅五、元、廿九擬。

(閱,亨,元月卅日)

五〇、致袁堯卿、鶴松先生函　上海雲南路47號濟華堂大藥房

堯卿、鶴松先生均鑒:

前奉寸箋,聊申下悃,諒荷尊察。比維興居迪吉,潭祉呈祥,爲頌以忭。茲緣舍親陳權熙君之至戚金陳義,年甫十七歲,自國民學校卒業後無力升學,託爲轉介貴大藥房學藝。此子人尚靈敏,頗知勤儉,如蒙推愛,賜予甄陶,或亦可造之材,當不獨受者身感已也。特肅八行,代爲先容,如何之處,尚希明示,以便轉飭趨前候教。耑懇,敬頌

籌安

卅五、二、十八擬

五一、致葛鏞聲、淩蔚川先生函　上海九江路二一〇號安度公司

鏞聲、蔚川兩位先生均鑒:

申江敘晤,叨擾良多,五中感篆,長日難忘。別後於本月廿七晚託芘安抵故里,原輪即已開往福州,以供軍運,此間年内已無輪期,出廠貨品容於開正第一班輪裝滬,屆時另當函告。此次敝廠出品得蒙厚顧,訂約經銷,從茲碩劃宏施,定多裨助之處,尚望同本發揚國産之初衷,共圖展進,益深感幸。耑此布意,並鳴謝悃,敬頌

籌安

卅五、元、廿九擬。

(閱,亨,元月卅日)

五二、復葛鏞聲、淩蔚川先生函　上海九江路二一〇號安度實業公司

鏞聲、蔚川先生均鑒:

奉誦惠書,祇悉一是。前番在滬探購美鐵,爲數有限,不敷應用。嗣據敝廠駐滬辦事處查報該貨已漲至十九萬元一箱,視前三倍有奇,殊出意表。其

他一切工料亦互有波動,影響産製成本至鉅,承收預約金圓五百萬元,貨品准於下班輪船運交足數,屆時另告。此後煉乳價格勢須另有變動,貴公司未交之款可請緩付,幸勿亟亟。雙連美鐵,擬俟貨價稍趨穩定再行進購,爲産製工業前途計,不得不爾。當荷鑒諒,知注奉聞。敬頌

籌安,諸惟亮照不一

卅五、二、二〇擬

五三、致朱議長[①]函　杭州省參議會

郁堂先生參議長勛鑒:

省垣晉謁,獲接光儀,議席追隨,備聆偉論,無任欣佩。晚以甌海鯫生,鮮知政理,自分魯鈍,專力農工,廿載而還,雖乏成就,究亦未敢自廢。此次過滬之便,曾商請軍事當局將聘用外籍高等技師來温改進乳瓷事業,倘能見諸事實,對復員生産或有莫大裨助,敢報區區,惟祈鑒察。别後甫於一昨返温,修候遲遲,曷勝抱歉。耑肅,敬頌

勛安

卅五、元、廿九擬

(閱,亨,元月卅日)

五四、致余副議長[②]函　杭州省參議會

越園先生副席勛鑒:

杭垣敘晤,備聞偉教,快慰何似。匆匆賦别,不盡瞻依。比維勛躬介茀,爲頌無量。晚離杭後在滬逗留半月,甫於前晚到永,此間一切如常,堪慰錦注。此後尚祈箴言時錫,匡所不逮,無任企盼。敬頌

勛安

卅五、元、廿九擬

(閱,亨,元月卅日)

---

① 朱議長,指朱獻文(1872—1949),原名昌煌,字郁堂,浙江義烏人。光緒二十八年(1902)留學日本東京帝國大學法科。中華民國建立後,歷任國務院法制局參事、大理院推事,江西高等審判廳廳長,京師審判廳廳長,對推行法制頗有建樹。1945 年任浙江省臨時參議會議長。

② 余副議長,指余紹宋(1883—1949),字越園、樾園,别署寒柯,浙江龍遊人。清末入日本東京法政大學留學,回國後任外務部主事。民國時期,兩任司法部次長,任《龍遊縣志》總編纂及浙江省通志館館長。抗戰期間任浙江省臨時參議會副議長、代議長。

五五、致陳秘書長[1]函　杭州省參議會

子賡秘書長勛鑒：

會垣把晤，獲罄離悰，多年契闊，歡慰生平。別後因事在滬耽擱多日，甫於前晚託芘安抵故鄉，知關垂注，便以奉告。駐會諸公賢勞足佩，尚乞代賜致念，不盡欲言。耑肅，敬候

勛安

卅五、元、廿九擬

（閱，元卅日，亨）

五六、致章顯達先生函　上海南京路石路口五四六號華英藥房

顯達先生大鑒：

申江話舊，快慰生平，既郇廚之叨擾，復之感荷隆情，無可言宣。辱承租用辦公處所，能使敝同仁等得以乘時部署一切，尤多叨惠。惟伊等閱歷未深，且復人地生疎，嗣後尚祈推愛及烏，隨時關照，匡所不逮，更深企禱。耑此布悃，並申謝意。敬頌

籌安

卅五、元、廿九擬

五七、復章顯達先生函

顯達先生道右：

久疏音候，歉念萬分，昨辱賜書，敬稔道履春榮，褆躬時懋，慰如所頌。

小兒吴枚甫出校門，便遭波折，雖幸逃險，世路尚艱，所喜歷劫餘生，可礪前修，聊堪奉慰，厚蒙賜賀，益感關垂。肅箋申謝，敬頌

崇安

卅七、三、十四擬

---

① 陳秘書長，指陳成（1891—1973），字志賡，一作子賡，浙江嵊縣（今嵊州市）人。歷任浙江遂昌、瑞安縣縣長，國民政府軍事委員會行營軍法官，重慶行營機要室主任，浙江省臨時參議會秘書長等職。

五八、致章顯達先生函　上海辦事處轉

顯達先生賜鑒：

日前在滬屢蒙枉駕過談，積年契闊，獲罄離悰，感忭靡已。嗣辱隆貺嘉惠，更切慚惶，拜登之餘，至深銘篆。衹以俗事羈牽，未能長隨杖履，匆遽言旋，徒增菀結。別後甫於昨午抵達里門，一路托芘粗順，差堪告慰。敬肅箋謝，虔候
台綏，惟照不莊

卅七、五、十二擬

五九、復章顯達先生函　上海愚園路一〇三二弄一三八室

顯達先生賜鑒：

奉讀惠書，敬稔道履康綏，慰如下頌。承示大東行批售白脱折扣與一般批購無所軒輊，囑再另函商託一節，鄙意書面效力既微，不若俟舍親陳權熙返滬之日，囑其逕向大東行當事人面致拳拳之忱，或較有效，諒高明者當以爲然也。權熙弟下班大華輪定可返滬，知關綺注，便以奉聞。令世兄事幸容相機報命可也。統此奉復，敬頌
崇安

卅七、七、十五擬

（閱，亨，七、十五）

六〇、復陳權熙先生函

權熙賢内弟如見：

惠書種悉，别後舟行五日，甫於前晚抵埠，尚幸一切平順，差以告慰。茲有數事望即照辦：(一)速定 180 磅雙連美鐵一百箱運温；(二)存申蚶鍋一隻交下班輪帶廠；(三)覓購草繩機及打蒲包機數部運温應用；(四)滬埠所有東西洋出品之瓷器日用品，望各選購一二只寄來以作樣子，又日人宫下處一批樣品，亦望一併取寄；(五)煩請介夫先生轉詢米田先生，日方有無澆坯技工可以聘用，迅函示及；(六)鴻康號電料添貨單趕速寄温，以便配貨製造；(七)房子事已託介堪先生馳函催促，同時仍望足下繼續與劉君保持接洽，切勿脱節。本廠留滬同仁，諸望珍重自攝爲荷。匆此，即詢
旅祺

卅五、元、卅擬

六一、致何子庚先生函　上海法界西愛咸斯路極星化學製藥廠

子庚先生卓鑒：

久仰德輝，獲親道範，欣躍之私，何可言喻。而一言之雅，垂愛更深。此次濟華堂續約之事，有勞清神，代賜聯繫，古道熱腸，尤足欽佩。別後始於一昨抵温，一切託芘粗順，肅箋告慰，不盡拳拳。敬頌

台安

卅五、元、廿九擬

六二、致葉兆熙（上海孟蘭路一〇九號恒昌五金號）、謝錦堂（上海西門路西湖坊五十三號）、朱文奎（上海西門路西湖坊五十三號）、徐斌才（上海中法藥房）

兆熙、錦堂、文奎、斌才先生大鑒：

申江晉謁，獲展清暉，多年契闊，幸罄離悰，歡欣何似。乃荷郇廚叨擾，招待殷勤，感仰隆情，匪言可喻。別後於本月廿三日離滬，舟行五天，甫於前夕抵永，路中一切託芘粗順，差堪奉啟耳。好風之便，幸錫教言，北望於邑，不盡往懷。肅謝申悃，敬頌

春安

卅五、元、廿九擬

六三、致葉兆熙、兆熊先生函

兆熙、兆熊二兄先生均鑒：

闊別逾年，重晤爲快。此次在申既擾珍餐，復叨雅教，感篆之私，匪可言喻，尤以允借燕臺禮士之物，助爲擴展企業之基，更深感佩。稍俟瑣務略加部署之後，即當函囑權熙趨前晤教，遵辦手續。先肅箋謝，敬頌

勛安，諸惟暑照不宣

卅七、五、十一擬

（閱，亨，五、十一）

六四、致沈翰卿先生函　上海金神父路花園坊四十一號

翰卿仁兄先生大鑒：

闊別數年，良晤一朝，欣躍之狀，莫可言宣。乃荷招待殷勤，飽德飲和，咸

沁心脾。猥蒙讓售馬口鐵箱,業已裝運到埠,刻在提收之中。承屬煉乳,容當如數照付,附上經銷煉乳約稿一份,尚祈察納。如南昌方面得荷推展,自極歡迎,如何之處,静待明教。弟於前晚抵温,路中託芘平順,便以奉聞。耑此,敬頌

籌安

附上約稿一份。

卅五、元、廿九擬

六五、復錢承基先生函　上海南京路中三一四號鴻康電料行

承基先生惠鑒:

別來甚念,接讀惠書,獲稔道祉篤祜爲慰。承囑覓便偕同令姪赴滬一節,容俟舍親陳權熙來温後返申之便,託其同行較爲週妥。知念先聞。耑復,敬頌

春安

卅五、二、九擬

六六、復范芥生[①]先生函

芥師尊右:

兩奉手示,藉稔道躬康娱,鄉建賢勞,慰符所頌。晚自滬江歸後,正值農曆年關,俗冗蝟集,前函稽復深歉! 蛋廠事聞經盈兄函釋,諒登尊察。青弟事,盈兄允爲安插,請免廑系。待洽事多,幸乞撥忙來永一行,餘言面罄。率復,敬候

道安

卅五、二、一〇擬

六七、復范芥生先生函

芥生先生有道:

奉讀惠書,敬悉一是。前談寧波同鄉會事,業已洽妥。此間待商事多,敢希吉從撥冗來永一行,至所禱盼。匆此奉復,虔叩

---

① 范芥生,名任,字芥生,一作介生,浙江平陽人。早年東渡日本,回國后創辦范任律師事務所。1916年任鰲江初等小學校長。后與陳惠民在鰲江創辦平野學道院。

道安

卅六、十二、廿三擬

六八、復范芥生先生函

芥生先生道席：

辱書祗悉，比想道履康綏爲慰。查卅六年十、十一、十二月白脱總銷貨額爲玖億元，大亞應得商標權四千八百萬元，每股可分四百八十萬元；卅六年十、十一、十二月瓷器總銷貨額爲拾億元，前批發部應得傭金五千萬元，每股約可提□四百餘萬元。在貴户名下兩共約可分到九百餘萬元，據聞祗可抵收以前預支之數，承示待款應需，遵代設法匯奉法幣伍百萬元，到希察納爲荷。耑復，虔叩

崇安

卅七、三、十擬

六九、復范芥生函

芥師尊前：

十四日手教奉悉，前承尊囑採購敝廠出品白報紙作爲印刷聖詩之用，以半價供應，倘僅一二千張之數，自可遵辦。今聞需量有七萬張之鉅，不僅敝廠出品有限（每天只出一二千張），求者如鯽，無法應命。惟翻印聖詠，事關宣道善舉，晚決不甘袖手，擬請另行選用他種紙張，自願樂助法幣壹億元，何日需要，當即如期匯奉，勿敢有誤。耑復，敬候

道安

卅七、九、十六擬

（閱，亨，九、十六）

七〇、致范芥生先生　平陽鼇江

芥師尊鑒：

頃奉大教，敬悉種切。晚此次旅滬，計一個半月，始於上班穿山返里，以俗務紛繁，致疏箋候，殊以爲歉。敝廠造紙部過去感人工製造出貨有限，不能大量供應，曾于在滬時購來造紙機一部，現已設法裝運，一俟該機運到裝置竣工後，當再奉告，但不知時間上能允許等待否，價如結實，物當無問題，即希明

示爲幸。耑肅,敬頌

道安

卅七、十二、十四

(閱,亨,十二、十四)

七一、致許曉初先生函　上海北京路中法藥房

曉初先生大鑒:

滬江趨晤,獲展清芬,多年契闊,幸罄離悰,快慰何似。辱承招待,既深厚感。商業銀行在滬分營事,又仗鼎力幫忙,公私銘篆,永當弗諼。別後以航行愆期,直至舊曆歲尾始抵甌埠,尚幸託芘粗順,堪以告慰故人耳。耑此,敬頌

籌安

雙名具　二、一〇擬

七二、致劉德銘先生函　上海虹口海寧路168號軍之友社總社劉總社長

德銘先生卓鑒:

久耳勛名,時殷馳慕。此次在滬幸得介堪先生之介,獲識荊州,既偉教之備聆,復珍餐之寵召,東國風味,足快朵頤,甌海鰍生,欣躍奚似。同時滬埠租屋事,又多叨光成全,益令啣感不既矣。春風有便,尚盼雁羽時收,匡所不逮,益所翹企。耑肅申謝,敬頌

勛安

雙名具　二、一〇擬

七三、致永中葉校長函

雲帆吾兄校長勛鑒:

久疏晤候,歉念交深。比想鐸務賢勞,爲頌以忭。茲有懇者:小女曼霞、曼雯偕敝友子女朱津津、翁紹弟、翁秀心等五人,擬投考貴校高初中兩部,惟恐名額有限,難遂步趨心願,用進寸箋,如伊等確非不可造就之材,尚望推愛録取,俾霑化雨,則小草之依,有待春風之力爲不鮮矣。耑懇,敬頌

教安

卅五、二、十三擬

七四、致王質園[1]先生函　金華交通銀行

質園先生經理勛鑒：

闊别疏候，歉念萬分，比想禔躬篤祜，偉績昭餒，爲頌無量。敝營各廠自復工增産以來，質量均略有進步，差慰廑系。惟半載以來，原物材料逐日步漲，究非正常狀態，殊足爲擴展工業之阻力耳。

狼種警犬出胎逾月，現將送贈一隻。道途間阻，究以如何牽送爲妥，或請函示温州分行覓便攜帶亦可。耑肅盼復，敬頌

勛安

卅五、二、十六擬

七五、致王質園先生函　金華交通銀行

質園先生經理勛鑒：

月初奉讀還雲，欣悉道躬佳쳎爲慰，祇以事冗稽復至歉。小警犬一頭業託金華程廣豐號程宗勳君帶奉，到希飭收。惟舟車轉載，未免轂觫，似應善加飼養，助其生長，蓋畜類亦不殊人類耳，一笑。匆此布臆，敬頌

勛綏

三、廿二擬（1946年）

七六、致王質園先生函

質園先生經理勛鑒：

本月廿三日奉上蕪函，計登籤史。前交金華程君所帶之小警犬，原恐車舟困頓，有礙生長，曾殷殷以中途善加飼護爲託，不圖麗水篙工來，賫到程君手札，竟以該犬途斃見告，未免悵悵。用將原信奉閲，藉明真相。謹此奉告，敬頌

台綏

卅五、三、廿六擬

（閱，亨，三、廿七）

---

① 王質園（1891—1947），名兆同，永康人，以字行。時任金華交通銀行經理。

七七、致谷校長[1]函

寅侯吾兄校長勛鑒：

羈冗未克趨候爲歉，比想鐸務賢勞，禔躬介茀，是頌以忭。兹緣敝友人子弟陳崇棣，係瑞安林垟人，曾在浙南中學初中部肄業一年，尚係可造之材，現擬轉入貴校初中部春二（第三學期）續求深造，惟恐額滿見□，特飭該生親持成績單晉謁崇階，尚祈推情録收，賜以甄陶，感當勿諼。耑懇，敬頌
教安

卅五、二、十九擬

七八、致谷寅侯先生函

寅侯校長勛鑒：

敬懇者。兹有貴校初中部三十四年度上學期畢業學生陳品芳一名，當貴校高中部招考新生時，適因患病在家，未應升學試驗，現幸身體復完，自當續求上進，擬請准賜補考入學肄業，俾遂深造，倘因春一學額已足，即予旁聽，亦所樂從，想足下獎掖學子，夙具熱腸，況該生曾沐春風，定荷成全也。專肅，敬頌
教安

卅五、三、二擬

七九、致王副處長函

履康副處長勛鑒：

冗牽不克趨候爲歉，敝廠存放之糧穀四百石，前承俞允設法提領，曷勝感忭。兹由敝廠財務主任王君趨謁崇階，祈賜洽領，至爲盼禱。耑肅，敬頌
勛安

三十五、二、十九擬

八〇、致何校長函

養和吾兄校長勛鑒：

多日未晤，馳念萬分，比想校務賢勞，是頌以忭。兹有敝友黄倬章君，服

---

① 谷校長，指谷寅侯（1894—1975），名暘，永嘉（今屬甌海區）人。甌海公學校長。

務政教多年,向爲敝縣教育界人士之所推重,及門桃李既遍全邑,近自辭去民教館長職務後,正賦閒居,適值貴校遷址宏開,如有重要職員或文史教席,倘予延攬,或能勝任愉快。用修八行,介請台察,並希惠復。耑懇,敬頌
鐸安

卅五、二、十九擬

八一、致何養和校長函

養和校長勛鑒:

數日未晤,殊深懸念,比維校務賢勞爲頌。玆有懇者,學生徐錫益前已考入貴校春一年級肄業,惟該生家境清寒,除遵繳學米外,至津帖米□斤,擬請賜予免繳,或繳交一部分,以便入校求學,可否?尚祈示復爲荷。此候
鐸安

卅五、三、八

八二、復朱介夫先生函

介夫先生惠鑒:

迭奉大簡,均悉種是。沖本博士事容當分函宮下、重松兩君助力勸駕,至徵用問題,大可不必顧慮,本廠決以延攬客卿態度對之,近籐博士暨馬場伊太郎、今野滿道諸君,可俟弟再度到申時洽請。所云日籍技術員工待遇一節,因温州生活程度較滬爲低,自以足夠維持受聘者之家庭生活爲度,倘不致其失望也。至製蒲包工人,請即囑其帶同製造蒲包機器來温,以便早日動作。先此率復,順頌
旅綏

卅五、二、二〇擬

八三、致朱介夫先生函

介夫先生偉鑒:

二月二十日函諒早登覽,託致宮下、重松、米田諸君各信當均晤洽,申友返温,具道吾兄曾不斷與前途接觸,足佩賢勞,至感!第不悉目前洽談情形何似,頗欲一知究竟。弟以瑣務龐雜,暫難分身,稍遲一月,必當買棹來申,尚望先期函示進行詳情,俾有端緒可尋。匆此布臆,順頌

旅綏

卅五、三、十五擬

八四、復孫處長[1]函　杭州勞動路一二五號衛生處

賓甫處長勛鑒：

元月八日手教奉悉，因冗雜稽復爲歉。承囑之事經向主其事者詳爲陳白，允在法内予以援助，或不致久遭冤累也。知關綺注，肅復以聞，順候

勛安

卅五、二、二〇擬

八五、致宫下君函　附朱介夫先生函内

宫下先生大鑒：

申江敍晤，獲聆偉略，甚爲欣佩，乃荷招待殷勤，益深篆感。前談沖本先生事，尚祈台從代爲勸駕，倘能早觀厥成，他日敝廠産製工業得有改進，不獨吾人同其榮幸，抑亦社會之福利也。耑此布肊，順頌

台安

卅五、二、二〇擬

八六、致日僑宫下函

宫下先生大鑒：

别來半載，馳念萬分，比想諸凡迪吉爲慰。前託敝同事朱介夫兄賫奉寸簡，迄又數月，未得福音爲悵。玆以聘用貴國技師一案，已奉行政院滬處允准，並承第三方面軍滬處轉電通知到廠，除函囑敝廠駐滬辦事處主任陳權熙趨洽外，敬希台察，並望費神轉知沖本、米田、市野諸先生惠然同來，至感至盼。耑此，敬候

大安

卅五、六、八擬

---

① 孫處長，指孫賓甫（1896—?），號澹園，寧波鎮海人。精醫學，善書畫。民國時曾任浙江玉環縣縣長、浙江省政府衛生處處長等職。

八七、致重松君函

重松先生大鑒：

客臘晤教，甚欽高論，别後興思，莫名悵念。前擬聘請沖本博士來温擔任敝廠指導産製技術，俾有改進，不悉何日可以成行，尚望足下代爲勸駕，感當勿諼。耑懇，敬頌

台綏

卅五、二、二〇擬

八八、致米田君函

米田先生足下：

前晤麈教，甚佩鴻猷，辱承招待，益切感銘。□蒙俞允來温，策助瓷器改進技術，無任欣躍，掃榻以待，不盡眷懷，裁書致意，惟祈惠臨是禱。敬頌

健康

八九、致張縣長函

力行縣長勛鑒：

入春以來，音候未通，歉念兩深，比維政履春榮，勛猷時泰，爲頌以忭。日來物價飛漲，食糧尤甚，細民可憫，工業何堪？敝營各廠咸已復員動工，食指繁多，工糧極成問題，除西山部份曾向永、瑞兩邑採購外，敝廠設在陶山蔗區，素向缺米，務懇台座本卹鄰惠工之義，俯予設法撥購一二百石運沙應需。如荷允可，幸乞飛函示價，即當派員洽領。素叨愛稔，益佩熱腸，故敢瑣瀆。耑懇，敬頌

勛安

卅五、二、二〇擬

九〇、致邵修善[1]先生函　此信託謝超劍先生帶

修善先生偉鑒：

此次吉從蒞甌，諸承雅教，良深忭慰，衹以招待簡慢，歉仄萬分，更因冗務

---

① 邵修善，浙江鎮海人。上海熒昌火柴公司創辦人邵爾康之子，大明火柴公司創辦人。

繁雜，榮旋之日，弟適羈滯沙垟，未獲趨送，益切慚惶。想一路吉星，當已安抵春申矣。

前蒙俞允賜贈韁鞍及其配件，欣感無似。茲乘敝友中國罐頭廠經理謝君超劍赴滬之便，託其趨謁，率工代領帶温，冀爲代步壯色，倘亦贈鞍，勝於贈馬歟？耑肅布悃，敬頌

台安，諸維朗照不既

卅五、二、廿七擬

老伯母太夫人前乞叱候。

九一、復邵修善先生函　上海江西路二六七號二樓大明火柴公司

修善吾兄經理勛鑒：

月前敝徒黄春文自滬返甌，奉到華簡，並承厚貺真皮韁鞍全副，拜領之餘，無任感忭，而尺度悉稱，尤足爲鞭鐙生色不鮮也。前由來科兄代向足下移借金條五條作爲賃屋租金之用，不料中途房子發生障故，租金仍未收回。此次來科兄赴滬之便，繫鈴解鈴，或對此事有所決定也。羈延之愆，尚希鑒原。肅箋鳴悃，敬頌

大安，並祝

潭祺百益

卅五、四、十六

九二、致邵修善先生函

修善先生大鑒：

别來甚念，比想籌祺日懋，景福時申，爲頌以忭。客臘在滬因頂屋需費，承來科兄代向台端商借黄金五條，迄今數月未曾歸趙，至深慚歉。現雖頂屋交葛未清，仍由來科兄從中代爲理處，而尊處所借之金當然由弟完全負責，稍假時日，自必照數清償，勿勞綺注。除函囑敝同事陳權熙隨時趨前晤教外，肅箋陳悃，諸祈垂察，敬候

台安

卅五、五、廿四擬

九三、復陳孟侯先生函　上海南京路石路口五四六號黄直文先生收轉陳孟侯先生收

孟侯吾兄惠鑒：

讀惠書獲稔種切，白脱内招實因白塔招紙用罄，衹好暫以本牌招紙代用，尚望于推銷時口頭聲明，免致顧客誤會，一俟新印内招寄到，仍當恢復白塔内包紙，幸勿爲念。其餘訂約手續，俟權熙兄返申後洽辦。耑復，順頌

大安

卅五、二、廿七擬

九四、復邵元烺先生函　上海辣斐德路辣斐坊五十二號

元烺吾兄先生大鑒：

奉讀大畢，欣悉案已大白，良深慰賀。令郎求學事，初因尊處情形未明，故先囑其在温繳費賡續肄業，兹承函促，自應照辦，一俟陳權熙兄赴滬之便，令郎即可偕同首途，知注先聞。敬頌

潭安，諸維荃照不備

卅五、二、廿七擬

九五、致温中初中部總務處函

逕啟者。敝友邵君元烺令郎邵愷，上學期曾在貴校肄業，本學期亦經照章注册繳費，掣取收據。兹接邵君自滬來函，召愷赴滬就學，敬請發給轉學證書，俾便祇領，候輪首途，其已繳各費如可退還，亦乞併交來手領回。用特具函賫同原收據請煩查照辦理爲荷。

此請

温州中學初中部總務處

諸先生公鑒

吴〇〇謹啟　卅五、二、廿八擬

九六、致孟楚林先生函　此信寄上海南京路石路口本廠辦事處魏望先生收轉

楚林吾兄先生大鑒：

久疎音候，時深企念。比想公務賢勞，旅祺佳邕，是頌以忭。適聞足下新職榮膺司會春申，曷勝欣賀。猶記曩時主辦敝廠計務之日，仰仗碩劃，匡助良

多,徒以格於環境,未獲充分運用,及今思之,不無悵結。現幸復員生産,曙光漸放,而吾故人又已服官遠引,固延攬之有心,奈率請以未敢。同舟之濟,篙師其有意乎? 匆此布臆,順頌
公綏

卅五、三、一擬

(閱,亨,三、一)

九七、致謝哲文先生函

哲文先生大鑒:

昨奉大札,敬悉種切。林君得福夫人來廠作工,自極歡迎,惟敝廠新圓窑正在建築中,一俟該窑完成後,當即代爲安插。先此奉覆,並候
公綏

卅五、三、六

九八、復鍾子然先生函　徐州綏靖公署軍法處

子然先生大鑒:

别來甚念,昨奉惠書,備譾政躬多福,爲頌無量。去冬杭垣趨晤,既聆偉論,又承襄助,快慰何似。别後在滬逗留月餘,返家已臘鼓頻催矣。

貴部改爲徐州綏靖軍法處,足下仍供職其間,欣羡之至。承示徐州物價較之滬杭更高,但敝處生活程度亦已出人意料之外。總之,戰後經濟仍在動蕩之中,可勝浩歎。弟賤軀託庇平安,春風有便,時錫教言爲感。專此奉覆,敬候
春綏

九九、復許康祖先生函　蘭州耿家莊(上海轉)農林部西北羊毛改進處

康祖先生勛鑒:

奉讀惠書,敬悉藎猷昭著,碩劃宏施,曷勝欣慰。敝營各廠經過三度淪陷,雖嘗損失不貲,均幸重要機械早已事前疏散,得保安全,差堪告慰故人耳。現各廠均以復員生産,上海等處現需要電瓷及瓷器日用品爲數頗多,正在趕製擴展之中。至煉乳方面,美鐵無法購到,現改以瓷瓶替代,此種瓷瓶皆由敝瓷廠自製,惟乳源方面因外國優良牛種無法蕃殖,尚成問題耳。嗣後關於煉

乳及電瓷等改進問題，仍請南針時錫。

承示四月中旬飛京，届時弟當趨候於滬瀆，把晤非遥，餘容面罄。蒞京時請先函知敝廠上海辦事處（南京路石路口華英藥房内）爲感。專此奉覆，敬頌
公綏

一〇〇、致方介堪先生　上海海寧路軍之友社

介堪吾兄先生大鑒：

别後想早安抵矣，比維旅祺篤祜，爲頌以忭。吴淞路房子聞經市政府接收，果爾，前繳租金即煩商請漢君先生代爲收回，餘由陳權熙兄面詳，諸希鑒原。現温埠金融奇緊，調度不易，工業生産益感困難，如何如何？率此奉託。
順頌
旅安

並請漢君兄均此。

弟雙名具〇月〇〇日

一〇一、致饒華階先生函　江西浮梁景德鎮　饒華豐瓷器號

華階先生大鑒：

疎候甚歉，比想興居曼福爲慰。戰後瓷器出品價雖步漲，而成本激增，無裨實際，徒加收支數字已耳。兹爲確定今後業務方針，計除大量産製電料及建築器材以應滬市銷路外，所有瓷器日用品部份，決將聘用日籍技師，概以機器精製，冀挽國瓷頹風。敝廠原僱粉定脱胎技工去留，或將聽其自然，倘爲故步自封者下一鍼砭歟。昨修坯工人程業經返贛，託其帶奉拙製八寸瓷盤四只，尚祈賞收，幸乞批評。區區將意，不盡欲言。專肅，敬頌
籌安

卅五、三、十四擬

一〇二、復黄啟羅、馬德輝先生函　上海江西路三二〇號合衆冷氣工程公司

啟羅、德輝先生均鑒：

多年闊别，想念正殷，忽辱雲翰，如親芝宇，曷勝感忭。抗戰八年，敝邑三度淪陷，雖曾困苦備嘗，迭遭損失，尚幸重要機械物資均能先期疏散，得保安全，眷屬及職工人等亦尚托庇無恙，差堪奉慰廑繫耳。現敝營煉乳瓷器各廠

亦均復員生産，倘交通恢復，可期暢銷，知注陳聞。惟此間阿莫尼亞存貨不多，擬請分購二桶，煩即示價是感。特囑敝廠駐滬辦事處主任陳君權熙持函趨謁，敬希賜洽，風便幸惠德音。耑復，敬頌

大安

卅五、三、十五擬

一〇三、致黄啟羅先生函

上海漢口路市府大廈345室上海市工務局審查科機械股

啟羅吾兄主任勛鑒：

闊别疎候，歉念交縈，比維勛猷敷布，禔躬篤祜，如頌以忭。現敝廠正擬擴展造紙業務（原曾兼製牛紙，以供自用），將向國外訂購長網機一座，以應需要。但不知何廠出品較爲精良，應向何號訂購較爲可靠，敬希費神查明見示。兹因小兒吴枚赴滬之便，特囑趨謁崇階，尚祈推愛面賜教言，感同身受。耑肅，敬頌

勛安

卅七、六、十六擬

（閱，亨，六、十六）

一〇四、致杜夢丹①先生函　本埠滄河巷四十五號

夢丹先生大鑒：

多日不見，想念萬千，比想諸凡迪吉爲慰。前承俞諾惠購柴爿念萬斤，價經洽定，足紉厚誼。聞貨已運到，此間立待應需，亟盼早日成立，是所至感。如因目前柴爿市價略有變動，亦可酌加。蓋吾人交誼當不僅在區區物質間也。昨晚特派敝廠營業主任張君趨前洽提，適台從赴青，是以肅簡留悃。敬頌

台綏

卅五、三、廿二擬

① 杜夢丹（1918—1992），浙江青田人。杜持二子。抗戰之后娶德國籍太太。二十世紀五十年代從温州到上海，再去香港，轉維也納開中餐館“花園飯店”。後在漢諾威去世。

一〇五、致周主任函　瑞安海關

子揚吾兄主任勛鑒：

久未通候，想念爲勞。比維公私迪吉，爲頌以忭。兹有敝廠舊鍋鑪卸下鐵皮五張，運至沙垟應用，經過貴境時，敬希驗明放行，實紉至誼。耑懇，順頌

公綏

卅五、三、廿四擬

一〇六、致伍岳先生函　麗水鐵工廠總務部伍主任

伍岳主任勛鑒：

前奉添單，諒荷配備，兹以待需頗急，尚望迅賜裝運來温，以便應用，並希先將起運日期電示，貨到之日，款即照匯。耑肅，敬頌

勛綏

元山秘書均此致候，不另簡。

卅五、三、卅擬

一〇七、復張緝之君函　瑞安西門外永叔仁記行内

緝之世兄偉鑒：

多日不見，想念萬千，忽辱朵雲，如親晤對，無任感忭。喬里蛋品廠因滬、温股東意見未趨一致，轉瞬天熱，本年恐難復工，囑事容俟相機設法可也。耑復，順詢

侍祺

令尊前希爲道候。

卅五、四、二擬

一〇八、致汪惺時[1]先生函

惺時先生大鑒：

數日不見，想念萬千，比維公私迪吉爲頌。承借之阿莫尼亞乙桶，原定本日奉還，頃接滬來電，謂已購之阿莫尼亞乙桶業於四月二日裝順亨汽船，不料船抵舟山，機件損壞，據報該船已由軍艦拖至滬江。現敝廠電滬敝辦事處火

---

① 汪惺時，永嘉人。汪晨笙次子。參與籌辦甌海實業銀行，任副經理兼會計主任。

速另裝别船,想不日可以抵温,事出不可抗力之境遇,謹請體諒,展期數日爲感。恐勞厪念,特先奉聞。專此,順頌

公綏

四、十五

一〇九、復黄坤如先生函　江西臨川展屏圩

坤如先生大鑒:

接讀華翰,具悉種是。令郎北垣服務敝廠,深資臂助,諸堪告慰。承詢傳聞令郎在温另娶妻室一節,經再三調查之後,確無事實,且伊日常在廠宿食,決無另闢外室之理,至希免念。匆復,順候

大安

卅五、五、十三擬

一一〇、復黄坤如先生　江西臨川展屏圩

坤如先生大鑒:

頃誦手書,得稔一是。令郎北垣已於六月十三日辭退,改就瑞安梅嶴瓷廠工作,計有三月之久,恐勞垂念,特此奉聞。即請

大安

卅七、九、十二擬

(閲,亨,九、十二)

一一一、致宋税務司函　耑呈甌海關宋税務司勛鑒

季超先生税務司勛鑒:

羈冗不克趨候教譚爲歉。近因本埠瘧疾流行,敝廠爲應製品原料急需,曾向香港購辦納霜粉一聽,由郵政遞寄。惟以不明關章關係,致貨已抵埠無法提取。擬懇俯賜鑒宥,准許驗明納税放行,俾應藥用急需,藉療民間疾苦。嗣後自當遵章止辦,爲此不已,敬祈逾格關垂,曷勝感禱。耑肅,虔叩

公安

卅六、十一、廿七擬

(閲,亨,十一、廿七)

一一二、復程業精兄函 江西景德鎮饒州會館轉

業精兄大鑒：

四月廿一日惠書誦悉，此間手工製造及機械生産均照常進行，新窯已成，産量較前爲多。江西技工待遇，每月薪津共可三萬三千元，由廠供給膳宿。吾兄如肯舊地重遊，望即返廠工作，屆時希約脱胚坯工歐陽忠義君同來更佳。九如先生仍未赴滬，便以附聞。匆復，順詢

台祺

卅五、五、十三擬

一一三、復柯劍侯先生函

劍侯先生大鑒：

疊奉惠書，欣稔政務賢勞，旅祺篤祜爲慰。祇以勝利之後，乳、瓷兩廠同時復工，百廢之舉，諸費周章，裁答有遲，無任慚歉。前承尊囑設法證件，初因張公[1]晉省未由晤商，嗣以奉令免職準備移交，不便再向啟齒，方命之愆，尚冀鑒原。

敝廠煉乳所需均係上等白糖，每月約三四萬市斤即够，交換米糧恐不可能，在此青黄不濟、糧價飛漲之時，亦不願爲。惟以敝廠煉乳白脱出品互易台灣白糖一節，則不妨一試，但不悉易貨手續何如，乞商之隆慶公司，並望查明當地政府有關貨物進出法令及易貨章則見告，俾便洽辦。現敝廠所出白日擒雕牌大聽甜煉乳每箱（計四十八聽）廠價法幣拾萬零伍千元，小聽甜煉乳每箱（計二百四十聽）廠價十二萬六千元，白塔牌奶油每磅三千五百元，以上煉乳白脱如係代理經銷，可打雙九五折解，現在交貨如用易貨方法，其有無折扣，似須視白糖價格有無折扣而定，其交貨地點亦當視白糖之交貨地點而定。如乳脱在温交貨，則白糖應在台交；反之乳脱運台交貨，則白糖亦當在温成交。庶幾利害兩同，無所軒輊，如何之處，尚祈費神洽示。敝廠電報掛號爲“〇〇七七”，便以奉聞。統此，復候

勛安

卅五、五、十五擬

（閲，亨，三、十五）

---

① 張公，指張竇琛。

一一四、復葉其宗君函　本埠民權路十七號收轉

其宗仁兄足下：

頃辱損書，獲稔精研雕塑藝術，無任欣佩。承示需要研習瓷土，不悉需量若干，尚希明告。《米開蘭羅基》册子歡迎參觀，頗望約期蒞閲，以便守候。匆復，順詢

大佳

卅五、五、廿五擬

一一五、復裘生年君函　上海北四川路底多倫路 202 弄 61 號

生年吾兄大鑒：

奉誦大札，諸承關注，無任感忭。勝利之後，敝營各廠均已次第擴展，增加生産，足慰錦繫，並因原料設備之便利，即將另營玻璃事業，現在計劃進行中，不悉貴友好中亦有精於此道否，幸乞明示，以便相機延攬。一俟玻璃事業實現之後，再行從事燈炮工作，或較穩妥，質之足下，以爲如何？匆復，即詢

籌祺

卅五、五、廿八擬

一一六、致林子標先生函

子標吾兄大鑒：

茲有蔡素文女士來廠擔任護士工作，即希查照試用。再，檢驗酸度工作，亦當交伊兼任。特修寸箋，畀其晉謁。耑佈，順詢

允綏

卅五、五、廿八擬

一一七、復李無庸先生函　上海大通路青雲里七號

無庸先生卓鑒：

别逾半載，思如山積，忽辱朵雲，悉符祝露，無任忻慰。客臘過滬，適台從榮旋珂里爲悵，嗣承令嬡女公子枉顧，甚感。衹緣冗牽，旋即匆匆返梓，不克造府回拜，尤歉。日内如有申江之行，必當趨候教譚，一傾積愫也。裁書艸艸，不盡往懷。耑復，敬頌

道安，並祝潭福不既

六、七擬

一一八、復李無庸先生函　上海復興西路二九九弄三號

無庸先生道席：

別來甚念，正擬裁箋修候，忽辱朵雲先施，莊誦之餘，獲稔潭祉咸綏，撰祺康娱爲慰。承示代辦拆放事，因舍親權熙業已回温，請與敝廠駐滬辦事處楊可文、繆叔中兩君逕洽可也。嗣後如有移存之款，仍希示明確數，以便轉囑滬處竭誠優待，以副尊命。耑復，敬頌

著安

卅八、三、廿一擬

一一九、復包斌先生函　耑呈沙垟包斌先生

亮叔先生惠鑒：

久未晤教，積塵萬斛，適奉損書，籍稔興居介福爲慰。承囑爲令親張振利在敝瓷廠安插工作一節，因目前業務尚未展朗，人事正在極度緊縮中，暫無適當工作可派，稍俟時日，再圖報命可也。除將實際情形晤告振利兄本人外，叨在知愛，敢以直陳，惟冀鑒原是幸。耑復，敬頌

台安

卅五、六、十一擬

一二〇、浙江省舊温屬旅處同鄉會王鴻來函

百亨總經理吾兄賜鑒：

久疏教益，時切馳依，恭維潭履康勝，諸凡順遂，洽符頌祝。

兹有懇者，此間同鄉會成立伊始，際此物價昂貴之時，僅設備費一項已屬不貲，夙欽台端熱心公益，遐邇聞名，可否俯錫捐助茶杯數十隻，俾旅麗鄉友拜受實惠，是豈啻本會同人之感荷已耶？又此項捐助物品，本會當加意珍衛，以垂久遠，如三年内萬一有損壞情事，理事長當負賠補之責。倘蒙慨允，乞惠交專署王庶務瑞德兄收轉。又來示懇勿寫弟私人名氏，以便公佈志謝。久在愛末，敢以瑣瑣瀆陳，尚希亮察是禱。專此，祗候

公綏

弟王鴻謹啟　十二月九日（1946年）

一二一、致舊温屬旅處同鄉會函

送八區專員公署王庶務瑞德先生收轉，麗水三坊鋪十號舊温屬旅處同鄉會公啟

逕啟者。頃接王客忱先生函，以貴會業已正式成立，良深欣賀。茲具敝廠拙製新式茶盃拾只，奉供貴會日常應用，尚冀賞收，藉伸頌悃是荷。此致

舊温屬旅處同鄉會

鄉弟吴百〇謹啟　十二月十八日

（卅五、十二、十八擬。閱，亨，十二、十八）

一二二、復洪君勉[①]先生函　南京立法院經濟委員會洪委員

君勉先生勛鑒：

奉讀手翰，備承關垂，感荷隆情，莫名心篆。客臘吉從榮旋梓鄉，得蒙枉顧，適以冗牽，未曾暢聆教譚，莫伸地主之儀，至深悵結。此次小兒託芘逃險而歸[②]，雖艱阻之備嘗，幸世味以稍知，差足奉慰。惟匪心未必甚甘，仍當不時戒備，尚望不遺在遠，時錫南鍼，俾有遵循。耑肅申謝，敬頌

勛綏

卅七、三、五擬

（閱，亨，三、五）

---

① 洪君勉（1906—1996），名瑞釗，浙江瑞安人。國立東南大學法科畢業，歷任國民政府交通部秘書，三民主義青年團總團文書處處長，立法委員，中山大學教職等。

② 1947年10月16日《浙甌日報》記載吴枚被綁架經過："（本埠訊）距離瑞安縣城四十餘里之沙垟地方（位於飛雲江上游），在前（十三）日下午四時許，發生驚人劫案。被綁者爲永嘉鉅賈吴百亨之子，即百好煉乳廠小主吴枚。緣吴枚係本年夏間，畢業于國立中山大學化學系，返里後從事化驗工作，不遺餘力。嗣以其父手創之沙垟百好煉乳廠，内有冷藏設備，適合實驗醬油酵母與釀造啤酒，乃偕同中山大學俞教授，于本月八日由永乘輪前往該廠，著手實驗。因逗留數日，遭匪知情，竟於十三日下午四時許，有匪徒十六人，各持新式武器，並聞攜有手提機槍二挺，儼如正式隊伍，假借搜查'逃匪'爲名，先在廠門架設機槍，遂即蜂擁入廠。該廠員工信以爲真，未加防範，該匪等入廠後，當將全體員工三十餘人包圍點名，聞員工中適有一人請假未回，吴枚曾抵其缺，藉免匪徒察覺。不意該匪徒等早以吴小主爲目標，聲言如不交出吴枚，即將全體員工殺戮。吴某無奈，只得挺身而出。匪徒得到目標後，即詢以有無攜帶行李衣飾，吴答無，匪即將其綁架，揚長而去。臨行時其中一匪（想係匪目）伸出五指示意，似含有贖票數目之意。並悉該廠原有完善自衛設備，因年來營業清淡關係而廢弛，聞匪衆曾劫去自衛槍三支。吴君家屬得訊後，其母兩日來寢食不安；其父已在設法營救中，截至記者發稿時，肉票尚無下落云。"

一二三、復許朔方[1]先生函　黄巖縣政府許縣長

朔方縣長勛席：

別來甚念，比想政履春和，勳猷時泰，爲頌以忭。頃津樑弟晤告，以枚兒逃險之後，遠辱賜書存注，感荷高情，莫可言宣。惟驚弓之鳥，此後仍當時存戒備之心。忝在愛末，尚望示教，匡所不逮。耑復申謝，敬候

勛安，諸惟崇照不莊

卅七、三、五擬

（閱，亨，三、五）

一二四、復許朔方先生函　臨海浙江省第六區專員公署

朔方先生勛鑒：

闊别甚念，忽辱損書，備荷眷注，感忭靡已。承示中秋風雨佳什，鮑逸庾新，躍然紙上，見獵之喜，敢爲颦效。雖鄙俚無華，聊以答意而已。拙作另紙録塵，冀博一粲。枚兒婚期未定，容日再告，先此佈復，敬頌

勛安

卅七、十、五擬

（閱，亨，十、五）

寶公專座前乞爲叱名請安。

次朔方先生海門中秋風雨原韻奉酬兼柬寶琛專座録塵粲政

正是中原多事秋，漫憑歸軾賦登樓。

蒼生霖雨知縈念，豪氣風雲倘未休。

瓜熟青門留去思，蓮開幕府續前游。

擔當大任澄天宇，明月青輝在上頭。

柏廬主人吴百亨初稿

附：金維喬和詩

讀朔方先生中秋風雨佳什即次原韻感賦一長句録塵指謬

草草勞人又一秋，萬方鼙鼓怯登樓。

兼天波浪身如溺，遍野瘡痍念豈休。

[1] 許朔方，名學彬，歷任瑞安縣長、黄巖縣長、浙江省第六區行政督察專員公署秘書等職。

雲外月華空想像，山間瘴氣礙觀游。

不堪回首團圞節，多少流離未聚頭。

章安金維喬未是稿

（大作拜讀，佩服之至。亨，十、五）

一二五、余森文、蔣一鳴[①]請柬（油印件）

逕啟者。茲定本月十日上午十一時假座第一橋錢業公會，舉行永嘉城區各界第三次座談會，並公餞永樂師管區李司令、高院張首席檢察官、地院金首席檢察官，暨歡迎永嘉團管區葉司令[②]，並同時舉行餘興。用特通知，届時務請惠臨參加，並隨帶餐費國幣伍仟元爲荷。此致

吴百亨先生

余森文、蔣一鳴謹啟　十一月七日（1946 年）

一二六、致余專員函　耑呈

森公專座勛席：

羈冗未克趨候爲歉，此次小兒吴枚託庇逃險之後，仍恐匪心未甘，易遭暗算，除囑敝營各廠加緊防護外，並擬置備自衛短槍一二枝以資隨身應變之用。惟以申請民槍登記烙印手續未諳，業向永嘉警察局請示章則亦未詳盡，無從遵辦，擬懇鈞座飭科抄惠《自衛槍枝管理條例》或《民槍登記辦法》見示，庶便祇遵，忝辱愛末，敢以瑣瀆。耑肅奉懇，敬頌

勛安

卅七、三、八擬

（閲，亨，三、八）

① 余森文（1904—1992），廣東梅縣人。1946 年 6 月任浙江省第八區（温州）行政督察專員兼永瑞平水利委員會主任，1956—1959 年任杭州市園林管理局局長，1962 年任杭州市副市長。蔣一鳴，上海人。1946 年 4 月至 1947 年 7 月任永嘉縣長。

② 葉司令，指葉邁，字逸帆，浙江青田人。黄埔軍校第五期步科、陸軍大學將官班乙級第一期畢業。1947 年任永嘉團管區司令。

一二七、復丁文霖先生函　鎮江九如巷五十九號

文霖先生大鑒：

闊别甚念，忽辱損書，獲稔勛績高騫，禔躬時泰，慰符所頌。小兒吴枚於上年十月間在沙被幫[綁]，始于本年二月間逃險而歸，雖已苦難備嘗，卻幸世味稍知，倘亦人生鍼砭歟。惟驚弓之鳥，仍應不時戒備，未悉足下有以教之否？

敝營各廠産量視前倍增，惟在高利剥削下，仍難操盈，忝荷素愛，便以奉聞。耑此申謝，敬頌

勛安

卅七、三、八擬

（閱，亨，三、八）

一二八、復尤樹勛[①]先生函　上海圓明園路169號中華基督教勉勵會全國協會

建人先生道席：

奉讀惠書，辱爲枚兒脱險致賀，感荷隆情，莫名心篆。吾人自經此次劫難之後，益信主力宏大，彌堪自勵。耑肅申謝，敬頌

道綏

卅七、三、九擬

（閱，亨，三、九）

一二九、致尤建人先生函

建人牧師有道：

自别塵教，時深馳繫，比想禔躬篤祜，爲頌無量。敬懇者，兹緣大小女曼雲係自高中卒業，次女曼霞在高中肄業，以温埠中等學校程度較差，此次相偕赴滬就學，要求深造。聞滬埠教會學校學風優良，且爲吾公之所熟悉，尚望費神代賜選擇，倘荷鼎力成全，俾償求學夙願，更所感禱。耑此佈肊，敬頌

道安

卅七、九、廿三擬

① 尤樹勳(1892—1970)，字建人，浙江永嘉縣人。畢業於南京金陵神學院，曾擔任温州循道公會城西堂主任牧師，籌建中華基督教自立會。抗戰勝利後，任中華基督教勉勵會總幹事。

一三〇、致屠白麐先生

白麐校長我兄惠鑒：

啟者。兹有張麗麗上期肄業本校高級二年，下學期因病不克參與，上學期攷試，該生曾請准病愈補攷，兹查攷試結果成績列入優等，惟以平時成績稍差，以致總平均不得及格，尚祈姑念該生望進心切，可否推情准予升級附讀，以觀後效爲禱。耑此奉懇，即頌

鐸安

卅七年三月十四日擬

一三一、致屠白麐先生函

白麐先生勛鑒：

昨辱塵教，欣感靡已。海觀先生[①]學問道德，弟所素仰，並聞戰時曾在本省主持工業改進，甚多碩劃，尤足欽慕。弟正擬擴充敝廠造紙業務，以爲文化建國事業稍效勞末。蔡先生果能俯允所請，惠臨主持其事，共圖展進，不惟吾温十餘年來之大規模造紙計劃可望實現。吾知得人而理，必可事半功倍。敬懇迅電速駕，俾遂葵傾之素，五衷銘感，寧有涯涘。倘蔡先生到滬之日，弟必立電敝廠駐滬辦事處職員趨洽恭迓。特肅申悃，敬頌

勛安

卅七、五、廿八擬

（閲，亨，五、廿八）

一三二、復張堯臣先生　瑞安湖石鄉

堯臣先生大鑒：

大函敬悉，小兒脱險，承勞掛齒，感謝莫名。尊囑時在期待，一有機緣，當即報命。春寒珍攝，餘不盡意。專復，即頌

大安

卅七、三、十九擬

（閲，亨，三、十九）

---

① 海觀先生，指蔡海觀（1898—1982），浙江寧波人。1921年赴德國留學，專攻造紙。歷任遼寧造紙公司工務處長、湖北漢陽造紙廠總工程師、北京輕工業學院化工一系研究室顧問等職。

一三三、致翁來科[1]先生

來科我兄大鑒：

別後正切馳念，忽接滬處報告，謂台旌甫抵春申，即患風痺住院施診，未稔日來症狀如何，經醫診斷後能否即可出院，衹以河山遥隔，未克慰問，殊爲焦急。弟以廠務羈身，一時尚難成行，務望詳示數行，免念爲要。專問

痊安

卅七、三、廿四擬

一三四、致翁來科先生

來科我兄大鑒：

多日不見，辰想旅躬介茀爲頌。茲有陳益卿先生之快婿舒君長春，前曾經營紙廠失敗，致遭賦閑，近聞我兄改組甌實，乞進一言爲介，俾遂枝棲之願。用特作函推薦，畀其晉謁，如荷攜植，感同身受。耑肅，即頌

旅安

卅七、七、廿四擬

一三五、復翁來科先生函

來科吾兄大鑒：

奉讀還雲，獲稔旅祺清泰，慰如所頌。敝營各廠前以資金凍結關係，早在半停頓狀態中。嗣因解放以後，受發展生産、繁榮經濟新政策之感召，即復先後力圖繼續生産，分别計議維持生産方案，暫維全體職工目前生活，同時妥擬增資招股計劃，期達完成股份有限公司目的。各種草案均將就緒，一俟呈案核備後即可實施。將來大康、大東、華英各户，暨汝舟先生欠紗等，均擬商請折價入股，此外並望我兄廣爲噓植，大量吸收現金股本，俾利擴充産製業務。

再，各廠一經着手改組，所有經濟廠務以及産製運銷計劃一概公開，各廠會計制度咸將絶對獨立，潮流所趨，決不自後於人，諒足下亦必贊同也。有船仍盼早歸，此間自廿一軍到後，新民主之作風有目共睹，不費縷陳。耑復，敬候

① 翁來科（1900—1951），字盈泉，祖籍鄞縣（今寧波市鄞州區），生于永嘉。錢莊學徒出身。創辦永豐錢莊，曾任温州錢業公會主席。

台綏

一九四九、六、十一擬

（閱，亨，六、十一）

一三六、致翁來科先生函

來科先生大鑒：

別來多日，想念爲勞。比維公私迪吉，爲頌爲祝。茲有懇者，薛蕁樓先生之女子閭女士，肄業上海女子齒科醫專，解放後返里，現學期開始赴滬繼續肄業，以校方無宿舍，願出代價租賃房屋以便通學，因人地兩疏，擬懇足下於各友好處代爲介紹，俾得安心學業。想蕁樓先生與足下亦相知有素，當能力爲紹介也。茲囑薛女士面謁台端，尚祈賜見面洽爲盼。專此上達，並候

台綏

一九四九、九、廿七

一三七、致童總經理函　童蒙正字果順[①]

果公總經理勛鑒：

晨間造謁，適公出未值爲悵。茲奉上拙製煉乳壹打，白脱六磅，敬乞哂納嘗試，並望惠賜品評，俾有改進是荷。惟紙包白脱易受潮熱，放置陰涼處所較易保存。耑肅，虔叩

午安

卅七、三、廿六

一三八、致許綬之、烈夫、砥中[②]先生

綬之、烈夫、砥中先生均鑒：

久未覿面，想念爲勞。頃津梁弟轉來手書，拜讀之下，獲悉種切。現敝營

---

① 童蒙正（1903—1989），字果順，浙江龍遊人。1923 年畢業于北京中國大學商科，任北京《京報》經濟版編輯，兼中國大學出版部主任。1942 年任交通銀行總管理處儲蓄部副經理、經理，直到抗戰勝利。1947 年任浙江省銀行常務董事兼總經理，次年初辭職。1982 年受聘爲上海市文史館館員。

② 許綬之（？—1965），名慕遠，瑞安人。曾任林攝副官。後爲臺灣桃園縣圖書館館長。弟烈夫、砥中（名尚），均爲許松年后裔。

各廠店以受工食激漲、高利重壓種種影響，業務無法伸展，尤以人事問題更感棘手。令姪事容俟局面稍臻安定，再圖設法，叨辱知愛，諒荷鑒原。專此奉達，即頌

近綏

卅七、三、廿七擬

一三九、復宋鎮圻先生

鎮圻仁弟青睞：

頃接來書，備悉一是。枚兒逃險歸來，以俗務冗牽，未克修書告慰爲歉。茲又承垂問，益增慚愧。耑此申謝，即問

安好

枚兒附問近好。

卅七、三、廿九

一四〇、致徐世康先生函

世康先生大鑒：

久未晤教，馳念無似。前承雅囑，代爲配製飾彩茶碗瓷蓋十二只，遵經飭工配製完成。惟聞内有一蓋運至發行所撞裂，似可釘用，茲當併奉，敬希察收。工料少便，請勿計價，惟祈哂存是荷。敬頌

撰安

卅七、四、二擬

一四一、復陳立昌君函　瑞安馬嶼田糧辦事處包主任收轉

立昌世兄青览：

頃接令堂惠書，誦悉一切，囑爲足下代覓工作，本當照辦，衹以各廠人事甫於年關調整，未便遽有更動，且因工業資金萎縮，各機構組織勢須酌量緊縮，因此一時未能安插，俟有機會容圖報命可也。知念，復詢

近祺

卅七、四、三擬

一四二、致阮毅成[1]廳長電

電報

杭州民政廳阮廳長鈞鑒：聞省辦前石塘鋸板廠全部動力機械出租，屬廠擬向租用，懇商請皮廳長[2]詳示機械各件租金數目，俾憑遵辦，藉應急需，祈賜玉成，盼電復。西山廠吴〇〇叩。巧。

卅七、四、十八擬

（閱，亨，四、十九）

一四三、浙江省民政廳阮毅成復函

百亨先生：

奉電敬悉，已爲轉致皮廳長，得復即再奉達。專請

公安

弟毅成再拜，四、十九

一四四、致張昌敬先生函　上海四馬路晝錦里口華美大藥房

昌敬先生大鑒：

此次赴滬，諸叨雅愛，既辱盛筵，復承不棄爲亡室[3]隆致輓語，咿感靡已，尤以承銷白脱事見諒，敝廠目前處境得告完滿解決，更堪銘佩。特肅箋謝，敬頌

籌安

卅七、五、十一擬

（閱，亨，五、十一）

---

① 阮毅成（1904—1988），字静生，號思寧，學名冠華，浙江餘姚人。阮性存之子。留學法國巴黎大學獲法學碩士學位。1931 年回國任中央大學教授。1938 年起任浙江省政府委員兼民政廳長。抗戰勝利後，籌設浙大法學院，任院長。1949 年赴臺灣。

② 皮廳長，指皮作瓊（1898—?），湖南沅江人。留學法國，回國後，任國立北京農業大學森林學系主任。1943 年任國家總動員委會物資處處長。1946 年 7 月任浙江省政府委員兼建設廳廳長。1948 年 7 月任國民政府銓敘部政務次長。

③ 亡室，指吴百亨夫人陳吉華，民國三十七年四月五日去世。

一四五、致徐安邦先生函　上海南京路石路口華英大藥房

安邦先生大鑒：

别後已託芘安抵里門，請紓廑繫。此次在滬辱擾郇廚，食德飲和，至深感謝。承銷白脱事，又承雅照，許爲完滿解決，尤足銘佩。敝廠其他産品在雙方協議同意之下仍可保持合作精神，更滋欣慰，尚祈不遺在遠，時錫教言，匡所不逮。耑肅申謝，敬頌

籌安

卅七、五、十一擬

（閲，亨，五、十一）

一四六、致陳子良、俞康甫先生函　（分繕兩信）

子良、康甫先生大鑒：

申江晤教，叨擾郇廚，食德飲和，感切肌銘。别後業已託芘安抵里門，請抒廑念。好風多便，尚望教言時錫。耑肅申謝，敬頌

籌安

卅七、五、十一擬

（閲、亨，五、十一）

一四七、致陳子良、俞可甫先生函

子良、可甫先生大鑒：

申江晤教，諸叨厚待，感仰雲情，莫名心篆。别後已於日昨托芘安抵里門，差以告慰。好風有便，尚望南鍼時錫，匡所不逮是荷。耑肅，敬頌

籌安

卅七、十二、八擬

一四八、致潘立夫先生函　上海牯嶺路181號

立夫先生大鑒：

日前申江晤敘，既聆偉略，更擾珍餐，欣感靡已。别後業經托芘安抵温埠，請紓廑念。大康瓷料箱面嘜頭，在申時曾與有關方面洽妥，今後改用◇D字，以免互有誤會，知念以聞，並請轉告陳、俞二先生爲荷。先肅箋謝，順頌

大安

卅七、五、十一擬

（閱、亨，五、十一）

一四九、致潘立夫先生函

立夫先生大鑒：

申江把晤，幸傾積愫，既叨寵待，更聆雅教，感荷隆情，莫可言宣。别後已於日昨托芘安抵里門，尤其此間一切如常，堪慰錦注。廠存次磚，早於奉電之日趕工包裝，準於下班穿山輪悉數裝奉，知關綺念，便以陳聞。耑肅申謝，敬頌

大安

卅七、十二、八擬

一五〇、致康肇基先生函　上海河南路505號大康行

肇基先生大鑒：

在申半月，承情萬種，不惟珍餐寵錫，且辱高車代步，飽德適履，感切肌銘。承貺亡室輓語，益佩雅誼，殁存交篆，靡足涕零。弟業於今午託庇安抵里門，此間一切如恒，令郎建章世兄亦已晤面，諸甚佳⿰，請抒廑繫，惟敝同事王逸駒兄事仍鮮眉目，爲可慮耳。匆此申悃，敬頌

籌安，並祝

閤潭均吉

卅七、五、十一擬

（閱，亨，五、十一）

一五一、致康肇基先生函

肇基先生大鑒：

申江敘首，備叨雅教，既郇餐之屢擾，復厚貺以頻頒，感荷隆情，莫名肊篆。祇以歸舟擁擠，尚有一部份行李退留滬寓，以致拜領之物及囑帶之件均未帶温，良深歉仄。除經電告權弟託妥帶温外，便以陳聞。耑肅箋謝，敬頌

籌安

卅七、十二、九擬

一五二、致李懷新、周鶴皋、顧維向先生函　上海河南路505號大東行

懷新、鶴皋、維向三位先生均鉴：

申江晤敘，快聆教譚，既辱珍饈，復賜教言，别後懷思，莫名感篆。弟於今午抵埠，路中一切托芘平順，聊堪奉慰。好風有便，幸賜南針。耑肅申謝，敬頌

籌安

卅七、五、十一擬

（閱，亨，五、十一）

一五三、致葉嘯谷[①]先生函　上海四川中路149號甌海實業銀行申行

嘯谷先生勛鑒：

月前買棹春申，附驥同行，諸叨教益，既深感幸；到滬之後，又辱珍餐寵錫，益令飽德難忘。惟以旅次多冗，匆遽之間，未克造候尊齋，迴舟之日，又未趨車叩别，慚歉之忱，無地自容，向荷厚愛，或冀鉴原。再國桐、志成、秉經諸先生處，亦未一一詣候，更感不安，晤希代賜寄聲致歉，聊申下悃。統此肃箋鳴謝，敬候

勛安

卅七、五、十二擬

志成、國桐、秉經諸先生均此奉候。

一五四、致張亦苗先生函　上海四川中路（149）B號甌海銀行申行大華公司

亦苗先生勛席：

申江謁晤，備聆偉略，茅塞頓開，既深欣幸，乃荷盛筵寵召，益切慚惶，衹以冗事羈牽，未能長叨雅教，匆匆賦别，徒增悵結。昨幸托花安抵里門，差慰錦繫，倘更鱗鴻有便，尚乞鍼圭時錫，俾有遵循，則更盼禱不置矣。耑肅申謝，敬頌

勛安

卅七、五、十二擬

---

① 葉嘯谷（1902—1986），名風虎，永嘉白象（今屬甌海區）人。畢業於北京大學化學系。執教于北京大學、中法大學，後任浙江民政廳主任秘書、杭縣縣長。抗戰爆發後，任上海正言報社長。抗戰勝利後，任大華實業股份有限公司總經理，1947年任甌海實業銀行總管理處總經理。

志道、鵬飛、秉經諸先生均此道候不另肅。

一五五、致蔣德乾、戚鳴鶴、金洪振先生函

上海中正西路七號上海廣播電台　金○○先生台啟

德乾、鳴鶴、洪振三位先生均鑒：

申江晉謁，既叨雅教，復辱珍餐，感仰隆情，莫可言宣。祇以俗務羈牽，不克長隨左右，匆匆賦別，益切馳思，尚冀不遺在遠，時錫蘭言，匡所勿逮，更深感盼。耑此申悃，敬候

大安

卅七、五、十二擬

一五六、致陳鐘聲[①]先生函

鐘聲學長勛鑒：

申江晤教，備聆清誨，多年契闊，快慰生平，乃復珍廚寵錫，迄今齒頰留芬，益令食德難忘。祇以俗冗羈牽，不克長親左右，匆遽言旋，轉增悵結。別後已於前午抵温，一路托芘平順，差慰錦繫。好風有便，幸惠緘圭，以匡不逮，則更感禱矣。耑肅申悃，敬頌

勛安，並祝儷福不備

卅七、五、十五擬

（閲，亨，五、十五）

嫂夫人均此致候。

一五七、致李民新先生函　永嘉鄉村電話局李主任

民新主任勛鑒：

久欽雅望，時殷企慕。祇以冗牽，未克趨候教譚爲歉。

兹有懇者，敝世誼黄文蘭女士現年二十五歲，係瑞安人，曾在瑞中肄業，連任東山小學教師二年，近以賦閒家居。獲悉貴局新有接綫練習生缺額，託

① 陳鐘聲（1895—?），浙江永嘉人。畢業于南京金陵大學，留學美國哥倫比亞大學。歷任中國青年協會干事、上海通易信托公司經理、浙江藝文學院院長、國立中央大學教授、實業部參事等職。

爲一言作介。素稔先生提掖後進，向具熱腸，用敢冒昧推薦，畀其晉謁崇階，倘荷提植，感當勿諼。耑肅，敬頌
勛安

卅七、五、十五擬

（閱，亨，五、十五）

一五八、致陳團長函

祖康團座勛席：

此次亡室追悼會，猥蒙寵賜隆儀，增輝泉壤，既深啣感；又荷貴屬官兵蒞臨西山，戒備週至，得以安心成禮，尤足感佩。敬具汗衫二十八件，尚祈哂納，轉頒在事各位，聊申忱悃。耑肅敬謝，虔叩
勛安

卅七、五、廿八擬

一五九、復陳司令函　金華浙西師管區司令部

履旋司令[1]勛鑒：

闊别缺候，歉念交縈。日前辱承賜書，適值于役春申。迨返温之後，始獲展誦，敬悉勛躬介茀，偉績光昭，慰如下頌。其時又因亡室喪事冗雜，致稽裁答，尤深致歉。辱示金華中英藥房有意兼營敝廠煉乳推銷業務，甚感盛誼。惟近年以來金衢嚴處各屬煉乳推銷，已歸麗水祥豐協記程宗勳君訂約代理，未便中途變更。倘中英藥房願就金華地區分銷敝廠煉乳，擬請轉知前途就近與麗水程君洽訂分銷合約，亦可。耑復，敬頌
勛安

卅七、五、卅擬

（閱，亨，五、卅）

一六〇、致陸漢卿先生函　上海中正西路七十四號光中造紙廠

漢卿先生大鑒：

申江晉謁，幸遂瞻韓之願，獲聆偉略，更欣茅塞爲開，快慰奚似。臨行之

---

① 履旋司令，指陳履旋，浙江青田人。黄埔軍校畢業，時任金華師管區副司令。

日，又辱台從驅車以送，桃花潭水，益感深情。抵温後以冗務紛集，久稽箋候，尤滋抱歉。前蒙賜長網機圖式，早刻肌銘，敢懇估示製造機器價格，俾有遵循。好風多便，幸賜教言，更所企盼，瑣瀆之愆，統容併謝。敬頌

台安

卅七、五、卅擬

（閱，亨，五、卅）

一六一、致陸漢卿先生函　上海中正西路七十四號光中造紙廠

漢卿先生大鑒：

前承頒示圖式（復函及計圖已收到），至深感忭。兹因小兒吴枚赴滬之便，特飭趨謁崇階，面領教言。並煩吉從領導參觀造紙機器，俾廣見識。

再者，小兒此來，或將偕同工業前輩蔡海觀先生趨前晤見，共圖敝廠造紙事業之進行，統望不吝賜教，俾有遵循，感當勿諼。耑肅，敬頌

台安

卅七、六、十五擬

（閱，亨，六、十五）

一六二、致陸漢卿先生函

漢卿先生惠鑒：

闊别甚念，比想禔躬介茀爲慰。敝廠所聘造紙專家蔡海觀先生業已來温，現在考察研究中，稍俟一段期間，即可着手進行，届時容當詳陳。

兹緣上月間敝廠接受國行委託銷燬温埠各銀行兑存小券，計重廿五噸以上，經陸續入鍋蒸煮脱色，所得紙漿頗爲潔白，在敝廠之長網機設備未曾配置以前，擬將是項廢鈔紙漿先行運滬脱售，但不悉最近漿料滬價何似，每噸可售若干，敬希查明詳示，以資借鏡，叨荷雅愛，諒亦不吝賜教。肅箋佈懇，敬頌

大安

卅七、七、三擬

（閱，亨，七、三）

一六三、復胡旭庚[①]先生函　瑞安龍首橋九號

旭庚先生大鑒：

前奉惠書，稽冗未復爲歉，且以施先生處既允考慮，又不便一再催詢，預料無論如何，必有明確答復，是以缺然不報者，職此故耳。昨（七日）晚施先生果然親自來舍，承告決定聘請足下擔任該院醫師，暫以一年以期，任職期内須每隔一日到手術室協助工作，待遇依照院章，但不高於同階級之原有醫師，住宿問題必須自理云云。望接信之後，克速莅温應聘入院服務是幸。匆頌

午安

卅七、六、八擬

（閲，亨，六、八）

一六四、致蔡海觀先生函

海觀先生賜鑒：

久欽碩望，時繫心旌。比想禔躬介茀，爲頌無量。前承白廖先生談悉，台從對敝營各業謬叨獎許，下風遜聽，既深惶感，尤以目前造紙事業正在初步試製中，蒙俞允俯錫宏規，則更欣躍不盡矣。現聞駕已返申，本當買舟趨迓，祇緣冗務羈身，未克遠離，轉飭小兒吴枚代表晉謁崇階，尚冀推愛賜教，倘滬事摒擋就緒，並盼早日惠臨，曷勝企切之至。耑肅，敬頌

崇安，諸惟亮照不莊

卅七、六、十五擬

（閲，亨，六、十五）

一六五、致周南坡先生函

南坡先生大鑒：

别來甚念，辰想籌祺介茀爲慰。前寄硫磺礦樣少許，實因該山礦藏不多，僅有表皮露苗而已，是以無法繼續探採，俟他處接有頭緒，再圖報命可也。兹小兒吴枚因事赴滬，特囑趨晤，尚望撥忙領導枚兒前往參觀寶山造紙廠，俾有

① 胡旭庚（1913—?），浙江瑞安人。畢業於南通醫學院。曾在瑞安開設旭庚醫院。後任浙江衛生實驗院研究員，第五届全國政協委員。1978 年獲全國醫藥衛生科學大會獎。

借鏡。瑣瑣奉瀆,感當勿諼。匆此佈懇,順頌
台綏

卅七、六、十五擬
(閱,亨,六、十五)

玉溪弟均此道念,不另簡候,又及。

一六六、致馮站長函　氣象台永嘉站

梅生先生站長勛鑒:

前展光儀,具欽風範,衹以冗務龐襍,未能時聆麈教爲悵。茲有懇者,舍弟叔華因在勝利初期眷屬居鄉留有三牌坊空屋,由貴站吴前站長商允租用,嗣伊眷屬回城,衹好另租他屋住用。後以房租過重,被迫退屋,商承貴站惠允讓還樓房,歸其眷屬自住,已深感幸。半載以來,尚可勉强擠住。現届夏令,不獨眷屬擠居一樓,甚感悶熱,不合衛生,即貴站辦理公務,亦恐非便。託爲代懇台從另覓站所,庶冀公私兩便。但以鄰誼日久,難於當面啟齒;且吴前站長借租該屋時,弟曾斡旋其間,繫鈴解鈴,亦有道義責任。好在貴站係國防重要機關,覓擇辦公地址比較容易,用敢冒昧代陳下悃,尚冀鑒原,並祈示復,至深感盼。敬懇
勛安

卅七、六、二〇擬
(閱,亨,六、廿)

一六七、致毛龢振先生函

龢振先生大鑒:

自别光儀,時深馳慕。比維興居曼福爲慰。茲有懇者,敝廠造紙部前承中央銀行委託銷燬温埠三行兑存小券,計重廿五噸有餘,經陸續入鍋蒸煮脱色,所得漿料潔白細膩,惟以敝廠長網機設備未曾配置完竣,以之製造普通紙張未免可惜,擬先運滬脱售,但不悉是項廢鈔漿料運至滬埠,目前每噸可售若干,至乞查明詳示,俾有遵循,瑣瑣奉瀆,容圖後謝。先此佈懇,敬頌
台安

卅七、七、三擬
(閱,亨,七、三)

一六八、致陳縣長[1]函

純白縣長賜鑒：

晨間晤談甚快，遵囑奉上十滴水弍百瓶，千金丹弍百包，敬希察收，並乞轉贈陳團官兵暑期備需是荷。耑肅，虔叩

勛綏

卅七、七、五擬

（閱，亨，七、五）

一六九、致鄭源興先生函　上海中山東二路一九六號茂昌公司

源興總經理勛鑒：

闊别逾年，時深馳繫，比想籌祺介茀，偉業崇隆，爲頌以忭。敝營乳、瓷兩廠産銷業務均較往昔爲旺，差慰錦繫，現正着手籌設造紙工廠，擬將個人獨有之温州蛋品廠股份（約佔全公司四分之一）全部出讓，以便專心致力幾種本位工作。素稔台端久執全國蛋品事業之牛耳，輕車熟路，大可優爲，如荷同意接受，其他外股尚可設法多收。兹乘舍親陳權熙返滬之便，特泐寸箋，畀其晉謁，尚祈面賜教言是禱。敬頌

籌安

卅七、七、十四擬

（閱，亨，七、十五）

一七〇、致謝錦堂先生函

錦堂先生總經理勛鑒：

遠别缺候，歉念兩深。每憶椲輝，輒滋葭溯。辰維籌祺百益，爲頌無量。弟自從事産製工業以來，首尾廿稔，其間雖嘗屢經戰亂，終能篤守崗位，埋頭苦幹，迄幸規模粗具，差慰廑繫。今後更擬專心致力本位工作，所有外業附股，决計分頭出讓，以便集中力量更圖竿頭一步之進，諒我先進者亦必共體斯旨也。現擬將貴公司弟之名下股份全部轉讓，不悉足下其有意乎？且貴

---

① 陳縣長，指陳純白（1897—1964），字子冲，又名子春，浙江永嘉人。歷任杭縣、餘杭、建德縣長，當時任永嘉縣長。中華人民共和國成立后，在上海私立江淮中學執教。

公司在執事領導之下，業務逐日向榮，早所欣佩，當更不以己所勿欲反施諸人而議弟也。謹肅寸箋，託由舍親陳權熙晉謁，尚希面錫教言是幸。敬頌
籌安

卅七、七、十五擬
（閱，亨，七、十五）

一七一、致項啟宗先生函　瑞安申明里

啟宗吾兄校長勛鑒：

日者屢辱枉教，備聆偉教爲快，承囑代募經費，奈因棉力有限，未能多助，至深引歉。茲緣敝友之子王佐中君，曾肄業英大工學院土木工程系兩年，以父老多病，暫難遠離鄉土，擬向貴校覓一教席，以遂教學相長之願。且聞貴校設有土木工程專科，果能畀其執教該科，正可游刃有餘，否則如低級數學、物理等科，或亦所長。尚望推情提植，感當勿諼。肅箋佈懇，鵠候好音。順頌
暑安

卅七、七、十五擬
（閱，亨，七、十五）

附王君履歷片一帋。

一七二、致徐康年先生函　杭州中央銀行杭州分行會計主任

康年先生主任勛鑒：

自别檮輝，時深蒄結，比維禔祺夏大，計績日昭，爲頌無量。曩承貴行委託銷燬温州三行兑存小券，所有截角拌裝入鍋蒸燬手續，莫不函請温州銀行同業公會邀同當地政法首長暨三行負責人涖場監視，並依合法程式完成銷燬事宜，迄今各界人士莫不稱頌貴行之措施合理與台座之指示有方，感忭之餘，欽佩無已。現值萬元以上關金發行，中央政府爲限制通貨之過分膨脹起見，勢必再度兑收小券，倘荷不棄，仍前指定敝廠合法銷燬，必當續爲效勞，不僅敝廠之回銷原料可裕，在貴行亦可放心不少矣。如須逕懇忍老[1]，亦望函示，以便遵辦。耑此佈臆，敬頌

① 忍老，指張忍甫。注見前。

勛安

卅七、七、廿三擬

（閱，亨，七、廿三）

一七三、致徐主任函　外附白脱六磅

康年主任勛鑒：

別來甚念，比維褆躬篤祜，是頌以忭。此次奉准收銷廢券，在粟副主任暨審計處、銀行同業公會代表督導之下，一切手續均已辦理完竣，請抒廑繫。兹乘夢榴先生公畢返杭之便，帶奉拙製白脱六磅，聊供佐饌之需，惟冀哂納是荷。耑肅，敬頌

勛安

卅七、十一、卅擬

一七四、復洪維駿先生函　瑞安貨物税局辦事處

維駿主任勛鑒：

前辱枉駕參加亡内追思會典禮，藉重增輝，感涕靡已。衹以冗雜，未肅箋謝，正深惶歉，復荷手畢遥頒，備承關垂，益佩雅誼，容圖晤謝。

至敝廠四五六各月税款遲繳原因，已於呈繳税款文内陳明，諒蒙鈞察。所有本年四月份至七月份應繳款共爲弍千零壹拾萬元，已於數日前飭工賫奉，當已核收。各月應繳税款，均依迭令所示核定税率照繳，至祈鑒宥。耑肅佈懇，敬頌

公安

卅七、七、廿四擬

（閱，亨，七、廿四）

一七五、復葉性傳先生　朔門屯前33號

性傳先生大鑒：

頃奉手教，承以礦事相商，欣幸莫名。衹以俗務冗牽，未克走謁，是以爲歉。公便尚祈約期蒞舍一譚，俾聆宏論，以便決定爲幸。專復，順頌

大安

卅七、七、廿六擬

（閱，亨，七、廿六）

一七六、復葉性傳先生

性傳先生大鑒：

昨承頒示約期，至深感忭。弟每日下午在西山瓷廠辦公，六時返處，敢乞大駕於是日七時涖處，恭聆教益不誤。專復，即詢

時祺

卅七、七、廿九擬

（閱，亨，七、廿九）

一七七、致董鳴皋先生函

鳴皋先生有道：

奉誦大畢，敬稔種是。前承尊囑之事，以來科兄迄尚在滬未返，是以遲未報命，俟伊歸後當爲面託，不論成否，必當耑箋奉告，知注先復，並望轉語前途稍待是幸。匆頌

道安

卅七、八、十擬

（閱，亨，八、十）

一七八、復薛蕚樓先生函　瑞安屏星街

蕚樓吾兄大鑒：

奉讀損書，祗悉種是。令親池君不悉欲習何種工藝，務祈明示，以便俟機答告。惟帳房間事務方面學徒已人多於事，則暫難設法耳。近聞敝廠乳源時被利民侵收，似與三廠聯誼本旨根本抵觸，尚望足下一本積年致力和平初衷，主持正義，商請子旋先生迅賜制止，免肇事端，在敝廠方面祗圖爭回失地，決不敢另有奢望，諒爲足下之所明察也。耑復佈憩，敬頌

台安

卅七、八、十擬

（閱，亨，八、十）

子旋、天放、志堅三位先生均此，不另簡。

一七九、復楊保富君函　淳安湖濱路十號

保富兄鑒：

接讀來書，已知一切，如貴處另無他事牽阻，希即早日來温，有所借重。劉後昌、孫世東二兄均在此工作，特此附聞。匆復，順詢

近佳

卅七、八、十五擬

（閱，亨，八、十五）

一八〇、復王濟群君函

濟群兄鑒：

用臣兄攜來手書，悉吾兄既有高就，原不强留。廻憶曩日入廠之初，挽人向弟推薦録用，弟以鑒於至誠，未便深卻，故允所請，滿望吾兄能安心工作，聊慰微衷，今竟未先得弟同意，另行他就，似與人情不近。如吾兄能返廠服務更好，否則亦須俟弟覓到接替人員，始可離職，不知吾兄以爲然否？專復，祇詢

近綏

卅七、八、十七擬

（閱，亨，八、十七）

一八一、復蔡丹忱先生函　附沙垟廠轉交

丹忱吾兄鄉長大鑒：

奉讀惠書，藉稔褆躬清泰，鄉政賢勞，慰符臆頌。承介昌餘兄事，自當遵囑代爲留意，緩圖報命。因目前正值改革幣制措施，新經濟伊始，工商事業前途成敗利鈍暫難預料，所以最近敝營各廠咸在極度緊縮人事中，即西山一廠八月份已裁汰職工達四十餘人，一時未便録補新工，果能新政順利推行，各正式廠商或有再生希望，屆時必可設法安插也。耑復，順頌

大安

卅七、八、廿六擬

（閱，亨，八、廿六）

一八二、復朱瑞艷先生函　平陽東門靛青行廿五號

瑞艷先生大鑒：

奉讀大札，甚佩良謨。惟承獎飾逾恒，深滋慚感，擬請先將佳製鞋油成品寄惠二三盒，以憑試用，需價若干，亦望明示，自當郵奉，餘俟試用之後另洽可也。匆復，順頌

台安

卅七、九、四擬

（閱，亨，九、四）

一八三、復吴孟晉先生函　平陽縣參議會吴議長

孟晉吾兄議長勛鑒：

前晤教譚，快慰無似。比維公務賢勞，禔躬佳鬯，允符臆頌。承介貴院兒童前來敝廠習藝，本當遵辦，但聞年齡均在十四歲以内，恐非所宜。因敝廠工藝均甚粗重，最低限度以能肩負坯板方可，蓋每板連坯重在五十市斤左右，童工膂力有限，自難勝任。倘年在十六歲以上體力强健者，自可爲之設法。知關綺注，耑肅奉聞。敬頌

公安

卅七、九、十三擬

（閱，亨，九、十三）

一八四、復彭志川先生函　耑陳永嘉國税稽徵局

志川先生大鑒：

奉讀損書，獲稔公務賢勞，慰符臆祝。承介令親林君工作，不悉有何專長。因敝廠各級職員已有人浮於事之感，倘係勞動工作，尚可勉爲設法，以應雅命。耑肅佈復，順頌

公綏

卅七、九、十三擬

（閱，亨，九、十四）

一八五、致省銀行永嘉分行函

逕啟者。頃因敝廠請願警王德龍偕同敝廠學徒劉榕奇赴貴行繳納税款，

適該廠警之自衛手槍失火，以致敝學徒腿部遭受微傷。聞訊之後除派員將該學徒劉榕奇送往甌海醫院醫治外，茲特具函保領該警王德龍一名回廠訓誡，以儆後慎，相應函請查照爲荷。此致
省銀行永嘉分行

弟吴○○啟　九月廿九日
（閱，亨，九、廿九）

一八六、朱傳經來函

百亨先生大鑒：

寒門不幸，蹇及内子，中道撒手，頃承函唁，不勝感激。敬此復謝，順頌
大安

弟朱傳經拜啟　八月卅一日

一八七、湛廷輝來函

百亨吾兄勛席：

勞燕分飛，倏已半月，企念之殷，與日俱增。弟于月初抵鄞，沿途尚安，差堪告慰錦注。本擬於覓妥住屋後即行返温過訪，不意委座近有還梓掃墓之訊，致未果成行，特此先行函候，並頌
勛安

弟湛廷輝啟　五、十七於甬

一八八、致蕭青萍先生函

青萍先生委員勛鑒：

睽隔棨範，倏經越月，恭維履祺懋介，鼎祉蕃臻，爲無量頌。

啟者，前承定購建築材料，現已趕就，茲於本班穿山輪帶奉六角馬賽克及磁磚等大小計六十箱，又另頭四十四粒裝成一紮，託石正明先生隨帶提貨單，至滬提取轉運貴處，至請察收。尚差磁磚另件，亦已由製造部趕製，一俟出窯，當即續寄不誤。所有木箱弍百拾萬元，已由甌海實業銀行先予代付，祈釋釐注。茲再交石先生奉上發票一帋，統希垂督是荷。專此奉達，敬頌
春祺

卅七、二、廿二擬
（閱，亨，二、廿二）

一八九、朱哲光①來函

百亨吾兄惠教：

別來未候爲歉，茲有敝親董公達君，現年十五歲，畢業初中，人頗聰明，忠厚可靠。茲擬介請以練習生録用，如可能，即飭趨見，否則亦希函復，至盼。

此頌

近祺

弟朱哲光頓首　元、十四

一九〇、方青儒②來函

百亨先生大鑒：

日前台從來杭，藉得暢敘，快幸何如。惟以公務冗繁，有失招待爲歉耳。關於聯分配行總之製造窗用玻璃機器一節，前經面達，茲獲得此項機器説明書一份，特抄奉備閲。專此，順頌

大安

方青儒謹啟

附説明書一份。來科先生均此。

（民國三十六年三月十六日收到）

一九一、復方青儒處長函

青儒先生處長勛鑒：

杭垣晉謁，暢聆教譚，分署之行，更叨光寵，感荷隆情，未可言宣。拜别以來，牽於冗務，致稽箋候，正以爲歉，忽辱琅簡先施，備致殷拳，益增慚惶。

承示玻璃製造機説明書，業已奉悉，遵經依照工礦救濟原則與實務方案之規定，擬具申請理由及計劃書，並附敝廠概況表暨廠房設備照片十餘幀，即當分别郵呈救濟總署暨浙江分署，大約稍遲數天，定可投達。知勞廑繫，便以

---

① 朱哲光，浙江省第五區保安司令部副司令兼第五區保安獨立團團長。

② 方青儒（1907—1984），字知白，浙江浦江人。歷任餘杭縣黨部指委，國民黨浙江省黨部執行委員、書記長，中國政治大學教授，浙江省政府社會處處長、浙江省政府委員等職。

奉聞，用將所擬書表附請台察。耑肅，敬頌
勛安

卅六、三、十七擬
（閲，亨，三、一七）

附申請理由書及概況表各一份。

一九二、浙江省政府李傳英來函

百亨先生大鑒：

雲和一别，倏已匝月，近維起居迪吉、公私咸宜爲頌。前洽來貴廠參觀一節，因刻下本省行政會議召開在即，敝室忙於籌備事宜，不克分身，一俟會後稍有餘暇，當再行趨教。恐勞垂注，特此佈聞。並頌
大安

弟李傳英頓首　七、廿八

一九三、致平陽鄧警察局長函

壬林局長勛鑒：

久未通候，馳念爲勞。比維禔躬康泰，政務賢勞，爲頌以忭。兹有黄成彪君向在永嘉警界充任巡官及督察員多年，幹練精明，久爲上司所器重，現服務楓林警察所。聞吾兄榮升平陽警局長，爲發展前途計，囑爲介紹，特肅八行，俾其晉謁，予以推情録用，則感同身受矣。專此奉懇，敬頌
勛安

附履歷一紙。

一九四、甌海關税務司葉學希來函

百亨仁兄先生賜鑒：

日前參觀貴廠，諸承厚待，並擾郇廚，高誼厚情，感謝無似。敝關林監察長友炳兄心慕已久，日前未能涖至，深以爲憾，故擬於雙十節下午偕友至貴廠參觀，務請賜以指引，實深正禱。此頌
潭安

弟葉學希拜啟

一九五、浙江田賦糧食管理處陳詒來函

百亨先生大鑒：

奉讀手教，敬悉種切。永邑重鎮經敵寇一再騷擾，地方元氣大傷，善後之策端賴賢者設法予以恢復也。吾兄致力實業，深爲佩慰，嗣後還希不時賜教，以匡不逮。耑此奉復，順頌

潭安

弟陳詒拜啟　七月廿四日

一九六、童烈來函

百亨先生尊鑒：

晚奉調上校附員於三月一日安抵杭垣，奉諭俟主席返省後另調實職，前途明暗，聽之而已。憶前在陶山離開保四團時，深荷關栽，事雖未就，感銘肺腑，爾後懇乞先生仍時惠教導爲禱。專肅，敬請

崇安

晚童烈敬叩　三月廿一日于艮山門外泰來鑫轉運公司

一九七、致夏仲逵先生函　東門外化魚巷家庭餅干廠

仲逵先生大鑒：

頃讀十一月三日華翰，聆悉壹是。弟旅滬一個半月，始於上班穿山返温，承囑之事自當遵命，祇以敝營事業目前因時局影響無法擴展，現正擬緊縮，以資撙節，尊事一時苦難安插，殊以爲歉，一俟局勢稍定，業務推展，當再馳書奉告。專此率復，即頌

大安

卅七、十二、十四

（閱，亨，十二、十四）

一九八、復朱副司令函　浙江省第五區保安司令部

智明司令勛席：

自别仁峤，曾經一度赴滬，羈留半月，始於前日返里。展誦手教，獲稔種是。承介令親董君練習工藝一節，擬請先囑董生來舍一晤，俾便相機設法以

答雅命。耑復,敬頌

勛安

卅八、元、廿四擬

一九九、致李鏡湖先生[1]函　面塵甌海醫院李院長勛啟

鏡湖先生院長勛鑒:

多日未晤,想念甚殷,比想公私迪吉,爲頌無量。

敬啟者:敝廠研究室主任林君子標,聞與貴院病菌室主任吴士恩先生向有一面之雅,現林君爲研究細菌工作,希求深造,計擬每週規定二三小時前往貴院吴主任處請求教益,不悉得荷允許與否,尚祈明示。如承賞准,則貴院之宏施不獨爲病家之福音,更當有助於衛生生産事業不鮮也。肅箋特畀林君晉謁,乞錫教言是幸。敬頌

公綏

卅八、二、十九擬

(閱,亨,二、十九)

二〇〇、復林維猷先生函　平陽地籍整理處

維猷尊兄大鑒:

頃奉手書,備悉尊況佳勝爲慰。敝處自新春以來,因銀根奇緊,拆息過高,倒風叫囂,充滿全城,以致元大擱淺,各廠業務將告停頓,支持全局,苦無善策,日來正謀通盤策劃,以期打通此艱危局面。介夫先生仍在謙辭中,令郎事容後再行報命。書不盡意。即頌

公安

卅八、二、廿五擬

(閱,亨,二、廿五)

---

① 李鏡湖,1948年5月,國军駐温某部傷兵聚衆打砸甌海醫院,院長張景飛被迫憤然辭職,由李鏡湖接任院長。

二〇一、復謝純廉先生函

純廉先生大鑒：

前奉手教，敬稔蓋籌大展，良深欽佩，衹以冗務紛雜，久稽裁答爲歉。承囑合作經營茶罐一節，本極歡迎，奈因敝營各業單位過多，正在設法緊縮中，另刱新業，尚非其時，方命之愆，諸希鑒原。匆復，即詢

籌綏

卅八、二、廿六擬

二〇二、致葉專員①函

樹公專座勛席：

晨間暢聆教譚，甚爲快慰。兹有懇者，緣敝廠工友吴加林在廠工作已有十年之久，安分守己，不預外事。此次因受平陽同鄉之託，代送金圓券數千元交給該同鄉之甥繆君，聞繆君現在本城鼓樓某部隊充當新兵，該加林送款到隊之時，因繆兵已逃，當彼主管長官將加林扣押，指有串逃嫌疑。聞報之後，不勝駭異。倘敝工友稍有絲毫嫌疑，决不送款登門，自蹈法網，尚祈鈞座明察，迅飭釋回，俾安工作，藉恤民命。如蒙俯允，當爲負責代保，不勝感禱之至。敬候

勛安

卅八、三、十五擬

二〇三、致陳縣長函

子彬縣長勛鑒：

頃奉鈞座派員蒞募自衛特捐稻穀二十餘石，飭即如數照繳等諭。奉查是項自衛特捐，關係地方治安，至爲殷切，力所能勝，責無旁卸。惟以敝營各廠皆係獨資經營，值此工業資金十分萎縮之際，生産工貸分文未曾領到，僅在高利重壓之下借債度日，數百員工日常薪米之需時虞不繼，寧有餘力負擔鉅額捐輸？擬懇鈞座一本扶護工業生産之至意，儘量核減派額，以便設法措繳，藉

---

① 葉專員，指葉芳（1911—1986），字樹芬，永嘉人。黄埔軍校第七期步科畢業。1949年1月任浙江省第五區行政督察專員兼保安司令，4月任第五軍二〇〇師少將師長，5月7日在浙江温州率部起義。後任解放軍浙南遊擊縱隊副司令員，民革浙江省委副主委，浙江省政協常委。

應新命。謹先陳悃,伏冀鑒原,無任感企。虔叩
鈞安,諸維垂照不儩

卅八、三、廿五擬

二〇四、致瑞安陳縣長函

天籟縣長勛鑒:

闊别缺候,歉念萬分。頃閲報章,獲稔吉從宰瑞,新命榮膺,下風遜聽,莫名欣賀。兹緣貴舊部薛君思俞來稱,伊現在貴治自衛隊擔任分隊長職務,聞葉前任[1]瓜代之際,人事不乏更動,如蒙量材提掖,必更竭誠以赴,託爲八行代懇,尚祈鑒納,曷勝感幸。耑肅,敬頌
勛綏,諸維崇照不莊

卅八、四、十八擬

(閲,亨,四、十八)

二〇五、致陳舜華[2]先生函

舜華校長勛鑒:

牽冗不克趨候教譚爲歉。兹緣敝友王岫巖君令政張素馨女士,曾荷林祖光先生介紹貴校擔任職務,不悉得蒙允准與否,頗爲置念。緣張女士係弟世誼,素性嫻淑,辦事勤能,自歸王君之後,亦曾服務社會,頗博好評。現王君以客籍流寓本市,家庭生活甚感困難,尚望推愛及烏,予以録用,感當勿諼。耑此佈懇,即頌
鐸安

一九四九、九、十三擬

---

① 葉前任,指葉俊,黄巖人。1949 年 1 月至 4 月任瑞安縣長。

② 陳舜華,1933 年畢業於白累德護士職業學校,后曾任白累德助産職業學校校長。

年譜

劉紹寬自訂年譜①

趙　丹 標點

光緒十年甲申　十八歲

吴學師授以顧震滄《輿地歌括》、賈昌朝《羣經音辨》及顧亭林《論學》等書,意欲導以習小學及考據、地理諸書也。此時應往請業,講求讀經之法,況是時内有遜伯、愚慶兩母舅,外有知縣湯紹卿受知師。即瑞安孫太僕父子文章經術冠當代,皆可因遜伯、愚樓兩舅氏從之請業,而乃讀書十年,不出里門一步。過此一循故轍,學無寸進,計自是後至廿一歲,皆虚度光陰。一生學問之不大進展,實由此四年中誤之。

余自十六歲冬,閲坊刻《經餘必讀》一書,所採《莊》《列》諸書頗深有省於身心,隨時札記之。此書所採甚陋,以科舉俗儒於五經外束書不觀,因輯此書以餉後學,名曰《經餘必讀》,可謂爲拙工改廢繩墨也。余因此始知有諸子書,索取《莊子》《老子》諸書讀之。

明年讀《王陽明集》,見有《傳習録》二册,亦深有省於身心,玩繹不置。本年讀藍鼎元《鹿洲集》,有《棉陽學準》二册,力攻陽明,推尊朱子,於是始知陽明與朱子學説之異。因詢於愚慶舅氏,命取《近思録》諸書讀之,始知經史、性理之學實開於宋初,濂洛關閩爲正宗,陸王爲别派也。

---

① 底稿封面題"劉師手撰年譜原稿未全本",係王理孚謄録本,版心標"龍泉精舍"四字。稿件原藏劉紹寬孫劉昌漢處,後佚,今據底稿掃描件整理。王理孚對《劉紹寬自訂年譜》不甚滿意,重作《白沙劉先生年譜》,至三十三歲而擱置,亦屬未完稿。温州市圖書館藏《劉紹寬自訂年譜》,係梅冷生抄件,僅存光緒十二年、十四年、十六年、三十三年等四年四頁。

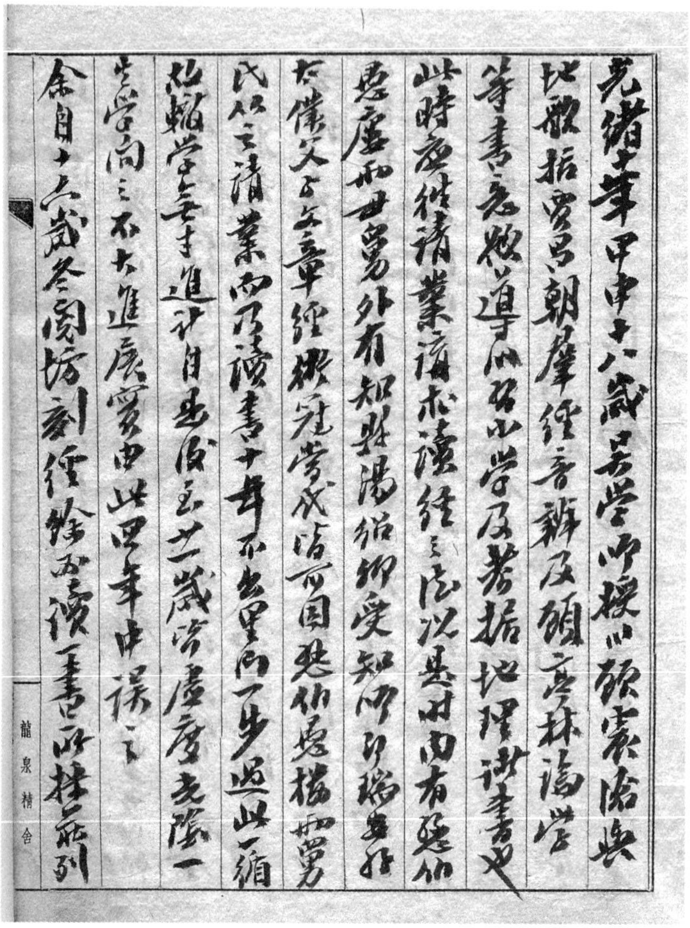

劉紹寬自訂年譜首頁

北港周錫光幼康，康甫先生之世兄，本年從學愚廔母舅，是冬入學，余交幼康自此始。

十一年乙酉　十九歲

偕子誾從周舒荄先生恩湛，泰順人，新科拔貢，周恩煦曉芙先生之弟。曉芙先生往歲教讀北港會文書院，應試時以弟舒荄先生權代，港人稱其賢，故愚舅囑筠舅聘以教子誾及余。子誾往鄉試，余以丁艱未起服不往。

是①讀《周禮》，雖習鄭注而不能，求解於孔疏，參看坊間注本之説，殊無所

① “是”字後疑脱“歲”字。

得，且讀至《春官》而止。制藝則更無進步。

是歲，長女淑英生。

十二年丙戌　二十歲

是歲，子闓就學於瑞安，從許祝卣師黼宸。余授徒於從母舅湘三先生佩華家，時母舅已卒，從學者表弟慕儔及王生理孚，其戚也。

是歲府試，平陽有鬧考事，緣童生楊某等三人在寓失竊，屢次糾衆向永嘉捕廳請其緝捕。本次子闓同往，爲捕廳門丁所毆。仲愚母舅方在府，認保考童，攜子闓往永嘉縣，請其驗傷。縣令周熙庇捕廳陸炳，驗爲無傷，不理。衆遂譁然，至於罷考。後經仲愚母舅呈謂不能約束保童，自請斥革，乃與廪生黃慶澄同斥革。以慶澄坿和，奪取名册也。府示除三童扣考外，餘皆收考。子闓其年歲試亦扣考。

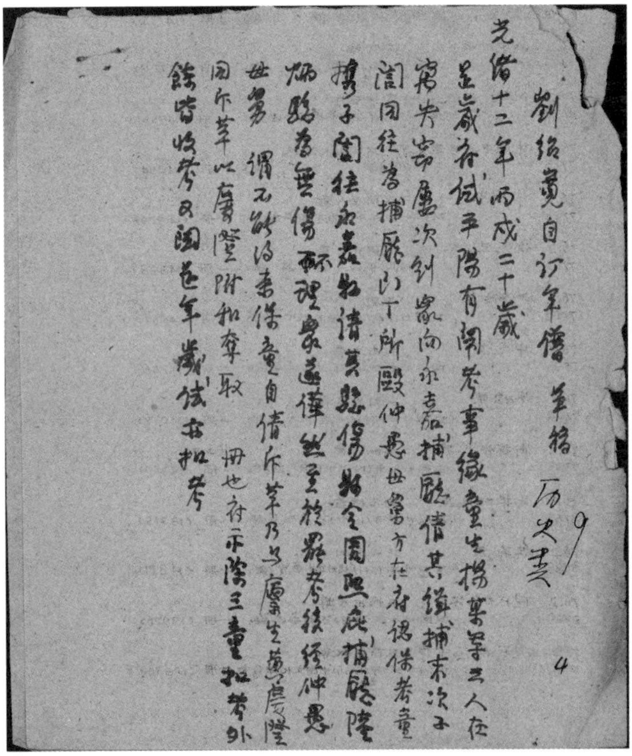
劉紹寬自訂年譜　年譜　历史类　9

光緒十二年丙戌二十歲

是歲府試平陽有鬧考事緣童生楊某等三人在寓失竊屢次糾衆向永嘉捕廳請其緝捕本次子闓同往為捕廳門丁所毆仲愚母舅方在府認保考童攜子闓往永嘉縣請其驗傷縣令周熙庇捕廳陸炳驗為無傷不理衆遂譁然至於罷考後經仲愚母舅　謂不能約束保童自請斥革乃與廪生黃慶澄同斥革以慶澄坿和奪取　冊也府示除三童扣考外餘皆收考子闓其年歲試亦扣考

4

劉紹寬自訂年譜（梅冷生鈔本）

十三年丁亥　二十一歲

授讀楊慕儔家，坿學王理孚、陳毓芝。毓芝，余内侄也。

子閶延許祝卣師於家，余去年已寄卷，今更得親受業矣。然子閶往歲在瑞，文思大進，制藝返出余上。余閉門造車，全無進步，且筆性絶不近墨裁，於科舉殊少希望。

十四年戊子　二十二歲

授徒楊慕儔家，坿學王、陳二生。子閶延金遯齋師晦於家，余亦從之學。師原名鳴昌，字稚蓮，爲仲愚母舅保童鬧考事被連斥革，開復後遂改名。師課授經學，先以《詩》《禮》，謂清儒經學家《毛詩》《爾雅》《説文》皆極孯精。治《禮》，先從《儀禮》，以條理簡而易治也。治《毛詩》，以陳奐《詩傳疏》爲宗；治《禮》，以胡培翬《儀禮正義》爲宗，而參閲《皇清經解》諸書，便得門徑。於是子閶治《毛詩》，余治《儀禮》。師又授以《顔氏學記》。顔氏名元，字習齋，其學懲宋儒空談性命之弊，反之實事求是。改《大學》"格物"之訓，謂如手格猛獸之"格"。謂鄉三物，如"六藝"禮、樂、射、御、書、數，必須手格習之，方有實用云。余得此，始知有習齋之學。

余作制藝《君子懷德小人懷土》題，依師訓，謂"君子懷德而不懷土，故千里從師游學；小人安土重遷，故不懷德"云云。末後兩比云："故夫爲君子者，寧爲鄉人所不容不忍，爲聖人所不齒，名山杖屨，有至樂存焉，而閭里浮沈，夫何忍爲，鄉願之耻也；而其爲小人者，其才藝足以雄鄉人，其時命尤足以傲聖人，王侯僭擬，豈韋布能耶？而世俗矜夸，且爲侈夫，貨殖之傳也。"師甚賞之，謂此後時文可勿作，作之功力愈深，愈無能知之者。科名得失有命，如其可得，即此等文亦可遇知者；如不可得，則雖致功，無益也，不若專肆力於有用之學。余自是遂無意於應舉云。

是時，局勢日變，新學萌生。吾鄉宋平子衡在上海大倡廣興西學之説，黄源初與之游，屢有信與稚師。師則出以相示，於是知經世之務不在乎戔戔之科舉，而思想益爲變遷。蓋余自志學以來，至此始一轉手。

知縣湯侯紹卿於八月間交卸，余送行，侯問何不鄉試，余以病對。侯嘿然，蓋侯取余案首時，甚以翰苑相期，故於余不往鄉試甚不謂然，而未知余之所志也。

九月，遜伯母舅、子閶表弟省試歸。

仲愚母舅自去冬廩生開復後入監，赴北闈鄉試而去。

浙江咨部學册元有“緣事斥革”四字未注銷，例應扣考。黄仲弢先生紹箕托友賫書瞿子玖學使鴻禨，以温録科檢，奉部文，監已注銷，與黄源初慶澄皆以廩生録取。初八正場，乃爲監試官李伯質知府士彬所阻，皆不得入。蓋温州鬧考時，李爲知府，主試事，後移嚴州，代苑觀察監試，適爲所扣。仲舅遭此摧折，遂不復求仕進云。

仲舅於癸未歲試，大爲祁子禾學使所賞識，嗣祁學使内召，代者爲劉宗師廷枚。次年考選拔，仲舅又以舅母病危不往試，而張霖生霨遂得拔貢，機會一失，遂蹉跌終身，非命也歟！

是冬，外祖母李太宜人七十開賀。

十五年己丑　二十三歲

課讀楊慕儔家。朱次莊慕雲往歲患咯血之疾，醫治稍愈，金遯師極契其明敏好學。去冬携歸，就醫於何子石先生迪啓，今年正月二日歿於師家。二月以柩歸葬，年僅二十五歲。

次莊去年在遜舅課表弟慕侗。鮑竹君近亦多病。本年，朱子昭焕奎館從舅蓉初先生家，課從表弟慕份，亦時時疾作，何諸人之皆見弄於造化小兒耶？

是歲，次女念萱生。[①]

十六年庚寅　二十四歲

余頻年運蹇，家中疾病相尋。去冬母病，數月館課多妨。今年卸職在家，聚徒來學者，王理孚、陳毓芝、高景澄、景盛、楊慕价、董志栂六人。理孚尊人王松嵋君擬遣子習商，余愛其天才敏妙，從學四年，進步甚速。平時督之甚嚴，望之甚切，因與從舅母楊孺人（王生之祖姨母也）言，請其培植，給與膳食，學費豁免，願爲撫教。從舅母云：“先生肯培植，我願給與膳食。”來學時三頓飯食皆楊氏供給，蟬聯至二年，亦難得也。

余時已無意科舉，自知制藝不入時目，儘可不作，惟以貧故，課徒不能不教授時文，且時藉官師月課以供膏伙，無如何也。

是時，治經不如上年之專，多務博覽，且於宋儒學説終不之廢，以其最切

① 念萱：原缺，據《劉紹寬日記》補。

身心日用也。又從鰲江定購《申報》,以冀通曉時事。時閲報風氣未開,閲者惟余一人而已。

十七年辛卯　二十五歲

教讀愚廔母舅家,課表弟慕佺。佺去歲發蒙,性甚桀驁,仲舅以晚年生子,頗溺愛。余乃自告奮勇,請往教之,坿學王理孚、陳毓芝。

鰲江王叔銘炬勳處借來何義門焯評點《後漢書》,臨之。此書叔銘在會文書院周曉芙先生所臨得。

歲居喪最刻苦,家用不到百緡。

十八年壬辰　二十六歲

本年仍教於家中,從學者王理孚、陳毓芝、曹作勳、白玉振、侯嚴生、楊博超六人。時余治經《儀禮》及小學《説文》外,並學古文詞,亦經遯師指授,始教執筆爲之。吴祁師於月課外,另設小課試經解、策論,頗得其力。

八月十六日,丁本生考玉溪府君艱。府君昆季四,伯蚤卒,仲、季皆不治生産,今廢其業,旋皆夫婦偕亡。仲遺女一,季遺女一子二。府君爲治四喪,嫁其兩女,撫其二子,兼以先祖考妣二老人,自先嗣妣對派食用外,一切温凊侍奉,皆府君一身任之。薄産漸罄,余視館穀所入,以供菽水,艱苦萬狀,而未嘗以家況一言於不肖。余近年始察知窘狀,歲時饋奉,戔戔而已。今至不諱,乃以章太孺人及四弟妹屬爲事畜。是時,章太孺人年四十有二,長妹十四歲,仲弟九歲,季弟五歲。朱氏兩姊問須與余合住一家,否則,云久成兩家,不可合併,但須照顧耳。

王生理孚今歲入學,坿館李少湄亦入學。書斗邱華來,謂明年恩科鄉試,丁憂可早報十日,預爲應試之地。余執不可,實則丁本生艱,雖僅期年,尚有禫服一月,請其不必用心,此等處頗自信立腳之定。

十九年癸巳　二十七歲

授徒於家,從學者王志澂、陳仲芸、白聲甫、曹叔藩、陳倬甫、薛星五及弟紹瑀七人。

龍湖書院山長吴祁甫師因往歲潘嶧琴學使衍桐獎薦勤職,送部引見,諸葛鈞和卿且繼任山長。祁甫應陞知縣,而師不願就縣職,引見之後,尚仍回平任。

源初以皖撫沈秉成薦於日本欽使汪芝房鳳藻，爲隨員，數月回，著有《東游日記》一册。本年浙江鄉試，温州惟瑞安中式四人，陳黻宸、蔣作藩皆與。

瑞安孫蕖田學士鏘鳴重宴鹿鳴，奉上諭，加三品卿。

十月廿六日，安厝先考玉溪府君。

二十年甲午　二十八歲

教讀遜伯母舅家，課表弟慕侗，後名悌，字子愷。坿學陳仲芸、白聲甫，而紹瑀在家特延王志澂課之。

五月，學憲徐季和宗師致祥按臨古學場，余試經解，題《姜嫄無廟解》，余取闔屬第一。正場《譬如大地之無不持載》，詩題《齊莊中正》。一等取八名，余取第三，第一陳錫琛，第二陳慕琳，第四以下蘇宗韓、陳敬書、張銘、陳慶萱、王鼎銘。

七月初八日，赴省試，鮑竹君銘書同行。因有中日戰事，海道多虞，遂由西路進省。十四日，至桃花嶺上隘，途中感風寒成痢。十七日，過金華夾道，至一路亭，曰白蘭亭，發痧腹痛，委頓甚。有一過路人，爲挑去痧筋，授藥和水服之，始愈。予以謝金，不受，竟不識其姓名里居，甚爲憾事。

廿四日，到杭，寓仙林寺，鮑竹君及瑞安徐莘儒同寓。

八月初八日，入闈，首題《“知之爲知之”三句》，次題《“君臣也”五句》，三題《“周公思兼三王”四句》，詩題《日月落時江海碧》，二、三場題不録。

是科正、副主考姓名皆忘之。黄源初慶澄北圍中式五十七名，與子闈中式名次適符，亦奇。

九月十一日，到家。知内人於四日前産得一子，時余歸至縉雲，故取名縉也。

時頗志經世，爲有用之學，閲馬氏《文獻通考》，並取近人《經世文編》分類求之。遯師謂此非官修之書，且局於時制，尚未盡善，須讀杜、馬、鄭“三通”及秦氏《五禮通考》、徐氏《讀禮通考》諸書。余以習禮家言，所得甚瑣碎，師謂讀經須求其有用處，方無瑣碎之病，若衹講求文義，便有是弊。

長妹今年適東謝李星聯，名鳴奎。

中倭之戰，十月旅順失守。

廿一年乙未　二十九歲

授徒家中，從學者白聲甫、陳仲芸、金學書、吴少亭、高仲和、蘇左卿、曹叔藩、楊博超、薛星五。

二月廿四日，遜伯母舅卒。

正月報東省威海、蓋平諸州縣各失。欽派議和大臣邵友濂、張蔭桓爲日人所拒，再遣李傅相，在日本馬關訂約。三月廿三日簽押，大致中國付銀三百兆兩，臺灣、旅順歸日本，威海衛歸日本管理。

八月廿四日，徐季和宗師[1]按臨温州。

廿六日，考優，項雨師、陳少垞、蘇宗韓小聯及余四人。經解正取余及周錫光，備取二名，項雨師與焉。一等平陽十七名，宋存經第一，余列第九，覆試改列第一。

是歲，余與陳少垞、楊君雅、夏仲甫商請楊愚廔、陳雲樓先生籌設江南小文成會，以津貼鄉會試川費，議定每百畝田捐一畝，只捐成四百餘畝。楊作人玉笙倡捐田四十五畝。

是歲，項補繆文瀾出貢廪缺。

自中日和議成後，朝野激昂，競談時政，余亦緣是始富於國家思想，於從前又一轉足。

廿二年丙申　三十歲

在家課徒，從者陳仲芸、白聲甫、高仲和、薛星五、林贊侯、周仲祥、曹叔藩、方席卿、李星聯及弟紹瑀十一人。

吴祁甫師小課以經史、時務發題五道，自加獎給。經《王正月大一統説》《〈禹貢〉九江界荆、揚二州證》《〈史記·衛青列傳〉以下篇次論》《李廣、趙充國評》《〈孟子〉“保民而王”之策施之今日，政目若何》。

陳志三先生虬在温州設利濟學堂，是爲吾郡開學堂之始。

小課題《〈毛詩〉自謂子夏所傳徵義》《元地北逾陰山西極流沙南越海表考》。

去歲，一等陳瑞芬、蔡秉彝、余汝棠、陳京、鮑銘書均得補廪，竹君補夏巽申仲甫缺。

---

① 師：原缺，據《劉紹寬日記》補。

九月，筱垞與子閶信，云現在江西書院一律改從新學，寧波設立學堂數處，瑞安學計館外，自設算塾者甚多。昨閲《時務報》一册，遠在中國諸報之上。

九月廿二日，徐季和宗師按臨温州。廿四日，考經古。廿五日，閩屬正場。廿六日，出經古案，余列經解第一名。廿八日，考優，出正場案，余列一等第一名。

十月初一日，平陽童生出案，陳仲芸、白聲甫皆入學。陳榜名毓琦，白名宣瑗。

初八日，出拔貢榜，府學董紹昌、陳範，永嘉陳壽宸，樂清吴熙周，瑞安蔡念萱，平陽劉紹寬，泰順林珣材，玉環邱冠岳。

黄樹滋篤生，故人黄廷英莘初哲嗣，今歲入學來謁。

是歲，頗究性理，讀《明儒學案》《學案小識》兩書。

二十三年丁酉　三十一歲

延吴伍芝在家課弟紹瑀。本科鄉試正主考徐樹銘，副主考李家駒。余於七月到省，寓仙林寺，鄭光斗寶廷同寓。正場題《"道之以政"兩章》，次《"及其廣大"四句》，三《"悦周公、仲尼之道"五句》，詩題《又見承平大有年》。二場題《"其稱名也小"四句》，次《"卿士從"五句》，三《"公車千乘"六句》，四《泰伯使衛來聘》，五《"尊用犧象山罍"二句》。三場不録。

十五日，拔貢會考，題《拔乎其萃，自生民以來》，次《"夏雨水"四句》，三《問李綱、宗澤》。①

九月初五日，自省起程，與陳少垞、蔡逸仲、陳式卿、董志謙、郭少梅同行，陳、郭二君本年考優備取也。十二日，到温州，聞季母舅筠坪先生凶耗，逕歸。十三日到家。

是歲，鄉闈榜發，温郡僅得副榜二人：陳璞山鍾琦、林瑞枏梓卿。

十一月十七日，故遜伯母舅安厝於本里鯉魚潭之原，子刻祀土。

本年，爲張羅資斧，不曾處館。其間學習算術，兼閲醫書，並習星命之學，皆無所得。而俗務纏擾，日益滋多，學業漸荒矣。

---

① 會考題，《劉紹寬日記》載於八月廿九日。"夏雨水"，《劉紹寬日記》作"夏暑雨"。

二十四年戊戌　三十二歲

正月中旬，往北港，遂由瑞安大嶨往青田。二月初三，回温，初五到家。

四月十三日，朝考北上，送行者鮑竹君、陳雨田、王志瀓。二十日夜，諸同年上普濟輪。

廿三日，到上海，寓法馬路榮華棧。謁陳志三丈，同候宋平子。平子新自日本回，其言日本男女自七歲至十四歲皆入學，通國人無不知書。報館林立，竟有《陽明學報》《亭林學報》等目。佛學之報亦復不少，時務諸報更不待言。民智大開，西國咸忌而抑之，使不能進步，誠恐他日黄種一强，終爲白種之害也。進步、自由二黨出於阿捺而，其學以逆天爲宗旨，實在基督之前，後孔子生十七年。瓜分之議甚盛，中國以不戰得存。一動手，即淪亡云。

廿九日，上新裕輪船。五月初二，到塘沽起岸，轉乘火車，十時開行，三時到京。隨進城，寓校場第五條胡同温州新會館。

初五日，奉上諭廢時文，自下科始，鄉會試及生童歲科各試向用《四書》文者，一律改試策論。

謁黄仲弢先生，先生推尊西學，以爲闇合三代之法，且言時文改爲策論，僅可以爲過峡文字，必須整頓學堂爲妥。又謂康梁談及時事，去人不遠，惟學術終乖，不可爲據云。

宋伯魯奏廢時文，即以本年生童歲試爲始。

時康有爲以張侍郎蔭桓薦，方用事，而康頗感激翁尚書同龢，謂得其力也。梁啓超亦改賞給六品銜，辦理譯書局事務。

廿一日，上諭，各直省、州、府、縣書院改併爲學堂。凡廟祀不在祀典者，亦廢爲學堂，祀産充作經費。①

六月初三日，朝考進場，題爲《天下得人難論》《通籌互市情形策》。次日申刻出場。

初九日，朝考正場出圖，浙江取四十名，一等九名，楊譽龍第一，余列第六。

十七日，在保和殿覆試，題《所欲與聚，所惡勿施論》《推廣工藝以收利權策》。

十八日，覆試出案，浙江取二十名，余落第。二十日，與董志謙同出都。志謙正場二等，今亦落第也。

---

① “書院改併爲學堂”事，《劉紹寬日記》載於五月廿二日。

廿五日，到上海，訪宋平子。平子盛稱日本學校、政治之善。言彼國車夫馬夫亦勝於中國之王公大臣，緣皆能閲報也。又言中國萬無可爲，必爲外國瓜分管理其地，須百年之後，民智大開，庶有聖人應運而生，得復舊物，必然之理。

八月廿三日，得《申報》，云康有爲奉旨密拿，已獲其弟康廣仁，候訊明正法；張蔭桓下獄查抄，梁啓超被緝脱逃。又云，今上在南海瀛臺，太后於每門派兵二十名看守，康廣仁、楊鋭、楊深秀、劉光第、林旭、譚嗣同皆已正法，江標、徐仁鑄、王照、徐致靖均革職，文廷式訪拿，張蔭桓爲德皇電保出獄。

旋得友信，皇上飭袁世凱兵守頤和園，袁懼禍，因電致榮禄言其事。榮禄電告太后，於是有八月初七日誅捕譚嗣同等六人之事。又陳式卿自京函來，云皇上與大臣不和，康有爲請開懋勤殿説書，備置顧問。諸臣以侵軍機之權，大臣人人自危，遂於初六日請太后垂簾聽政，而初七日遂起内變云。

函又言，余朝考落場之作，徐壽蘅左都樹銘極爲歎賞，謂非僅弁冕全浙，實爲各直省之冠。轉示閲卷諸公，均以爲然。衹以題目落字，不能進呈，抑置第六，以每省上五名卷皆進呈也。二場揭曉後，與選諸同年往謁徐左都，均爲稱及，並屬將原稿抄送。旋聞青田周醉珊思成云頃已出都，始知二場不取，深爲惋惜云。

十一月十一日，上諭，大學堂除京師及各省已辦外，各州、縣小學堂聽民自便。各省祠廟不在祀典者，苟非淫祀，一仍其舊，毋庸改爲學堂。

十二日，陳雲樓先生際中於戌刻逝世。

是歲，學生林慕翰即贊侯、錢漢雲齋皆入學。

二十五年己亥　三十三歲

授徒於縣城西隅俞蔚文宅，從學者宋壽球季玉、廖紹虞舜卿、王祖高稚石、林席儒仲輝、楊慕佺子閬、陳毓荃蓀軒及紹瑀、陳博甫、白玉藻、朱偉巖。

本年失誤在仍授徒爲業。去歲陳式卿自北京歸，約學東文，余以無暇辭之，大錯！宋燕生曾云西文難學，東文易學，凡通東文必先通中文爲根柢，緣東文實字皆中文。所異者，惟拼音五十字耳。學東文數月即可得，一年必大通，彼學英文十年者亦不能及。而東人此刻於西書之最難翻譯者，均已一一譯出，我但須取東書譯之，儘可得西書之要領，事之便利無逾於此。來年如立志求學，一到上海，托源初覓人授課，且可從此以結識海上名流，較之在鄉課徒，糊口於佔畢，托業於改卷，究心於虚縮吞吐之間，措筆於惝恍迷離之際，灑一世心血於無用之地，徼倖其人之弋獲一衿，以得區區之酬謝，相去不亦霄壤耶？或謂余以拔貢資格在職候送而不出求仕爲可惜，而尤以不早出求學爲可惜也！

二十六年庚子　三十四歲

陳鯨量蔚原字仲臨。在金陵陸師學堂三年畢業，派充江陰老湘營教習。來見。二次招考，仲芸亦願往，乞余作書，致其尊人壽民。得允，遂約同赴縣商辦文件，而壽民意猶未決，余遂止仲芸勿往，事後深以爲悔。

往年十二月上諭，立惇王奕琮子溥儁爲穆宗嗣子，稱爲大阿哥。電報局總辦經元善蓮珊以事係廢立，電傳各埠，約會千餘人，電達總署諫阻。旋奉旨，謂經元善妖言惑衆，嚴拿正法，查抄家産。經已先事潛逃。

授徒於本里楊氏宗祠，從者楊子凱、子闓、翼孫、繩孫、宋季玉及紹瑀，殷鑄夫汝驪及季玉之侄敏孫來坿學。

廣東、山東會匪迭起，山東拳匪有女子習拳者，名紅燈照。英、俄、德、法、美各國大使欲中國於百日内肅清哥匪，否則彼自行交涉云。

五月十三日，本邑拳匪金宗才大散飄布，瑞安許阿雷遥與應和，有八月起事之説。

六月初六日，見報，京津匪勢猖獗，鐵路不通，保定開火，通州被踞，各處教堂被燬一空。

十四日報，各國兵船共十一艘到津，由英、俄各兵以保護使署爲名，已於初十日入踞内城，多至數千名。

十七日報，各國兵船至大沽口，共二十四艘，續增至三十二艘。

廿一日，大沽砲臺首先開砲，西兵即佔據北首砲臺，日、俄二國各調水師登岸。

江南蘇地方入拳者甚多，與瑞安匪首曾光揚、吴黼廊、陳飛龍等勾結。愚廔母舅同林雁賓、林玉甫及余往儀山，與陳少垞訂定。

六月十四日，召集紳商議團練，届時到者百餘人，推定楊愚廔、夏仲甫、陳少垞爲總董，經費分月捐、季捐、統捐三例。本日，本鄉小南，南、北港各鄉教堂均被燬。

孫仲容先生與愚廔信，大沽口砲臺失守，羅軍門血戰六點鐘，以火藥局被焚而潰。

聞協署接有廷寄，著各督撫各籌自保疆土，一面籌援都城，詞甚哀切。而五月初五上論略謂，現在中外開釁，義和團同官軍助勦獲勝，候旨嘉獎。此等團民所在皆有，著各督撫招集成團云云。自得此論，拳匪益無可收拾。

温州知府啓太守續來平議撫，召集諸葛和卿、楊愚廔、黄源初、陳少垞入見。吴祁甫亦在，與議不合而罷。

六月十六晚刻，金匪宗才率衆過江，僅二百餘人，軍械甚陋，徑往錢庫，派地方具食三百桌。少垞來與愚廔相商，邀集東門楊、陳家堡，調兵往錢庫，聚而殲之。余與陳雨亭、林梓卿力諫，且請外祖母李太孺人諭止，其事乃已。

次日，錢庫之匪皆凌晨逃遁，内有一婦人，係第七河陳阿理之妻，入無爲教者，亦遁去。此次金匪敢於過江，徑往錢庫，以事前東門楊、陳家堡各村曾約爲内應，而少垞、愚廔團練適於其時成立，故不敢出，遂敗。

是日，朱協戎派出黄華廷帶兵來辦，適有拳匪謝鳳標冒充軍官，經愚廔潛察其僞，即告黄弁深夜往捕，獲之。又鄉人獲得陳阿理之妻，一併交黄解縣。

兩江總督劉坤一、湖廣總督張之洞爲遵五月廿四日上論，分疆自守，與西人訂約，將南洋一帶各教堂，由其保護，因分論各州、縣保護教堂。

江南蘇人因陳少垞爲關説，皆來具結投誠。

瑞安孫仲容先生信來，陳飛龍、許阿雷等已投誠，啓太守續將令招集成團①，經仲容先生力争乃止。

廿七日，啓太守撤任，新任林祖述已來。各教民皆已歸鄉里。

七月十三日，金宗才獲到案，實則一愚民也。或云以千金購一愚夫，未免太貴。此次京師匪亂，榮禄主勦，端王、崇綺、啓秀、徐桐主撫，由是統帥一黨、榮慶一黨。每召見，端王必侍，榮慶不能單見太后，無可如何，惟端命是從。侍郎許竹筫景澄、京卿袁爽秋昶痛陳利害，腰斬東市，軍機處毫無所知，次日榮相始見端王，而徐用儀、立山、聯元、廷傑等數十人已爲剛毅等所殺。

各國聯軍拔隊進京，牛莊、山海關皆爲外人所佔，大沽亦失守。

七月廿一日，京城失守，皇上隨太后於二十日出狩。

此次江南團練出於倉猝，非禀承道府，以達層憲，恐非所宜，當即繕禀報明開局日期、辦匪經過。又具禀二件，一呈驗戳記，一呈開捐章程。

---

① 成：原文脱，據《劉紹寛日記》補。

八月十一日，源初飭人賫到道署復函，並獎團丁就地出力者銀牌百面，給江南局“衆志成城”四字匾額。

自六月十四日金宗財起事，在團練局襄辦，至九月廿二日始重理館業。

十一月初一日，聞各處教堂燬失，教民要索賠費，仲愚母舅與陳少垞對於教士極力磋商，以終其事。

團練局自六月成立，始設於張家堡，後移儀山，至是始撤局。

自經此次辦團，頗多經驗：

一、緣事起倉猝，未曾稟明道府各憲，事後縣令謝焯鎣卸過邀功，於團練頗有詆毀，非於道府豫通聲氣，不易取信。

一、辦團時所擬捐款之法，各殷富一一承應，辦成之後，收捐掣肘，頗難調處。

一、初團時恐民心驚摇，每畝出穀五方，爲團丁食穀，後改爲自製刀械之費，又改爲秋季二方，稅季三方，後又減爲秋稅季各一方，請縣出示立案，無益於事，徒滋紛擾。

一、團局出丁，挑選二十名在局以供驅使。局撤之後，乃不能歸農，徒爲地方養成一班惰民。此皆足爲後事之師者也。

二十七年辛丑　三十五歲

爲縉兒發蒙，編成《五千字文》①一册。正月二十日，延陳仲芸爲發蒙。

開塾楊君雅家，繩孫、志凱、志朗、鄭體承式欽及壻林鳳翹君楚來學。紹瑀在楊叔同慕儔家課其子體經。縣設鳳山書院，由諸葛和卿作東道，延余爲山長，是同邑諸君特設以調劑余者。愚賡母舅與其議，余出策論題五道，不録。

自皇太后、皇上西狩後，本年二月始有各國議定留兵二千在京城保護使館，餘悉退出保定，以便請兩宫回鑾之説。

端王死，吏部尚書啓秀、刑部尚書徐承煜皆由日兵解正法。

去年，温州教堂被匪焚燬，通計華式耶蘇教堂約三十餘座，教民遭殃者七百餘家；華式天主教堂約十數座，教民遭殃者一百七十一家。耶教賠款議三萬三千元，天②主教賠款議五萬兩，該款議歸該管文武公同攤賠。

---

① 《五千字文》：《劉紹寬日記》作《三千字文》。

② 天：原文脱，據文義補。

賠償兵費，西人指準一百兆磅，合之中國銀價，共成百六十餘兆磅，限以六十年還清。

五月十一日，邑令謝焯鎣被參撤任，新任胡爲和，丁酉拔貢，才三十二歲，貴州獨山人。

是年日記殘缺。兩宫回鑾及誅戮庇匪大臣諸事皆不詳，學課亦荒失，無可紀。

二十八年壬寅　三十六歲

授徒於楊氏宗祠，從學者鄭式欽、楊繩孫伯幹、余泮芹藻侯、孫昌瑯子球、蘇炳瑶琴初、陳克明繡秦、陳昌逵鴻集、林君楚、趙翰臣，共十人。

本年，余爲龍湖書院山長，而時奉詔，令各直省、府、州、縣書院改併爲學堂，知縣胡克之爲和來商。余以辦學堂必須請少垞出爲監督，院址狹隘，不足以容生徒，須借縣嬰局爲之。大令問予將如何，余謂可作教習，主持教務。乃定議請少垞出辦。少垞讓監督於吴祁甫師，而自爲堂長，以此時所頒學制有監督有堂長也。其學款悉撥院産，而邑令爲臨時籌助。復聘西文教習陸聽秋震，江蘇金匱人，上海聖約翰書院畢業生，月脩八十金。學堂定五月十四日招考，正取四十名，備取二十名。

廿五日開學，余與陳子蕃慕琳爲中文教習，陸聽秋爲西文教習，科目略分修身、讀經、中史、西史、物理、算學、體操。陸聽秋任西文、算學、格致、體操四科，餘皆余與子蕃分任之。

是時書院既改，而諸生在外月課仍難驟廢，余每月爲閲課卷，仍給有束脩。余即以書院山長脩膳費百六十千文爲學堂脩膳費，所有從前從學學生願入學堂者，悉入學堂，不願者，聽其他適，束脩一律截止。

紹瑀本年教授楊叔同家，亦辭職入學堂。

余自戊戌朝考報罷後，家居授徒，自窒見聞，使此數年中求學滬上，多識名流，泛覽新籍，歸而辦學，所得必不止此。

康梁事變後，《清議報》風靡全國。庚子再變，朝野幡然，益趨新政，學報勃興，譯籍日出。不能於此時擴充見識，講明實學，而惟於鄉間購取一二新譯書，如牖中窺月，亦何益耶？

七月十六日，愚廔母舅染疫而殁。八月初二日，表弟子闓病故，年僅三十五。未幾，外祖母李太孺人亦慟而卒。一門遝集三喪，酷矣。子闓自癸未病痢後，病足，步履不便，然尚時發時止。至壬辰會試旋里，遂不能出户，坐臥一榻，首尾十年。近聞温郡西溪巡檢之弟邱道人有卻病術，仲舅請其來，請試其術。時七月廿五日，子闇已患熱病。邱囑勿藥，夜臥則開帷帳窗户，晝則出隨其後而拜，病方可愈。子闇勉從之，體益勞乏，遂於初七日斥邱去，而邪熱遂深入，無可解矣。

三十年甲辰　三十八歲

余自壬寅與鮑竹君創辦劉店白沙小學，本年仍延林贊侯慕翰爲正教員，添聘張友篪、吴燊爲副教員，竹君爲堂長，兼理功課。自後照常，繼續不再著。

縣學堂辦理第三年，程度未齊。中西文皆分甲、乙、丙三班，又有中文專修班，計分十三班，有中西甲班、中西乙班、中西丙班、中甲西乙班、中乙西甲班、中甲西丙班、中丙西甲班、中乙西丙班，中初班、中甲班、中乙班、中丙班，錯雜可笑。緣一縣僅設一學堂，招收高材，其中文有不止中學程度者，而西文、算學諸科乃僅是初學程度，因材施教，自然參差如此。嗣後高材生選送出洋留學，分别考入浙江高等學堂、兩級師範，最後移送温州中學，而本校改爲正式高等小學，學生皆由鄉里初級小學升入，程度始齊，可見先創之難也。

自去冬日俄邦交決裂，遂至開戰，日勝俄敗。王子秩謂日俄終必講和，講和之後，俄必革命，其言皆驗。

八月初二日，偕陳子蕃游歷日本，考察學務，由温處道童鏡芙觀察兆蓉爲辦文，日本公使函知日本文部省知照各校，俾往考察。

初五日，上輪船。初八日，到上海。

十六日，偕子蕃、殷鑄夫、宋季玉上法公司輪船三等艙，計每人墨銀二十八元。中國墨銀百十七元兑日幣百元。

廿一日，到日本横濱，瑞安許達夫燊來迓，至東京，寓牛込區高陽館。

廿二日，偕瑞安黄蘭孫曾延及子蕃往使館，參贊馬君出見，許以致函文部省，與北洋派遣游歷員孟慶榮同往考察。孟先生字黻臣，係翰林前輩。袁宫保世凱派送學生留學東京，兼命考察學務者。歸途順道往謁，約明日九時同過使館取信，赴文部省。

廿四日八時，孟黻臣先生及隨員賀湘南培樹、步芝村其誥邀余及子蕃同赴使館，賫信同謁外部次長珎田捨己，繙譯官岩村成允爲通譯。十二時，至日比谷公園午膳。岩村約一時十分同往東京府，訂定游歷各校日期，先定五日之期，後須臨時續訂云。以後每日考察諸校，詳余著《東瀛觀學記》中，不别出。

九月廿七日，得鄉人陳文卿遇辰書，黄源初於五月初三日物故。是日孟先生、賀湘南回國，余不及往送，又得此耗，爲悵然終日。

十月初七日，許達夫、石宗素鐸，樂清人。以余與子蕃將歸國，邀集温處同鄉、學生於神田區錦輝館，商議開辦温處師範學堂事。達夫演説甚長，詳余《觀學記》中。

十八日，偕陳子蕃、陳鯨量、夏友菊同回國。許達夫、石宗素、林同莊、林贊侯、游越凡送至横濱，午飯於永樂酒樓。二時，上日本泰生郵船，即時開行。鯨量與贊侯及瑞安黄仲玉瓚皆在士官學校畢業也。

廿五日，六時抵上海。此行往返日本，足迹大半在東京，其西京、大版[1]、北海道皆未涉足。自此後一破從前□□之見，蓋余一生志業，至此又一轉捩。

余歸，謁瑞安孫仲容先生，以所著《東瀛觀學記》呈政，承賜序，令刊行之。

余到平陽縣學堂，與子蕃協商，派遣學生出洋。由此，校内外學生頻年聯翩出洋，共數十人，一時稱盛云。

三十三年丁未　四十一歲

是年，中學逐加整頓，添建春草池邊教室三座，廣開場所。英文教員聘永嘉陳守庸權東，堂中西文班次由其支配。聘慈谿洪堯舲允祥爲總教員，一切功課皆由其分配。洪於下學期始到堂。余自任經學《左傳》《周禮》，修身兼經學教員樂清曹志旦文昇，國文瑞安陳宗易明、陳燕甫琮，數學瑞安岑晴溪崇基，理化金伯昭照，法制、經濟青田劉祝羣燿東，體操杭州王瑞侯學模，監學樂清石聘南藴輝。因是時日記失去，僅留七月二十餘日，其他教員及學務事宜，皆不記憶。惟本年樂清、平陽、泰順、玉環所有中學皆改爲高等小學，而中學生皆歸併温州，辦法較爲整齊，獨瑞安不歸併。

是年，小兒縉生上學期肄業瑞安普通學堂，下學期肄業平陽高等小學。弟紹瑀仍留學日本。

右爲劉厚師手撰年譜之稿。原本草書，幾於不可辨識。同門諸子以余從

---

① 大版，即大阪。

師多年，所見稿本較多，當易於辨識也，乃以委之。窮旬餘目力，始得竣事。覺此稿只好存爲藍本，不能即作爲定本。蓋此稿起於清光緒十年甲申，先生十八歲，訖於三十三年丁未，先生四十一歲，其中又缺癸卯、乙巳、丙午三年及丁未以後三十餘年，尚可根據日記補出。至甲申以前十七年事蹟，既無其他記載可據，又無老成人可以詢訪，殊難著手。且稿中所載各事，大者過大，與己無多關係；小者過小，於己恐至厭看。而全體皆係自傳筆法，補作時，若循其例，則近於僞；若自爲首尾，又無此書法。余意只得重加定例，通體改編，而不背此稿之意，庶乎可免人譏誚耳。但師門譜録，門弟子之責也。厚師逝後，門弟子存者雖以千計，而能深知吾師之學與行，恐無過於余者，此責又焉敢辭？然余年亦七十有二矣，衰病侵尋，未知能了其事否也？姑識數語，以自策勵云爾。

丁亥仲夏月，海髯識。

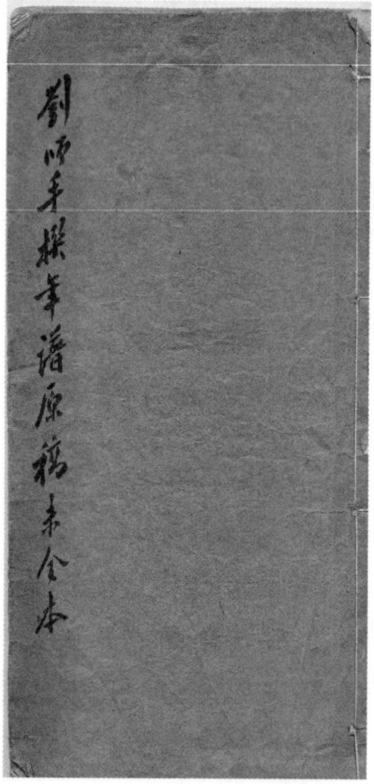

劉紹寬自訂年譜題籤頁

項驤年譜

洪振寧

項驤(1879.11.25—1944.11.4),字渭臣,一作炜臣,號微塵,浙江瑞安人。早年就讀於瑞安方言館,1899 年入上海梅溪書院。1901 年考入南洋公學,爲特班生。1903 年初,項驤發起,與馬相伯共同創辦震旦學院,任總幹事。譯《英德學制比較》,1903 年仲秋由武昌翻譯學堂印行。1905 年赴美國留學,入哥倫比亞大學。1909 年畢業,獲碩士學位。參加留學生廷試,得進士,次年殿試一等第一名,被譽爲"洋狀元",授翰林院編修。1912 年起,任財政部參事。多次代表共和黨參加憲法討論,後當選爲進步党參議,在臨時參議院議事會上提出《諮請撥款賑濟温處水災案》。1922 年起,三次任財政部次長,兼鹽務署署長。在財政部任職期間,共六次獲授嘉禾獎章。1925 年回鄉。1931 年,我國各地水災極重,因與美國總統胡佛有舊交,以私人名義致電華盛頓,呼籲賑濟。抗日戰爭全面爆發後,在瑞安參加書畫展,以義賣所得支持抗戰。1943 年中風癱瘓。日軍再陷温州,瑞安受到威脅,不堪奔避,毅然絶食,於 1944 年 11 月 4 日逝世於草堂巷家中,終年六十六。國民政府下令褒揚,以彰顯風節。

南社社員,中華職業教育社特別社員。著有《浴日樓詩選》二卷,另有《太平天國史》未竟稿等。

2019 年適逢項驤先生誕辰 140 周年,特編先生年譜,以予紀念。

光緒五年　己卯　1879年　一歲

夏曆十月十二日，即西元1879年11月25日，生於瑞安南堤。（《南堤項氏大宗譜》）

按，《瑞安市文化志》《瑞安歷史人物傳略》《温州市志》記爲1880年，偶誤。

瑞安南堤項氏，"世爲城中望族"（孫鏘鳴語）。

曾祖項霽（1792—1841），字叔明，一字雁湖。嗜藏書。教人必爲有用之學。與端木國瑚、董霞樵、項維仁多有唱和。著有《且甌集》九卷，"新穎精到，超出流俗，今郡邑人皆傳誦之"（孫衣言語），存咸豐三年（1853）刻本。《兩浙輶軒續録》卷四〇收録其詩26首。《晚晴簃詩匯》卷一三三收録其詩4首。項霽有藏書樓，名水仙庵，在瑞安縣城草堂巷。子：項瓚、項琪。項瓚有子七人：方蒨、方昕、方綱、方良、方宣、勤郎、莘郎。項驤爲方良之子。

光緒十七年　辛卯　1891年　十三歲

本年，從池源瀚治詩與古文辭。

張寶琛、許學彬、項葆楨等《瑞安項微塵先生追悼會緣起》（鉛字本影本）："年十三，從邑名宿池蘇翁先生治詩古文辭，未冠，補博士弟子。"民國《瑞安縣志稿》卷十九項驤傳載："少從同里池源瀚治詩古文學。"

池源瀚（1872—1947），字仲霖，晚號蘇翁，瑞安城區人。池志澂族弟（《瑞安縣志稿·氏族門》）。宣統元年（1909）舉孝廉。民國三年（1914）後，任福建平潭、松溪、崇安、山東陽信等縣知事。民國十七年夏避亂還鄉，寓居永嘉城區。民國二十五年參與編輯《永嘉詩徵》。著作有《中國歷代文派沿革録》《治安芻議》《夕陽故國録本事詩》，編有《國醫國學社文録》。傳載民國《瑞安縣誌稿》卷十九，《温州市志》卷十三。

光緒二十一年　乙未　1895年　十七歲

五月，參加温州府考試。

《甌郡試竣》（摘録）：温州府徐乃秋太守考試題目，前報已列。茲於上月二十六日三復，二十七日晚出圖。本屆徐太尊憑文取捨。二十九日發帖，全案合將西（四）邑十名，姓氏開列于左：永嘉潘宗藩、陳壽紳、周渭英、嚴鐘洛、李翰仙、孔憲銘、張景藻、何惠疇、葉榮、樊廷賢；樂清周瀛川、王佑宸、蔣希周、連步墀、朱文彬、趙鶴琴、徐宗耀、徐引風、陸連中、陳兆乙；瑞安黄振壎、胡爾賢、林贊周、錢同熙、洪錦驥、張亮道、項驤、林景暉、薛恩溥、陳平東；平陽邱錦舒、宋存仁、馬廷駒、宋存業、陳賓、唐拔珪、王茂槐、陳道坦、吕王佐、黄鼎伊。徐太尊文試公竣示期，本月初六日取齊，初八日在大校場考閲馬箭矣。(《申報》光緒二十一年六月二十三日，第一版)

按，《申報》光緒二十一年閏五月初四日(6月26日)已報導《東嘉試事》。

光緒二十二年　丙申　1896年　十八歲

就讀於瑞安方言館。

瑞安方言館，丙申年夏曆十月二十九日(1896年12月3日)開學。

館址在瑞安城内范大橋項氏宗祠。由項芳蘭、項湘藻出鉅資創辦。設西文、東文兩個班，教授英語、日語，兼習世界史、世界地理常識等。首批學生21人。瑞安方言館是近代浙江最早的外國語學堂，創辦六年，培養了一批學生。光緒二十八年初，方言館與學計館合併爲瑞安普通學堂。

據瑞安中學師生名録記載，在方言館畢業的學生有項驤、郭仲宣、蔣咸平、項漱泉、項樸如等。

項芳蘭，字申甫，項驤堂叔，有《項申甫日記》(温州市圖書館藏)記載方言館開辦事。

光緒二十三年　丁酉　1897年　十九歲

本年，娶黄氏。

黄氏，字季嬰，年二十一，瑞安城區小沙堤人。出名門之家，讀書勤學。瑞安黄氏，世爲大族。季嬰，父黄百瑞，祖黄體正，從祖父黄體芳。

項驤《内子黄夫人六十壽序》：季嬰“稍長，曾問學于叔熊先生(黄紹第)，通經義，熟唐宋人詩，書法極優秀”。(《内子黄夫人六十壽序》，温州市圖書館藏)

光緒二十四年　戊戌　1898年　二十歲

夏初，仲弟叔弢得病于南京陸師學堂。

項驤《内子黄夫人六十壽序》：“戊戌夏初，仲弟得病于南京陸師學堂，繼而凶電至，病不起。我母痛子心切，哀號擗踴致内傷。其時解剖之學未明，延醫診治,百計罔效。"

光緒二十五年　己亥　1899 年　二十一歲

夏,母親逝世,悲痛異常。堂叔項湘藻勸其赴上海就學,並贈以大洋八十。

《内子黄夫人六十壽序》:"驤慟母過度,仲父茗甫公見而憫之,思有以解其哀思,婉勸就學上海,措金八十贐之行。"

赴上海進張煥綸(字經甫,1846—1905)創辦的梅溪書院。上海梅溪書院係國人自辦的第一所私立新式學校。

光緒二十六年　庚子　1900 年　二十二歲

繼續在上海梅溪書院讀書。

《内子黄夫人六十壽序》:"己亥、庚子,余入上海梅溪書院,從張經甫先生游。"

光緒二十七年　辛丑　1901 年　二十三歲

考入南洋公學特班,八月初一日(9 月 13 日)開學。

南洋公學,盛宣懷創辦於光緒廿三年。下設師範院、外院、中院、上院。本年開設特班,目的是培養高級人才,聘請翰林院編修蔡元培爲總教習。

該校招收特班生,由張元濟建議,盛宣懷批准。《南洋公學特班章程》規定:特設一班,以待成材之彦之有志西學者。名曰"南洋公學特班"。"凡學識淹通、年力健强者均可入學,有無出身勿論,曾習西文否勿論。"

蔡元培《我在教育界的經驗》記載南洋公學學生之事:"學生自由讀書,寫日記,送我批改。學生除在中學插班習英文外,有願習日本文的;我不能説日語,但能看書,即用我的看書法教他們,他們就試譯書。每月課文一次,也由我評改。四十人中,以邵聞泰(原注:今名力子)、洪允祥、王世徵、胡仁源、殷祖同、謝澄(原注:今名無量)、李叔同(今出家號弘一)、黄炎培、項驤、貝壽同諸君爲高材生。"(《蔡元培全集》第八卷,中國蔡元培研究會編,浙江教育出版社 1998 年 11 月版,第 505—506 頁)

蔡元培有《記三十六年以前之南洋公學特班》文,依姓氏筆劃,就記憶記載特班生姓名、字号、籍貫及簡歷,照録如下:王世澂,號莪孫,福建閩侯人,治法學。王世□,世澂之弟。朱履龢,字笑山,江蘇吴縣人,留學英國,治法學,曾任司法部次長。吴叔田。李漱桐,天津人,曾留學日本,初爲美術家,書畫篆刻,無不精工,並參加春柳社,後皈依佛教,改名弘一。貝壽同,字季眉,江蘇吴縣人,留學德國,治建築術,在司法部任技正甚久。邵聞泰,字仲輝,後改名力子,浙江紹興人,善爲文,努力革命,現任陝西省政府主席。林大同,浙江永嘉人,在杭州辦水利局多年。范彦矧,浙江平湖人。胡仁源,字次珊,浙江吴興人,善爲文,富哲學思想,留學英國,治工程,曾任北京大學工科學長並代理校長。殷祖同,字志伊,江蘇常熟人,在特班時,富革命思想,善爲文,散學後未久,於歸途中失足墜水卒。項驤,號微塵,浙江永嘉人,治財政學,曾在財政部服務。黄炎培,號韌之,後改名任之,江蘇上海人,在清季,秘密組織革命團體,後在江蘇教育界服務甚久,創設中華職業教育社及人文圖書館等。陸夢熊,字渭漁,曾留學日本,在交通上服務甚久,現任交通部專員。郭奇遠,浙江永嘉人。彭清鵬,字雲伯,江蘇吴縣人,在司法部任秘書甚久,現任司法行政部科長。穆湘瑤,號恕再,江蘇上海人,曾在警察上服務,現營實業。鍾枚,字卜岑,浙江杭州人,曾在浙江行政上服務。謝忱,字無量,今以字行,四川人,善爲文,現任監察院監察(委)員。魏斯靈,號阜歐,江西人,曾任江西財政廳長及國會議員。右所記不過二十人,其籍貫及略歷,恐亦尚有訛誤,姑記之以待補正。(《蔡元培全集》第八卷,第 319—320 頁)

《南洋旬刊》第三卷第五期(1926 年)刊載有《南洋公學特班同學調查表》(以姓之筆劃多寡爲次,民國十五年九月制),共 42 人,依次爲姓名、號、籍貫、通訊處、附注,照録如下:王世澂,莪孫,福建侯官,北京宣武門外八角琉璃井;王世謙,鳴宇,福建侯官,莪孫之弟,已故;文光,耀齋,浙江旗籍,奉天錦縣公署,現任錦縣知事;文永譽,公達,江西萍鄉,上海新聞報館;方彦忱,仲裴,安徽桐城;田溓,毅侯,貴州都匀;朱履龢(一名寶奎),筱山,浙江秀水,上海北四川路河陽里對門北京本司胡同西花廳十八號,現爲法權論會秘書;吴寶地,叔田,江蘇上海,上海小南門趙家灣五號,現爲律師;貝壽同,季眉,江蘇吴縣,北京東城詔九胡同,現爲司法部技正;李廣平,叔同,浙江平湖,杭州西湖招賢寺,現出家爲僧,法名演音,字弘一;周恩緒(原名光庭),贊廷,浙江杭縣,江蘇海門縣公署,現任江蘇海門縣知事;林文潛,洲髓,浙江瑞安,已故;林大同,同莊,浙江瑞安,杭州金衙莊浙江水利委員會,洲髓之侄;林松堅(原名堅),魯生,福建侯官,北京西城屯絹胡同二十一號,現在教育部;洪允祥,樵舲,浙江慈溪,慈溪北鄉洪魏村,上海大夏大學教授;范況,彦矧,江蘇南通,南通胡家園,南京東南大學文科教授;胡仁源,次珊(一字仲毅),浙江歸安,上海勞勃生路文治大學,現任文治大學校長;項驤,渭臣(一字微塵),浙江瑞安,北京西單牌樓手帕胡同;邵聞泰,仲輝(一字力子),浙江會稽,廣州黄埔軍官學校;程志姚,儷笙,安徽績溪,北京南半截胡同,聞在北京中國銀行辦事;郭弼,奇遠,浙江瑞安,温州瑞安城内第一巷;唐忠行,鏡岩,江蘇吴縣,蘇州胥門外;陸夢熊(原名徵瑞),渭漁,江蘇崇明,北京西單牌樓手帕胡同,現在交通部;張承樾,蔭閣,江蘇寶山,已故;徐敬熙,惺初,江西湖口,已故;陳永蕃,錫民,浙江仁和,已故;殷崇亮,次伊,江蘇昭文,已故;彭清鵬(原名清棟),彦頤(今號雲伯),江蘇吴縣,蘇州丁香巷四十八號,現任吴縣教育局長;黄炎培,楚南(今號任之),江蘇川沙,上海西區方斜路中華職業教育社;黄大鈞,大鈞,福建永福,已故;單毓年,耆仲,江蘇泰州,已故;費毓桂,梓怡,江蘇武進,上海愛文義路聯珠里;劉伯淵,淵士,江蘇陽湖,上海白克路修德里六六一號;潘承鍔(原名鈺),硯孫,江蘇長洲,上海卡德路蘇州廟堂巷,現爲律師;錢詩楨,復三,江蘇鎮洋,太倉税務橋,現任太倉市公所總董;鍾觀誥,衡臧,浙江鎮海,已故;鍾枚,卜臣(一字璞岑),浙江錢塘,杭州吴山路,浙江印花税會辦;謝無量(原名澄),無量(一字希范),四川樂至,南京東南大學,現任東南大學歷史教授;穆湘瑤,抒齋(今改恕再),江蘇上海,上海西區黄家闕路;薩君陸,幼實,福建閩縣,北京東單牌樓二條胡同,在中央觀象臺;儲桂山,馨遠,江蘇泰州,泰州;魏斯炅,阜甌,江西金溪,已故。

《交通部上海工業專門學校原名南洋公學二十周紀念》(1917 年)有《歷年同學姓氏録》,項驤名録載第 46 頁:項驤,微塵,浙江瑞安,政治經濟科碩士,財政部參事,北京新刑部街。

《南洋公學—交通大學年譜》(霍有光、顧利民編,陕西人民出版社 2002 年 11 月版,第 15—16 頁)整理記載特班學員 39 人,不再過録。

八月十八日(9 月 30 日),有日記上交蔡元培。(《蔡元培年譜長編》第一卷,高平叔撰著,人民教育出版社 1998 年 12 月版,第 218 頁)

黄炎培、邵力子、李叔同、謝無量、林大同、郭弼也是特班生。黄、邵有回憶録。林大同初名林祖同,瑞安人。

特班生課題有如《論史事爲人類進化之資藉》《論者謂民智未開不能設議院然否》《擬中國地方自治之制》《論國家彩票富簽票之弊並陳籌還外債之策》《論立法司法兩權分立之理》《論教育之關係》等。

十二月,蔡元培日記載:南洋公學特班學生月課積分表(八月至十二月平均),項驤得分73.7,排在三十五位學生中的第十五名。

邵聞泰(力子),第五;黄炎培,第十;李廣平(叔同),第十三;謝澄(無量),第十四;項驤,第十五;林祖同(即林大同),第十七;郭弼,第三十二。(《蔡元培全集》第十五卷,第374—375頁)

按,在讀南洋公學特班時,有《項驤致盛宣懷函》,上海圖書館藏,盛宣懷檔案,號018565;項驤又撰有《中國責任内閣假定之組織法》,收入沈偉編《南洋公學特班學生日記作文》,商務印書館2019年9月版。

光緒二十八年　壬寅　1902年　二十四歲

十月十五日,南洋公學爆發由墨水瓶事件引起的學生退學風潮。

十月十七日,特班生隨同全校各班一同退學。

《南洋公學學生出學始末匯記・退學詳記》:"十月十七日,南洋公學學生二百餘人同時出學,此中國學生社會一大劈頭之大紀念也。"(《政藝通報》1902年第二十期,又,《新民叢報》1902年第二十一號《餘録》)

特班生未再歸回南洋公學。

南洋公學《大事記》(1902年):"散學之各班學生除特班外,均歸校。"(《交通部上海工業專門學校原名南洋公學二十周紀念》,1917年編印)

蔡元培對退學生説:"不要散,我們組織一個學校。"(《蔡元培年譜長編》第一卷,第247頁)

林文潛、謝無量、項驤提出組織共和學校的建設性設想。

《南洋公學學生出學始末匯記・籌同學善後策》(林洲髓、謝無、項煒臣撰稿):吾輩日日言團結,言公德,殆未見有實行之者。以遊學日本諸生之程度,而吳孫之事,竟未能一致回國,其他又何責焉?而不意今者乃見之于吾同學諸君。吾同學殆二百人,年齒不等,學級不等,徒以第五級生不平之感,而一睹公啟,一聆演説,如響斯應,豫約退學,不爽晷刻,團結之力,信必之概,實爲我國學生社會之特色。夫南洋公學與吾輩理想之學校,其相去誠不可以道里計。然其干涉之度,於我國各學校中爲最低,而卒業英文普通學者,上之可以遊學歐美,修專門之業,下之亦可以諮送京師大學,爲干禄之梯,其利益個人之效果,亦非我國其他各學校所可比例者也。今一旦以公憤而犧牲之,是舍己爲群之主義之托始也。是尤爲吾國學生社會之特色。雖然,一致退學者消極的而非積極的也，破壞主義而非建設主義也，脱專制之扼而未由共和之途也。且夫宗教社會所以不見扼於政府者，彼因能離政府而建設也。勞工同盟所以終見散于雇主者，彼尚不能離雇主而建設也。吾學生而無所建設與，亦不能不入於他學校。吾前者固謂我國學校，其程度，其效果，殆未有以愈于公學者。是下喬木而入幽谷也，將星散而不學與，是猶之個人自殺，而無裨於社會者也，是亦爲社會之罪人。是故吾同學諸君，不可以不有所建設也。某等爲創辦譯社事，先時告假出學，於此舉未與圖始，然不敢置身事外。兹不揣狂瞽，爲吾同學諸君陳建設之策，擬名之以苦（告）學界，而分之爲共和學校、共和營業之兩部。

共和學校

一、定章程，立學課，延教員，皆公議以多數決之。

一、立自治制以全共和學校學生之資格。

一、揭公學退學始末記，及張園影相、公啟、告白等種種有關係之稿于會堂，以防他日漸趨專制之弊。

共和營業

一、共有資本　有財者出財，無財者延長勞動若干時以當之。

一、協同勞動　若干歲以上，每人每日皆勞動若干時，能著作者，能譯述者，能編輯者，能詞章者，能書畫者，爲書爲報爲美術品，設肆售之。

一、旁求贊助　（甲）于學生社會外，請助資本，請助書助報助器。（乙）與書肆報館教品室聯約減普通價值之若干，分以販其所有。

二、公配利潤　以若干分爲學校費，若干分爲保險費，其有贏均分於各人，以爲贄澤若儲蓄之需。

其他細節，須公議定之。其大主義已具矣。嗚呼，我同學生諸君果能以此主義貫徹始終，吾同學諸君者，實學生社會之中心，而社會主義之現象也。否則一鼓作氣，再而衰，三而竭，鮮克有終矣。前者乎，後者乎，此非我同學諸君前途之關係，而實我社會前途之關係也。吾以諸君退學之歷史推之，而料諸君之必取前者之主義也。故爲芻議以進，幸諸君擇焉。

同學林洲髓、謝無、項煒臣敬陳。（《新民叢報》第二十一號《餘録》，1902年）

十一月，同學林大同（署名林祖同）譯、日本清野勉著《論理學達恉》，由文明書局印刷發行。

12 月,擬定《震旦學院章程》。

《震旦學院章程》刊發于《翻譯世界》第二期(出版時間光緒二十八年十二月初一日,即 1902 年 12 月 30 日);載《政藝通報》第二卷第一期,癸卯(1903 年)一號,《中國文明新史》卷一,第三十張至三十一張;又載《新民叢報》第二十六號,第 73—78 頁。《復旦大學百年志》第一編有轉載。

《震旦大學二十五年之概況(二)》:"學制沿革(一)組織　震旦創辦時,相伯先生主持校務,稱總教習(見項驤君所定震旦學院章程)。"(《申報》1928 年 11 月 9 日第十版)

本年,所著《振興女學校説》,收入清儲桂山輯《皇朝經世文續新編》,義記書局石印本。全書三十卷,此文在卷一五。

光緒二十九年　癸卯　1903 年　二十五歲

一月,譜主發起,並與馬相伯共同創辦震旦學院。

《蘇報》光緒二十九年二月初二日(1903 年 2 月 28 日)的"學界風潮"欄刊登《震旦學院開學記》,報導説:"此震旦之設,實東甌項君渭臣發起之。院設于上海西鄉徐家匯,即天主堂古天文舊屋也。"

上年正月開始,蔡元培本人並選派南洋公學 24 名學生從馬相伯學習拉丁文,公學退學風潮後,其中一部分退學生師從馬相伯,創辦震旦學院。據《馬相伯先生年譜》記載,《震旦學院》雜誌第一年第一期《緒言》云:"自庚子拳亂後,海内志士有鑒於歐美之强盛,我國之孱弱,遂幡然省悟,非運輸泰西各國新知識爲我國補救方針,維新之基礎,不足與列强頡頏於世界。時丹徒馬公相伯,以通達耆儒,熱心教育,方旅居于滬西土山灣,瑞安項君偉人,因于癸卯春,糾合同志,負笈造廬,願爲門下士。馬公遂爲之擘畫經營,商之天主教會,權借徐家匯老天文臺爲校舍,定名震旦學院。"

《記震旦學院》:"瑞安項君驤,有鑑於此,去歲在上海設立震旦學院。其學課以讀拉丁文,爲讀各種文之總幹。而參用法國哲學大家笛卡兒之教授法。以國語都講,隨授隨譯。其學科分文學、質學二種。條縷分析,秩秩有序。白:中國開立學校以來,吾未見其匹也。敢爲中國學界前運賀。"(《浙江潮》第六期,癸卯六月十五日印刷,六月二十日發行,《時評》欄"内國之部",第八頁)

馬相伯任總教習,項驤任總幹事。校址在上海徐家匯。學院由入學者捐銀集資創辦。

《震旦學院章程》:"本學院總教習爲馬湘伯先生。"

項驤《内子黄夫人六十壽序》:"癸卯、甲辰,與丹徒馬相伯先生同辦震旦學院。"

錢智修《馬相伯先生百歲年譜》:"以項緯塵驤爲總幹事。"

《震旦學院源流考》:"時丹徒馬公相伯,以通達耆儒,熱心教育,方旅居滬西土山灣。瑞安項君偉人,因于癸卯春糾合同志,負笈造廬,願爲門下士。馬公遂爲之擘畫經營,手定課程,首重辣丁文及哲學,旁及英法等各國文字,商及天主教會,請佘公賓王等各分任各科,權借徐家匯老天文臺爲校舍,定名震旦學院。未及一年,四方來遊者,踵相接,乃請南公從周總理學務。"(《協和報》1911 年第十六期第 7—9 頁)

陳傳德《馬師相伯先生創辦震旦學院之特種精神》:"院内各部事務,在先生監督之下,悉歸學生管理,稱爲幹事,除項微塵君任總幹事、鄭子漁君任會計幹事,爲固定職務外,其餘幹事,于學期開始,由學生互推分别擔任,其職務至學期之終爲止。執掌許可權,悉遵學生自治規程。學生初僅數十人,至秋季開學,適愛國學社因'蘇報案'牽涉,自動解散,學生多來轉學,傳德亦其中之一也,合新舊生有百餘人。"

圖一 1903 年震旦學院初成立時師生合影,原載《歷史上的徐家匯》(宋浩傑責任主編,上海文化出版社 2005 年 9 月版,第 208 頁)

按,1904年夏,于右任以"劉學裕"名,入震旦學院。于右任《爲國家民族祝馬先生壽》,概述震旦學院的特點,一是尚自治,二是導門徑,三是重演講,四是習兵操。闡述"尚自治"特點時指出:"時及門諸子,既泰半爲成學負志節之士,故先生除自長教務外,校中行政,一切派學生任之。其初級教科,亦由高材生轉相傳習。蓋先生以吾國政治習于專制,國民自治能力久已消失,欲藉此爲實施民治之試驗地也。"(載《馬相伯先生百齡大慶》1939年特刊)于右任晚年回憶説,學院"一時多人才,學長即項微塵先生也"。

張寶琛、許學彬、項葆楨等《瑞安項微塵先生追悼會緣起》:"先生與丹徒馬相伯先生創立震旦書院,藉教育文化孳乳新機。"董樸垞《孫詒讓學記(選)》(交遊考·項驤):"與丹徒馬相伯創主震旦書院。"

按震旦學院章程規定,學院以"廣延通儒,培成譯才"爲宗旨。

二月初一日(2月27日),震旦學院開學上課。

課目大别爲四:曰語文學,曰象數學,曰格物學,曰致知學。語文一科,以拉丁文溯其源,仍分英法德諸現代語,以應世用,但求能譯書閲報章。

震旦學院是中國第一所私立高等學校。時梁啟超在日本辦《新民叢報》,聞訊大喜,刊佈其章程于《叢報》中,且志評語《祝震旦學院之前途》:"吾聞上海有震旦學院之設,吾喜欲狂。吾今乃始見我祖國得一完備有條理之私立學校,吾喜欲狂。""吾祝震旦學院萬歲。"

按,震旦學院1905年發生風潮,馬相伯等繼辦復旦公學。1917年改爲復旦大學。復旦大學百年校慶,即以1905年爲起始,並將創辦史上溯至1902年震旦學院。夏東元主編《20世紀上海大博覽》(文匯出版社2001年4月第二版,第40頁):"震旦學院的創辦,使上海教育界面貌爲之一新,一定程度上開創了中國教育史的新紀元,以後在上海興辦的各種教育事業,無不直接或間接地受到震旦學院的影響。"

夏,"蘇報案"發生,章太炎、鄒容入獄。作七絶《贈章太炎獄中》予以高度評價:"耶穌乞食伽南道,菩薩拈花地獄門。同爲衆生受苦惱,五百年後識斯人。"(《浴日樓詩選》卷一)

仲秋,譯著《英德學制比較》由武昌翻譯學堂鉛印發行。一卷,原著者英國查理斯伯。書藏于天津圖書館。22cm,88頁,精裝本。

記載見《中國古籍總目》子部第7册,編號:子71736744。

時湖北譯書局局中翻譯有四人,瑞安人有孫延第、許璇兩人。(温州市圖

書館編,方浦仁、陳盛奬整理《劉紹寬日記》,中華書局 2018 年 2 月版,第一册,第 342 頁)

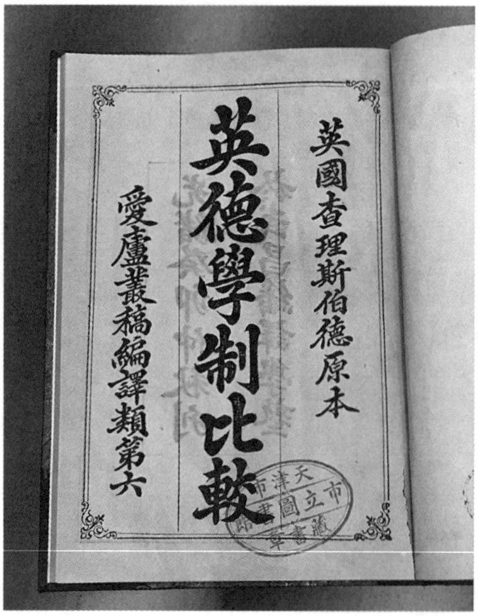

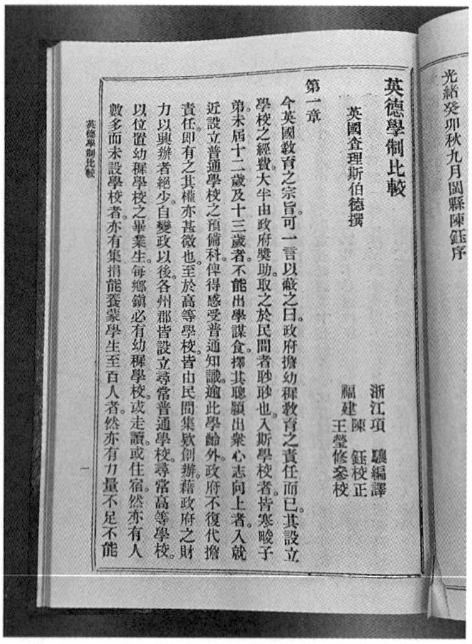

圖二　藏在天津圖書館的項驤編譯《英德學制比較》

11 月上旬,劉紹寬入震旦學院讀書,夜晚從譜主學習英文。

劉紹寬日記十月初五(11 月 23 日):“前月十六日,自杭郡來滬,將作歸計,殷君鑄夫邀留共學於震旦學院。震旦者,南洋公學學生散後自辦之學堂也。瑞安項君渭臣總理其事,教習馬相伯先生(建常),爲眉叔先生(建忠)伯兄,學貫中西,爲今碩儒,仰慕久矣。遂於十九日進院,廿一日上班,學習拉丁文,繼復學習英文于項君渭臣。(中略)夜從項君渭臣學英文文法語。”

初七日:“上午學拉丁文,下午學算,夜學英文。”

初九日:“上午讀拉丁文,夜英文。”

十六日:“項君渭臣言西人甚豔温州地,謂無所不有,若不早自圖地利,必爲所奪。擬設工藝總公司,著有論稿並章程見示。”

廿三日:“震旦學院學生約有六十餘人,其佳者:胡敦復(江蘇無錫人,年十七),張軼歐(江蘇人),沈步洲(江蘇人),邵仲輝(浙江人,壬寅舉人),熊慕韓(江西,壬寅年舉人,名正瑜),殷鑄夫,項渭臣,葉仲裕(杭州人),朱清齋(江蘇人),雷祝三(陜西,舉人)。”

劉紹寬九月十九日(11 月 7 日)入震旦學院讀書,十月十九日(12 月 7 日)因“目疾轉劇”返回家鄉。(《劉紹寬日記》第一册,第 338—342 頁)

光緒三十年　甲辰　1904 年　二十六歲

本年仍在震旦學院。

冬,赴日本視學。

光緒三十一年　乙巳　1905 年　二十七歲

九月二十六日,在温州,參與籌備設立温處學務分處的討論會。

劉紹寬日記光緒三十一年九月二十六日:午後一時,程少周觀察(恩培)開議學務演説,錫眷臣太守(綸)提議師範學堂,餘爲推演數語。項渭臣亦演説,大旨學務處總理公認孫仲容先生,餘由先生自擇。其經費視考試經費及厘金加捐項下支撥。(《劉紹寬日記》,第一册,第 410 頁)

温州處州籌備學務分處之事,因童兆蓉在任上病逝而中斷。程恩培來任巡道後,重議興復,並得以積極進行。(《孫衣言孫詒讓父子年譜》,孫延釗撰,徐和雍、周立人整理,上海社會科學院出版社 2003 年 7 月版,第 326—327 頁)

下半年,(赴美留學前)曾赴北京。

在譯學館翻譯文稿。以稿費津貼,擬赴美國留學。

項錦裳手稿記:我父親出身本來是清寒的,因爲我祖父是一個小商人,所遺下來的僅有二三十畝田,但是我父親卻從小刻苦厲學,在前清時因得到族中長輩的資助畢業於南洋公學,復得到北京編譯館翻譯稿子的稿費津貼往美國留學。(項錦裳鋼筆手跡殘稿,上海項守南家藏)

冬,赴美國紐約留學,入哥倫比亞大學政治經濟科。

項驤《内子黄夫人六十壽序》:“乙巳游京師。冬赴美國,留學紐約科崙布大學。”

留學期間,賦詩《登紐約自由神塔絶頂》(《浴日樓詩選》卷一)。

光緒三十四年　戊申　1908 年　三十歲

五月二十二日(6 月 20 日),孫詒讓逝世。

項驤挽聯:“言壽本無齡(夾注:西哲謂立德之壽、立功之壽爲有齡,惟立言之壽,則無齡耳),遺著長留天下口;靈魂終不滅,先生但蜕世間身”。(《孫

徵君哀挽録》第 106 頁,董朴垞《孫詒讓學記(選)》第 330 頁)

宣統元年　己酉　1909 年　三十一歲

夏,自美國哥倫比亞大學政治經濟科畢業,獲碩士學位歸國。

畢業論文題目"The Exceptions of the Tripartite Governmental Powers in America"。大意是"美國的三權分立及其例外"。(畢業論文影本,由臺灣項潔復印自美國,瑞安中學有藏)

回到家鄉瑞安。

項驤《内子黄夫人六十壽序》:"迄于己酉之夏畢業回國,始得與内子相見于南堤敝廬。我父健在如故,而鬢髮蒼然,悲喜交集,誠不知涕淚之何從也。人生大歡,天倫樂事,迨無逾於此。"

秋,參加清廷留學生廷試,考取法政科進士。

《東方雜誌》第十一期記載一,宣統元年九月大事記:二十二日,予遊學畢業生項驤等進士、舉人有差。按此次遊學畢業生,經賞給法政科進士一人,舉人一百五十八人;文科舉人七人;醫科進士二人,舉人六人;格致科進士二人,舉人五人;農科進士二人,舉人十一人;工科進士五人,舉人十六人;商科舉人二十六人。

宣統二年　庚戌　1910 年　三十二歲

春,參加殿試,獲一等第一名。被譽爲"洋狀元"。

五月,授翰林院編修。移居北京。

《學部官報》第一二七期載有《奏帶領項驤等引見折》(宣統二年五月初二日)。

《東方雜誌》第六期記載第一,中國大事記:宣統二年五月中國大事記,初三日:引見廷試遊學畢業生項驤等分别授職有差。

詔令:五月初三日上諭:此次引見之廷試遊學畢業生進士項驤、林大閭、程鴻書、陳籙、唐有恆、劉鍾華,均著授爲翰林院編修。

有詩《入翰林》(《浴日樓詩選》卷一)。

項驤《内子黄夫人六十壽序》:"庚戌廷試,余以第一人入翰林。攜内子居京師。"

八月二日,受派充遊學考試襄校官。

諭旨:"唐景崇、延鴻、高而謙、詹天佑著充考試遊學畢業生主試官。欽此。

諭旨:"學部奏請派遊學畢業考試各科襄校官一折,所有遴選之項驤、陳籙……王鴻年……沈琨,均著充襄校官。欽此。"(《申報》1910 年 9 月 12 日第二版)

約八月,南洋勸業會審查總長楊杏城上奏,擬調用部分人員協助勸業會,譜主列入名單,時間是兩至三個月,是否成行,未詳。

《勸業會調用人員之權利》:"除就近諮商調用寧省及他省人員外,所調各部院衙門人員爲翰林院編修洪鎔、唐有恆、項驤、林大閭,檢討朱光燾……。"(《申報》1910 年 9 月 4 日,第五、第六版)

宣統三年　辛亥　1911 年　三十三歲

2 月,就内閣官制提出具體意見。

《留學生之曲學阿世者》:"有西洋學生項驤,某科編修也。頃發表組織内閣之意見,其文大爲政府所賞識。聞憲政館所草定之内閣官制即以之爲藍本。其中,最投合政府之心理者,(一)設副總理大臣二人;(二)閣員不負聯帶責任,内閣倒時,閣員仍可留任;(三)凡未規定于法律之明文者,名曰蟄伏權,政府可以隨時運用之,不受議會之詰責。現在政府決定設副總理二人,且不著明聯帶責任,即本項説。另一訪函云:組織内閣屢奉旨提前趕辦,現聞大綱業已成立,内閣總理大臣一員,副總理二員,弼德院正總裁一員,副總裁一員,另設大臣十八員,約開印後即可發表。聞政務處於初五日午後一點特開加班會議,即係奉監國交諭會議新内閣制及各院章制事。"(《申報》1911 年 2 月 11 日第三版)

《異哉新内閣之副大臣》:"新内閣設副大臣之議,發自項驤。其理由則曰事務過繁,非一人所能勝任,其先例則曰德有副首相,美有副總統。記者曰:内閣政務,必總理大臣事事躬親也。則雖設副大臣,仍不能盡其責,舉其事,若不過總其成而已,則一總理大臣而已足,且世界立憲國亦多矣,何中國獨於此事,而採德美兩國視同綴旒之制,謂非迎合政府位置私人之見,誰信之哉?"(《申報》1911 年 2 月 11 日,第五版)

本年,在翰林院任編修。(《宣統三年冬季職官録》,内閣印鑄局發行,《近代中國史料叢刊》影印本,一編第二十九輯)

中華民國元年　壬子　1912 年　三十四歲

1 月 1 日,孫中山在南京就任中華民國臨時大總統。

1 月 16 日,與黎元洪、孫武、譚延闓、王正廷、吴敬恒等二十四人發起成立民社,20 日在上海設民社總部。

《民社緣起》:"昔盧梭有言國家者,人民同意所約成之社會也。(中略)爰本盧梭人民社會之旨,發起民社。我父老兄弟,其能集思廣益,鑄造輿論,以國民聯合之大多數,組成統一共和之新國家乎,是豈獨本社之賜耶?公定規約如左(規約共五章十七條,略)。發起人:黎元洪、藍天蔚、譚延闓、王正廷、王鴻猷、李登輝、孫武、朱瑞、張振武、吴敬恒、楊曾蔚、劉成禹、項驤、寧調元、孫發緒、周恢、張伯烈、汪彭年、高正中、朱立剛、徐偉、高彤墀、郭健霄、何震。"(《申報》1912 年 1 月 20 日,第一版)

劉强倫:民社於 1912 年 1 月 16 日在武昌成立,20 日設總部於上海。總部推吴稚暉爲總幹事,汪彭年爲庶務,張伯烈爲主計。吴稚暉爲同盟會名士,以言論驚人著稱。汪彭年也是同盟會會員,任上海神州日報社社長。張伯烈是立憲派人士,曾任粵漢川鐵路公司總理、河南提學使。民社還有一個很大的陣營,就是 24 位創社發起人。(劉强倫著《辛亥著名人物傳記叢書 · 孫武焦達峰》,團結出版社 2011 年 8 月版,第 106 頁)

按,民社是民初政黨之一,總部設在上海,主要活動在武漢。支部遍十餘省,社員過萬人。理事長黎元洪,吴敬恒爲總幹事。項驤、王正廷等人被推爲評議員。

2 月 20 日,民社創辦機關報《民聲日報》。民社曾派項驤到浙江來擴大隊伍。

4 月 15 日,統一黨、民社、民國公會、國民協進會、國民協會、國民黨、共和建議討論會七個政團的代表討論合併事宜,民社代表是孫發緒、胡鈞、項驤,民國公會代表是陳敬第、黃群。至 24 日,七政團合併爲五政團,舉行簽字儀式。

5 月 9 日,民社與統一黨、國民協進會、國民公會等合併組成爲共和黨,共和黨在上海張園舉行成立大會,項驤當選爲共和黨 54 名幹事之一。推舉黎元洪爲理事長。(《申報》1912 年 5 月 10 日,第七版《共和黨成立大會記》)

共和黨幹事爲:林長民、湯化龍、楊廷棟、王印川、龔煥辰、劉瑩澤、陸大坊、黄雲鵬、孟森、葉景葵、唐文治、童學琦、鄧實、汪德淵、劉成禺、時功玖、陳紹唐、項驤、胡鈞、汪彭年、張伯烈、張大昕、孫發緒、吴景濂、王賡、籍忠寅、李榘、陳懋鼎、劉頌虞、邵羲、范源濂、蹇念益、周大烈、長福、林志鈞、沈彭年、朱壽朋、姚文枏、潘鴻鼎、葉鴻績、張毓英、沈周、賈豐臻、張一鵬、王戈、沈鈞業、黄群、李祖虞、袁毓麟、汪希、陳敬第、高淩蔚、蔡元康、王家襄。(見《共和黨成立大會記》,《時事新報》1912 年 5 月 10 日,第一張第一版;《共和黨本部第一次報告》,共和黨本部刊佈,民國元年八月印行;曾業英、徐輝琪《民初政黨概述(三)》,載《貴州社會科學》1982 年第 3 期,第 64—69 頁)

6 月 4 日,與共和黨同人在北京歡迎湖北首義人士。

圖三 1912 年 6 月 4 日項驤等共和黨人在北京歡迎湖北首義諸君

9 月 2 日,任北京政府財政部參事。

九月二日臨時大總統《命令》:"財政總長周學熙呈請任命趙椿年、項驤、劉澤熙、李士熙爲參事,趙從蕃、李景銘、姚東彦、吴用威爲秘書,應照準。此令。"(《申報》1912 年 9 月 3 日第二版;《民國職官年表》,劉壽林等編,中華書

局1995年8月版,第26頁)

10月13日,《項驤氏之國家銀行談》刊登在《申報》第三版。

報導説:代理銀行總辦項驤對於國家銀行已定有辦法。報導他所説的辦法較爲詳細。

時任財政部參事並代理銀行總辦。

《項驤氏之國家銀行談》:

代理銀行總辦項驤氏對於銀行問題已定有辦法。昨有人往訪,問其政策,項君一一言之,照録如左。

重統系　政策無一定之主張,萬不能收有效果。即如財政總長辭職,中國銀行監督亦隨之進退,此爲民國最秕之政。欲免此弊,無論將來總長如何更易,而財政所定方針,萬不能連帶改變。是非規定一永久法律不可。

辦理金庫　銀行爲國家之主體,而欲保全銀行,非先養信用不可。信用不立,則銀行不能持久。當此第一時期,宜發現金俾國民咸知銀行非騙局,方能流通鈔票。而儲藏現金,除從金庫著手外,别無二法。

設立地點　北京爲國都所在,宜首先設立,而天津、上海、漢口、廣東四省爲江海重要口岸,亦宜同時創辦,以爲流通機關。俟五處基礎稍固,再于牛莊、福州等處次第開辦。惟必限定時間,使凡民國領土内皆有支店,方合國家銀行真諦云。

入手方法　如收買舊幣,兑换現金發行。紙幣改良本位,皆需預籌一定之時間。辦理絶不可以紊亂從事。

金本位問題　幣制問題,金本位?銀本位?尚在討論之時,惟周總長及前熊總長,皆表同意,大約結果,尚屬於金。惟分量是否爲兩、爲元,尚未决定。

發行鈔票　紙幣發行是否屬於獨一問題、多數問題,近正在討論中。□獨一問題,各省疑中央有搜刮之嫌,國家富而國民貧。多數問題,各省悉成爲紙幣世界,實國家之惡政。擬仿英制,由國家發行,各省皆向中央領用。如公債票例,領一百萬者,國家銀行以百三十五萬之紙幣給之,庶一百萬紙幣,各省可得二十五萬之餘利云。

11月4日,聯名在北京臨時參議院議事會上提出《諮請撥款賑濟温處水災案》(審查報告)的議案,審議結果:可决。(北京臨時參議院編印《參議院會議速記録》)

《温處災民續命湯》:"浙都督奉財政部諮云,案查浙省温、處一帶地方被災甚重,前經貴都督及該省代表項驤等一再呈請撥款賑恤,當以救災卹民本不容緩,而庫儲支絀,籌現爲難,即經函送國務會議,旋經公同決定,此項賑款除撥現洋五萬元,交由該省先行核實散給外,另撥公債票十萬元。惟查本部所發六厘公債雖經參議院通過,而厘訂細則,刷印債票,手續甚煩,尚需時日,該省災黎待命孔殷,勢難坐俟。本部現將各省從前已領現甫繳回之南京八厘軍需公債票照撥十萬元,應由浙省都督派員照領,從速勸募。所得債款核實散放災黎,不得挪作别項用途。惟此項債票售出後,應由該省將票面價格、債票號碼、售票日期,分别列表,詳細報告本部,以憑核准登報公佈,轉令上海中國銀行照章付息,並即轉飭各經售此項債票人員,不得私行折扣賤售,致債票有損信用,公家賠受户虧,是爲至要。"(《申報》1913 年 1 月 14 日,第六版)

12 月 18 日,參加參議院六厘公債案之討論。

《參議院六厘公債之大討論》:"十二月十八日,參議院午後二時開會,出席者六十四人。……原案第六條,交款期滿後,越三月尚未交足,即由政府將其公債票公賣,除應扣欠交利息及他款項外,餘數發還之。審查會以如此則短交者多,必至收款不能足額,故改爲:前項交納期已滿後,越五月尚未交足者,則不給予公債票,其從前已交納之金額亦不發還。報告畢,政府委員項驤反對審查會修改之兩點,第一,公債價格限定最低額九十二元,則發行時,不便於伸縮:第二,已交之金額,亦不發還,則是没收一部分之財產,過於苛酷。時以討論大體,不及逐條討論,秦瑞玠就大體上言照政府原案理由書募集公債二萬萬元,以三千萬元充中國銀行資本,五千萬元借換舊債,一萬二千萬元整理各省之紙幣。……項驤亦謂,中國銀行係另一私法人,現定由商辦收回紙幣,須由國庫負擔,故應分作兩項用途,本款不能删。……項驤謂,中央銀行既定歸商辦,而驟難招股足額,又不得不即開辦,是以先墊官本,俟募得公債即以之償還,此本不得已之辦法也。李肇甫謂,整理各省紙幣並不反對,惟如何整理之法?項驤答言,原案不言收回,而言整理,正爲尚有種種方法,非直即收兑。現今不换紙幣,過多票債跌落,必須維持其價格,政府於其跌價者,稍稍收買,令回復原價,整理之法如此。"(《申報》1912 年 12 月 24 日,25 日續,第三版)

按,《申報》1912 年 12 月 25 日第二版刊有《北京電》:"六厘公債六千萬案,已經參議院通過,均照政府原案,惟償還期限改五十年爲三十五年。"

中華民國二年　癸丑　1913年　三十五歲

2月4日至4月1日,在北京,參加國民黨、共和黨、民主黨、統一黨等聯合組織的以憲法制定及其內容爲主題的討論會。七次常會,出席前六次,並主持第二次討論會。

共和黨人由項驤、方樞、汪榮寶、王家襄等出席,憲法討論,項驤是共和黨人的主要代表。(夏新華、劉鄂《民國初年"四黨"憲法討論會及其意義》,載《湘潭大學學報》第28卷第6期,2004年11月印行,第26—31頁)

《憲法起草問題之研究》:"政黨之討論:國民、共和、民主、統一四政黨公立憲法討論會,二十五日,共和黨在本部開特别會議,以憲法關係國本,既須與各黨聯合共同研究,應先於本部組織憲法草案討論會,指定專員,詳加討論,以昭鄭重而謀一致。其討論員額決定爲三十人。當日先推舉十六人,其餘十四人俟國會議員到京後再行公推。至各黨聯合憲法討論會,應舉代表八人,亦經議決,當日先推舉四人,其餘四人,俟後公推補足。計本部憲法討論會會員十六人:汪榮寶、林志鈞、汪有齡、項驤、黄爲基、陳宗蕃、籍宗寅、李國珍、余棨昌、秦瑞玠、郭同、方樞、徐彭齡、王家襄、胡鈞、顧德麟。至各黨聯合憲法討論會,代表員四人:汪榮寶、項驤、方樞、王家襄。"(《申報》1913年2月1日,第三版)

《四黨憲法討論會開會紀事》:四黨憲法討論會十七日在湖南會館開第五次之討論會。其議題爲國務員之組織法及憲法以外之國家機關。公推統一黨趙管侯爲臨時主席。……遂即提出第一議題國務員組織法。統一黨代表康士鐸、國民黨代表伍朝樞、民主黨代表孫洪伊相繼報告,大致皆主張取合議制,其理由無甚差異,惟共和黨代表項驤君則謂此議題,黨中尚未議決,俟下次再行報告。(《申報》1913年3月24日,第三版)

《四黨憲法討論會》:"二十五日,四黨憲法討論會仍在湖南會館開常會。四黨代表陸續到齊,三鐘後即行開會,輪流應推國民黨舉出一人主席,當即推定湯漪君。宣佈本日開會,議題爲國務員任命之形式(即大總統任命國務員是否須得議院同意)。主席宣佈議題之後,共和黨代表謂上次國務員組織法之議題,共和黨尚未報告,本日補行報告,由項驤君報告,謂共和黨對於此問題,經多數人表決主張用單獨制,由國務總理負責任,與國民、統一、民主三黨主張不同,其理甚長,不及備載。"(《申報》1913年3月31日,第三版)

2月,山東都督曾推舉項驤爲憲法起草委員會委員。

《北京電》:“據北京日報載稱,憲法起草委員會,國務院已選定李家駒、汪榮寶、楊度三人,並將另舉三員。廣東都督今舉伍廷芳,山東都督舉籍忠寅、項驤,安徽都督舉嚴復,江蘇都督舉王寵惠。路透電社得悉,以上所舉之員,恐尚有更動。”(《申報》1913 年 2 月 11 日,第三版)

《各省之憲法委員》:“各省都督所舉之憲法委員,本省一人,外省一人,現已先後來電,茲將所舉各員姓名照録於下。……山東:丁世嶧,項驤。”(《申報》1913 年 2 月 16 日,第六版)

4 月,論著《比較行政法》發表於《讜報》月刊第一期。隨後《讜報》第五期、第七期續載,署名項驤。

全文共三章。第一章,行政法之要素。(一)行政爲政府之職務;(二)行政機關之存在地。第二章,行政法之解釋。(一)行政名辭之定義;(二)行政法自成一宗之理由;(三)行政法與各種民法之區别;(四)行政法與各種國法之區别。第三章,三權分峙之理由。這似是中國人撰寫的最早的比較行政法論著,也是譜主公開發表並傳世的主要論著。

按,《讜報》由中華民國進步党留日東京支部編輯,創刊于日本東京。

5 月 29 日,共和、民主、統一三黨合併組成進步黨,是日召開成立大會。當選爲該党參議。

進步党本部主要負責人是理事長,其次爲理事,設名譽理事和參議各若干人。理事長黎元洪,理事梁啟超、張謇、伍廷芳、那彦圖、孫武、湯化龍、王賡、蒲殿俊、王印川。名譽理事有馮國璋、熊希齡、閻錫山、蔡鍔、朱瑞、陳炯明等人。旅京温州人多名加入進步黨。當選參議的還有黄群、陳黻宸、陳蔚,以及青田的陳琪,虞廷愷任黨務部副主任,張烈是幹事。

按,民國初年,政黨有激進和漸進之分,共和黨、進步黨,都是當時主張“漸進”“革新”的政黨。進步黨機關報《天鐸報》,總部設在北京,各省設支部。以“採取國家主義,建設强善政府”爲政綱,在國會内與國民黨對立。1915 年因對袁世凱不滿,進步党主要成員參加護國討袁鬥争,分化爲以湯化龍爲首的憲法討論會和以梁啟超爲首的憲法研究會。

7 月 14 日,任財政部清查官産處第一股主任。

財政部部令第一百三十三號:“派項驤充清查官産處第一股主任,周宏業充副主任(下略)。此令。中華民國二年七月十四日。”(《政府公報》命令,第四三四號,1913 年 7 月 21 日)

中華民國三年　甲寅　1914年　三十六歲

1月10日,任財政討論會主任委員。

部令(財政部部令第二號):"派項驤爲財政討論會主任委員,吴乃琛爲副主任委員。此令。(部印)中華民國三年一月十日。財政總長熊希齡。"(《政府公報》第六百十號,1914年1月18日)

2月14、15日,在財政討論會上報告,討論議案。

《財政討論會議案》:"上星期六、日,財政討論會開第四次會議,到者二十餘人。首由項驤報告。周總長今日不能到會。繼由周作民報告。是日討論議案爲財政部對於預算之辦法,究竟應采英制,不但有編制權並有核減權,或采美制,無核減權,抑或采德制,財政總長對於各官署之預算,認爲有核減之必要時,得提出内閣會議決定施行,請大家討論。其時,各洋員顧問除審計處之馬肅主張核減之權應歸審計處外,其餘英人則主張英制,德人則主張德制。以此兩派最占勢力。將來結果,恐不能出此兩派範圍。"(《申報》1914年2月20日,第六版)

按,周總長,即周自齊。

至3月上旬,財政討論會取消。

《討論會實行取消》:"財政討論會之設,原爲熊前總理所主張,故其會址設於國務院内,以便熊氏隨時出席,乃開會僅數次,而熊氏即已解職。此項會議,在今日已有停止之勢。昨周總長諭令該會正副主任項驤、吴乃琛二氏將該會尅日實行取消云。"(《申報》1914年3月7日,第三版)

1月23日,受派爲高等文官甄别委員會委員。

一月二十三日《大總統命令》:"特派朱家寶、楊士、汪鳳灝、周肇祥爲高等文官甄别委員會委員。此令。又令,任命陳漢第、錢能訓、施愚、夏壽康、袁思亮、榮勳、余棨昌、陳毅、陳懋鼎、項驤、吴乃琛、余紹宋、劉馥、龍建章、夏曾佑、陳介爲高等文官甄别委員會委員。此令。"(《申報》1914年1月29日,第二版)

所撰《説關税》發表於《財政經濟雜誌》1914年第一卷第一期,署名"微塵"。

按《整理中國税法議》一文,署名"龍驤",連載於1913年《庸言》雜誌,輯入《民國經世文編》(財政),疑爲項驤所撰,待考。

4月,兼任殖邊銀行理事。

《殖邊銀行職員之擬定》:“此次創設殖邊銀行,已經袁總統批准,近將招股開辦。茲悉該銀行職員,其總理定爲徐紹楨氏,理事定爲項驤、陶德琨、劉坦、王鴻猷諸氏,並何錫康充爲總籌辦員,劉冕執充爲籌辦員云。”(《申報》1914 年 4 月 11 日,第六版)

9 月 6 日,受派以黎副總統代表身份出席提倡内國公債第二次大會。

《提倡内國公債第二次大會預志》:“提倡内國公債會定於六號午後一時至六時開第二次大會。仍在虎坊橋湖廣會館舉行。……各界重要人物因有事不克親蒞者,大都特派代表蒞會,即如黎副總統已派定項驤,徐相國已派定吴笈孫。”(《申報》1914 年 9 月 9 日,第六版)

《儲蓄券與内國公債》:“各界到會人數甚多,並有女賓。其重要人物蒞場者,如黎副總統代表項驤,清皇室代表定傑、濟良二君。”(《申報》1914 年 9 月 12 日,第六版)

10 月 12 日,被授予四等嘉禾章。

《大總統令》:“項驤、黄濬、徐文□、蒲方駿、章恩壽、文永譽、袁永慶均給予四等嘉禾章。此令。”(《申報》1914 年 10 月 16 日,第二版)

按,袁世凱《予項驤等勳章令》,中華民國三年十月十二日,載《袁世凱全集》第三卷,河南大學出版社 2013 年版,第 91 頁。

11 月 15 日,出席殖邊銀行第一次股東會,並演講各地成立分行的計畫,被推選爲協理。

《殖邊銀行第一次股東會》:“日昨(十五日),殖邊銀行各股東在北京施家胡同總籌辦處,于正午十二時,開第一次股東大會。是日,蒞會者在京各股東及各省股東代表,計一百餘人。届時首由理事徐紹楨報告創辦銀行過去之歷史及將來開幕以後進行之方針。次由理事項驤演述將來各埠成立分行之計畫。衆皆鼓掌稱善。次由各股東據條例章程按次選舉總理、協理、董監事。開票結果,徐紹楨當選爲總理,項驤爲協理,王揖唐、馮麟霈、陳介、陶德琨、劉冕執五君當選爲董事,張軼歐、宋發祥、王紹常三君當選爲監事。”(《申報》1914 年 11 月 20 日,第六版)

《殖邊銀行開幕廣告》:“本銀行爲股份有限公司,所有條例章程業奉大總統批准公佈在案。現已招足法定數目,于本年十一月三日經財政部驗款注册,批准開辦。于十一月十五日第一次股東總會,照章舉定總協理、董事、理事、監事各員,尅日就職,總行設在北京。擇期本月二十二日舉行開幕禮。其餘上海等處分行均即次第開辦。……總理徐紹楨，協理項驤，董事王揖唐、馮麟霈、陳介、陶德琨、劉冕執，監事宋發祥、張軼歐、王紹常。"（《申報》1914年11月21日、22日，第一版）

按，殖邊銀行北京分行同日成立，上海分行於12月6日開業，杭州分行於1915年3月15日成立。各省均設立分行、支行或營業所。殖邊銀行的兑换券是中國第一套自行設計、雕刻並成功印刷的鋼凸版紙幣，前三年在財政部印刷局印製，分别於1915年、1916年、1918年發行。上海分行經理由徐紹楨之子徐幾亭擔任，擅自挪用分行資金，分行發生擠兑，適逢1916年5月12日段祺瑞以國務院名義發佈中國銀行、交通銀行停止兑現的命令，殖邊銀行上海分行在擠兑風潮中倒閉，銀行信用受損。1918年，殖邊銀行代（總）理周學淵對該行整頓計畫失敗，1921年新殖邊銀行組建計畫流産，終於1925年被查封。參閲王月峰《殖邊銀行研究》（河北師範大學碩士學位論文，2011年）。

本年，長女項如美生。

中華民國四年　丙辰　1915年　三十七歲

7月3日，被授予中大夫。

大總統《又令》："國務卿呈，據銓敘局詳稱，遵核外交等部參事司長各員資格，請分别敘官等語，丁道津授爲中大夫，並特加上大夫銜，章祖甲、周傳經、王繼曾、陳恩厚、許星璧、於寶軒、陳時利、吕鏞、祝書元、許寶蘅、項驤、李景銘、姚詒慶、金兆蕃、徐彭齡、覃壽堃、夏曾佑、張新吾、夏循塏、田步蟾、何啟椿、權量、周萬鵬、沈祺、袁齡、王景春、蔣尊褘均授爲中大夫。"（《申報》1915年7月6日，第二版）

按，袁世凱1914年定文官分九秩，中大夫爲第五秩，簡任，1916年7月廢。

10月11日，獲三等嘉禾章。

大總統《又令》："項驤、虞熙正均給予三等嘉禾章。"（《申報》1915年10月13日，第二版；《政府公報》第一二三七號，1915年10月18日）

約本年，加入南社。

柳亞子《南社社友姓氏録》記載："項驤，字偉人，浙江瑞安人。254。"（柳亞子《南社紀略》，上海人民出版社1983年4月版，第216頁）從編號推算，項驤加入南社的時間當在民國初年，暫繫于本年。

中華民國五年　丙辰　1916年　三十八歲

6月22日，傳擬任項驤爲中國銀行總裁。

《北京電》：政府擬任陳錦濤爲中行督辦、項驤總裁。（《申報》1916年6月22日，第二版）按，後改任徐恩元爲中國銀行總裁。

7月4日，次子項錦裳生。

本年，仍在財政部任職。

中華民國六年　丁巳　1917年　三十九歲

3月5日，列席財政會議。

《紀五日之財政會議》：昨（五日）財政會議開第二次會議。下午二時開會，由殷副議長代理主席。會員到者九十三人。……第六案，整理豫省田賦意見書合併討論，張壽鏞君提議民政、財政分而爲二，每縣另設財政公所，縣知事爲總辦，另派候補縣知事爲坐辦。項驤君反對張説。……第七案，整理田賦先編審户糧意見書。虞熙正、丁道津兩君請省□説明，賈士毅君贊成兩案逐漸推行，不必操之過急。張壽鏞、李作棟君先後發言，大致相同。議長以本案是否成立，付表決多數，指定審查員王源瀚、汪士元、楊壽枬、謝騫、鄭鴻瑞、張協陸、姚詒慶、蹇先驄、項驤等九人。（《申報》1917年3月9日，第六版）

10月，入中華職業教育社，爲特别社員。

據《中華職業教育社通訊》之《新入社之特别社員》報導，還有方遠（北京女子師範學校校長），張謇、谷鍾秀、王式迪（國務院參議）、沈寶善（美國留學生監督署秘書長）、陳曾亮（第一師範教務主任）、陸夢熊（交通部參議）等。（《申報》1917年10月22日，第十一版）

仲冬，奉命赴上海出席關稅會議。

項驤《内子黄夫人六十壽序》："丁巳仲冬，余奉命赴上海，修改海關税則。與會者十四國。會期延長至一年。内子偕行。"

在上海，黄夫人感風寒，轉爲肺炎，五歲的女兒如美疹發在床，三歲的錦裳患腸氣叫嚷著肚子痛，譜主公餘廢寢輟食，照顧妻子與女兒、兒子。

中華民國七年　戊午　1918年　四十歲

1月6日，被推定代表温州同鄉向招商局交涉普濟輪慘案善後事宜。

《普濟輪船失事續志》："昨日（六日）早晨，温州同鄉數百人聚集會議善後辦法，推出代表項蔚臣、殷叔祥、徐寄廎並正會長張雲雷，赴招商局，晤見局長謝仲笙、董事傅少菴、虞洽卿，詳談處置及善後事宜。謝、傅諸公力爲擔任。下午，項、徐二人又赴静安寺招商局會長楊杏城宅，面交處置及善後辦法。”（《申報》1918年1月7日，第十版）

《續志》又記載：温州同鄉會推定項驤、殷汝熊、徐陳冕、張烈、林寶善出向招商局交涉一切。

按，5日上海開往温州的普濟輪在吴淞口外與從福州回滬的新豐輪相撞，普濟輪沉没，乘客兩百多人葬身海底，徐定超、虞廷愷等遇難。

《普濟輪船失事五志》：“財政部參事、特派上海關税會議委員項驤君，於普濟失事後，即電部報告官産處總辦虞廷愷遇險情事，又有交通部葉次長電詢黄述西遇險情節，現將項、黄二君與財政、交通兩部來往電報録下……。”（《申報》1918年1月10日，第十版）

1月上旬，代表温州同鄉致函招商局董事長楊杏城交涉善後事宜。

《普濟輪船失事九志》報導：“温州同鄉代表項驤、徐陳冕、張烈三君致招商局董事會會長函云：杏城先生有道：前日進謁崇階，備聆雅教，欽佩莫名。普濟一劫，痛絶切膚，深蒙長者特别關切，感同身受。惟屍無多，班老夫婦及虞、黄諸公屍首且未獲到，無任焦急。另由敝同鄉會正式具函，懇請貴董事會商請海關税務司，雇善泅水者入船摸撈，俾獲屍身，存歿均感。臨穎不勝盼禱之至。”（《申報》1918年1月14日，第十版；又見諸葛立淮、盧禮陽主編《温州旅滬同鄉會史料》，温州市政協文史委2007年3月版，第536頁）

1月，在上海，參加修改税則的討論。

參閲《集議修改税則進行辦法》（《申報》1918年1月8日，第十版），《續議修改税則之預備》（《申報》1918年1月22日，第十版）。

3月6日，自上海到温州，曾訪劉紹寬。

劉紹寬日記民國七年三月六日：“項渭臣自上海來，見訪。”（《劉紹寬日記》第二册，第649頁）

4月30日，殖邊銀行成立股東維持會，爲十三名幹事之一。楊度爲會長，王揖唐爲副會長，選舉惲寶惠爲總理。（《殖邊銀行之股東會》，《申報》1918年5月4日，第七版）。

8月，小傳收入日本人田原天南編《最新支那官紳録》。

按，臺北文海出版社易名《清末民初中國官紳人民録》1973年2月影印出版，後收入《近代中國史料叢刊三編，第八十輯》（人民録，改爲人名録）。記載人物事蹟的時間截止爲1917年12月，按姓氏筆劃排序。

書中收録温州人小傳共二十一人：王鴻年，字魯璠，浙江省永嘉縣人；吴鐘鎔，字璧華，永嘉縣人；沈守經，永嘉縣人，民國元年浙江省温州軍政府參議官；余憲文，字鼎三，樂清縣人；吕渭英，字文起，永嘉縣人；周錫經，温州人；林大閭，字劍秋，瑞安縣人；林玉麒，字式言，永嘉縣人；林攝，字贇侯，瑞安縣人；徐定超，字班侯，温州人；徐象先，字慕初，永嘉縣人；殷汝耕；殷汝驪，字鑄夫，温州人；（故）陳黻宸，字介石，瑞安縣人；張烈，字雲雷；許壬，字養頤，瑞安縣人；黄群，字溯初，温州人；傅師説，字仲莘，瑞安縣人；項驤，字微塵，瑞安縣人；虞廷愷，字柏廎，瑞安縣人；潘國綱，字鑑宗，永嘉縣人。

中華民國八年　己未　1919年　四十一歲

7月5日，任財政部所得税籌備處主任。隨後積極籌畫開徵所得税。

9月15日，大總統明令《所得税條例》自1921年起施行。

按，1921年1月6日《所得税分别先後徵收税目》公佈，此後財政部又明令公佈《所得税條例施行細則》《所得税徵收規劃》等。規定所得税收款分作十成，以七成振興教育，三成提倡實業，各省自認所得税額。官俸所得税首先在北京開徵，是年實收税款10310元。這是我國實征所得税的開端，開徵的第一年，也是中國第一筆，由項驤負責籌畫並實施。

9月3日，被授予二等嘉禾章。

《又令》："李景銘、袁永慶、屠文溥、宋府澂均給予二等大綬嘉禾章，項驤、張煜全、王暢祖、金兆蕃、俞家駒均給予二等嘉禾章。"（《申報》1919年9月11日，第三版）

秋，第二届文官高等考試舉行，任襄校官，余冠周、洪彦傑參加考試並及格。

十月十八日大總統令："特派周樹模爲文官高等考試典試官，夏壽康、張元奇爲副典試官。此令。又令：派林步隨、王蔭泰、沈澤生、余建侯、吴貫因、項驤、梁宓、王國鈺爲文官高等考試襄校官。此令。"（《申報》1919年10月20日，第三版）

《乙未同年録》記載：1919年秋八月，二十三個省區的5600人參加第二届文官高等考試，典試官周樹模，文官及格人員480名，外交官10名，鄞縣勵平獲得第一名。典試職員中，財政部參事項驤（項微塵）任襄校官，年四十一，通信處西單大磨盤院一號，電話西局43。北京工業專門學校教員瑞安薛楷（式恪），任評議員，年三十四，通信處與項驤相同。（載勵平等編《近代中國史料》第一輯，第八十七册）

項驤有詩《直廬罷閲奉和周沈觀樹模前輩即事述懷五首》。《和薛式恪甲戌除夕偶成》詩末跋記"曩在京師，與薛式恪鄰居"。

薛楷，字式恪，瑞安人，以官費赴日本留學，光緒三十年四月到東京，三十三年正月入東京高工電氣機械科，宣統二年六月畢業，畢業證書一六九七號。

圖四　全國第二屆文官考試，後排左四爲項驤

本年，曾回鄉省親，並遊仙巖。

項驤《瑞安仙岩聖壽寺佛陀池碑記》："歲在己未，歸省先大夫于里第，始以春秋佳日作仙巖之遊，卌年積願一旦償矣"。（《温州歷代碑刻二集》，上海社會科學院出版社 2006 年 4 月版，下册，第 828 頁）

中華民國九年　庚申　1920 年　四十二歲

7 月，小傳收入敷文社編《最近官紳履歷匯録》第一集。（影印收入《近代中國史料叢刊一編》，第四十五輯，臺北文海出版社 1970 年 2 月初版）

收入官紳小傳(按姓氏筆劃)中温州有十八人:王鴻年、吴鍾鎔、沈守經、吕渭英、林大閭、林玉麒、林攝(林贊侯)、周錫經、殷汝耕、殷汝驪、徐象先、許壬、張烈、郭鳳鳴、黄群、項驤、傅師説、潘國綱。在温州任甌海道尹的如左杕周、趙曾蕃,甌海關監督冒廣生,另有浙江杭縣人勞勤餘,在温州任海防局稽查員,並創辦官立貧民習藝所充任所長,又曾任温州禁煙局總辦。

11 月 8 日,當選温州旅滬同鄉會名譽會董。(《温州同鄉會當年會記》,載《申報》1920 年 11 月 9 日,第十一版)

中華民國十年　辛酉　1921 年　四十三歲

2 月 10 日,被授予二等大綬嘉禾章。

二月十日《大總統令》:"張壽鏞晉給二等大綬寶光嘉禾章,盧學溥給予二等寶光嘉禾章,項驤、范治焕、胡文藻、張潤普均晉給二等大綬嘉禾章。"(《申報》1921 年 2 月 14 日,第六版)

本年,結婚二十五年,賦詩《銀婚歌》,"合歡廿五載,今作銀婚歌",敘述婚後生活。

中華民國十一年　壬戌　1922 年　四十四歲

2 月 21 日,調任鹽務署參事。

《又令》:"財政總長兼鹽務署督辦張弧呈,署鹽務署參事嚴璩請辭職,嚴璩准免署職。此令。"《又令》:"調任項驤爲鹽務署參事。此令。"(《申報》1922 年 2 月 23 日,第四版)

公御《北京通信》:"現在中央財政,已到山窮水盡之時。自政治上觀察,將來中央地位,必因財政枯涸,而自行宣告死刑,此殆毫無疑義者,但是北京官僚尚在利用此種機會,來搶此財政總長一把交椅……張氏爲財政總長,本由拍上奉天而來。現在鍾氏拍法,尤爲神妙周密。左有齊氏助手以拍奉,右有高氏助手以拍直。鍾則單槍對馬,實行向張挑戰,張在鹽署,本爲鍾之上司,而署中重要職員,又多爲張党,鍾氏升任後,首以裁員爲名,裁去張氏私人甚多,先是潘復在鹽署時,鍾嘗爲其經手運動,各廳長參事等,咸以不能染指,切齒于鍾,甚且欲以同盟罷工,將鍾逐去,今日報復,更不待言。以故前日鍾氏,又將在署十年資格之運銷廳長朱文鈞轟出鹽署,朱爲張氏同鄉莫逆。鍾氏此舉,明明是對張罵陳,張氏無法可設,只有將朱某安置於財政部,但亦無相當位置。於是乎,又將歷有十年資格之參事項驤,擠到鹽務署。聞項以事前未得同意,向張質問,張敷衍幾句'對不住'了之。"(《申報》1922 年 2 月 26 日,第六版)

3 月 13 日,《申報》報導,傳聞"項驤有次長希望"。

《申報》報導《鍾世銘將代理財部(項驤有次長希望)》:"財次一席,亦須覓人代理,聞東海對於此席,頗屬意于財政部首席參事項驤。昨特傳項入府,令其代理。項氏意態頗爲消極,當辭以才不勝任。後經東海再三勸説,項仍謙讓未□。相談約有一鐘,項即興辭出府。但東海則已決以項氏升任財次,且已與顏惠慶商妥,大約一二日内可以發表。"(《申報》1922 年 3 月 13 日第六版)按,顏惠慶以外交總長兼代國務總理。

4 月 9 日,鍾世銘代理財政總長。

5 月 26 日,在代理財政部次長任上接待前來索薪的代表。

《北京電》:"董明日入財部接事,攜有財政公開條例草案,爲法部所擬,將呈請頒發。財次嚴兼鹽署。張雖任命,未到任前項驤代理(下略)。"(《申報》1922 年 5 月 26 日第四版)

《北京電》:"嚴璩鹽署長兼次長,項驤兼代次長,潘昌煦代大理院長,令均下。"(《申報》1922 年 5 月 27 日第四版)

《財交兩長已接事》:"董康於昨日(二十六日)上午十時到財政部後,即入總長室,傳見各司司長、各廳廳長、各處處長……同時,司法、教育、參謀各部及軍警機關諸索薪代表,陸續到部,董氏接見之下,頗呈難色。嗣各司集議之結果,咸以罷工與發薪有因果聯絡關係,雖總長易人,若不先發薪水,大家仍不恢復辦公,公推司長、廳長、總辦代表入謁董氏,請示辦法。是時,董氏爲各機關代表所困,遂由代理次長項驤接洽,項答以諸君發薪事,俟客散即爲轉達,下午定有確實答覆。各部員遂將各司科之門大開,暫不辦公,静候答覆。"(《申報》1922 年 5 月 29 日,第六版)

5 月 28 日,忙於疏通籌款事宜。

《王閣將發表中之財交兩部》:"財長董康自履新以來,連日忙於籌款,過節不暇……又財部罷工人員,董氏已令先行恢復辦公,對於欠薪,當爲速籌,一面並囑次長項驤趕事疏通,以免長此遷延,致多貽誤。據聞項氏疏通,已略有結果。"(《申報》1922 年 5 月 31 日,第六版)

5 月 29 日,端陽節臨近,索薪者擁擠異常,項驤忙於參與商議籌款辦法。

《節關中之財政會議》:"端陽節届,財政部索薪餉者,近更擁擠異常。昨日(二十九)有多數索薪團,圍繞總次長室索款。董康未到,由項驤接洽。其索薪機關如下:一、蒙藏院代表,二、國務院代表,三、内務部代表,四、新衆議院秘書廳及前届議員數十人,五、手纏紅布臂章之軍士,于六時頃,仍聚集該處,猶未散走。董康見此情形,大感應付困難。昨日下午二時,特在司法講習所,召集項驤、嚴璩暨各銀行重要人物,商議籌款辦法。首由董氏發言,謂節關已迫,而庫空如洗,雖鹽餘有三百餘萬元,但時急勢迫,加之種種手續,緩不濟急,而各機關催索甚緊,應速設法應付。項次長云,鹽餘全數須過二三日方能到手,現在可望撥到二百六十餘萬,擬請各銀行暫墊二百萬,准於過節後還清。當時銀行界要人,對此尚無圓滿之答覆。又昨晚八時,董康與高恩洪邀集各派名人,假座大理院法學會,開第一次關於財政問題交换意見之宴會,列席者除高、董兩氏及周自齊外,財部兩次長、顧維鈞、蔡元培、王寵惠、王正廷、林長民、張耀曾、張嘉璈、顔德慶(因顔惠慶已出京),財政金融兩界各重要分子,約有二十餘人。先由董氏約略宣佈宴會之用意,繼乃由久居財部職官之項驤、嚴璩兩人將目下財政種種困難情形,爲詳細之報告,請列席諸人各抒意見。"(《申報》1922 年 6 月 2 日,第七版)

静觀《北京通信・財政部渡過難關之狀況》:"董授經長財政,適值端陽節關,而其履新之際,正在財部部員罷工之時,對内對外,異常棘手。經次長項驤一度疏通,部員即行恢復原狀,然此外之債主仍然麕集。董氏雖鎮静,自不能不十分焦急,以各項用款論,除本京軍警餉項,已算有著落外,而各部院局所用以資點綴者,則仍一錢莫名。且援贛經費,蔡成勳聲言出發在即,更急於星火。"(《申報》1922 年 6 月 4 日,第七版)按,董康字授經。

6 月 15 日,閣議決項驤兼任全國煙酒事務署長。

《北京電》:黎今日(十五)出席閣議,聲明無表决權,閣議將移居仁堂。董、慶提案撤銷。李欽煙酒署長決議案,決以財次項驤兼。(《申報》1922 年 6 月 17 日,第六版)

《黄陂出席閣議》:"聞昨日閣議議決,改以財政次長項驤兼任全國煙酒事務署長。"(《申報》1922 年 6 月 18 日,第六、第七版)

6 月 17 日,隨財政部總長董康赴保定,向吴佩孚諮詢。

《北京電》:"董康擬長期公債辦法,清理欠薪及欠餉。今日申刻,偕高恩洪、項驤赴保,就商曹、吴(十七日下午一鐘)。"(《申報》1922 年 6 月 18 日,第

四版）

《看守曹汝霖宅之真相》："董康、高恩洪、項驤三人，十七日下午四時連袂赴保，其行也，並攜帶財、交兩部歷任重要案卷。於是晚七時餘抵保。下車後即往謁曹、吴兩使，面商財政、交通之種種計畫。吴佩孚調閲交部案卷之際，發現曹汝霖長交，内有許多數目不清，大爲震怒，謂非澈查重辦不可。時已夜深，故未有何種舉動。董、高、項三人請未畢，即于前夜二時由保北上，十八晨六時已回京矣。"（《申報》1922 年 6 月 21 日，第十版）

7 月 6 日，任全國財政討論委員會副委員長。

《北京電》："六日閣議決，項驤、嚴璩爲財政討論會副長。"（《申報》1922 年 7 月 8 日，第四版）

《大總統令》："派項驤、嚴璩充全國財政討論委員會副委員長。此令。"（《來復報》1922 年第二一一期，第二頁；《申報》1922 年 7 月 9 日，第六版）

7 月 12 日，因難以應付各索款人，提出辭呈，被挽留。

《北京電》："内務部會計科長某見項驤，項已允撥二十五萬元，未知是内部經費抑係國會經費。"（《申報》1922 年 7 月 7 日，第六版）

《北京電》："財次項驤以索款人難應付，今上辭呈，保錢懋勳堪繼。董挽留（十二日下午八鐘）。"（《申報》1922 年 7 月 15 日，第四版）。

7 月 13 日，請假十天，獲准。15 日，大總統黎元洪勸項驤銷假。

《北京電》："項驤給假十天（十三日下午八鐘）。"（《申報》1922 年 7 月 14 日，第三版）

《北京電》："董因陸部金紹曾索餉不遂，今上辭呈。黎勸爲日無多，暫維數日。董云無辦法，不肯收回。黎又飭員勸項驤銷假。"（《申報》1922 年 7 月 16 日，第四版）

7 月 15 日，報傳項驤辭職。

十四日《北京電》："財政次長項驤辭職。"（《申報》1922 年 7 月 15 日，第六版）

《財政部之總次長問題（項驤已辭職，董康亦將動摇）》："董康因不能籌款、應付各方，保定方面頗有責言。董氏雖於十一日閣議席上提出口頭辭意，但昨日（十三）閣議仍然出席。惟聞次長項驤以籌款代人受過，確曾提出辭呈，藉病爲詞，去志較董爲堅決。並聞項之辭職，昨日閣議席上業已照準。項仍回參事本任，所遺財次一缺，以嚴璩調任。嚴本係鹽署長兼財政次長，聞當局將以張英華繼嚴之缺,以嚴繼項,因張爲保定方面所推薦之人物也。蓋自項驤提出辭呈後,保定方面即擬推薦張英華繼任。日前曹有電與吴商議,薦一能籌款項之繼任人員,並舉張英華,徵詢吴意見。吴氏簡電聲明絶對服從,對茲自無異議,隨即派員到保,表示同意。昨由曹錕加派一員連袂來京向府院接洽,當局已允照辭。該項命令,日内即可發表。”(《申報》1922 年 7 月 16 日,第六版)

7 月 15 日,北京政府陸軍、内務、財政、農商等部職員八百人,組成索薪團,至國務院向財政總長董康索討欠薪。職員毆董致傷。董提出辭職。17 日,財政部務暫由項驤代理。

《財部應付軍警費之困難》:“千瘡百孔之財政,自董康長部後,益覺無法敷衍。董氏對於曹錕頗能顧全信用,特别通融。於國内銀團墊款中照解五十萬外,復自行另籌二十萬匯去。然北京軍警機關,則應撥之費,仍未完全有著,聶步軍統領薛總監車憲兵司令等,屢謁董氏,因之意見頗多隔閡。據軍警機關傳出消息,則各機關當局不日將合呈總統,□請設法,對董氏不無微詞,亦因催款之故,外傳謂聶氏與董大起衝突,則屬不確。聞當時董對軍警當局,謂本部籌款均由次長擔任,請與次長商議。軍警當局乃轉向項、嚴交涉。經項驤與嚴璩極力敷衍一陣,始得無事。昨聞項以此故,已告病假七天,以爲消極之表示。昨有人見項坐馬車中閲報,態度□爲自然,似無若何病症也。”(《申報》1922 年 7 月 15 日,第七版)

同日,董康夜談項驤緣何任財次。

《董康被毆後之談話》(國聞通信社北京通信):“財政總長董康于十五日下午二時在國務院被打,通信員于八時往董宅訪之。茲紀其談話如次。記者見董,董第一聲□道慚愧,又可做你們新聞材料矣,但予(董自稱)何嘗不自量於財政爲外行,亦何嘗不知道此時的中國財政,實無從整頓起,唯毅然決然之敢冒然一試者,一感吴子玉推重之情,亦緣吴氏有不逼餉不干政令我放膽行去之聲明,詎料登臺以後,掣肘頻來,事□百出,處處行不通,事事不順手,及今日而鬧成一□笑話,此不能不引爲一生之恨也。溯我上臺時,計與子玉見過三面,一次子玉進京,兩次則我至保就商財次及九六公債兩問題者。財次問題,我當時決意找兩個清潔人物,嚴、項兩氏本非熟人,一重其廉介(指嚴),一以其服官財部多年。時保定方面卻屬意張英華。定庵(高恩洪字)亦向我説過,乃請高就商子玉。子玉當詢嚴、項爲何人,予説一爲嚴幾道長公子,一爲財部十多年老參事。子玉隨説嚴乃名父之子,没有錯,項亦行,唯張可予以關監督罷。此首次見吴情形也。"(《申報》1922 年 7 月 19 日,第六版)

7 月 16 日,財政總長董康請辭。

《國務院大風潮後之顔内閣》:"顔内閣在董康未挨打之先,本已有總辭職之準備。董既挨打,全體閣員爲保持政府體面起見,更不得不將總辭呈一度提出。聞顔總理昨日(十六)謁見總統,曾推薦王正廷組閣,但總統仍希望顔氏維持現狀,至八月一日閣會正式開會時再説,極力慰留,並將總辭職呈文退回。顔意亦稍活動,但尚未承諾。當謂容與全體閣員商量而出。董康前日下午二時出院後,即赴顔惠慶宅,四時至煙酒署,取去本人月俸,即行回寓(並未至德國醫院)。到寓後,即令某秘書草擬辭呈,已於昨日遞府,宣言今日(十七)決不到部。財次項驤亦連帶不幹。"(《申報》1922 年 7 月 19 日,第六版)

7 月 20 日,仍告假。

《北京電》:"董決不到署。五天假後,仍續假。財部人員今日在印花税總辦處開索薪會議。項驤假,嚴璩回京,亦不敢到部。各軍請餉員仍在部守候(二十日上午十二鐘)。"(《申報》1922 年 7 月 21 日,第四版)

《董康請假中之財政部》:"董康自在閣議席上被毆後,即二次呈請辭職。聞黄陂親往勸慰,顔亦一再力勸,乃改爲請假五日。但五天之假,轉瞬即屆,董氏本人既不到部,自當另找辦法。聞董將于假滿之後,再續假五天,決不到部。大約正式内閣未成立之前,政府不准董辭,董亦不輕自銷假。聞財部人員,昨日在印花税總辦處開索薪會議,尚無若何結果。兩次長項驤本在假中,嚴璩前日回京,昨亦不敢到部。蓋各方面索餉者,仍派員在部守候,見面即大費口舌也。"(《申報》1923 年 7 月 23 日,第七版)

7 月 25 日,列席國務會議。

《北京電》:"顔電話項驤,務速代董出席閣議,項允今日列席。"(《申報》1922 年 7 月 23 日,第四版)

《湯爾和以去就争教育費》:"前日(二十五)國務會議,湯氏第一次出席閣議,即提出京師教育經費于增加關税實行後,由關税項下按月撥付之議案。是日湯氏對於此案,當時除交長高恩洪因兼教長不能表示反對,及海陸兩部總長始終未曾發言外,其餘各部總長均表示反對。財次項驤以增加關税約一千五百萬元,早經指定用途(如九六公債之擔保等),已無分文餘裕,尤竭力反對。結果多數主張俟增加值百抽七.五時再撥,至於上年閣議決定之十萬元,

及華會通過關税條約之惟一條件,則完全置諸腦後,湯氏憤甚。”(《申報》1922年7月29日,第七版)

7月27日,再次列席國務會議。

《湯爾和爲教育費辭職》:“教育次長湯爾和於二十五日閣議席上,提出京師教育經費于增加關税實行後,按月由關税項下提撥,經其他閣員之反對,並未通過。其後因湯氏竭力抗議,始由顔惠慶調停,交財政部查核之後,於昨日(二十七)閣議中再爲討論。昨日閣議席上,湯氏問財次項驤以此案如何辦理,項答云‘忘卻攜來’,又問以其内容如何決定,項曰,無異議。於是再以電話向財部取到案卷,乃所謂無異議者,僅言目下自某月至某月之教育經費,由交通部負責,竟抹煞關税實行值百抽七.五撥付教育費一層,不提一字,不過財部完全將責任推到交通部身上而已。湯氏知主張關税撥付一案,已無實現之望,於是即在閣議席上以夙所預備之辭呈,向總統總理提出,聲明自今日(二十八)起即不到部。”

7月28日,出席財政部職員索薪會,謂財政困難已達極點。

《財農陸三部之罷工與索薪》:“財政部全體職員于前日實行大罷工後,昨日(二十八)復繼續在印花税後院開索薪會議,到者二百餘人,由項驤出席報告,謂現在財政困難已達極點,茲因各員有迫不及待之勢,已先行籌得現洋八萬元,大約夠發五月份半個月薪水,請大家先行開工,云云。衆不答。旋又改爲七成,衆仍不答。最後,某司長主張先發六月份全月。因是月薪水,僅須六萬元。衆有允意,惟恐被裁者,又發生反□,遂致無結果而散。”(《申報》1922年7月31日,第六版)

7月29日,赴保定,與曹錕商討軍費問題。

《項驤回京後之財政界》:“國聞通信社北京通信云,此次項驤銜命赴保,外間僅知其爲代表董康謝曹、吴之慰問,並以窺曹錕□董之感情,實則此中尚有與顔内閣帶一重之關係焉。蓋顔氏未始不欲組正式内閣,近日且確曾向東方、匯理、匯豐各銀行進行墊款,故項之赴保,實欲解決軍費問題,俾可資將來顔閣之通盤籌畫。項臨行前,曾先見顔,原來計畫且擬至洛一行,乃至保時,即得吴電,謂可不必來,軍費問題一憑老帥,要如何便如何。項乃與曹商,曹言我已允高恩洪將京漢路歸部收入,由交部月認百萬,至財部則有大宗之鹽餘、崇文門關税及煙酒印花税等税,自非交部可比。歸總一句話,月派百七十二萬,則直豫魯陜鄂暨近畿之九六兩師,都在其内矣。項滿口答應。第回京以後,墊款已變。……項氏回京,董始決意不幹,聲言將回常州。其實董確欲一渡重洋,研求財政,藉圖捲土重來之計。顔、顧兩氏,亦已允爲幫忙,將來當可成爲事實。"(《申報》1922 年 7 月 30 日,第六版)

7 月 30 日,呈請辭職。

《北京電》:"嚴璩、項驤均上辭呈(三十日上午十二鐘)。"(《申報》1922 年 7 月 31 日,第三版)

8 月 3 日,辭職獲准。

《財部兩次長之更動》:"董康昨日(三日)上午突然到部,批准次長項驤之辭呈,即以部令發表淩文淵代理次長。此事與日前部員索薪罷工,頗有關係。在董之本意,擬就部員中懲處數人,以示儆戒,是爲所注目者,即爲在封印上簽字之三人。事爲項驤所聞,即與董力争,並出語部員,謂前日變故,予適出席國務會議,不能彌患於無形,至爲遺憾,惟望諸君體念中央財政困頓已達萬分,勉力從公,欠薪亦必設法發放,至斥革部員一層,余在職一日,決不能聽其實現,諸君盡可安心服務云云。部員對於項氏此種論調,自屬贊成,對董亦無形中增加惡感,董不自反,突於昨日到部批准其辭呈,此項氏去職之經過情形也。聞項氏雖失一財次,可望外任上海造幣廠廠長,前此所擬之羅雁峰,則將落空矣。"(《申報》1922 年 8 月 6 日,第六版)

10 月 20 日,被授予二等大綬寶光嘉禾章。

十月二十日《大總統令》:"項驤給予二等大綬寶光嘉禾章。此令。"(《申報》1922 年 10 月 22 日,第三版)

至 12 月上旬之前,一度擔任吴佩孚部政務處長。

《洛陽財政會議之結果》:"雙方相持不決,吴又委其政務處長項驤參與會務,與各方籌商再四。"(《申報》1922 年 12 月 14 日,第六版)

《洛陽整頓鄂省税款之會議》:"彼此争持不決,吴氏乃改派政務處長項驤,主席會議,結果,武、宜、新三關不另加增。"(《申報》1922 年 12 月 15 日,第十版)

按,洛陽財政會議時間在 12 月 3 日至 8 日,報導寫作時間爲 12 月 10 日。

12 月 18 日,署財政次長兼鹽務署署長、稽核總所總辦。

《北京電》:"今日閣議決項驤代鹽務署長。"(《申報》1922 年 12 月 17 日,第二版)

《北京電》:"鹽務署長以項驤繼任。"(《申報》1922 年 12 月 18 日,第三

版)

十二月十八日《大總統令》:“任命項驤兼署財政次長兼鹽務署署長、稽核總所總辦。此令。”(《申報》1922 年 12 月 22 日,第三版;大總統指令第三六一四號,《政府公報》12 月 28 日第二四四七號。《來復報》1922 年第二三五期,第 1 頁)

《北京電》:“項驤云,新内閣快成,鹽署長職事繁,已向總統辭謝,免妨賢路(十九日下午二鐘)。”(《申報》1922 年 12 月 20 日,第三版)

12 月 19 日,再任財次後,苦於鹽餘短絀太多,不敢簽字發放。

《財政部已陷絶境》:“近日財部情形,陷於絶境,已爲國人所共知。復因十一二月間到期外債,應即償還而迫不及延者,……以上共計四百九十萬元。以一錢莫名之財部,而于山窮水盡之時,負此重責,其何以堪? 聞湖廣借款,已由銀行團坐扣六十萬元,遂使本月鹽餘只得三百餘萬元,而每月各項政費指定鹽餘者,實有六百四十萬元之多,其不敷之數,遠至三百四十餘萬元,聞財政當局對於本月鹽餘,所以不敢遽爾發放者,深恐以此開罪於各方面也。前日嚴璩辭職而去,及朱延煜不敢就職,皆爲此耳。今項驤已就職,聞亦苦於鹽餘短絀太多,不敢簽字發放。如各方面不肯各自認減,簡直無發放之希望。”(《申報》1922 年 12 月 25 日,第六版)

中華民國十二年　癸亥　1923 年　四十五歲

1 月 25 日,辭去財政部次長兼鹽務署署長職務。同日,獲一等大綬嘉禾章。

《北京電》:“今日閣議決項驤辭,楊壽枏財次兼鹽署長(二十五日下午七鐘)。”(《申報》1923 年 1 月 23 日,第三版)

一月二十五日《大總統令》:“項驤給予一等大綬嘉禾章。此令。”(《申報》1923 年 1 月 31 日,第三版)

一月二十六日《大總統令》:“署財政次長兼鹽務署署長項驤呈請辭職,項驤准免本兼各職。此令。”(《申報》1923 年 1 月 28 日,第三版)

10 月 29 日,再署財政部次長,兼鹽務署署長、稽核總所總辦。

《署財政次長兼鹽務署署長、稽核總所總辦項驤就職日期通告》:“爲通告事。中華民國十二年十月二十七日奉大總統令,‘任命項驤署財政次長,兼鹽務署署長、稽核總所總辦。此令’等因,奉此驤遵於十月二十九日就任財政次長,兼鹽務署署長、稽核總所總辦之職。除呈報外,特此通告。中華民國十二年十月二十九日。"(《政府公報》,通告,10 月 31 日,第二七四一號。財政部通告,同,載《財政月刊》1923 年第十卷第一一九期)

《北京電》:感(二十七日):"閣議,錢方軾免財次及鹽務署長,以項驤繼。項之參事本缺,朱曜繼。即發表。"(《申報》1923 年 10 月 28 日,第四版《國内專電》)

《北京通電》:"署財政總長兼鹽務署督辦張弧呈,署財政次長兼鹽務署署長、稽核總所總辦錢方軾呈請辭職,錢方軾准免本兼各職。此令。任命項驤署財政次長兼鹽務署署長、稽核總所總辦。此令。"(《申報》1923 年 10 月 29 日,第四版《公電》)

圖五　項驤與家人在北京合影

中華民國十三年　甲子　1924 年　四十六歲

春,爲樂清賑災三十元。

樂清縣災賑事務所《敬謝諸大善長解囊助賑》:"本所董事余鼎三團長經募捐洋,前已分登各報。今將余團長續收未登及各處捐集之款,截止陽曆三月二十日止,一併匯登鳴謝。”

其中:項驤君三十元,鄭瑜君十元,林大誾君、林襟宇君、陳旭君各五元。(《申報》1924年4月8日,第十三版)

5月9日,《申報》報導《王克敏將正式視事,項驤突有辭職説》(第六版)。

7月8日,爲飛鯨輪船出險之事復電旅杭温州同鄉會:“杭州温州同鄉會鑒:支電奉悉。飛鯨出險,關係甌人生命財産,自當遵示,一致應付。除函請旅京同鄉會殷會長定期召集同鄉會議,共籌善後辦法,再行奉達外,特先電復。項驤叩。七月八日。”(《北京鹽務署項署長來電》,載盧禮陽、楊志華主編《潘鑒宗與温州旅杭同鄉會》,中華書局2017年2月版,第180頁)

按,招商局飛鯨輪船走申甌航綫在寧波洋面以輪機損壞出險,遇救倖免。旅杭温州同鄉會發電告急,請與招商局、交通部交涉。

8月,外交部就7月間温屬旅京同鄉郭鳳鳴、項驤、林大誾等催辦日人慘殺華僑案作出答覆。

《催請交涉日人慘殺案之部批》:“日人慘殺華僑案久延不決,前月間,温屬旅京同鄉郭鳳鳴、項驤、林大誾、王宗堯、杜師業等曾呈催外部。茲聞已接批示。原文云:據呈已悉。日本慘殺華僑各案,前經本部根據調查所得證據,及各處報告情形,一面向駐京日使嚴重抗議,要求將慘殺華僑之人犯嚴重懲辦,被害之家屬應予以相當之撫恤,並保證此後不再發生類此案情,一面函遞駐京汪使,就近向日政府交涉,並于本年二月將辦理情形批示温州旅滬同鄉會各在案。至禁止華人入境及入國保證書條例,亦已照會日使轉電日本政府商會取消,合□批示該代表等知悉可也。此批。”(《申報》1924年8月31日,第十五版)

10月16日,列名總統府財政委員會,爲十五位委員之一。

《北京電・財王條陳》:“府設財政委員會,曹以爲然。即設立,委員十五:高淩霨、王克敏、吴毓麟、王毓芝、曹鋭、蔡廷幹、汪士元、張競仁、蘇錫第、項驤、孫多鈺、薛篤弼、劉紹曾、錢錦孫、林步隨,銑(十六)下午二時在萬字廊開成立大會,推高爲會長,林爲秘長。曹即傳見安格聯、蔡廷幹、汪士元,諮詢財政要務。”(《申報》1924年10月17日,第二版)按,曹指“大總統”曹錕。

按,有更爲詳細的報導《北京財政委員會成立》,載《申報》同年10月21日第五版。

11月3日,辭去財政部次長兼鹽務署署長、稽核總所總辦職務。

《大總統令》:"財政次長兼鹽務署署長、稽核總所總辦項驤懇請辭職,項驤准免本兼各職。此令。中華民國十三年十一月三日。"(《來復報》1924年第三二二期,第一頁)

中華民國十四年　乙丑　1925年　四十七歲

初春,自京師歸鄉。請瑞安董樸垞擔任家教。

項驤曾爲董樸垞作《傳經樓記》:"乙丑孟春,獲交董君樸垞,恂恂儒者也。"(手稿,藏上海項守南家)

董樸垞(1902—1981),名允輝,瑞安人。1922年6月畢業於瑞安縣立中學校,升學杭州工專,肄業。董在項家擔任教師四年半,至1930年,以所作《永嘉耆舊傳》《敬庵文内外篇》,得以免試入燕京大學國學研究所學習。研究期滿,先後執教於廈門集美學校、温州中學、瑞安中學。後調入浙江工學院任教職並曾兼圖書館館長。編著有《中國正史編纂法》及《瑞安孫詒讓學記》等。1964年5月14日撰《記項微塵之軼事》(未刊)。

5月11日,赴杭州。

《項驤前日赴杭》(國聞通信社):"吴佩孚自失敗後,久已銷聲,並自謂不談政治,但聞其在上海方面有前鹽務署長項驤,久居此間,寓居某大旅社,傳達消息。兹聞項前日因事又搭車赴杭,與孫傳芳有所接洽云。"(《申報》1925年5月13日,第十四版)

按,《潘鑒宗與温州旅杭同鄉會》(盧禮陽、楊志華主編,中華書局2017年2月版,第348頁)載有《記歡宴前財政次長項微塵君事》,宴會時間是5月13日。

仲夏,在瑞安,與弟項肩謀劃,擬將南堤項氏株樹樓藏書移至仙巖陳文節祠堂,並與仙岩僧接洽。

項驤《仙巖山志序》記:"乙丑仲夏,驤謝政還鄉里,從弟佛時與驤定謀,移我家先世株樹樓藏書於仙巖旁文節祠堂,爲圖書府,供邑人士博覽。驤甚韙之,屢與仙巖僧謀,苦於持久管理之未得善法也。"

按,項佛時(1885.4.20—?),名肩,項崧之子。日本明治大學法學士。1913年當選爲第一屆國會衆議院候補議員。

9月初,經初選,當選國民代表會議議員。

《浙江之民會初選當選者》:"浙省辦理國民代表會議議員選舉,業由各縣知事呈報，初選當選人及候補當選人，陸續産出：瑞安項驤，候補項沈(沇)同，樂清鄭邁，候補徐赤之。永嘉、平陽、泰順等縣尚未産出。”(《申報》1925年9月5日，第十一版)

季冬，撰《墨緣室合刊序》。

以瑞安林用光之曾孫林永杼請，爲林用光(字若衣)著《秋容閣詩稿》和項瑱(字若眉)著《脂學樓初稿》合印本所撰。

《墨緣室合刊序》手跡，今藏温州博物館；林用光和項瑱著作，藏温州市圖書館。

中華民國十五年　丙寅　1926年　四十八歲

十月十二日(11月16日)，四十八歲生日，賦詩《四十八歲生日》，略稱："年年生日遠行役，今年生日里中住。小陽天氣似春穌，里人賀者持酒酺。稚子登堂换新衣，老妻入廚檢肴具。履舄交錯笑語喧，團聚歡洽無恐怖。亂世出門多苦辛，不如家庭饒樂趣。"(《浴日樓詩選》卷一)

孟冬，撰《直廬閱卷和沈觀前輩即事五首》，其三書贈蔡邁翀，行書横幅，縱41釐米，横140釐米，瑞安博物館藏。

詩載《浴日樓詩選》卷一，原題《直廬罷閱奉和周沈觀樹模前輩即事述懷五首》。

《瑞安縣志稿》(1946年印行本)卷十九《項驤傳》："又工書法，遒勁深秀，得之者珍如拱璧。"張寶琛、許學彬、項葆楨等《瑞安項微塵先生追悼會緣起》稱："書法遒勁深秀，求書者以其人重之。而先生之好之不如其詩。"

《近現代名人書札手跡鑒賞(五)》(左志丹編著，四川美術出版社2015年5月版，第45頁)影印收入項驤致胡惟賢函。項驤函推介在財政部任職多年的孫延瀚，企盼到平陽古鼇頭分關或其他處局辦事。編者評介項驤"此札清雅脱俗，于悠然南山中時見波瀾"。

按，温州博物館藏有項驤《行書竹君石友圖跋軸》及楷書"藪澤燈火"八言聯。

中華民國十七年　戊辰　1928年　五十歲

暮春，在友朋家宴集中遇老同學郭弼，賦詩《贈郭奇遠》。

詩末跋語："奇遠五十初度，撰詩徵和。年來奔走南北，忽忽忘之矣。戊

辰暮春,歸自京師,于友家宴集中,見我老友,即席索詩,賦此爲壽。"(《浴日樓詩選》卷一)

郭弼(1876—1940),字奇遠,瑞安人。1901 年考入上海南洋公學特班,和項驤同班。曾任教于上海暨南大學。著有《仁仁學》等。編有《全國名醫驗案類編續編》(上海大東書局 1936 年 7 月版,唐文吉、唐文奇點校本,學苑出版社 2018 年 6 月版)。傳見《瑞安市志》卷三十三(下册,第 1651 頁)。

中華民國十八年　己巳　1929 年　五十一歲

6 月 13 日,被推舉爲國際商會中國委員會專門委員。

《國際商會中委會推定專委》:"國際商會中國委員會於昨日下午四時,舉行第四次代表會議,推舉盛俊、陳之英、劉大鈞、戴靄廬、馬宿初、項驤等六人,爲中國委員會專門委員。"(《申報》1929 年 6 月 14 日,第十四版)

7 月下旬,在上海,28 日劉紹寬來訪,30 日回訪劉紹寬。(《劉紹寬日記》第三册,中華書局 2018 年 2 月版,第 969 頁)

9 月 26 日,被温州旅滬同鄉會推選爲賑災會温屬籌備委員會籌備委員。(《温州同鄉會理事會記》,載《申報》1929 年 9 月 27 日,第十六版)

秋,馬相伯應約書行書軸相贈。

馬相伯行書:"夫水淖弱以清,而好灑人之惡,仁也;視之黑而白,精也;量之不可使概,至滿而止,正也;唯無不流,至平而止,義也;人皆赴高,己獨赴下,卑也。卑也者,道之室,王者之器也。微塵老弟屬。己巳秋,九十老人相伯。"鈐印:"丹徒馬良之章。"(陳欽益主編《瑞安博物館館藏文物集·書畫卷》,浙江古籍出版社 2015 年 12 月版,第 104 頁)

按,此前張謇有行書七言聯相贈。聯藏瑞安博物館,載《瑞安博物館館藏文物集·書畫卷》,第 126 頁。

中華民國十九年　庚午　1930 年　五十二歲

三月,賦詩《答林素園自西湖岳墓移詩》(《浴日樓詩選》卷一)。

中華民國二十年　辛未　1931 年　五十三歲

七月,致電美國總統胡佛,爲災民請命。

《項驤爲災民請命》:"項驤君前在美國紐約時,曾與胡佛總統有舊。頃因國内水災綦重，特約日前以私人名義，去電華盛頓，乞以剩餘棉麥助賑。茲將其原電大意節譯如左：（上略）□性熱浪，逆襲西康高原的大雪山脈奔流東下，以中國平康爲尾閭，諸大江河流域，同時氾濫，兼以海潮搏激，山洪暴發，堤壩盡毁，廬舍蕩然，災區遍十六行省，災民達五千萬人，浸立水中，呼號待斃，此誠敝國空前之浩劫也。敝國政府人民業已協力急賑，只以災區浩大，誠恐力有未逮，轉瞬入冬，尤苦饑寒，非有大規模工作，難期得力。今年德國金荒，曾蒙緩付戰債一年，賴舒喘息，義聲所播，世界同欽。目前敝國空前水災，關係尤巨，尚乞本上帝同仁之義，提倡各界，共發宏願，以貴國過剩之棉麥，儘量助賑。業請聯合全世界慈善家，作大規模之救濟，直接造選，益發揮大國民精神。慈善事業無國界，用敢爲五千萬災民乞命。（下略）”（《申報》1931 年 9 月 1 日第十七版）

本年，列名樊蔭南編《當代中國名人録》，上海良友圖書印刷公司版。

按，其中收入温州籍名人另有：王鴻年、石鐸、伍叔儻、李笠、李超英、周守良、林大閭、林彬、林損、林襟宇、林競、林攝、姚琮、姜立夫、姜琦、洪式閭、徐寄廎、殷公武、殷汝耕、殷汝熊、殷汝驪、張鋆、許璿、郭心崧、郭嗽霞、陳鐘聲、傅式説、黄群、葉溯中、劉廷芳、潘國綱、戴夏及出生于温州的鄭振鐸。

中華民國二十一年　壬申　1932 年　五十四歲

仲春，賦詩《南堤老人行》，末記：“族兄小溪先生行年七十，作此壽之。壬申二月。”

中華民國二十二年　癸酉　1933 年　五十五歲

本年，在上海，曾任中國興業銀行股份有限公司董事兼總經理。

按，中國興業銀行股份有限公司，1925 年總行開設於漢口，1928 年總行移設上海，職員人數 112 人，董事長陳闇。

中華民國二十三年　甲戌　1934 年　五十六歲

10 月 11 日，因總行經理秦抱元捲款潛逃，中國興業銀行突然倒閉，譜主也受連累而被控訴。

《中國興業銀行倒閉》：“國聞社云，南京路一七二號中國興業銀行，因經理捲逃，周轉不靈，突於昨晨起宣告清理。其附設之中國群益銀團與六處分行同時停業。……該總行重要人員董事吴理華、張清澄、屠寶彝、季宗隨、周祝封,監察人楊肯堂、陸景星、朱俊卿,常務董事兼總經理項驤(微塵)、常務董事陸錫侯、經理秦抱光、協理陸夢薌。"(《申報》1934年10月12日,第十四版)

《中國興業銀行倒閉後　陸錫侯等昨又審訊》:"中國興業銀行於十月十一日突然倒閉後,公共租界警務當局異常注意,特派總巡捕房探長張明德,探目康增祥、劉香齋,協同西探嚴密調查該行倒閉原因。旋經查得該行平日經營業務,多越正軌,復以厚利爲餌,騙取儲蓄存款,而被常務董事陸錫侯用於不正當之途,遂向第一特區地方法院檢舉,業將陸錫侯及該行繼秦抱元爲經理之陸夢薌,與有勾串關係之新華公司經理孫希仁等次第逮捕到案。……而經辦是案之捕房律師汝葆彝,亦已就調查所得之種種證據,對該行負責之陸錫侯、陸夢薌、陳季侃、項驤、吴理華等續行提起追加控訴。"(《申報》1934年11月29日,第十一版)

九月,應同邑張宋廎之約,撰《仙巖山志序》。

有手寫稿存上海項守南家,文末記"民國二十三年甲戌九月項驤序于浴日樓"。

序言:"我邑張君宋廎,好古績(手稿作"博")學士也。竭數年之力,纂《仙巖山志》,窮搜默討,上及仙人高僧之棲庭,下逮騷人墨客之吟詠,選輯周至,于名臣大儒如陳文節公者,與名山興廢攸關言行,記載尤加詳焉,不可謂非遠識也。"借序文抒懷:"仿白鹿洞遺規,成仙巖之學府,名山名世,繼起永嘉,爲國家用。是編其嚆矢歟?"

《仙巖山志》,有1933年瑞安籀經樓校印本,此序未及收入,稍後發表於《甌風雜誌》第十一期(文苑内篇,三至四葉),1934年11月20日印行。

按,《仙巖山志》影印本收入白化文、張智主編《中國佛寺志叢刊》第94册,江蘇廣陵古籍刻印社2006年版。

中華民國二十四年　乙亥　1935年　五十七歲

1月17日,陸錫侯案停止審判程式,陸交保出外,對項驤等撤回告訴,不予受理。

《停止審判程式,陸錫侯等交保出外》:"中國興業銀行倒閉後,工部局法律部認該行董事長陸錫侯、協理陸夢薌及新華貿易公司經理孫希仁,有共同詐欺情形，爰起訴於第一特區法院刑庭，並對該銀行之帳册，有不盡記載情形，依《公司法》對於該行重要職員萬維儉、周少朋等併案起訴。業經特一院數度訊理，各情已詳本報。昨晨，由特一院錢鴻業刑庭長開刑庭續訊，捕房方面所延查帳之英籍會計師陶又新亦到庭。錢庭長當向陶質訊其報告書内之疑點後，並令具結負責該報告書内之事實爲真實，又向陸錫侯查詢關於王國芝押款事件一過，即就被訴違犯公司法規之各被告部分，先予審理，被告只周少朋到庭，餘均未到。捕房律師汝葆彝陳述起訴理由，聲明對於不到之被告，均予撤回告訴，其到庭者則請依法判決。陸錫侯之律師吴麟坤、范剛，均略陳事實後，錢庭長即諭知陸錫侯關於被訴之有罪無罪，本審判長自能依法判斷，惟一經判決有罪，則爾對於債務必不料理，若判決無罪，則更不肯理楚，是以爲保全債權人利益計，惟有將案停止，以視爾清理債務之成績，作爲判決時之參考，遂裁定關於陸錫侯、孫希仁、陸夢薌，部分停止審判程式，陸錫侯准交二萬元現金、三萬元保證券，准予停止羈押，至辦理清理程式，推事認爲有管收必要時，仍予管收。並對於《公司法》被訴被告部分，予以判決，周少朋、萬維儉均無罪，陳季侃、項驤、吴理華、馮味琴、陸瑞徵、王奇、陸錫藩、汪冀軒均不受理。”（《申報》1935 年 1 月 18 日，第十三版）

中華民國二十五年　丙子　1936 年　五十八歲

季春，撰《仙巖聖壽寺佛陀池碑記》，由項廷珍書丹，碑置於仙巖寺金剛殿東圍牆邊。

碑文記述二十四歲渡海行旅歷十一國，三十歲入京師，俯長城，登長白，卻從未目睹家鄉仙巖、雁蕩，心愧之。己未年（1919），“歸省先大夫于里第，始以春秋佳日作仙巖之旅”，償還四十年的積願。十多年後，受顯壽和尚邀請，再遊仙巖，感歎顯壽和尚苦行募造，“躋于功德水之林”，“留一片活潑潑地爲邑人濯纓之所”。

碑文整理本載《瑞安文史資料》第二輯（政協瑞安縣文史資料研究委員會 1984 年 10 月印行），收入《温州歷代碑刻二集》（吴明哲編，上海社科學院出版社 2006 年 4 月版，下册，第 828—829 頁）。

5 月 10 日，項葆楨繼室李夫人逝世。撰祭文和挽聯。

洪彦遠等另有祭文，項廷珍、許蟠雲、王理孚、項肩、郭弼、劉紹寬、宋慈抱、許莅、李笠、夏承燾、郭嗽霞等也有挽聯。項葆楨撰《繼室李夫人行述》。

（《悼亡集》，温州市圖書館藏）

6月2日，林同莊逝世，賦詩《哀林同莊同年》。

林同莊（1880—1936），名大同，瑞安人。光緒二十七年（1901）入上海南洋公學特班，與項驤同學。1903年東渡日本，入宏文學院，1909年畢業于東北帝國大學土木工科。應浙江鐵路公司總理湯壽潛之聘，任工程師。1915年任浙江水利委員會主任，後又任浙江水利局局長等。主持温州旅杭同鄉會近十五年。傳見《瑞安市志》下册，第1657頁。

11月，老同學、廣西大學校長馬君武遊覽雁蕩。得悉後賦詩《贈馬君武》。詩末有跋曰："君武爲余四十年老友，少時同從丹徒馬先生游，習拉丁文。不見多年矣。丙子十月夜間，有電話自雁山來，君武發也，約訪余瑞安。喜極，賦此贈之。"

馬遊覽雁蕩山時，樂清縣長張玉麟（道鎔）乞馬題寫雁山望雲亭橫額，君武轉囑項驤題句，項驤有詩《張道鎔望雲亭題句》，詩載《浴日樓詩選》卷二。

馬君武有詩《雁蕩紀遊》二首，載《馬君武詩集》。詩稿墨蹟圖片見樂清政協文史資料《雁蕩山特輯》（1986年印行），寫於丙子十一月，贈雁山旅社。

馬君武《雁蕩紀遊》（選一）："久發南遊興，成行已孟冬。如何雁蕩石，酷似桂林峰。矯健杉林緑，離披柏葉紅。山頭湖尚在，何處覓飛鴻。"

馬君武旅温期間，因病暫居永嘉城區，瑞安之行未果，項驤自瑞安來探望。其間馬君武應約爲項驤《浴日樓詩文稿》作序。

馬序："丙子十月，余南行，遊雁蕩。道經永嘉，將顧我老友微塵兄長於其瑞安之廬。既戒行矣而病作，微塵反自瑞安馳視我。客途岑寂，歡若平生，真患難中人也，出其詩文著録者若干首見示，並乞序焉。余獲交微塵四十年，大都在患難中。癸卯、甲辰間，就傅上海，苦膏火不繼，微塵總震旦學院事，佽以歲費。癸丑十月，與微塵歸自柏林，經鮮卑鐵道，直達北京，進天津站時，停車十分，始知袁世凱捕我黨急，賤名皇然列榜端。微塵掬金鎊一握，納余袖中，促之逸，稍需緹騎至矣。今復視病旅邸中，慰藉將護，款洽周至，非布衣昆季之交，能至此耶？余自弱冠迄衰年，交遊滿天下，而意氣期待如微塵者，曾不多覯。今讀其所爲詩文，敦厚挺拔，又一如其爲人，何德行與文學相類若是其鍥合也。余維近代之譚詩文者，上溯周秦漢魏，鄙晚今爲不足道，不知文章隨時運爲嬗遷，代異其體，世殊其格，不能强爲貌合也。就有清一代論，爲文章者，澤經史之氣，熚然有光，迥與唐宋明不同，黄太沖、顧寧人、王夫之負絶人之姿，以樸學爲詩、古文辭，横絶一世，閻百詩、毛大可、戴東原、惠元龍父子輩出，詩文爲樸學所掩，廖登廷、章太炎、劉申叔則兼經學史學之長者也，朱竹垞、王阮亭分主壇坫，趙秋谷、沈歸愚、翁覃谿各持一解，以爲扇揚，流風所被，陳散原、鄭太夷、陳石遺爲世稱道，不必學古而氣息近之，遂爲晚清初民之殿最。瑞安自乾嘉來，文學派别亦與中原脈絡息息相通，孫敬軒以經學名家，孫琴西、仲容父子繼之，大昌治禮之學，黄仲弢、宋平子、陳介石長於史事，皆卓然自成一家，清之有瑞安，一如宋之有永嘉，爲異軍特起者也。微廬於瑞安學派中，爲長於史事者，故其所爲文，條達淵茂；所爲詩，瑰異博麗，迴腸蕩氣，令人有一唱三歎之思。猶憶癸卯、甲辰間，與微廬爲韻文之史詩，余作培倫《哀希臘》諸篇，印至十餘版，索者猶踵相接，微廬作莎士比亞名著《羅馬大將凱撒詩》，長老傳觀讚歎，不意居留美國三藩市，爲地震所火毁，二年心血付之虚空，致可惜矣。余僅記其一韻，曰：'寧爲瘋狗喊明月，不願再爲羅馬民。'以語體之筆，寫拗體之句，字元意協，深入顯出，每樂爲人誦之，至今不忘。微廬此編，雖寥寥數十篇，皆中年以後作，簡潔疏暢有家法，與少年時所作，意境異矣。歸田之後，優遊山水，耽心著作，以微廬之才之氣，而加以潛修焉，我知其必能昌瑞安之學而廣永嘉文派之傳也。此編其嚆矢歟！中華民國二十五年丙子十月，桂林馬君武序於永嘉蛟翔寓廬。"

按，鉛印本偶有錯字，參以油印本，徑改。1964 年于右任在臺灣爲《浴日樓詩選》作序。

本年，輯《南堤項氏叢書二種》，有瑞安項氏刻本。（《瑞安市志》，中華書局 2003 年 12 月版，卷二十八，第 1395 頁）

又，項方蕎輯《項氏藝文録》，項驤增補，抄本存温州市圖書館。（張憲文編著《温州歷代書藏》，作家出版社 1998 年 2 月版，第 134 頁）

中華民國二十六年　丁丑　1937 年　五十九歲

1 月，項驤圖像、傳略收入楊家駱編著《民國名人圖鑒》，中國辭典館初版。該書上下兩册，爲著作者的"民國史稿草創本副刊之一"。

收入温州人照片和小傳，項驤之外，另有高宗武、郭雲觀、郭心崧、王孝通、張淼、傅式説、徐寄廎。文字部分的傳記，記載温州人生平事蹟的，也有多位。

2 月，撰《内子黄夫人六十壽序》（温州市圖書館藏鉛印本），記載夫妻四十年相伴之甘苦生活。子五,錦麟、錦裳、錦虎、錦蘇、錦韓,女二。錦麟過繼爲仲弟叔弢後。

劉紹寬曾致賀聯。

劉紹寬日記二月十一日記:"項渭臣年六十,發柬來。配黄氏,菊漁先生孫女也,渭臣爲作述略,文頗雅飭。余致賀聯云:'管彤紀美有夫婿,多情憑將齏臼外孫,寫出百年心裡事;綦縞與娱享家庭,晚福兆羡葛藟樛木,蔚成五桂膝前芳。'渭臣五子,皆側室出也。"(《劉紹寬日記》,第四册,第1723頁)

仲春,賦詩《再集林雅琴家看牡丹懷陳燕甫先生》(《浴日樓詩選》卷二)。

陳燕甫(1864—1947),名琮,瑞安人。瑞安中學、省立第十中學國文教員。《瑞安市志》有傳。

4月24日,參加通濟公司董、監事會成立會議,被推選爲常務董事。

"常務董事選舉結果:項微塵七票;姜選卿六票;項慎初七票;蔣亮叔六票;沈公哲七票;項允軒二票;曹筱卿三票。項微塵、姜選卿、項慎初、蔣亮叔、沈公哲爲常務董事,公推沈公哲爲主席。股東會討論問題:改善碼頭,呈請立案;平局主任交際費,每月津貼二元;每月十五日,召開股東例會,議決通過。"(通濟公司《董事會紀録》,二十六年二月至二十八年七月,稿本,第三至四葉)

上半年曾養病上海。有詩《養疴上海市中心寓廬薔薇盛開》紀事。

十月,書《戴幼和出示所輯鄉賢手札集屬題》詩,收入《浴日樓詩選》卷二。詩中有注腳:"集内有先祖幾山公手札數通。公生當嘉道,與桐城諸先生友善,以古文名家,文筆散佚,家無存者,子孫不能永寶。吉光片羽。觀此不勝泫然。"

下半年,華北僞組織成立,派專使至滬邀請出山,嚴詞拒絶。隨後離滬返里,杜門不出。

《革命先進項驤絶食逝世》記載:"二十六年華北僞組織成立,曾派專使來滬,邀任要職,嚴詞堅拒,不爲所動。以滬上環境日非,專程返里,杜門撰述。"(《陣中日報》1944年11月9日)

中華民國二十七年　戊寅　1938年　六十歲

3月15日,出席通濟公司第二十届第六次股東會,公推爲主席。討論新一届股東召集日期,討論永瑞綫雙班案。(通濟公司《董事會紀録》,二十六年二月至二十八年七月,稿本,一二至一三葉)

5月15日,出席通濟公司第二十一届第一次股東會。股東會討論:因汽車開行,公司營業衰落。議決先從整理瑞平航綫貨運入手。(通濟公司《董事會紀録》,二十六年二月至二十八年七月,稿本,一三葉)

5月21日,出席通濟公司臨時董事會,討論嘉安公司所欠本公司的機器款如何催回。(通濟公司《董事會紀録》,二十六年二月至二十八年七月,稿本,一五葉)

8月15日,出席通濟公司第二十一届第二次股東會。討論柴油價奇漲,自"八一三"油價每噸八十二元漲至九十四元,再漲至一百十七元,現漲至一百五十九元。議決永瑞綫票價,一等加八分,二等加五分,自九月一日起實行。瑞平綫,也加至二角,二等加至一角。輪渡碼頭淤漲,請雇工抬高,有利乘客。議決照辦。(通濟公司《董事會紀録》,二十六年二月至二十八年七月,稿本,一六至一九葉)

9月15日,出席通濟公司第二十一届第三次股東會。討論事項:瑞川船價難以再加價,但柴油奇漲,營業收入不敷支出。本公司擬將全部股份讓渡,歸大小港股東,接受營業,可否?請核議。議決:全部股本二千五百元減作二千元歸大小港股東接頂。(通濟公司《董事會紀録》,二十六年二月至二十八年七月,稿本,一九至二〇葉)

按,10月15日,項驤出席第四次股東會,公司以一千七百元讓歸大小港。追認通過。

八月,撰《瑞安九老人互壽圖記》(手跡藏上海項守南家)。

按,九老人,即摯廣錢蔚、楚玉張洪鈞、曉民楊時中、達夫許燊、仲逵薛達、志貞項廷珍、友龍蔣建忠、微塵項驤、慎初項葆楨。

11月15日,出席通濟公司第二十一届第五次股東會,再次討論催回嘉安公司欠款一事,另討論:本公司職工如遇非常時期遣送眷屬,要求支薪,應如何辦理,請核議。決議:准予支薪兩月,俟眷屬動身時照給。(通濟公司《董事會紀録》,二十六年二月至二十八年七月,稿本,二二至二三葉)

本年,賦《九十韶光吟》組詩八章。

王理孚作《次韻項微塵九十韶光吟八首》。其八:"我生誰説不逢辰?到眼河山簇簇新。各以前緣成向背,難言平等是冤親。華嚴天上無遮會,執著人間有漏因。爲佛爲儒非二致,靈臺方寸藹餘春。"注脚:"微塵曾參吴子玉將軍戎幕,將軍下野,舊部星散,微塵亦飄然歸里。故原唱沈鬱蒼涼,不勝鼓鼙

之思。”（張禹、陳盛獎編注《王理孚集》，上海社會科學院出版社 2006 年 9 月版，第 96 頁）

中華民國二十八年　己卯　1939 年　六十一歲

1 月 21 日，以作品參展瑞安書畫展覽會。

由抗日自衛會組織在瑞安文廟舉辦，展出書畫三百餘件。林損、許次玄、劉振青、項廷珍、金作鎬等人也有作品參展。

項驤《鄭劍西寄詩賦此代簡》詩小注：“適邑中開戰時文化展覽會，大侄桂蓀主其事，索作品，即以畀之。”

1 月 15 日、17 日《浙甌日報》，1 月 23 日《温州日報》均有報導。

項桂蓀（1909—1971），瑞安人，項葆楨長子，孫詒澤婿。日本東京帝國大學法學士，早稻田大學經濟學士，曾任上海華僑學校教授。譯《最近世界各國政治組織》（熊川千代喜著，上海商務印書館 1933 年 12 月版），收入《萬有文庫》第一集。1937 年在瑞安中學任地理教員。1942 年瑞安中學創辦高中部後，仍任地理教員，1948 年赴臺灣，1971 年病逝。（木守樸《洋狀元項驤　積極主張抗日》，載《瑞安文史資料》第十三輯，中國抗日戰爭勝利五十周年紀念專輯）

2 月 20 日，洪彦湜駕駛戰機在漢江上空與日軍飛機作戰，機身受傷後，他駕機猛烈俯衝，與敵機相撞，同歸於盡。

賦詩《洪彦湜飛行師殉難漢口吊之》（《浴日樓詩選》卷二）。

按，洪彦湜（1910—1939），瑞安人。瑞安縣立中學第二十四届初中畢業生。1936 年進入空軍航校飛行員訓練班，畢業後，分配在國民革命軍空軍第八大隊第十九中隊，任射擊士。奔赴抗日前綫，參加了多次空戰。洪彦湜犧牲後，國民政府立碑紀念，並令瑞安縣政府將其入祠紀念。張棡日記同年十一月十七日稱：“接瑞安士紳追悼會公啟，蓋爲洪公演之子在長沙爲航空員，飛機去擊倭人，竟被擊墜殉難。此子名彦湜，年僅二十六，乃公演長子，已離家八年，而竟爲國捐軀，亦可悼也。爰撰一聯挽之。”（温州市圖書館編，張鈞孫點校《張棡日記》，中華書局 2019 年 10 月版，第九册，第 4407 頁）

南京紫金山上有航空烈士公墓及空軍烈士事蹟陳列館，抗日航空紀念碑上刻有洪彦湜的名字。

2 月，女婿王超六任瑞安縣立初級中學校長。

項驤女兒項如美嫁王超六。王超六(1909—1991),名毓榛,以字行,瑞安人。1925年畢業於瑞安縣立中學校,1934年畢業于上海光華大學。任教於瑞安縣立初級中學,任校長時曾將岳父項驤在美國留學時購置的整套《哈佛叢書》連同書櫃捐贈瑞中己巳圖書館。1942年秋在瑞中創辦高中部,1944年下半年辭去校長職務。1951年進鄭樓省立温州師範學校任歷史教師,後任該校圖書館館長。編有《瑞安近百年大事記(1840—1949)》(1987年11月印行)。

4月15日,日機轟炸瑞安縣城,事後,賦詩《己卯二月廿六日事》。

8月15日,參加通濟公司第二届第十次董事會,討論永瑞綫輪船經營事項及員工加薪問題。公推項慎初主席。(通濟公司《董事會紀録》,廿八年八月至三十二年十二月,稿本,瑞安市檔案館藏)

9月15日,被推舉爲通濟公司本届董事。

廿八年九月十五日下午二時第二十五届股東會紀録:"到會股東姓名及權數均列簽到簿。公推臨時主席項榆蓀。開會如儀。報告事項:一、主席報告本日到會股東四十七户共計貳百壹拾股,均足法定額數,應予宣告開會。二、主席報告廿七年份本公司營業情形及全年收支賬,略。三、主席報告本届盈餘……。討論事項:本公司董監,任期已滿,應行改選,究用公推或票選,請核議案。決議逕用公推,並當場推定沈公哲、項慎初、項微塵、項允軒、郭嘯吾、蔣亮叔、蔡邁翀、余志俠、姜選卿九人爲本届董事。項景沆爲候補董事。曹亦藩、孫叔海、項榆蓀爲本届監察人。散會。主席項榆蓀。"(《通濟公司股東會決議録》,紀録稿本,第1—2頁,瑞安檔案館藏)

12月4日,前孚威將軍吴佩孚(子玉)病故(一説爲日本軍醫謀害)于北平。

項驤作七律《哭吴孚威》致哀:"板蕩中原一百州,不遺一老見虔劉。争雄六合心猶壯,立馬三山志未酬。關岳高名堪伯仲,華夷大義在春秋。興亡勃忽迴圈事,正氣須教萬古留。"(《浴日樓詩選》卷二)

12月28日,在通濟公司董事會上被推舉常務董事(另有四位)。(通濟公司《董事會紀録》,民國廿八年八月至三十二年十二月,稿本,第三葉)

中華民國二十九年　庚辰　1940年　六十二歲

2月8日,春節,賦詩《庚辰元旦》。詩注:"是日士女出城絡繹,會永嘉有空襲,瑞安聞警掣笛。"

2月15日，出席通濟公司董事會，有簽到。（通濟公司《董事會紀録》，民國廿八年八月至三十二年十二月，稿本，第五葉）

2月19日，張㭎有詩《答項微塵兩律》。其二：“清時館選重詞曹，海外歸來氣象豪。朵殿掄才驚老宿，木天翔步壓群髦。魏科盛事孫黄繼，同榜英名林項高。宦達喜君今退隱，餘情猶戀舊綈袍。”（張鈞孫等編《杜隱園詩文輯存》，香港出版社2005年版，第261頁）

3月15日，出席通濟公司董事會。（通濟公司《董事會紀録》，廿八年八月至三十二年十二月，稿本，第六葉）

3月19日，出席通濟公司臨時董事會。到會董事不足法定人數，改爲談話會。（通濟公司《董事會紀録》，廿八年八月至三十二年十二月，稿本，第七至八葉）

5月15日，7月15日，出席通濟公司董事會。（通濟公司《董事會紀録》，廿八年八月至三十二年十二月，稿本，第九、十至十一葉）

7月29日，9月21日，10月7日，出席通濟公司臨時董事會。（通濟公司《董事會紀録》，廿八年八月至三十二年十二月，稿本，第十二葉，第十三葉，第十七葉）

圖六　項驤六十二歲，攝於瑞安南堤浴日樓

中華民國三十年　辛巳　1941 年　六十三歲

1 月 15 日,出席通濟公司董事會。(通濟公司《董事會紀録》,民國廿八年八月至三十二年十二月,稿本,第十八葉)

3 月 19 日,《瑞安項微塵先生文書潤格》刊登於《申報》。20 日第五版,21 日第二版續刊。

《潤格》:“先生壯歲以第一人入翰林,改元後三任財政次長,兩任鹽務署長,清風介節,輝映朝野。歸田之暇,治詩古文辭,餘事怡情翰墨,著有《浴日樓詩文集》行世。徵文乞墨,户限爲穿。兹爲調節精力計,特訂潤格如左,輦金求昌黎之文,束帛乞北河之書,儻亦賢者不廢歟!(下分書格、文格,略)收件處:温州瑞安草堂巷一號,上海法租界蒲石路高福里六十五號王式瑛收轉。”

12 月,撰《瑞安孫星農先生行狀》。《行狀》載於《瑞安孫星農先生訃告》,温州市圖書館藏鉛印本。孫延畛,字星農,本月逝世。

本年,項方綱逝世。項驤曾輯其畫作編爲《潛盦畫集》。有詩《潛盦畫集跋》和《再跋潛盦畫集》,載《浴日樓詩選》卷一。

項方綱,字蟄修,號潛盦,項霽之孫。光緒二十八年舉人,三十年遊學日本,考察警政,三十二年回國。以候補知縣分發江蘇辦理學務,整頓司法,有聲于時。編著《員警講義》《中央地方稅劃分》。工書畫。《瑞安市志》有傳(第 1646 頁)。

項葆楨家原來收藏項方綱書畫作品有《墨竹》《五彩山水》《山水》,温州博物館收藏有其繪畫作品《山水》,題於 1925 年。八言聯一副,林曉克藏,見《前輩風雅》(中國戲劇出版社 2008 年版,第 45 頁)。項方綱畫《墨竹》題詩:“醉來下筆鬼神驚,狂爲人間鳴不平。漫興此君談知己,蕭然潑墨寫秋聲。”項方綱畫《五彩山水》題詩:“滄海桑田幾度遷,高山流水總依然。青蓑白髮孤舟業,歷盡蒹葭風雨天。”

本年,《浴日樓詩選》二卷,鉛印成書。

鉛印本排印時間爲 1941 年,可參閲張憲文《温州歷代書藏》(作家出版社 1998 年版)第 140 頁。

按,《浴日樓詩集》,温州市圖書館藏有油印本,項廷珍題寫書名。油印時間,張憲文記爲 1935 年,《瑞安市志》記爲 1936 年。如前所述,油印本收入 1939 年和 1940 年的詩,油印時間不早於 1940 年下半年。

圖七　項驤著《浴日樓詩集》油印本封面

中華民國三十一年　壬午　1942 年　六十四歲

3 月 15 日下午，出席通濟公司第二十八屆股東常會時，突然發病，中風不語。

股東會紀録："在開會時，適項董事微塵猝發腦，家屬親友均來問訊，會議室内秩序混亂。"（《通濟公司股東會決議録》，紀録稿本，第七頁，瑞安市檔案館藏）

劉紹寬日記三月二十日："瑞安項渭臣中風不語，聞陳穆庵云。"（《劉紹寬日記》，第五册，第 2159 頁）

本年，堅持寫作《太平天國史》。

從上海項守南家藏手稿可看到，《南王馮雲山傳》《西王蕭朝貴傳》《東王楊秀清傳》《翼王石達開傳》《北王韋昌輝傳》《毅王李開芳傳》《豫王胡以晃傳》《威王林鳳翔傳》《順王吉文元傳》九篇已脱稿，右上角編號，但其中有缺葉，雙面稿已編到第 60 張。

中華民國三十二年　癸未　1943 年　六十五歲

春,憂憤成疾,血壓增高,中風癱瘓。

作爲通濟輪船公司小股東,股金四百元,在 1200 股中占四股。

《瑞安通濟輪船股份有限公司股東名簿》(藍色抄寫本,民國三十二年六月匯,瑞安市檔案館藏)末尾有:一、本簿共八十四户(黑色字改爲九十户),合計股金壹拾貳萬元正。二、本簿股數股款係新舊並計。簿中記載:22 號,户名:項甲記;姓名:項微塵;住所:草堂巷;股數:四;股款:四百元。股款繳納時間:三十二年四月二十八日;責任:有限。

中華民國三十三年　甲申　1944 年　六十六歲

4 月 20 日,再次被推選爲通濟公司董事。

股東會紀録:"開票結果,項驤、項慎初、項蔭軒、項桂蓀、沈公哲、郭嘯吾、蔣亮叔、項延綾、蔡邁翀當選爲本屆董事。"(《通濟公司股東會決議録》,稿本,一三頁)

9 月 9 日,日軍再陷温州,瑞安受到威脅。不堪奔避,毅然絶食。

11 月 4 日,在瑞安家中逝世。

11 月 9 日,《陣中日報》以《革命先進項驤絶食逝世》爲題報導,認爲"國喪耆舊,鄉失導師"。

報導稱:(瑞安通訊)"瑞安項驤先生,字微塵,壯歲留學美國哥倫比亞大學,得政治經濟碩士學位,歸國應遜清庚戌留學生考試,廷試第一,授職翰林院編修。憤清廷腐敗,乃棄職參加辛亥革命。前大總統黎元洪主持武昌軍政府時,得先生襄贊之力至多。嗣中央政府正式成立,先生三任財政次長,中間代理部務,兩長鹽務署,創辦所得税,樹立直接税先聲,主持財政專門學校,作育税務人才。在任清廉自持,風節凜然。旋以體力衰弱,息影滬濱。十八年間,東南水災,饑民載途,先生慘然心傷,特電美同學胡佛總統、財政專家費煦、名流羅斯福(即今任總統),呼籲救濟,引起彼邦朝野同情,受其惠者奚啻千萬。二十六年華北僞組織成立,曾派專使來滬,邀任要職,嚴詞堅拒,不爲所動。以滬上環境日非,專程返里,杜門撰述。著有《太平天國史》,闡述太平天國史實,發揚民族精神。譯著《布林希維克》及《人與機械》二書,介紹國際政治學説,並集其生平所作詩文,成爲《浴日樓詩文集》若干卷。然於地方興革,仍多建議。三十年'四一九',敵寇犯境,變起倉卒,不及逃避,威武脅迫,誓死不屈。三十一年‘七一三’事變，敵寇重犯瑞安，先生益多傷感，血壓增高，竟於三十二年春，成腦充血症。今年敵寇壓境，風鶴頻驚，先生以衰病之年，不忍再見變亂，決意絶食，不入粒粟，遂於十一月四日逝世，享壽六十又六。先生立身處世，敦厚忠誠，道德文章，人所共仰，而臨財毋苟得，臨難毋苟免，尤爲世所難能。茲聞絶食遽逝，國喪耆舊，鄉失導師，識與不識莫不悼惜云。”

中華民國三十四年　乙酉　1945 年

9 月 24 日，國民政府下令褒揚，以彰顯風節。

國民政府令：“項驤學術淹洽，志行清純，早歲遊學美國，精研博涉，著述等身。歸國後襄辦財政，手訂各項章規，具見宏識。抗戰軍興，息影故里，迭遭敵僞誘脅，誓死不屈，晚節彌堅，茲聞溘逝，悼惜良深，應予明令褒揚，以彰風節而勵來茲。此令。”（《國民政府公報》渝字第八六四號，1945 年 9 月 24 日）

11 月 16 日，瑞安各界數百人在縣城青年團會場開會追悼項驤。

11 月 17 日，《陣中日報》報導《瑞安各界追悼項微塵》（第三版，影本）：

（瑞安訊）“邑人項微塵氏，壯歲留美，蜚聲論壇，膺碩士學位。歸國後弼輔中樞，建樹良多，清風介節，尤足多者。戰後息影家園，杜門撰述。前年倭寇竄境，遇敵酋威脅，誓死不屈，忠藎爲國，晚節彌堅，不幸去秋溘逝，卒於裡第。國民政府聞悼，明令褒揚，以彰風節。本縣各機關法團，及項君故交，緬懷鄉哲，惋惜良深，爰於昨日（十六日）上午七時假座青年團開會追悼，到謝樹庭、葉木青、潘□□等數百人。首由謝樹庭致開會詞，並宣讀國民政府褒揚令，繼由王超六□項□氏事略，旋由沈際平等相繼演説項氏生前事蹟及風節，備極讚揚，再由各機關社團及戊寅社邑人舉行公祭，末由介弟予斐致謝詞。會場佈置莊嚴穆肅，□□邊懸誄挽，頗□佳作。聞侍□□各方陸續寄到後，出刊哀挽録，以垂久遠云。”

此前印發《瑞安項微塵先生追悼會緣起》（存有鉛印影本），發起人有張寶琛、謝樹庭、許學彬、葉木青、項葆楨、林仲章、洪季川、黄菊裳、沈際平、王庭一、孫延釗、黄亮、項蔭軒、陳范九、周作申、洪彦遠、金嶸軒、陳普民、陳穆菴、楊時中、許尚、薛達、李一飛、張洪鈞、蔣哲夫、錢蔚、楊雪航、金正中、蔣建中、潘鵬、吴明、許鑄、管箎、董端卿、王超六、項廷珍。

開會地點，原擬在瑞安縣修志委員會（城内范大橋項氏宗祠），改爲縣城青年團會場。

中華民國三十五年　丙戌　1946 年

9 月,項驤傳收入民國《瑞安縣志稿》(1946 年排印本)卷十九。

民國《瑞安縣志稿》,有 1938 年印行的大字本,又有經過重新修編的 1946 年排印本(小字本,共二十八卷,附詩徵七卷,文徵五卷,惜未能印畢,存世各本缺六卷)。

按,項驤先生傳,又載章志誠主編《温州市志》(中華書局 1998 年 2 月版,上册,第 667 頁)、浙江省政協文史資料委員會編《浙江近現代人物録》(1998 年版)、《瑞安市志》(中華書局 2003 年 12 月版,第 1655—1656 頁)、余振棠主編《瑞安歷史人物傳略》(浙江古籍出版社 2006 年 12 月版,第 222—224 頁)、徐友春主編《民國人物大辭典》(2007 年增訂版)、南京圖書館編《中國近現代人物像傳》(上海古籍出版社 2011 年 12 月版,第 701 頁)、林吕建主編《浙江民國人物大辭典》(浙江大學出版社 2013 年 1 月版,第 424 頁)。

項驤故居在瑞安南堤草堂巷,係民國早期建築,西式風格,主樓有兩層,與同一歷史文化街區北端的玉海樓,一西一中,一南一北,意趣各異,尤爲突出。專家認爲:項驤故居不論是建築形式,還是人文内涵,都具有較高的文物價值和紀念意義(黄培量主編《温州近現代建築》,浙江古籍出版社 2013 年 5 月版,第 204 頁)。

中華民國三十八年　己丑　1949 年

1 月,項錦裳爲紀念父親項驤七十冥誕,以金圓二千元在瑞安中學設立獎學金。(《瑞安中學設置微廛獎學金》,《温州日報》1949 年 1 月 14 日)

項錦裳(1916.7.14—1999.7.4),項驤次子,曾留學日本。與王家琦合編《橡膠工業汽油的安全使用與節約》(上海科學技術出版社 1957 年 7 月版)。

據瑞安中學師生名録記載,1949 年以前在瑞安中學任教職的瑞安南堤項家人有:項湘藻、項申甫、項燧(宿仙)、項漱泉(大受)、項翽(丹忱)、項彬如、項季澈、項鵬(璞如)、項颋(孝直)、項桂蓀、項棣蓀、項兢、項黼宸、項澄、項鴻燊(老野)、項起中、項景煜、項景演等十八人。

2017 年 4 月初稿,2019 年 10 月三稿

張雲雷年譜

許曉鋒

張雲雷(1883—1977),原名守銘,後更名烈,一名伊珠,譜名脩銘,字貞箴,號雲雷,晚號石帆山人、石叟,法號師宏,浙江樂清石帆鄉匯頭村(今屬石帆街道)人。1905年下半年東渡日本留學早稻田大學師範科。留學期間先後入同盟會、光復會。1908年畢業返國,因聞清廷將其列入革命黨人通緝名單,遂避往南洋,在爪哇(今印尼)泗水主辦中華學校,協助華僑商會創辦《漢文新報》,鼓吹革命。辛亥革命前夕返國,在滬經柳亞子介紹加入南社。嗣參加浙江革命活動。中華民國成立後任浙江省議會議員、首届國會參議院參議員。1915年底袁世凱復辟帝制,又積極投入反袁護法運動。1917年11月被推選爲温州旅滬同鄉會首任會長。1918年再次當選爲參議員,並被聘爲國務院經濟調查委員會委員。旋在滬接辦《時事新報》。1922年黎元洪復任大總統,被聘爲總統府顧問。後因在京患傷寒重病,病癒後轉而崇信因果報應,拜印光爲師,皈依佛教。同年冬歸隱故里,籌創居士林,弘揚佛法,提倡净土宗,熱心家鄉教育及慈善事業。1950年10月以開明士紳身份參加樂清縣第一届各界人民代表會議,當選爲副主席。1954年受聘爲浙江省文史館員。1955年2月被推選爲省政協委員。1957年被劃爲"右派",此後杜門養晦。嗣後在"文革"中又屢受衝擊。

清光緒九年癸未(一八八三)　一歲

四月初三(五月九日),出生于樂清縣石帆鄉匯頭村。祖父昌衢,字美樂,號佾庭,捐名丙椿。父鑾,字聖金,譜名公鑾,一名廷奎,號星舫,捐名葆宸,國學生,曾在樂清東鄉虹橋公立小學任庶務,時該校校長爲吴孟和(桂芳)。

清光緒十五年己丑(一八八九)　七歲

約是年,家中貧困,無力支持求學,因父與吴孟和的關係得以在杏莊杏林書塾寄讀。胡奉塵(奉群)《横超居士傳》:“少與余同學,長同遊,晚又同修,故余知之獨詳。方居士之讀書杏莊也,嶄露頭角,小試即冠軍。即而清廷罷科舉,遂負笈入校,自縣而郡而日本。”(王翔鵬、陳友中編《張雲雷詩文集》,二〇一六年七月版,第160頁)按:譜主在石帆匯頭村籌創横超蓮社,故胡又稱之謂横超居士。

清光緒二十四年戊戌(一八九八)　十六歲

下半年,有北京之行,親見戊戌政變。據譜主之侄張仁静先生説,五十年代在家中見其伯父讀《客中消遣録》,曾對他説,書中大刀王五篇之戊戌政變,他曾在北京親見之。

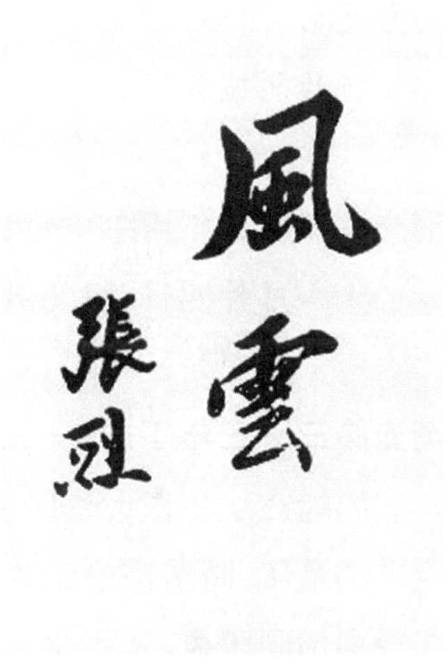

張雲雷題風雲

清光緒三十年甲辰(一九〇四)　二十二歲

是年,就學樂清中學堂,時黄式蘇(仲荃)任主任教席,蔣希周(仲冕)亦任教是校。和盧霞九(敏)等爲同學。(張炳勳編注《黄式蘇集》,綫裝書局二〇〇九年四月版,第700頁)

清光緒三十一年乙巳(一九〇五)　二十三歲

上半年,入學温州藝文學堂。赴温求學,道經青蓮寺,應方丈之囑撰青蓮寺門聯:“青光十方照;蓮花九品香。”(張炳勳著《懷馨閣雜俎》,百花文藝出版社二〇〇三年一月版,第66頁)

五月十六日,鄭良治(雨農)與吴郁周(郁哉)談及譜主將赴日留學事。

鄭良治《百甓齋日記》五月十六日:“午後赴堂過重石郁周,郁周迎余而告曰:葉曉南(正度)、陳盟石(陳格)昨自杭來,均蒙録送出洋,甚好,甚好!吾堂後有替人矣。此外東鄉張烈亦有赴東之議,仿行同人捐送例,當可集事。張生才具開張,東鄉得此,亦學界種子也。”(胡立謙校注《百甓齋日記》,綫裝書

局二〇一六年十月版,第300頁)

夏間,黄群回國度假,其間得以訂交。譜主追述:"我是在温州孫仲容先生主辦的温處學務處裡認識他的,那時他從日本讀書假期回家,我正準備去日本讀書,後來我們成了最要好的朋友。"(張雲雷口述,陳朱鶴記《辛亥革命見聞瑣談》,載浙江省政協文史委編《浙江辛亥革命回憶録》,浙江人民出版社一九八一年八月版,第196頁)

七月下旬,得虹橋倪鋭(文西)資助,與永嘉周孟由,本邑葉曉南、謝德銘(劍秋)、陳盟石、鄭漢侯(漢由)、吴萃(澤普)等東渡日本,留學早稻田大學師範科。(《張雲雷詩文集》,第45頁)按:劉祝群《疚廎日記》一九〇五年八月一日:"浙撫院遣送學生百人入早稻田大學簡易師範科,將到東京。"與譜主同行的葉曉南、陳盟石均係公派留日學生,由浙江巡撫統一安排送往日本留學,譜主留日時間據此推算。

清光緒三十二年丙午(一九〇六)　二十四歲

十一月廿四日,祖父昌衢卒,享年六十九歲。

清光緒三十三年丁未(一九〇七)　二十五歲

繼續在早稻田大學師範部求學。

約是年,時值孫中山先生奔走革命,陶成章遊説南洋,譜主備受啟發,遂先後參加同盟會、光復會。(王夢痕、張溥《張雲雷先生行略》,載樂清縣政協文史資料研究委員會編《樂清文史資料》第九輯,一九九一年三月版,第4頁)

清光緒三十四年戊申(一九〇八)　二十六歲

六月二十日,孫詒讓病故。聞悉後走訪章太炎(主《民報》筆政)。稍後應章委託將其祭文帶回國内請劉景晨轉交孫家。(張雲雷口述,陳朱鶴整理《章太炎先生爲孫仲容先生寫祭文》,載《樂清文史資料》第九輯,第100頁)

八月,畢業于早稻田大學。離日之際,陶成章(煥卿)和黄群(溯初)動員譜主去南洋發展,據譜主回憶:"陶成章説兩江總督端方很厲害,江浙革命很難發展,南洋群島華僑多,離中國近,要開闢起來作革命活動的場所,並且説孫中山、胡漢民和汪精衛等人都已在新加坡,辦了個《中興日報》,自己也要去一起搞。黄溯初説曾經和他同時學英文的同學王致同,已在南洋群島當教

徵求佛學著述啟

芸芸衆生沉淪苦海頭出頭沒六道受生業識牽引無一息之自由因果循還歷萬刼而靡已以云可痛何以加茲釋迦世尊以大悲之心拯長夜之苦爲此一事因緣降生五濁惡世度人殑伽沙數説法四十九年迨至震旦機熟象教東來光明大熾猶日月之經天法乳咸沾如雨露之澤物羣生醉夢忽聽潮音聖德汪洋窮於詞贊蓋廣設方便接引多門根無分其利鈍人無擇其緇素隨機示法令入一乘皆得永斷生死輪迴復其妙明本體經云佛如醫王因病與藥故能普被三根廣收萬類懿歟至矣夫此猶出世法之利益也即就世法言之人之大患莫過於有我人我之見既立而殺盜淫種種惡業生焉使能研求佛學克明眞理知平日所謂人我者皆爲衆生妄起分別之相無有是處則世界自可進於和平國家自可進於安樂乃至社會家庭自可進於相親相助太平豐熙之域即此一端其爲利之溥可勝計耶姑復卑淺徇俗言之如生子延壽人所欲也求諸佛法亦可得之此徵諸往籍按以近事證驗具在非復虛誣或疑世尊既導衆生出迷入覺何復教人會求俗樂不知此蓋我佛有不可思議度生方便謂有衆生不肯直求菩提凡隨所樂令其得之自可因是漸趨正道如孺子有疾不欲服藥有智醫人塗於母乳孺子飲乳疾便得瘥經所謂先以欲鈎牽繼令入佛智是也要之佛法精微廣大無機不攝但能信受奉行必可隨心得益譬猶四大海水得其一滴即可受用不盡且其教爲明理者而非迷信利人者而非獨善誠上下五千年縱横九萬里所絶無僅有而絶非溝瞀之儒生膚解之科學家所能訾毀其毫末者也（按世人每謂死後即一切斷滅斥輪回

徵求佛學著述啓之一

員，要我也去，説中國革命不知能否成功，我去南洋群島可作個退步之計。就這樣，決定我去南洋群島。”（張雲雷口述，陳朱鶴記《辛亥革命見聞瑣談》，載《浙江辛亥革命回憶録》，第 197 頁）

同月，與陶成章、黄群結伴歸國。回家後不久，聞清廷已將其列入要捕殺的革命者名單，遂避往上海，買了船票，經由香港、新加坡輾轉至爪哇泗水，在華僑所辦中華學校任教。（張雲雷口述，陳朱鶴記《辛亥革命見聞瑣談》，載《浙江辛亥革命回憶録》，第 197 頁）

十二月廿八日，陶成章至檳榔嶼（在馬來西亞北部），偕陳威濤遊歷英荷各屬時，譜主介紹王致同與陶成章認識，又與王致同一起至各處演説，鼓吹革命，頗得當地華僑歡心。（紹興市政協文史資料工作委員會編，紹興文史資料第六輯《陶成章史料》，一九八七年十一月版，第 191 頁）

是年,作《賀陶成章兄去新加坡有感》:“渺渺浪花漲白波,南山盡處豪傑多。應從波中尋寒鶴,佈道爲民放天鵝。莫笑文風與俠骨,輪他楊柳戰天魔。今日飄零南洋客,拔山氣勢待華夏。”(原載《漢文新報》一九〇九年,轉引自《張雲雷詩文集》,第 12 頁)

清宣統元年己酉(一九〇九) 二十七歲

冬,蘇曼殊至爪哇泗水喏班中華會館任英文教員,譜主與之結交。(柳亞子編《蘇曼殊年譜及其他》,上海科學技術文獻出版社二〇一四年五月影印版,第 19 頁)

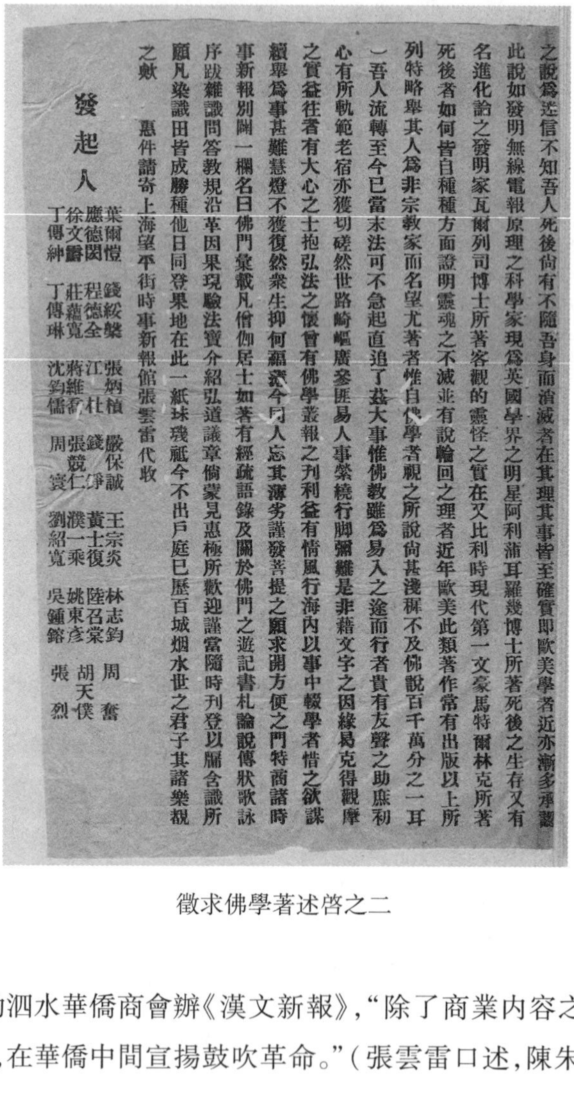

之說爲迷信不知吾人死後尚有不隨吾身而消滅者在其理其事皆至確實即歐美學者近亦漸多承認此說如發明無線電報原理之科學家現爲英國學界之明星阿利蒲耳羅幾博士所著死後之生存又有名進化論之發明家瓦爾列司博士所著客觀的靈怪之實在又比利時現代第一文豪馬特爾林克所著死後者如何皆自種種方面證明靈魂之不滅並有說輪回之理者近年歐美此類著作常有出版以上所列特略舉其人爲非宗教家而名望尤著者惟自佛學者覩之所說尚甚淺稚不及佛說百千萬分之一耳）吾人流轉至今已當末法可不急起直追了茲大事惟佛教雖爲易入之途而行者貴有友聲之助庶初心有所軌範老宿亦獲切磋然世路崎嶇塵參匪易人事縈繞行脚彌艱是非藉文字之因緣曷克得觀摩之實益往者有大心之士抱弘法之懷曾有佛學叢報之刊利益有情風行海內以事中輟學者惜之欲謀續舉爲事甚難慧燈不獲復然衆生抑何福淺今同人忘其薄劣謹發菩提之願求開方便之門特商諸時事新報別闢一欄名曰佛門彙載凡僧伽居士如著有經疏語錄及關於佛門之遊記書札論說傳狀歌詠序跋雜識問答教規沿革因果現驗法寶介紹弘道議章倘蒙見惠極所歡迎謹當隨時刊登以牖含識所願凡染識田皆成勝種他日同登果地在此一紙球璣祇今不出戶庭已歷百城烟水世之君子其諸樂覩之歟

惠件請寄上海望平街時事新報館張雲雷代收

發起人

葉爾愷 應德閎 徐文爵 丁傳紳 錢綏槃 程德全 莊蘊寬 丁傳琳 張炳楨 江杜 蔣維喬 沈鈞儒 嚴保誠 錢淨 張競仁 周寶 王宗炎 黃士復 濮一乘 劉紹寬 林志鈞 陸召棠 姚東彥 吳鍾鎔 周奮 胡天僕 張烈

徵求佛學著述啓之二

是年,協助泗水華僑商會辦《漢文新報》,“除了商業内容之外,主要介紹國内革命情況,在華僑中間宣揚鼓吹革命。”(張雲雷口述,陳朱鶴記《辛亥革

命見聞瑣談》,載《浙江辛亥革命回憶録》,第 198 頁)

是年,作《泗水隨筆》發表在《漢文新報》。

清宣統二年庚戌(一九一〇)　二十八歲

八月十八日,樂清陳夢熊(乃新)患痢疾病故於爪哇泗水埠,譜主爲其料理後事。

八月,陶成章在網甲島組建光復總會,動員華僑入會,譜主與魏蘭諸人爲之鼓吹,革命思想日益踴躍。(魏蘭《陶煥卿先生行述》,載浙江省辛亥革命史研究會、浙江省圖書館編《浙江辛亥革命史料選輯》,浙江人民出版社一九八二年八月版,第 344 頁)

九月,曹文昇(志丹)創辦"雁蕩講學會",並辦有《講學叢報》,提倡實業尚武。曹文昇《雁山講學會答學員問》提及譜主:"或問:'《講學報》第七期録張雲雷函,論及朝政,貶斥大臣,似與講學宗旨不合。'曰:'朝政者,我家事也。大臣者,我家相也。置朝政不論,是不顧家事也。大臣有過而不問,是任家相之顛倒壞亂,欲長其惡而以仇怨相尋也……。'"(曹文昇著、吴小如校點《耕心堂集》,綫裝書局二〇一一年十一月版,第 99 頁)

十一月,與黄肅方、田桐三人介紹沈鈞業(馥生)來爪哇泗水《漢文新報》主筆政,鼓吹革命。(魏蘭《陶煥卿先生行述》,載《浙江辛亥革命史料選輯》,第 344 頁)

清宣統三年辛亥(一九一一)　二十九歲

三月五日,與陶成章、沈鈞業聯絡志士蔣開遠、蔣以芳、蔣報和以及書報社社員陳紹諒、王少文等,組織泗水埠光復總會,並派人赴各埠聯絡。(紹興文史資料第六輯《陶成章史料》,第 195 頁)

四月,廣州黄花崗起義前,得李柱中密約,欲同往香港共商廣州之役,接任中華學校事務的陳陶遺未能按時到任,不得不候其到校,因而耽擱未能前往。(張雲雷口述,陳朱鶴記《辛亥革命見聞瑣談》,載《浙江辛亥革命回憶録》,第 199 頁)

七月中旬,蘇曼殊作《步元韻敬答雲上人》(三首),其一:"諸天花雨隔紅塵,絶島飄流一病身。多少不平懷裡事,未應辛苦作詞人。"(紹盈午著《蘇曼殊傳》,團結出版社一九九八年七月版,第 313 頁)按:雲上人即指譜主。

八月初(閏六月),回國抵滬,即尋訪陶成章,不遇,遂匆匆回家。此前,柳亞子接泗水中華學校親戚何震生函,特地從蘇州到上海相晤,譜主即于此時加入南社,社號157。(張雲雷口述,陳朱鶴記《南社活動回憶》,載《樂清文史資料》第九輯,第101頁)

八月十八日,聞黄鼎瑞病故消息,作挽聯:"去年今日爪哇失友,今年此日雁蕩尋師,竊冀有五峰、二谷其人,提倡鄉邦,氣節文章綿國粹;七月水災爲衆生哭,六月病災爲先生憂,不期隨徐孺、倪迂而去,喪亡大雅,儒林藝苑失宗師。"(黄夢香等著、張炳勳編注《江夏傳硯集》,浙江古籍出版社二〇一九年三月版,第245頁)按:黄鼎瑞,號菊襟,病故於一九一一年六月廿七日。

十月十日,武昌起義。隨後湖北法政學堂教習黄群從武漢趕回浙江省城杭州,敦促八十二標統帶周承菼(赤忱)等日本士官學校畢業的新軍軍官起義,卻受到光復會某些人士猜疑,不得已轉回武漢。(張雲雷口述,陳朱鶴記《辛亥革命見聞瑣談》,載《浙江辛亥革命回憶録》,第200頁)

十月下旬,温州各界人士計劃回應武昌起義,譜主負責争取地方軍政要員和士紳對温州光復的支持。(葉玉林《辛亥革命温州光復記》,載温州市政協文史資料研究會編《温州文史資料》創刊號,一九八五年二月版,第112頁)

十一月,温州各界在師範學校召開光復會議。接省城急電,與王致同、蔣叔南、虞賡甫四人隨行乘船經寧波至上海。到滬後訪陳其美(英士)未晤,即赴杭州爲黄群解釋。到杭州後遇陶成章正組織浙軍攻南京,讓譜主往返蘇杭間從事聯絡。(張雲雷口述,陳朱鶴記《辛亥革命見聞瑣談》,載《浙江辛亥革命回憶録》,第200頁)

十二月二日,南京光復。金陵之戰,陶成章日夜操勞,積勞成疾。王致同、龔寶銓、王文慶等人力勸,陶成章才同意返滬治療。因陳其美欲暗殺陶成章早有傳聞,才多次轉移住所,相繼避居上海客利旅館、國民聯合會、江西路光復會、匯中旅館等處,其間譜主一直與陶成章在一起。(胡國樞、錢茂竹著《陶成章》,團結出版社二〇一三年一月重印本,第184頁)

十二月下旬,天氣轉冷,向陶成章請假返鄉取冬衣,陶成章吩咐速去速回。(張雲雷口述,陳朱鶴記《辛亥革命見聞瑣談》,載《浙江辛亥革命回憶録》,第201頁)

中華民國元年壬子(一九一二)　三十歲

一月十六日,湯壽潛(蟄仙)辭去浙江都督,改任南京臨時政府交通部總長。蔣尊簋(百器)自廣西練軍返滬,譜主告以"南京未下,接湯任非君莫屬,萬不可辭"。蔣接任浙督後,組織浙都府參議會,譜主任參議。(張雲雷口述,陳朱鶴記《辛亥革命見聞瑣談》,載《浙江辛亥革命回憶録》,第202頁)

初春,蘇曼殊自爪哇返國,主《太平洋報》筆政,贈詩《别雲上人》(一作《耶婆提島别張君》)發表於一九一二年四月九日《太平洋報》副刊《太平洋文藝集》。(《蘇曼殊年譜及其他》,第61頁)

四月,客居杭州,聞曹文昇爲土匪所害,悲痛萬分。撰《樂清道學家曹志丹先生事略》,發表於本月二十五日《太平洋報》。

五月九日,國民公會和民社黨合併爲共和黨,黎元洪爲總裁,譜主負責浙江黨務工作。(《民國初年的國會》,書目文獻出版社一九八七年三月版,第22頁)

下半年,國會選舉。浙江選區分第一區(杭嘉湖)、第二區(紹寧台)、第三區(金衢嚴)、第四區(温處)。各區置選舉監督一名,並派禁煙監督一名。就第四區選舉事宜,黄群與譜主商量:"最好叫蔣叔南出來當選舉監督,蔣叔南是自己人,好説話。"於是發電報給省民政司長屈映光(文六)。屈回電:"温處選舉監督已定爲金華人蔡雨香(汝霖),蔣叔南另派紹興禁煙監督。"(張雲雷口述,陳朱鶴整理《第一次國會時浙江選舉》,載《樂清文史資料》第九輯,一九九一年版,第103頁)

中華民國二年癸丑(一九一三)　三十一歲

二月六日,在滬與黄式蘇、劉項宣(贊文)、劉景晨(貞晦)、陳守庸(權東)、徐寄廎(陳冕)合影,題曰"淞濱六影"。(盧禮陽、李康化編注《劉景晨集》,上海社會科學院出版社二〇〇六年十月版,卷首)

二月,以浙江共和黨代表身份被推爲浙江省第一届議會議員,復被選爲國會參議院議員,當選票數爲五十四票。(《民國初年的國會》,第90頁)

四月八日,在北京出席中華民國國會成立儀式。第一届國會參議員二

七四名,衆議員五九六名。(谷麗娟、袁香甫著《中華民國國會史》,中華書局二〇一二年六月版,第 9 頁)

四月二十五日,國民黨人張繼、王正廷被選爲參議院正副議長。(《民國初年的國會》,第 69 頁)

四月廿七日,在北京畿輔先哲祠舉行南社北京事務所第二次臨時雅集,以紀念宋教仁爲主題。與陳去病、高天梅、吕志伊、田桐等共三十人與會,作古體詩《得裡字》。(郭建鵬編著《中國南社雅集志》,團結出版社二〇一六年十一月版,第一輯,第 70 頁)

五月廿九日,在袁世凱的策劃下,共和黨和統一黨、民主黨聯合組成進步黨,爲國内第二大黨。進步党選舉黎元洪爲理事長,梁啟超、湯化龍等九人爲理事,譜主在北京進步党總部任庶務。(胡繩武、金沖及著《辛亥革命史稿》第四册,二〇一一年五月版,第 1731 頁;張溥《憶我父親的二三事》,載《張雲雷詩文集》,第 195 頁)

十月二十日至廿二日,參議院選出十二股常任委員及委員長、理事。譜主等四十五人被選爲預算股常任委員,向乃祺爲委員長,蔣會燠爲理事。參議院委員會及各股委員會成立不到半月,袁世凱就下令解散國民黨,取消國民黨議員資格,致使國會不足法定開會人數而陷入癱瘓,實際上未發揮作用。(《民國初年的國會》,第 48 頁)

下半年,與許燊等在國會參議院對關於參加巴拿馬賽會設立專事局提出質問書,譜主等認爲:"民國初立,民生失業,國家滿目瘡痍,不宜鋪張浪費,無必要對參加巴拿馬賽會單獨設立監督機構,由聯合商會參與,領使館料理即可。"(《參議院公報》,一九一三年第一期國會,第七册,公文八,第一三三至一三六頁)按:巴拿馬賽會,即一九一五年首届巴拿馬太平洋萬國博覽會。

中華民國三年甲寅(一九一四)　三十二歲

四月上旬,致劉紹寬(次饒)函。

劉紹寬日記四月十四日:"將赴樂,適得張雲雷(烈)信,令暫留,因仍留寓。"(温州市圖書館編,方浦仁、陳盛獎整理《劉紹寬日記》第二册,中華書局二〇一八年二月版,第 566 頁)

四月十五日，赴永嘉縣城訪晤劉紹寬，談調查礬山事和學務近況。(《劉紹寬日記》第二册，第566頁)

冬，父病，自北京返里侍疾。(《南社叢刻》第十六集，第五六頁)

中華民國四年乙卯(一九一五)　三十三歲

五月，與虞廷愷(伯庼)等人成立甌海礦務公司，接收永嘉孫坑鉛礦。虞廷愷在致其父函提及："孫坑鉛礦，技師已到，事務所暫租鼓樓下陳來興棧。張君雲雷每日在此，大人赴郡之便，可走訪之(並可細談)。玆附去介紹書一封，請囑茂績、崇讓二人速持函求見，聽渠發落。"又言"屈使到瑞，尚無確期，屆時需偕張君雲雷前往一見便可(張君在郡，人極篤厚，與兒交情甚厚)。張君與屈極有交情，並通普通話。如會同本地士紳去見，必至僨事，吾鄉實無能幹紳士也。"(瑞安市政協文史委編《虞廷愷家書》，中國文史出版社二〇一〇年八月一版，第16、27頁)按：屈使指浙江巡按使屈映光。

六月九日，復柳亞子函，談收到《南社叢刻》十二、十四兩集，集内見蘇曼殊書信，知其"寄跡扶桑，亦復多病，一念及此，思不可支"。(《南社叢刻》第十六集，第五六頁)

六月，致虞廷愷函，商議甌海礦務公司事。(《虞廷愷家書》，第18頁)

十二月五日，劉紹寬來函，爲其弟劉仲琳(紹瑀)謀續聘省立十中教席事。越幾日，復劉紹寬函，言已辦妥所托之事。

劉紹寬日記十二月十日："張雲雷信來，訂定仲琳教席，因將原書致仲琳。"(《劉紹寬日記》第二册，第589頁)

十二月十二日，袁世凱稱帝，改用洪憲年號。梁啟超和蔡鍔(松坡)策劃倒袁，譜主積極參與二次革命。(王夢痕、張溥《張雲雷先生行略》，載《樂清文史資料》第九輯，第4頁)

中華民國五年丙辰(一九一六)　三十四歲

一月十八日，偕劉紹寬訪黄群。

劉紹寬日記一月十八日："午後同張雲雷至黄溯初家看書，借來《太平御覽》一部。"(《劉紹寬日記》第二册，第592頁)

一月二十日，偕傅樾赴温州訪周孟由，贈楹聯一對，集泰山經石峪字："大修善果；多種福根。"廿一日，周孟由設宴，李漱梅、傅宗瀛、施静瀾等均在坐，席間譜主談北京所見之時事趣事。(温州市圖書館編,張鈞孫點校《張棡日記》第四册,中華書局二〇一九年十月版,第1698至1699頁)

三月廿九日,父病逝。黄式蘇挽聯:"地方相需甚殷,又奪老成人,蕭索里閭真不幸;哲嗣後來之俊,以吾一日長,商量舊學愧多疏。"(《黄式蘇集》,第603頁)

四月十二日,浙江宣佈獨立,組織護國軍政府。時省議會被袁世凱政府非法解散,尚未恢復,但仍有臨時參議會産生,爲臨時立法機關,設參議員二十六人,由發難之人公舉,譜主亦被舉任爲臨時參議會參議員,未前往就職,後由楊湜補缺。(浙江省通志館編《重修浙江通志稿》標點本第九册,方志出版社二〇一〇年十二月版,第5665頁)

六月十三日,與王正廷、殷汝驪等致電黎元洪,請求釋放褚輔成(慧僧)。(王天松著《褚輔成年譜》,學苑出版社二〇一五年十月版,第132頁)

六月廿五日,名列駐滬議員(共296名)電復段祺瑞,希望他力贊大總統,毅然以明令宣告民國三年"約法會議"所議決之《中華民國約法》及《大總統選舉法》《國民會議立法院組織法》均與元年《臨時約法》《國會組織法》、二年《大總統選舉法》相違背。該電指出:"《臨時約法》爲民國之所由成,議會、總統皆由茲産生,其效力至尊無上","今日以命令廢止三年《約法》,乃使從前違憲行爲歸於無效,更無所謂以命令變更法律。"(《黄群集》,第496至497頁)

六月廿八日,旅滬國會議員代表張繼、王正廷、谷鍾秀等六人北上與黎元洪等就商善後。(《黄群集》,第423頁)

六月廿九日,總統黎元洪申令宣佈遵行《臨時約法》,恢復國會。(《黄群集》,第423至424頁)

七月十二日,參、衆兩院議員自奉大總統命令,定於八月一日起在滬繼續開會。與褚輔成由杭赴滬,與駐滬諸議員接洽。(《褚輔成年譜》,第136頁)

七月十八日,出席參議會常會。依據《參議院議員選舉法》第十六條規定:"第一屆選出之參議院議員于開會後以下列規定分二十七部,每部以抽籤法分三班。第一班分兩年改選,第二班滿四年改選,第三班任滿改選。嗣後每兩年任滿的議員改選。"各省議會選出者,每省爲一部。議決分三班,用抽籤的辦法:一抽議員姓名,一抽班次,來將各部議員分成三班。(《中華民國國會史》,第885至886頁)

七月廿一日,參議院常會,按七月十八日議定的辦法,抽定議員班次。王正廷、譜主、陳其美分在浙江部第一班。八月一日，恢復國會，爲第一屆國會參議院第二期常會。（《中華民國國會史》，第886至888頁）

八月，周李光（六介）病逝，撰挽聯："戰功炳金陵，政績洽武林，他年柱史紀勳勞，定與天堡、雷峰峥嶸萬古；智勇媲公瑾，文章侔季昶，今日梓鄉凋碩彦，徒對龍湫、雁蕩涕淚千行。"（《周六介先生哀挽録》，民國五年刊本）

十一月八日，蔡鍔病逝於日本福岡。

十一月十三日，告假返里，爲父購置墓地。（《參議院公報》，一九一六年第二期，第十九册，公文十，第七三頁）

十二月二日，與殷汝驪、湯化龍、黄群、林長民等共十八人在《晨鐘報》聯名刊登《林寒碧先生開吊日期》啟事，定次日于廣惠寺設祭。林景行字亮奇，又號寒碧，福建人。歷任農林部、衆議院秘書，上海《時事新報》總編纂。本年八月七日在上海車禍逝世。（《黄群集》，第103頁）

十二月五日，蔡鍔靈柩抵滬。譜主在《辛亥革命的回憶》一文中回憶道："其喪柩運回到滬，暫停蜀商公所。旅滬名人，如唐紹儀、伍廷芳等知與不知，均到輪外埠接柩。唐紹儀隨柩，步行至蜀商公所爲止。"（張雲雷口述，陳朱鶴記録《辛亥革命的回憶》，載温州市政協文史資料委員會編《温州文史資料》第七輯，第172頁）

十二月廿七日，應張元濟（菊生）之邀，與徐寄廎、秦誠孚、張公權赴宴上海一家春飯店。（《張元濟日記》，河北教育出版社二〇〇一年一月版，第195頁）

中華民國六年丁巳（一九一七）　三十五歲

二月十七日，譜主等在參議院會議上對各部院濫添顧問、諮議提出質問。（《參議院公報》，一九一七年第二期，第三十九册，公文一，第七五頁）

三月四日，印光法師復丁福保居士書中提及譜主："昨已與雲雷函，令爲光印五百部《文鈔》。其留板用紙等，皆祈伊與接洽。今日法雨有開祥大師至申，令交雲雷一百洋元，閣下五十元，亦交雲雷。迨其印出，令彼按書價算，五十元共請多少部，分做兩份。一份知會閣下，自差人去印書館取；一份直寄普陀交光。"（中國廬山東林寺浄土宗文化研究學會編《印光法師文鈔三編》上册，二〇一八年版，第49至50頁）

四月，在參議院會議中對中行票價低落提出質疑，要求國務院給予調查

並答覆。(《參議院公報》,一九一七年第二期,第四十四册,公文四,第九四頁)

四月十五日,與潘鑒宗(介宗)、童保喧等在杭州彌勒院,談京中狀況及國家前途。

童保喧日記四月十五日:"十時買棹赴彌勒院,張雲雷君亦在焉,外尚有潘介宗及姜先生。談京狀況及段總理出京時事,並話國家前途,甚悲觀。午後二時同游西泠印社、湖心亭諸處,即返棹。在湖濱旅館張雲雷寓少坐。"(寧海縣政協教文衛體和文史資料委員會編《童保喧日記》,寧波出版社二〇〇六年十二月版,第265頁)

四月廿八日,黄群發起丁巳俱樂部,與張棡(震軒)、劉紹寬、馮豹(地造)等商議其簡章,擬借鑒譜主在杭城開設的求是社章程。(《張棡日記》第四册,第1910頁)

春,徐蔚如居士擬赴普陀山拜訪印光,乞授皈戒。因家屬臥病而未能成行,從譜主處得知周孟由已去拜訪印光法師的消息。

六月十五日,童保喧、張暄初在杭州協順興飯店爲葉子布餞行,譜主與徐聘耕、袁道沖應邀作陪。

童保喧日記六月十五日:"夜,同張暄初共宴葉子布於協順興,徐聘耕、張雲雷、袁道沖均在座。約九時返寓。"(《童保喧日記》,第276頁)

八月,馮國璋代理大總統。受聘爲總統府諮議,授予四等嘉禾章。(張溥《憶我父親二三事》,載《張雲雷詩文集》,第196頁)

同月,與印光通信。

印光一九一八年正月廿五日復丁福保居士書中言:"去歲八月,張雲雷先生來書,光回書中略言,世道人心,日趨日下,君主事報館,宜於戒殺放生等言論及因果報應等事蹟,日載一二條,俾閲者睹兹殷鑒,戒慎存懷,漸摩漸染,日趨於聖賢之域,而不自覺。彼回書謂當另辟一欄,專載佛門言論。"(《印光法師文鈔三編》上册,第72頁)按,譜主時任時事新報館經理。

九月十二日至二十二日,列名《戴循若先生暨張耀庭黄孟曦熊克丞三先生追悼會公啟》。(《晨鐘報》一版,人民出版社一九八〇年影印本,缺十六日)按:温州籍人士列名者尚有黄群、虞廷愷。

十月,致劉紹寬函,邀其接辦浙江省立第十中學。

劉紹寬日記十月廿日:"洪岷初、張雲雷信來,邀接辦中學,函辭之。"(《劉

紹寬日記》第二册,第640頁)

十一月十一日,温州旅滬同鄉會在上海斜橋台州公所開會,與會者四百多人,推選譜主爲會長,林楚雄、林鶴溪爲副會長。與林楚雄、林鶴溪、沈滋澄先後登臺演講。(諸葛立淮、盧禮陽主編《温州旅滬同鄉會史料》,温州市政協文史委二〇〇七年三月版,第512頁)

十一月十七日,在上海法租界永安街普安里主持温州旅滬同鄉會第一次幹事會,討論修改同鄉會章程及審查籌備、開支各項、預算經費,推舉贊助及調查等事務。會議上還推定副會長林楚雄兼同鄉會基金監,劉冠三(景晨)爲文牘員,朱壽卿爲會計,徐班侯(定超)、吕文起(渭英)、徐寄廎及温屬各縣商會會長等數十人爲名譽會董。(原載《申報》十一月十八日,轉引自《温州旅滬同鄉會史料》,第513頁)

十二月五日,劉紹寬與姜會明(嘯樵)、陳紀方、李叔誠等人致電譜主,爲營救瑞安伍籀飛事,囑代轉達石宗素(鐸)予以營救。十二日,得悉伍籀飛已準釋放。(《劉紹寬日記》第二册,第644頁)

十二月十八日,應張元濟之召,與黄群、范季美、錢新之、蔣叔南、葉揆初、林蘅芳、王彦强、王幼扶赴上海一枝春飯店相聚。(張人鳳整理《張元濟日記》,河北教育出版社二〇〇一年一月版,第433頁)

十二月廿五日,與張東蓀邀張元濟至小有天便飯。(《張元濟日記》,第436頁)

中華民國七年戊午(一九一八)　三十六歲

一月二日,虞廷愷因長女喜梅出嫁返温,路過上海,其間會晤譜主。(《虞廷愷家書》,第122頁)

一月五日,普濟輪自滬返温與新豐輪在上海吴淞口銅沙洋海面相撞沉没,兩百餘人遇難,徐班侯、虞廷愷、黄梅初也在其列。與林實善代表温州旅滬同鄉會分電各處:"急,温州商會、中學、師範,杭州官産處林同,北京教育部洪彦遠轉各同鄉公鑒:普濟昨夜開,觸新豐没,死二百餘人,徐班老夫婦、虞伯廎、黄穰卿、黄梅初、謝志彝、陳元龍、劉文甫等無下落。温州旅滬同鄉會張烈、林實善。歌。"(原載《申報》一月六日,十版,轉引自《温州旅滬同鄉會史料》,第515頁)

一月六日,温州旅滬同鄉會推譜主與項驤、殷叔祥、徐寄廎四人赴上海招

商局交涉善後事宜。(原載《申報》一月七日,十版,轉引自《温州旅滬同鄉會史料》,第519頁)

一月七日,赴上海招商局,晤總辦謝仲笙、董事傅少庵,請求安撫被救人員及妥善安置遇難者遺體,並提出商議條件:(一)殯殮費,招商局每屍體應給費若干,須預確定;(二)由招商局派人會同温州同鄉會幹事,辦理殯殮事宜;(三)由招商局擇定暫時停柩之地方;(四)由招商局派輪船送靈柩回温;(五)被救之人應照前例各給衣費,但來領時可由温州同鄉會幹事證實。四人所提條件,傅少庵一一承允。嗣温州同鄉會集議,凡有死難者親屬或親友來滬領取殯殮費,須由譜主簽字證明,以免出錯。譜主與林寶善、林篤培代表温州旅滬同鄉會致電浙江督軍楊善德、省長齊耀珊通報普濟輪事件,電文爲:"普濟船沉,通志局提調徐班侯、第一師附謝鼎均遭大難,謹聞。温州旅滬同鄉會正會長張烈、副會長林寶善、林篤培叩首。"楊善德、齊耀珊復電:"上海温州同鄉會張雲雷、林寶善、林篤培先生:電悉,班侯先生與謝師附同罹難水厄,良深震悼。茲派吴顧問(璧華)攜洋千元來滬商同照料,並請于徐、謝家屬代致哀忱。楊善德、齊耀珊。陽。"譜主又以私人名義復函督軍楊善德、省長齊耀珊,感謝派專員赴滬爲徐班侯、謝鼎料理後事。(原載《申報》一月八日,十版,轉引自《温州旅滬同鄉會史料》,第524至525頁)

一月八日夜,普濟輪事件生還者三四十人乘同華輪送回温州,譜主等人前往長發棧送行和登船勸慰,有遲來或無船票者亦給予證明補辦船票,同鄉會並委託余憲文(鼎三)隨船照料。(《申報》一月十日,十版)

一月九日,與徐寄廎、吴璧華電廣東實業銀行吕文起:"普濟沉没,班老夫婦、伯廎、穰卿、梅初均遭大難,屍尚未獲。"(《申報》一月十日,十版)吕文起復電徐寄廎轉譜主及吴璧華:"班老夫婦及伯廎、梅初、穰卿諸君同遭大難,聞之痛哭欲絶。求設法撈屍,請寄兄代弟付二百元爲□□,餘函詳。吕渭英。"按:吕文起復電刊《申報》一月十四日十版。

一月上旬,代表温州同鄉致函招商局董事會楊杏城交涉善後事宜。

《普濟輪船失事九志》報導:温州同鄉代表項驤、徐陳冕、張烈三君致招商局董事會會長函云:"杏城先生有道:前日進謁崇階,備聆雅教,欽佩莫名。普濟一劫,痛絶切膚,深蒙長者特別關切,感同身受。惟屍無多,班老夫婦及虞黄諸公屍首且未獲到,無任焦急。另由敝同鄉會正式具函,懇請貴董事會商請海關税務司,雇善泅水者入船摸撈,俾獲屍身,存歿均感。臨穎不勝盼禱之

至。”（原載《申報》一月十四日，十版，轉引自《温州旅滬同鄉會史料》，第536頁）

一月中旬，單平、許炳藜等致電譜主和徐象先、黄群、徐寄廎，要求向滬招商局交涉：“普濟船身朽壞，上年各界曾向該局理論，不聽。現果一撞即沉，斃吾鄉人甚多，慘極，請嚴重交涉。”（原載《申報》一月十四日，十版，轉引自《温州旅滬同鄉會史料》，第536至537頁）

一月廿一日，主持温州同鄉會第三次幹事會。會議議程爲：（一）勸募籌辦温州公所的款；（二）函復温州商會，對今後行駛甌滬的輪船要求招商局務必更换堅固新輪；（三）勸捐同鄉會經費。（《申報》一月廿三日，十版）

一月廿五日，印光在致丁福保居士書中提及譜主：“光之蕪鈔，已經出版。於去冬即通知雲雷，令商務印書館出書時，包十二包，共十六部，通信閣下着人去取。餘六十五部，通歸於光。以五十元，彼以七折與光算，則請百二十五部書耳。但彼膽小，恐書售不出則折本，只印二千部，及書出而請者甚多。凡光所請者，悉勒不發。雲雷屢催仍不發。想彼留作門市實價售，待再印出方發耳。”（《印光法師文鈔三編》上册，第73頁）

一月廿六日，甌海道尹黄慶瀾（涵之）致函譜主，談普濟輪事件慘不忍聞，與招商甌局總辦施子香商議，選换好船行駛甌申。並對温州旅滬同鄉會建温州公所認捐五十大洋。（黄慶瀾著《甌海觀政録》，一九二一年版，卷六，專案類三，第四五頁）

一月，作挽虞廷愷聯兩副，其二曰：“普濟不濟，爲其易，爲其難，維死可生生可死；新豐欠豐，同此心，同此理，以歌爲哭哭當歌。”（《張雲雷詩文集》，第107頁）

三月十四日，浙江省議會議員沈銘昌因調任山東省長，按律請辭議員之職。譜主後補當選爲浙江省議會議員。（《參議院公報》，一九一九年第二期，第一册，公函二，第一三六頁）

四月十五日，黄慶瀾致函譜主、黄群等旅外温籍人士，商議開採温、處兩地礦産事務，希在温州旅滬同鄉會中發起並組織公司。（《甌海觀政録》卷五，實業類，第二二頁）

四月十四日，主持召開温州旅滬同鄉會第六次幹事會，討論同鄉會審查收支款項情況及擇日召開普濟輪事件遇難同鄉追悼大會。（《申報》四月十六日，十版）

五月十三日，主持温州旅滬同鄉會第七次幹事會。會議議程爲：（一）與廣肇公所、寧波同鄉會等三十七團體聯電政府，力争公開中日軍事密約。（二）附設夜學，免費教授旅滬商人子弟。（三）甌海道尹黄慶瀾擬辦貧兒院，函託旅滬同鄉會勸捐經費。推定黄敏之、陳幹夫、曹序廎三人負責勸捐。（四）審查員黄敏之等報告審查上半年收支款項情況。（五）推定林炎夫、朱蕃卿赴各温商籌勸捐款作常年經費及購買温州公所基地。（六）同鄉林贊侯少將身故，靈柩由塞北運滬，即日轉甌，定五月十四日晚八時在招商碼頭舉行公祭。（原載《申報》五月十四日，十版，轉引自《温州旅滬同鄉會史料》，第 563 頁）

五月卅一日，偕徐寄廎訪劉紹寬。

劉紹寬日記五月卅一日："夜張雲雷、徐驥卿來。"（《劉紹寬日記》第二册，第 655 頁）

六月二十三日，作爲滬紳報界代表赴唐山路澄衷中學出席紳商學報界團體聯合會會議。此次會議主要是通報日本逮捕中國留學生與留學生一致要求歸國的情況，請國内紳商學界同心協力安内禦外，拒絶中日軍事密約。（《申報》六月廿五日，十版）

六月下旬，當選爲第二屆國會參議院議員。（《中華民國國會史》，第 1165 頁）

八月，受聘爲國務院經濟調查委員會委員。（王夢痕、張溥《張雲雷先生行略》，載《樂清文史資料》第九輯，第 6 頁）

八月十二日，赴北京象坊橋衆議院議場出席第二屆國會第一次常會啟動儀式。（《中華民國國會史》，第 1034 頁）

十一月十日，主持温州旅滬同鄉會年會，作年度報告。隨後投票選舉，再次當選爲會長，徐寄廎、林楚雄爲副會長，並推定黄敏之爲基金監，吕文起、黄溯初、蔣叔南、姜會明爲名譽董事。（原載《申報》十一月十一日，十一版，轉引自《温州旅滬同鄉會史料》第 564 至 565 頁）

十二月廿一日，得悉徐班侯之子徐翰青在温被廣濟輪英籍船長槍擊致死消息，急電温州商會探詢詳情，並分電浙江省各官廳請求主持公道。電文：（一）"杭州督軍省長均鑒：徐翰青慘遭廣濟槍斃，乞秉公主持，以重民命。"（二）"温州商會鑒：聞翰青被廣濟槍斃，乞電詳復。"（三）"温州道尹、統帶、審判廳長、知事鈞鑒：徐翰青慘遭廣濟槍斃，乞秉公主持，以重民命。"（《申報》十

二月廿三日,十版)

十二月廿七日,應張元濟之邀赴都益處晚餐。

張元濟日記十二月廿七日:"晚約梁卓如、蔣百里、張君勱、夏浮筼、劉子楷、蔣叔南、孟純蓀、張東蓀、雲雷、徐寄廎、黄溯初、劉柏森、熊□□、吴□□在都益處晚餐。"(《張元濟日記》,第673頁)

十二月,譜主在《時事新報》副刊《學燈》上單獨開闢專欄《佛門匯載》,次年正月刊登印光多篇文章。(張黎敏著《文化傳播與文學生長(1918—1923)〈時事新報·學燈〉研究》,中國財政經濟出版社二〇一四年四月版,第58頁)

中華民國八年己未(一九一九) 三十七歲

一月,爲丁乃剛要求加薪事致張元濟函,張元濟函商于鮑咸昌,商定由印刷所爲丁乃剛每月增加十元,年終由總公司再暗加百元,以安其心。(《張元濟日記》,第688至689頁)按:丁乃剛,本名儒爲,歷任上海中華書局、商務印書館、北京京華印書局等技師,國立北平大學藝術學院教授。

三月十五日,黄慶瀾致函譜主,擬請諦閑法師赴甌講經,因知譜主與諦閑相熟,希望譜主促成此事。(《甌海觀政録》卷三,民政類五,第四頁)

三月中旬,温州旅滬同鄉會擬興建温州公所,在康衢路購地十餘畝,連同建築費用約五萬元。同鄉會分組籌募,與徐寄廎負責第二組。(《申報》三月十九日,十一版)

三月,黄慶瀾來函,認爲宗教可以彌補法律之短處,凡法律教育所不能及之處,唯有宗教可以補其弊而救其偏。(《甌海觀政録》卷三,民政類五,第一至四頁)

五月二日,主持温州旅滬同鄉會幹事會議,就籌建温州會館事,彙報前日在京與留京同鄉商辦經過,均表示贊助之意。吕文起在京認捐千元,並多方勸募。黄群認捐六百元,譜主與章味三、姜桐軒、林佐新、林立夫、任琴甫、吴璧華、蔣季哲各二百元,王致同、陳竟生各五十元,張文伯三十元,其餘同鄉均允陸續認捐。(《申報》五月三日,十一版)

五月四日,五四運動爆發。十六日,《時事新報》在頭版刊登啟事"敝報自五月十四日起,不收日商廣告及日本船期、匯市、商情等,特此通告。"又於十九日刊登一則"本報敬告專售國貨商人啟事",聲稱"本報爲優待銷售國貨諸商起見,如有國貨足以抵制日貨者來登廣告,無論封面後幅,特别廉價。"(《文

化傳播與文學生長:(1918—1923)〈時事新報·學燈〉研究》,第 51 頁)

五月廿七日,黄慶瀾復函,提及:"三函兩電致諦閑法師,並由周孟由前往相請,甚至下跪,諦閑均未爲所動,此事亦不再提議。"(《甌海觀政録》卷三,民政類五,第五頁)

十月七日,受聘爲甌海育嬰堂名譽董事,同時應聘者包括吕文起、吴璧華、潘鑒宗、黄溯初等。(《甌海觀政録》卷七,專案類四,四七頁)

十月十六日,因《時事新報》於同年九月十五日轉載《民國日報》之《徐世昌是私生子》一文,與張東蓀被當局在法租界公廨起訴,後因憲法規定國會議員必須要通過國會,不得隨意控告,此事得以平息。(《申報》十月三十一日,十一版)按:《徐世昌是私生子》意爲徐世昌當選總統,不合手續,以私生子喻之。

十月廿八日,印光第二次赴揚州刻經,返普陀山途徑上海,從譜主處悉知徐蔚如近況,贈《感應彙編》一部。(中國廬山東林寺净土宗研究學會編《增廣印光法師文鈔》,廬山東林寺二〇一八年版,上册,卷二第 192 頁)

十月下旬,甌商榮泰帆船在銅沙洋面被海盜劫持並被擄去船員兩人。與徐寄廎、林楚雄代表温州旅滬同鄉會致電浙江省長齊耀珊及寧波水警廳督促緝捕。(《申報》十月廿八日,第十一版)

十一月二十日,符璋(聘之)來訪,汪惺時(晨笙)亦在。譜主言丁福保編《因果啟信録》和印光校本《揀魔辨異録》《安士全書》均刻於揚州。(《符璋日記》中册,第 736 頁)

十一月廿八日,訪符璋,未遇。(《符璋日記》中册,第 738 頁)

十一月,周孟由來函。

符璋日記九月廿一日(十一月十三日):"師導致張雲雷函,内有常師及幼希、味農兩居士。"(温州市圖書館編,陳光熙點校《符璋日記》中華書局二〇一八年二月版,中册,第 736 頁)按:師導係周孟由法號。

十一月,印光致徐蔚如居士函,勸他和譜主將戒煙(鴉片)神方在報紙上宣傳。函中説:"竊念閣下及雲雷,悉皆有心利人。宜將此方長年上報,俾舉世皆知,則功德無量矣。已與雲雷談過,當出半分報費,此費當覓三五有心世道之人均認,則事在必行。于報館,於自己,皆無妨礙。倘愈戒者,即可頓離此苦,亦救國救民之一端也。"(《增廣印光法師文鈔》上册卷二,第 194 至 195 頁)

十二月二日，贈符璋《安士全書》《感應篇彙編》。（《符璋日記》中册，第738頁）

十二月七日，宴請佛學諸友。

符璋日記十月十六日（十二月七日）："張雲雷招飲禪悦齋，與三五佛學家相見，以會務未得抽身。"（《符璋日記》中册，第739頁）

十二月八日，張元濟就《時事新報》刊登廣告事晤譜主、徐寄廎，希彼此互爲照應。（《張元濟日記》，第913頁）

十二月十日，太平洋學社在《時事新報》刊登廣告《學界注意》，對商務印書館尚有使用日貨提出批評。

張元濟日記十二月十日："本日見《時事新報》登有太平洋學社廣告'學界注意'一則。當約同人進行討論，明日先答覆太平洋學社。先告徐寄廎，告以辦法，能暫停固佳，否則不必。"（《張元濟日記》，第915頁）

十二月十一日，張元濟回復太平洋學社信，並告知譜主與徐寄廎。（《張元濟日記》，第916頁）

十二月十七日，符璋來訪，贈以石印彌陀像兩張。

符璋日記十月廿六日（十二月十七日）："詣張雲雷一談，以石印彌陀像兩紙見贈，甚好。"（《符璋日記》中册，第740頁）

十二月廿一日，符璋贈五古一章。（《符璋日記》中册，第741頁）

十二月廿三日，張元濟邀酌，缺席。

張元濟日記十二月廿三日："晚約汪子實、章覲瀛、黄溯初、徐寄廎、曹履冰、王一之、錢新之、李馥孫在一枝香便酌。沈韞石、陳光甫、徐榮光、張雲雷未到。"（《張元濟日記》，第922頁）

中華民國九年庚申（一九二〇）　三十八歲

一月廿九日，劉祝群（燿東）來相晤於時事新報館。贈以《印光法師文鈔》《金剛經會解了義》《安士全書》，並言劉景晨下獄後近況甚慘，其兩弟一死于普濟輪事件，一死於病。幸在監獄中能以讀書自解，惟經濟窘迫，恃舊友接濟。劉祝群以二十金托譜主轉寄金華縣獄與劉景晨。（温州市圖書館編《温州市圖書館藏日記稿鈔本叢刊》，中華書局二〇一七年一月版，第五十册，第二六七六二頁）

二月廿四日，夜訪符璋。（《符璋日記》中册，第749頁）

二月廿六日，邀宴佛學諸友于禪悦齋。

符璋日記正月初七日（二月廿六日）："夜詣三馬路禪悦齋，應張雲雷之招，同座爲嘉興徐蔚如，閩中黄幼希，楚南丁桂樵，黔西姜文舟，常州陸稼軒、顧仲敏，浙江朱赤民諸人，皆講佛學者。未到者南昌梅光羲。"（《符璋日記》中册，第750頁）

三月九日，符璋訪晤譜主。（《符璋日記》中册，第752頁）

四月廿三日，贈符璋《八識規矩頌講義》，並言范古農將於夏曆初八自杭來滬，將在坤範女校講解《八識規矩頌講義》《彌陀要解》。（《符璋日記》中册，第758頁）

四月，上海商務印書館再版《印光法師文鈔》。此版系譜主廣爲徵集，周孟由、朱赤萌、黄幼希將初續兩編合併，按類編次，詳爲校勘。並約請弘一法師、梁啟超和馬一浮等題詞。（徐蔚如《原跋》，載《增廣印光法師文鈔》下册附録，第342頁）

六月廿四日，傅增湘游九華山、黄山歸途過上海，欲遊雁蕩山，譜主偕蔣叔南往客邸相晤。（原載傅增湘著《藏園遊記》，印刷工業出版社一九九五年八月版，第二四一頁，轉引自盧禮陽編校《蔣叔南集》，黄山書社二〇〇九年二月版，第六三二頁）

八月十六日，劉祝群攜家人自江蘇高郵返温，經過上海，晤譜主及張子京、周守良諸人。（《温州市圖書館藏日記稿鈔本叢刊》第五十册，第二六八一〇頁）

九月十二日，在温州旅滬同鄉會會所主持同鄉會職員會，討論召開第三届常年大會及温州會館認捐等事宜。（原載《申報》九月十三日，十一版，轉引自《温州旅滬同鄉會史料》，第566頁）

九月下旬，返温。

劉紹寬日記九月三十日："晚飯後至中校，知張雲雷自滬回，在吴益生家，因往訪。"（《劉紹寬日記》第二册，第679頁）按："中校"指省立第十中學。

十月二日，赴上海大昌煙草公司商議創辦災孩所及接收災孩事宜，與史量才等四十人被推爲議董。（《申報》十月三日，十版）

十一月八日，赴上海斜橋台州公所出席温州旅滬同鄉會第三届常年會議，再次當選爲會長，徐寄廎、林楚雄爲副會長，黄敏之爲基金監、謝俠遜爲文牘主任。（《申報》十一月九日，十一版）

下半年，印光來函，對梁啟超的文采表示讚賞，認爲其宿世慧根不容易，應該努力修行獲得實證。（《增廣印光法師文鈔》上册卷二，第206頁）

中華民國十年辛酉（一九二一）　三十九歲

一月九日，主持温州旅滬同鄉會職員會，推定吕文起等數十人爲名譽會董及籌辦温州平陽賑災事項。平陽辦米代表葉曉泉等商議由譜主、黄子瑜、葉曉泉等與各輪船局接洽，請各輪船局派專輪至蕪湖運米，直放平陽。（原載《申報》一月十一日，十一版，轉引自《温州旅滬同鄉會史料》，第568頁）

一月十一日，與葉曉泉、黄子瑜等至上海招商局商議派商船往蕪湖運米至平陽鼇江賑災事宜。（《申報》一月十二日，十一版）

二月，南京國立暨南學校欲租借上海松社部分房屋辦學。譜主與松社各理事商議，慨允出借，且不收取任何租金。（《申報》三月四日，十版）

三月二十日，南京國立暨南學校商科召開茶話聯誼會，與黄群、徐寄廎、陳叔通、張東蓀等松社在滬理事受邀與會。（《申報》三月廿二日，十版）

四月下旬，與徐寄廎和台州旅滬同鄉會章棂、林丙修等爲台温兩地災區請求催辦工賑，聯名致電浙江督軍盧永祥、省長沈金鑒："台温兩屬，哀鴻嗷嗷，有赤貧無所得食者，有全家服毒自盡者，倒懸待解，命在須臾"，請求催辦工賑。（原載《申報》四月廿五日，十二版，轉引自《温州旅滬同鄉會史料》，第569頁）

五月廿七日，劉紹寬來函。（《劉紹寬日記》第二册，第697頁）

六月二日，浙江省議會推選憲法會議議員，與王正廷、章太炎、褚輔成、張元濟、沈鈞儒、王廷揚、鄭邁、葉亙東、黄群、湯國琛等共五十五人推選爲憲法會議議員，並兼憲法起草委員。（《重修浙江通志稿》標點本，第九册，第5684頁）

六月十五日，浙江省議會召開憲法起草委員談話會，與褚輔成、沈鈞儒、王廷揚等三十九人與會，公推省議長周繼瀠爲臨時主席，報告憲法起草委員會籌備經過情形。大會決定假省議會爲會場，於次日召開會議，爲開始起草憲法之期。在會議上譜主與鄭邁指出制憲固當公開，允許人民旁聽。（《京報》六月二十日）

六月十六日，省議會召開憲法起草委員會成立會議。王正廷當選爲主席。大會討論憲法起草程式，擬定章目，分組起草。議員孫宋卿提起任鳳岡、

張元濟、徐家光等三人辭職事，譜主認爲此事不必多討論，但由大會表决就可。（《京報》六月廿一日）

六月十八日，出席浙江憲法起草委員會二次會議。大會就選舉議員本區有無撤回權，皆以省議會之解散權進行討論，譜主在會上主張廢議長制。（《新社會報》六月廿二日）

六月廿一日，出席憲法起草委員會會議。主席王正廷未到，褚輔成代理主席，會議討論省務院之組構辦法。譜主發言："竊思一省行政，關係一省之治安及人民之利害，不可不詳明研究，以期機構之完善，此種組構似非倉促數語能決定。"（《益世報》六月廿六日）

六月廿四日，出席憲法起草委員會會議。大會討論司法機構之檢察制度，經議會表決多數通過廢止檢察制度。之後討論縣議會及縣長之産生方法，有主張選舉制，有主張委任制。譜主指出："憲法無絶對的剛性，亦無絶對的柔性，有可能之範圍，應有修正之餘地。"（《益世報》六月廿九日）

七月十日，通易信託公司第一次董事會推選黄群任董事長兼總經理，固定資本二百五十萬元，實收資本一百三十六萬元。譜主爲股東之一。（《黄群集》441頁）

七月廿四日，赴上海大東旅社訪胡適。時胡適受張元濟之邀赴滬調研商務印書館編譯所。

胡適日記七月廿四日："近日是星期，來客甚多。有嗣稻弟（四叔介如公之幼子）、雲五先生、寅初、演生、Sokolsky（索克思）、宋春舫、張雲雷、夢旦先生與江伯訓先生等。"（曹伯言整理《胡適日記全編》，安徽教育出版社二〇〇一年十月版，第三册，第396頁）

八月，辭去憲法會議議員之職。（《益世報》八月十四日）按：祝紹箕、張仲湘、張烈三人辭職，遞補者爲項岱年、阮愷、蔡信芳。

九月廿六日，逗留温州，晤劉祝群。

疚廎日記九月廿六日："今午次兒趁海晏輪船去滬，予送至船上，晤王志澄、張雲雷。"（《温州市圖書館藏日記稿鈔本叢刊》第五十册，第二六八八一頁）

十月，偕尤惜陰、丁福保等與印光法師商議，希望印光出面提倡排印縮小版《安士全書》，面向全國流通。

十一月一日，江蘇省教育會、中華職業教育社、寰球中國學生會、華僑聯合會、暨南商科等九團體在上海大東旅社歡迎爪哇泗水商業鉅子李雙輝、泗水中華總商會副會長周幼梅到滬訪問，應邀與會。(《申報》十一月二日，十四版)

中華民國十一年壬戌(一九二二)　四十歲

二月一日，主持召開温州旅滬同鄉會臨時幹事會，會議議程：(一)基金監黄廷英報告建築温州會館款項收支情況。(二)京滬温杭尚有捐定未收會款及未捐會款，推數人擔任其事。(三)温州公學校長謝俠遜報告公學籌辦情況。(四)定夏曆正月十五召開興建温州會館籌備會，由林炎夫、曹序廎、鄭守謙、林鴻泉主持其事。(《申報》二月二日，十五版)

二月廿六日，出席通易信託公司股東會。黄群作報告，述自去年七月開辦以來之經過情形。隨後董事蔣季哲、范季美因事務繁忙辭職，繼而投票，譜主與陳叔通當選爲董事。(《申報》二月廿七日，十五版)

六月，黎元洪復任大總統。受聘爲總統府顧問，特授二等大綬嘉禾章。(張溥《憶我父親二三事》，載《張雲雷詩文集》，第197頁)按：本年黎元洪題贈"參議國政"四字。

夏，《時事新報》因在倒袁時期受袁世凱壓制，不能行銷租界以外，財政上面臨著巨大困難，月虧兩萬餘元，幸賴黄群、張嘉璈等人鼎力贊助得以維持，不得已裁員，以求開源節流。張東蓀致梁啟超書："報館經費已得亮儕報告，僅餘三月之糧，唯此時即閉門亦萬無此辦法。日前與溯初、雲雷、放園會商，先行節流，已大裁員，即蓀亦捐所入之一部分，於是每月省去五百元光景，尚不足兩千，或可支援至年底，亦未可知。"(丁文江、趙豐田編《梁啟超年譜長編》，上海人民出版社二〇〇九年四月版，第618頁)

九月廿五日，母王氏病故。

下半年，在京患傷寒症，德國醫生診治無效，陳漢第(仲恕)代爲前往上海請印光法師"圓光"。病癒後離京居滬，皈依佛教，拜印光法師爲師，法名師宏，修持净土宗。與名僧弘一、諦閑等時有交往。

冬，辭時事新報館經理職務。返里與胡奉塵、胡益三、胡定籛(壽彭)、吴菊逸(莉賓)等籌創净土堂(居士林)于虹橋。净土堂初創時胡奉塵、胡益三各捐田五畝作爲林址，吴菊逸捐銀一千元，譜主捐三百元，其他慈善籌募約三千元。(高益登編注《高誼集》，綫裝書局二〇一三年七月版，第231頁)

是年，洪叔翰母邱太夫人逝世，作挽聯："享壽越八旬，生平福慧兼修，深喜六塵咸解脱；同堂慶四世，親見桂蘭挺秀，何妨一笑到婆娑。"（《洪母邱太夫人挽聯録》，民國十一年）

是年，在北京出資刊印《文殊師利佛刹功德莊嚴經》。

夏承燾日記一九四二年七月卅一日："閲《文殊師利佛刹功德莊嚴經》。此本中土失傳千餘年，近新得自《麗藏》者。民國十一年雲雷先生刊于北京。"

中華民國十二年癸亥（一九二三）　四十一歲

一月一日，温州旅滬同鄉會在小南門救火會舉行第四届常年大會，黄群當選爲會長，林炎夫、孟小鶴爲副會長。（原載《申報》一月三日，十六版，轉引自《温州旅滬同鄉會史料》，第577頁）

一月十日，温州旅滬同鄉會假座上海大東酒店，歡迎新會長黄群。謝俠遜代表幹事會致歡迎詞，正副會長致答詞。會上公推譜主與徐寄廎、吕文起、林楚雄爲會董。（《申報》一月十二日，十五版）按：譜主已歸里，未出席本次會議。

二月三日，周孟由告知符璋，譜主已返鄉。（《符璋日記》中册，第830頁）

七月廿九日，東南大學生物系教授秉農山、王希成等雁蕩山採集，道經虹橋會晤譜主。告之赴雁蕩山行程，並寫介紹函數通。晚秉農山、王希成等持介紹函至雁蕩環山訪徐緝旨，遂宿。（王希成《浙江沿海採集動物旅行記》，《晨報》，一九二三年十二月廿七日副刊）按：徐緝旨，雁蕩環山人，民國初曾任永嘉警察所所長，一九三四年被聘爲雁蕩山名勝建設委員會委員。

八月，以董事身份列名《甌海醫院募捐公啟》，介紹建院緣起與募捐計畫。按：該院係吴璧華、楊玉生、黄群、潘鑒宗等發起，民國八年建於温州古爐巷。吴璧華爲董事長，楊玉生出任院長。（《黄群集》，第143至144頁）

同月，贈《文殊師利佛刹莊嚴經》與劉紹寬。劉當即復函。

劉紹寬日記八月九日："張雲雷寄贈《文殊師利佛刹莊嚴經》一本，其所施刻者。爲莊誦一遍，什藏之。復張雲雷信。"（《劉紹寬日記》第二册，第752頁）

九月廿四日，符璋來函。（《符璋日記》中册，第864頁）

九月，虹橋净土堂落成，請印光撰《樂清虹橋净土堂序》。（《申報》十月二十日，八版）

是年,上海華商證券交易所會計汪惺時,因發生金融風潮導致交易所停業而彷徨,黄群勸其返温創辦一所温州人自己的銀行。譜主參與會商,贊成此議。隨後汪惺時、翁來科、譜主等人在温州發起籌辦甌海實業銀行,黄群、汪惺時、吕文起三人認股、募股各五千元;林俊卿、張子樂認股五千元;張益平、張惠卿各認股二千元;戴綬先認股五千、募股三千元;譜主認股一千元;其他同鄉自願認股達二萬元;不足之數由汪惺時赴樂清、瑞安等地招募。(汪惺時《甌海實業銀行簡史》,載温州市政協文史委員會編《温州文史資料》第六輯,一九九〇年十一月版,第163頁)

中華民國十三年甲子(一九二四) 四十二歲

上半年,温州甌海實業銀行五萬元籌股到位,嗣即組織董事會,與黄群、徐寄廎、汪晨笙、周守良、吕文起、王家駒、張子樂、林俊卿等被推選爲董事,黄群爲董事長。(汪惺時《甌海實業銀行簡史》,載《温州文史資料》第六輯,第163頁)

中華民國十四年乙丑(一九二五) 四十三歲

是年,與夫人師湯出資在匯頭村籌建女衆修持蓮社,佛殿三間兩偏,有女居士三人在社清修,屬净土宗,印光爲之題名"横超"。印光在《横超蓮社緣起序》中説"師宏居士之妻師湯,欲與閨閣英賢常時修持净業,以期同於現生,出此火宅。遂於附近建一蓮社,半由自捐,半由人助。其工既成,問名於光,因題之曰横超。"(《增廣印光法師文鈔》下册,第146頁)

中華民國十五年丙寅(一九二六) 四十四歲

八月一日,唐慶詒、馬公愚游雁蕩山畢,過虹橋居士林略談。(唐慶詒著《漫遊記》,人文印書館一九三五年版)

八月二十日,勢至菩薩聖誕日(夏曆七月十三日),邀諦閑法師來居士林開示法語。(《净業月刊》第七期,民國十五年,第一至七頁)

八月廿二日,僧自恣日(夏曆七月十五日),邀諦閑法師、方遠凡居士出席盂蘭盆勝會,並請諦閑法師開壇講經。(《大雲佛學社月刊》七十三期,民國十五年,第二六至三〇頁)

孟冬,請馬公愚題"横超蓮社"匾額。

中華民國十六年丁卯(一九二七) 四十五歲

三月廿二日,致黄慶瀾函,言居士林規模尚可觀,惜無充分經費,未能佈置精雅,希代向馮煦(夢華)、王震(一亭)、程德全(雪樓)代爲集聯。(《净業月刊》十七期,民國十六年,第六五至六六頁)

十二月三十日,温州旅滬同鄉會在滬改選,郭嗽霞當選爲會長,周守良、林炎夫爲副會長,謝俠遜爲基金監,黄群爲名譽會長,譜主與徐寄廎、潘鑒宗、楊雨農等三十三人爲名譽董事。(《申報》一九二八年一月一日,十六版)

是年,國民革命軍籌建十九軍,被聘爲參議。(王夢痕、張溥《張雲雷先生行略》,載《樂清文史資料》第九輯,第7頁)

約是年,介紹胡開明(志彪)三哥胡志龍(啟浩)至上海中華職業學校學習。(賈文平著《真理與命運——胡開明傳略》,人民出版社一九九五年七月版,第18頁)

中華民國十七年戊辰(一九二八) 四十六歲

三月四日,通易信託公司召開第七届股東常會,同郭虞裳、蔣抑之三人當選爲監察人。黄群、周守良、徐寄廎、張屏青、劉放園、籍忠寅、劉壬三當選爲董事。(《申報》三月五日,十五版)

秋,撰《從嫂張林氏傳》,略稱:"張林氏乃余從弟修文之婦,七八歲即失怙恃,依祖父撫育成人,年十八歸修文。上事翁姑頗能盡職,相夫有道,鄉里稱賢……自古婦女之傳世者,固多苦節,行之爲閨閫懿範也,余謂林氏近之。"(《張雲雷詩文集》,第142至143頁)

十二月六日,樂清縣佛教會成立,並向浙江省佛教會呈報章程備案。譜主、胡奉塵、成圓、經明、澹雲被推選爲常務委員。(《浙江全省佛教會月刊》,一九二九年第一期,第三七至三九頁)

是年,柳亞子函詢與蘇曼殊之交誼。譜主復函:"雖不同校,往來親切,曼殊往往來烈校,同榻臥讀,所談之事,無非身世之感。"(《南社叢刻》第十六集,第五六頁)

中華民國十八年己巳(一九二九) 四十七歲

八月,在居士林創辦樂清縣私立虹橋救濟院,任院長,胡奉塵爲副院長。

下設安老、育幼、施醫三所，收養老人七十二名，孤兒十名。（《樂清縣民國檔案：調查各救濟院表兩種》，樂清市檔案館，全宗號 223 目録 98 卷號 210）

九月，樂清遭遇特大災荒，風、水、蟲、旱四災併發。廿三日，虹橋民食維持會成立，由譜主和倪藩庭、姚滌泉主辦，籌款萬餘元，向安徽蕪湖糴米賑災。（虹橋鎮人民政府編《虹橋鎮志》，中國國際出版社一九九三年二月版，第 403 頁）

中華民國十九年庚午（一九三〇）　四十八歲

春，以自家存糧賑濟，並函電上海黄慶瀾、聶雲台、虞洽卿、王震等及上海各慈善團體賑濟。上海濟生會出面募得五萬元和五萬斤麵粉，在虹橋等地辦施粥廠賑濟災民。（《虹橋鎮志》，第 16 頁）

五月五日，致電温州旅杭同鄉會，報告大荊"兵變"情況。電曰："温州同鄉會鑒：匪屠大荊、白溪，糜爛全縣，速求省府救援。張烈。微。"

五月六日，温州旅杭同鄉會《復張雲雷蔣叔南二君電》："樂清張雲雷、蔣叔南兄均鑒：電悉。魚辰向省府請願調兵剿撫矣。"（《温州旅杭同鄉會第八屆年刊》，四七頁，轉引自《蔣叔南集》，六六三頁）

温州旅杭同鄉會紀事稱："本會於五月五日接樂清來電，匪陷大荊等處，縣城危急，因即推定代表張毅夫、余鼎三、黄仲荃、周季綸、洪百容、孫公度、林同莊諸君，往省府請願調兵剿辦。時張主席因公在京，由沈秘書長出見，經告以詳情，允即會商保安處就近派兵剿辦。翌日，省府抄示官電二通，報告匪已肅清，逃兵亦分别招撫。"（《温州旅杭同鄉會第八屆年刊》，第四六頁）按，張主席指省政府主席張静江。

九月二日，托吴宰平往平陽邀劉紹寬來居士林講經。

劉紹寬日記九月二日："樂清吴宰平來訪，云張雲雷乞于中秋往虹橋居士林講經十日。"（《劉紹寬日記》第三册，第 1036 頁）

是年，吴菊逸夫人捐田三百畝，銀元二千作爲居士林慈善經費。譜主將居士林殿北右築樓房三楹爲安老所，北左築樓房三楹辦孤兒所。（《高誼集》，第 231 頁）

中華民國二十年辛未（一九三一）　四十九歲

三月二十日，弘一法師致林贊華（耐霜）居士函，寄佛經數册，並托林轉贈

譜主《五戒相經》一册。（林子青編《弘一法師書信》，三聯書店二〇一六年十月版，第 237 頁）

是年，印光法師復譜主書，論當此亂世，種種事務，須以簡約爲第一義。（《印光法師文鈔續編》，第 82 頁）

是年，洪式閭稟承父意，捐自家場地及資金。譜主與王仲超、張綱等亦捐四百八十元，資助樂清醫院建院舍三間。（胡然《創辦樂清醫院碑記》，載陳緯編《樂清歷代碑誌選》，中國民族攝影藝術出版社二〇〇四年六月版，第 491 頁）

中華民國二十二年癸酉（一九三三）　五十一歲

一月二十六日，蔣叔南作《癸酉元旦》，感歎："大地已非吾故土，小民從此不聊生。"隨後譜主、朱鵬、王廷揚紛紛步和。（《蔣叔南集》，第六七二頁）

三月，撰《行列一胡居士壽彭贈序》，略稱："居士名宗瑗，字壽彭，余同修道侶也"，"近二十年任地方事，盡義務，不辭勞怨。治醫學，營藥業，存心濟世，以大丈夫不能爲良相，當爲良醫，其志趣之高潔可知矣。"（《張雲雷詩文集》，第 144 頁）

四月，朱鵬（味温）患病咯血不止。譜主致函勸其念佛，以清業障。朱鵬賦詩答謝。（南航編注《朱鵬集》，綫裝書局二〇〇九年四月版，第 188 頁）

是年，與胡奉塵在居士林中設國學班，招收初中高中未升學青年二十餘人，擔任講席者前後有劉紹寬、高誼等。所授有《左傳》《春秋》《史記》《禮記》《戰國策》《四書》等古籍選篇和諸子百家等著作，爲期兩年。（王夢痕《虹橋居士林辦學簡況》，載《樂清文史資料》第十輯，一九九二年八月版，第 68 頁）

中華民國二十三年甲戌（一九三四）　五十二歲

四月，中華職業教育社負責人黄炎培應浙江建設廳之邀，考察公路，周覽名勝。道經虹橋，譜主前往相晤。

黄炎培日記四月十二日："原定今日遊雁湖，雨不果。赴良園，途遇水，不能遊梯雲谷，過黄金溪，大水冒奇險。至良國蔡履平家。寫件。午後行。五時至虹橋。公安分局長應靖生招待。張雲雷來。"（中國社會科學院近代史研究所整理《黄炎培日記》第四卷，華文出版社二〇〇八年九月版，第 268 頁）

五月十四日，李蓉川持譜主介紹信訪晤劉紹寬。

劉紹寬日記五月十四日："樂清李蓉川，一字心冰，以張雲雷、池仲霖信來，爲將往秣陵，來張羅。"（《劉紹寬日記》第四册，第 1379 頁）

十二月十六日，黄炎培來函。（《黄炎培日記》第五卷，第 5 頁）

中華民國二十四年乙亥（一九三五）　五十三歲

二月廿四日，胡奉塵專程赴平陽邀劉紹寬赴居士林講學，爲期一月。譜主與莊以臨、徐緝旨迎於虹橋車站。（《劉紹寬日記》第四册，第 1483 頁）

三月一日，劉紹寬於譜主處見湯化龍《遊美日記》及李子瑾《文録》兩卷。（《劉紹寬日記》第四册，第 1484 頁）

三月四日，胡然（印心）邀劉紹寬午宴，與胡奉塵、王海侯、胡頌同（伯周）受邀作陪。（《劉紹寬日記》第四册，第 1485 頁）

三月五日，偕劉紹寬、洪魯山赴虹橋女學訪盧霞九，繼赴虹橋劉道法（建甌）家參觀新居。（《劉紹寬日記》第四册，第 1485 頁）

三月十一日，盧霞九邀晚宴，偕劉紹寬、胡奉塵同往。（《劉紹寬日記》第四册，第 1490 頁）

三月十四日，出席葉蘭波三子婚宴。

劉紹寬日記三月十四日："葉蘭波第三子今日結婚，邀晚酌，另用素席，特招余與雲雷、奉群諸君。蘭波女與奉群子夢周，又與雲雷爲中表之親。"（《劉紹寬日記》第四册，第 1490 頁）

三月十七日，子張溥生。洪邦泰作賀詩《賀雲雷五旬得子》："五十生兒未是遲，隨園六十始生兒。故人遠道聞尤喜，英物啼聲試便知。韋氏一經傳有日，曹彬大業見雛時。想當繡佛長齋暇，坐弄寧馨樂不支。"（南航校注《洪邦泰集》，綫裝書局二〇〇九年四月版，第 205 頁）

三月廿五日，居士林"打七"結束，與胡奉塵總結講話。（《劉紹寬日記》第四册，第 1493 頁）按：打七，佛教用語。信佛人在"地藏王"誕生日請僧尼念經七天。

三月廿六日，劉紹寬在居士林"與諸生演講，並示以研究《左傳》之書目"，譜主與胡奉塵、施仲周等亦先後演講。（《劉紹寬日記》第四册，第 1493 頁）

三月廿七日，偕劉紹寬、胡奉塵、施仲周、倪襄臣、萬禮群及胡夢周往雁蕩，遊靈峰、靈岩寺，因雷雨避往屏霞廬稍憩，雨霽往遊龍鼻洞。廿八日，雇轎往觀西石樑瀑布、梅雨潭，至羅漢寺午飯。下午觀大龍湫、能仁寺，晚宿靈岩

寺。廿九日,觀北斗洞伏虎道院及觀音洞,下午返虹橋居士林。(《劉紹寬日記》第四册,第 1493 至 1495 頁)

五月,托劉紹寬代購《甌風雜誌》,劉轉致瑞安陳穆庵。(《劉紹寬日記》第四册,第 1508 頁)

六月,寄居士林講學照片與劉紹寬。

劉紹寬日記六月十九日:"張雲雷寄來居士林講學生徒撮影,正制就鏡架,甚善,當懸之房壁。"(《劉紹寬日記》第四册,第 1522 頁)

八月一日,應盧霞九之囑作《嘯園雪鴻吟》序略稱:"余友盧君霞九,忽忽三十餘霜矣。駒隙韶光,可驚可歎!余少時與胡君奉塵同學,每晉縣,行便道訪霞九,霞九好客喜吟詠,晤時必出。其平日所作詩見示,余雖不善詩,幸喜讀詩,每擊節而忘歸。"(盧霞九著《嘯園雪鴻吟》,温州民智印書局一九三五年版,一葉)

八月,竺摩法師赴居士林訪譜主及胡奉塵、萬禮群諸人,並受邀在居士林講佛教的十法界觀。(《海潮音》第十六卷,第十一期,第十七至廿四頁,民國二十四年)

十二月三日,劉祝群、楊雨農遊雁蕩歸來赴居士林相晤。

疚廎日記十二月三日:"乘人力車至白溪,趁汽車至虹橋,訪張雲雷、胡奉塵。於居士林留午餐,極誠摯可感。"(《温州市圖書館藏日記稿鈔本叢刊》,第五十二册,第二七九三九頁)

十二月廿一日,劉祝群寄贈《石門録》一册。(《温州市圖書館藏日記稿鈔本叢刊》第五十二册,第二七九四四頁)

是年,居士林所屬私立虹橋救濟院中育幼所舉辦文化學習班,施以基礎教育,三年爲一期,共辦五期。第一期教師丁敬庵,第二期萬華朋,第三期胡道芝,第四、五期王夢痕。同時聘請李閬侯、胡壽彭爲義務校醫。此外設有勞動課,種植蔬菜以供自食。(王夢痕《虹橋居士林辦學簡況》,載《樂清文史資料》第十輯,第 68 頁)

中華民國二十五年丙子(一九三六)　五十四歲

一月七日,與胡奉塵寄大洋五元與劉紹寬,囑代爲轉交王惺園(式一),資助其購買《藏經》。(《劉紹寬日記》第四册,第 1588 頁)

二月,致劉祝群函。

疚廎日記二月二十日:"張雲雷書來慰問,復寄並訊高性樸、胡奉塵。"(《温州市圖書館藏日記稿鈔本叢刊》第五十三册,第二七九八四頁)

春,撰《族叔鯤生先生傳》:"士有一邑一鄉之善,有一村一族之善。我族叔鯤生先生,實一村一族之善士也……凡地方之公益事業,無不親助而贊成之,如建築道路,修造祠堂,先生皆力任之,不辭辛勞。見他人口角之争,多方勸喻,爲之排解。村人之受惠于先生者,聞亦不尠焉。"(《張雲雷詩文集》,第141頁)

四月中旬,致劉紹寬函,聞其右目失明,勸静養一月,以念佛念觀音爲清業障。(《劉紹寬日記》第四册,第1620頁)

六月十六日,上海通易信託公司停業。譜主在通易投資三萬,潘鑒宗九萬,俱受影響。

劉紹寬日記九月廿九日:"高公亮來,爲其祖母黄太夫人題主,固辭不得,遂許之,期在九月十二日。聞公亮言,通易倒閉,潘鑒宗九萬,張雲雷三萬,蔣季哲四萬,吴天五亦數千金。"(《劉紹寬日記》第四册,第1683頁)

七月九日,赴温州訪劉紹寬,言甌海實業銀行受通易公司倒閉影響,諸股東擬開股東會商討維持辦法。

劉紹寬日記七月九日:"張雲雷來,以明日温州爲實業銀行開股東會也。實業銀行受通易倒閉之影響,諸股東擬欲維持之,待開會決定。雲雷款爲通易倒閉數萬,頗能自遣,函與潘鑒宗云:'生當亂世,福薄可知,富不足喜,貧亦可樂。'其胸襟如此,可謂難矣,是真學佛有得者。"(《劉紹寬日記》第四册,第1652頁)

當晚,梅冷生、汪惺時招飲於交通銀行。同席者夏承燾、朱鐸民、高覺夫、王心如、張宋廎諸人。

七月十日,出席甌海實業銀行臨時股東會,到會股東五十八人。經各股東議決,決定對通易公司欠款嚴厲催收,甌海實業銀行内部力求節省開支。劉紹寬赴甌海實業銀行晤譜主。(《黄群集》,第175頁;《劉紹寬日記》第四册,第1652頁)

十一月十五日,劉祝群來函。(《温州市圖書館藏日記稿鈔本叢刊》第五十三册,第二八一三四頁)

十二月中旬,劉祝群致譜主函。

疚廎日記十二月廿四日:"寄汪惺時、張雲雷函,並册葉。"(《温州市圖書

館藏日記稿鈔本叢刊》第五十三册，第二八一四八頁）

冬，請高誼來居士林講學，邀撰《樂清居士林記》。（高益登編注《高誼集》，綫裝書局二〇一三年七月版，第231頁）

是年，與馬公愚、李子瑾、林佛性、許蟠雲、楊雨農等四十人爲宣揚雁蕩山旅遊文化倡建"雁社"，擬建社址及籌辦社刊，後因人事變動而未果。馬公愚《雁社緣起》略稱："然名勝建設委員會僅限於管理，至於宣揚雁蕩似力難兼顧，同人有鑑於此，緣有雁社之組織。夫雁社雖爲私人所倡辦，而于社員之招來，文藝之流傳，物産之推廣，宣揚雁蕩之責任，其較建設委員會爲尤重，是則雁社之成立，固不容稍緩者矣。"（《雁社緣起》，現爲樂清卓永藏）

中華民國二十六年丁丑（一九三七） 五十五歲

一月，居士林文化學習班第一期畢業。

劉紹寬日記一月八日："作《居士林同學録序》，即交吴天五轉寄高性樸，以性樸本歲聚徒林中，現將散學，作此録爲紀念也。"（《劉紹寬日記》第四册，第1714頁）

中華民國二十七年戊寅（一九三八） 五十六歲

一月八日，中午周孟由邀宴，與夏承燾等在座。晚劉景晨邀宴，同席者夏承燾、陳伯川等。

夏承燾日記一月八日："午間孟由先生招飲，雲雷諸翁在座。夜劉貞晦翁招飲，雲雷、陳伯川諸翁在座，伯川七十五矣，猶健啖如壯年人，近以三千金修茅竹嶺路，貞晦翁爲之記。"

一月十日，赴温州陳守庸家宴，同席者劉景晨、楊雨農、孫孟晉、夏承燾、吴鷺山。

一月，至温州訪晤劉景晨，並同赴永嘉瞿溪（今屬温州甌海區）訪潘鑒宗。潘鑒宗因賦《丁丑秋避亂歸來雲雷與貞晦來訪》三章，其三言及譜主參議院議員任滿自北京返鄉創辦居士林事："十七年鄉居，閒情得晏如。學期承一貫，志切運三車。雁蕩山光遠，虹橋河潤餘。法堂傳净業，鐘磬時疏疏。"（盧禮陽、楊志華主編《潘鑒宗與温州旅杭同鄉會》，中華書局二〇一七年二月版，第53頁）

同月，劉景晨跋潘鑒宗《丁丑秋避亂歸來雲雷與貞晦來訪》關涉此訪，並回憶譜主參議員任滿回里辦居士林之事："嗚呼！此余亡友潘君鑒宗病中手墨也。去年臘月，樂清張雲雷過郡，余與訪君里第，一飯而回。開歲五閱月，余諧君月數次，曾不知君有此詩。君詩當是今春追賦去臘事。按，第三章乃指壬戌雲雷參議院議員任滿，歸自北京，辦虹橋居士林，倡修净業，故有'十七年鄉居'及'法堂''鐘磬'之語。"（《潘鑒宗先生訃告》，民國廿七年家印本，卷首，轉引自《劉景晨集》卷上，第 83 頁）

二月，夫人倪氏病逝。黄群有答詩云："國破君鰥俱可念，臨風惆悵答高吟。"（《黄群集》，第 270 頁）

中華民國二十八年己卯（一九三九）　五十七歲

一月，鑒於雁蕩真際寺前敗因由，恐住持白波上人一去，繼續者難得其人，會同徐緝旨、張升伯、吴祖群、張子賢、潘耀庭、朱桂秋、葉維民、張玉麟等，與白波上人商議，今後該寺住持選擇佛門賢者繼任，不得任惡劣者把持，再壞寺産，囑盧霞九作《真際寺復興紀念碑》以爲紀念。（盧霞九《真際寺復興紀念碑》，載《樂清歷代碑誌選》，第 495 頁）

春，竺摩法師寄贈《維摩經講話》，譜主有詩贊云："此身入世火栽蓮，萬惡驅人更可憐。離垢能修清净紆，聲聲佛號護心田。"（《覺音》，一九四一年第三十至三十二期合刊，第 66 頁）

五月五日，縣長李乃常在縣府議事廳主持樂清縣立初級中學籌備委員會會議，推選譜主、王亦文、陳濟民、趙詠八、仇約三、蔡履平、臧渭雄、朱鄴川、李覺庵、李乃常等二十三人爲籌備委員。（李芳華《樂清中學創始始末》，載樂清縣政協文史資料委員會編《樂清文史資料》第十輯，一九九二年八月版，第 132 頁）

五月廿五日，出席樂清縣立初級中學籌備委員會第二次會議，審議籌募基金辦法。按全縣六個學區分别推定譜主、陳濟民、鄭哲民、吴性石、蔡履平、仇約三等主持籌募。（李芳華《樂清中學創始始末》，載《樂清文史資料》第十輯，132 頁）

六月六日，出席樂清縣立初級中學籌備委員會第三次會議，會議修正通過縣立初級中學逐年擴充計畫，並决定加聘旅外人士林佛性、張淮南、鄭亦同、朱鐸民、洪式閭、王仲超、王益濤、王俊傑、張臨球、趙競南等二十人爲發起人。（李芳華《樂清中學創始始末》，載《樂清文史資料》第十輯，132 頁）

八月三日，劉祝群寄《劉文成公年譜》于永嘉文華堂書店轉黄式蘇，請其代爲轉贈譜主及高誼。（《疚廎日記》，見《温州市圖書館藏日記稿鈔本叢刊》第五十四册，第二八六三四頁）

八月九日，黄式蘇致劉祝群函，言已取去所寄書籍，並已遵囑代爲轉贈。（《疚廎日記》，見《温州市圖書館藏日記稿鈔本叢刊》第五十四册，第二八六三六頁）

八月廿九日，樂清縣政府向浙江省主席黄紹竑呈報《樂清縣賑濟會全體職員名册》。名册中縣長李乃常爲樂清縣賑濟會主任委員，趙詠八、王敏爲常務委員，譜主與王亦文、周品華等人爲委員。（《樂清縣民國檔案：僞縣賑濟會組織規程》，樂清市檔案館，全宗號 223 目録號 65 案卷號 22）

八月三十一日，在樂清縣政府會議室出席樂清縣賑濟會臨時會議，討論災民調查及賑災事項。（《樂清縣民國檔案：僞縣賑濟會組織規程》，樂清市檔案館，全宗號 223 目録號 65 案卷號 22）

十二月，朱鐸民作《與友人論改革佛教書》發表於一九三九年《海潮音》二十卷第十二期。按：友人即譜主與胡奉塵，此爲朱鐸民致兩人書信。

冬，邱清華、鄭梅欣在柳市宣傳抗日被捕，擬送第八區專員公署處理。聞訊後，即親寫書信派人送往温州設法營救。（《樂清縣志》卷三十八人物，第一章人物傳略張雲雷條，第 1139 頁）

下半年，大夏大學教授傅希悦（復天）訪居士林。作《訪張雲雷胡奉群二居士別後有感》發表於《大夏半月刊》第二十期，第 271 頁。

中華民國二十九年庚辰（一九四〇）　五十八歲

二月，黄群作《次韻雲雷庚辰元旦見寄》："歧路羊亡追幸及，回汀雁落倦堪傷。"對高宗武終於反正一事表示慶幸。（《黄群集》，第 292 頁）

四月廿八日，夏承燾（瞿禪）與吴鷺山（天五）談及譜主與胡奉塵，盛贊兩人猶如村中之白樂天。（《夏承燾集》第六册，浙江古籍出版社、浙江教育出版社一九九七年版，第一九五頁）

中秋，偕胡奉塵、吴鷺山泛舟至虹橋琴山賞月。

疚廎日記十二月廿四日："吴天五寄示《中秋同雲雷奉塵泛舟至琴山待月》一首，並示次饒丈和韻之作。"（《疚廎日記》，《温州市圖書館藏日記稿鈔本叢刊》第五十四册，第二八八九五頁）按：長山，遠觀似琴，故名琴山。

中華民國三十年辛巳(一九四一)　　五十九歲

三月十六日,觀音聖誕日(夏曆二月十九日),偕胡奉塵、盧霞九、倪襄臣、陳湘卿拜謁廬山東林寺。(《覺音》,卅至卅二期合刊,第七一頁)

四月,日軍第一次侵佔温州。待日軍撤出後,永嘉縣政府將勝利光環戴在三十三師師長蕭冀勉頭上。黄式蘇賦詩揶揄:"不戰居然復舊疆,翻教喜極淚沾裳。"蕭冀勉與譜主談及此事。恐連累業師,對其解釋此爲誤傳,原文是"一戰居然復舊疆"。(洪水平著《軼史隨録》,社會科學文獻出版社二〇〇五年十二月版,第174頁)

六月十五日,出席樂清縣政府三十年度第一次行政會議,譜主、鄭紹禮、屠杖橋爲兵役組召集人。(《樂清縣民國檔案:僞樂清縣行政會議議程及提案》,樂清市檔案館,全宗號223目録號3宗卷號275)

上半年,作《追念皈依師印光上人西歸》,刊一九四一年《覺有情》半月刊第四十二、四十三期合刊,第十二至十三頁。

七月下旬,旅居重慶的朱鐸民將籌募賑款二萬元委託浙江省主席黄紹竑匯劃樂清縣政府,並指定匯交譜主及盧霞九、朱桂秋,用於虹橋、蕩垟、湖邊三地建積穀倉儲,以備救荒之用。

七月廿八日,黄紹竑致樂清縣長李乃常電:"李縣長:茲由旅渝浙紳朱鐸民君等,托本府匯劃賑款貳萬元,指定匯交樂清虹橋張雲雷、盧霞九、朱桂秋等,已於本月二十五日照數交由松陽地方銀行匯出,合行電仰轉知松。主席黄紹竑。計。"按:知松,即電轉松陽地方銀行。卅一日,縣政府通知譜主三人前往領取賑款,告知匯款通知書等領取事宜。(朱有發《一封電報記載了朱鏡宙濃濃的家鄉情》,載《樂清文史》第十七期,第241、242頁)

八月六日,朱鐸民致電李乃常,詢賑款接收情況。電文:"李縣長:托黄主席匯賑款貳萬元,由貴府劃撥張雲雷等收,已交否? 復。朱鏡宙。"十三日,李乃常復電朱鐸民,告以已通知譜主等人前往領取賑款。電文:"朱鏡宙:魚電敬悉。賑款已奉撥到縣,並轉知雲雷兄等具領,謹復。李乃常叩。"(朱有發《一封電報記載了朱鏡宙濃濃的家鄉情》,載《樂清文史》第十七期,第242頁)

十二月十七至十九日,出席樂清縣政府三十年度第二次行政會議。譜主爲兵役組召集人。(《樂清縣民國檔案:僞樂清縣行政會議議程及提案》,樂清市檔案館,全宗號223目録號3宗卷號275)

是年,作《元日懷人用鐸民自題維摩室圖韻兼簡鄭樓居士》《讀覺音社壽弘一大師六秩專刊寄懷竺摩法師敬求粲正》，刊《覺音》雜誌第廿四、廿五期合刊，一九四一年，第 66 頁。按，鄭樓居士，指黄溯初。

是年，作《追念皈依師印光上人西歸》《次韻酬陳湘卿先生兼簡耐翁嘯園襄忱》《竺摩法師惠賜維摩經講義感詠誌謝》，刊《覺音》雜誌第三十、三十二期合刊，一九四一年，第 71 頁。

中華民國三十一年壬午(一九四二)　六十歲

五月廿二日，夏承燾與吴鷺山夫婦等人赴居士林觀佛誕日放生，譜主因久病初愈尚未去居士林。

六月一日，致吴鷺山函，言永嘉被日軍炸死三四百人。

六月六日，夏承燾偕吴鷺山赴匯頭村訪譜主。殷勤留飯，座間談往年辦共和黨及與梁啟超、林長民、蘇曼殊諸人交誼事，並示林佛性、石宗素新詩。借夏承燾《維摩詰經講話》。(《夏承燾集》第六册，第三九八頁)

六月八日，轉趙丹秋(汝杓)函與夏承燾。

夏承燾日記六月九日："昨雲雷先生轉來丹秋函，有兩詩贈予與天五。"(《夏承燾集》第六册，第三九九頁)

六月十一日，致吴鷺山並夏承燾函，邀夏曆五月初一赴居士林食素宴。十三日，夏承燾復函，言明日將如約前來，附去二詩，並致趙丹秋詩。十四日，夏承燾、吴鷺山赴居士林相訪，其間譜主示答贈詩，有"何幸今朝逢放翁"句，並言詩中夏姓詩人典故苦覓而不得。(《夏承燾集》第六册，第四〇〇頁)

六月十七日，夏承燾送吴鷺山母安葬。夏夜宿居士林，晤譜主、盧霞九、臧渭英等。十八日，夏承燾往浄宗寺送喪途中同譜主、胡奉塵相談甚契，相約在居士林讀佛經過夏。(《夏承燾集》第六册，第四〇一頁)

六月廿三日，命居士林孤兒送信與夏承燾，言已函約黄式蘇來相晤。因聞其家境甚窘，欲集衆友好稍稍周濟之。三十日，致夏承燾函，勸其緩返永嘉，並附黄式蘇函。(《夏承燾集》第六册，第四〇一頁)

七月十五日，致夏承燾函，言永嘉淪陷已四日，幸無殺戮。

七月二十日，致夏承燾函，言永嘉消息杳然，白象、柳市無日軍，樂清城内拘捕維持會周某，餘皆逸去。

七月廿五日，致夏承燾函，談縣城被日機轟炸後狀況，並言鄭漢侯歿於日機炸彈。

夏承燾日記七月廿五日:"上午復有飛機,並聞炸聲。午後得雲雷先生函,云縣城石馬昨皆被炸,似有據縣城企圖。高姜齋先生家落一彈,友人鄭漢侯在座,立死。雲雷先生作書甚勤,往往間日一書與天五。"

七月廿七日,致夏承燾函,言白象街爲日軍所焚,縣城尚且混亂,並有日軍下鄉擄搶糧食和財物。

八月九日,致吴鷺山函,約吴鷺山、夏承燾於八月十二日來居士林相晤。

八月十二日,吴鷺山、夏承燾應邀赴居士林晤譜主、胡奉塵。夏在譜主處借閲《四書解》《圓覺親聞記》。之後,譜主又帶信于夏,言麗水已陷於日軍,勸其暫緩返温。

八月十九日,致吴鷺山函,邀夏承燾來居士林一談,囑爲居士林撰聯,並附孫澄宇函。次日,夏復函告知即將返温。(《夏承燾集》第六册,第四一二頁)

是年,作《追念恩師印老上人西歸》發表在一九四二年《弘化月刊》第十二期;《印老師尊生西週年誌念》發表在一九四二年《弘化月刊》第十三期。

是年,余獻之(硯如)、仇漣清(超)倡建雁山鳴陽詩社,余獻之爲社長,譜主與莊以臨、蕭仲劼、朱鐸民、趙丹秋等均爲詩社社友。

中華民國三十二年癸未(一九四三)　六十一歲

一月十三日,縣長李乃常在縣府會議室召開樂清縣冬令救濟會籌備會議,陳濟民、李肅遐、朱亦明、金象芬、施坡岑、洪仲候等與會。議決李乃常爲主任委員,聘譜主與吴鷺山、盧霞九等人爲委員。(《樂清新報》十月廿四日,二版)

三月十五日,四都地下黨員萬國康在樟嶴祠堂附近被鄉長翁碧如殺害,家人上訴于樂清縣政府。四個月後,翁碧如依然逍遥於法外,鄉人推選代表赴居士林懇求譜主爲民伸冤。爲此致函第八區專員張寶琛。張即勒令樂清縣長李乃常查辦。半月後,翁碧如歸案,關押於温州監獄。(吴頌球《張雲雷二三事》,載《樂清文史資料》第九輯,第 14 頁)按,温州法院審理此案時,譜主委托律師白文俊出庭爲受害人家屬辯護。

約四月,籌辦黄式蘇七十壽誕,與高誼、劉景晨、徐寄廎等六十五人名列《樂清黄仲荃先生七十壽啟》。(黄夢香等著、張炳勳編注《江夏傳硯集》,第370 頁)

五月六日，六十初度（夏曆生日），黄式蘇作賀詩四章《有懷張雲雷並爲六十壽》。（《黄式蘇集》，第 407 頁）

五月十六日，赴翁垟高園賀黄式蘇七十壽誕。是日賀壽者達三百餘人，船舶塞河，備極一時之盛。（《樂清新報》五月十九日，二版）

中華民國三十三年甲申（一九四四） 六十二歲

春，譜主與林贊華、林佛性、胡奉塵、趙詠八邀縣長李乃常至沐簫寺，在《發起重修沐簫寺啟事》上簽字，並現場募捐。（陳紹魯《尋訪贊華書院》，載《樂清日報》二〇一八年四月廿八日，五版）

四月，胡奉塵納妾，譜主未能勸阻。

夏承燾日記五月三日："接天五信，謂奉塵老近爲買妾殊僕僕，此大可駭怪，雲雷先生亦不能勸阻。何耶？"

八月下旬，致夏承燾函，言日軍飛機在樂清七里港投下一枚炸彈，弄得人心惶惶。

夏承燾日記八月廿七日："飛機過境三五次，念永嘉警報頻仍，母、姊憂慮可想。雲雷先生書來，謂昨日江濱七里地方下一彈，郡城人心惶惶。七里距館頭僅十餘里，予等昨在途中，不致無聞。連日飛機偵察沿海，豈真欲在永樂海濱登陸耶？"

八月三十日，夏承燾偕吴鷺山、仇岳希往石帆匯頭訪譜主。譜主留午飯，談早年戴立夫先生遺事及辦《時事新報》事，並示所藏康有爲、沈寐叟信札及王闓運、朱學勤致羅豹岑手札。（《夏承燾集》第六册，第五六五頁）

九月，温州第三次淪陷，日軍侵佔樂清縣城，黄式蘇攜家避往永嘉。譜主托夏承燾帶信與黄式蘇，邀其來芙蓉以避日寇。（《黄式蘇集》，第 420 頁）

九月十一日，邀夏承燾、吴鷺山往居士林一敘。（《夏承燾集》第六册，第五六六頁）

夏承燾日記九月十一日："雲雷先生在居士林約天五與予往敘，途中與天五聯得數詩。"（《夏承燾集》第六册，第五六六頁）

十月中旬，夏承燾避寇隱於雁蕩靈岩寺，譜主函詢山居近況。夏承燾作《鷓鴣天・張雲雷先生問山居近況》："抛卻西湖有雁山，攜家況得住靈岩。"（《夏承燾集》第六册，第五七四頁）

十一月六日，夏承燾接譜主函，内附《重陽》一詩。作《和雲雷翁九日詩，

兼呈鷺山》:“落手新詩闔復開,平生風義幾宗雷。”(《夏承燾集》第六册,第五七五至五七六頁)

十一月,日軍夜犯虹橋,樂清縣立中學職員瞿守中遭遇日寇於沙河橋,敵刺其胸七處,仍奮力赤手奪刀,斷右食指,沿途大呼敵至,鄉人聞聲避匿。譜主作七絶《慰瞿守中》:“傷心日寇肆横行,彈雨槍林脱此身。一手痛遭兩國難,喜君幸未遇凶兵。”(瞿守中《虎口餘生記》,載《温州文史資料》第二輯,第43頁)

十二月上旬,李子瑾致夏承燾函,詢譜主行蹤。

夏承燾日記十二月六日:“夜下雪子。得子瑾函,問雲雷翁行跡,即復,附去和雲翁九日詩。”

十二月中旬,致夏承燾函,告虹橋陷避亂經過。並言日軍自虹橋退西鄉,運去賦穀及積穀,總計百大船以上,每船可運萬斤以上。

十二月廿三日,夏承燾復譜主函,慰其失財。

夏承燾日記十二月廿三日:“復雲雷翁函,引《維摩經》語,慰其喪財,即交仲劼代發。”(《夏承燾集》第六册,第五八三頁)

中華民國三十四年乙未(一九四五)　六十三歲

春,偕李瑜赴翁垟訪林佛性、洪邦泰。李瑜作《偕張丈雲雷初訪林公佛性並順道往省潛園翁》。(李瑜《李子瑾書法詩文集》,二〇〇一年版,第四一頁)

三月十五日,日軍夜襲虹橋,李覺庵率領水警團與日軍浴血奮戰,最終爲國捐軀。此役雙方死傷慘烈,據傳一名日本軍官經此戰後賦詩感慨:“小少孩童出江關,野戰功成屍如山。愧我無顔見父老,凱歌能有幾人還。”譜主聞訊賦詩揶揄:“無端興衆侵江關,殺我黎民骨滿山。幸有盟軍來掃蕩,倭寇怎得命生還?”(王翔鵬編《張溥先生紀念集》,香港銀河出版社二〇〇八年一月版,第47頁)

三月十九日,夏承燾來函,詢日軍侵犯虹橋情況。下旬,譜主復函,告知虹橋浩劫情況。

四月上旬,樂清成立縣參議會,縣政府奉省民政廳第二二六號通知書,電告譜主爲縣臨時議會議長。譜主未允。十二日,樂清縣政府致電省民政廳廳長阮毅成:“臨時參議會張議長、副議長黄仲荃再堅請辭去議長及議員,請鑒核。”十六日,接阮毅成復電:“樂清陳縣長鑒:電悉。該縣參議會張議長、黄副議長兩先生年高德劭，允式群倫。此次請任樂邑議席，係省方一致推崇，仍仰轉請勉爲其難，打消辭意爲要。"後加批語："已由陸秘書擬函勸駕。"譜主與黄式蘇仍堅辭不受。（《黄式蘇集》，第720頁）按：陳縣長，即陳佑華。

四月廿六日，黄群在重慶病逝，作挽聯兩副。其一："倒帝制，護共和，誼絶古今，一死未酬救國願；謀抗敵，破密約，功在社稷，百愁直待蓋棺休。"其二："照人心膽千秋月；愛我肺肝萬古情。"又賦七絶《至友黄溯初爲國馳驅病逝重慶詩以哭之》三首。（彭曉亮、董婷婷編注《錢新之往來函電集》，上海遠東出版社二〇一五年十二月影印版，第710至712頁）

六月下旬，致夏承燾函，言日寇過虹橋時避居鄰村，幸免於難，示以《歸來吟》數詩。（《夏承燾集》第六册，第六〇六頁）

六月，與趙鶴年等五人合股在虹橋文星街創辦興華書店。因售艾思奇《大衆哲學》等進步書籍被當局查獲，書店於次年十二月被迫關閉。（《虹橋鎮志》，第322頁）

約是年，中共樂清地下黨組織急需一批蠟燭，赴居士林請求相助。譜主暗中籌購蠟燭予以幫助。（樂清新四軍歷史研究會、樂清市中共黨史學會虹橋小組編《紅旗漫捲虹川》，中國文史出版社二〇一五年八月版，第316頁）

中華民國三十五年丙戌（一九四六）　六十四歲

四月十六日，仇岳希持譜主和沈志遠介紹函晤黄炎培，商議民盟事務。（《黄炎培日記》第九卷，第144頁）

四月廿一日，四都鄉村民蔣振民因被嫌疑爲中共地下黨，被拘押在樂清縣獄達八月之久。其父蔣國頌懇求譜主前往營救，譜主即致函樂清縣長孟鑄，爲蔣振民求情保釋。（《樂清縣民國檔案：温嶺、仙居縣政情報告及八區行政公署各種文件》，樂清市檔案館，全宗號223目録98卷號45）

六月，浙江第八區專員張寶琛卸任，譜主贈以聯語，劉祝群對此表示不解。疚廎日記六月廿四日："《甌報》載，專員張寶琛解組，張雲雷贈以聯語云：'辛苦十年，此去得安無事樂；艱難萬狀，將來決定有人知。'張之治甌，聞多秕政；雲雷平生，方正不阿，今乃落此筆墨，令人不解其故。"（《温州市圖書館藏日記稿鈔本叢刊》第五十六册，第二九九四四頁）

九月，與林佛性、洪式閭聯名發起爲黄式蘇籌養老之資。（《黄式蘇集》，第721頁）

十月,天成萬橋籌建壺瓶頸水利工程。與朱鐸民、張臨球等組建虹橋區水利建設委員會,朱鐸民任主任,譜主與張副之。(朱鏡宙著《夢痕記》,樂清朱氏詠莪堂一九七八年六月版,第五一〇頁)

十月二十日,致錢新之函,言永嘉諸友爲黄群開追悼會,因風雨所阻,未能前往悼唁,以盡生死之交,寄聯兩副聊表哀情。並附示近作《老友佛性歸自首都未能走訪先以詩寄之》《佛性來訪傾談竟夕别後感詠》《鐸民歸自渝城深談佛學兼謀水利喜而有感》等三章。(《錢新之往來函電集》影印版,第710至712頁)

十二月一日,朱鐸民撰《答張雲雷先生書》,發表於《弘化月刊》六十六卷第四期。

十二月五日,與朱鐸民、張臨球作爲發包人同萬安、萬維才、萬振德、萬大宗訂立修建萬橋天順陡門及疏通壺瓶頸水利工程。(張朋强編《朱鏡宙先生編年記事》,載《樂清歷史學會會刊》第四期,二〇一七年十月版,第283頁)

是年,在居士林設虹橋佛教救濟院,自任院長。(《樂清縣誌》卷二十七民政,第三章社會福利,第851頁)

中華民國三十六年丁亥(一九四七)　六十五歲

七月廿六日,浙江通志館館長余紹宋(越園)致函樂清縣政府,請求協助調查樂清縣各救濟院、慈善機關的組織、沿革及辦理情況。譜主所辦虹橋私立救濟院亦按要求填表,内容爲:"虹橋私立救濟院創辦於一九二九年八月,經濟收入來源爲衆人所捐助農田田租,其中吴天五捐田三百畝,張雲雷捐十畝,陳典壽捐四畝,陳春欽捐十四畝,倪震雷捐六畝,朱德懷捐九畝六分,胡壽彭捐四畝,趙易周捐三畝。到本年七月止,救濟院共收養老人七十二名,孤兒三十五名。"(《樂清縣民國檔案:調查各救濟院表兩種》,樂清市檔案館,全宗號223目録98卷號210)按:吴鷺山以母親的名義捐田三百畝作爲居士林慈善經費。

八月上旬,林佛性在葉際宣(霽雪)的陪同下爲選行憲國大代表事來匯頭村訪晤譜主。因張臨球亦參選,未明確表態。

夏承燾日記八月十七日關涉此事:"晤林海容樾,亦十師同學,三十年不見,談其兄佛性競選立委事,頗不滿雲雷先生之不相助,謂張臨球等七人'甘肅派'將搏臨樂清一切事。"

八月三十日，致阮毅成函，談及同里畫家施公敏因其女黛青赴杭州求學之便，將百餘件畫作帶杭，擬開個人畫展，希給予相助。（林曉林主編《樂清歷代書翰集萃》，西泠印社二〇一七年十二月版，第六二頁）

九月一日，向樂清縣政府呈報樂清縣虹橋私立救濟院本年上半年工作報表，至本年六月止救濟院總開支國幣弍仟叁佰弍拾伍萬元。院所職工六人，其中所長一人、會計一人、教員兩人、工役一人、保姆一人，共收養孤兒三十五人。（《樂清縣民國檔案：奉令浙江省各縣兒童基金籌募辦法》，樂清市檔案館，全宗號223目録4卷號100，育嬰育幼托兒機關工作檢查表）

十月二日，就僧見明在雁蕩蘁園寺被大荊鎮公所警隊强征服役事，致中國佛教會浙江樂清縣支會理事長諦一函，要求轉呈樂清縣政府，儘快釋放見明。函言："查本院萬净霜，係四都鄉樟嶴人，原名顯露，于八歲時父母雙亡，又無兄弟，孤苦伶仃，無人撫育。民國二十五年，由其叔送入本院瞻養，至十六歲出院，投入龍門鄉明慶寺爲僧，法名見明。本年十九歲。上月赴雁蕩蘁園寺應敷佛事，不料九月廿六日被大荊公所警隊拘去充當兵役，其叔父聞悉來院面陳詳情如上，茲聞該見明已於本月一日下午送縣檢驗，請煩貴會轉呈釋放。"次日，樂清縣長陳誠批示："呈悉。該僧見明已準釋放。"（《樂清民國檔案：大荊鎮長蔡謹序强征僧見明服役》，樂清市檔案館，全宗號223目録號85案卷號54）

十月十二日，在《樂清新報》上發表七律《次和林佛性老友還鄉有感韻》。

十月廿一日，致阮毅成函，言商人朱德文爲人所誣，擕子往省城應保安處傳訊，希能給予關照。（《樂清歷代書翰集萃》，第六一頁）

十二月初，因連年收回田地自耕，招耕農怨恨，接恐嚇信，遂往他處暫避。

夏承燾日記十二月六日："晤趙槐，謂樂清三五支隊甚活動，林佛性弟某被綁，臧渭英及雲雷先生皆接恐嚇書，已他避。聞雲翁比年收回田地自耕，以此賈怨於耕農。"

十二月十八日，浙保四團團長陳祖康在虹橋成立綏靖委員會，推譜主爲主任委員，張臨球、應濟舟爲副主任委員。迫於形勢堅辭不得，不得已與樂清地下黨組織聯繫，告知事出無奈，但有行動即差人通知。（《樂清縣民國檔案：樂清縣戡亂建國委員會》，樂清市檔案館，全宗號222目録2卷號1；樂清市新四軍歷史研究會、樂清市中共黨史學會編《紅旗漫捲虹川》，第140頁）

十二月，朱鐸民與譜主、張臨球等負責的開鑿壺瓶頸河道和重建天成陡門工程竣工，虹橋平原水患即平，受益農田十六萬畝，鄉民八萬人。本次工程總耗費虹橋鎮及其轄區天成、望杏、東聯、石帆、五權、淡溪、西聯七鄉三七三〇二工，松木六八〇棵，塊石一二五〇方，板石七五五方，石灰四一〇三籮，人工挖河渠長二一〇米，河面拓寬二十五米。（朱鏡宙著《夢痕記》，第五一〇至五一一頁）

冬，國軍火燒澤基，抓捕村民周鶴秋、李閬侯。譜主獲悉，親往虹橋駐軍旅部交涉，始得具保釋放。此次受災人數甚多，又暗中捐助稻穀三千斤，並從救濟院再撥稻穀一萬二千斤，棉胎五十條，派人送往澤基村。（《樂清縣志》卷三十八人物傳略，第一章近現代人物，第 1139 頁）

中華民國三十七年戊子（一九四八） 六十六歲

一月六日，黄式蘇逝世。撰挽聯："五十年師弟因緣，愈老情愈深，戰後相逢親一面；八九載詩文往返，多愁還多病，訃來垂淚灑千行。"（原載《樂清新報》，轉引自《黄式蘇集》，第 679 頁）

二月廿七日，以患病爲由函辭綏靖委員會主任委員一職，張臨球也以外出工作爲由請辭副主任委員職務。（《樂清縣民國檔案：樂清縣戡亂建國委員會》，樂清市檔案館，全宗號 222 目録 2 卷號 1）

二月下旬，托余紹宋代轉劉祝群函，談黄式蘇及劉贊文過世事，並録示挽黄式蘇、劉贊文詩聯。（《温州市圖書館藏日記稿鈔本叢刊》第五十七册，第三〇一九七頁）

三月四日，劉祝群復函。（《温州市圖書館藏日記稿鈔本叢刊》第五十七册，第三〇一九八頁）

三月十九日，致劉祝群函，示以近來詩作及挽劉紹寬聯（《温州市圖書館藏日記稿鈔本叢刊》第五十七册，第三〇二〇五頁）。按：劉紹寬病逝於一九四二年四月廿六日。

三月二十日，劉祝群復函，附贈《韓湘岩年譜》一册。（《温州市圖書館藏日記稿鈔本叢刊》第五十七册，第三〇二〇六頁）

四月，致劉祝群函，並轉高誼函。

疚廎日記四月廿六日："由家中轉到張雲雷附高薏叟書，情意殷拳可感也。"（《温州市圖書館藏日記稿鈔本叢刊》第五十七册，第三〇二二〇頁）

四月廿七日，劉祝群復高誼函托譜主轉交。《疚廎日記》四月廿七日："復

薏園書，由雲雷轉。”（《温州市圖書館藏日記稿鈔本叢刊》第五十七册，第三〇二二〇頁）

十二月一日，翁碧如率虹橋聯防大隊至匯頭村，从譜主和張樂山家中搶走糧食五十餘石。（中共樂清市委黨史研究室編《樂清革命歷史文獻選編》，中共黨史出版社一九九五年五月版，第301頁）

中華民國三十八年己丑(一九四九)　六十七歲

四月二十日，在吴鷺山相導下，與胡奉塵晤劉祝群。廿一日，與吴鷺山、胡奉塵、劉祝群訪徐堇侯。（《温州市圖書館藏日記稿鈔本叢刊》第五十七册，第三〇四一六頁）

五月六日，與胡奉塵返樂。

疚廎日記五月八日："雲雷、奉塵前日歸去。"（《温州市圖書館藏日記稿鈔本叢刊》第五十七册，第三〇四二四至三〇四二五頁）按，五月十日樂清縣城解放。

七月十二日，劉祝群來函，告以《括蒼叢書》相贈。（《温州市圖書館藏日記稿鈔本叢刊》第五十七册，第三〇四四七頁）

七月廿七日，劉祝群囑託吴鷺山轉贈《括蒼叢書》第二集。

疚廎日記七月廿七日："晨出詣天五，贈以《叢書》，又以二部囑其轉寄張雲雷、夏瞿禪。"（《温州圖書館藏日記稿鈔本叢刊》第五十七册，第三〇四五二頁）

八月上旬，復劉祝群函。

疚廎日記八月十五日："張雲雷書來，謝寄贈《括蒼叢書》第二集。"（《温州圖書館藏日記稿鈔本叢刊》第五十七册，第三〇四五八頁）

八月，解放軍某師過境樂清，在虹橋各鄉鎮籌集軍糧。石帆鄉長張岩奶在鄉政府召集當地富户召開借糧會議。譜主在會議上第一個表示支持："愛軍就是愛國，當今青黄不接，窮家無糧，只有在座的我們還有糧食，應當做到，將如數送上軍糧。"（張岩奶著《石溪樵歌續集》，二〇一五年十月自印本，第93頁）

一九五〇年庚寅　六十八歲

二月，致劉祝群函，示《次馬菊眉八一重游泮水元韻》二首。（《温州市圖

書館藏日記稿鈔本叢刊》第五十七册,第三〇五五八頁)

三月一日,劉祝群復函。(《温州市圖書館藏日記稿鈔本叢刊》第五十七册,第三〇五五九頁)

三月初,致劉祝群函,提醒其永嘉舊税未完,並附中央政府改善農業税收之政策文告。十七日,劉祝群復函,告以完税。(《温州市圖書館藏日記稿鈔本叢刊》第五十七册,第三〇五六七頁)

三月,朱鐸民捐贈給樂清縣立初級中學的十數箱藏書字畫暫存於居士林。與莊以臨相商,將朱藏書和字畫整理編目妥善保存,後由政府移存於虹橋鎮工商聯,土改時大部分被毁。(《哀藏書並追悼樂清國立中學故校長趙鶴年》,見《張雲雷詩文集》,第 84 頁)

十月十六日至二十日,作爲開明人士出席樂清縣第一届二次各界人民代表會議,當選爲常務委員會副主席。(《樂清縣志》卷二十四縣政,第二章人民代表大會,第 767 頁)

一九五一年辛卯　六十九歲

一月,開始推行土地改革,田地收歸公有,實行計口授田。大宅亦住進多户人家,譜主分得西首一個正間加一個"居頭"。(《又次敬鄉樓感事韻苦吟》,見《張雲雷詩文集》,第 102 頁)

三四月間,被扣押,爲期達六個月之久,險被當局鎮壓。

陳叔通致電中共浙江省委書記譚啟龍:"張君雲雷,吾老友也,平生無惡,力保。"(許宗斌《張雲雷先生》,載《張雲雷詩文集》,第 174 頁)

時察哈爾省委常委胡開明回鄉時聞訊,向有關部門解釋譜主曾爲中共做過有益工作,是一位開明民主人士。縣政府採納了胡開明的意見,因此得以恢復自由,其成分重劃爲開明地主。(馬波《胡開明土改反"左"記》,載《炎黄春秋》二〇一六年第七期,第 68 頁)

五月廿六日,夏承燾日記提及譜主:"午後散步孤山,閲展覽會,商場遇吴百亨及樂清錢叔泉,知鳳産翁確已歸道山,雲雷翁被縶亦已兩月,今年七十二矣。"

下半年,子張溥從縣立初級中學畢業,得摯友徐寄廎資助,轉入温州師範短師班就學。《寄城北老人志感》小序云:"去年溥兒畢業縣中,無力上進,兄寄助學費,得再進温師速成班。"(《張雲雷詩文集》,第 51 頁)

是年，楊雨農故，撰挽聯："愛護親朋，歡喜交遊，平生辛苦有心，太息塵勞到白首；經營電業，主持救濟，垂老殷勤動力，竟將性命謝蒼天。"（《張雲雷詩文集》，第108頁）

一九五二年壬辰　七十歲

二月十七日，作《溥兒壬辰臘月廿六日歸省新正四日返校爲詩勉之》。

春，囑張溥寄照片與徐寄廎子天賜，藉此續訂譜交，賦詩《寄城北老人志感》（四首）記之："余兒學業仗兄成，續訂譜交願更宏。爲寄今朝新照片，轉貽令子好題名。"（《張雲雷詩文集》，第51頁）

五月十五日，作《次和宋人劉獻詠孔聖在陳絶糧韻》。（《張雲雷詩文集》，第60頁）

七月廿四日，作《偶感貽室人》。（《張雲雷詩文集》，第71頁）

七月下旬，聞居士林被轉用於辦樂清製革廠，作《哀居士林》略云："今忽來慘報，驟改屠殺場。大殿置皮桶，聞之痛斷腸。滿林豬牛皮，一見淚盈眶。我生歎不辰，只得心自傷。"（《張雲雷詩文集》，第97頁）

秋，劉放園寄贈黄群遺著《敬鄉樓詩》。因作《壬辰秋老友劉放園寄敬鄉樓詩志感》《壬辰秋追悼溯初並懷寄廎放園兩友》《感詞兼呈寄廎放園兩老友》。（《張雲雷詩文集》，第88至92頁）

十二月廿三日，作《追悼亡友黄溯初去世八周年即次其吊湘友周印昆韻》。（《張雲雷詩文集》，第47頁）

一九五三年癸巳　七十一歲

二月中旬（春節），西洙妹丈李礎群夫婦攜自製香糕來賀年。譜主賦詩兩章，其一曰："自製香糕賀我年，老來兄妹更相憐。韶華駒隙人俱老，轉眼春光似逝川。"（《張雲雷詩文集》，第41頁）

二月廿八日（元宵），莊以臨寄示新年賀詩。和作《癸巳元宵八五雁叟莊松丈寄示新年一律屬和次韻奉酬敬祈教正》。（《張雲雷詩文集》，第40頁）

六月，作《次游主編元韻》《祝中國佛教協會成立次和京滬諸大德韻》。（《張雲雷詩文集》，第104頁）按游主編，即《弘化月刊》主編游有維。

夏，讀《史記》，作《癸巳夏初閲〈史記〉秦皇項羽本紀有感》。（《張雲雷詩文集》，第102頁）

八月十七日(夏曆七月初八),夜半颱風驟雨,横超蓮社東牆、南牆爲颱風所毁,無力維持修繕,作《颱風雨有感》結尾歎道:"修理費甚鉅,歎無一文錢。但祝天運轉,拭目俟來年。"(《張雲雷詩文集》,第79至80頁)

八月下旬,作《癸巳農曆七月望後稀齡一叟詠示感詠寄百梅老人教正》。(《張雲雷詩文集》,第55頁)按:百梅老人,即百梅書屋主人陳叔通。

十月十七日,作《癸巳人日感詠》二首。(《張雲雷詩文集》,第61頁)

一九五四年甲午　七十二歲

七月十八日,與余獻之、莊以臨等選定馬尾瀑、船尖峰、眠牛岩、天螺峰、面壁僧、仙拖船、清江旭、斜陽嶺、明珠嶼、金溪橋爲"芙蓉十景"。作《芙蓉十景漫詠次余泠叟原詩並呈粲政》。(《張雲雷詩文集》,第32至33頁)

夏,作《憲法草案頌詞》。(《張雲雷詩文集》,第48頁)

是年,受聘爲浙江省文史研究館館員。(浙江省文史研究館編《浙江省文史研究館三十周年紀念册》,一九八三年版,第35頁)

一九五五年乙未　七十三歲

二月中旬,被推選爲浙江省第一届政協委員(特别邀請人士)。(浙江省政協志編纂委員會編《浙江省政協志》,浙江人民出版社二〇〇七年十一月版,第116頁)

二月廿二日至廿五日,在杭州出席浙江省第一届政協第一次全體會議。(《浙江省政協志》,第116頁)

二月廿二日,下午會後,晤夏承燾。

夏承燾日記二月廿二日:"午後二時重開。湯元炳作浙江政協五年來工作報告。四時半散。晤張雲雷、金嶸軒兩翁,張翁七八年不見,體貌尚未改。午同飯於大華飯店,天五來會。"

二月廿七日,準備返里,夏承燾來晤。譜主談起過去在京時,從林宰平處見其先人林則徐有日記數十册,許多内容涉及下層人士和民間疾苦。夏認爲此日記應儘快出版,即致函浦江清向林庚(林宰平哲嗣)詢林則徐日記出版事。

六月二十日,致浙江文史館副館長宋雲彬函。(《宋雲彬日記》,中華書局二〇一六年十月版,第522頁)

十二月四日，黄炎培來函，索《蔡履平事略》。擬推薦蔡爲省文史研究館館員。（《黄炎培日記》第十三卷，第 148 頁）

十二月上旬，復黄炎培函，附《蔡履平事略》及詩一首。（《黄炎培日記》第十三卷，第 151 頁）

十二月十七日，黄炎培致陳叔通函，附譜主函及《蔡履平事略》。（《黄炎培日記》第十三卷，第 153 頁）

十二月下旬，聞全國政協副主席陳叔通來浙江視察，即赴縣城打聽行蹤。嗣專員公署致電縣政府告知陳叔通因時間原因無法來温。陳叔通返京後即致函譜主，告以過滬時曾訪老友徐寄廎，見其氣色甚佳，生活尚可維持。（《張雲雷詩文集》，第 145 頁）

是年，家境每況愈下，年前純仗上海通易、温州甌海實業銀行兩處股息收入支撑度日。本年則兩處均已收束停業，愈顯困難。（《張雲雷詩文集》，第 146 頁）

一九五六年丙申　七十四歲

一月十四日，致宋雲彬函，告以縣府及鄉村分派本年建設公債事，爲此頗感不安，並言土改時每人分得田地一畝三分，今以農業合作化一律歸公，現以勞動計分養活。（《張雲雷詩文集》，第 145 頁）

二月，致函浙江省政協，反映樂清鄉鎮幹部虚報水稻産量，實際産量與田間定産有差距。並告知去歲鄉鎮勸募公債分配到户，一些農户經濟情況不佳，實在無力多認公債，鄉鎮幹部有採用强迫手段，造成影響不好。（《張雲雷委員來信反映》，樂清市檔案館，電子檔案號 j021-008-000041-000001）

四月四日至七日，出席樂清縣第一届人民代表大會第五次會議。（《樂清縣志》，第 769 頁）

四月廿四日，出席浙江省政協第一届二次全體會議。

十一月廿四日至廿九日，出席樂清縣第二届人民代表大會第一次會議，作書面發言，談糧食統購統銷所存在的問題。（《張雲雷發言稿》，樂清市檔案館，電子檔案號 j021-008-000018-000133）

十二月，致吴鷺山函，言："村幹虚報千斤田，此行爲極爲怪異，百姓户户嗟怨。身爲協商委員，此當反映與黨。"（《夏承燾集》第七册，第五八〇頁）

一九五七年丁酉　七十五歲

五月二日至十五日，在杭州出席省政協第三次全體會議。其間就糧食問題發表書面發言："早稻每畝聞收四百斤，以收到兩百斤以上者較多……加之家家户户肥料早季用盡，全賴一田清水，絶對無法豐收，查詢每畝晚禾，平均收到每畝兩百斤左右。有遠水的稻田，荒種不少，到處都有，但徵購處依村幹部的估産，早晚二季言有八百斤，與事實相差太遠，政府工作人員仍依不正確之産量任意派購。"（周明濤、張國謙主編《虹橋古韻》，二〇一二年十月版，第317頁）

十一月十五日至廿三日，樂清縣第二届人民代表大會第二次會議上提出，譜主在省政協會議上做關於糧食的發言，是"攻擊"合作化和黨的糧食統購統銷政策，給農村形勢"抹黑"，"污蔑"基層幹部，並報請省委批准劃爲右派分子。（《關於摘掉張雲雷右派分子的報告》，樂清市檔案館，電子檔案號j001-013-000028-000198）

一九五八年戊戌　七十六歲

三月二十日，被批准劃爲右派分子，撤銷浙江省政協委員及樂清縣人民代表資格，工資由每月九十五元降爲五十五元。此後，深居簡出，每日誦念佛經一至兩小時，其餘時間大多臥床休息。（《關於張雲雷已劃爲右派分子》，樂清市檔案館，電子檔案號j005-004-000002-000001）

一九六一年辛丑　七十九歲

上半年，致張炳勳函，談早年黄式蘇任樂清中學堂主任教席事。按：此函已佚，據張炳勳先生回憶。

十月，張雲雷口述，陳朱鶴記《温州光復會議前後》，收入全國政協文史資料研究委員會編《辛亥革命回憶録》第八集，中華書局一九六一年十月版，第36頁。

一九六二年壬寅　八十歲

下半年，張炳勳來函，寄示梅冷生《三遊雁蕩》詩抄件。譜主作《讀信有感》："來書細細説朋交，生死無常淚屢拋。爲話當年諸好友，不堪回首話同胞。"（張炳勳《追念張雲雷先生》，載《樂清文史資料》第九輯，第10頁）

一九六五年乙巳 八十三歲

十一月，張雲雷口述，陳朱鶴記《章太炎先生爲孫仲容先生寫祭文》《第一次國會時浙江的選舉》《南社活動回憶》，收入《樂清文史資料》第九輯，一九九一年三月版，第100至102頁。張雲雷口述，陳朱鶴記《辛亥革命以來蔡松坡等倒袁記略》（今藏温州博物館），文末有跋："本件文稿由余記述，請陳朱鶴同志整理留存。老拙張雲雷手題。時年八十三。"收入温州市政協文史資料委員會編《温州文史資料》第七輯，第172至176頁，題目改爲《辛亥革命的回憶》。

一九六六年丙午 八十四歲

五月，譜主回憶口述，陳朱鶴記《黄溯初幫助梁啟超乘船脱險記》，收入全國政協文史資料委員會編《文史資料存稿選編》晚清北洋上卷，中國文史出版社二〇〇二年八月版，第578頁。

五月十六日，"文革"爆發，其間屢受衝擊。

是年，譜主回憶口述，陳朱鶴記《時事新報憶舊》，收入全國政協文史資料委員會編《文史資料存稿選編》文化卷，中國文史出版社二〇〇二年八月版，第117至118頁。

一九六八年戊申 八十六歲

下半年，在虹橋職工學校任教的張炳勳雖與譜主時有書信往來，卻未曾謀面，因慕譜主之名，特請王夢痕陪同前往西聯匯頭拜訪譜主。

約是年，子張溥蒙冤入獄，直至二十世紀八十年代初得以平反昭雪。

一九七二年壬子 九十歲

約是年，幾位孫子在西聯中學上學，任教老師許宗斌往張家家訪，得見譜主，曾談起陳叔通，譜主説："哦，叔通先生，老朋友，很多年未見了，不在世了。"沉吟間不勝惆悵之慨。（許宗斌《張雲雷先生》，載《張雲雷詩文集》，第177頁）按，陳叔通故于一九六六年。

一九七三年癸丑 九十一歲

五月，孫澄宇作《和壽張雲雷世叔九十原韻》。

一九七七年丁巳　九十五歲

二月七日(夏曆丙辰十二月二十日),故於匯頭村家中。

一九七九年

六月二日,中共樂清縣委決定對譜主被劃爲右派分子的問題給予改正,消除影響,恢復政治名譽,並上報温州地委。(《關於給張雲雷先生錯劃爲右派予以改正的通知》,樂清市檔案館,電子檔案號 j001-028-000007-000098)

七月二十日,温州地委批復樂清縣委,認爲譜主被劃爲右派的主要依據不足,同意給予改正,恢復其政治名譽。(《關於給張雲雷先生錯劃爲右派予以改正的通知》,樂清市檔案館,電子檔案號 j001-028-000007-000098)

一九八一年

八月,張雲雷口述,陳朱鶴記《辛亥革命見聞瑣談》,發表於浙江省政協文史資料研究委員會編《浙江辛亥革命回憶録》,浙江人民出版社一九八一年八月版,第 195 至 203 頁,包括"武昌起義浙江首先響應""起義前在南洋的革命活動""党争和陶成章被刺""浙江光復後的幾任都督"四個部分。

一九九一年

三月,《樂清文史資料》第九輯發表一組五篇文章《張雲雷先生行略》(王夢痕、張溥)、《憶張雲雷先生》(王明)、《追念張雲雷先生》(張炳勳)、《張雲雷先生二三事》(吴頌球)、《張雲雷與陶成章》(葉克成)。

一九九八年

二月,《温州市志》卷十三人物傳略,第二章近現代人物收録"張雲雷"。(《温州市志》,第 675 至 676 頁)

二〇〇六年

六月,《樂清縣志》卷三十八人物傳略,第一章近現代人物收録"張雲雷"。(《樂清縣志》,第 1138 頁)

二〇一一年

五月三十一日,張雲雷故居列爲樂清市文物保護點。

二〇一三年

三月,《浙江民國人物大字典》,收録“張雲雷”。(林吕建主編,浙江大學出版社二〇一三年三月版,第275頁)

二〇一六年

夏,王翔鵬、陳友中編《張雲雷詩文集》付印。

二〇一九年七月三日初稿　二〇一九年九月十日改定

宋慈抱年譜

宋　炎撰　林　宁整理

宋慈抱(1895—1958),又作宋慈裦,字墨庵,一字悉甫,號畏壘,别號縠齋,又號匏繫齋,浙江瑞安人。著有《寥天廬詩鈔》《寥天廬詩剩稿》《墨庵駢文甲集》《寥天廬文集》《兩浙著述考》等。

此年譜爲宋慈抱之子宋炎(少文)稿本,未刊。原爲秦翰才舊藏。秦翰才(1895—1968),名之衔,字文元,上海人。年譜收藏家,自署千譜樓主。經他整理、匯集的年譜多達2090種。1982年始,其子女遵照遺願,將家藏年譜及左宗棠資料等悉數捐獻上海圖書館。此稿即爲其中之一。2015年上海圖書館年度館藏文獻精品展"生前身後——上海圖書館藏人物文獻展"曾展出過此件藏品。周德明、吴建偉主編《上海圖書館藏珍本年譜叢刊續編》(國家圖書館出版社二〇一九年三月版)影印本第69册收入本譜。

《宋慈抱年譜》敘

陳　謐

陳謐有友曰宋慈抱墨庵,又自號曰悉甫。謐喜,故以悉甫稱之。悉甫於戊戌六月,以憂傷憔悴卒矣!謐既往哭之,復爲文以表諸墓,又謀録其遺文而刊之,然哀猶未可以已也。

今秋,悉甫之子少文炎,方纂近代改良主義思想家陳先生虬、宋先生恕與

宋慈抱

先叔祖介石先生《思想評傳》三種,以示謐,則皆洋洋大篇,俱數萬言,取材既富,持論平允。顧世所傳東甌三先生者,其行誼、學術思想,而悉在少文撰述之中矣。少文又輯其父年譜竟,亦萬餘言,署曰《宋慈抱年譜》,以子譜父,不諱其名,蓋創例焉。故詳其學術活動,而略家庭瑣事,是可貴也。少文來徵予言,謐作而歎曰:"悉甫有子,好學不倦,能繼其業,悉甫爲不死矣!"

憶歲丁亥,謐卸《玉環縣志》,而有與修國史之命,始客金陵,與如皋冒先生廣生相識,同寓尚書巷之晴宜居,共事鼎園館宇,相距數十武。冒先生年將八十,出入故樂與之居。冒先生者,昔宦吾温有賢聲,嘗在郡齋闢永嘉詩人祠堂,招悉甫輩學文賦詩其間,今所繪《甌隱園讀書圖》也。是時,冒先生與謐恆惜未獲悉甫同館爲戚,每與滄州張公、蒲圻但公言之,皆以額溢辭焉。而悉甫適受編纂《浙江通志》,居武林西湖葛嶺之麓,曰梅廬。時以所作《民國勳賢傳》寄示,若欲登之館刊者,同事諸公咸以非史館同人之作,不得選入擬傳,丹徒柳先生詒徵、彭澤汪先生國垣,持之力,謐與冒先生及民勤馬君騄程,則爭亦力。尋各慕悉甫名,得破例數數刊之。冒先生常與謐語,則稱之不容口,間嘗評其生平造詣,言悉甫則以文藝勝史學,而史學勝經術,故所爲駢散文俱佳,而以駢勝;詩用力最深,而以樂府勝。集中《三國志五代史樂府》,可謂代表作矣。其病特規模稍隘,而詩與文則一也。然學有根柢,樸而不華,方之近日温州學者,殆難其選。冒先生故深知悉甫者,其論如此,謐歸與悉甫言,悉甫笑而不答,亦無忤焉。海内鴻儒宿學,若錢塘吴先生士鑑、太倉唐先生文治、金壇馮先生煦、侯官陳先生衍、餘杭章先生炳麟、海鹽張先生元濟、吴江金先生天翮,與丞甫雖未謀面,而文字締交,皆以經義史事相論難,詩簡書問相酬酢,其傾倒於丞甫者,則故多文章知己也。

初丞甫與謐論文,始不相中,時有齟齬,頗不可解。丞甫曾作《辨瑕論》,以議横陽宋先生者,謐心弗懌,年少氣露,作書妄詆之,故與丞甫尚未相見也。丞甫得之竟不加罪,一夕與晤城北湫漻齋,相語極歡,蓋心折丞甫甚,因與謐善,遊處日密,談文論藝,喜相習也。自是丞甫數贈予文字,謐在籍,每有舉事,亦必請丞甫爲文以張之,二人者,遂成莫逆之交焉。

同社李雁晴笠者,治校讎目録之學,早達有名譽,久尸大學講席,爲丞甫舊友也,而學各有千秋,皆不可以相掩。其後兩君積不相能,學問之争,筆戰無已時,至數十年,雖同里閈,而不相覿也。逮謐出集甌風社,思講前賢永嘉經制遺説,通才於藝,通治於事,不尚功,不墨守,一以革之自學始。顧炎武曰:"國家興亡,匹夫有責。"夫學者,下以成之爲風,上以行之爲政。政者,風之所使然也。故君子下學而上達,此其道歟!謀與鄉彦績學之士,密相砌磋,共挽世風於不敝,苟人心未死,中夏猶可興也。於時,羣材畢至,夙嫌涣然冰釋,咸顯所學,每不相薄,猶記社友第一年會,甲戌陶峰雅集,是爲兩君士相見重温之第一回矣。

瑞安志局之闢也,謐與丞甫同輯《瑞安詩徵》成。適温區遺著會邀編《永嘉詩徵》,綜合六屬各邑之詩爲之。時丞甫分主瑞事,即取此輯爲藍本,於册首加規爲識,選録以上,而《瑞安詩徵》繕本,固自若也。其題僕《四十寫象》詩有云:"難忘同硯詩徵閣,嘉惠鄉邦録副傳",蓋紀實焉。至今志局所刊之《瑞安詩文徵》,日久已雜衆手,則非復昔時面目,丞甫與謐皆不可知矣。丞甫之撰《瑞安人物傳》,間從與之商榷義例,謐意方志人物之纂傳,使人興感慕而取法之,當有"國士"與"鄉賢"之别,而爲"大傳"與"彙傳"之分。國史雖傳"國士",則邑乘宜加備焉,書之必詳必盡,以見其大,稱曰"大傳"。"鄉賢"則仍可仍舊貫,改分其目,爲"學術、事功、文藝、忠烈、孝義、隱逸、貞節、才媛、寓賢、方外"十目,依類列入,書之毋闕毋遺,以見其賅,稱曰"彙傳",亦仿前史雜傳之例也。其次"耆舊""義民",而無事行可紀者,立表則附見之。舊志疏誤旁出,或以一人之身,分列數門;或以流寓外徙,悉爲土著,取舍未嚴,主客不分。高明無弟,而出高誠;鍾珹有父,而遺鍾清。諸如此類,不一而足。丞甫深韙其言，爲之細心校核，别立凡例，正其舛互，訂其異同，累數月之功，而《瑞安人物傳》以成。然今本《志稿》，亦非其舊矣，其他門類，曾經悉甫撰修者甚夥，皆有可觀，要非其學業之大者，不備舉。

悉甫著書凡十數種，率都尚未刊行。如《詩經韓毛異文考》《吕氏春秋補正》《賈誼新書校正》，皆有功經、子之作，然其以《續史通》爲最博，《兩浙著述考》爲最鉅，此學者之公言也。而悉甫之爲文，則謐固所夙好焉。聞之包慎伯論文曰："文之奇宕至韓非，平實至吕覽，斯極天下之能事矣。"竊觀悉甫所作，可語平實至矣，其始則以駢儷入，故其平實之中，而有神韻之文者歟！曩次《甌風文編》，則集悉甫之文爲獨多，謐於悉甫，誠無間然矣。悉甫於朋友中，三十以後，則與謐交爲最篤，平生久要，未嘗以菀枯貳其心，而悉甫有焉。

悉甫已歸道山，既痛逝者，行自悲也。少文盛年劬學，著述斐然，以謐所見，又有《中國通史講稿》《浙江藏書家考略》《晁公武郡齋讀書志疏證》《太平天國革命時期浙南金錢會起義》《鄧茂七葉宗留所領導之閩浙農民戰争》《宋代農民之均産運動》《顧亭林之遊蹤》《宋恕年譜》《薛季宣年譜》《周行己年譜》諸作。環思儔輩，實鮮厥倫。頃歲，少文復喜來過予，風兩寒齋，論文與共，緬想前塵，恍如昨夢，深幸故人有子，而使謐見少文，如見悉甫也。爰舉所聞與知，及譜未詳者，以答少文。書附簡末，得覩斯譜之傳，則悉甫其真不亡也夫！

一九六二年十月八日，瑞安陳謐序於朱明舊宅。

宋慈抱年譜

瑞安宋炎少文

先君姓宋氏，名慈抱，字墨庵，一字悉甫，號畏壘，别號觳齋，又號匏繫齋，浙江瑞安人。

宋氏，自第一世至唐丞相廣平公，始以風節經濟名垂簡册。自是厥後，在宋爲公序、爲子京、爲廷佐，或揚文望於當朝，或著使才於絶域，純懿弘烈，焕乎稱盛。至元延祐間，有益元公者，始遷瑞安小典學，是爲瑞安宋氏之始。（《寥天廬文集》卷三，《宋氏族譜序》）

先曾祖父直甫,曾祖母謝氏。

祖父叔蘭,祖母許氏。

叔蘭爲直甫次子。直甫歿於同治十二年,其時叔蘭年甫十二,同懷兄弟五人,妹一人,家無一壟之植、一瓦之覆。賴母謝氏女紅所入,或借貸外家所得,稍給饘粥。叔蘭年十九,始設紙肆於南門。越三年,又遷居西郊小馬道,仍操故業。(《寥天廬文集》卷三,《先考行略》)

公元一八九五年(光緒二十一年乙未) 一歲

是年陰曆六月二十七日卯時,先君生於西門小馬道故居(《寥天廬詩鈔·自述詩》,刻本。《寥天廬詩剩稿·少時詩》)其時温州先哲孫詒讓仲容四十八歲,陳虬志三四十五歲,黄紹箕仲弢四十二歲,陳黻宸介石三十七歲,宋恕平子三十四歲。

公元一九〇二年(光緒二十八年壬寅) 八歲

是年入塾,從陳煒儀燿君遊。蓋先君少從村夫子遊,絶少心得,從熠君師,始稍知讀書作文,且最好爲史論。(《寥天廬詩剩稿·五十述懷》詩自注)

公元一九〇四年(光緒三十年甲辰) 十歲

少多疾病,十歲後,始稍健康,母許氏護養尤周至。(《寥天廬詩續鈔·爲先妣逝世週年祥祭有作》《寥天廬詩剩稿·五十述懷》)

公元一九〇九年(宣統元年己酉) 十五歲

侍先祖父叔蘭公至邑中葉園看菊,祖父謂之曰:“能以支韻成詩否?”先君爲作一絶云:“秋來霜葉盡辭枝,惟有黄花傲自持。千古知交陶彭澤,來客俗眼判妍媸。”燿君師見之笑曰:“阿育有詩意矣。”阿育者,先君少名也。(《寥天廬詩剩稿·五十述懷》)

公元一九一〇年(宣統二年庚戌) 十六歲

是年以後,始作駢儷文。

公元一九一一年(宣統三年辛亥)　十七歲

是年陰曆八月,武昌起義,辛亥革命勝利,先君以貧授徒平陽,曾成《大漢光復歌》一首。(《寥天廬詩剩稿·五十述懷》)

以家世業賈,無楹書之可讀,是年始稍知購書。(《寥天廬藏書目録序》)

公元一九一二年(民國元年壬子)　十八歲

遊邑中名勝飛雲閣,題詩云:"一觴敬酹吟詩客,甌駱人文久寂寥。誰向北湖尋舊跡,怕聽東海咽寒潮。"爲鄉前輩黄紹第叔頌所激賞。(《寥天廬詩剩稿·五十述懷》詩)

公元一九一三年(民國二年癸丑)　十九歲

是年春,肄業東甌法政學校,與永嘉梅雨清冷生建交。其冬,法校停辦,乃從王子祥師遊。子祥囑其誦讀《文心雕龍》《史通》《文史通義》諸書。(《寥天廬文集》卷三:《贈梅冷生序》《王子祥師墓表》。《墓表》曾載《甌風雜誌》"文苑内篇")

公元一九一四年(民國三年甲寅)　二十歲

是年,仍從王子祥師遊,始讀《清經解》及劉子元《史通》(《寥天廬詩剩稿》:《五十述懷》《歎逝》)

按:王景羲,字子祥,永嘉人,廪貢生。少不願爲帖括之學,獨沈潛經史及算學,多心得。嘗爲孫詒讓校勘《墨子間詁》,以考證所得,札録成書,著《墨商》三卷,尚稱淵博,足爲治墨學者之助焉。見《瑞安縣志·寓賢傳》。

公元一九一五年(民國四年乙卯)　廿一歲

是年,永嘉梅雨清等創《甌海潮》週刊,先君爲撰稿多篇。

與邑人王嶽崧、洪炳文友。先君成《詩學芻言》二十篇,王氏題句云:"卓犖少年早著書,廣平才思孰能如。鑽研風雅多心得,侃侃論詩最起予。"然《芻言》稿,先君悔其少作,早已毁棄,今無存稿。王氏又有《水調歌頭》詞,題《墨庵全稿》後,比之"能嗣四靈絶響,詩派振甌東",蓋傾慕深矣。炳文家有棟園,少年問學者頗多,晨夕唱酬甚樂。先君與薛儲石獨被器重。

按:王嶽崧,字叔高,號筱牧,光緒己丑進士,官安徽潛山、蒙城、霍邱等縣知縣，著有《退思齋詩詞稿》，先君爲作序，事蹟詳《瑞安縣志》卷十九《人物傳》。

炳文，字博卿，號楝園，著有傳奇、套曲、散曲廿一種，皆表章忠義，勵風節之作也。炳文又留心鄉邦文獻，著有《花信樓詩文詞》，見《瑞志·人物傳》。

公元一九一六年（民國五年丙辰）　廿二歲

是年，成《三國志樂府》六十章，寄呈錢塘吴士鑑絅齋。承吴氏贈序，稱其“隸事摛詞，宏肆瑰瑋，識贍而才富，論覈而義踔，頡諸尤洪舒湯諸家，可以方駕而齊驅”，推挹備至。（《寥天廬詩剩稿·五十述懷》）

公元一九一七年（民國六年丁巳）　廿三歲

是年，客如皋冒廣生監督署内甌隱園半載，得朋儔陳祖綬、汪如淵等。汪氏且爲先君作《甌隱園讀書圖》，冒氏且賦《瑞安兩生行》以送之，蓋謂先君與同邑薛鍾斗二人也。

始購《十三經》及浙江書局諸子書，故家有詩文集小種散出者，亦稍稍購置。（《寥天廬藏書目録序》）

作《瑞安孫氏遺書總序》，以駢儷之詞，絜綱領之要，仿孔衆仲《戴氏遺書總序》，俾與東原並傳云。（《總序》見刻本《墨庵駢文甲集》、《華國月刊》及一九四七年浙江《圖書展望》孫仲容先生百岁紀念專號）

公元一九一八年（民國七年戊午）　廿四歲

是年，元配薛孺人來歸。平陽劉紹寬刊印《厚莊文鈔》，先君爲作《文鈔》跋語，有云：“勝國經生，治漢學者惟顧寧人、戴東原爲不偏門户。”紹寬寓書不同意斯語，討論漢宋之學甚詳。（《厚莊詩文續集》卷一、《墨庵舊雨尺牘》）

公元一九一九年（民國八年己未）　廿五歲

以儷體文字，寄示如皋冒廣生，廣生譽謂“霸才無兩”。（《墨庵舊雨尺牘》）

公元一九二〇年（民國九年庚申）　廿六歲

是年，劉祝羣招赴高郵課其子。曾遊文游臺，拓碑而返。先是離温赴高時,永嘉梅雨清曾送之以詩。(《寥天廬詩剩稿·五十述懷》;梅雨清《送別宋二墨庵之高郵》,《甌風雜誌》第一期"文苑")

以所著《三國志樂府》刻本及《詩經韓毛異文考》稿本寄呈金壇馮煦,承答書奬借,並贈以所著《蒿庵類稿續稿》十三册。(《墨庵舊雨尺牘·馮煦來函》)

友人薛儲石(鍾斗)以疾卒於家,春秋二十有九,爲作《薛儲石誄詞》以哀之。儲石與先君同客甌隱園,爲冒廣生監督所禮遇,即冒氏贈詩所云"瑞安兩生"也。(《墨庵駢文甲集·薛儲石誄詞》)

與同邑楊嘉交,甚相得。嘉爲紹廉子,治金石文字目録之學,惜不幸短命死,遺著有《曝書雜記》《艤鄦樓遺稿》。嘉既歿,先君爲作傳,述其生平著述甚詳。(楊嘉《曝書雜記·與劉翰怡京卿書》、杭縣魯堅《曝書隨筆跋》)

作《孫詒讓年譜》,後載《東方雜誌》廿二卷十二號。

公元一九二一年(民國十年辛酉)　廿七歲

子炎生。(《寥天廬詩鈔剩稿·五十述懷》)

自刻《墨庵駢文甲集》二十三篇,吴興劉承幹翰怡爲之序,略稱"作爲文章,尤長駢儷,靈運詞壯,越石氣清,於是擷選樓之英,寫禮堂之本,授之削氏,流布人間,夫豈不宜"。集中《釋誚》《孫氏遺書總序》《擬江文通恨賦》《漢高帝論》諸篇,又承吴士鑑、馮煦、楊晨諸公題詞表揚。(《墨庵駢文甲集》卷首劉承幹序)

著《賈誼新書校正》十卷,蓋仿郭氏(慶藩)、王氏(先謙)《荀子》、孫氏(詒讓)《墨子》體例,訓釋全書,旁取《諸子平議》《札迻》及劉氏(師培)《賈書斠補説》爲之校正。(《賈誼新書校正》自序)

是歲,陰曆七月五日爲先祖父叔蘭、先祖妣許氏六十雙壽。先君徵請吴興劉承幹撰壽言。(家藏劉承幹撰《壽言》)

公元一九二二年(民國十一年壬戌)　廿八歲

是年春,在甌海道道尹林鵾翔處任秘書,同時客胡惟賢甌海關監督署。

是時,林鵾翔設甌社於永嘉東山之謝池,招邦人善填詞者陳閎慧(仲陶)、王理孚(志澂)、梅雨清(冷生)、夏承燾(瞿禪)及先君諸人相與换羽移宫以爲樂。(陳仲陶《詩鈔序》,陳謐輯《甌風文編》)

在郡作《甌海軼聞續編初稿》,刊載於《甌江報》。

與宜黄符璋友,先君有賦《上巳修禊詩》:"新亭且作今朝醉,樂府須填來日難。"璋每嘆爲名句,向人稱頌。(《寥天廬詩剩稿·五十述懷》)

公元一九二三年(民國十二年癸亥)　廿九歲

是年八月,元配薛孺人病歿。時先君客甌海關署,得海鹽張元濟(菊生)書,稱"讀大著二種,樂章得鐵崖之雋,儷製視石笥而遒。汲古也深,植艷在骨。夫惟大雅,豈徒斐然"。(《墨庵舊雨尺牘》)

公元一九二四年(民國十三年甲子)　三十歲

是年,客甌海關署,以孫、盧戰事起回里。(《寥天廬詩剩稿·五十述懷》)

聞鄉先輩王嶽崧卒,賦詩哭之。(《寥天廬詩剩稿·歎逝》)

公元一九二五年(民國十四年乙丑)　三十一歲

時永嘉有慎社雅集,先君與焉。是年以後,著有《玉篇引經考》,錢塘吴士鑑見而囑再爲《廣韻引經考》。武進沈嚴(子肅)方官瑞安,於《玉篇考》亦有識語。(《寥天廬詩剩稿·五十述懷》)

擬作《漢學師承記續編》,於江鄭堂已述者以外援引原文,纂成列傳,即先於鄭堂而鄭堂未詳者,補闕拾遺,以竟鄭堂未竟之志。(《寥天廬筆記》,一九一六年三月十七日《甌海公報·朝霞副刊》)

公元一九二六年(民國十五年丙寅)　三十二歲

是年,著《吕氏春秋補正》三卷,寄刊章太炎主編之《華國雜誌》,未完而《華國》輟刻。後有上海光華大學教授沈延國作書索示完帙,謂得"吕覽注"校本甚多,補正尤所盼望。(《墨庵駢文甲集·吕氏春秋補正序》,《寥天廬詩剩稿·五十述懷》)

宜黄符璋爲序《寥天廬詩鈔》,表揚備至。先君以其言太駭俗,未刻。

公元一九二八年(民國十七年戊辰)　三十四歲

是年,先祖父叔蘭公下世,春秋六十有三。先君爲作《先考行略》,以紀其生平事蹟。

作《時事芻議》二十篇，宜黄符璋見之，謂可追《明夷待訪録》，促付石印以問世。

公元一九二九年（民國十八年己巳） 三十五歲

永嘉黄羣溯初以所刻《敬鄉樓叢書》初集十種見贈，並借鈔《甌海軼聞續編》，以備庋藏。先君檃括“叢書”初集書目，贈以詩二首。（《寥天廬詩續鈔》）

是年，與邑人孫延畛、項葆楨等十餘人，結雲江吟社，迭爲賓主相酬唱。（《寥天廬詩剩稿·五十述懷》；《瑞安文徵》卷五内編五：項驤《孫延畛行狀》）

刻《寥天廬詩鈔》，寄冒廣生。廣生轉示侯官陳衍石遺，衍爲録佳句入《石遺室詩話續編》，且謂七律工整典雅，可方樊雲門、易實甫諸作。（《五十述懷》詩）

太倉唐文治蔚芝以所著《茹經堂文集》《禮記大義》見贈，先君既謝之以詩，並作《禮記大義序》以張之。弟子張揚宋廎既成《仙巖山志》，又作《仙巖飛瀑圖》，囑先君題詩二絶。

公元一九三〇年（民國十九年庚午） 三十六歲

先君於壬戌歲作《甌海軼聞續編》，刊載於《甌江報》，尚係初稿，庚午、辛未間逐漸補正。（《寥天廬詩剩稿·五十述懷》詩、《甌海軼聞續編》自序）

公元一九三一年（民國二十年辛未） 三十七歲

夏五月，王嶽崧之孫，抱嶽崧遺詩《退思齋詩稿》來乞編定目録。先君輒序諸簡端，以誌世事盛衰存亡之感。（《寥天廬文集》卷三：《退思齋詩稿序》）

是年九月十八日，日本侵略軍佔據瀋陽，繼則東北三省淪陷，史稱“九一八”事變。當時國民黨政府，非但不積極抗戰，反頻年發動内戰，悉索敝賦，民生日蹙。先君憂國憂時，爲賦《哀遼東》詩以見志。（《寥天廬詩續鈔·哀遼東詩》）

弟子張揚刊印《仙巖山志》，先君與陳謐各序以行之。

南陵徐乃昌積餘，以刻書名當世，先後以《鄦齋叢書》二十種、《積學齋叢書》二十種、《徐騎省集》、仿宋《玉臺新詠》數帙以贈，先君因作《積學齋叢書序》以贈之。（《寥天廬文集》卷三：《積學齋叢書序》）

公元一九三二年(民國二十一年壬申)　三十八歲

是年春,成《續史通》四十篇,當時狃於劉子元所云"多譏往哲,喜述前非",於馬史班書,每多詆諆。書成,《甌風雜誌》《國學論衡》,爲之刊佈。遼陽金毓黻著《中國史學史》,於此書敘述甚詳,評述雖多指斥,然據金氏自言,不過春秋責備賢者之意。(金毓黻《中國史學史》第八章、一九四七年二月七日金毓黻與陳謐書)

公元一九三三年(民國廿二年癸酉)　三十九歲

春三月,與永嘉夏承燾討論治宋史學,承燾貽書謂《宋史》卷帙浩繁,必須分工爲之,斷非一人所能集事。先君賦五古以答,蓋以詩代簡也。(《墨庵舊雨尺牘·夏承燾來書》《寥天盧詩續鈔》)

十月十四日,與陳謐、梅雨清、張揚、林慶雲諸人渡飛雲江往平陽,訪劉紹寬(厚莊)、黄光(梅生)、姜會明(嘯樵)諸先生,討論籌設《甌風雜誌》事,夜宿黄氏雙溪草堂,並遊平陽雅山南宋林霽山故居,即蘇石緣花園園址也。賦詩唱酬而返。(《寥天盧詩續鈔·平陽過黄梅生雙溪草堂贈以詩》)

自"九一八""一二八"事變,日本帝國主義節節進攻,東北四省既相繼淪陷,華北亦岌岌可危,先君憂心如焚,爲作《燕雲感懷》詩。(《寥天盧詩續鈔》)

公元一九三四年(民國廿三年甲戌)　四十歲

編邑先哲黄體芳遺詩,爲《漱蘭詩葺》一卷,附黄紹箕、黄紹第二人詩,爲如皋冒廣生所刻《二黄先生集》所未收者,又二十三首,付《甌風雜誌》刊行。

吴興劉承幹刊行所著《南唐書補注》十八卷,先君作序以贈。(《甌風雜誌》一期"文苑内篇":《南唐書補注序》)

金山高燮吹萬富收藏,所蒐《詩經》注本最多,欲輯《葩廬叢書》,乞先君作序,並贈《金山縣志》《國學叢選》等書,先君因作《贈高吹萬序》以張之。(《甌風雜誌》十二期"文苑":《贈高吹萬序》)

天津徐世昌弟素一歿,陳寶琛、柯劭忞諸人擬謚曰"貞惠",邀海内士大夫公論,先君爲作"貞惠先生謚議"以答之。(《甌風雜誌》八期"文苑内篇")

是年,先君友人陳謐與同里林慶雲等創立甌風社,留心鄉邦文獻,以刻書治學爲務,曾出《甌風雜誌》數十帙,海内學者競相寶重。先君爲之撰稿多篇。

先是癸酉十月、十二月間甌風社召集兩次籌備會，推定陳謐爲總編輯，先君及孫延釗、夏承燾、梅雨清、陳閎慧、李翹六人爲編輯。

瑞安縣政府聘地方熱心修志人士設“修志籌備委員會”，先君與陳謐、孫延畛等專任編輯之責，前後凡十年，先君成瑞安《人物志》《經籍志》《金石志》《風俗志》數種。又與陳謐鋭志爲《瑞安詩徵》一書，得人約二百餘家，得詩約數千首，冀他日與志並行也。

吴江金天翮松岑在蘇州成立國學會，推章炳麟、陳衍二人主持。先君以金天翮、黄雲眉、夏承燾諸人之介，列名會員，嘗以所著《三國志樂府》駢文、散文及《續史通》，在會中定期刊物《文藝捃華》《國學論衡》中刊出，甚得國内學人之重視。國學會會員中以金天翮與先君通訊往來，討論學術最密，曾作序以贈之。（《五十述懷》詩、《寥天廬文集・贈金松岑序》）

編邑人洪錦標叔林遺詩，並序之，付《甌風雜誌》刊行。（《甌風雜誌》第八期“文苑内篇”：《洪叔林遺詩序》）

公元一九三五年（民國廿四年乙亥） 四十一歲

是年一月二十日，甌風社舉行第一次社友年會，在瑞安西郊陶峰探花樓雅集聚餐。先君與陳謐、孫延釗、李笠、陳準等皆出席。是日，羣賢畢至，觥籌交錯，頗極一時文讌之盛。（《甌風雜誌》十三期“本社紀事”）

作詩寄懷侯官陳衍。衍書屏條一幅以贈，落款曰“墨庵詩人”，蓋重視其詩也。（《寥天廬詩續鈔》）

以所著《寥天廬詩鈔》《三國志樂府》寄贈河南大學教授邵瑞彭次公。邵氏答以所著《春秋日食古微》《尚書決疑》二書。先君又賦詩四首以答。（《寥天廬詩續鈔》《墨庵舊雨尺牘・邵氏來書》）

先祖母許氏孺人逝世。先君作《先妣事略》一文紀其事。

公元一九三六年（民國廿五年丙子） 四十二歲

是年春，温州區徵集鄉哲遺著委員會乞先君編輯《永嘉詩徵》，赴郡開會討論，主友人梅雨清家。（《寥天廬詩續鈔》、高誼《薏園文鈔・永嘉區徵集鄉先哲遺書目録序》）

陰曆七月十四日，爲先祖母許氏逝世週年紀念，先君賦詩志哀。（《寥天廬詩續鈔》）

聞餘杭章炳麟太炎逝世，先君哀之以詩。先君與炳麟雖無一面緣，然辦《華國月刊》，輒知先君名。同里孫延釗蒞滬，往謁章氏，章氏必詢及先君行止，且稱先君爲學人，篆書“青玭要途何足顧；江湖豪氣未全收”一聯以贈。（《寥天廬詩續鈔》）

友人陳謐主瑞安文獻委員會，既規復孫希旦讀書處探花樓古蹟，復修葺四賢祠。四賢祠者，祀鄉賢宋許景衡、陳傅良、元高明、明卓敬四人也。先君爲作《探花樓記》《重修四賢祠碑記》，並立石以垂紀念。（《寥天廬文集》卷三：《探花樓記》《重修四賢祠碑記》）

十月，出席甌風社第二週年江心雅集，先君重赴永嘉。在孤嶼浩然樓下攝影留念。永嘉專員許某設宴招待，討論組織永嘉學藝會事。先君有詩以誌其盛況。（《甌風雜誌》第一期“本社紀事”）

是年冬，作《五代史樂府》四十二首，時適當長夜如年。先君讀《五代史》，每終一篇，必以一詩自課，積半月而成，諷刺比興，皆取其可鑑戒者而詠之，不徒以摭拾典故見長也。（《寥天廬詩續鈔》附記）

刊印《寥天廬詩續鈔》，倩吴江金天翮題簽，張一麐署封面，有平陽劉紹寬序，永嘉陳閎慧題詩。紹寬序稱先君詩，“指事類情，言皆有物，洵乎學人之詩”。（《厚莊詩文續集》文三：《寥天廬詩續鈔序》）

平陽劉紹寬修《平陽縣志》成，年適七秩，先君爲作壽序以頌之。（《甌風文編・劉次饒丈七十壽序》）

公元一九三七年（民國廿六年丁丑）　四十三歲

是年陰曆二月，甌風社同人在瑞安名勝區仙巖舉行第三次年會，登止齋讀書臺遺址，攝影留念，稱《甌風社仙巖雅集圖》，先君爲之記，以敘盛事。此次雅集參加者有黄迂、劉紹寬、劉燿東、項葆楨、池源瀚、吴天五、徐勤侯、陳準、梅雨清、鄭伯琅、俞煦生、陳謐、林慶雲及先君等十四人。（《寥天廬文集》卷三《甌風社仙巖雅集圖記》、《厚莊詩文續集》詩四）

是年陽曆七月七日，蘆溝橋事變作，全面抗戰開始。日寇向中國轟炸，廬里爲墟，温郡地處海濱，受禍不少，先君最爲傷心。

十一月，浙省會杭州陷入敵手，省府内遷永康方巖。國民黨當局惟知索賦調師，竭盡民力，於抗戰殊少良策。先君憤感之餘，賦詩寄慨。（《寥天廬詩剩稿・聞杭州失陷》）

與邑人林損往還，平章學術，賦詩唱酬甚密。損字公鐸，爲陳黻宸甥，歷任北京大學教授，精諸子學，著有《政理古微》及《叔苴閣文録》。（《寥天廬詩剩稿·贈林公鐸教授》）

平陽劉紹寬刊印《詩文續集》，寓書先君曰：“國難亟，交通尼，不暇乞文於異地友朋，君固知文者，可弁言簡端”，因序之。（《厚莊詩文續集》卷首）

公元一九三八年（民國廿七年戊寅）　四十四歲

自抗戰以來，社會風氣日壞，貪官污吏，多置良田，豪商富賈，腰纏萬貫，地棍訟師，廣蓄妻妾。先君目覩現狀，痛心疾首，屢托於吟詠，淡泊明志，獨以著述自娱，嘗書春聯云：“澹泊明志；著述怡情。”（《寥天廬詩續鈔·戊寅立春偶成》）

聞淳安邵瑞彭次公逝，哀之以詩。（《寥天廬詩續鈔·挽邵次公教授》）

修正舊作《太平芻議》，删潤爲《時事芻議》二十篇，其目爲國體、孔教、邦交、財政、學校、吏治、軍政、政黨、議會、監院、農工、風俗、鳌金、鹽課、司法、保甲、救濟、節約、時變、民生等。

公元一九三九年（民國廿八年己卯）　四十五歲

是年全面抗戰進入第三年，日寇到處佔領城邑，屠戮甚慘，温州地臨海濱前綫，尤屢受空襲轟炸，人口疏散，都邑寂寥。先君居危城之中，惟望抗戰早日勝利，效杜陵作白日放歌縱酒也。（《寥天廬詩剩稿·避難行》）

友人林損五十生日，先君爲作壽序。其冬損歿，又以詩挽之。（《甌風文編·林公鐸先生五十壽序》《寥天廬詩剩稿·挽林公鐸教授》）

成《寥天廬詩話》六卷，自稱清人詩集過眼者，無慮四五百種，分詠史、論詩、藏書、題畫、故物、雜事六類。（《寥天廬詩話自序》）

成《藝術百詠》一卷，取藝術家事，述以韻語。事必雅馴，語無憶［臆］造。仿黄紹第《瑞安百詠》例。（《藝術百詠》自序）

公元一九四〇年（民國廿九年庚辰）　四十六歲

是年八月，子炎赴温州中學高中部肄業。時温中因避日寇空襲，遷居青田水南，因勉送之以詩。

九月十月，瑞安南門外兩次空襲轟炸，延燒先伯父志軒家，家具蕩盡，數

世收藏付之一炬。先君誼同手足，恨不早勸其移居城内也。（《寥天廬詩剩稿》）

弟子張揚宋廎集資重修飛雲閣，閣固晚清邑人黄體芳所建，初名話桑樓，後易名飛雲閣。閣下爲瑞安歷代詩人祠，亦瑞安名勝也。因作《重修飛雲閣記》。（《甌風文編·重修飛雲閣記》）

公元一九四一年（民國卅年辛巳）　四十七歲

是年四月十九日夜，日寇爲策應南昌戰事，在瑞安沿海沿江登陸，由桐嶺進攻永嘉。吾家幸無恙，作書火急告知炎兒。時炎方肄業青田水南温中也。是役也，先君有文記載其事甚詳。《瑞安縣志·大事記》曾採之。（《寥天廬詩剩稿·五十述懷》詩）

公元一九四二年（民國卅一年壬午）　四十八歲

成《管子僞書考》一文，稱《管子》一書爲僞作，有六項證據，皆塙鑿不移。後刊載於浙江省立圖書館刊行之《浙江圕通訊》一卷二期。（《寥天廬文集》卷三）

是年七月，日寇又從金華、麗水進攻温州、瑞安等地，世稱"七一三事變"。先君有五古長詩紀此次寇變事頗詳。（《寥天廬詩剩稿·寇變紀事》）

"七一三事變"以前，日寇濫施轟炸，我温不設防城市。先君則遣家人遠避鄉間外，己則挈兒子炎至城外避敵機。每日昧爽前出發，下午二三點鐘始返。蓋深夜則不成寐，當午倦而欲睡，與杜陵所云"思家步月清宵立，憶弟看雲白日眠"，同一無聊也。

公元一九四三年（民國卅二年癸未）　四十九歲

是年任教瑞安中學高中部，尤多與青年接近論文。（《寥天廬詩剩稿》）

瑞安修志委員會自經戰事停辦，八月一日重行續纂。先君又任編纂之席，作《瑞安縣志》各門小敘，提綱挈領，闡述編纂大意，内分土地編四門（疆域、山川、氣象、形勢）、民物編七門（户口、氏族、實業、物産、魚鹽、宗教、方俗）、政教編六門（財計、田賦、民政、營建、交通、教育）、文獻編七門（選舉、職官、人物、經籍、金石、古跡、雜事）。全文曾刊載於《浙江省通志館館刊》第三期。

公元一九四四年(民國三十三年甲申)　五十歲

自二十歲至五十歲,著述已成者有《詩經韓毛異文考》一卷、《續史通》二卷、《甌海軼聞續編》八卷、《吕氏春秋補正》三卷、《賈誼新書校正》十卷、《時事芻議》二卷、《再續古文辭類纂》十八卷、《三國志樂府》一卷、《藝術百詠》一卷、《寥天廬文集》二卷、《墨庵駢文》一卷、《寥天廬詩話》六卷、《寥天廬詩集》八卷、《徵文獻齋雜記》二卷,都十四種。

作《五十述懷》詩四十四首。(《寥天廬剩稿》定本三十八首)

友人陳謐篤意治學,其《木厂文甲集》,有林損序,早已剞劂,今復訂《乙集》,先君爲作《乙集敘》。蓋自甌風社倡設以來,討論六藝與夫表章黎獻之作皆具列《乙集》中。(《甌風文編・木厂乙集敘》)

陰曆七月初旬,日寇垂敗,準備打通大陸交通綫,又發動軍事進攻,自婺攻括,温州各機關疏散鄉僻,瑞安亦然,連日天旱,田禾漸槁,先君有感而賦詩。(《寥天廬詩剩稿》)

未幾,温州淪陷,瑞安岌岌可危,風聲鶴唳,一夕數驚。温州、麗水、龍泉間之甌江水運,亦爲之阻隔。子炎赴龍泉浙大分校求學,亦須迂道大嵤、景寧、雲和以至龍泉,經邱尋壑,山路逶迤,旅途甚艱。先君嘗勉之以詩曰:“裋褐藜羹須努力,讀書救國在今時。”(《寥天廬詩剩稿》)

十一月,得浙江省通志館館長龍游余紹宋函聘,爲該館特聘編纂。先君嘗有書與余氏討論重修浙江通志事,提出八項意見。余氏來書謂“所示八端,具徵淹博閎通,莫名傾佩”。並請先君約撰《永嘉學派諸人傳》。(《寥天廬文集》卷三:《與余樾園書》,《墨庵舊雨尺牘》)

公元一九四五年(民國卅四年乙酉)　五十一歲

陸續撰述《浙江通志稿・人物傳稿》四十三篇,分别寄送浙江省通志館,其中另篇已被採入該館館刊發表。(《人物傳擬稿細目》四十三篇,載《寥天廬文集》卷二)

八月十四日,日寇宣佈無條件投降。

承浙江通志館館長余紹宋之聘,任通志館編纂之席。蓋繼諸暨蔣麟振宰堂之缺也。先君到館,承余氏禮遇,囑專編《兩浙著述考》(經籍志)之役,而雲和大坪風物清幽,尤足舒懷摛筆、徵文考獻也。(《寥天廬詩剩稿・雲和大坪

通志館即事》)

十一月,浙南各省級機關,以抗戰勝利,杭州收復,分别向杭州推進。先君亦於是時離雲和赴杭州。(《剩稿·將有杭州之行,留别雲和》)先君自雲和局村出發,經麗水、縉雲、永康、義烏、諸暨以至杭州,一路賦詩甚多。(《寥天廬詩剩稿》:《自麗水至縉雲一首》《經永康芝英鎮夜宿浦江溪東》《諸暨至杭州》)

到杭後,歷遊西湖諸名勝,如西泠印社、岳墳、徐烈士墓、平湖秋月、斷橋殘雪、蘇小小墓、俞樓、孤山放鶴亭、曲院風荷、花港觀魚、蘇堤等處,皆有題詠。(《寥天廬詩剩稿》)

暇日,訪杭州岳官巷吴宅友人吴士鑑後人吴進思,並承贈以其先曾祖吴振棫《花宜館詩鈔》、其先父吴士鑑《清宫詞》,先君賦詩以答。(《寥天廬詩剩稿》)

吴興劉承幹與先君往來頗密,以八年亂離,久疏音訊。先君秉筆志館,作書詢問南潯嘉業堂藏書近況,並擬將劉氏所刻書跋收入志乘"經籍志"中。十一月得劉氏復書,極表讚同。(《墨庵舊雨尺牘》)

十二月小除夕,余紹宋以所藏明孫鑛月峰手書《疏稿》真蹟,囑先君題跋於後。先君爲考鑛生平事跡甚詳。是項手跡已有光緒乙未錢塘丁丙、黄岩王棻題記,正先君出生之年也。(《寥天廬文集》卷三:《孫鑛月峰手蹟題後》)

公元一九四六年(民國卅五年丙戌) 五十二歲

乙酉除夕,先君與子炎在杭州度歲。時炎肄業浙江大學史地系。

春,友人吴孟節來訪,承贈其父吴用威董卿撰《蒹葭里館詩集》四卷,先君賦詩以答。(《寥天廬詩剩稿》)

諸暨陳誾(季侃)來通志館任編纂,與先君賦詩唱酬,意甚相得。(《寥天廬詩剩稿》)

衡陽李洣佩秋邀同夏承燾、任銘善來訪不遇,先君以詩代簡。(《剩稿·贈李佩秋》詩)

同里姚琮(味辛)自南京來杭,以《味荀齋詩集》見贈,賦詩作答。琮雖以一軍人,頗喜作詩。近人章士釗謂琮詩五言可比姚合,蓋亦一詩人也。(《寥天廬詩剩稿》)

通志館編纂台州項士元囑爲其父作墓誌,並以所作《中國簿録考》見示,

答以詩。(《寥天廬詩剩稿》)

舊友陳閎慧(仲陶)客渝有年,抗戰勝利後,自渝返滬,以蜀中某君畫幅屬題,賦詩以答。(《剩稿》)

舊友陳謐主玉環修志館。玉環舊名"榴嶼",鄭緝之《永嘉郡記》有"塵嶼"之名,孫詒讓謂即今之玉環"榴嶼"也。謐作《榴嶼校書圖》,先君賦詩題之。(《剩稿》)

以所作《寥天廬文集》手稿,示同館項士元,士元題云:"大作于義理考據詞章,兼擅厥長,駸駸乎凌駕桐城,雖贈序壽言,言皆有物,足備文獻考證,與徒事標榜阿諛者有别。水心先生以後,不圖有此才識也。"(《寥天廬文集題詞》)

公元一九四七年(民國卅六年丁亥)　五十三歲

友人陳謐自南京來書,知其秉筆國史館,因喜賀以詩。(《寥天廬詩剩稿》)

金山高燮(吹萬)作《望江南詞》,蓋敘八年亂離事,先君作詩題其後。燮本先君舊友,以抗戰期間久疏音訊,今復得讀亂後述作,喜可知也。(《寥天廬詩剩稿》)

七月,挈子炎返里。九月復經麗水,再赴杭州。

丹徒尹炎武秉筆國史館,來杭遊西湖,與任銘善等來訪,贈之以詩。(《剩稿》)

公元一九四八年(民國卅七年戊子)　五十四歲

讀近代新刻名家集,各繫以詩,其中有徐世昌之《水竹邨人集》、陳寶琛之《滄趣樓詩集》、嚴復之《瘉野堂詩集》、陳三立之《散原精舍文集》、曹元忠之《箋經堂全集》。(《剩稿》)

弟子張揚以所作《黄鮮庵年譜》寄示,作詩題其耑。(《剩稿》)

先君在館與同里姚琮、陳光漢、黄梅鄧治歐、嚴州王準等屢有唱酬雅集,光漢且以先君、王準等和作,合裝一手卷,因賦詩以贈。(《剩稿》)

公元一九四九年(民國卅八年己丑)　五十五歲

同館編纂杭州鍾毓龍(郁雲)、淮安陳錫鈞(伯衡)二人,同年七十,先君各

賦一詩以祝。(《剩稿》)

四月間,我解放大軍渡江南下,國民黨首都南京於四月廿一日解放,杭州浙江通志館亦被遣散。先君賦詩留别,並贈館長余紹宋。(《剩稿》)先君先期取道滬上,乘輪渡海返瑞安。

先君既離杭州返里,居家仍不忘鉛槧,繼續修訂《兩浙著述考》,間亦不廢吟咏,編丁丑(一九三七年民國廿六年丁丑)以後所作之詩,曰《寥天廬詩鈔剩稿》,蓋繼《寥天廬詩鈔》《續鈔》之作也。

友人陳錫鈞(伯衡),淮安人,精金石之學。與先君共事浙通志館有年。嘗以張魯庵仿完白山人印譜見贈,答以詩。(《寥天廬詩剩稿》)

聞龍游余紹宋(樾園)、諸暨陳誾(季侃),病逝杭州,各挽之以詩。

是歲十月一日(陽曆),中華人民共和國成立。

公元一九五〇年(農曆庚寅年)　五十六歲

是年,居家整理浙江通志稿《經籍稿》,致書浙江省圖書館館長張宗祥,討論重修浙江通志事。宗祥來書謂通志館一事,現在尚無人提及,館中僅一文獻整理室而已。將來第一步即爲清理通志館移交資料及圖籍,尊著《兩浙著述考》當得拜觀也。(《寥天廬文集》卷三《與張宗祥書・附張氏來書》)

遍讀邑人陳黻宸(介石)遺著二十種,作《陳氏遺書總序》,以駢儷之文,將陳氏著作,鈎玄提要,蓋仿孔衆仲《戴氏遺書序》、彭甘亭《錢氏遺書序》之例也。(《寥天廬文集》卷四)

公元一九五一年(農曆辛卯年)　五十七歲

入春多病,誦舒鐵雲、陳雲伯、李莼客、易實甫及張季直諸家詩集以自遣。(《剩稿・漫述》詩)

作《歎逝》詩二十六首,爲逝者王嶽崧、吴士鑑、陳祖綬、楊紹廉、洪炳文、胡調元、符璋、沈嚴、林鵾翔、曹昌麟、胡惟賢、吕渭英、金天羽、劉紹寬、孫延畛、邵師孟、陳慶年、黄羣、王景羲、薛鍾斗、邵瑞彭、池虯、林損、余紹宋、王準、項(廷)楨等二十六人而作。此二十六人中,有爲先君同鄉前輩及師友,有爲通訊討論學術之學侶,要皆文字知交也。(《剩稿》)

成《鄧析子校正》二卷,依仁和譚獻、瑞安孫詒讓所校外,另有先君新補者,惟《鄧析子軼事》十二則,則爲先君所輯也。(《鄧析子校正後記》)

公元一九五二年（農曆壬辰年）　五十八歲

邑人沈靖以其父沈鳳鏘著《天籟閣詩稿》索序，並請爲之編訂，集中有蘇、黃生日二詩，即和先君所作元韻，事隔卅餘年，回憶前塵，因成感作二絶。（《剩稿》）

夏六月，編往日師友往來函札爲《墨庵舊雨尺牘》，計有楊晨、王嶽崧、吴士鑑、胡惟德、沈嚴、陳祖綬、符璋、張元濟、金天翮、高燮、冒廣生、徐乃昌、劉承幹、章梫、邵瑞彭、余紹宋、林鵾翔、李洣、劉紹寬、周慶雲、張棡、顧燮光、黄羣、項士元、孫延釗、陳閎慧、張宗祥、夏承燾、李翹、朱鼎煦、陳謐等四十八家，並自作題詞與再引識於卷首。

子炎購得董香光書《酒德頌》墨跡手卷一軸，此卷舊爲麗水閻儀韶所藏，有孫琴西、蔡公約二家題跋，先君因感成二絶題後。（《剩稿》）

得嘉道名流手札七十六家，輒因暇晷，聊付裝池，並識序目，以示後嗣。（《嘉道名流手札序目》）

將所藏書籍五千餘册，擇尤［優］編爲《寥天廬藏書目録》，自稱雖不足與收藏家比美，然子若孫，能守勿失，於國學固得所遵循也。（《寥天廬藏書目録序》）

公元一九五三年（農曆癸巳年）　五十九歲

四月，接浙江省人民政府通知，被聘爲浙江省文史研究館研究員，同館者規定年滿六十以上，皆當代知名之士。先君年最少，蓋破例攬聘也。研究館長爲會稽馬浮（一浮），副館長爲海寧張宗祥（冷僧）、宋雲彬，杭州邵裴子。先君既賦詩誌其事，復贈詩馬浮館長。

擬爲武林之行，得省文史館通知，散在各縣館員不必赴杭，在家通訊研究，必要時可出席參加會議，因復賦詩誌感。（《剩稿》）

同館鄞縣朱鼎煦（贊卿），嘗作《夜來香螳螂圖册》，徵求題詩.先君因題詩四絶以贈，鼎煦來書致謝。（《剩稿》）

公元一九五四年（農曆甲午年）　六十歲

作《六十述懷》詩，弟子孫師權和之。

舊友陳謐，工古文，精史學，治經制家言，與先君卅載交情，稱莫逆焉，作

六十壽敘以贈。(《墨庵舊雨尺牘》,陳謐作《宋墨庵先生六十壽言》)

將舊作《續史通》,改易目録,增補遺漏,删薙錯誤,於内容目次,多有所訂補。修訂稿《續史通目録》與《甌風》《國學論衡》刊本不同。兹録之如下:

卷一　遷史　班書　范著　陳志　典午　劉宋　齊梁　陳隋　述李　評魏(内篇上)

卷二　歡泰　李唐　五代　兩宋　契丹　女真　蒙古　朱明　勝清　近代(内篇下)

卷三　編年　紀事　三通　兩案　删補　注釋　評論　義例　人物　典章(外篇上)

卷四　考獻　監修　因時　度德　雜述　方志　問劉　詰章　考異　傳疑(外篇下)

公元一九五五年(農曆乙未年)　六十一歲

聞章太炎先生歸葬西湖張蒼水墓畔,賦詩紀之,蓋次蘇州張松身元韻也。(《剩稿》)

四月,得永和十一年晉磚,有金石家方絜(治庵)題字,紀以詩。(《剩稿》)

成《觳齋雜記》四卷,分經籍、詩詞、書畫、賞玩四類。(《觳齋雜記自敘》)

公元一九五六年(農曆丙申年)　六十二歲

八月,埃及爲收回蘇彝士運河,力抗英法侵略,中國人民亦嚮應號召,支援埃及愛國運動,先君聞訊亦賦詩誌感。(《剩稿》)

十月,成《觳齋續記》四卷,不分類,但每節加以目録,以備查檢也。(《觳齋續記前記》)

子炎得伊墨卿隸書真跡,詩以張之。(《剩稿》)

聞張宗祥校正談遷南明史名著《國榷》,行將出版,作詩奉懷,並承和詩絶句四首以答。(《剩稿》,《墨庵舊雨尺牘·張宗祥和作》)

公元一九五七年(農曆丁酉年)　六十三歲

三月,中共浙江省委員會宣傳部領導成立"科學研究規劃委員會",制訂浙省十二年科學研究規劃,並成立浙江史學會,着手籌備地方志資料之徵集工作。先君所纂之《兩浙著述考》,原爲在浙江省通志館所編之志稿。解放後,在家多年修訂,與往日志稿已大有補訂與修正。先君當時曾將《著述考》之"敘例目録",寄請省委宣傳部要求録副,作爲浙江省地方史資料參考之用。宣傳部當即通知省人民委員會,寄來人民幣三百元,作爲抄録費用。

四月,浙江省人民出版社將《兩浙著述考》接受出版,來信與子炎聯繫,當即將該稿寄往浙社。

公元一九五八年(農曆戊戌年)　六十四歲

四月廿五日,浙江人民出版社接受《兩浙著述考》出版條件,訂立稿約合同。

陰曆六月,先君病益劇,先是任浙江省通志館編纂時,成《兩浙著述考》四十四卷,以用功過勤,心力交瘁,漸成肺疾。遂以六月二十九日子時卒,葬於縣之二十四都白象山之原。友人陳謐爲作墓表。

越四載,子炎爲輯事跡,成《宋慈抱年譜》一卷。

考述

永嘉四靈詩派詩家考述

陳增傑

崛起南宋詩壇的永嘉四靈詩派，名手衆多，陣營强大，影響廣遠。四靈倡率的晚唐體在詩界得到廣泛的呼應，四靈的交往也十分廣泛，唱酬的詩友衆多。我們依據現存文獻資料，從有關記載論述和師承關係、交酬情況及詩見、詩尚、詩風等多個方面考察，篩選、界定四靈詩派的成員，既有同郡詩人，也有非永嘉籍詩人。兹文表列四十六家，其中同郡詩人三十四家（包括葉適、潘檉和四靈），非永嘉籍詩人十二家，依次略爲考述。其間涉及若干疑點問題的考論，以"附考""附記"方式繫於各家論述文後，俾正文不致枝蔓。

一、永嘉郡籍詩人

温州古稱永嘉郡（東晉明帝太寧元年置郡），宋時温州轄永嘉、平陽、瑞安、樂清四縣。同郡詩家，包括作爲四靈派的宣導者和理論建樹者的大儒葉適（水心），首倡晚唐體爲四靈之前驅的潘檉（德久）。據四靈同時代郡人王綽《薛瓜廬墓誌銘》記述：

永嘉之作唐詩者，首四靈。繼靈之後，則有劉詠道、戴文子、張直翁、潘幼明、趙幾道、劉成道、盧次夔、趙叔魯、趙端行、陳叔方者作；而鼓舞倡率，從容指論，則又有瓜廬隱君薛景石者焉。繼諸家後，又有徐太古、陳居端、胡象德、高竹友之倫，風流相沿，用意益篤。永嘉視昔之江西幾似矣，豈不盛哉！[①]

除了葉適、潘檉和四靈，王綽敘列的四靈派詩人計有劉泳（詠道）、戴栩（文子）、張埴（直翁）、潘亥（幼明）、趙汝回（幾道）、劉植（成道）、盧祖皋（次夔）、趙汝迕（叔魯）、趙希迈（端行）、陳昉（叔方）、薛師石（景石）、徐鼎（太古）、陳撰（居端）、胡圭（象德）、高夢符（竹友）十五家；王文未見敘列的尚有翁忱、翁慥、陳庚生、蔣叔輿、曹豳、薛師山、薛師董、賈仲穎、劉明遠九家。其後又有薛嵎、宋慶之、潘希白、薛美四家，猶能沾濡四靈遺緒，傳承不衰，我們稱之爲後四靈派詩人。葉、潘和四靈，筆者已另有專文論述，此處不復敘列；下文論列其餘二十八家。所論諸人里貫，除標明外，餘皆籍治縣永嘉（含今温州城區和永嘉縣），不再注出。

劉　泳

劉泳，字詠道。孫衣言《逸老叢談》："龍鼻洞有郭津、劉泳嘉定丁丑題名。《水心集》有《題郭希吕劉詠道遊雁蕩詩後》云：'隱劉甘隱淪，老郭亦離羣。自鎖魚亭月，同穿雁蕩雲。'即指龍鼻題名時事。津字希吕，嘗監永嘉税務，水心有《登北務後江亭贈郭希吕》詩。劉詠道即劉泳也。"[②]嘉定丁丑，寧宗嘉定十年（1217）。

詠道甘於隱遁，葉適稱爲"隱劉"。性"直諒"，固窮樂道。喜韓文杜詩，日誦不廢。薛師石《哭劉詠道》："案上韓文與杜詩，小齋寒淡亦相宜。人憐貧病憂無計，自説文章樂未涯。"[③]其作品今無存。

戴　栩

戴栩（約1181—?），字文子，號浣川。戴溪族子。嘉定元年（1208）進士，歷任定海縣主簿、太學博士，淳祐四年（1244）遷秘書郎，終湖南安撫司參議官。著有《浣川集》十卷。傳見雍正《浙江通志》卷一七七《儒林下》。

戴栩爲葉適門下高足，他與《林下偶談》的作者黄巖吴子良（明輔）同爲葉氏晚年關係密切的學生。文法水心，奇警恣肆，研練生新，風格酷似。與同郡徐璣、翁卷、劉植、曹豳、盧祖皋、趙希迈等皆有唱和。《四庫全書總目·浣川集》提要："其詩派去四靈爲近，然其命詞琢句，多以鏤刻爲工，與四靈之專主清瘦者氣格稍殊。蓋同源異流，各得其性之所近。"[④]孫衣言跋謂："文子從葉文定爲文詞之學，故其詩特矯健"[⑤]，孫詒讓《温州經籍志》謂"律詩頗近四靈，而工麗過之"[⑥]。所論皆是。

今存詩 146 首,以近體較有成績。七絶頗具風致,《永康道中》:“漲渌無風影自摇,芡花生刺藕花嬌。山禽不記春歸去,深樹一聲婆餅焦。”十分真切地寫出行於浙西山間的初夏景色和感受,婆餅焦(鳥名)的“深樹一聲”,不僅表達了詩人惜春留春的情懷,也襯托出“鳥鳴山更幽”的清静境界,使畫面充滿生機和活力。

農事之詠多有出色篇章,五律《久雨記農父語》:“炊煙不出窟,雨久未知晴。泠縮秧芽爛,滋含樹耳生。南風愁甲换,濕土怕星明。朝客慚無補,歸來伴耦耕。”泠春濕雨,秧爛甲(蔬甲)换,農父深感擔憂;慚愧自己枉爲朝官,無補於鄉農。像這樣體察民情的憫農之作,甚屬難得,應當加以表彰。

七律以《題方干墓》《送廬陵胡季昭夢昱以上濟邸封事貶象州》爲代表,氣格矯健,情見乎辭。《大水次友人韻》:“牽浪何曾傳雨信,回南不用掣風旗。”自注:“鄉間風水多作於七八月,必須醞釀數日而成,謂之‘牽浪’。既雨之後,又須待作南風方霽,謂之‘回南’。”詩中組用鄉里口頭流傳的諺詞,保存了反映土風民俗的寶貴語料。孫衣言云:“牽浪、回南,今日猶有此語。”[7]

張　埴

張埴,字直翁。孫衣言《逸老叢談》:“翁卷《葦碧軒集》有《寄張直翁》詩云‘若向筠州去’,又有《寄筠州張録事》詩。是直翁嘗官録事參軍。《水心集·沈仲一墓誌》:‘婿張埴,筠州録事。’則直翁即張埴也。”[8] 按:沈體仁(1150—1211),字仲一,瑞安人。師從陳傅良。葉適《水心文集》卷十七《沈仲一墓誌銘》:“張埴……爲其婿。埴,筠州録參。”[9]

張埴曾任慈溪縣主簿、筠州録事參軍,著有政聲。薛師石《送張直翁之筠陽》云:“朝士多知爾,慈溪舊有聲。”其任慈溪縣主簿,約在嘉泰四年(1204)前後[10]。楊簡《慈湖遺書》卷二《深明閣記》云:“慈溪主簿永嘉張直翁致其外舅沈仲一之意,復以其書至……屬某書扁,且爲之記。”楊又有《永嘉張直翁求居處恭發揮數語》(前書卷三)文。可見往來密切,當是慈湖學生一輩人。

直翁善詩,與四靈等多有唱和。其赴官筠州,翁卷《寄張直翁》云:“若向筠州去,惟消一日寬……近詩凡幾首,專待寫來看。”薛師石《送張直翁之筠陽》云:“時平民事少,詩句定能清。”又《送張直翁》云:“宰公詩句是騷人,官舍況臨湘水濱。衡嶽望中思策蹇,滄浪清甚欲垂綸。”另外,徐照《芳蘭軒集》卷中有《送張真翁赴舉》詩,疑“真”爲“直”形近訛。

潘　亥

潘亥，字幼明，號秋巖。潘檉子。宋陳起編《南宋群賢小集》第26册《前賢小集拾遺》卷三録詩一首，明蔡璞編《東甌詩集》卷三録詩三首。今存詩四首。

幼明詩擅五律，風格尤近四靈。《寄趙紫芝》云："長安獨跨驢，一别二年餘。朝士不能薦，承明空有廬。窗虚桐影薄，棹冷桂花初。莫怪無書札，心親跡任疏。"《社日》云："聽得東風急，吹乾小徑泥。雨多花放早，水滿燕飛低。貧女不知緯，幽人只此棲。依依懷去歲，摘茗白壇西。"可見一斑。孫鏘鳴《東嘉詩話》謂："幼明爲德久子，足以覘家學矣。"⑪言其作風一似乃父潘檉。

趙汝回

趙汝回（1189—?），字幾道，號東閣。宋宗室。嘉定七年（1214）進士。歷仕邵武司户、忠州判官、台州録事、紹興通判，紹定四年（1231）任會昌軍使，淳祐九年（1249）監澉水鎮，終官主管進奏院。

趙汝回是四靈詩派的評論家。嘉熙元年（1237）他爲四靈派名家薛師石撰作《瓜廬詩序》，淳祐九年（1249）爲後四靈派詩人薛嵎撰作《雲泉集序》，是研究永嘉四靈詩派的兩篇重要文章。其要旨有：(1)批評江西詩派。謂江西派變自崑體，以力勝而少涵泳之旨，遂致"唐風不競"，詩道"蝕滅盡矣"。(2)批評"近世論詩"即理學家的詩見。言詩皆托物以達理，理學家"病唐詩短近，不過景物，無一言及理"，偏頗失理。(3)言四靈倡揚唐體，以詩表見情性，"冶擇淬煉，字字玉響"，得葉適稱賞，風行天下。這些論見，與葉適的有關論述相表裏，揭示四靈詩派崛起的時代背景和歷史文化淵源，有很高的學術價值。

汝回論詩，與四靈之一味推崇晚唐略有不同，視野也較開闊。孫詒讓謂："東閣論詩不取晚唐，與四靈雖同而實異。"⑫他主張自然古淡的詩風，務能"融狹爲廣，夷鏤爲素"，欣賞"神悟意到，自然清空，如秋天迥潔，風過而成聲，雲出而成文"的境界；於四靈後學之"步趨謦欬"⑬，偏執固守，表示不滿。因此，稱揚薛師石能突破姚賈藩籬，進乎陶（淵明）謝（靈運）韋（應物）杜（甫）之境；稱許薛嵎本於天性，絶去矯揉，有自得之趣。四靈派後起之秀宋慶之在挽詞中説："往年失四靈，詩道微一髮。縞素革織組，宫徵節亂聒。力排唐末陋，意與風雅軋。"⑭言在四靈後獨能標舉"風雅"（指《詩經》以來傳統），以素樸革雕鏤,摒棄晚唐陋習,重振詩道。

《江湖後集》卷七録其《東閣吟稿》31 首,現存詩計 47 首。他的詩蒼朴簡淡,《弘治温州府志》本傳云:"名重一時。苦吟興致高邁,自成一家。"⑮孫詒讓亦言其與薛師石在永嘉派中"皆能别闢蹊徑者"⑯。五古可舉《杜子野留别》:"有朋不貴數,道合意自親。早知離别難,會覿豈厭頻。青燈書閣下,細語交情真。酌此武陽泉,饌彼松江鱗。公庖復有攜,得非知吾貧?如何不我醉,明日隔征塵。"此當是作者邵武(今屬福建)司户參軍離任辭别詩友杜耒(子野)作。隨筆而賦,娓娓敘來,讀來異樣親切。五律《漁父》《春山堂》、七律《山中即事》,均可稱"神悟意到,自然清空"之詠。

汝回還有兩聯斷句,極精警。《詠橘花》:"春風過後雲初白,夜雨晴時水亦香。"《詠水仙》:"屈原一點沉湘恨,李白三生捉月身。"《弘治温州府志》言"皆爲詩人所珍,從其學者多知名。"⑰孫鏘鳴《東嘉詩話》的詮釋,可助賞鑒:"我郡自南塘以下,沿湖皆橘園也。初夏時,舟行其間,碎雪盈林,香風夾岸,始信詩語之妙。""自來詠水仙者,多以湘娥、洛妃爲比,此獨有取於貞臣豪士,亦可見寄託之高,宜爲當時詩人所珍。"⑱

劉 植

劉植,字成道,號荆山,又號漁屋(室名)。劉安上曾孫。壯歲以布衣上疏,"東書入京闕,憂國最情深。"⑲科場失意,報效無門,浪跡江湖,往來錢塘、嘉興、建康、九江間,"酒放詩豪"⑳。曾爲浙東安撫使趙善湘門客(淳祐二年挽趙詩自稱"門下老劉郎")。淳祐十年(1250)冬往謁出鎮揚州的兩淮制置使賈似道,然惟"陪宴平山,尋梅古署"㉑而已。"直道嗟難遇",遂歸里營漁屋退居。一生似乎未嘗入仕,在他"歸淮方向浙"時居蘇州的詩友戴栩也只是説"傳聞攝酒官"㉒,不知是否任職酒務小官。

劉植詩學晚唐,與葉適、翁卷、薛師石、曹豳、戴栩、趙汝回、釋文珦、徐鼎、薛嵎等並有往還酬酢。他推崇薛師石的詩,謂"融液群書,於世味澹無所羨,故於詩多肥遯之辭,舒性情之正,得象外之趣。"㉓可以窺見他的崇尚。翁卷《送劉成道》云:"沿路萬千景,費君多少吟。"趙汝回稱其"老境詩閑淡。"㉔吴泳謂其詩"絶不道煙火語,想遊思翰墨圃,所造益平澹矣。"㉕釋文珦贊云"人推學問精……堅實五言城。"㉖孫詒讓《温州經籍志》案:"今存詩雖不多,而清詞雋語,猶足見四靈詩派。"㉗所著《漁屋集》已佚,陳起編《江湖後集》卷十四録詩 24 首,今存詩 25 首。

予編《宋元温州詩略》卷三選録其詩 4 首,如五律《過彭澤》:“井邑已非舊,柴桑里尚存。春風三畝宅,落日數家村。隔樹聞鷄犬,編氓半子孫。頹然孤壟在,寒菊繞松根。”陶淵明潯陽柴桑(今江西九江西南)人,曾任彭澤(今江西彭澤縣西南)縣令。柴桑里爲其故居。陶《歸園田居》有云:“狗吠深巷中,鷄鳴桑樹顛。”孫鏘鳴《東嘉詩話》評:“格律渾成,典型不墜,從不多見也。”[28]他如《梅》“一枝籬外見,數點雪中明。”《漁父》“沅湘依舊緑,秦漢幾回更。”《呈葉先生侍郎》“閒心同野水,煦物盡春風。”亦皆稱警練。

盧祖皋

盧祖皋(1174—1223),字申之,又字次夔,號蒲江,又號菊澗。寧宗慶元五年(1199)二十六歲舉進士,任池州教授、吴江縣主簿。嘉定十一年(1218)後入朝,歷仕主管刑工部架閣文字、秘書省正字、著作郎兼權司封郎中、軍器少監,終官權直學士院。世稱盧直院、盧玉堂。《兩浙名賢録》卷四六、雍正《浙江通志》卷一二六有傳。

祖皋少孤而自立,姻親中最得舅父樓鑰(曾知温州)關愛誨導,岳父錢文子、表兄王柟相與提攜。其交遊頗廣,前輩友有許及之、葉適、孫應時、劉過、韓淲,同輩友有魏了翁(同年)、永嘉四靈、戴栩、薛師石、蘇泂、趙汝回、戴復古、周文璞等。晚年與詩僧居簡唱酬最密。

祖皋善作制誥文字,其供值北門草詔(爲皇帝起草詔書),“抒思泉湧,號爲稱職”。[29]戴栩《鄉祭盧直院文》云:“儼先陳而後蔡,粲紫槖之相輝。”[30]以之媲美鄉前賢陳傅良、蔡幼學。

祖皋早年喜爲樂府(詞),後始肆力於詩,是四靈派中的名家。明毛晉《蒲江詞跋》:“一時永嘉詩人争學晚唐體……稱爲四靈,與申之倡和,莫能伯仲。”[31]《四庫全書簡明目録·蒲江詞》:“與永嘉四靈遊,故頗工於詩。”[32]孫鏘鳴《東嘉詩話》:“蒲江乃趙紫芝、翁靈舒諸賢詩友,耳濡目染,故其詩皆婉約可誦。”[33]

他的詩頗得時賢稱許,葉適《水心文集》卷七《贈盧次夔》云:“家住東郊深,能詩人共尋。”劉過《龍洲集》卷七《除夜寄盧菊澗祖皋》云:“見説盧夫子,詩成手自書。”孫應時《盧申之蒲江詩稿序》,説他“天分自高,而用心尤苦,洞視古今作者,神交而力角之,不愜其意不止,非餘子碌碌新有詩聲者比也。”稱其詩“辭藻逸發,如水湧山出”[34],鬱然灑然,幽澹而思深味長。

祖皋擅長近體,七絶尤爲勝場,其作意度清遠,頗具思致。所著《蒲江詩稿》已佚,流傳下來篇什雖少(《全宋詩》輯存 13 首),却多佳品,爲宋元人所稱引。

予編《宋人千首絶句》,録其七絶四首。《松江别詩》:“明月垂虹幾度秋,短篷長是系人愁。暮煙疏雨分攜地,更上松江百尺樓。”以往日明月長橋(吴江垂虹橋)共遊樂事,映襯今時暮煙疏雨短篷將發,通過場景對比,渲染分攜之際的别愁離緒。宋張端義《貴耳集》卷上稱曰:“余領先生言外之旨。”

又《廟山道中》:“粉黄蛺蝶繞疏籬,山崦人家掛酒旗。細雨嫩寒衫袖薄,客中知是菊花時。”後二句説,細雨帶來寒意,行途中感覺身上衣衫單薄,才知道時候已届深秋。從“菊花”“衫袖薄”以見節候變化和客途感況,較諸唐詩人鮑溶《泊揚子岸》結句“客衣今日薄,寒氣近來饒”的直截表述,尤覺婉曲工致。元韋居安《梅磵詩話》卷中評:“語意清新,頗能模寫村居景趣。”明俞弁《山樵暇語》卷三評:“善寫羈旅牢落之狀。”[35]

又《酴醾》:“霜顆雲條一架春,酒中風味夢中聞。東風不是無顔色,過了梅花合許君。”詩説:眼前酴醾盛開滿架春色,像是酴醾酒散發着清醇芳香,又像是在夢境。東風不會眷顧没有姿色的花朵,梅花開過了合當讓你展現芳容。言酴醾繼梅花而開,豔壓羣芳。通首將花喻人,又妙作品評,情韻深婉。宋于濟、蔡正孫《唐宋千家聯珠詩格》卷十三評:“以梅況酴醾,亦善於題品者。”[36]

又《種橘》:“小擘枝頭滿袖香,累累秋實正宜霜。每來長是移時去,爲爾風流似故鄉。”橘是温州特産。客居異地,睹橘懷鄉。素樸簡淡的詩句,透出一片濃濃的鄉情。

五律《雨後得月小飲懷趙天樂》:“梅天此夜稀,嘉月弄光輝。不飲强呼酒,欲眠重啟扉。語高驚鶴睡,坐久見鳥飛。想見湖居友,扁舟不肯歸。”趙天樂即趙師秀。通首脱口而出,如白話一般,真情溢見,無有做作。七律《舟中獨酌》有云:“山川似舊客懷老,天地何言春事深。”尤稱警策,《東嘉詩話》謂下句“即‘時行物生’之意,理語妙能不腐”[37]。

【附考】盧祖皋之里貫

盧祖皋,永嘉(今温州市鹿城區)人。其《木蘭花慢》詞序有‘先君買屋蒲江’語,可知家居永嘉東郊蒲江(今温州城區東片之蒲州),因以自號。夏承燾

《永嘉詞徵・盧祖皋》案:“《木蘭花慢》題有‘先君買屋蒲江’之語,詞云‘夢繞浙東船’,蒲江疑吾鄉蒲州之别名。”今按:葉適《贈盧次夔》詩有云“家住東郊深”,可證蒲江即指郡城東郊之蒲州。其姻親舅父樓鑰(寧波鄞縣人,乾道七年任温州府學教授,淳熙十三年任温州知州)、岳父錢文子(温州樂清人)、表兄王柟(永嘉人);其交遊友許及之、葉適、永嘉四靈、戴栩、薛師石、趙汝回等,並爲同郡人,可以旁證。

宋張端義《貴耳集》卷上云“蒲江盧申之祖皋”,是謂盧祖皋字申之,號蒲江。以號、字、名連敘,古人有此稱法。宋趙汝回《雲泉詩序》“雲泉薛君仲止”,是謂薛君(嵎)字仲止,號雲泉。敘稱句法相同。明楊慎《詞品》卷四却將“蒲江盧申之祖皋”的“蒲江”,附會爲四川邛州蒲江縣,云“盧申之名祖皋,邛州人”。明曹學佺《蜀中廣記・詩話記四》、陳繼儒《銷夏部》卷一、清褚人獲《堅瓠補集》卷四、乾隆《蒲江縣誌》卷二、嘉慶《四川通志》卷一二三皆沿襲之,並誤。清朱彝尊《詞綜》卷十七未能甄别,權取兩存:“盧祖皋字申之,永嘉人,一云邛州人。”亦爲失考。

孫詒讓《温州經籍志》卷三二《蒲江詞》已作糾正:“案,申之别號蒲江,非邛州蒲江縣人也。升庵不考,乃有兹誤。”張憲文《盧祖皋事蹟考》(《温州師專學報》1984 年第 1 期)辨證甚詳,可參看。

趙汝迕

趙汝迕,字叔午,又字叔魯,號寒泉,樂清人。宋宗室。嘉定七年(1214)進士,兩度出仕南中(指西南地區)縣令(釋文珦《潛山集》卷七《送趙寒泉重宰南中邑》),簽判處州、雷州。觸忤權貴謫官,不得志而卒。所著《趙叔午詩集》已佚,《南宋群賢小集・前賢小集拾遺》卷三録詩三首。傳見雍正《浙江通志》卷一八二《文苑五》。

汝迕與薛師石、趙汝讜(蹈中)、許棐、釋文珦、釋居簡等交善。許棐《趙叔魯》稱云:“世間多少王孫貴,無我寒泉一句詩。”[38]五律《括溪停舟》是其名篇:“樹古半成槎,溪邊歷歷斜。寒林欲無路,小塢不多家。去客背流葉,停舟見暮鴉。朝朝省秋水,頻減一痕沙。”題一作《括蒼舟中》。當爲簽判處州(今浙江麗水)時舟行括溪作。淺淺着墨,隨意寫出,圖景歷歷在目,自具情趣。

【附記】關於“夜雨梧桐”詩禍案

永樂《樂清縣志》卷七《藝文・趙汝迕》:“汝迕尤以能詩知名,登嘉定第,僉判處州。後因賦'夜雨梧桐王子府,春風楊柳相公橋'之句,觸時相怒,謫官,淪落而卒。"《弘治温州府志》卷十《藝文·趙汝迕》、明徐象梅《兩浙名賢録》卷四六《文苑·趙叔午汝迕》、明淩廸知《萬姓統譜》卷八三載同。

按:"夜雨梧桐"聯譏刺時相史彌遠詩禍案,諸書記載不一。宋陳思編、元陳世隆補《兩宋名賢小集》卷三四八《芸居乙稿》:"陳起,字宗之,錢唐人。寧宗時鄉貢第一,時稱陳解元。事母至孝,開書肆于臨安,鬻書以奉母。時史彌遠當國,起有詩云:'秋雨梧桐皇子府,春風楊柳相公橋。'哀濟邸而誚彌遠也。寶慶初,李知孝爲言官,見之彈事,一時江湖之士同獲罪者六人,而起坐流配焉。尋詔禁士大夫作詩。彌遠死,禁始解。"元方回《瀛奎律髓》卷二十劉克莊《落梅》注略同:"宗之賦詩……本改劉屏山句也。敖臞庵器之爲太學生時,以詩痛趙忠定丞相之死,韓侂胄下吏逮捕,亡命,韓敗乃始登第,致仕而老矣。或嫁'秋雨春風'之句爲器之所作。"宋羅大經《鶴林玉露》卷十謂爲敖陶孫(器之)事,宋周密《齊東野語》卷十六《詩道否泰》謂爲曾極(景建)事。孫詒讓《温州經籍志》卷二二《趙叔午詩集》案云:"寶慶詩禍,羅(大經)、方(回)目睹其事,雖諸書所載互異,然並不云趙叔午作。周草窗所載同時被累諸人,亦無叔午。《統譜》所載未足據也。"

今謂:當以《兩宋名賢小集》《瀛奎律髓》所載爲確,所記亦較詳。是爲陳起《江湖集》毁版案。其句調仿自宋劉子翬《汴京紀事二十首》之七:"空嗟覆鼎誤前朝,骨朽人間駡未銷。夜月池臺王傅宅,春風楊柳太師橋。"劉詩係指斥權奸蔡京、王黼。

趙希迈

趙希迈(約當1186[39]—?),字端行,號西里,樂清人。迈,一作"邁"。宋宗室。趙師秀族侄。嘉定十三年(1220)進士[40]。寶慶三年(1227)任職平江府嘉定縣尉,紹定間調平陽縣丞,端平中遷雷州通判,景定三年(1262)知武岡軍,終官柳州知州。

趙希迈出自葉適門下,"遊先生(指葉適)門最久"[41]。是四靈派中一位十分活躍的詩人,與詩友酬唱頻密,風格亦最近四靈。一生勤事苦吟,有云:"先是吟情苦"(《雨霽春行》)、"老夫吟苦時"(《夜分》)、"詩因多病苦思難"(《晚立池上》)。他長時間宦游四方,行跡遠及湘貴兩廣,自謂"詩篇多向客途成"(《到貴州》),與徐璣"詩句多於馬上成"之詠,體驗相同。劉克莊有《題趙西里詩卷二首》,對他很是推崇,以兄事之,願爲"執鞭";謂趙師秀諸人飛仙後,"天留此老主齊盟";又說"未必時人能著價,後千萬載話頭行。"㊷

宋季詞人周密對希迈的詞篇極爲欣賞,《絶妙好詞》卷三選其《八聲甘州·竹西懷古》詞;《浩然齋雅談》卷下舉引他的《滿江紅》詞:"三十年前,愛買劍買書買畫。凡幾度、詩壇争敵,酒兵争霸。春色秋光如可買,錢慳也不曾論價。任粗豪、争肯放頭低,諸公下。　　今老大,空嗟訝。思往事,還驚詫。是和非未説,此心先怕。萬事全將飛雪看,一閑且問蒼天借。樂餘齡、泉石在膏肓,吾非詐。"云"此西里趙希邁《滿江紅》也"。清陳廷焯《詞則輯評·放歌集》卷二評:"粗豪中有勁直之氣,詞品不必高,而筆趣甚足。"㊸兩作抒寫抑塞磊落的情懷,筆意跌宕,可以擊節歌之,在當時傳播人口。

所著《西里詩稿》已佚,今存詩 53 首㊹。長於五律,多模寫山野境況和其半官半隱的生涯,景趣幽僻,用筆工細。如《昆湖夜歸》:"渡湖歸古縣,一望水程賒。月正帆無影,風横浪有花。寒更知戍屋,野火是漁家。擬待春洲暖,重來采荻芽。"㊺爲理宗寶慶三年(1227)作者任嘉定縣(今屬上海)尉時作。不用故典,簡樸淺近,觸景賦興,自有一種閑淡幽逸的情趣。《新夏》也是這樣的作品。其餘清詞秀句,隨篇可覓,如《贈劉隱居》:"學苦常如病,家和不見貧。"切身體會之句,可入名言録。《吴中中秋懷瓜廬諸友》:"天虚雲氣盡,風静桂香浮。"《南臺徐靈暉徐靈淵皆有作》:"山峭石臺平,天低可摘星。岸回分水勢,城缺見州形。"《深村》:"半籬花隔水,數畝竹當門。傳説岡頭樹,時留虎爪痕。"也都是能冥搜物象、刻畫細巧的新異之句,别人所意想不到者。這些作品,自成一格,絶似四靈推崇的"二妙"之一中唐詩人姚合選言玄微、筆致細潤的"武功體"。

希迈的七律,多樸質情實語,格調暢朗。可舉《汀畔》爲例:"墅梅汀畔客帆過,歲晚天南氣候和。江合湘漓流水急,山藏洞壑吐雲多。村家釀酒連醅濁,小吏抄詩覺字訛。幾點白鷗清似畫,對人飛下泊寒莎。"恬澹近人,淺易却有意味,寫來全不費力。餘如《偶得》"市添人語當墟日,田卷車筒浸種時。"《五斗》"風高松子和釵落,地暖梅花帶葉開。短鬢吟邊從似雪,壯心客裏漸成灰。"這些詩敘寫家常細小,隨意點染物色,别見閒情逸致,使人想起唐詩中張籍、王建一派輕易明净的律作。

希迈七絶佳者,姑舉三例。《亦文齋竹》:"疏竹牆邊筍漸添,況逢數日雨廉纖。粉梢一夜抛寒籜,便有清陰拂短簷。"寫雨後竹筍脱殻而出,預想明朝青影婆娑，筆底一片生機盎然。《路轉》："路轉楓林積葉深，秋塘漲水緑沉沉。沙鷗卻似曾相識，獨立沙汀伴醉吟。"心無俗念，自然鷗鳥可親。《山縣》："山縣渾如野客家，遊蜂數點趁朝衙。簿書押了無公事，小吏呼來掃落花。"供職山縣，冷署微員，形容略盡。

【附記】趙希迈亦作趙希邁

趙希迈，孫詒讓《温州經籍志》卷二二《趙氏希迈〈西里詩稿〉》案云："趙西里希迈，'迈'字字書所無，他書或作'邁'，疑俗書'万'爲'萬'，遂亦書'邁'爲'迈'也。然史本《瓜廬詩跋》及《前賢小集拾遺》三、《東甌詩集》四並作'迈'，今姑從之。"

今按："迈"字古辭書收列，《玉篇・辵部》："迈，防罔切。急行也。"其名"希迈"與字"端行"，義適相應。然檢《宋史》卷二一五《宗室世系表一》"燕王房"九世列有"希邁"，趙師僚第三子（中華書局校點本第17册5677頁）。"邁"者遠行，與字"端行"義亦相協。文淵閣四庫全書本宋周密《浩然齋雅談》卷下和《絶妙好詞》卷三引録、明錢穀《吴都文粹續集》卷八《提幹廳重建超然堂記》署名均作"趙希邁"（文末注："希邁，一作希迈。"），《御選歷代詩餘》卷一〇六、《宋詩紀事》卷八五小傳亦作"趙希邁"。

二者未審孰是，姑兩存之。

陳　昉

陳昉（約1197—約1265），字叔方，號節齋，平陽人。陳峴次子。以父廕入官，紹定中由閩縣丞遷浦城令。端平元年（1234）真德秀薦於朝，與劉克莊等號爲"端平八士"。淳祐十一年（1251），任樞密都承旨權吏部侍郎。十二年（1252）出知福州兼福建安撫使，重士愛民，"去郡志日，帑庾羡贏，閩人論良牧必以昉爲首。"[46]景定初，以寶章閣待制出知建寧府，五年（1264）試吏部尚書。度宗即位（1265），拜端明殿學士，尋進資政殿學士。謚清惠。《兩浙名賢録》有傳。著有《穎川語小》二卷，《四庫全書》提要謂"大致考據詳核"。今存詩七首。

陳昉德行高尚，戴復古比之前賢漢黄憲、唐元德秀，《石屏詩集》卷三《寄節齋陳叔方寺丞》云："今時古君子，玉立衆人間。再世黄叔度，三生元魯山。"爲官廉正，善能獎拔人才。林希逸言己"早歲登門叨賞異"[47]。文天祥《文山集》卷十四《題陳尚書昉雲萍録》贊云："公守建陽，人和政成。皇曰來歸，從橐斯榮。我時在館,望公珮珩。公不我遐,我德公誠。公録班如,友朋公卿。維公下士,敬附氏名。"《弘治温州府志》卷十一《宦業・陳昉》:"出藩入從,垂四十年,所至以廉平仁恕稱。"民國《平陽縣誌》卷三二《人物志一・陳昉》:"昉雅知人,臨安府廂官常楙、禮部郎中文天祥,皆爲所獎識云。"

陳昉的詩善敘鄉土風物,如《訪梅嵇村書贈同遊子白親友》:"郭西十里梅花村,一望深白無黄昏。岡巒平處羣玉立,松竹翠繞青香屯。二三親友同我到,霜氣辟易生春温。爲花一笑下山去,處處冰雪隨壺尊。尚想幽人在空谷,天地静閉沖和存。晚來歸路更奇絶,天外斷燒黄金痕。"嵇村,又作稽村,今名嵇師,在温州城西郊十公里,宋時盛植梅花,薛嵎有《憶嵇師奥觀梅並貴行弟殁後之思》。其云"松竹翠繞青香屯""霜氣辟易生春温""天外斷燒黄金痕"(斷燒,斷霞),皆善能描狀,著語平朴而有意致。

七絶《寒食湖上》:"花瘦水肥三月天,畫橈雙動木蘭船。人家盡换新榆火,惟有垂楊帶舊煙。"榆火,指寒食後清明重生的新火。是篇見載宋潛説友《咸淳臨安志》卷九七《紀遺九》,寫出寒食清明時節杭州西湖上的風光。《宫詞》:"桂影婆娑玉殿涼,風傳花漏夜聲長。内人亦有思仙者,月下吹簫引鳳凰。"《神仙傳》卷上載,蕭史教秦穆公女弄玉吹簫作鳳鳴,引鳳凰來止,夫婦遂隨鳳凰飛去。詩寫宫女的怨思和對於自由生活的嚮往,語意藴藉。這一首當時的選本如《詩家鼎臠》卷下、《唐宋時賢千家詩》卷十六、《唐宋千家聯珠詩格》卷十五均採録,見傳誦於時。清張綦毋《船屯漁唱》之六八云:"繼響唐風號四靈,端平人復藉時稱。陳家奕葉功名在,不獨《宫詞》擅漫聲。"[48]

薛師石

薛師石(1178—1228),字景石,號瓜廬。薛氏爲永嘉望族,自北宋以來世居郡城梯雲坊(今鹿城區大高橋),多出聞人。師石曾祖薛弼,曾任岳飛軍幕參謀官,終敷文閣待制。祖薛叔淵,登進士第。族祖薛季宣,常州知州;薛叔似,端明殿學士。岳丈木待問,歷官至禮部尚書。師石出身世宦名家,而性夷澹,好讀書,乃心物外,不事功名,築室城外會昌湖上(城區西南大湖),名曰瓜廬,灌園樵釣,詩書自娱。日舉文會,與朋好酌古今,談筆墨。善楷法,尤工篆隸,求書者填門,"名家祖父墓碣有不得其書者爲恨"[49]。雍正《浙江通志》卷一八二有傳。

師石同葉適、陳謙(水雲)、盧祖皋(次夔)、葛無懷(天民)等並有往還,早年曾從徐照學詩,後與四靈結爲詩社,聚吟唱和最爲頻密,集中酬贈詩計13首。是四靈派中一位中堅人物,王綽稱其爲聯絡詩友“鼓舞倡率,從容指論”者[50]。

從風格説,師石與四靈同一門徑,又小有差異。同時詩家多稱美語,如趙汝回《瓜廬詩序》言其“獨主古淡,融狹爲廣,夷鏤爲素,神悟意到,自然清空,如秋天迥潔,風過而成聲,雲出而成文”[51]。孫詒讓亦謂他與趙汝回皆爲四靈隊中能“別闢蹊徑”[52]者。曹豳《瓜廬詩跋》説他終身隱約,不與世接,故所作比四靈還要清淡,“清而又清,淡而益淡,始看若易,而意味深長。”[53]具體而論,其謂“融狹爲廣”,能將方幅由狹小引向廣闊,“殊未見其然”[54],似有點溢美;而謂“夷鏤爲素”,不用刻琢而歸於素樸,殆或近之,較爲切合。《四庫全書總目提要》曰:“蓋才地視四靈稍弱,而耕釣優遊,以詩自適,意思蕭散,不似四靈之一字一句刻意苦吟,故所就大同而小異也。”[55]所論大致不差。要而言之,師石詩學陶(潛)韋(應物),“聲調所寄,不假斧鑿”[56],淳音素澹,出乎自然,是爲優處;然有時不免枯瘠,稍乏韻致,亦少工煉之句,不似四靈多名篇警語。其與四靈“大同小異”在此。

師石現存詩百餘首,表現他臥隱草廬,灌瓜植苗伴遊漁樵的生活和風晨雨夕談文論詩的情趣,所謂“多肥遁之辭”[57]。其自題《瓜廬》云:“近來有新趣,買得薛能園。疏壤延瓜蔓,深鋤去草根。花時長載酒,月夜正開門。最識田家樂,辛勤更不言。”薛能園,中唐詩人薛能耽詩,日賦一章爲課。這裏用同姓的典,舉以自比。其《題南塘薛圃》云:“門對南塘水亂流,竹根橘底自成洲。中間老子隱名姓,只聽漁歌今白頭。”薛圃,即作者所居瓜廬。《謝陳水雲寄惠瓜廬字》也説:“吾向村中住,無人知姓名。”展示他絶交勢利,遁跡村野,淡泊無營的心境。

四靈俱有題詠薛氏瓜廬之什,徐照云:“自鋤畦上草,不放手中書。”徐璣云:“因看瓜吐蔓,識得道心長。”翁卷云:“雖然親隴畝,還不離琴書。”趙師秀云:“惟應種瓜事,猶被讀書分。”皆寫其超然塵外亦耕亦讀的樂趣。師秀傳誦千古的名句“野水多於地,春山半是雲”,就是以瓜廬周圍會昌湖的勝景爲藍本摹寫的。清曹庭棟《宋百家詩存》卷三三評云:“摘觀此數句,瓜廬翁閒雅之致,可於言外識之。”[58]

同四靈一樣,師石最擅長的也是五言律體,《宿瞿溪》:“船泊溪西岸,人家見晚春。疏星寒有雁,村寺夜無鐘。竹徑通新店,茅柴暖病容。農夫不相識,問我欲何從。"敘泊舟投宿，將路行所見所聞所遇所感，信筆寫出，直白如話，一種閒適蕭散的意思，盈溢於楮墨間，讀去自有餘韻。其他如《寄蔡任》"身閑詩有味，水盡月無波。"《秋晚寄趙紫芝》"閑看籬下菊，忽憶社中人。"亦雋聯可誦。不過，我們在《瓜廬集》很難找出四靈筆下多見的像"野水寒初退，平林緑半敷"、"梅花分地落，井氣隔簾生"那樣富於色澤的尖新刻畫之句。

徐 鼎

徐鼎，字太古[59]，號清源。曾任臨江軍清江縣主簿。與趙汝回、劉植爲知己，劉有《看梅呈同遊東閣、清源》(《東甌詩存》卷九)。與薛嵎過從尤密，薛《雲泉詩・徐太古主清江簿》云："四靈詩體變江西，玉笥風清首入題。舊隱乍違鷗鷺去，新篇高與簿書齊。身閑自喜瓜期遠，俸薄還因紙價低。握别正逢寒食日，洞庭春緑草萋萋。"據"舊隱乍違鷗鷺去"，太古蓋以隱遁之身而獲召授職。在任勤於詠事，將四靈派的清吟作風帶到了江西。又有《再别徐太古主簿》："枌社過從久，新知盡不如。素心非必仕，此别遂成疏。"

清源詩多散佚，《宋詩拾遺》卷二一、《東甌詩集》卷四僅存其五律《哭朱龜巖》一首。

陳 揆

陳揆，字居端，一字幼端[60]。紹熙四年(1193)進士，曾任高郵軍(今江蘇高郵)曹掾，薛師石《瓜廬詩・送高郵周主簿兼呈陳居端》云："鄉人在曹職，相答爲詩情。"終官湖南提點刑獄司幹辦公事[61]。

居端存詩一首，見録《宋詩拾遺》卷一七、《東甌詩集》卷三，題《即事》："誰家庭院冷蕭蕭，閉卻朱門不許敲。惟有東風藏不得，隔牆露出杏花梢。"閉，《東甌詩存》卷七作"閑"。後二句亦具思致，然較諸同時稍後葉紹翁《遊園不值》"春色滿園關不住，一枝紅杏出牆來"，用意略同，而措辭造境自有工拙之别。

胡 圭

胡圭，字象德，號梅山。出身望族。祖胡序(少賓)，監湖州酒庫。祖母薛氏[62]，薛徽言女，薛季宣姐。《宋詩拾遺》卷十、《東甌詩集》卷四録詩四首。

胡圭與薛師石、趙汝迕(叔魯)、趙希迈(端行)友善，常於郡城外會昌湖瓜廬會聚,詩酒相酬。薛師石《趙叔魯、端行、胡象德攜酒見顧》云:"一賢二公子,枉駕瓜廬丘……評詩仍和曲,舉白不計籌。"象德長於五言古體,多詠閒居景趣,有質樸之風。如《入山》:"擺落世塵縛,願結巖棲緣。一層復一層,古道多迴旋。白雲隨我後,幽鳥鳴我前。雲禽亦佳侶,一見即忻然。"《春行南村》:"鳥語知春晨,晨起行阡陌。雨晴氣已變,崖潤嵐猶積。雜花林際明,新水田中白。時逢耦耕人,問我將何適。"《山池》:"鑿山成小池,貯茲一泓緑。參差散石髮,清淺浮碧玉。光風時動摇,漣漪細相續。我常繞池行,衣無塵可濯。"(石髮,水草)皆爲可誦。蕭散沖淡、優遊自得之意致,腕底筆間自然流露,無一點做作。

高彦符

高彦符,字竹友,一作竹有[63],號野泉。葉適外侄,《水心文集》卷七《贈高竹有外侄》云:"相隨小書卷,開讀短燈檠……須將遠遊什,題寄老夫評。"

彦符只留下兩首詩,見《東甌詩集》卷四,却是可圈可點。七律《送胡彦龍過金陵》:"金陵往事已成虚,江水清清只見魚。遺廟空存元帝像,故家多有二王書。秋風出塞調生馬,夜月吟淮跨蹇驢。借問新亭諸老淚,而今煙景復何如?"胡彦龍,畫家,理宗紹定間任畫院待詔。《東甌詩存》卷九張如元等校補:"開禧北伐既敗,國勢日非,此志士所扼腕者也。"舉目半壁河山,投戈何地,回懷往事,頗有慷慨悲涼之音。七絶《寒夜》:"轆轤夢斷金梧井,夜月沉沉風露冷。起向庭中獨自行,伴人惟有梅花影。"寒夜夢回,庭院淒寂,惟有冷月梅花相伴,襯見詩人幽獨寥落的情懷。

翁　忱

翁忱(1137—1205),字誠之,樂清人。淳熙五年(1178)與葉適同舉進士,歷官慈溪縣尉、邵州邵陽、岳州巴陵縣令,終郴州通判。年六十九,卒于任上。《道光樂清縣誌》卷八《文苑》有傳。

葉適《水心文集》卷六有《翁誠之挽詞》;復作《翁誠之墓誌銘》,言其"貌方神清,正其色詞",爲人篤厚,博學明理。"文字重密,有周漢體。詩尤得句律,讀之者如在廟朝聽《韶濩》之音,金石之聲,非山澤之癯所能爲也。"[64]陳傅良有《翁誠之尉慈溪》等作。誠之致力吟篇,工於五言,與二徐交酬密切。徐照《送翁誠之》:"五言多好句,顔杜減詩名。"《哭翁誠之》之一:"因識詩情性,爲官亦是清。吉人天不佑，直道世難行。寄諷曾稱菊，思歸或上疏。贈余詩一軸，追和隔今生。”徐璣《送翁巴陵之官》：“官況湘流碧，詩情楚岫多。”《翁知縣歸自湖湘》“一袖清風詩思遠”；《翁通判挽詞二首》之一“長卿詩最好”，比之唐詩人劉長卿。惜其詩作未有傳存下來。

翁　慥

翁慥，字常之，號松廬，樂清人。翁忱弟。隱遁林下，優遊詩書。能畫善詩，喜晚唐體[65]，“方五字之得雋”，“每孤吟而終日”[66]。葉適爲他的詩集作序，言其得法于杜甫，引其論詩語：“下句當如秤星船碇，縋畫既定，不可移改。”[67]又稱其詩與翁卷並名[68]。

常之與二徐頻有倡和切磋，徐照《和翁常之》“垂楊葉下閑吟久”；《酬翁常之》“好把清詩慰此心”。徐璣《奉和翁千四知縣、千十四隱居山中作》：“翁侯兩兄弟，志尚等高獨。”復云：“我愛二君子，芳馨襲蘭菊。……論詩暮繼朝，吟思俱罷罷。”（翁千四指翁忱，千十四指翁慥）葛紹體有《對月簡松廬》詩。翁慥的詩作也没有傳存下來。

【附考】翁慥非翁卷父

《温州經籍志》卷二一《翁氏□□松廬集》潘猛補案：“翁常之名慥。據《袋球翁氏宗譜》，載翁舜陟生二子：忱、慥。慥爲四靈之一翁卷之父。”（上海社會科學院出版社 2005 年版，中册第 937 頁）

按：翁常之名慥誠是，但謂爲“翁卷之父”則失據。葉適《西巖集序》：“翁氏……人人能詩，而靈舒、常子兩先生特著。常子之詩原本少陵……予嘗取《松廬集》而序之。”（四庫全書本翁卷《西岩集》附）翁常之號松廬。葉適《水心文集》卷十二《松廬集序》，舉杜甫《送楊六判官使西蕃》詩，謂“今翁常之諸詩，實頗似之。然常之與余論詩，乃未嘗及此。”（中華書局 2010 年版，上册第 215 頁）可證《松廬集序》爲翁常之詩集作，與《西巖集序》所云適相符合。故可確定，此文“常子”應正爲常之，“子”爲“之”訛（《四庫全書》編定後倩抄手謄録，雖有嚴格之規制，而錯字仍復不少）。其言翁氏能詩中“靈舒、常子（之）兩先生特著”，倘靈舒（翁卷）、常之（翁慥）果爲父子關係，葉文不當如是序列相稱呼（決不會先子後父相提並論爲“兩先生”）。此爲明證。

陳庚生

陳庚生，字西老，樂清雁山人。善畫能詩，與許及之、徐照、徐璣、翁卷等交酬，許有《陳西老詠檜古風次韻》《送陳西老西上並簡張功甫》詩。徐照《朱可翁、陳西老、徐靈淵擕酒餞別分得語字》云"鼎足吟清詩"；徐璣《寄陳西老》云"風度平生友"；翁卷《陳西老母挽詞》云"有子作詩人"。

《東甌詩集》卷一録詩三首。可舉五律《濯纓亭》："誰引滄州客，行歌到此亭。縈回一水碧，巉絶兩峰青。小雨吹行艦，疏梅度遠汀。我無纓可濯，華髮任星星。"工煉清致，韻格一似四靈。

蔣叔輿

蔣叔輿（1162—1223），字德瞻，一字少韓，亦作肖韓，號存齋。葉適門人。出身世宦，以父廕授職，歷仕揚州司户、華陽軍（岳陽軍）節度推官、吉州永新縣丞，終信州弋陽縣令，卒于任上。治政廉平嚴正，"有意蘇民瘼"，"民家置畫像以祠公"[69]；趙汝回吊詞云"弋陽百姓私營廟"[70]，很得地方民衆愛戴。

叔輿飽學多才，舉凡天文、地理、律曆、音樂、醫藥之書，靡不該究。他承繼薛季宣的經制之學，櫛理"漢唐本朝兵刑財賦之源"，"以管（管仲）葛（諸葛亮）自期"[71]，惜不得大用於世。與四靈、薛師石、趙汝回頻有唱酬，戴栩《存齋蔣弋陽墓誌銘》："公於詩則四靈，雖調度不合而不廢也；于文則水心之門友，雖意趣間有偏者而不斬也。"[72]徐照《喜蔣德瞻還里》："岳陽何日去，後集要君詩。"徐璣《送岳州蔣推官》："文書時正省，賦詠可登樓。"翁卷《送蔣德瞻節推》："《楚辭》休要學，易得怨傷和。"趙師秀《呈蔣肖韓薛師石》："無欲自然心似水，有營何止事如毛。春來擬約蕭閑伴，重上天台看海濤。"薛師石《送蔣肖韓》："已料官閑日，多吟湘水詩。"可見公餘雅好賦詠，惜其詩作無見傳存。

曹　豳

曹豳（1170—1249），字西士，小字潛夫，號東畎，亦作東甽，瑞安來暮鄉曹村（今瑞安市曹村鎮）人。曹叔遠族子，錢文子門人。嘉泰二年（1202）進士，歷任秘書丞、浙西提舉常平、浙東提點刑獄，並有政績。嘉熙元年（1237）召爲左司諫，在朝與王萬、郭磊卿、徐清叟"俱負直聲，當時號'嘉熙四諫'"[73]。以論事忤旨，出知福州兼福建安撫使。守寶章閣待制致仕，年八十卒，謚文恭。事見宋曹怡老《宋故通議大夫寶章閣待制曹豳墓誌》、劉克莊《後村大全集》卷一四四《曹公神道碑》,《宋史》卷四一六有傳。

曹豳有一句論詩名言,頗有意思,常爲論者引用。見於宋陳世崇《隨隱漫録》卷五記述:"宋坦齋謂曹東畝曰:'君生永嘉,詩學江西?'曰:'興到何拘江浙。''然則四靈不足學歟?'曰:'四靈詩如啖玉腴,雖爽不飽;江西詩如百寶頭羹,充口適腹。'"[74]

這一段簡要的答問,反映了他的論詩見解。曹豳與永嘉四靈同時,在永嘉籍詩人都趨尚四靈之際,他却發表了這樣不同的意見,所以引人注目。四靈與江西詩派是相對立的,四靈派崛起原因之一就是爲了矯正江西派的偏失。作爲一個永嘉詩人,爲什麽捨近求遠,反而要趨步江西之後塵呢?

分析起來,有以下幾個原因。其一,曹豳中第後多居外任職,官位不低,在地位上與四靈輩有距離。其二,他以詩爲"餘事",即興而作,並不欣賞苦吟。劉克莊《曹東畎集序》云:"詩直公餘事爾,他人爲之,有欲嘔心肝者、斷數髭而成五字者。"[75]其三,他在淳祐六年(1246)爲四靈派詩人薛師石作的《瓜廬詩跋》中説:"余讀四靈詩,愛其清而不枯,淡而有味;及觀瓜廬詩,則清而又清,淡而益淡,始看若易,而意味深長,自成一家,不入四靈隊也。蓋四靈詩,雖擺脱塵滓,然其或仕或客,未免與世接,猶未純乎淡也。"[76]借評薛詩而表露己見,於四靈之"或仕或客"(客指遊謁江湖),頗有微詞;説他們的詩風"未純乎淡",也表示了不滿意。這裏的評論更進一步:"興到何拘江浙。""江"指江西派,"浙"指四靈派,言不拘地域,不囿派别。不過這恐怕還是冠冕堂皇的話。其謂四靈詩"如啖玉腴",玉腴指魚鰾,味美爽口却不能果腹;江西詩"如百寶頭羹",雖龐雜但可解口腹之饑,即言四靈輕靈而不及江西實在,這才是他的真實看法。

不過,具體來説,曹豳論詩主"淳音淡泊,自有餘韻"[77];所欣賞的是"若淡然無味,而思之未嘗不悠悠有得"之作[78]。劉克莊謂其"律體精切帖妥,拍姚(合)賈(島)之肩"[79],本質上還是與四靈同其旨趣;只是視野要稍加開闊,不滿足於四靈的單窘,也不作"嘔心斷髭"之苦吟。從他現今留存的作品風格來看,見不出"詩學江西"的跡象。劉克莊言其"古風調鬯流麗,得元白之意"[80],亦無從印證。所以,他仍屬於四靈派詩家,只是有點異類。

曹豳飽學能賦,然作品多散佚,現僅存文 1 篇、詩 13 首(《全宋詩》僅録 8 首)、詞 2 首。所存詩詞頗有可觀。他在家守孝閒居寫的五律《五靈院》:"尚欠勞生債,重來古寺眠。敲門時應客,落石夜聞泉。春去少蝴蝶,山深多杜鵑。細書如案牘，獨自坐燈前。”五靈院，即五靈瑜珈寺，在瑞安城西 45 里許峰山。曹豳早年嘗讀書於此。詩寫夜宿古寺的景況，筆墨簡樸有致，幽寂之境，讀若身歷。

孫鏘鳴《東嘉詩話》謂其七絶“風致絶佳”，宋何新之《詩林萬選》，劉克莊《唐宋時賢千家詩選》，謝枋得《千家詩》，于濟、蔡正孫《唐宋千家聯珠詩格》，元陳世隆《宋詩拾遺》，明李蓘《宋藝圃集》均見選録。《春暮》是流傳的名篇：“門外無人問落花，緑陰冉冉遍天涯。林鶯啼到無聲處，春草池邊獨聽蛙。”《千家詩》清王相注：“此詩專寫暮春之景，宛然在目。”四句詩詠花落蔭濃、鶯歇蛙鳴，通過静態和動態的交替描寫，表達視覺和聽覺的欣悦感受，見出時光荏苒、節序暗换和詩人的悠然閒適之情。通體自然流暢，物我渾融一片。

早年所作《題括蒼馮公嶺二首》也很有名，之二云：“村南村北梧桐角，山后山前白菜花。莫向杜鵑啼處宿，楚鄉寒食客思家。”處州（今浙江麗水）古名括蒼。馮公嶺在浙江縉雲縣西南，爲來往通衢。元韋居安《梅磵詩話》卷下：“括蒼馮公嶺，延袤數十里，其高插天。山之顛有半山庵，乃往來駐足之地，壁間留題甚多。東畝（畎）曹西士豳布衣時經過，題兩絶於壁云（本篇略）。後西士出藩入從，仕路通顯，庵僧模字鋟板，揭之楣間。”梧桐角，亦稱桐角，卷梧桐葉作牛角狀，用以吹奏。《唐宋千家聯珠詩格》卷五評：“‘角’字新，言桐葉尖如角。”寒食清明，有祭掃祖塋的習俗。身處楚地，客中聞鵑，思鄉之情愈切。前二句傳誦當時，被人們廣泛引用。宋九山書會編撰《張協狀元》戲文第二十三齣：“（白）村南村北梧桐角，山后山前白菜花。這般天氣，情人不見。”元王禎《農書・農器圖譜三・钁鍤門》：“梧桐角，浙東諸鄉農家兒童，以春月卷梧桐爲角吹之，聲遍田野。前人有‘村南村北梧桐角，山后山前白菜花’之句，狀時景也。”

其詠歎時事之什，如《詠緣竿伎》：“又被鑼聲送上竿，這番難似舊時難。勸君着脚須教穩，多少旁人冷眼看。”作於端平元年（1234），周密《齊東野語・曹西士上竿詩》載其本事：“趙南仲以誅李全之功見忌于趙清臣，史揆每左右之，遂留於朝。其後恢復事起，遂分委以邊閫。赴鎮之日，朝紳置酒以餞。適有呈緣竿伎者，曹西士賦詩云（本篇略）。未幾，師果不競。”[81]趙葵（南仲）是南宋後期名將，抗金有戰功。《宋史・趙葵傳》：“端平元年，朝議收復三京（東京開封、南京商丘、西京洛陽）。葵上疏請出戰，乃授權兵部尚書、京河制置使、知應天府南京留守兼淮東制置使。”[82]曹豳這時居朝任秘書丞兼倉部郎官。

在官員們爲趙將軍出征河南舉行的餞行會上，作者看到藝人演出緣竿雜技，有感而賦，即景諷諭，含有深意。詩説：在一片喝彩聲中出師最要冷静謹慎，因爲不同往時，這回面向的敵人是比金兵還難對付的蒙古軍（是年正月蒙古滅金）。將軍，要站穩脚跟，穩扎穩打，莫輕敵冒進，那些反對派心懷鬼胎正等待着瞧你的笑話呢！旁人冷眼看，指斥朝中投降派冷眼相看，幸災樂禍。詩寫得含蓄又巧妙，婉而有諷，表現了詩人愛國憂國之心和對投降派的譴責。結果，宋軍因急於開戰求勝，"時盛暑行師，汴堤破決，水潦泛溢，糧運不繼，所復州郡皆空城，無兵食可因"[83]；"蒙古兵又決黄河寸金淀之水以灌南軍（宋軍），南軍多溺死"[84]，遂潰敗。這證明了作者的告誡和憂慮不是多餘的。

【附考】曹豳"號東畎"辨正

曹豳號東畎，據1952年瑞安曹村出土曹豳之子曹怡老撰《宋故通議大夫寶章閣待制永嘉縣開國伯食邑七百户贈宜奉大夫曹豳墓誌》："曹公諱豳，字西士，一字潛夫，世居温之瑞安許峰，人稱曰東畎先生。"曹豳《瓜廬集跋》，文末署"淳祐丙午夏五東畎老人曹豳題"（見顧刻《南宋群賢小集》第19册《瓜廬詩》附），是爲明證。宋劉植有《喜曹東畎遷大理寺簿》詩（見宋陳起輯《江湖後集》卷十四）；宋黄昇《花庵詞選續集》卷九小傳"曹西士，名豳，號東畎"；元盛如梓《庶齋老學叢談》卷中云"曹東畎赴省"，亦皆可證。其餘如元陳世隆《宋詩拾遺》卷二一、明蔡璞《東甌詩集》卷四、《弘治温州府志》卷十一小傳並同，不贅。

東畎，亦作"東甽"。"畎、甽"異體同字。宋武衍有《謝曹東甽跋吟卷》（《藏拙餘藁》）詩，宋劉克莊《後村大全集》卷九八《曹東甽集序》稱"故待制文恭東甽曹公"，清厲鶚《宋詩紀事》卷五九曹豳小傳："豳字西士，號東甽。"

他書寫作"東畝（畆）"或"東畒、東晦"（畒、晦皆"畝"之異體）者，並傳寫之誤。如宋陳世崇《隨隱漫録》卷五"宋坦齋謂曹東畒曰"；元韋居安《梅磵詩話》卷下"東畝曹西士豳"；明楊慎《升庵集》卷六一《薛沂叔守歲詞》"曹東畝、劉後村饒爲之'那'"；清朱彝尊《詞綜》卷十六"曹豳，字西士，號東畝"；王士禛《帶經堂詩話》卷二《評駁類》"曹東畝論詩曰"；王奕清等纂《御選歷代詩餘》卷一一八引《詞筌》"又小説載曹東畝赴試"，俱以訛傳訛，失於辨察。

"畎（甽）"與"畝（畒、晦）"，音義均不同，不可相混。《廣韻·上銑》："畎，姑泫切。"又《上厚》："畝，莫厚切。"畎 quǎn，田間小水溝。畝 mǔ，田壟，田中高處。《國語·周語下》"或在畎畝"韋昭注："下曰畎，高曰畝。畝，壟也。"《漢書・劉向傳》"甽畝"顔師古注:"甽者,田中之溝也……字或作畎。"二字區别甚明。

薛師山

薛師山(?—1214),字仁静。薛師石弟。曾與兄師石學詩於徐照。葉適《薛景石兄弟問詩於徐道暉請使行質以子錢畀之》:"吟得徐家生活句,新來欄典諱詩窮。"[85]又有《題薛仁静墓》:"君常讀《周易》,行擕坐挾,終身不釋。"[86]

薛師董

薛師董(?—約1219)[87],字子舒,號敬亭。薛叔似次子,陳謙婿,薛師石族弟。居郡城内雁池敬亭(今鹿城區蟬街),因以自號。曾任華亭船場官,入爲承務郎,出任建康府户部贍軍中庫[88]。旋病,先其父而卒。葉適爲作《薛子舒祭文》。師董聰明富才學,深得葉適稱賞,而一生落寞不得志。《水心文集》卷七《薛子舒罷官久無所授,端明(指薛叔似)得謝,始换承務郎》:"空多賈誼學,突過馬周年。"[89]譬爲賈誼、馬周。同卷《薛子舒墓》:"煍迷王弼宅,蒿長孟郊墳。"[90]又比之王弼、孟郊。《弘治温州府志》卷十一稱其"天才穎拔,知名當時。"[91]

師董交往廣泛,與四靈及葛天民、周文璞、葛紹體、蘇泂、劉克莊、戴栩、釋居簡並有酬酢,葛天民《訪紫芝回與子舒集》云:"君參唐句法,親得浪仙傳。薄宦因吟苦,高風與世違。"又《送薛子舒》之二:"誰知貴公子,卻是苦吟人。"[92]其所崇尚和苦吟作風都與四靈一體。

師董現存詩12首,《題金陵雜興詩後八首》之一:"舒王不讓杜樊川,二十八字今斷弦。"[93]推崇王安石七字絶句,認爲可以並駕杜牧。七律《後秋風》:"去年病後詠秋風,今日秋風病裏逢。好句不曾書落葉,孤燈長自守鳴蛩。故人音問天來遠,茅舍光陰睡正濃。江上白鷗忙勝我,銜魚引子與浪沖。"前有《秋風》作:"秋風有落枝,天籟動塤篪。鼓角山河壯,襟懷歲月遲。阮生狂一嘯,漢武老多悲。雖有秦歌激,終堪理釣絲。"不盡歲月蹉跎、襟期難酬的感歎。

賈仲穎

賈仲穎,事蹟未詳。不得志於時,劉克莊謂"不遇以死"[94]。與趙汝回友善,詩得劉克莊稱賞。劉《賈仲穎詩序》:"君生風雅之國,爲社友所推,不問可知其詩矣。趙幾道、王德嘉兄弟,人物如璧,君與之友,又可知其人焉。""風雅之國"謂永嘉。又云:"觀其大篇,氣力雄拔,音節頓挫,吊湘賦鵩之遺。五七言如'燈花寒影裏,詩句雨聲中。'如'盡開窗户容秋月,偏倚闌干看晚山。'舍人、司倉得意句也。"[95]舍人,指賈至,唐肅宗時任中書舍人;司倉,指賈島,晚官普州司倉參軍。此用賈姓詩人比美之。詩作無傳,《宋詩紀事》卷七一據《後村詩話》僅録斷句二(即《賈仲穎詩序》所引)。

劉明遠

劉明遠,隱遯躬耕,恬淡安身,吟詠自娱。徐璣稱其"文才獨兼"(《送劉明遠客和州二首》之二)。明遠爲四靈之"知心"吟友,徐照《贈劉明遠》:"一生嫌世俗,不向市中居。"又《劉明遠會宿翁靈舒西齋》:"自來難會宿,安得廢清吟。"徐璣《次韻劉明遠移家三首》之二:"詩得唐人句,碑臨晉代書。"翁卷《春日和劉明遠》:"知分貧堪樂,無營夢亦清。"趙師秀《劉隱君山居》:"慮淡頭無白,詩清貌不肥。"

據徐璣《送劉明遠客和州二首》之一"邊郡三年守,知陪後乘安。"後乘,屬從所乘之車。是則明遠曾任職和州知州幕從。徐璣又有七律《送劉和州》,勉其出任邊郡之守:"牧守只今非易予,九重淵默待盈成。"此劉和州恐非明遠,疑爲别一劉姓人。

薛　嵎

薛嵎(1212—?),字仲止,一字賓日,號雲泉,世居郡城梯雲坊(今鹿城區大高橋)。數試不第,蹭蹬場屋,寶祐四年(1256)始中進士,時已45歲。曾官長溪縣主簿。趙汝回《雲泉詩序》言"其人蕭散","恬静不求,本於天性,未易以矯揉學者"[96]。直鉤計拙,仕途並不得意,故有"直心嗟道喪,多事識才難"(《歲暮書懷》)、"直道嗟難遇,賈生終陸沉"(《送劉荆山》)之歎。壯心大志于青燈黄册中消磨殆盡,其《寄宋希仁兄弟》云:"聽殘寒夜雨,灰盡壯年心。"實爲他自己的人生感慨之言。

薛嵎詩宗奉晚唐體,與宋慶之同爲四靈派後起之秀。《四庫全書總目·雲泉詩》提要:"嵎之所作,皆出入四靈之間,不免局於門户,然尚永嘉之初派,非永嘉之末派,録之亦足備一格也。"[97]孫詒讓《温州經籍志·雲泉詩》案:"其詩派出於四靈,然在同時諸家,獨爲後出,故王松臺《薛瓜廬墓誌銘》未舉其名。"[98]

薛嵎專力於詩,苦吟作風與四靈同體。《宣氏梅邊》云"喜逢吟苦友,共此歲寒期";《湖外泛雪》云"一生窮苦緣詩癖";《秋夜宋希仁同吟松風閣有感》云"瘦得吟肩聳過頤"。劉黻《和薛仲止漁村雜詩十首》之二也説他"半生心力在吟編,煉得形如孟浩然。"[99]與永嘉勝流趙汝回(東閣)、劉植(荆山)、徐鼎(太古)、王致遠(九山)、劉黻(蒙川)、潘希白(漁莊)等多有往還唱和。其詩在當時籍籍聞名,趙汝回序謂:"以詩名于時,本用唐體,而物與理稱,更成一家。"[100]《兩宋名賢小集》卷二八七小傳稱:"負才不遇,以詩聞于時。所居曰漁邨,有'漁村名自我'之句,題詠頗多。"[101]

《雲泉集》現存詩 270 餘首,以五言爲主,多敘隱居情事和耕釣生活,青松石床,簞瓢自樂;荷衣蘭杜,古調獨彈。五古《山居》之四:"前村雨腳收,斜陽掛高樹。老翁牽牛歸,頗亦有幽趣。山風響茅屋,崖月導芒屩。平生江湖心,於此謝馳騖。"清范大士《歷代詩發》卷三十評:"語亦近人,而筆意則已古淡。"[102]

五律多工警之句,頗得清初詩論家王士禛稱賞,《居易録》卷十七舉録七聯[103],其中有:"巖陰常候雨,松色不知春。"(《真隱寺呈延上人》)"雪渡溪流澀,廚煙柏葉香。"(《閒居雜興十首》之一)"芳草思無際,春風情最多。"(《春晴泛湖》)"野水涵秋霽,風荷動夕陽。"(《劉荆山歸自維揚營漁屋退居》)外此如:"添歲兒童喜,照貧燈火寒。"(《歲暮書懷》)"天意有興廢,人才無古今。"(《送劉荆山》)七言如:"不知筋力何年盡,看到松杉幾尺長。"(《近買山范灣自營藏地感事述情十首》之五)《兩宋名賢小集》卷二八七舉爲"佳句"。"閑來景物吟方到,静處工夫識始真。"(前題之九)皆爲可誦。

宋慶之

宋慶之,字元積,一字希仁,號飲冰。咸淳元年(1265)進士,曾任監慶元府(今寧波)鹽倉,辟浙東庾幕(倉司幕屬)。有政績,"公車交薦,未引見而卒"[104]。傳見雍正《浙江通志》卷一八二《文苑五》。著有《飲冰文集》十四卷,不傳。《兩宋名賢小集》卷三四四《飲冰詩集》録詩 11 首,《全宋詩》編録 14 首,今輯存得 16 首。

慶之詩文甚得時賢稱賞,劉克莊《宋希仁詩序》曰:"晚見宋君希仁而異之。君永嘉人，智足以知四靈之端，而欲合諸家之長……蓋四靈抉露無遺巧，君含蓄有餘意。余不辨其爲《選》爲唐，要是世間好詩也。”[105]又爲其駢文作序，稱“可以鳴國家之盛”[106]。元黄震《黄氏日抄》謂其“文而無刻楮之弊”[107]。《弘治温州府志》本傳云：“慶之學廣聞多，文辭典贍，有(詩)數百篇，清新閑遠，得風雅之趣。”[108]

慶之與劉克莊、趙汝回、劉瀫、仇遠、釋文珦等並有往還，而與薛嵎交誼最深，薛贈詩有《寄宋希仁兄弟》《秋夜宋希仁同吟松風閣有感》等，言“形道相忘二十年”，“白首到如今”。兩人詩風相近，趙汝回别選二家詩，合編名《雙玉集》。

慶之詩工五律，淡樸清雋，筆意細巧。著者如《開爐日賦》：“筋力已非舊，逢寒亦自憐。風霜在簷外，妻子語燈前。紙被添新絮，茶甌煮細泉。雖云方寸地，春意一陶然。”《次惠上人冷泉夜坐》：“此景寫不盡，此懷誰與俱。月來林影碎，雲去石頭孤。萬籟各休息，天香乍有無。因師寄佳句，清夢更勞吾。”或敘寫家常，或閒居寄懷，皆尋常話語，而平易中見工秀，雋永有餘味，可見風格。孫鏘鳴《東嘉詩話》録其《項園即事》：“時節飛花盡，幽林亦自香。閑來看新水，獨立又斜陽。簷角鳥鳴樹，樹根魚就涼。一春風雨過，遊事極相妨。”稱“楚楚有致”。

劉克莊《宋希仁詩序》摘録他的五言警句，有《和陶》：“城中豈云隘，我見無夷途。所以龐德公，車不向此驅。斜陽掛林杪，野花續春餘。”《喜弟歸》：“數年何處客，昨夜獨歸船。”《送僧》：“飄泊知何處，艱難亦到僧。”《旅夜》：“更長初過雁，蟄後稍無蛩。”《廢墓》：“多年翁仲在，寒食子孫稀。”末後一聯，王士禛《居易録》卷二過録舉爲“佳句”[109]。外此，七言如《寓武昌報恩寺》“貧寺少逢僧過夏，遠鄉多是客經年”亦爲深有體驗之語，非泛然下筆者所能致。

予編《宋代絶句六百首》，選録他的《戍婦詞》二首：“君去無還期，妾思無已時。軍中無女子，誰爲補征衣。”“或傳雲中危，夫死賢王圍。恐傷老姑心，有淚不敢垂。”評曰：第一首通過“誰爲補征衣”家庭生活瑣事的敘寫，表達了戍婦的思念之情，語真意篤。第二首寫夫死於戰事，戍婦爲免使婆婆傷心而强忍悲痛，刻劃她的善良品性，筆致愈委曲細膩[110]。劉克莊深賞之，謂“皆油然發於情性”“是世間好詩”[111]。

潘希白

潘希白(?—約1276),字懷古,號漁莊。父潘斗建,嘉定十三年(1220)進士,歷官福建帥參、知徽州。希白入太學有文聲,登寶祐元年(1253)進士。曾任臨安府節制司幹辦公事,秩滿引疾不調。德祐二年(1276),起爲史館檢閲,不赴,卒。

希白爲後四靈派詩人,早年從學趙汝回,效法孟郊、賈島,獨尚古調,用事苦吟。趙汝回《奉歸柳塘潘希白詩稿》云:"織柳縫花雅道衰,將題錦卷復敲推。夜寒吟苦冰澌合,境寂心融造化來。斫石崑崙攜玉下,乘槎河海到天回。今時古調何人愛,東野長江在夜臺。"[112]《弘治温州府志》本傳謂"樂府駢儷俱著稱于時"[113]。晚歲卜築柳塘(今鹿城區花柳塘),勝流咸集唱詠,一時盛會。傳見雍正《浙江通志》卷一八二《文苑五》。所著《柳塘集》已佚,《東甌詩集》卷三録詩 4 首,《東甌詩續集》卷二録詩两首,今存詩 6 首。

他的《大有・九日》詞,見選周密《絶妙好詞》卷五,傳誦于時。查禮《銅鼓書堂遺稿》評:"用事用意,搭湊得瑰瑋有姿,其高淡處,可以與稼軒比肩。"[114]小詩也寫得不錯。五絶《積靄》:"積靄收殘雨,千峰在小樓。忽然空遠思,野服上漁舟。"七絶《入南溪》:"沙頭落月照篷低,杜宇誰家樹底啼。舟子不知人未起,載將殘夢上清溪。"南溪,即楠溪,今稱楠溪江,甌江支流。詩寫水鄉曉晨船行的感受。鄭文寶詩"不管煙波與風雨,載將離恨過江南"、李清照詞"只恐雙溪舴艋舟,載不動許多愁",皆言以舟載愁;此云"載將殘夢",以舟載夢,變化翻新,設想亦奇。孫鏘鳴《東嘉詩話》評:"意度清遠,殊有蕭然自得之趣。"[115]

薛 美

薛美,號獨庵,後四靈派詩人。今存詩兩首。

薛美推崇薛師石,七律《薛瓜廬吾宗人也吾不得而見之得見其詩斯可矣太息而題於卷杪》云:"結廬兄弟近長安,弊卻儒冠竟不彈。自茹芝來輕漢召,肯將瓜去博唐官。貧多樂事清無盡,手寫新詩墨未乾。史筆須評隱君傳,姓名應作古人看。"[116]可見其清貧自守的志趣。七絶《詠柳》云:"一撮嬌黄染不成,藏鴉未穩早藏鶯。行人自謂傷離别,枉折無情贈有情。"[117]"柳"諧音"留"。古人歧路送别,折柳枝相贈,用表挽留之意。孫鏘鳴《東嘉詩話》:"有《詠柳》絶句云(本篇略)。風韻極佳。又《題瓜廬詩卷》云:'自茹芝來輕漢召,肯將瓜去博唐官。'亦清穎可喜。"[118]

二、非永嘉籍詩人

外籍詩人可考者十二家,依次爲:葛天民、釋居簡、蘇泂、葛紹體、湯千、趙汝鐩、趙庚夫、張弋、杜耒、薛泳、方嶽、潛仲剛。

葛天民

葛天民,字無懷,越州山陰(今浙江紹興)人。初爲僧,名義銛,號樸翁。還俗後寓居杭州西湖,遊吟江湖,所交皆一時勝士。天民詩宗晚唐,與徐照、翁卷、趙師秀、薛師石深相契合,頻有唱酬。徐《寄贈葛樸翁》:"古今稱句法,島賀是僧身。"比之賈島、周賀。翁《寄葛天民》:"傳來五字好,吟了半年餘。"又《次韻葛天民》:"曾有退之憐賈島,豈無得意薦相如?"趙《葛翁小閣》:"此老無塵事,雙姝亦道情。"雙姝,指樸翁如夢、如幻二侍姬。薛《和葛天民》:"賈島文章懷素書,得來讀罷捲還舒。"葛酬趙詩四首,《簡趙紫芝》云:"紫芝雖漫仕,五字已專城。清坐有仙骨,苦吟無宦情。"《訪紫芝回與子舒集》云:"君參唐句法,親得浪仙傳。"他們説的唐體(晚唐體)、五字、句法、苦吟等,表明相互間具有共同的崇尚和話語。樸翁的詩與四靈同體,方回言其"詩可及四靈"[119],這是不錯的。著有《無懷小集》,見編《南宋群賢小集》第十册。

釋居簡

釋居簡(1164—1246),字敬叟,俗姓龍[120],潼川(今四川三台)人。出家天台報恩光孝寺,後於杭州飛來峰北磵闢居十年,人以北磵稱之。嘉熙中,敕住杭州净慈寺。著有《北磵文集》十卷(四庫全書本)、《北磵詩集》十二卷(續修四庫全書本)。

居簡資質穎異,品性高潔,深得葉適契重,稱其"詩語驚人",《奉酬般若長老》云:"簡師詩語特驚人,六反掀騰不動身。説與東家小兒女,塗紅染緑未禁春。"[121]居簡詩崇晚唐,謂"晚唐之作,武盡美矣"(《北磵詩集》卷七《跋臥雲樓詩》),著意字句的"渾鋼百煉"(《北磵詩集》卷七《書泉南珍書記行卷》)。與永嘉詩家交往甚密,集中寄酬趙師秀詩6首、盧祖皋(次夔)13題6首、劉植

(荆山)2首、趙叔迕(寒泉)3首、趙端行(西里)2首、薛師石、薛師董各1首。曾同"劉荆山抵掌"論詩,而對趙師秀最爲推崇,《天樂趙紫芝畫像贊》譽曰"儀刑先進而丹青太空。"(《北磵詩集》卷十二)

蘇 泂

蘇泂(1170—1239年後),字召叟,越州山陰(今浙江紹興)人。蘇頌四世孫。少從陸游學詩,紹熙五年(1194)隨祖師德游宦入蜀,後在荆湖、建康幕府任職,一生偃蹇不遇。今傳《泠然齋集》八卷。

蘇泂同永嘉詩家潘檉、趙師秀、盧祖皋、薛師董並有往還,而與師秀同齡,酬酢尤密,集中酬贈詩6題7首,極爲推崇。《紫芝申之有月夜賡唱俾予續之》:"安得餘盧趙,想從去不歸。"(《泠然齋集》卷三)《憶紫芝》:"流傳仙句世間聞";"清才漫仕槖長空"。《書紫芝詩後》:"爲愛君詩清入骨,每常吟便學推敲。明知篋笥篇篇有,百度逢來百度抄。"(均卷八)薛師董有《題金陵雜興詩後八首》,表褒他的《金陵雜興二百首》絶句。蘇泂的詩效法四靈,師秀骨清語秀的詩格和推敲作風,都對他深有影響。

葛紹體

葛紹體,字元承,亦作元誠、元城,建安(今福建建甌)人[122]。僑居黄巖(今屬浙江)。曾師事葉適,得其指授[123]。葉適《送葛元誠》:"數年之留能浩浩,一日之别還草草。念子身名兩未遂,令我衰病無一好。古人探道從妙年,今人重耳輕目前。不愁好龍龍不下,只愁愛玉酬石價。"[124]對他懷玉不售,志業未遂,深爲惋歎。葛有《和水心先生寄越帥汪焕章得雨韻》。今傳《東山詩選》二卷。

紹體往來温州,與永嘉詩家翁慥(松廬)、翁卷、趙師秀、薛師董(子舒)等多有倡酬,《留别永嘉文友》云:"歸去是明朝,多應趁早潮。雖然鄰邑近,亦似客程遥。村社酒三杓,山家水一瓢。吟邊如得句,共語在元宵。"《送趙紫芝入金陵幕》云:"會面難如此,人生只自憐。笑言無一日,離别有三年。故國帶秋色,長淮起暮煙。官閑足登眺,吟滿菊花天。"又有《對月簡松廬》《送翁靈舒》《送薛子舒華亭造船場》諸作。他的詩長於五律,《四庫全書總目》卷一六二《東山詩選》曰:"集中有與趙師秀、翁卷酬贈之作,故其詩頗近四靈。蓋永嘉一派,以四靈爲宗主,當時風氣如是也。"所論稱允。

湯　千

湯千(1172—1226),字升伯,號隨適居士,晚號存齋,饒州安仁(今江西余江)人。寧宗慶元二年(1196)進士,歷仕黄州黄陂縣尉、婺州金華縣主簿,調南劍、嘉興二州郡學教授,改湖州武康縣令,未上任卒。事見真德秀《西山文集》卷四二《湯武康墓誌銘》[125]。

趙師秀有《送湯主簿》:"還家有新興,佳句入書郵。"又有《送湯千》:"能文兼悟性,前是惠休身。爲選來京邑,因吟訪野人。所居才隔水,不見忽經旬。何事云歸速,儒官拜敕新。"當是送他赴任南劍州郡學教授作。他的詩曾得師秀稱賞。劉克莊《後村集》卷三《答湯升伯因悼紫芝》:"紫芝曾説子能詩,開卷如親玉樹枝。"

其弟湯巾,亦能詩,趙師秀《贈湯巾》云:"黄金榜内人,枉刺忽相親。怪得名差異,吟來句極新。"

趙汝鐩

趙汝鐩(1172—1246),字明翁,號野谷,袁州(今江西宜春)人。太宗八世孫,寧宗嘉泰二年(1202)進士,歷官東陽主簿、臨安通判、廣南東路轉運使,召爲刑部郎中。淳祐五年(1245)知温州,次年卒于任上。事見劉克莊《後村大全集》卷一五二《刑部趙郎中墓誌銘》。

汝鐩著有《野谷詩稿》六卷。劉克莊《野谷集序》(《後村大全集》卷九四)對他極其推崇,王士禛《居易録》卷二指爲評價失當。他的詩以五律成就較高,注重鍛煉工夫,《苦吟》云:"幾度燈花落,苦吟難便成。寒窗明月滿,樓上打三更。"(卷五)《四庫全書簡明目録·野谷詩稿》:"王士禎《池北偶談》稱汝鐩'五言律詩時有佳句,七言俚俗,歌行漫無音節頓挫',其論良允。然四靈一派所刻意求工者,不過五言近體,亦其時風氣使然也。"[126]錢鍾書《宋詩選注·趙汝鐩》謂:"近體不但傳'四靈'的家法,也學楊萬里,都很暢快伶俐。"[127]王士禛《居易録》卷二摘録五言警句二十聯,如:"塵埃雙老鬢,天地幾斜陽。""秋影清涵水,煙痕澹著山。""任梅斜到牖,聽竹長侵堦。""曉清秋已到,葉落客先聞。""煙松迷五鬣,風柳起三眠。"句煉字研,都可見出四靈派"刻意求工"的吟風。集中有寄酬翁卷、趙師秀五律二首,《秋日同王顯父、趙子野、何莊叟泛湖,趙紫芝繼至,分韻得秋字》:"雨餘湖更爽,載酒共清遊。天净倒涵水,峰高争獻秋。風煙入吟筆,簫鼓自鄰舟。堤上詩人過,相邀便肯留。"(卷四)《翁靈舒客臨川,因經從訪之,不遇,聞過村居》:"聞道深村裏,結茅三四間。買田因種秫,移樹爲看山。詩好人皆誦,身安心自閑。有時思雁蕩,依舊棹舟還。"(卷五)其命意造境,與四靈同一機軸。要之,汝鐩的詩脱胎於四靈,而能別出新境,故清曹庭棟言"與四靈分壇樹幟,直欲更出一頭地也"。[128]

趙庚夫

趙庚夫(1173—1219),字仲白,號山中,寓居興化軍(今福建莆田)。宋宗室。兩試禮部不第,以宗子補官,辟嘉興府海鹽縣酒務,權青龍鎮,因捕治土豪得罪勢家停職。

仲白落拓江湖,而不廢吟哦。劉克莊説:"平生志業無所泄,一寓之詩,叢稿如山。"[129]"家無米鹽而喜談文字"[130],"性不妄交,與潘檉、趙師秀論詩,曾極論《參同契》,輒暗合。"[131]詩尚"唐體"(晚唐體),出入四靈,專力五言,如《歲除即事》:"連夜縫紉辦,今朝杵臼頻。買花簪稚女,送米贈窮鄰。宦薄惟名在,年華與鬢新。桃符詩句好,恐動往來人。"《稍得》云"鶴殘籬外筍,鼠舐墨中膠"爲張端義《貴耳集》卷上引録。又如:"鶴食從妻給,花窠課子耡。絶糧緣買硯,止酒爲躭書。"鄭方坤《全閩詩話》卷五舉爲"佳句"[132]。其敘寫瑣碎,取境幽僻,猶可見賈島、姚合作風。方回《瀛奎律髓》卷十六批語:"趙紫芝爲晚唐詩,名冠四靈,而仲白亞紫芝。"[133]又卷二十批語:"天下皆知四靈之爲晚唐,而巨公亦或學之……同時有趙庚(夫)仲白,亦可出入四靈小器。"[134]劉克莊《趙崇安詩卷題跋》謂本朝詩人"詩工而命窮者有紫芝、仲白";又説"惜其出稍晚,不及與芝、白商権。"[135]都將他比並師秀。所著《山中集》等皆佚,《全宋詩》録詩 22 首。

張　弋

張弋,舊名奕,亦作亦,字彦發,一字韓伯,號無隅翁,祖籍河陽(今河南孟縣)。張端義《貴耳集》卷上言其"頎然而長,面帶燕趙色,口中亦作北語。"[136]不事科舉,亦不受官職,一生遊泛湖海。他關心邊事,戴復古有《遇張韓伯説邊事》詩,敘其"北望苦無多世界"傷心之懷[137];曾獻謀府幕,有"策士"之名。

張弋致力於詩,宗法晚唐。丁焴《秋江煙草跋》:"張君彦發,湖海豪士,不喜爲舉子學,專意於詩。每以賈島、姚合爲法,所著僅成帙,清深閒雅,宛有唐人風致。至其得意警絶之句,雜之兩人集内,殆未易辨。彦發思甚苦,未嘗苟下一字,每有所作,必熔煉數日乃定。"[138]其所尚好和苦思熔煉的作風,都與四靈同體。著有《秋江煙草》,今存詩 48 首。

彦發與翁卷、趙師秀交誼甚深,契闊論文,極爲相得。張有《送翁十赴舉》,翁《贈張亦》云:"興兵又罷兵,策士恥無名……示我新詩卷,如編珠玉成。"《酬張韓伯》云:"暫得共論文,依然蹤跡分……何由比明月,到處可逢君。"與師秀尤稱知己,其《寄趙紫芝》:"獨遊非一事,書札故應遲。江上逢春日,湖邊憶醉時。有雲爲我伴,終日誦君詩。百鳥鳴花樹,聲聲在遠思。"《豫章寄紫芝》:"吟苦事俱廢,拙深貧未除……一生江海恨,惟子最知余。"《高郵送紫芝》:"好詩應自作,狂夢與誰圓?"趙《贈張亦》同題作二首,有云:"天下方無事,男兒未有功。邊風吹面黑,市酒到腸空。""因言滾溪宴,同憶舊時狂。"周師成(宗聖)有《張韓伯欲爲羽士,趙紫芝作疏》詩(見《貴耳集》卷上)。

杜 耒

杜耒(? —1227),字子野,號小山,盱江(今江西南城)人。曾官鍾陵縣(南昌縣)糾掾[139],後調任縣主簿。寧宗嘉定十七年(1224),徐鹿卿爲他的詩稿作跋[140]。理宗寶慶元年(1225),史彌遠擅權,貶竄大理評事胡夢昱於象州,子野有詩送行[141]。寶慶三年(1227),知楚州兼淮東制置使姚翀辟爲幕客,兵亂中被殺[142]。《全宋詩》録詩 19 首。

杜耒學詩于趙師秀,元韋居安《梅磵詩話》卷中載:"杜小山耒嘗問句法於趙紫芝,答之云:'但能飽喫梅花數斗,胸次玲瓏,自能作詩。'戴石屏云:'雖一時戲語,亦可傳也。'"[143]師秀這句言簡意賅的詩論很幽默形象,反映了四靈所標榜的野逸清淡的詩風和審美情趣。飽喫梅花,是比喻之語,謂受梅花之寢饋薰陶,寒香沁入肺腑,使胸次晶瑩明澈,無俗物煩心,這樣下筆自無俗氣。杜耒受他老師這句答語的啟悟,潛心研練,詩藝大進,寫出爲人稱道的"尋常一樣窗前月,才有梅花便不同"(《寒夜》)那樣的好句,故戴復古(石屏)贈詩譽云:"飽喫梅花吟更好,錦囊雖富不傷廉。"[144]

杜耒的詩完全是四靈一派。他到過永嘉,曾與趙師秀連日會宿作吟詠討論,有《同紫芝遊西山》《同紫芝宿雙嶺》《重宿紫芝》等作,説:"上方成共宿,劇語到玄幽。""集宿應重到,新詩得再承。"西山、雙嶺均温州西郊地名。師秀《會宿再送子野》:"眠遲古鼎銷殘火,吟苦寒缸落細花。"杜耒與翁卷、趙汝回、趙希迈(端行)亦有同遊唱和之詠,翁《酬杜子野》"數篇詩未答,一幅信重收。"又有《同趙靈芝、杜子野遊豫章總持寺》。趙汝回《杜子野留别》云:"道合意自親","細語交情真"。戴復古有《趙端行、杜子野遊虎丘有詩,僕因思舊與趙子野同宿唱和留題》詩。

薛 泳

薛泳,字叔似,一字沂叔,號野鶴,台州寧海(今屬浙江)人,一説台州天台(今屬浙江)人。早年曾往永嘉從趙師秀學詩,久客江湖,晚歸鄉里,將四靈派的詩學和吟風傳布到台州。宋舒岳祥《劉士元詩序》:"初,薛沂叔泳從趙天樂遊,得唐人姚、賈法。晚歸寧海,爲人鋪説,聞者心目鮮醒。"[145]方嶽《深雪偶談》謂:"晚於溪上小築,扁'水竹居',迄就窆焉。其所爲詩,如《新堤小泛》:'柳斷橋方出,煙深寺欲浮。'《早秋歸興》:'歸心如病葉,一片落江城。'《鎮江逢尹惟曉》:'欲説事都忘,相看心自知。'皆去唐人思致不遠。"[146]清陶元藻《全浙詩話》卷十六《薛泳》:"從趙天樂遊,爲詩酷似姚合、賈島。意致豪爽,嘗謂人家居室,當令三分近竹,七分近水。周公謹以爲名言。"[147]

薛師石有《送薛泳》詩:"病裏風光總虚擲,岸花園柳雨中休。無端好客隨春去,送酒吟詩一併愁。"[148]民國《台州府志》卷一一六《文苑・薛泳》:"自號野鶴。嘗欲與翁逢龍《石龜詩》合刻爲《龜鶴集》。"今僅存《遊洞霄宫》詩、《青玉案・守歲》詞各一首。

方 嶽

方嶽(嶽亦作岳)[149],字元善,號菊田,亦作匊田,台州寧海(今屬浙江)人。曾監温州雙穗場[150]。理宗開慶元年(1259),潭州知州向士璧辟爲幕屬,後改任吉水縣令[151]。度宗咸淳二年(1266)尚在世,其時已瀕晚殘。著有《匊田集》,今佚。

方嶽學詩于翁卷、徐照,他説自己是由翁、徐門徑而續傳"唐人之脈"。宋舒嶽祥《跋僧日損詩》:"邇來此道響沈,元善危唐人之脈遂爾不續,殷勤收拾以爲己任。"[152]又《哭匊田詩老》題下自注:"君詩序,自謂'由翁卷、徐照而漸趨唐人'。翁、徐,永嘉人。"之一:"尋源自永嘉,清響黜浮葩。一字不犯古,五言真到家。"之二:"本是攻文者,其如癖在詩。人皆尊島佛,我欲效宗師。"[153]又《劉士元詩序》:"往時荆溪公主斯文齊盟,作《匊田方元善詩序》,誦者琅琅一舌。……初,薛沂叔泳從趙天樂遊,得唐人姚、賈法。晚歸寧海,爲人鋪説,聞者心目鮮醒;而匊田閉户覓句,惟取其清聲切響,至於氣初之精,才外之思,元善蓋自得之,而非有所授也。"[154]荆溪公,謂吴子良(葉適門人)。此言元善傳承了永嘉詩學,取四靈的"清聲切響"(謂韻律),而又能有所拓展,自得其氣象、思致,較諸薛泳更進一步了。

晚年所著《深雪偶談》,推崇賈島"於事物理態,毫忽體認","令人首肯,無一可以厭斁"。引杜牧"欲識爲詩苦,秋霜若在心",謂好句"無有不自苦思而得也",這些意見都與四靈的主張相同。又言梅詩難工,列舉趙師秀"放了吏人無一事,坐看山鳥喫梅花","禽翻竹葉霜初下,人立梅花月正高"和杜耒"尋常一樣窗前月,才有梅花便不同"諸詠句[155]。

潛仲剛

潛仲剛,里貫事蹟未詳。師從釋居簡,學詩於趙師秀,詩風清苦疏淡。釋道璨《潛仲剛詩集序》云:"仲剛生長藕花汀洲間,天地清氣固以染其肺腑。久從北澗遊,受詩學於東嘉趙紫芝,警拔清苦,無近世詩家之弊。晚登華頂,窺雁蕩,酌飛泉,蕭散閑淡,大異西湖北山。但惜北澗、紫芝不及見也。"[156]北澗即北磵。居簡長居杭州飛來峰北磵,人稱北磵。居簡卒於理宗淳祐六年(1246),其時仲剛已入晚境。詩作無見傳存。

2019 年 5 月 7 日屬稿,7 月 12 日改

2020 年 3 月 21 日補充

【注】

①王綽《薛瓜廬墓誌銘》,清嘉慶六年顧修讀畫齋重刻《南宋群賢小集》第 19 册《瓜廬詩》附。

②見孫延釗《孫衣言孫詒讓父子年譜》引,上海社會科學院出版社 2003 年版,第 453—454 頁。

③薛師石《瓜廬詩》,見顧修讀畫齋重刻《南宋群賢小集》第 19 册。後引薛詩均見此本。

④《四庫全書總目》卷一六二《浣川集》,中華書局 1983 年影本下册第 1395 頁上。後引《總目》提要均見此本。

⑤孫衣言《遜學齋文鈔》卷一〇《跋抄本戴文子浣川集後》。

⑥孫詒讓《温州經籍志》卷二二《浣川集》案，上海社會科學院出版社 2005 年版，中册第 966 頁。後引《經籍志》均見此本。

⑦孫衣言《甌海軼聞》卷四九，上海社會科學院出版社 2005 年版，下册第 1414 頁。

⑧同②。

⑨《葉適集》，中華書局 2010 年版，中册第 336 頁。

⑩楊簡《慈湖遺書》卷二《深明閣記》云："兵侍葉公名其閣曰深明。"葉適任權兵部侍郎在嘉泰三年（1203）十一月初，旋即因父故辭官回温守喪，故可推知。

⑪見胡珠生編《孫鏘鳴集》，上海社會科學院出版社 2003 年版，下册第 622 頁。後引《東嘉詩話》均見此本。

⑫孫詒讓《温州經籍志》卷二二《東閣吟稿》案，中册第 969 頁。

⑬均見趙汝回《瓜廬詩序》，顧修讀畫齋重刻《南宋群賢小集》第 19 册《瓜廬詩》卷首。

⑭宋慶之《哭趙東閣》，文淵閣四庫全書本《兩宋名賢小集》卷三四四。

⑮《弘治温州府志》卷十《藝文・趙汝回》，上海社會科學院出版社 2006 年版，第 255 頁。後引《府志》均見此本。

⑯孫詒讓《温州經籍志》卷二二《瓜廬詩》案，中册第 961 頁。

⑰同⑮。

⑱同⑪。

⑲薛嵎《送劉荆山》，顧修讀畫齋重刻《南宋群賢小集》第 9 册《雲泉詩》。

⑳薛嵎《劉荆山謁賈秋壑》，版本同上。

㉑薛嵎《劉荊山過維揚再謁賈秋壑》，版本同上。

㉒戴栩《浣川集》卷一《寄劉成道（寓吴門）》，文淵閣四庫全書本。

㉓劉植《瓜廬詩跋》，見顧刻《南宋群賢小集》第 19 册《瓜廬詩》附。

㉔趙汝回《送劉成道旅遊》，見陳起編《江湖後集》卷七，文淵閣四庫全書本。

㉕吴泳《鶴林集》卷三二《答劉成道書》，文淵閣四庫全書本。

㉖釋文珦《潛山集》卷八《哭復荆山》，文淵閣四庫全書本。

㉗《温州經籍志》卷二二《漁屋集》案，中册第 968 頁。

㉘同⑪。

㉙《弘治温州府志》卷一〇《藝文・盧祖皋》，第 254 頁。查爲仁、厲鶚《絶妙好詞箋》卷一《盧祖皋》引《東嘉姓譜》同。

㉚戴栩《浣川集》卷一〇，文淵閣《四庫全書》本。

㉛毛晉輯《宋六十名家詞》，上海古籍出版社 1989 年影本。

㉜《四庫全書簡明目録》卷二〇，上海古籍出版社 1985 年版第 896 頁。

㉝《孫鏘鳴集》，下册第 613 頁。

㉞均見孫應時《燭湖集》卷一〇,文淵閣四庫全書本。

㉟俞弁《山樵暇語》卷三,《明詩話全編》鳳凰出版社2006年版,第3册第2463頁。

㊱卞東波《唐宋千家聯珠詩格校證》卷一三,鳳凰出版社2007年版,下册第616頁。

㊲同⑪。

㊳《兩宋名賢小集》卷二九〇許棐《梅屋詩稿》,文淵閣四庫全書本。

㊴劉克莊《後村大全集》卷二四《題趙西里詩卷二首》之一有云"序齒吾猶事以兄",希迈年齒稍長克莊。劉生於孝宗淳熙十四年(1187),設若希迈年長克莊一歲,則其生年約當淳熙十三年(1186)。

㊵《永樂樂清縣誌》卷七《科第宋·嘉定庚辰(十三年)》:"趙汝迈。"《弘治温州府志》卷十三《科第宋·嘉定庚辰劉渭榜》:"趙汝迁,樂(清),終柳州守。"雍正《浙江通志》卷一二七《選舉五宋進士·嘉定十三年庚辰劉渭榜》:"趙汝迁,樂清人,知柳州。"按:趙汝迈、趙汝迁均爲趙希迈之誤。據縣志、府志,趙汝迁者登嘉定戊辰(元年)進士第,别是一人。

㊶見《吴都文粹續集》卷八趙希邁《提幹廳重建超然堂記》,文淵閣四庫全書本。

㊷劉克莊《後村大全集》卷二四,四部叢刊初編本。

㊸見孫克强主編《白雨齋詞話全編》,中華書局2013年版,中册第830頁。

㊹《全宋詩》分立趙端行(第45册二四一三卷27856頁)、趙希邁(第60册三一五九卷37897頁),誤以爲二人。趙希邁下據《前賢小集拾遺》(録3首)、陳世隆《宋詩拾遺》(録2首)、《詩淵》(録2首)、《東甌詩存》(録38首)編録一卷,計45首;趙端行下録2首,其中《白鶴關》一首重出。

㊺本篇明趙諫《東甌詩續集》卷一録作周翼之詩,有誤。此詩見載元陳世隆《宋詩拾遺》卷十一、明蔡璞《東甌詩集》卷四,自是趙希迈詩。周翼之爲趙希迈(西里)之後輩詩友,有《西里翁宅》詩:"詩人風致别,卜築寓煙霞。"(《東甌詩存》卷九)此篇當是他過録觀摩趙詩而被後人闌入者。

㊻《弘治温州府志》卷一一《宦業》,上海社會科學院出版社2006年版,第279頁。

㊼林希逸《竹溪鬳齋十一稿續集》卷十九《挽陳節齋》之三,文淵閣四庫全書本。

㊽張綦毋《潛齋集》,中州古籍出版社2010年版,第236頁。

㊾《弘治温州府志》卷十《藝文·薛師石》,上海社會科學院出版社2006年版,第257頁。

㊿同①。

51同⑬。

52孫詒讓《温州經籍志》卷二二《瓜廬詩》,中册第961頁。

53曹豳《瓜廬詩跋》,見顧刻《南宋群賢小集》第19册《瓜廬詩》附。

54《四庫全書總目》卷一六二《瓜廬詩》,中華書局1983年版,下册第1390中。

⑤⑤同⑤④。

⑤⑥趙希迈《題瓜廬詩》,見顧刻《南宋群賢小集》第19册《瓜廬詩》附。

⑤⑦同㉓。

⑤⑧曹庭棟《宋百家詩存》,文淵閣四庫全書本。

⑤⑨《兩宋名賢小集》卷二九七王琮《雅林小稿》有《客裏有懷徐太古》詩,小傳云:琮字宗玉,錢塘人,徽宗初登進士第,宣和中提舉永興軍路常平,靖康初除左司郎中,紹興間嘗避地居括。按:王琮時代較早,此"徐太古"疑别是一人。

⑥⓪陳撰,《宋詩拾遺》卷一七、《東甌詩集》卷三均作"字幼端",《東甌詩存》卷七、《光緒永嘉縣誌·選舉志一》作"字幼瑞","瑞"爲"端"形近訛。孫衣言《逸老叢談》:"陳居端,名撰,亦曰幼端,亦曰君端。"

⑥①《弘治温州府志》卷一三《科第·宋》:"紹熙癸丑(陳亮榜):陳撰,永(嘉)。終湖南提幹。中經魁。"

⑥②葉適《水心文集》卷十五《夫人薛氏墓誌銘》:"胡序少賓夫人薛氏,起居舍人薛徽言之女。二家永嘉望姓,世相婚姻。……孫男四人:曰壑,曰垕,曰圭,曰堂。"薛氏卒,"祔於永嘉縣吹臺鄉少賓之墓",是胡圭爲永嘉(今温州城區)人。《宋詩拾遺》卷一八小傳:"梅山,瑞州(應爲'安')人",《東甌詩集》卷四小傳云"瑞安人",《東甌詩存》卷九、孫衣言《逸老叢談》承之,不確。

⑥③明蔡璞《東甌詩集》卷四:"高彦竹,號野泉,永嘉人。"《東甌詩存》卷九小傳同。孫衣言《甌海軼聞》卷二八《文苑·永嘉四靈》引王綽《薛瓜廬墓誌銘》後按:"高竹友,水心妻從子,《水心集》有《贈竹友外侄》詩,似即《永州墓誌》所謂彦符。"據《水心集》卷一五《高永州墓誌銘》,高子莫(1140—1200)永嘉人,累官知永州,葉適岳丈。孫高彦符,爲葉適外侄。張如元等《東甌詩存》校補云:"據此,彦符字竹友,乃高世則曾孫。而《東甌詩集》作'彦竹'者,或'彦符字竹友'之脱誤,或'符'字殘缺,唯見竹頭所致。"

⑥④《葉適集》卷一五,中册第290頁。

⑥⑤《水心文集》卷八《翁常之挽詩》之一"晉畫唐吟老愈奇",《葉適集》上册第129頁。

⑥⑥《水心文集》卷二八《祭翁常之文》,《葉適集》中册第570頁。

⑥⑦《水心文集》卷一二《松廬集序》,《葉適集》上册第215頁。

⑥⑧葉適《西巖集序》,文淵閣四庫全書本翁卷《西巖集》附。

⑥⑨戴栩《浣川集》卷一〇《存齋蔣弋陽墓誌銘》,文淵閣四庫全書本。

⑦⓪趙汝回《吊蔣弋陽》,見陳起編《江湖後集》卷七,文淵閣四庫全書本。

⑦①同⑥⑨。

⑦②同⑥⑨。

⑦③《宋史》卷四一六《曹豳傳》,中華書局1977年版,第36册第12482頁。

㉔陳世崇《隨隱漫録》卷五,涵芬樓《宋人小説》本。按:王士禛《分甘餘話》卷三:"曹東畝論詩曰:'四靈詩如啖玉腴,雖爽不飽;江西詩如百寶頭羹,充口適腹。'余謂此齊人管晏之見耳。四靈如襪材,窘于方幅;江西以山谷爲初祖,然東坡云:'魯直詩如啖江瑤柱,多食則發風氣。'"王氏於四靈、江西皆有貶語,故斥爲"齊人管晏之見",言非正宗雅論。

㉕劉克莊《後村大全集》卷九八《曹東甽集序》,四部叢刊初編本。

㉖見顧修讀畫齋重刻《南宋群賢小集》第19册,薛師石《瓜廬詩》附。

㉗同㉕。

㉘劉宰《漫塘集》卷二四《書修江劉君詩後》,文淵閣四庫全書本。

㉙同㉕。

㉚同㉕。

㉛周密《齊東野語》卷八,中華書局1983年版,第139頁。

㉜《宋史》卷四一七《趙葵傳》,中華書局1977年版,第36册第12502頁。

㉝同㉜。

㉞《續資治通鑑》卷一六七,中華書局1979年版,第10册第4566頁。

㉟《水心文集》卷八,《葉適集》上册,第135頁。

㊱《水心文集》卷二九,《葉適集》中册,第615頁。

㊲按:師董岳父陳謙(1144—1216)卒於嘉定九年(1216)。葉適《朝請大夫提舉江州太平興國宮陳公墓誌銘》作於嘉定十年(1217),時師董尚在世。師董父薛叔似(1141—1221)卒於嘉定十四年(1221)。劉克莊《後村集》卷一《哭薛子舒二首》之二:"忍死教磨墨,留書訣父兄。"是師董先其父而卒。故可推知師董約當卒於嘉定十一年(1218)至嘉定十三年(1220)間,今取其中數。

㊳《水心文集》卷二五《朝請大夫提舉江州太平興國宮陳公墓誌銘》:"公永嘉陳氏,名謙,字益之……女曰縝,嫁建康府户部贍軍中庫薛師董。"《葉適集》中册第504頁。

㊴《葉適集》上册,第101頁。

㊵《葉適集》上册,第107頁。

㊶《弘治温州府志》卷一一《宦業・薛叔似》,上海社會科學院出版社2006年版,第289頁。

㊷均見陳起編《江湖小集》卷六七《葛天民小集》,文淵閣四庫全書本。

㊸蘇泂《泠然齋詩集》卷六《金陵雜興二百首》附録,文淵閣四庫全書本。

㊹劉克莊《後村集》卷二三《賈仲穎詩序》,文淵閣四庫全書本。

㊺同㊹。

㊻趙汝回《雲泉詩序》,顧修讀畫齋重刻《南宋群賢小集》第9册《雲泉詩》卷首。

㊼《四庫全書總目》卷一六五《雲泉詩》,中華書局1983年影印本,下册第1410頁下。

⑱孫詒讓《温州經籍志》卷二三《雲泉詩》,上海社會科學院出版社 2005 年版,中册第 981 頁。

⑲《劉黻集》卷三,上海社會科學院出版社 2006 年版第 639 頁。

⑳同㊆。

⑪陳思編、陳世隆補《兩宋名賢小集》卷二八七,文淵閣四庫全書本。

⑫范大士《歷代詩發》卷三〇,海南出版社 2000 年影印《故宫珍本叢刊》第 645 册,第 59 頁上。

⑬王士禛《居易録》卷一七,文淵閣四庫全書本。

⑭《弘治温州府志》卷一〇《藝文·宋慶之》,上海社會科學院出版社 2006 年版,第 256 頁。

⑮劉克莊《後村大全集》卷九七《宋希仁詩序》,四部叢刊初編縮印本第 841 頁下。

⑯劉克莊《後村大全集》卷九七《宋希仁四六序》,四部叢刊初編縮印本第 842 頁上。

⑰黄震《黄氏日抄》卷九一《跋耘溪槧稿》,文淵閣四庫全書本。

⑱同⑭。

⑲王士禛《居易録》卷二,文淵閣四庫全書本。

⑳陳增傑《宋代絶句六百首》,福建人民出版社 1986 年版,第 353 頁。

⑪同⑮。

⑫見陳起編《江湖後集》卷七,文淵閣四庫全書本。

⑬《弘治温州府志》卷一〇《藝文·潘希白》,上海社會科學院出版社 2006 年版,第 256 頁。

⑭唐圭璋《宋詞三百首箋注》引,上海古籍出版社 1979 年版,第 225 頁。

⑮《孫鏘鳴集》,下册第 621 頁。

⑯薛師石《瓜廬詩》,顧刻《南宋群賢小集》第 19 册。

⑰宋陳景沂《全芳備祖》後集卷一七引,文淵閣四庫全書本。

⑱《孫鏘鳴集》,下册第 626 頁。

⑲方回《瀛奎律髓》卷十一葛無懷《郊原避暑》批語,《瀛奎律髓彙評》上册第 405 頁。

⑳此據明吴之鯨《武林梵志》卷九《净慈寺·北磵居簡禪師》,明曹學佺《蜀中廣記》卷八九《高僧記·宋净慈北磵禪師》謂"王氏子"。

㉑《水心文集》卷八,《葉適集》上册,第 127 頁。

㉒宋常棠《海鹽澉水志》卷七《思賢碑》:"寶慶二年秋……七月望日建安葛紹體撰,渭南高不華書。"

㉓《四庫全書總目》卷一六二《東山詩選》:"謝鐸《赤城續志》載有葛紹體,字元承,家於黄巖。嘗師事永嘉葉適,得其指授。"

⑫④《水心文集》卷六,《葉適集》上册第55頁。

⑫⑤按:此文又載四庫本宋劉爚《雲莊集》卷十九,題同,當屬誤編。《四庫全書·雲莊集》提要:劉爚字晦伯,建陽人,孝宗乾道八年(1172)進士,累官國子司業、權工部尚書。年輩早于湯千,其及第時湯千才出世,不可能説"予年二十六,始識升伯于都城"。真德秀(1178—1235),建州浦城(今屬福建)人。慶元五年(1199)進士,年資相若。德秀又有《别湯升伯》詩:"二十年前忝舊遊,論交今日始從頭。我如潦盡寒潭水,君似天空明月秋。夜雨幾時重話舊,故山聞早共歸休。臨岐贈别無他祝,莫忘鄒陳爲國憂。"(《西山文集》卷一)《墓誌銘》云,"予年二十六始識升伯","後十餘年"復讀其策論,"五六年再見于延平",故詩云"二十年前忝舊遊,論交今日始從頭"。情事適相符合,益證。

⑫⑥《四庫全書簡明目録》卷一六《野谷詩稿》,上海古籍出版社1985年版,第686頁。

⑫⑦錢鍾書《宋詩選注》,人民文學出版社1979年版,第273頁。

⑫⑧曹庭棟《宋百家詩存》卷二五《野谷詩集》,清乾隆六年刊刻本。

⑫⑨劉克莊《後村集》卷三七《趙仲白墓誌銘》,文淵閣四庫全書本。

⑬⓪劉克莊《後村集》卷三三《祭趙仲白文》,文淵閣四庫全書本。

⑬①同⑫⑨。

⑬②鄭方坤《全閩詩話》卷五,文淵閣四庫全書本。

⑬③方回《瀛奎律髓》卷一六趙仲白《歲除即事》批語,清嘉慶五年李光垣校刻本。

⑬④方回《瀛奎律髓》卷二〇翁續古《道上人房老梅》批語,版本同前。

⑬⑤均見劉克莊《後村大全集》卷一〇七,四部叢刊初編本。

⑬⑥釋道璨《柳塘外集》卷三,文淵閣四庫全書本。

⑬⑦張端義《貴耳集》卷上,叢書集成初編本。

⑬⑧《戴復古詩集》卷六,浙江古籍出版社1992年版,第184頁。

⑬⑨見陳起編《江湖小集》卷六八《秋江煙草》附,文淵閣四庫全書本。

⑭⓪宋嚴羽《滄浪集》卷二有《秋日廬陵送杜子野攝鍾陵糾掾》,文淵閣四庫全書本。

⑭①徐鹿卿《清正存稿》卷五《跋杜子野小山詩》,文淵閣四庫全書本。

⑭②見收宋胡知柔編《象臺首末》卷三,文淵閣四庫全書本。

⑭③《宋史》卷四七七《叛臣傳下·李全下》,中華書局1977年版,第39册,第13836—13837頁。

⑭④韋居安《梅磵詩話》卷中,《歷代詩話續編》中册第562頁。

⑭⑤《戴復古詩集》卷六《杜子野主簿約客賦一詩爲贈》,浙江古籍出版社1992年版,第160頁。

⑭⑥舒嶽祥《閬風集》卷一〇,文淵閣四庫全書本。

⑭⑦《全宋筆記》,大象出版社2016年版,第7編第8册,第21頁。

⑱陶元藻《全浙詩話》卷一六,《續修四庫全書》第1703册,第244頁下。

⑲薛師石《瓜廬詩》,顧刻《南宋群賢小集》第19册。

⑳按,《秋崖集》之著者方岳,字巨山,别爲一人。

㉑劉克莊《後村大全集》卷一五二《方潛仲墓誌銘》,四部叢刊初編本。

㉒見《宋史》卷四一六《向士璧傳》,中華書局1977年版,第36册第12478頁。

㉓舒嶽祥《閬風集》卷十二,文淵閣四庫全書本。

㉔舒嶽祥《閬風集》卷四,文淵閣四庫全書本。

㉕舒嶽祥《閬風集》卷十,文淵閣四庫全書本。

㉖均見方嶽《深雪偶談》,《全宋筆記》大象出版社2016年版,第7編第8册,第18、19、20頁。

文集

東園遺稿

(明)何文淵 撰　堯育飛 標點

何文淵(1385—1457),字巨川,號東園,江西廣昌人。永樂十六年(1418)進士,宣德五年(1430)任温州知府,五年後擢刑部右侍郎,後官至吏部尚書。在其故鄉廣昌與温州,何文淵被稱爲何尚書,留下諸多傳誦至今的民間故事。在温州六年,何文淵政績卓著,素稱難治的温州一時教化大行,故深受百姓愛戴,也成就其政治生涯最輝煌的一段經歷。明嘉靖時任江西建昌知府的浙江臨海人王度云:“吾浙十一州,後先之吏至莫良於何吏部矣。”[①]而何文淵之於温州,同樣情深誼厚。在朝爲官時,他依然十分關心温州的政事與人民。温州人前往北京,也樂意拜見這位前任知府。何文淵不能忘情於温州,臨終時,他還以爲自己死後魂魄必然飛向温州。他的遺言令人感慨:“吾嘗爲温守,温民戴吾亦深,今去温數十年,然心未嘗不在温也。我死,神氣必歸温矣!”[②]

何文淵與温州的關係,是温州地方文化史研究的重要問題,然而以往研究所據材料均較零散,故往往不够切實。實則何文淵尚有《東園遺稿》存世。清初黄虞稷《千頃堂書目》記載“何文淵東園遺稿四卷”[③],但《東園遺稿》在清代逐漸失傳,修《四庫全書》時,館臣已不及見此書。現在所見的《東園遺稿》藏於日本内閣文庫,從目前古籍普查披露的情況看,此書或爲宇内孤本。臺灣傅斯年圖書館曾於二十世紀六七十年代取得此書縮微膠卷,大陸地區則温

① (明)何文淵《東園遺稿》首卷,明嘉靖刻本。
② (明)何文淵《東園遺稿》首卷,明嘉靖刻本。
③ (清)黄虞稷撰,瞿凤起、潘景郑整理《千頃堂書目》,上海古籍出版社2001年版,第485頁。

州圖書館於前些年獲此書電子版。感謝温州圖書館慷慨提供影印件，筆者因得以寓目，並加以整理。謝謝復旦大學林振岳博士(現華東師範大學博士後)在日本内閣文庫幫忙查閲原書，使筆者得以確認此書原缺兩葉。

今日本内閣文庫所藏《東園遺稿》爲明嘉靖三十八年序刻本，四卷兩册，卷一首葉右起第二行題"廣昌何文淵撰"。正文每半葉十行，行二十二字，單黑魚尾。是書分五卷，分别爲首卷、卷一、卷二、卷三、卷四。前有江西按察司副使蒲之浩嘉靖三十八年(1559)六月所作《東園何公文集序》。《東園遺稿》於温州歷史文化研究助益甚多，兹將此部分材料的價值稍加提示：

一、《東園遺稿》保存大量宣德間温州史料，可豐富明初温州社會、經濟等領域的研究。《東園遺稿》直接與温州相關詩文計廿五篇，篇幅佔全書近五分之一，涉及温州賦税、宗教、族群、科考、教育、道德狀況等方方面面。如對温州佛教勝地江心寺的介紹，對了解温州佛教發展意義甚大；如對卻金館的記載，可訂補以往研究的疏漏。

二、《東園遺稿》許多詩文都是首次披露，即便見載於其他文獻中，文本也有較大出入，有助於理解明初以來歷史文獻之間錯綜複雜的關係。如由《東園遺稿》可知，明末温州人姜淮所編《岐海瑣談》關於何文淵的資料主要採自《東園遺稿》，但姜淮的節略導致不少信息失真。此外，《東園遺稿》與後世文獻存在諸多文本差異，可知明人文獻傳世過程也存在修改情況。如何文淵門人章綸所撰《明故榮禄大夫太子太保兼吏部尚書何公行狀》，篇名和内容均與《明名臣琬琰續録》[①]所收差異不少。《明名臣琬琰續録》不載"竟致虜酋悔禍"等語，知經四庫館臣刪削，且記載何文淵孫兒數目少於《東園遺稿》本等，當以《東園遺稿》所收爲是。又如《謝公亭記》一文，《孤嶼志》[②]記載與《東園遺稿》所録差别甚大，當以《東園遺稿》爲准。然兩種文本何以文字出入甚大，其中或與山志等文獻的修纂模式有關，值得研究者注意。

三、《東園遺稿》爲重新研究何文淵與温州士人的交往提供了更廣闊的視野。何文淵治理温州，之所以能在短時間内取得成效，與其善於聽取民意，廣泛採納虞原璩、林湜、蔡育等耆舊儒生的意見關係密切。此外，何文淵重視教育，善於培育人材，教化一方。其拔擢的門生周旋、章綸、南昱等人均中進士，

① 沈不沉編注《章綸集》，北京：綫裝書局，2009 年版，第 288—294 頁。

② 金柏東主編《温州歷代碑刻集》，上海社會科學院出版社，2002 年版，第 94 頁。

且周旋還成爲狀元。凡此種種，可見何文淵在温州開啓了一種新型的"官——民(士)"交往方式，上情下達，故温州大治。而何文淵也在這種爲民着想、爲地方考慮的施政理念中，與温州士民建立深厚的關係。何文淵及其後人與温州士人如章綸等人結下的關係網絡，在明英宗復辟之後，也在一定程度上挽救了何氏家族[①]。這些也值得研究者關注。

《東園遺稿》存世甚少，讀者亦復寥寥。四年前，筆者撰寫碩士論文時，蒙温州圖書館提供影印件，即發願整理是書。至於原因，一則因何文淵是筆者的鄉先輩，筆者從小即習聞"何尚書"故事。且自研究其子何喬新《椒丘文集》以來，筆者認爲整理這對"父子尚書"的文集頗有學術價值。二則因讀到"行囊不載温州物，惟有民情滿腹中"時，不禁感慨繫之：何文淵在温州爲官施政並不複雜，他不過是心中裝着老百姓而已。如此簡單從政的何文淵，就成爲數百年來温州人愛戴的官員楷模。筆者不禁幼稚地認爲，讀讀《東園遺稿》，世人不難明白一個道理——好官很好當，好官值得當！

玆將該書關涉温州的資料輯録而出，以饗讀者。整理時對原書的異體字不作改動，原書缺略漶漫則以"□"標識，祈讀者明察。

何公文淵畫像贊[②]

挺山嶽之靈秀，焕奎璧之文章。心瑩乎其秋月，仁藹乎其春陽。昔持憲節，霜威不減乎范張；繼綰郡符，德政遠邁乎龔黄。宜乎副六卿之諧弼，資九重之贊襄。噫！斯人也，真所謂霄漢之景星慶雲，郊岡之麒麟鳳凰。世之所見，不可得而常者也。

永嘉朱諡贊。

自贊　时年五十有八

學有愧乎古人，行不通乎時俗。惟汲汲於牧養小民，亦惓惓於敬慎由獄。

① 關於何文淵之死的相關史實，可參見筆者碩士學位論文《家族、權力與商業：〈椒丘文集〉版本源流考》（中南大學碩士論文，2014年）。

② 此篇名爲筆者所擬。除本文作者爲朱諡，行狀出自章綸之手外，其餘詩文均爲何文淵作。

求與君子之同流,未免爲小人所不足。涵養工夫,無怠於斯;期之後來,或有取歟。

明故榮禄大夫太子太保兼吏部尚書何公行狀

公諱文淵,字巨川,姓何氏,江右廣昌人也。先世諱坦者,仕宋爲寶謨閣學士、廣東提刑,階宣奉大夫,謚文定。坦生紹興太守聖能,聖能生武平知縣行,行之後再世而有桂芳,桂芳生德源,公之祖也,贈正議大夫資治尹、吏部左侍郎。德源生景榮,公父也,贈正議大夫資治尹、吏部左侍郎。母吴氏,封大淑人。

公生於洪武乙丑十二月三十日。自幼英邁,年七歲入社學,從鄉先生讀書,過目成誦。群兒或竊瓜果以奉公,卻之曰:"童稚之年,詎可習爲盗賊哉!"識者嘆其不凡。永樂初,選補邑庠生,時父兄繼喪,公晝則經營家事,夜則刻苦讀書,涵濡既久,經史百氏無不貫通,發爲文章,咸中矩矱。歲戊戌,登李騏榜進士第。越二年,拜湖廣道監察御史,以廉介自持,立朝正色,已而巡按山東。山東豪右侵漁百姓,兼軍衛多擾,公發奸擿伏,吏民畏之如神。

仁宗皇帝即位,命考四川吏治,公察其殿最而黜陟之,人服其當。又劾奏工部侍郎楊和,黜退參議金文斌、副使張銘、僉事張明等三百餘人。威風凜然,貪暴往往棄官去。時蜀旱,所臨郡邑輒雨,人謂"御史雨"。烏蒙土官知府禄昭妻與耆民什伽私,昭知之。什伽懼罪,潛赴京告昭謀反,詔四川、雲南、貴州、建昌行都司各以所部軍討之。昭遣人訟冤,公移檄止所調軍,具以其事聞于上,遂直其冤。由建昌行都司入雲南,經貴州出,播州楊宣慰迎謁,以銀器、文綺來獻,公笑而卻之,宣慰出語人曰:"此可見何公不可以利動。"

宣德改元,正月,奉勅清理山西戎伍,於其冤濫者直之,欺隱者摘之,民無有苟免而濫加者。十一月,詔選御史有風力者體察南京弊政,十四道御史咸推,公復承命以往。因奏曰:"人有誤觸刑憲初犯者,令納鈔贖罪。"又言:"老人必選年高衆所信服者,使勸民爲善,不可使非人以虐民害政。"因請通行禁約,上皆從之。歲丁未,上賜勅命,贈封考妣,因告歸省。及還,遇盗,行李爲之一空,而縣丞張履道家人寄白金十五兩獨存,公至京,舉以還之,封識宛然,人皆嘆服。

庚戌五月,上以蘇、松等郡素稱難治,而任郡守者弗得其人,乃命大臣各舉其賢能者任之。都御史顧佐薦公知温州府，捧璽書馳驛赴任。至則視民之利病、政之得失而興廢之。舊額田十畝，以三畝爲陸田，俾輸麥稅；其後田有賣買，而民畏麥稅之重，造版籍莫肯收陸田者，以故争訟連年。公請均陸田之稅與水田等，於是賦稅不虧而民甚利之。郡所屬四縣，稅課司、河泊所舊征銀鈔，既而禁用金銀，商稅止輸鈔而舊課不除，每歲役於官者買銀輸之，民多破産。公以稅銀例禁，請自今銀課亦皆收鈔。朝廷從之。是後，民無輸銀之苦。舊徭役弗均而富者得以幸免，公度其貧富，第其高下，列爲簿籍，而民獲其平。温地與金鄉、磐石等三衛鄰，軍士恃其不統於有司，肆爲兇暴，廣植田産，不供賦役，淩轢有司，侵刻小民。公束之以法，軍衛肅然。

每歲中使至温取供御海味、果實，供饋煩苛，不勝其擾，公措置有方，民不病而事舉。一日檄下，作漕運巨艦四十五艘，郡邑驚動，公任僚屬，集里胥量工料、董其事，不一二月，寂無勞擾而艦成，且以所餘物還下，按堵帖然。他政事有不便於民者，大則奏聞，小則立改；振舉學校，使士有所作興；修明條制，使吏有所遵守。祠先賢、舉逸民、興禮讓、時嫁娶、重喪葬、具儲積、别善惡。居數月，政化大洽，山無盜賊，民寡詞訟，境内稱治。鄰邑之民訟有不直者，亦赴訴焉，公爲辯其曲直，咸悦服而去。

青田民葉孟圭、徐成，皆邑之大姓也，兩家故有怨，成爲糧長，以賦不時輸，縣遣孟圭督之，孟圭欲因以報怨，乃率五百人掠其財，壞其屋。成訴於官，三司調軍追捕。公聞之曰："洪武初青田嘗反，今以五百人之衆，不服追捕，逃入山林，必激變，又延及無辜。"乃遣人召孟圭及成至府，諭以禍福，命孟圭以所掠財還成，爲葺其屋。孟圭拜且泣曰："昨聞調軍追捕，自謂旦暮鬼耳，今聞指示可生之路，敢不從命！"人謂公以片言止亂，賢於用數千兵遠矣。

壬子冬十月入覲，道經括蒼馮公嶺，永嘉丞于建遣其子間道懷金賭公於旅館，公慰諭卻之。過客聞其事者，扁所舍處曰"卻金館"，士大夫咸有題詠。

始，公與八人受命爲守，未期，政聲燁然，聞於京師。至是，上問吏部尚書郭璡曰："先所任九人爲知府，亦有來者乎？"璡以公等七人名聞，乃召入便殿，命中使傳詔奬勞，錫宴於廷，又以御製《招隱》詩賜之，所以寵賚之者甚厚。

公既復任，感上寵遇，知無不爲。化行既久，民皆信服，軍衛亦皆戒飭其下，毋得侵害於民。郡中無事，黄堂闃然，暇則詣庠序，進諸生周旋等講論經史，亹亹忘倦。又召生徒章綸入府中，親自授業，未幾，周旋果狀元及第，章綸第進士，今任禮部右侍郎。其餘亦皆出仕，有廉介心，公之指教居多。

歲旱，齋戒禱於山川，泣拜移時，弗能起。其禱詞有云："薄壽請從今日止，甘霖望自九天來。"俄而黑雲四興，大雨如注，歲大熟。

乙卯春，處州盜起群聚，四出剽掠，官軍討之，往往敗績，乃於要害處設關防守。俄有一人逸入境，守關者執之，乃殺官軍者也。公詢知賊據烏風洞爲巢穴，遣經歷黄誠潛往捕之，悉得其渠魁。時都指揮使李貴等捕盜無所得，乃執村民，以火烙之，皆自誣服。公移文言盜已得，彼所捕皆平民也，貴等怒，必欲置所執者於死。公抗言不爲撓，由是活二百餘人。

永嘉民朱良觀、良旦兄弟争財訟於郡，公召其鄉老，諭以兄弟天倫大義，因判詩於其狀，有"衹緣花底鶯聲巧，致使天邊雁影分"之句，於是良觀兄弟感泣，退修親睦之行。

是歲五月，浙江布政使黄澤以公治行聞於朝，皇帝以璽書獎勵，增秩二級，掌郡事如故。命未下，而禮部尚書胡濙復薦公宜大用，乃擢刑部右侍郎。將赴召，温之官吏、軍民、父老咸號泣遮留。及出城，男女送者萬餘人，填塞城門，居民在江之北者，率父老童稚望風拜伏，悲泣於岸側。在郡六年，無錙銖之取於民，布裘蔬食，處之怡然，故去時詩云："行囊不載温州物，惟有民情滿腹中。"民思之不已，爲立生祠，歲時祭祀。

及在朝，數上章言事，皆關於治體。每朝廷有政事，百官廷議，公辨析利害，衆皆服之。論囚常求生之，前後辨繫者之冤不可勝數。又命典獄者灑掃囹圄，夏月則寬其桎梏。正統元年丙辰九月，詔往維揚理鹽法。惟私販情重者罪之，餘悉寬貸。議者欲悉籍其家，公力争之，全活者百餘家。庚申八月，朝議遣公經理京畿八府荒政，多得賑濟之法。

初，麓川思任發苦邊吏侵刻而叛，都督方正討之敗死，已而遣使入貢謝罪，而群臣復請討之。公上書，大略言："麓川一彈丸瘴癘之地，疆里不過數百，人民不滿萬餘，以大軍臨之，往無不克，然莫若命官軍耕守操備，仍令官一員直入其地，諭以禍福趨避之機。好生惡死，人之常情，彼亦人也，一聞開示可生之路，必稽首稱臣，興琛入貢。若或冥頑梗化，則調軍相機剿絶，如此，則遠人蒙再生之恩，而朝廷亦免出師轉餉之勞。"詔百官會議，時有欲邀功邊徼者，倡言征之便，卒以山川險阻，弗能克。兵疲於奔命，民困於轉輸，東南騷動，衆始悔之。

辛酉六月旱，詔公審覆在京罪囚，多所平反。凡情有可矜、法有可疑者，咸從輕議。越數日，天乃雨，大有年。上封事者言："民之盜竊者多黥刺之刑，不足使之懲創,自今犯者宜扁其門曰'竊盜之家'。"朝議從之。公具言:"律有常憲,竊盜初犯、再犯俱刺字,三犯者絞。今又起立牌額,是於律條之外又加其罪。況在京及各處布政司人煙輻輳,爲盜者多,若盡立牌額,數年之間,各處竊盜牌額必多,有失四方往來之人觀瞻,實傷治體。"書奏,乃寢其令。

時公以疾,屢欲告歸,而少師楊公士奇、少保楊公溥勉留之,且擬大拜,公以疾力求罷,上乃許之。既歸,杜門不出,惟課僮僕畊墾、教子讀書而已。

己巳八月,車駕北狩,郕邸攝位,詔起之,遂驛召於家。既至,以爲吏部左侍郎。時貴州蠻叛,議討之。公言貴州荒服之地,洪武中命鎮遠侯提兵鎮守,夷人以安。永樂中始奏以其地設都、布、按三司及府、州、縣。夷人始苦其役,遂至作亂,乞遵舊制,仍設總兵官鎮守,而革新設衙門。

北虜也先請遣大臣迎車駕還京,廷議不決,公倡言於衆曰:"此事雖十上章不得請,不可已也。"於是自草奏,同群臣詣闕力請,竟致虜酋悔禍。乘輿南還,公與有力焉。

明年,陞本部尚書,惓惓以進賢圖治爲心,而賢不肖、好惡者不一,公知不可,力求退避。五上章,始獲命致仕。既抵家,閉門養疾,絶不與世事。縣大夫有問候者,輒使人謝之,竟弗見。

天順元年四月十一日得疾,語諸子曰:"吾嘗爲温守,温民戴吾亦深,今去温數十年,然心未嘗不在温也。我死,神氣必歸温矣!"越三日,正衣冠而坐,索紙筆書口占律詩一首,付長子宗,投筆而逝。嗚呼痛哉!

娶揭氏,有懿德,封淑人。側室張氏。子男六人:曰宗;曰端;曰喬新,以進士爲南京禮部主客司主事;曰喬壽,邑庠生;曰喬福,曰喬年。孫男十三:曰會同,邑庠生;曰大同;曰仁同;曰義同;曰智同;曰道同;曰慶同;曰亮同;曰矩同;曰瑛同;曰瓊同;曰琚同;曰瑀同。孫女十:長配黄德餘,在室;曾孫男二:曰豐;曰登。曾孫女二。

公晚年曰鈍庵,學者因稱之曰鈍庵先生。所著有《尚書直解》《東園集》《鈍庵奏議》《牧民備用》《司刑備用》《書義庭訓》《四書講義》《禮記解義》若干卷,皆行於世。

擇明年正月一日葬于順化坪之原。朝廷兩命有司致祭。綸,親受業於公者也,故述梗概爲行狀,以俟名公誌而銘諸。

天順丁丑秋九月朔日,賜進士嘉議大夫禮部右侍郎門人永嘉章綸狀。

(以上載《東園遺稿》首卷)

送章主事之任序

國朝以文章取士，凡勤於問學，工於文詞，以進士出身者，人皆榮之。樂清章生綸負穎異之姿，學勤而文美。吾爲永嘉時，綸嘗執經而來質正，吾因其可進，亦嘗戒勵而裁抑引導之，已而果得出身進士，爲世所榮。未幾，擢南京禮部主客司主事。將行，請益於吾。

子夏曰："賢賢易色，事父母能竭其力，事君能致其身，與朋友交言而有信，雖曰未學，吾必謂之學矣。"則知古人之學以德行爲本。綸以文章而掇巍科，於其所能者吾不復言之。吾之所懼者，恐綸樂於安逸而力行有所未至也。管仲有言："宴安酖毒，不可懷也。"酖毒入人之口，裂肝腐腸。管仲以宴安爲酖毒，何也？夫人之溺於宴安，自以爲樂，殊不知宴安之禍，其初起於無所檢束，任情爲之。人之情慾，罔所窮極，爲之而無節，則其爲身之禍豈有異於酖毒者哉！

綸爲南京春官主事，吾戒其宴安者，古人防人之過嘗於未形之前，若其事已著，則雖諄諄言之，於其人無所益矣。綸於吾有師友之義，去吾既遠，吾不及朝夕語之，故於其行而舉此爲言也。綸之斯往，將何以副吾之期望哉？克治乎此，而於古人之學以德行爲本者，益致勉焉。他日持此掌邦禮可也，而何有於屬乎？

送劉太守還任序

治道之隆替係於生民之安否，生民之安否係於守令之得失。我朝列聖相承，咸以守令爲重，故官得其人，而生民乂安，政治熙皞，蓋與唐虞三代並隆也。

予曩受宣宗章皇帝明命出守永嘉，期於久任，以少盡厥職，遭值今上皇帝嗣登寶位，擢爲秋官侍郎。命下之日，永嘉父老林湜、蔡育等若干人咸欲詣闕請留。予曰："上命也。父老雖往，恐不遂所願，跋涉道途，徒爲勞苦耳。"父老曰："古人去職，皆擇自代，若不可留，當擇代者，以惠養吾民。"予曰："中州劉公自牧，發身賢科，列職風紀，曩嘗巡按茲土，素有賢名，擢任牧民，必有異效。"衆皆欣然曰："劉公來吾屬，無憂矣。"已而公果膺廷臣之薦，拜永嘉太守。論者謂天從民欲。

夫永嘉地大，民衆素稱難治。劉公宅心長厚，持身廉潔，蒞官之初，嚴號令，立教條，設施措置，拳拳於子育生民。二三年間，民不犯禁，風移俗美，境内大治。農夫野老，歡欣歌舞而相慶曰："今日郡守惠民之澤，又有過於前者。"或曰："前守之來，吾民久疾而遇醫。疾去七八，良醫繼之，調燮保護。元氣既復，身其康强。良醫之功固爲有濟，然前之醫者，亦不可無也。"予曰："鑿井者以得泉爲功，作室者以可居爲功。予雖有志於鑿井作室，然非劉公有以成就之，則予之□心願弗克遂矣。"此予所以深有感於公也。

正統四年春，當朝覲之時，方岳百僚咸集京師，皇上命天官卿甄别賢否。于時黜落者二百餘人。吾劉公得預書最之列，榮受璽書還職。永嘉士大夫官于京者歌詠公之德政，屬予序其首簡。

予曰：凡今之仕者，惟欲居顯要，以御史而遷郡守，多不樂爲，然居顯要者而無政聲，不過竊禄備員而已。劉公爲郡，而令名見稱於遠邇，其爲榮耀者多矣。且自漢以來，由郡守入爲三公九卿者有非一人，吾劉公政績著聞而入爲三公九卿也必矣。豈久於爲郡者哉！

公行矣，不日抵郡，而永嘉父老趨拜堂下，爲我語之曰："前太守之於爾民，其心未嘗或忘！"

送陳太僕還鄉祭掃序

士君子立身之道，居官必盡其忠，居家必盡其孝。忠者，孝之推；孝者，忠之本。吾夫子曰"事親孝，故忠，可移於君"是也。朝廷以孝治天下，凡公卿百執事，去家既久，親在者得歸省，殁則令展丘墓之敬，蓋所以勸忠於孝也。

大僕丞陳公汭祥，温州平陽人，天性温厚，存心坦夷，不爲虚誕怪異之行。始由爲縣有聲，擢監察御史，時予與同僚常相聚會。論操存則本於誠信，論服食則甘於澹泊，論臨民則主於和易，論刑獄則務於寬卹。予私竊愛之。

一日，謂予曰："温州，吾鄉也。吾鄉之民困於鄉豪，困於戍卒，困於貪暴徵求久矣。焉得公守吾郡，去其所害，以利吾民之生乎？"予以其言爲難合。已而予果被薦知温州府，又以其言爲先兆，於是托爲知己。書簡往來，情誼益親。汭祥其善與人交者歟？

汭祥爲縣令，慈祥愷悌，善於撫字；爲御史，寬厚仁卹，不徼激以爲直；爲大僕，大小群牧罔不欣悦。其於居官可謂忠矣。朝廷旌别賢能，龍章紫誥，追贈其父之官同於汭祥，又贈其母爲孺人，榮耀兩世。茲又書繡還鄉，拜掃丘壠，焚黄祭奠。其於家可謂孝矣。忠臣孝子，誰不欲爲？吾知汭祥之歸，鄉之黎老髫童出迎于歐江之上[①]，莫不相聚曰："立身行道，揚名於後世，以顯父母。汭祥得之矣。"

予自温州召入京師，于茲二歲，而心未嘗不在于温。汭祥歸，其爲我語其民曰："父慈子孝，兄友弟恭。男耕女織，敬讓是崇。此前太守之訓詞。立身操行，其自茲始。"

送給事中朱士良還鄉序

國朝設吏、户、禮、兵、刑、工六科，于午門東西設給事中以掌科事，上以祗奉綸音，外以參駁奏章。天官務擇學問優長、德性長厚、識達政體者居之，而佻儇巧佞、桀傲苛刻者弗任，蓋以其責之重也。

永嘉朱公士良，由貢士任鳳陽、盱眙教諭，丁内艱。宣德戊申起復來京，會選監察御史，掌選者以士良堪任其職，俾入都察院試御史事。時予爲御史，掌湖廣道事，因與士良友。士良將真拜御史，乃力求外補。又三年，士良擢工科給事中。其小心慎密，不以近侍驕公卿，不以貴勢加鄉里。余嘗見人於廣座稠人中以不善之言侵之，士良笑而不較，其量度寬洪類皆若此。

予與之交，今將十年，未嘗聞缺失，故遠近交譽而無間言。朝廷以士良居官賢能，克稱厥職，旌以勅命褒榮之典及其父母。士良以二親不逮禄養，追念罔極，乃奏捧勅還鄉，祭掃丘墓。皇上允其請，賜鈔二百錠，蓋以表其忠孝也。

士良讀書勵行，遭逢盛世，展經綸之才，以黼黻大猷而顯親揚名，其爲父母光寵爲何如哉？予爲郡永嘉，聞士良上世多種陰德，故子孫衆多，詩書之緒，繼繼承承，而族望東甌。士良峨冠錦服，榮歸鄉里，問田間，訪故舊，拜桑梓，兄弟子侄□□□迎者，有不知其幾十百人也。其爲閭里光榮，又何如哉？

士良從弟良暹任監察御史，求予序以送之。姑以予所知者，書以爲贈。

士良從父教諭先生經明行脩，嘗作《四書述義》《太極圖》以爲庭下訓。與予交最厚。余别温州時，先生扶病送于江心寺，且以詩文爲勉，激切至到。睽違半載，此心無時而不在念，幸爲我謝曰："天北與天南，相去萬餘里。何時到

① 歐江，原文如此。

東甌,再敘别來事。”

送鮑給事中還鄉省親序

士君子之爲學,非徒誦説章句以求利達而已,要在底之於行也。苟學之而不能行,又何足取哉!

往年余出守温郡,郡多賢俊。今行在工科給事中鮑君叔大,温郡平陽人也。一日,儒衣儒冠偕四五造士來謁,予於群衆之中視其吐辭從容,揖讓有禮,惟鮑君爲最。明年,君登進士歸,視其德益充,才益廣,恂恂於父母之邦,而是非得失無所校,或有饋贈,一無所受。又非初見之時之可比。越二年,君拜今職。

古有諫議,有拾遺,有給事,國朝罷諫議、拾遺,而封駁奏章、彈劾不軌,皆繫於給事。其責任之隆,視古尤重。君之在職,存心直亮,無阿比之私;待人謙讓,無矜大之色;言事切直,無激訐之病。由是知名,當世公卿大夫罔不稱道。若君者,真能得孔門之學而底之於行者也。

兹乃援例歸省父母,皇上賚以千緡資其路費,促裝上道。其同鄉縉紳大夫出餞于崇文門外,咸請予言以贈。予曰:“世之讀書者,孰不欲第進士,孰不欲得顯官,孰不欲榮其親,孰不欲知名當時,然克遂其願者至罕。鮑君讀書而第進士,受官而居清要,榮親而拜家庭,任事而有美譽,是人之所難得者而兼得之,兹非存心制行高出于人,曷克以致之哉?其行事之實,又將大書于國史,非特今日晝錦之榮而已也。”

鮑君行矣。郡有《梅溪先生集》,余酷好之,板燬久矣,曩嘗託太守劉公重加刊刻,鮑君問安侍膳之餘,幸爲從臾以成之。

(以上載《東園遺稿》卷之一)

送章進士還鄉畢姻序

治民之法,有得其外者,有得其内者。刑罰禁人之不爲惡,得其外也;禮義教人之爲善,得其内也。得其外,非心服也;得其内,心悦而誠服也。

宣德庚戌歲,吾自憲臺出守于温。樂清爲屬邑,瀕海之民去縣遠而罕至官府,若一聞呼召,則心驚魄喪,潛匿竄伏。間有被獲而至,官吏視之,若得虎狼然,鞭笞之,錮禁之,或死于獄,或破蕩産業,然後得釋,以故民視官府如雷霆地獄,不敢輕出。或聚徒抗拒,搆詞連年,殃及無辜,罕有寧歲。

吾到官數月,乃遣府學生陳明、劉邦彦、黄福生以吾語告于深山窮谷之民,使之服行教化,有事而至,待以寬恕,隨即遣還。復簡拔善良子弟得三十餘人,以教于郡庠,使其習聞官府號令,歸語于鄉,以故五六年間而民帖然向化,争鬭暴戾之風頓寢,稱爲易治。

若今施槩榜進士章綸大經,亦吾簡拔而來者。大經之至,於群輩中威儀進退卓有可觀。問其所以,則曰嘗從鄉先生習《詩經》;問其義理,則已通大意。吾喜而躬教之,使習科舉業,作文去其浮泛,務從典實,而大經之學日有進益,故較藝鄉闈,會試禮部,對揚天子明命,皆列上第,而登名進士。由此觀之,則知人不惟可以化之而爲善,而又可以教之成其才。

大經還鄉畢姻來告别。吾語之曰:始也鄉人見子,布衣儒冠而來;今也鄉人見子,錦衣紗帽而回。孰不嘆異以爲榮。幸語其子弟而效於子哉!將見海鄉民風日駸駸歸厚,賢才之出必接踵而起矣。昔蘇文忠公有言:"行脩而聲名發,德成而爵禄至。"子第進士,聲名發矣,爵禄至矣。然此發跡之階也。子其毋以已得者而自足,當以遠大者自期。建立功業,揚休無窮,則又非獨爲鄉里之榮,抑又爲邦家之光也。子其勉之哉!

送王義民還鄉序

粵昔成周之時,"旌别淑慝,表厥宅里",彰善癉惡,樹之風聲,弗率訓典,殊厥井疆,其故何哉?蓋所以顯其爲善而病其爲不善,欲人皆歸於善也。聖朝法古爲治,於天下府州縣每百户内置旌善亭一所,書其里人之善行于亭中,使爲善者有所勸勉,爲惡者知所羞愧。若人志行卓異,恩及於鄉者大,則又降璽書以旌異之,蓋所以鼓舞人心,丕隆治化也。

往年吾自監察御史出知温州府,歷官六年,每朔望會集耆民,問鄉民之善否,官府行事之得失。又令備書鄉人之善惡於簿籍,庶幾勸善懲惡之方也。于時耆老言今之王義民延,僻居山谷間,稟性醇篤,無事未嘗輕入城郭。家有餘財,則常散與鄉之貧者。吾甚異之。又聞其謀于家曰:"散財濟民,其惠有限。可以長久者,惟古之義倉而已。得人掌之,則其惠無窮也。"於是置倉于鄉,貯粟千有餘石。凶年則散之,豐年則斂之,以爲經久之計。有司以其事聞,皇上命大行人馳驛齎勑書,旌延爲義民,勞以羊酒,復其徭役,蓋所以勸人爲善也。王義民祗服隆恩,詣闕陳謝,以吾温州舊太守來見,且拜且泣,有如家人久别會合者。吾亦愴然于懷。居數日,義民告歸,且曰:“義民山間之人,幸遇太平無事,可以讀古人書,然歷代史浩瀚,學者未能徧觀,惟曾氏《史略》簡要易知,讀者旬日間可以知古今行事之得失,然諸儒論斷散見於各史中,披覽之際,未免費於檢閲。於是手録論斷,以類而附焉,名曰《史略集斷》。”將刻板以廣其傳,請爲序於篇端。吾乃知義民之不吝於財,得於前史“凡人之蓄財,貴能賑施,否則守錢虜”之意也。世之富者其可以不學乎!

《牧民備用》序

余曩職風紀,幸遇宣宗章皇帝,急於康濟小民,特命大臣舉薦京官才堪牧民者而居郡守,余忝在薦列。捧璽書乘傳知温州府事,蒞官數月,於牧民之方罔然不知攸措也。迺日延耆老董士鳳、林湜、梅庸生、葉榮祖、胡畊、蔣華、王永安、王文燠、鄭中、趙敬宗,宿儒虞原璩、蔡育暨若干人,講求爲政要務,俾各陳其所見,擇其言之善者而行之,其不善者而匿之。期月之間,事有條理,府治清肅,而小民不失耕桑之樂,閭閻罕聞愁嘆之聲也。

夫以余愚鈍,思盡厥心於民事,五六年間而民頗得其所,彼仁人君子爲郡爲邑,則生民康乂、政績彰明爲何如哉?歐陽文忠公與學者多談吏事,張芸叟疑之,曰:“文章止於潤身,政事可以及物。”夫學者於平時講明吏事,一旦膺民社之寄,舉其素所聞見底之於行,則政事豈有不善,而民豈有不被其澤者哉?余以不獲久於爲郡、常施牧民之事爲恨,故舉四十餘事,編彙成帙,名曰《牧民備用》,欲以徧告四方學者與夫凡爲守令者,倘有與我同志,擇其一二而行之,則於爲政臨民之際,未必無所助云。

鮑處士挽詩序

莊子有言:“身非汝有,是天地之委形也;生非汝有,是天地之委和也;性非汝有,是天地之委順也;子孫非汝有,是天地之委蜕也。”由此言之,則人之生,天地之氣在人身;人之死,人身之氣在天地。一聚一散,乃理之常,而人之死,何用於挽詩乎?曰:幽明殊途,不忍也。心之不忍,則形之於言也,必哀挽詩之作,所以敘哀也。

平陽處士鮑公士高甫,以疾卒於正統庚申某月日,人多哀之,乃形於言,爲歌詩合若干篇。處士之子輝仕爲行在工科給事中,類集成帙,求予言爲引。

處士有美質,蚤失父,弗克奉養,歲時祭祀,即號泣哀慕。事母備盡孝道,母歿居喪,哀毁幾至殞絶。平居雅好澹泊,子弟少涉奢靡,輒斥戒之。賙窮卹匱,無所悋惜。嘗爲百家長,官府徵斂繁數,細民力不能支,則捐資代納。人有避難來依,館穀翼輔以安其心,歲餘事釋,具白金爲謝,乃卻而不受。有遠行者,以囊笈寄處士,或傳遠行者歿於途,其子遑遑失措,處士謂曰:"汝父囊笈囑之於我。"遂舉以歸之。同里有葉姓者,幼而孤,爲同姓逐出,欲據其貲産,處士力扶持而葉有成。立善之類此者甚多。

其於世味澹然,獨好松。少保黄先生爲作《友松傳》。故其歿也,人之哀慕自不能已於言也。予嘗作郡永嘉,知處士有潛德,兹聞處士以疾歿,心甚哀感,故述此以冠於諸作云。

（以上載《東園遺稿》卷之二）

重建江心寺法堂萬佛閣記

天下稱禪寺之勝必曰江心,蓋寺在江中,東南皆巖石,石之上對寺而見兩塔。竹木蒼翠,佛殿僧舍,甍楝鱗次,千有餘區。不與市廛相接,非用舟楫弗克至。故人跡鮮及而幽静可愛。舊爲兩寺,東曰净信,西曰普寂。宋高宗南渡時嘗駐蹕于寺,勑改東寺爲龍翔,西寺爲興慶,復大書"清輝"二字留東寺。

兩寺相對,皆在江中,中有孤嶼,昔人建亭嶼上,以觀海潮消長。杜詩曰:"孤嶼亭何處,天涯水氣中。"蓋指此爲言。紹興間,僧清了禪師欲合兩寺爲一,乃以巨舟日載土石以填水。于時助之者衆,經兩月餘,而波濤之險屹爲高丘,乃即孤嶼之上建立小亭,亭之前建法堂,法堂之前爲萬佛閣,閣之前爲大佛殿,鐘樓、皷閣列于寺之兩傍。宣德丁未夏,颶風起海上,雨下如注,拔木揚沙,江水暴漲,而寺之佛閣、法堂一時傾圮靡存。副都綱曇旭别號旦初,克守清規,窮討秘義,功行堅苦,遐邇傾向,乃謀於前住持僧慧智、耆舊志休等曰:"佛法流布中國,化誘頑愚,而登真境,功德無邊。我輩學佛弟子,宜復新寺之堂閣,以闡佛教。"衆咸樂從,各出私藏,而中使蕭日保助錢極多。曇旭乃擇日發舟,從海道以市木于福建,得良材數千章,鳩工屬徒,斬材陶瓦,經始於己酉歲之臘月,落成於壬子歲之九月,規模氣象加於昔時。曇旭求予記其興建年月。

予聞釋迦牟尼如來示見之地曰身毒,距中國二萬餘里,彼佛言西方過十萬億佛土,有世境曰極樂,佛號無量壽如來,其國無有三惡八難,其人無有十纏九惱,有能誠心發大願,歸心是土,則往生彼國,然後出三界之外。凡僧於茲寺,登斯堂,躡斯閣,豈無發大願、歸心是土者乎?

重修玄妙觀記

温州城之東北隅,有山蜿蜒而起,形若虬龍,昔人名茲山曰華蓋,以象天之華蓋星也。山之南,不知何代何人於此建玄妙觀以祠老子。年代既久,觀亦毁没,其基湮爲荒丘野草而已。道紀司都紀楊伏坤,處州麗水人,受性淵篤,語言醇實,幼於其觀出家,學全真道。既成,從學者甚衆,由薦舉迺來住持温州東嶽觀。伏坤衣麄食淡,出入不騎乘,精於脩煉。傳用信州龍虎山張天師斬邪法,能役鬼神以驅除瘧癘。余爲温郡守日,天時或旱,乃請伏坤祈禱,屢有感應。

宣德壬子歲,伏坤盡出所積及募緣,瑞安李孟奇等出財庀工,即華蓋山舊基重建玄妙觀。期年觀成,而求余言以爲之記。

吾聞諸孔子曰:"老聃博古通今,知禮樂之原,明道德之歸,則吾師也。"於是適周,問禮於老子。又嘗稱老子無欲之若龍。伊川先生曰:"老氏'谷神'一章最佳。"胡安定先生曰:"老氏五千言,如'我無事''我好静''我有三寶'皆至論也。"朱文公亦曰:"伯夷微似老子。"然則古昔聖賢亦未嘗不與之也。天下之人,立觀祀之,宜矣。若觀之所奉三清上帝,林靈素謂"在天有神霄玉府,玉帝徽號曰太上開天執符御曆含真體道昊天玉皇上帝,南極虚皇長生大帝,北極紫薇大帝"之類,余不習其教,未知在天果有是帝乎?抑止有天帝乎?今亦不敢妄爲之説。凡爲觀,其殿宇之崇高,門廡之環護,亭館廟舍之廣狹,木石工費之多寡,伏坤紀之甚詳,予可略也。

謝公亭記

晉之叔世,謝靈運由康樂侯出守温郡,郡多遺跡,江心寺有謝公亭,亦其一也。老僧相傳靈運性愛山水，温州城外江中舊爲兩寺，東曰净信，西曰普寂，有孤嶼亭，相距里餘，背陰面陽而並列焉。謝公政事暇時，常乘輿馬出至江滸，駕舟遊於亭寺，徜徉移時而不知返。謝公既去，僧不能忘，乃即興慶寺之南偏岩石之上而作亭，以公常憩于此故也。亭壞而復新，千有餘年而不廢者，人慕謝公也。

宣德乙卯，僧綱司正妙緣、副曇旭復新是亭，用力獨多者。二上人讀儒書，心胸明白，作詩多謝句，好之之深然也。古人經歷之地，後世尚多思慕，矧謝公爲守于兹，遺愛在人，而人能忘之哉？觀於斯亭常存，爲可見矣。

余自宣德庚戌歲由監察御史出守于温，始至之日，嘗寄宿于江心寺，公餘時往遊觀，以消煩悶。十年乙卯歲，被召入爲秋官侍郎，又嘗少憩于寺，未知僧寺亦留予名否乎？

勑書樓記

皇帝紹統之四年，降璽書旌浙東平陽縣編氓周伯静爲義民，賜以羊酒，且復其家三年。伯静將以璽書鎸于石，置樓藏之，以永彰光寵，求吾言以爲記。

夫天下之大，編氓衆矣，伯静何以得此名于世哉？蓋人心趣向不同，有孜孜爲利者，有孜孜爲義者。爲利者於穀粟財帛百計經營取之於人者，惟恐其不得積之於己者，惟恐其不厚，既藏之以爲終身之用，又藏之以爲子孫之用，此常人之情也。若其爲義者，食其方土之所有，收其分内之所得，有餘即以分諸親族，濟其鄰黨，此其異於常人之情也。孔子曰："君子喻於義，小人喻於利。"伯静倣古者，義倉之法積粟若干石于鄉，置倉以貯之，期以凶年則散之，豐年則斂之，以惠其鄉之人。有司上其事，所以勤天子詔以光顯之也。

吾嘗爲温郡太守，伯静，吾之屬民也。天子既假寵於伯静，吾又何惜於言哉？雖然，伯静斯舉以常人觀之誠爲難得，然所謂義者非徒賑窮賙乏之謂，事得其宜而無所利者皆義也。若義利不能判然於胸中，則以利爲義而遺譏於人者多矣。伯静於義，察之由之，終身體之，而造次顛沛，無或間焉，則上之寵光將有進於此者，而吾之斯文亦與有光焉。不然，慕其名而遺其實，則吾所不取。

俞烈女傳

烈女姓俞，字姻奴，永嘉九曲巷俞貞女也。性淑貞。蚤歲父亡，隨母陳氏以習女工，窘於衣食，存活無計。或語其母曰："莫若再適，免於凍餒。"母許之。烈女泣曰："不幸無父，今又失母，其將誰依，不若死之爲安。"欲赴水死者數矣。衆挽而諭之曰："汝依母暫居數年，待汝既長，以擇良配，何乃自經溝壑？"女意稍解。既而母歸郡人劉斌，女不得已隨往焉，怏怏不自得，每念及父，則淚下如雨。居無何，母亦亡，孑然無依。嘗曰："若得從父於地下，足矣。他無所願。"時年十有八歲。

其繼父前妻之子甲數以無禮相逼，女拒之甚嚴，不得犯。乃退而賂其婢，使潛説之。女罵曰："賤人，不能自固其行，敢以是言餂我耶！"婢赧然曰："若固不從，彼將殺汝。"女復罵曰："死則死矣。吾豈不義而生，以貽污濁之名乎。"婢遂不敢復言。

一日，繼父外往，甲持刃即女房中脅之。女厲聲曰："狂悖敢行無禮，吾寧就死，義不就辱。"甲怒，遂刺殺之。斌歸，詢其故，捕甲置空室，絶其飲食以死。

宣德癸丑歲，自春徂夏不雨。吾爲郡守，禱于山川不應，乃曰："東海孝婦以冤死，天之不雨者三年。今吾郡中不雨，意或有冤乎？"耆老林湜以烈女死故對，吾驚曰："此大冤也。"因自製祭文以祀烈女。明旦，天果大雨，以昭烈女之冤。是歲五月一日也。

吾聞唐樊彦琛妻魏氏遭李敬業之亂，以禮自完，爲强悍所殺，然亦一時擾攘倉猝之事耳。俞女與强梁同居，被誘逼者非一朝一夕，卒能以節自完，較之魏氏，殆亦過之。孔子曰："朝聞道，夕死可矣。"若俞女，其亦無愧於聞道者也。以禮衛身，視死如歸，非烈而何？遂傳其事，以爲世勸。

祭贈少保静菴黄先生文

慕仁好義公之德，賑貧恤困公之澤，長歌短詠公之言，犯而不較公之默，孝弟忠信公之行，梅蘭松檜公之清，少保尚書公之榮，九十三歲公之齡。歷官古今，孰有如公者哉！公之捐館，予其感傷。何以表衷，蘋蘩是將。神其如在，來格洋洋。

祭瑞安虞先生文

正統六年歲在辛酉正月某朔越十日，行在刑部右侍郎、前温州知府何文淵具酒殽，遣宗姪温州府學教授瀵致祭于瑞安環菴虞先生之靈。

先生瑞安隱君子也，德性純篤，夙抱才猷。永樂初，朝廷纂修墳典，先生與纂修之列，居秘閣若干年。書成，應得官，力辭還鄉，以德行惇化閭里。

予自宣德庚戌歲來守温郡，先生儒衣儒冠來見，從容告予以牧民之方。予皆次第行之，如濬石岡、斗門而溉田千頃，更煎鹽竈丁而宿弊悉除。由此觀之，先生身雖不試，而利澤及於人者博矣。昨聞先生捐館，予惕然傷懷，涕淚交滴，兹用致祭以伸追感之情。

祭烈女俞氏文

嗟嗟烈女，懿行超然。父兮早逝，母意隨遷。煢然獨守，誰可依攀？强暴同居，朝夕誘牽。惟女之志，烈日争懸。誓死不污，節操愈堅。勢不能支，以死自全。疾風勁草，於斯見焉。傳女之行，百千萬年。庶幾後來，瞻望女賢。式陳一奠，永賁重泉。

（以上載《東園遺稿》卷之三）

寄永嘉諸葛善耆老

往年守東甌，才薄政踈拙。誰人肯同心，相助有諸葛。遺骸與塟地，民訟代分豁。海舶東南回，群鵶恣喧聒。縣官日奔趨，承奉不得悦。藉汝陳良謀，罔不中車轍。制器備需求，解我心煩熱。别來有餘年，念念口不脱。□跡芝草傍，鴻雁海天闊。長竿釣鯨波，淡菜芹美滑。問我今何如，老懷湛秋月。

送朱教諭先生歸永嘉詩　有序

予爲郡時，先生數陳牧民方略，予多措之於行。兹其告歸，先生之志，出處固無所繫累，然其未老，才足有爲，恐未得高蹈而去也。詩以送之。

古道馮公嶺，河梁下温州。先生告我歸，匆匆不得留。僮僕遠來迎，牕户多清幽。開尊酌紅酒，海蠣雜殽饈。涼風生緑陰，皎月何須求。焚香讀《周易》，習静誰相尤？黄花晚更香，琪樹接南樓。人生在適意，何必皆封侯。襟懷有真樂，富貴烟雲浮。鶴書恐徵召，未許終巢由。

南昱京薦　有序

文淵爲温州守時，自掌文書以下至于使令之人，皆求立心端謹者任之，蓋欲其有助於予也。今西蜀綿州守黄誠，時爲經歷，殫盡心力求人，以爲吾助。一日，得樂清縣編民俊秀子弟六人進謁，吾觀其矩度容色皆可備任使，其南昱又六人中之穎出者。問其所學，於經書史傳已知大意。及其兩以書上，文亦可取。昱請爲邑庠生，教授潘畿亦力爲之請，吾不之許，乃欲得昱以爲吾檢拾文稿，且備咨訪。公事暇時，引之以講義理。相識四年，吾起爲侍郎，盡以所得前進士王克耘及諸名人文字付昱，俾之取法以登進士。今年夏，昱來京，吾命與京畿之士試于秋闈，昱果中前列。其不負吾之所誘進也。作詩以贈之。

南生家住東海頭，烟雲竹樹相綢繆。胸中浩氣貫斗牛，筆下瀟瀟風雨愁。長鯨飛來伴白鷗，琪花瑤草清香浮。應知志在附鸞鳳，事業豈肯早微休。京畿開科策多士，折桂蟾宫稱獨步。來年三月杏花紅，期宴瓊林拜明主。文章舊説王狀元，五峰傑作偏追古。南生努力繼前脩，再振東甌作鄒魯。

結交行　有序

知事張君，永嘉彦也。存心長厚，勤于乃職。數相過，道故舊，談往事，深愜予懷。往年予守温郡時，於君待以常禮，今君待予過厚，懷愧不已。式書此以識過。

到處傾心結弟兄，於今方始知人情。指天誓日不棄背，誰知腹裏皆棘荊。往時接君誠草草，君今待我情偏好。寒簷陋巷數相過，道舊論今愜衰老。庭前楊柳慎勿栽，歲寒惟有南山梅。調和鼎鼐應有待，清芬先爲故人開。

別温州父老

作郡焦勞鬢短蓬,承恩又侍大明宫。行囊不載温州物,惟有民情滿腹中。

(以上載《東園遺稿》卷之四)

登瀛先路　東甌九説　蠶桑問答(外兩篇)

(清)温忠翰 撰　胡艷傑 整理

温忠翰(1830—1890),字味秋,號廉坊,又號西林,太谷敦坊村人。清咸豐八年(1858)舉順天府鄉試,同治元年(1862)春捷,以第三人授職編修,同治六年視學湖南,光緒元年(1875)典試四川,四年由司經局洗馬出爲浙江温處道,十一年晉陝西按察司調湖北,以疾引退。十二至十五年(1886—1889)養痾津門,後回晉陽,十六年喘疾發作,卒。

温忠翰一生著述十五種(據文獻資料統計),筆者所見有九種,包括《蒹葭秋水樓詩》五卷,《欣賞集》十卷,《登瀛先路》一卷,《東甌九説》一卷,《蠶桑問答》一卷,《紅葉盦未刊稿》四卷,《兩漢石續》六卷,《遺山詩髓》十四卷《元詩備考》二卷《補遺》一卷,《味秋信札》不分卷。另見於文獻記載,尚未見其傳本者六種,包括《紅葉盦詞稿》《紅葉盦詩文集》《名翰賞心集》《紅葉盦楹聯類存》《漢石人名録附漢刻志餘》《後素齋叢話》。編輯整理刊刻其先人著述,所見有四種。其父温啟封著作兩種,包括《涉史偶悟》五卷,《緑雲仙館詩集》十二卷,《夢遊草》一卷《玉鏡臺詞》一卷;曾祖温長綬著作一種,即《論語輯解》一卷,抄寫、編校、請人撰寫序文等都已完成,但因缺乏刻書經費,未能刊刻以廣流傳。未見一種,即補刻祖父温承惠評選之《古文匯選》。另督學湖南時,編輯刊刻《湖南試牘》二卷。著述及刊刻圖書共計二十種。

清光緒四年(戊寅,1878)至光緒十一年(乙酉,1885),温忠翰四十九至五十六歲,在温州爲官。到任後第二年,即光緒五年(1879)刊刻圖書三種:仲春

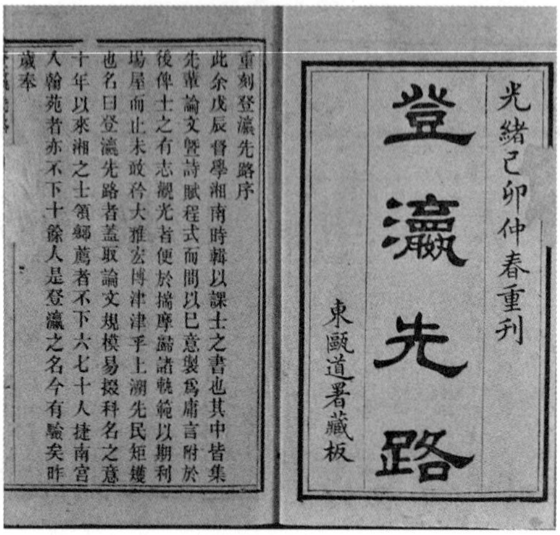
光緒己卯仲春重刊
登瀛先路
東甌道署藏板

重刻登瀛先路序
此余戊辰督學湘南時輯以課士之書也其中皆集
先輩論文暨詩賦程式而間以己意製爲庸言附於
後俾士之有志觀光者便於揣摩躋諸軌範以期利
場屋而止未敢矜大雅宏博津津乎上溯先民矩矱
也名曰登瀛先路者蓋取論文規模易掇科名之意
十年以來湘之士領鄉薦者不下六七十人捷南宮
入翰苑者亦不下十餘人是登瀛之名今有驗矣昨
歲奉

登瀛先路之一

重刻《登瀛先路》一卷，仲夏編撰刊刻《東甌九説》一卷，孟冬編撰刊刻《蠶桑問答》一卷。三種書規模不大，字數不多，内容通俗易讀，然事關東甌一地之政治、風俗、經濟三個重要方面。兹點校整理如下，以觀其在温之政績。

登瀛先路

《登瀛先路》一卷，清温忠翰撰，清光緒五年(1879)東甌郭博古齋刻本，九行二十字，白口左右雙邊，上海圖書館藏，索書號：綫普546983，一册，綫裝，集部，總集類，課藝之屬。浙江麗水圖書館亦藏，索書號：經/小學267.5。牌記鐫：光緒己卯仲春重刊/登瀛先路/東甌道署藏板，卷前有温忠翰《重刻登瀛先路序》，卷末鐫"板存東甌郭博古齋刻字店"。全書共六部分：吴蘭陔先生闈試總論，費耕亭先生墨訣，彙選前賢論詩十則，試律庸言附辨音四法、前賢試律程式，顧南雅先生論賦十則，律賦庸言。

重刻登瀛先路序

此余戊辰督學湘南時輯以課士之書也。其中皆集先輩論文，暨詩賦程式，而間以己意，製爲庸言，附於後，俾士之有志觀光者，便於揣摩，歸諸軌範，以期利場屋而止。未敢矜大雅宏博，津津乎，上溯先民矩矱也。名曰登瀛路者，蓋取論文規模，易掇科名之意。十年以來，湘之士領鄉薦者不下六七十人，捷南宫入翰苑者，亦不下十餘人，是登瀛之名，今有驗矣。昨歲奉命觀察是邦，下車之始，命題觀風，見多士清詞麗藻，連篇累牘，其中彬雅可造之才正復不少，因取是書重刊，以廣傳流。願此後温處兩郡之人，翱翔雲路，彪炳詞林，更有勝於湘中諸君子者，則豈非余之深幸哉！

光緒五年歲次己卯仲春，東甌使者温忠翰誌。

吴蘭陔[①]先生闈試總論

應試之文，太高不得，太低不得，中式固自有式也。太高則聲稀味淡，寥寂無歡；太低則蜂聚蟻同，膚庸可厭。要使内含韻味，外露精光，聲情極合，時趨思力，迥超流俗，斯爲命中之技。

墨卷未嘗不可讀，但不可徒學其腔套，面目猶是，而神理迥非，最爲行文下品。且抄用墨調，場中必有雷同習見之弊，適足取閲者之憎耳。僕曩選墨卷一隅，決擇綦慎，然其中名作卓然可傳者，亦屬寥寥無幾，宜擇其尤者以供揣摩。

三場耑重首場。首場尤重首篇，向時首場七藝，筆性遲鈍者，頗憂局促。□功令減七爲三，窮一日一夜之力，研摩首藝，何患不工。至次三藝，只求機

① 吴蘭陔（1718—？），名懋政，海鹽人。乾隆十七年（1752）壬申舉人，官知縣。著有《八銘堂詩稿》四卷，《八銘堂塾鈔初集》八卷，《八銘堂塾鈔二集》不分卷。

調圓勻,詞氣酣足,未一日可以猝辦。切勿瞻徇後勁,反致潦草前茅。

主司命題,必有命題之意。作文之意,務與命題之意訢合無間,昔人所以謂師生沆瀣一氣也。然命意無他,只在認題而已。凡一題到手,必須將白文細注,反復涵泳,某一種實理宜發,某一種虚神宜摹,某一字不可滑過,某一句不可着迹。題之真種既得,自然口口咬着。若認題不到真切處,則命意必不能緊;認題不到微妙處,則命意必不能超。雖復選聲、鍊色,只是皮毛上工夫,無關痛癢,安能訢合無間乎？愼之勉之,三年心血只争此一刻眼光耳。

命意既定,須知鍊局。局貴活不貴板,貴緊不貴寬,貴曲不貴直,大旨總要虚實相生,長短相間,向背離合得其情,操縱順逆盡其勢。鍊局無定式,不過發揮命意之處,期於透徹而止。命意之處,或有宜迅速以取者,稍緩則遲;或有宜紆回以入者,太急則突。相題立局,變化從心,所謂文成而法立也。若預先擬定某處要提,某處要頓,某處要散幾行,某處要整幾句,即是印板文字,豈是行所不得不行,止所不得不止者乎？

鍊意、鍊局,闈中制勝,莫要於此。然鍊氣亦不可不急講也。通篇有通篇之氣,一股有一股之氣,如公孫舞劍,瀏漓頓挫,揮霍生風,則氣之所爲也。韓子謂氣盛,則言之大小畢浮。又云氣盛,則言之短長,聲之高下皆宜。至哉斯言,千古行文之妙盡此矣。氣欲其勁,又欲其和,文有按腔合拍,風流自賞,而不足壯人觀瞻者,則氣不勁也。或有大聲疾呼,馳騁爲豪,而不足耐人尋諷者,則氣不和也。有猛鷙無前之概,更有紆回百曲之情,斯爲善於鍊氣矣。

鍊詞要奇,而法正而葩。奇而不法,則牛鬼蛇神;正而不葩,則塵羹土飯。然非取材於十三經,擷秀於漢魏六朝,鮮不蹈此二弊者。善夫劉舍人之言,曰:稟經以制式,酌雅以富言。譬猶仰山而鑄銅,煮海而爲鹽也。[①] 起稿以腹稿爲上。人心須在無形處運用,或因一字而换數句,或因一句而换數行,或移後以置前,或化股而作段。胚胎未兆之時,騰九天而潛九淵,不可方物,此人心之所以爲靈也。若一落楮墨,便滯於有形,縱句修字飾,只是皮毛上工夫,卻不能通身變化。所謂神能造形,形不能造神也。

不但篇法股法,固須胸有成竹,通篇一句一字,俱要斟酌無憾,然後落紙。

---

① 劉舍人,指劉勰(約 465—約 532),字彦和,東莞莒(今山東莒縣)人,世居京口(今江蘇鎮江)。南朝齊梁文學理論家。著有《文心雕龍》。《文心雕龍·宗經篇》原文作:"若稟經以制式,酌雅以富言;是仰山而鑄銅,煮海而爲鹽也。"

篇成之後，朗誦之，微吟之，稍竄易一二字，便已盡善。古人謂成誦在心，借書于手，大約如此。思學不可偏廢，平日用功舍多讀多做，更無襲取之法。至臨場一月，卻又不在苦讀、苦做，興之所至，或把卷流連，或拈毫揮灑，不必拘定功課，總要養得此心，活潑潑地如龍抱珠，如花含蕊，使文興勃然有不可忍耐之勢。以此應試，焉得不佳？

費耕亭[①]先生墨訣

看題

力求異人而仍非偏鋒。

大約看題不在求之題外。或題之要處在虛字，則盡力以擊之；或題之要處在實字，則盡力以勘之；或真種在上文，則處處抱定；或真際在下文，則處處對定；或於小中見大，或於分中見合，或於兩開處求其打通，或於零碎處求其摶捖。看題既確，便須以破題立其胎，承題衍其緒，小講扼其要，入手振其神，出落處爲之點睛，結穴處爲之揭醒。又如每比之串入處，須無一處不醒，仍無一處犯複，一意到底，一綫穿成。解此，已得中訣之第一解矣。至題外求異，恐涉偏鋒，雖較平庸者勝一籌，而已落筌蹄也。

製局

前緊中鬆後實。

此六比，文之正宗，亦風氣之最合者。要必有篇如股、股如句之妙。入手、出落相爲呼吸，相爲照應，而以提頓振宕之，以斷落聯絡之。通篇構局，不外乎此。

入手宜整齊、鋒鋭。力去平庸，則鋒鋭矣；力去散漫，則整齊矣。整齊而不鋒鋭，中平之墨裁也；鋒鋭而不整齊，名家之不合於場屋者也。能於二者兼有之，名元何疑。

出落必須與入手一氣。惟看題能一綫到底，製局自能一氣相生。

---

① 費耕亭，名庚吉，江蘇武進人。嘉慶二十四年(1819)進士，授禮部主事，道光初年任《大清通禮》纂修官。著有《歷代名宦管見録》《費耕亭詩文集》等。

兩起比必須緊。緊者何？鎔鍊切實，或緊融題意，或緊勘題字，所謂有好詞句，必須於起比上做出來，留至中後，已是鞭長莫及。此掄元奪魁之秘也。顧耕石①先生云：前不嫌突，前不嫌實。真揣摩甘苦之言。余爲之轉一解云：實而仍空，突而仍渾，乃爲善會"不嫌"二字。解此，前半之法備。

起比緊極矣。中比不得不鬆以養局，是疎密相間法，亦以爲後二比實發地步也。此處股法不可過長，或一開一合，或前開後合，總要得自然之致乃佳。中比下必再有提振更妙，墨卷多用提筆，足以醒人。

中比既鬆，後二自宜暢發，於諧暢中有精警處，方鎮得住。且通篇立意，亦須於此二耦大發之。

結貴回應。結貴揭醒，便通體有神回氣合之妙，切不可草率。

此六字不特行之於六比，凡兩大比等作，亦各有一前緊、中鬆、後實之理，在細參之。

古人云：落卷文前半大抵失之於鬆，以其率下筆也。然則"前緊"二字，更宜揣摩矣。

古人有"高""空""喫"三字訣，與此六字意義相同。

鍊氣

看題、製局法備矣，至其行文之妙，則全在一"鍊"字得力。

鍊氣宜深厚。須以大家文參之，毋令其剽而不留也。鍊氣宜清剛，須以筆力輔之，毋令其平庸可厭也。鍊氣宜鍊意，意在真切而不浮。鍊氣宜鍊骨，骨在精堅而不弱。鍊氣宜鍊調，調與題稱。題宏敞者，須高朗；題深奥者，須刻摯；題雅潤者，須風華。總之，調以勁挺爲主，而仍在不失清和也。鍊氣宜鍊句，句與調稱。調高朗者，貴穿穴；調刻摯者，貴勁達；調風華者，貴研秀。總之，鍊句以新警爲主，而仍在不着痕迹也。

小講尤宜得鍊字訣。起調宜鍊之使挺健，須如開門見山，又須一口吸盡西江水。承宜鍊之，使遒緊，使大方，使一氣旋折，閱者自然爲之奪目。此文中第一關頭也。

以上論鍊字訣詳矣。然或謂文不可過鍊，鍊多則傷氣。此不知運氣與鍊氣之分也。運氣則氣體貴輕，是可於製局中領略得之。若鍊氣，必須無一字

---

① 顧耕石（1605—1665），名柔謙，又字剛中，常熟人，生員。著有《補韻略》《六書考定》。

空閒,無一字膚雜。陳者鍊而使之新,平者鍊而使之警,淺者鍊而使之深,晦者鍊而使之醒。散不如整,疎不如密,鍊之謂也。散處亦整,疎處亦密,鍊之謂也。

凡詞句之從鍊得來者,自令人流連而加以珍重。若信手寫去,不得鍊字之法,則雖清空一氣,亦往往致閱者信手點過矣。得失之機,尤繫於此,慎之哉。

修詞

專講修詞者,墨家之下乘也。然有上三條工夫,而不進之以修詞,則名手亦往往見棄。古人云:入之難,出之易。此言相題製局,貴先有成竹在心,借書於手也。又曰:詞不備,不可以成文。又曰:言之無文,何以行遠? 此言做文之後,必須細心檢點,不可使有一處不足,不可使有一語礙目也。大抵文以意爲主,而人人共見者存乎詞。詞第一要純要切,不切爲陳言,陳者不售。或調與題不稱,語與題無涉,偶然闌入爲雜湊,雜湊者不售。理題知刻入,而太深爲晦,晦則不售。當使之托於紙上,人人看出也。知清空而太淺爲浮,浮則不售,當使之入於理奧,按之有内心也。經制議論題,知用書,而隨手抄寫,爲塗附,當穿穴精警,使有經籍之光也。知發論而不顧忌諱,爲野戰,當斂才就範,使有醖釀之致也。總之,詞貴雅而不俗,精而不粗,出筆欲其輕,鎮紙欲其重。氣則清而無縟,詞則實而無空。陳厚甫①先生云:場中與其蹈空,不如摭實。吾以爲取勢宜空,修詞宜實也。

修詞之實,非必用書而後實也。凡其詞中之有議論,有意理,有包括,有對針,由作者出自心裁者,皆實也。若信手寫去,雖用書而未嘗非空也。

彙選前賢論詩十則

一、八韻之法,通於八股。首二聯之點題,猶時文之破承也,須眉目清晰。

---

① 陳厚甫(1763—?),名鍾麟,字肇嘉,江蘇元和(今蘇州)人。嘉慶四年(1799)進士,官至杭嘉湖道。博通經史,善詩文,工制藝。道光初掌粵東書院,道光十七年(1837)在杭州掌書院事。著有《紅樓夢傳奇》八卷,道光十五年自刻傳世,道光二十年自定《自在軒吟稿》,另有《陳厚甫稿》。

三聯猶時文之小講也，須渾冒全題，不虚不實，最難着手。四五六聯，猶時文之提中後也，須實發題意，用筆要有淺深，有向背，有提頓。七聯猶時文之束比也，或用襯託，或用詠歎，以盡題妙。八聯猶時文之落下也，别作一波，悠然不盡，上也；就題作結，兜裹完密，次也。明乎八韻之通乎八股，則於篇法步驟，思過半矣。

一、作文作詩，首貴審題，題竅所在，一眼注定，赴之以全力，撰之以精心，和之以風神，調之以節奏，而題之能事畢矣。所謂人皆探驪，子獨得珠也。

一、作詩先争入手。入手得勢，便如高屋建瓴，通篇俱振，能以夭矯猶龍之筆，運之於點次明晰之中，斯爲高手。其訣大要貴翻不貴正，貴逆不貴順，貴曲不貴直，貴奇不貴平。

一、押官韻非在前兩聯，即在末一聯，斷不可於中權錯出。前輩雖偶一有之，非正格也。

一、虚字，人之血脈也；實字，人之骨幹也。不鍊實字，骨幹不立；不鍊虚字，血脈不貫。人知鍊實字之難，而不知鍊虚字尤難。蓋虚字須以實意運之，使一句精神全從一二虚字迸出，則虚字有力而句法乃不失之弱。李西涯[①]自負作詩，專從虚字着力，有以也。

一、典碩題，宜瑰麗，切忌寒儉；登臨題，宜超曠，切忌廓落；弔古題，宜悲壯，切忌粗豪；理制題，宜風雅，切忌陳腐；纖小題，宜刻畫，切忌纖佻；詠物題，宜超脱，切忌填砌。

一、官韻，總要起兩韻押。或所限之字在題外者，尚可押在末聯。

一、題目，宜起四句，便字字點清，不可中間攙用，或起四句未能盡點，賸一二字，於末韻補出尚可。

一、詩中句調不可犯重。如平頭平腳等病，當求變换，方得疏落動蕩之致。

一、假借作對，固見巧思，而語太不倫，殊乖大雅，其流弊不可不防。

---

① 李西涯（1447—1516），名東陽，字賓之，茶陵（今屬湖南）人。天順八年（1464）進士，官至吏部尚書，華蓋殿大學士，卒後贈太師，謚文正。明成化、弘治年間，形成以他爲首的茶陵詩派，爲明代一大詩家。著有《懷麓堂集》《懷麓堂詩話》。

試律庸言

一、作試律者，須多讀唐人五七律、五言長排，爲之根柢。正如八比中之天崇國初文也。本朝作者，如吴穀人[①]先生《有正味齋試帖》一集，最宜多讀，以長氣骨，更以近代之《七家詩選》《養雲山館試帖》[②]，並館閣諸集參之，以取模範，時時恬吟密詠，濫熟胸中，日久自不患無佳作。

一、名曰試律，作者固自有律也，法宜前二聯即將題字點清。首句不得押韻，三聯或渾寫大意，或緣題解。四五聯或分貼題字，或攝取題神。六聯或總握題意，或仍分貼題字。七聯或推開説，或闡發題之餘藴，或相題作一束筆。八聯或頌揚，或點出處，或另取他意作結。若作頌揚句，擡頭處尤須加意細檢，稍有礙目之字，即可不用，但須平妥無疵，不必刻意求新。今選詩十數首[③]，附刻於後。

一、法律既備，尤貴審題。政治理境題，宜端雅工整，於典麗中力求新穎，仍不可失之輕佻；雙關題，宜運以精思，宛轉關合，仍不可失之纖巧；寫景題，宜畢肖其狀，作者拈筆時即如置身其間，自無難寫之景；言情題，宜含蓄藴藉，凡愁苦悲哀等字，俱不得用。以上各體，凡字面中有近香奩，有干忌諱者，亦不得用。操習既久，神而明之，存乎其人矣。

一、選韻最宜精確。近見諸童試律，當行出色者，固不乏人，餘則多似先有上九字，末以韻語湊成者，押韻不穩，雖有佳句，已落下乘。作者當於拈題時，先選出十韻備用，尤須先有下句，再對上句，如是則押韻不患不穩。入韻皆穩，則通體已無大疵。再能力求工整，出語必新，縱未必通首完善，已足動閱者之目矣。

---

① 吴穀人（1746—1818），名錫麒，字聖徵，錢塘人。乾隆四十年（1775）進士，官至國子監祭酒，充上書房師傅，主講揚州安定書院。著有《有正味齋集》《有正味齋尺牘》《有正味齋詩集》《有正味齋賦稿》等。

② 《七家詩選》，清張熙宇輯評，七家是指清代的李惺、劉嗣綰、楊庚、王廷紹、陳沆、那清安、路德。《養雲山館試帖》，清許球撰。

③ 《前賢試律程式》實選試帖詩十四首，共十一人，包括徐寶善、楊庚、路德、趙光禄、黄焜望、陶樑、端木杰、吴楷、雷維垣、許球、陳沆，其中選録許球詩作四首。

一、韻字平仄，宜於窗下講求。近見應試童卷，多有前二藝頗佳，一詩中失黏一二字，或三四字不等者。總由塾師課讀時，先視詩爲小道，每遇課期，只出文題，不出詩題，此鄉塾通弊，最足誤人。不知國家設科取士，童試則兩文一詩，鄉、會試則三文一詩，貢士朝考，翰、詹考差，無不試之以詩。是詩文並重，未嘗重文廢詩也。應童試者，藻芹擷秀，即卜他日桂杏聯芳，儻平仄不能分辨，異時應試殿廷，鮮不爲累，願諸生細意講求，作未雨綢繆可也。

一、調平仄之法，純是天籟，最爲易易。但須將字音讀準，其音之平上去入，雖孩提皆可知之，今爲臚列數字於後，口誦既熟，舉一反三，無不措之皆準。至有一字平仄雙收，或上去兩用者，則又須平日考訂韻學諸書，日久自可貫通。異日當爲專刻一集，以公同好。

辨四音法

詩：試去　設入　　從平音逆讀
　　始上　詩平
書：樹去　説入
　　暑上　書平
禮：利去　列入
　　禮上　離平

前賢試律程式

賦得安得猛士兮守四方詠史題式。　徐寶善①

猛士韓彭盡，坐實安得二字。長歌返沛中。
即今從父老，安得起英雄。
憶昔創材合，二聯開。横驅四海同。
斷蛇憑刱業，逐鹿遂成功。
鎖鑰當關缺，二聯合。貔貅宿衛空。
但教聽擊筑，何處問藏弓。收足安得。
六服歸炎漢，千秋戀故宫。
高臺臨泗上，鬱碭想遺風。

---

① 徐寶善（1790—1838），字廉峰，號壺園，歙縣人。嘉慶二十五年（1820）進士，官御史。著有《壺園試帖》《壺園賦鈔》《壺園全集》《五代新樂府》《三十六峰草堂詩鈔》等。

賦得吴道子奉敕畫嘉陵山水通首一氣式。　楊　庚[①]

嘉陵三百里，寔從下五字翻。山水畫圖中。

更有何人繪，能如此境工。

吴生承鳳敕，跌到題首。蜀道記蠶叢。

邱壑胸間滿，雲煙紙上空。

驛程無粉本，殿壁是屏風。

關勢朝天陟，江流入漢雄。

佛巖波印月，仙嶺瀑飛虹。

一日揮毫就，以本事收。奇觀壯大同。

賦得其數七數目題，細切式。干支卦名題，可以類推。　路　德[②]

地二能生火，天成數可詳。

洛書占在右，月令葉當陽。

北斗瑶樞正，以下五聯細切。南風寶扇張。

琴絃齊應律，機錦定移襄。

棲鳳賢依竹，鳴鳩子在桑。

鄭松庭外蔭，盧茗椀中香。

象德傳歌舞，稽疑協雨暘。

政齊欽帝治，景瑞啟珠囊。

賦得斲梓染絲典題，分貼式。　趙光禄[③]

比物徵劉勰，點出處。儒修慎始基。

斲來南國梓，染就越人絲。

質以從繩化，功緣受采施。

其材周作誥，梓字。有色漢成碑。絲字。

---

① 楊庚（生卒年待考），字少白，一字星山，江安人，嘉慶十八年（1813）舉人，歷官湖北漢黄德道。著有《星山詩草》四卷，《桐雲閣試帖附續刻》《桐雲閣試帖輯注》二卷。《七家詩選》收桐雲閣一卷，收録其詩計一百首。

② 路德（1784—1851），字閏生，號鷺洲，盩厔人。嘉慶十四年（1809）進士，官户部郎中。著有《峭壁山房詩鈔》一卷，《吟碧山房詩鈔》一卷，《檉華館詩集》四卷附詩餘，《檉華館試帖匯鈔輯注》十卷，《檉華館試帖》一卷，《路潤先生文稿》一卷，《路太史文集》，《檉華館全集》六卷。《七家詩選》收檉華館一卷。

③ 《文心雕龍·體性篇》言："夫才有天資，學慎始習。斲梓染絲，功在初化。器定綵成，難可翻移。"

漫喜雕爲樸，斲字。誰言涅不緇。染字。
輪工甘苦喻，斲字。墨子淺深知。染絲。
楚室裁琴日，收梓字。青州貢篚時。收絲字。
棟樑兼黼黻，總收。待用佐彤墀。

賦得焉哉乎也虛字題，分貼式。　黄焜望[①]

落筆從空際，含毫試細研。
焉哉辭畢肖，乎也用尤便。
理向虛中悟，渾寫。神偏象外傳。
藏修徵素藴，焉字。喜起憶當年。哉字。
巍焕文成化，乎字。高明道配天。也字。
語分疑與决，以下總寫。意以緩而宣。
不解終能解，其然或未然。
仰窺宸翰富，定不落言詮。

賦得慈儉爲寶治道題，九擡式。　陶　樑[②]

寶祚綿區夏，乾符鞏帝基。
止慈民有父，示儉道兼師。
子愛流膏雨，慈字。辛勤重粟絲。儉字。
面三湯網解，慈。阿四禹宫卑。儉。
鴻澤勞綏輯，慈。鳩工慎度支。儉。
租蠲丁力緩，貢卻亥珍奇。總寫。
修德行仁意，持盈保泰思。
君臨軒鏡握，郅治頌無爲。

賦得執兩用中理題，分貼式。　端木杰[③]

允執皇衷一，權衡用不窮。
端雖開以兩，理必協於中。
觀象儀先判，占星候總同。

---

① 黄焜望（生卒年待考），字耀寰，順天大興人，嘉慶元年（1796）進士。

② 陶樑（1772—1857），字寧求，號鳧薌，江蘇長洲人。嘉慶十三年（1808）進士，授編修，官至禮部侍郎。著有《紅豆樹館稿》《紅豆樹館詩稿》《晚香唱和集》《陶氏著書》等。

③ 端木杰（1776—1823），字俊民，號過庭，江寧人。嘉慶十二年（1807）優貢，十八年順天鄉試舉人。

省愆常對闕，兩。應律恰調宫。中。
階舞分干羽，兩。衢尊會雨風。
叩原除黑守，兩。居已卜黄通。中。
掌運瓘樞密，心裁玉尺公。
無偏宸極建，敷錫仰神功。

賦得走筆還詩債雙關題式。　吴　楷[1]

欲了真難了，一起已得題珠。箋常滿案堆。
欠詩成舊債，走筆仗新裁。
和每殷勤索，工難仔細推。
相牽還有酒，映合自然。欲避更無臺。
速我匆忙寫，憑誰料理來。
草多連夜起，走筆。租恐叩門催。映債字。
促迫殊能事，風流大雅。遲留愧捷才。
耽吟懷白傅，湘管日徘徊。

賦得臣心似水雙關題式。　雷維垣[2]

只向臣門望，翻起法。誰知鑒悃忱？
一清如止水，百折尚初心。
界早嚴涇渭，渾括。衷堪質影衾。
靈源同浩蕩，實寫。宦海異浮沈。
坦白情投石，題字。昏黄餽卻金。題意。
所居廉讓卜，其職股肱任。拍到臣字。
豈有虚明性，流水對法。而忘淡泊箴。
飲冰風並美，藉報聖恩深。

---

① 吴楷（生卒年待考），字一山，儀徵人，諸生。工詩文詞賦。乾隆十六年（1751）召試二等，十九年與吴敬梓會於揚州，三十年召試，欽賜舉人，仕内閣中書。著有《含熏詩集》《丹橘林詩》。

② 雷維垣（生卒年待考），字光文，號可階，道光十七年（1837）拔貢，廷試進士，直隸州州判，誥授奉直大夫，欽加監課提舉司銜。

賦得林間雙塔夕陽紅寫景題，烘托式。　許　球[1]

艤棹長江下，深林隔岸通。

隱將雙塔白，留得夕陽紅。

暮靄微烘處，炊煙半暝中。前路烘染。

劃開峰對立，雙塔。直上筆淩空。

地繞重圍樹，天連不斷虹。全題在握。

觚棱齊煥彩，實詮。鈴鐸競吟風。塔。

澹欲迷蒼霧，高猶麗紫穹。

明蟾來照未，去路。燈影各西東。不脱雙塔。

賦得山鐘摇暮天寫景題，鍊字式。　陳　沆[2]

已罷鐘樓杵，便爲摇字作勢。流音尚滿天。

催沈三界暮，摇破半山煙。點題字備極矜鍊。

意似依僧久，聲疑抱佛圓。

鏗鯨餘恣肆，點入。歸鶴赴纏緜。暮天，摇字亦出。

風向空中定，雲從斷處連。烘摇字之神。

應難分谷口，飛不過峰巔。雄傑。

漸漸如殘夢，蒼蒼但老禪。餘音嫋嫋。

夜來諸籟寂，洗耳又鳴泉。

賦得老驥骨奇心尚壯寓言題式。　許　球

驥豈同凡馬，崚嶒骨自奇。

空羣懷壯志，垂老見雄姿。

歲月憐增齒，聲名誤相皮。老驥骨奇。

千金誰物色，骨奇。萬里許驅馳。心尚壯。

豆棧羣争日，鹽車獨困時。

識途猶可効，伏櫪又奚辭。總不脱題首老字。

儕伍羞中駟，家山隔貳師。

---

① 許球（生卒年待考），字玉叔，安徽歙縣人。道光三年（1823）進士，官吏部給事中，十二年任江西鄉試副主考官。著有《古今體詩》《養雲山館試帖》。

② 陳沆（1785—1826），原名學濂，字太初，號秋舫，浠水人，嘉慶二十四年（1819）進士，授翰林院修撰。清代古賦七大家之一。著有《簡學齋詩存》《詩比米箋》《近思録補注》《白石山館遺稿》等。《七家詩選》收簡學齋一卷。

鑄銅如取式，一顧未嫌遲。

賦得臨江遲來客言情題式。　許　球

所思人不見，神韻絶佳。望斷碧雲隈。

江水悠然去，良朋寂未來。

斜陽留古渡，遲之時。明月立蒼苔。

煙樹秋摇落，遲之景。蒹葭路溯洄。

蔬曾緣客翦，遲之情。門早爲君開。

屢欲裁詩寄，偏難折柬催。

履聲風外聽，鈎魂攝魄。帆影岸邊猜。

倘許申良覿，披懷共舉杯。去路悠然。

賦得大富貴亦壽考興會題式。　許　球

備致人間福，真祥一語傳。

兩朝名將相，千古小神仙。

位極三公上，富貴。聲開九老先。壽考。

德宜康爾禄，天亦假之年。

白髮榮歸第，渾寫。緋衣晚鎮邊。

兒孫朝笏滿，門閥帝姻聯。

勳業綿唐祚，耆英邁宋賢。

玉灡今繪像，盛事更無前。壓題法。

顧南雅[①]先生論賦十則

一、初學作賦，每苦無生發，以不講層次之故也。每一題到手，須將題之前後細想一番，分作數層，然後將所限之韻配合，某層宜押某韻，某韻宜用某

① 顧南雅（1766—1832），名蒓，字希翰，一字吴羹，又號息廬，吴縣人。嘉慶七年（1802）進士，官通政司副使。著有《思無邪室詩集》六卷，《思無邪室遺集》六卷，另有《律賦必以集》，嘉慶十八年雲南刻本，嘉慶二十五年廣東菊坡精舍重刻本，光緒十五年（1889）成都尊經書局重刻本。

字,或平敘,或提頓,隨時變化。初無一定之質,惟期不淩獵,不重復而止。其有么麿小題,不能分層次者,即於用意之虚實淺深處分之。則無層次中,亦有層次矣。蓋不分層次,則一題只是一題;既分層次,一題遂成數題。視爲一題,則生發少;視爲數題,則生發多,此理之必然者也。熟讀唐賦,自得其妙。

一、層次既分,然後可言運典。每一題即有一題應用之典,且分出數層,即有每層中應用之典,引而伸之,觸類而長之,往往有絶不相涉,引來適成奇妙者。此又在組織之工,心思之巧也。然此必取材宏富,乃能用之不竭,所謂長袖善舞,多財善賈,故學者尤貴在平時博覽。

一、唐律字有定限,故多短篇,非絀於才也。且篇幅太長,則剽而不留,便少餘味。宋人每坐此病,況諸生於風簷寸晷時,不思以凝鍊取勝,而欲誇多鬬靡,不已傎乎。

一、偶句最忌合掌。去其合掌,則變化生動矣。

一、四六太多,則轉運不靈。唐人每段多不過兩聯,蓋每段必有精神團結之處,前只淡淡着筆,越顯出此處妙來,此亦疎密相間之法。

一、結處之用頌用歌,猶之《離騷》之亂也。可施於古賦、俳賦,不合律體。

一、唐人於官韻,往往任意行之。後來取音節之諧,一平一仄間押。至宋人始依次遞用,然尚不能畫一。今則必須挨次押去,斷不可錯亂。又唐宋人皆有兩韻並押者,尤不可學。

一、唐人押仄韻,出句末往往亦用仄字;平韻,則出句末斷無用平字者,自有一定體例。今則當以平仄相間對,末字平聲,出句固須用仄,即對句仄聲,出句亦須用平。至於每段起處兩句,俱平韻,收處或用單句,今亦不必效也。

一、音節隨時各異。自漢至唐宋,隨取一兩句讀去,迥然不同,今則不必。以諧和爲主,如四六:

平可平可仄平必須平仄可仄可平仄必須仄。

平可平可仄平必須平仄可仄可平仄必須仄平平此二字俱要平。

仄可仄可平仄必須仄平尚可仄,究以平聲爲妙平必須平。

仄可仄可平仄必須仄平可平可仄平必須平仄可仄可平仄必須仄。

長短高下,以此類推,總要讀去響亮,不至棘口則得矣。凡學古人文章,俱須變化。劉彦和云:望古定法,參今製奇。[1] 學者不可不知。

① 劉勰《文心雕龍·通變》,原作:“望今制奇,參古定法。”

一、題係本朝時事，起處便可頌聖。若係古事，則頌聖須留於末段，仍要與本題關合，此一定體裁也。

律賦庸言

賦者，古詩之流也。開自漢魏，昭明所登，名曰選體。下迄六朝，俳賦機調稍滑。唐以律賦取士，專歸駢儷，法律較緊而易學。宋以後皆沿之。國朝館閣，一本唐賦，間有高才博識者，以選體勝。然非筆致古老，思力沈雄，不能辦。至俳賦，則久不尚矣。唐賦之法，備載賦學諸書，諸生平時博覽，料無不知，但閱過古場各卷中，或通體四言；或前後七言，中間忽用四六；或通體四六，忽以歌結；或首段貌爲高古，以後筆力不繼，失之散漫，於古人法律，多有未合。今試以分段論之。

首段籠題。起首八字，宜識見高遠，渾括全神。次二句宜承明晰，此四語如人之眉目，冠於一首，不可不舒展開闊。第三聯，須虚籠題意。第四聯，須針對題珠。“輕、鬆、秀、活”四字，乃作賦訣竅，首段尤不可不知。

次段原題。從題之發源處尋根脈，句句在題前路，卻句句留本題地步，切不可一語涉正面也。

三段翻題。無論何題，總宜翻。文訣云：翻不緊，跌不醒，賦亦宜然。此段翻透，則題之骨節通靈矣。押官韻處，尤須留下段地步，以便鬬筍。

四段虚落題。前段翻過，此段即應就前段收處緊接，庶不遺針綫痕迹，虚落之法，從上段原題翻題輕輕落到本題之巔，處處在題巔着筆。句宜生活，收聯須有水到渠成之妙。

五段正落題。題之正義，在此處疏寫，然亦不可太實，因尚須留下段位分也。如只七段，則五段即宜實詮。

六段實詮題。題之虚神實義在此詮發，宜振作精神，一語不可放空，務使題珠如彈丸脱手，方爲搏捖有力。

七段足題。題之實義未罄者，於此補之；題之虚神未足者，於此完之。設題係枯窘，並無剩義，則或發後路，或用陪襯，均無不可。

八段束題。或以詠歎結，或以議論結，或以頌揚結，俱宜就本題生情，作爲餘波,悠揚不盡。不得任情敷衍,擡頭處尤宜斟酌。常有佳卷,爲擡頭錯誤而斥,不可大意。總之,非冠冕堂皇題,即不必濫作頌揚。

此律賦之大略也。

至若首段,雖有蓋聞、將欲、浩浩乎各等起法,然必須相題而行,不得濫用。用之得當,固足勝人,一不合法,便嫌失律。有規矩始成方圓。初學宜步步規矩,至神而明之,非其人不能也。他如擬古題,宜肖體裁;時令題,宜情趣;小巧題,宜工緻;理境題,宜清晰;議論題,宜沈鬱悲壯;正喻雙關題,宜映帶綰合。各種作法,不一而足。大凡文章詩賦,先求理法,次講筆仗。有法無筆,失於平庸;有筆無法,鄰於野戰。苟能於輕鬆秀活中,寓流利端莊之致,庶於此道有進矣。

板存東甌郭博古齋刻字店

東甌九説

《東甌九説》一卷,清温忠翰撰,清光緒五年(1879)刻本,半葉九行,行二十一字,白口四周雙邊。温州市圖書館藏三部,索書號:14207,Z121.6/3654,02833,一册,綫裝,子部,雜家,雜論。上海圖書館藏,索書號:綫普519069。九説包括:敦厚風俗説第一,勸誡争鬭説第二,勸誡鄉愚以清盜源説第三,斷絶花會説第四,廣勸蠶桑説第五,崇尚節儉説第六,消除癘疫説第七,敬惜字紙焚毁淫書説第八,整肅閨門説第九。

東甌九説序

《禹謨》之言曰:"戒之用休,董之用威,勸之以《九歌》,俾勿壞。"古人明刑,必先弼教,申以董勸之義。民日趨於善而不自知,此《九歌》之作,所以移風易俗也。余居甌數月來,見民風土俗有未盡純美,而又非法律禁令之所能驟興驟革者,釐其事有九,因爲説,以曲喻而緩導之上,法《九歌》之意,庶幾吾甌之民欣欣向化，同爲善良，革其舊染之俗，而咸與維新焉，則亦官於斯者之深幸也。

光緒己卯仲夏，山右温忠翰識於東甌道署。

敦厚風俗説第一

大凡風俗之盛衰，世運之升降所由繫也。吾居甌未及一年，耳之所聞，目之所覩，案牘之所昭著，友朋之所傳述，甌之士民中，循良粹美，可扶世教者，固不乏人，而涼薄之風，淫佚之俗，尚未除革者，其故有二：曰機心啓之耳，曰利心中之耳。嘗見一鄉一邑之中，有豐於貲者，衆皆耽耽視之，乘間抵隙，待其有事而鳴於官，雖素無關涉之人，亦可挺身插訟，而讀書人之不肖者，又暗中爲之謀主，以分其利。甚有唆使兩造成訟，居中取利之人。又有全無影響，而穿插播弄，以生事端，名曰敲竹扛。嗚呼，此豈仁人君子之所爲哉？夫貧富天命也。不安於命，而以唆訟嚇詐取人之財，試問此財能久存乎？昧自己之良心，誣他人之曲直，甚至敗人名節，害人性命，未嘗不自以爲得計也。詎知天網恢恢，疏而不漏，輕則以疾病償之，重則以死亡償之，更有斬其子嗣，終至滅亡者。若此等人，目中所見，不知凡幾，其得失爲何如哉？更有一等人，睚眦必報，恩怨分明，其所怨者只在幾微，而所報者卻極險狠，此尤機心之最傷天理者。人能凡事作退一步想，則心氣自平，而一切機械變詐之心無從生矣。至於父慈子孝，兄友弟悌，交友以信，倫常之至道，尤望膠庠秀士，鄉里紳耆，各勸勉其一方之人，使之不爲盛世頑民，不干國家憲典。一鄉成俗，衆鄉效之；衆鄉成俗，一邑效之。敦厖仁厚之風，未嘗不自一二士君子起也。人亦争自琢磨，共成美俗可矣。

勸誡争鬬説第二

殺人者死，國法也，天理也。嘗見死囚之獄，雖老吏研鞫，亦必再三焉，十百焉，而乃吐其實。既吐實矣，移時而又變其供詞，以爲翻案計，狡焉思脱其罪。凡此情狀，十獄有九，是非人情之不畏死也。然世之好勇鬬狠者，其兇殘之性，暴厲之氣，險狠之心，若必欲致人於死而後快，故每因細故，而釀成命案。甚有一兇連傷數命者；有羣兇肆行無忌者；有前日之微嫌，而異日圖報者；有兩家勢不相下，而讐結難解者；有以衆欺寡，而鄉里横行者：情不一端，事非一致，冤冤相繼，報復無窮，未了今生之仇，又種來生之孽。嗟乎，肢體受自父母，嗣續傳自祖宗，凡此兇徒，何竟悍然弗顧，不爲盛世之良民，甘作荒原之厲鬼，貿貿然自入於死而不悟耶？當其始也，一言不合，挺刃相尋，其窮凶極惡之狀，豈不曰誰敢當我者。及殺人成案，官吏捕拏，則又東逃西竄，無可安身。一朝就獲，其心又未嘗不惴惴焉，以爲今生之命休矣。公堂之上，初供斷不自認殺人，及屢受刑杖，備嘗苦楚，然後俯首無辭，供認不諱。此其中殆有冤魂，暗隨其形影者。斯時也，回顧家門，不可得矣，父母妻子，渺難見矣。冷雨淒風，吹灑囹圄，木櫳鐵索，摧折肌膚，度日如年，生不如死，自問自思，悔乎不悔？使早爲安分之良民，含哺鼓腹於化日之中，即不登上壽，亦得善終，其快樂何如？必欲逞一朝之忿，以自焚其身，果有何益？甌之民好鬬者衆矣，故爲此説，以告夫愚頑罔覺者。

勸誡鄉愚以清盜源説第三

濱海之捕魚爲業者，往往勾結匪類，乘坐艇船，私置火器，出没於驚濤駭浪中，以剽劫商船爲事，台屬之民多有之，而玉環漸染其習，更有勇悍不馴之夫，恃其猛鷙，出而耕作於江淮間，乘閒聚其黨羽，以行劫富户客商，得賍則歸而匿其跡。平陽、瑞安之民，多有之，此盜賊之風日盛，而良民難免俗染之污也。除已飭地方嚴拏懲辦，並出示曉諭外，凡此苦口婆心，不妨爲愚頑梗化之民，一再言之。夫地方官以愛民爲主，但所愛者，係良民，至一切兇悍之盜賊，則惟有以嚴法治之。查治洋盜之法，不分首從，不論得賍多寡，但供認過船行劫，一概斬首示衆。爲民上者，當此等案件定罪之時，智中戚戚然，幾欲爲之欷歔垂涕。然執國家之大法，何敢稍偏？欲以私意救一人，其何以對彼伏罪而死者？且此定例之意非苛也。正欲民之嚴憚畏懼，各知所懲戒，而少犯法耳,故懲一可以儆百,官家必以嚴治之者,亦非虐也。正欲未經拏獲之愚頑,聞風知懼,翻然自悔耳,故慎始可以圖終。嗟乎,此等頑民,誰無父母,誰無妻子哉?一朝犯法,家無過問之人,死無葬身之地,有何快樂而爲之者?至於行劫他鄉,潛歸故土,以爲得此財物,人莫得而知之也。豈知犯案之處,亦有地方有司官,早已行文來拏,豈能任其以行劫之財,逍遥事外?查拏解送,訊明案情,身首異處,永作異鄉之鬼,思欲再爲温州貧苦之民,不可得矣。此中利害,願爾各鄉識字之人,平時多爲愚民講説,能勸醒一鄉之人,無一爲匪者,自是莫大陰功,上天必與厚報也。

斷絶花會説第四

花會實聚賭之别名。設局騙財,招揺惑衆,莫此爲甚。閩、廣多有此俗,甌去閩近,故亦相習成風,官屢拏辦,而猶潛蹤匿跡而爲之者,皆思得此意外儻來之財也。入其會者,心摹手追,魂牽夢繞,荒墟黑夜,三五爲羣,僞託鬼神以爲詞,至廢寢食而不顧,卒之典當一空,銀錢終歸烏有。百家之中,得其利者未必有一二,而由此傾其囊槖,耗其貲財,售其衣物,以至於困頓無聊者,蓋指不勝屈焉。夫彼設局之人,豈以錢濟世,使人各償其願哉?亦祇創此名目,以網羅一鄉一邑一郡之人。人情好佔便宜,於是入其彀中而不自覺,良可哀矣。爲民父母者,明知其騙人之財,豈能不設法拏辦?然與其待官之拏,始知躲避,何如看破此騙人機關,鄰里鄉黨,彼此相戒,勿受其害,以各守其固有之財。彼知伎倆不行,日久自然革除此習。天地至大,銀錢日周行於兩間,肩挑背負,坐賈行商,是皆取財之道,何必行此詭僻之事,而卒爲人所算哉?心有幾希之明者,當不河漢余言也。

廣勸蠶桑説第五

古者農桑並重,男耕女織,野無閒惰之民,人惟自食其力,終歲勤苦,以其所得之貲，仰事俯畜，所以家給人足，成康樂之治也。今甌之民，如平邑等處，婦女尚知紡織，永邑婦女，半皆不習女紅，傅粉塗脂，飽食終日，不知一絲一粟所自來，日習於惰而不自覺。民利不興，民生易困，其何以承歡父母，長養子孫，以宜爾室家哉？浙省杭嘉湖三府，蠶桑之利，甲於天下，嗟爾民農，奈何近在一方，罔知效法乎？夫甌民之利，茶是其大者，而柑次之；魚鹽是其大者，而明礬次之；材木是其大者，而藥料次之，其中無女工也。帛之屬則有甌綢，治綢之絲，必取給於湖郡，並皆男工爲之，無織婦也。平邑之民，較饒裕於他邑，平邑之婦，能織布也。然則蠶桑紡績之事，可不重哉？今之官斯土者，將爲小民謀身家之安，即爲斯土圖久遠之業，大抵飼蠶必先種桑。本城之桑，既屬無多，田野之桑，聞亦甚少，且所有者，皆老幹枯枝，葉不肥壯，非女桑也。今擬秋冬間，遣人赴湖州，買桑數千株，開局種植，即照湖州所買之價，發與民間移種，其川貲脚價，均由官津貼。每家領桑，不得過二十株，是所費甚屬無幾。三四年後，美蔭成林，以之飼蠶，其利甚溥。凡爾上下河鄉，宜種桑樹之區，均當未雨綢繆，先籌種植之地，講求飼蠶之方。富家大族，亦可自行赴湖購買栽種。届時設局出示曉諭，總期官民一體，四野同風。儻能開此美利，使甌民豐衣足食，共享太平，豈非一時之盛世哉！

崇尚節儉説第六

孔子曰："禮，與其奢也，寧儉；喪，與其易也，寧戚。"今甌人之俗，似與此相反。蓋嘗於婚姻、喪祭之事，友朋酬酢之間，而覘之矣。

試先以婚姻言之，婚禮宴客，恒情也。甌俗則有所謂坐筵者，肆筵設席，結綵張燈，婦女以華麗爲美觀，親朋以奢侈爲盡禮。甲者誇耀盡致矣，乙者更欲勝之，彼此相角，鬭靡争妍，日後之食用有無，竟不暇計。目前之鋪張揚厲，在所必争，此以奢爲禮者，令人不解，一也。

至於有喪之家，苟富若貴矣，則盡禮於其親，即飾終豐盛，其誰曰不宜？而貧賤之家，亦必欲求美觀，求之不得，則寧棄柩路隅，而不卜安窀穸。嗟乎，慎終之事何事，而顧可但求美觀乎？本爲寒士，則以寒家之禮葬之可也，胡爲必欲徇情富貴乎？此以奢爲禮者，令人不解，二也。

暮春三月，士女盈街，燈火連宵，幾同白晝。五月龍舟競渡，簫鼓喧闐，兼旬累月，樂則樂矣，計一歲之所用，奚止中人之産哉？聞昔年家給人足，故以春夏之良時，樂太平之盛事，其銷耗民財，已屬可慮。乃昔之素封者，今多中落矣；昔之小康者，今皆窶貧矣。昔日之市，百貨充盈，息金豐厚；今日之市，商賈運販，生意蕭疏，歲入之款，已減於曩時，歲出之款，仍符於往歲，是豈可不計久長，求撙節哉？昔漢文帝欲作露臺，召匠計之，直百金，文帝曰："百金，中民十家之産。吾奉先帝宮室，常恐羞之，何以臺爲？"遂罷露臺之役。以古帝王之尊，其愼出入之度支如是，是亦可以鑑已！

消除癘疫説第七

天時寒熱之不均，地氣卑濕之所注，其鬱蒸薰噓既久，受之於人，因而成疾，此癘疫之所由作也。甌之人每歲季春，祈神以禳之，兼旬彌月，鉦鼓簫管之聲，不間於昕宵，燈彩香燭之華，不絶於道路。奉瘟神出巡，如事生人，服食起居之物，無不精潔華美。雖賢子孫之奉父母，無過於此。月費巨萬，不以爲侈，何其誠也？癘疫不止，則再奉神出巡，較前之詳備恭敬無少衰，何其愛人之深，而事神之篤也？然而癘疫終未截然而止者，豈神之不佑此民人哉，抑奉神之人，猶未致敬盡禮哉？蓋不治其本，而齊其末故也。所謂本者安在？曰：惟祓除污穢，節愼飲食起居而已。甌俗貧者死亡，露棺不葬，屋角牆陰，人所往來之區，皆其停棺之所。既成積習，則雖其家尚有餘貲可葬者，亦皆相率效尤，不以爲恥。春陽司令，屍氣薰蒸，徧於街市，生人受之，能不致疾乎？甚有寄棺於河水之涯，日烈風尖，木崩尸潰，膿血腥穢之物，浸入水中，生人飲之，能不致疾乎？且温郡不少官山義田，掩埋之費無幾，爲子孫者忍而暴露其父母，爲長上者忍而暴露其子弟，不孝不慈，孰甚於是？上天降灾，良有故耳。試觀大兵之後，必有大疫。以此推之，則尸氣之能爲瘟疫也明矣。甌俗耕作服役之人，冬令但用木棉裝其上衣，下皆單袴赤足，十人每見其九，是積寒已中於三冬，至春夏而驟發。且飲食男女之事，不知逢時檢束，安得不病入膏肓？此又受疾之本源也。甌人不惟本之是務，而惟末之是圖，神豈斤斤於歲祀之豐儉，而爲人禍福哉？亦惟東甌僻處海隅，窮荒斥鹵，天時地氣未得其正,故人受其殃。倘能思疾病之由來,慎之於平時,當疾病之未至,圖之於先事,稍節其酬神之費,以爲掩埋停柩,施濟藥餌之用,行之既久,必召祥和。若謂神以出巡爲悦,不出巡則降災,此故神其説以惑愚民者,天下古今,決無是理,吾不信也。

敬惜字紙焚毁淫書説第八

上天福善禍淫,其報不爽。此其説爲士者知之,民未必盡知之也。試先言惜字。甌城中善舉甚多,如育嬰恤嫠、施醫自新諸事,或前人創垂,後人踵而行之,或一人倡率,衆人因而成之,良法美意,洵足以濟窮黎,厚風俗,垂久遠矣。獨惜字之舉,猶未盛行。然此事官家爲之,瑣碎難行,民間爲之,詳明易舉。一二樂善之士,邀集其鄰里鄉黨,每家給一紙簍,每月遣一專丁收取焚化,每家取費,不過數十百文,以爲此專丁工食,有三五十家,即可行之久遠。海濱距城甚近,或集半年,或集數月,將字灰包裹嚴密,投入海中。平時在污穢之區,留心拾取,果能行之不厭,未必不獲報科名。第不可借此斂財肥己耳。至淫書淫畫,街市公然售賣,此等惡俗,處處有之,最足壞人子弟。售賣得錢者,必獲淫惡之報。凡屬商賈,斷勿以此貪獲小利,士林中有見淫書淫畫者,亟宜購而燒之,勸止各商賈,斷勿再售。如有陽奉陰違,不妨赴衙署稟明,必立予懲辦。但不可因挾小嫌,捏無爲有,中彼敲竹杠之陋習耳。學校諸生,有能將此兩事力行,積久不懈,一枝丹桂,定在手中。商賈中有行此者,其子孫亦必獲科名之報。此因果書中歷歷言之,數十年來又歷歷見之者,願有志之士,蹶然興起也。

整肅閨門説第九

甌俗婦女入廟燒香,及出門遊覽,畧不避人,習以爲常。爲之説者曰:燒香所以敬神明,廣善舉也;出門遊覽,所以抒寫性情也。然即此觀之,已足見其平時無一縫紉紡績之事,井臼中饋之勞。夫佛教之能化婦女爲善,誠爲至美。然行善於家庭可也,奉佛於閨門可也,即曰時維吉日,佛有誕辰,燒香致敬於其家亦可也。胡爲乎明粧麗服,三五成羣,必奔走言笑,嬉酣於稠人廣衆之中,方足盡行善之極致乎？至於遊覽,尤非婦女所宜,彼婦女能往之區,皆盡人能往之區,一家之婦女出遊,不能禁人之不遊也。男女混雜,綽背摩肩,最爲陋習,知以禮法繩其家者,斷不相率爲此也。若使比户盡習紡織、課女紅,暇則以詩書爲餘事,賢女名媛,詎肯入廟燒香,出門遊覽,爲有識者所笑乎？是在爲一家之主者,勿囿於習,勿徇乎情,以自振拔於委靡頽廢之中,翻然一變其舊俗,則所謂豪傑之士,雖無文王猶興者,殆其人歟!

蠶桑問答

《蠶桑問答》一卷,清温忠翰撰,清光緒五年(1879)東甌郭博古齋刻本,半葉九行,行二十一字,白口四周雙邊,温州市圖書館藏,索書號:002363,一册,綫裝,子部,農家農學類,蠶桑之屬。卷前有温忠翰《蠶桑問答序》,末署"光緒五年孟冬月太谷温忠翰誌於山陰道中舟次",卷末鎸"板存東甌郭博古齋"。共收録37則問答。

另,國家圖書館藏,清光緒三十年(1904)刻本,索書號:29902。温忠翰《蠶桑問答序》末鎸"板存龍游縣靈耀寺"。《重刻蠶桑問答序》云:"光緒丁亥游東甌,見甌民稍知蠶事,乃前温處道温味秋觀察所化,但不及浙西之盛。"又云:"程冀良少尉出所藏温味秋觀察《蠶桑問答》一書示余,書中言蠶桑之法簡明易曉,用特重刊印送。"序末署:"光緒三十年莫春之月,孤峰朽衲書於隆邱第一山。"卷末鎸:"靈耀寺印送五百本,龍游縣正堂葛印發三百本。"

茲據光緒五年刻本整理。

蠶桑問答序

"耕織"二字,爲衣食根源,民生要務。耕種之事,農家無弗習之矣。蠶桑之事,則盛於浙西,而浙東更無聞焉。以天地自然之利,捨之不爲,亦良足惜。若牧民者,示以準則,俾家喻户曉,咸知織之不可偏廢,而美利可興,民風可變,豈非甚善舉哉?温郡時序陽和,土田肥潤,於蠶桑尤宜。甌城南北兩河鄉,溪流環繞,萬頃桑田,不難於數年中觀其成,特患人之畏難苟安耳。爰就前人所刊《廣蠶桑説》[①]一書,擇其要者,編成俗語,名曰《蠶桑問答》。必使野老農夫、粗通文義者,皆知所解。庶幾互相傳習,各思自贍其身家,而奮然興起也。

光緒五年孟冬月,太谷温忠翰誌於山陰道中舟次。

蠶桑問答

問:栽桑之法何如?

答曰:桑樹宜十一二月時栽種。春天種亦可。不宜低濕之地,高平近水處栽之必活。須隔六七尺栽一株。栽時將桑根用水洗浄,舒根土中,坑深一尺五六寸,寬三尺,用糞和泥水攪勻,栽上桑秧,再加好土,搗築結實。到冬至以後,驚蟄以前,在樹旁掘一小坑,裝糞坑内,糞氣下行,桑根自然暢茂,出葉亦必肥大。蠶食肥葉,自然吐出美絲。近河之地,只要河泥培桑,功同糞土。

① 《廣蠶桑説》,清沈練撰。沈練(? —1855),字清渠,江蘇溧陽人,道光元年(1821)舉人。清同治二年(1863)其子沈琪刊刻,收録説桑十九條,説蠶六十六條。後有清光緒元年(1875)江西書局刻本,清光緒二十三年桐廬袁氏漸西村舍刻本。

問:隔六七尺地栽桑一株,豈不侵佔良田?

答曰:桑陰之下,種蔬菜、棉花諸物最宜,土性常鬆,桑更繁盛,但不可使生草,有草必鋤去,恐拔地力。

問:隔年之桑,如何培養?

答曰:栽桑既活,於芽嘴透露後,用剪剪去頭上枯枝,餘俱留之。第二年立夏後,每桑條上留長大的二三枝,餘俱剪去。第三年立夏後,又剪第二年所生之條。如是至五年後,所養桑條已成四層,可將發出嫩條,立夏後全行剪去,專養歷年所留之條。此時美蔭成林,美利無窮矣。

問:桑樹生蟲,如何治法?

答曰:蟲有二種,一生皮内,一生皮外。皮内之蟲,口有雙鉗,嫩條一咬便斷,常藏樹皮中。凡大枝上見有脂膏流出,挑破樹皮,有白如米粒的蟲子,全行剔去,如已成蟲,樹上必有小洞,用鐵絲剜出,或用百部草汁灌之。皮外之蟲,其形如蠶,治之用百部草汁,密灑葉上,蟲食其葉即死。

問:初桑、二桑名目?

答曰:桑葉生於二三月間,名初桑,宜剪去。剪後又發新葉,名曰二桑,此桑不必去,霜後餵羊甚肥。

問:採桑法?

答曰:先採老葉,留著嫩葉,尤不可傷芽嘴,十數天後,葉必大發。嫩葉味苦,不宜餵蠶,至蠶大眠後,桑亦長足,可以開剪。

問:桑有幾種?

答曰:以荷葉桑、黄頭桑、木竹青爲上,又有火桑,發葉較早,可餵早蠶,富陽、望海等種亦佳。

問:壓條、種葚法?

答曰:桑有旁出二三尺長條,去土不遠的,加肥泥埋好,用石壓住,露梢向上,一年後移栽必活。五月間取黑桑葚,水中搓碎,用沈水的桑子陰乾,撒在肥地上，糞水微澆，用草灰蓋住，待桑芽出土，糞水勤澆，一年後便成桑秧。

問：接桑法？

答曰：接桑在驚蟄後，清明前，天氣久晴時最宜。揀家桑條如筆管粗的剪下，每條可接野桑三兩株，法將剪下接條收筐中，用濕布蒙蓋，勿見風日，又將野桑根上浮土抓開，齊土面剪斷樹枝，揀樹根光潤處，用快刀豎劃破樹皮一寸多，取小竹釘削成馬耳形，嵌入皮内，再剪接條三寸，亦削成馬耳形，取出竹釘，將接條嵌入，用桑皮纏緊，以土培擁，但露芽嘴，不可動摇。清明後漸漸發芽，至八九月，即高大成樹，候至冬月，便可移種。其葉光潤肥大，餵蠶最宜。

問：留蠶種法？

答曰：留種先要揀無病壯大的蠶。大眠後，每日取極肥桑葉餵之。蠶老後另搭一山，常用微火烘煖，使速成繭，拗繭時，要辨雌雄。尖而腰小的是雄，圓而腰大的是雌。分爲兩筐，不可堆積。收在透風屋内，不可摇動，須避老鼠咬傷。約半月即出蛾，出後揀去拳翅、秃眉、焦尾、赤肚諸樣病蛾，分别雄雌，各收一處。須用稻草先鋪器内，使蛾可存身，候出蛾既多，將雌雄併在一處，蛾數相當，聽其自相配合，俗名爲對。既對後，提入空筐，勿令見風，見風恐致散亂。大約蛾對四個時辰，便須分開，俗名拆對。拆對太早不得，早則來年多不眠之蠶；太遲不得，遲則來年大眠後，多拖白水之蠶，總以四個時辰爲度。拆對之後，鋪蠶佈於筐中，不拘新舊，須用方塊，取雌蛾放布上，四面用木尺攔住，再用他物蓋好，使透氣不見日光，過半日，而蠶子滿布矣。再用竿懸布净室中，六七日顔色變黑，用陳石灰研細，取絹篩篩在蠶布上，要匀，不要厚，輕輕摺好，懸在屋中，待隆冬時，取下腌之。

問：腌種法？

答曰：每年十二月十二日，取蠶布輕輕撲去石灰，用炒鹽候冷，匀鋪布上，以不露蠶子爲度，隨即摺好，常常浸涼茶中。至十二月二十四日，將蠶布取出，展開，下託米篩，清水時時灑上，去其鹽氣，至無鹹味乃可。待布乾後，照舊摺好，用棉衣護之，收入箱内。若收布不用陳石灰，恐蠶子不待時而出；藏子不用鹽腌，次年之蠶多病，二者缺一不可也。

問：蠶初生時，如何培養？

答曰：蠶得人身煖氣而生。清明後桑葉如錢，用桑皮紙包蠶布，白日帶在不做粗事的人胸背間，夜間入絮被中，至六七日，蠶子即生。初生時，用四五寸長燈草數十根，鋪布上摺好，待大勢出齊，用光滑白紙鋪桌，細切桑葉攤紙上，將蠶布蓋上，蠶聞葉香，自離布就葉，更用竹器，鋪稻草灰半寸，將紙再鋪灰上。天氣晴和，每日可添碎葉五六次，如遇陰寒，蠶不貪食，無須多用桑葉。陰寒不宜用火烘，火烘蠶多病。

問：蠶既長後，如何培養？

答曰：蠶生至四五日，桑渣蠶砂，積器中漸厚，須再換一器，俟前次之葉食盡，用絹篩篩薄薄糠灰於蠶上，再加葉一層，蠶皆出灰食葉，以蠶筋輕輕捲起，移入他器。有未上之蠶，再加葉再捲。换器後兩三日，有色微白，嘴上有尖角，不食葉的，此乃初眠也。眠未齊時，照常加葉，看大勢將齊，照前法篩用糠灰，再加碎葉。此時未眠之蠶，仍然出灰食葉，次第加葉，亦次第皆眠，再篩糠灰一層，以待蠶起。

問：初眠既起，二眠如何？

答曰：初眠起後，四五日内，須餵葉二十七八次，色又微白，嘴上又有尖角不食葉，此名二眠。養法與初眠同。

問：二眠既起，三眠如何？

答曰：二眠起後，桑渣蠶砂更厚，須一日一换器，四五日内，餵葉亦須二十七八次，蠶色更白，嘴上顯露尖角不食葉，此名三眠。照前法篩用糠灰，再餵桑葉，候未眠之蠶出灰上，輕輕用手提出，另入他器餵葉，以待其眠。如蠶色青，皮内如有油，在葉上掉頭不住，此乃有病，終不能眠，宜急去之。

問：三眠既起，大眠如何？

答曰：三眠既起後，食葉更快，晝夜無息，須上葉三十餘次，或三日後，或五日後，不食葉，此名大眠。如未眠齊，照常上葉，待大勢已齊，用整張大葉鋪在蠶上，其眠者不動，未眠者又上葉就食，連鋪葉數次，將桑葉捲起，未眠之蠶，盡在葉間，葉下皆是眠蠶，提出收入平底盤中，用秤秤準，大約大眠之蠶五斤，尚須預備桑葉百餘斤。秤後堆入曬籩中，曬籩：邊淺底密之竹筐也。絹篩篩研細陳石灰於上，收其濕氣，更用寸斷稻草，蓋在上面。

問：大眠後，如何培養？

答曰：大眠一晝夜必起，亦有遲至二三日的，總須静候，不可用火烘。蠶起必出在灰草之上，此時不可急急上葉，必待盡起，然後上葉。又宜先用柘葉餵兩三次，再餵桑葉，吐絲可有光彩。大眠起後，食葉更快，上葉更要勤，經四五日，上葉五十餘次，而蠶老矣。如有身短節高，不食葉，又在葉上往來，脚下拖白水的，是病蠶也，急去之。

問：蠶倉制度如何？

答曰：大眠起後，蠶身已大，用籩太多，此時可用蠶倉。須揀明亮之屋，打掃潔净，用堅厚土磚安放屋内，以備人上葉時，有立脚處。倉邊用厚木板圍好，須防老鼠。再用寸斷稻草，鋪在地面，將蠶排勾草上，不疏不密，然後上葉，輕輕用手攤勾，隨食隨上，總以蠶老爲度。此時不可惜葉，多食一葉，即多做一絲也。

問：蠶山制度如何？

答曰：山用穤稻草、秔稻草均可，斷不可用秈稻。先揀有窗之净屋，或樓上，用亂草鋪地，再取稻草，截成一尺五六寸，批去亂葉，手握蒲把，以草繩鬆鬆拴住，繩上一尺，繩下五六寸，扭草使轉，繩隨扭隨緊，草隨扭隨開，扭成上下圓如碗形，搭時彼此交錯，不可近牆壁，層層排列。如屋内地濕，須架木板四五寸高，再鋪草，再搭山。

問：蠶上山後情形如何？

答曰：大眠後之蠶，在桑葉上昂頭不住，又不食葉，此便是老了。一一取出，盛盤中，至搭山處，依山之層數安放。每一山可上六七十蠶，待安放停妥，用蘆席將屋遮掩，使不透風日。上山後天氣晴和，是蠶家之大幸，如遇陰寒，四旁須用火爐烘煖，待成窠後，又宜透明，須將前遮蘆席撤去。上山一兩日後，有在山頂昂頭不作繭者，用竹枝、柳條等，勾鋪山上，便可成繭，俗名青山。

問:落繭情形如何?

答曰:上山後,五日可落繭。先上之蠶先落,須看帚心無黑色,朽爛之繭,便輕輕摘下,如有黑者,須將箒向下,除去黑繭,再摘,恐壞他繭。如有繭内濕者,此名陰繭,務須提出。衆繭中有一陰繭,繅絲不能發亮。

問:落繭後,繅絲可久待否?

答曰:落繭後七日内,即須繅絲。過七日,蛾咬繭破,繭即壞矣。若用火烘繭,使蛾死在繭中,乃可久留。然火烘之繭,出絲總不甚佳。

問:陰繭尚有用否?

答曰:用清水浸之,日换水兩三次,待他絲繅畢,以絞不出污水爲度,用桑枝灰和煮,再取清水漂浄,曬乾,抽絲,可織綿綢。

問:留種之繭有用否?

答曰:蛾出後,水浸一二日,照陰繭治法,亦可織綿綢。

問:繅絲之竈,制度如何?

答曰:上下俱圓,高二尺,上寬下窄,上一尺六寸見圓,下一尺一寸見圓。鍋在竈上,須用泥封住,不使漏煙。

問:繅絲之水如何?

答曰:須於溪河極清處取用。從石縫中流出之水更好。不可用井水,用井水絲不亮。

問:絲車後頭設火倉,制度如何?

答曰:與車上着絲處針對,雙錢眼用兩倉,單錢眼用一倉,絲從水中抽出,使從火倉上過,火與絲離二寸多,務令隨繅隨乾,倉中宜用無煙不爆音報。之炭。

問:蠶子養成,其數如何?

答曰:初生者名曰蠶花,大約蠶花一錢,可得大眠五六斤,計須食葉一百三四十斤。蠶家須自量力,不可貪多。

問:蠶有忌食之葉否?

答曰:黄斑之葉不食,油黑之葉不食。葉在籃,壓得太堅實,便成油黑色。葉從遠處挑來,須時時放風,方免油黑。帶水之葉不食,食水葉,絲易爛。大麥田中之葉不食,食此葉,蠶多病。

問:採葉有時否?

答曰:晝食之葉,辰刻採,太早有露氣,葉不乾。夜食之葉,申末酉初採,太早有日氣,葉易枯。天將雨,須採足一兩日之葉,或存缸内,或亮蓆上,如久雨,亦只得雨中採來,用布一夾便乾,或剪長條掛在有風處,候乾用之。

問:切葉法?

答曰:切葉粗細,看蠶之大小。蠶初生時,細切如鍼孔。蠶漸大,切可漸粗,至大眠後,以鬧刀鬧之可也。

問:每繭一斤,得絲若干?

答曰:大約繭一百斤,可得絲十斤。善繅絲的,用雙錢眼繅絲,每日可得絲斤半,須七日工夫。若用單錢眼,每日止得絲一斤,須十日工夫。故繭過百斤,便須添設絲車,方可敷用。

問:繭有好歹否?

答曰:堅而厚的最好。軟而鬆的,名綿繭;蛆生繭中的,名蛆鑽繭;蛾未變成爛在繭中的,名映頭繭;薄絲一層,蛾身外露的,名凹赤繭;一頭穿破的,名穿頭繭;黏在帚内,結有深印的,名草凹繭;蠶溺染成黄瘢的,名同宫繭。凡若此等,只可作綿作絮,不可繅絲。

問:桑渣、蠶砂尚有用否?蠶砂,即蠶糞。

答曰:浸水中待腐爛後,用此培桑最佳。蠶砂兼治病,可賣與藥店。

問:蠶諸忌?

答曰:喜清静,忌喧嚷,忌香煙、醋瓶酒甕、藥爐及一切有香之物,忌人吸煙,忌油漆器皿,忌有鼠之屋。

問:蠶桑之利如何?

答曰:年年收買桑葉,養蠶治絲,已有二三分之利。若自家種桑,自家養蠶,則桑樹是本,置買各器是本,此後年年所得之絲,皆是利也,豈非十倍之利乎?且婦女知蠶事,不致孏惰嬉遊,有益於閨門者不少。杭嘉湖三府,地方富厚,皆由於此。與其栽種罌粟,及取一切有干例禁之利,何如種桑養蠶,耕織並重,人人自食其力,同樂此太平世界乎?爾小民其共勉之也。

問:温州之楠溪亦有蠶桑,其絲何以不佳?

答曰:楠溪之桑,皆□野桑,不是家桑。蠶食野桑之葉,吐出絲來,必定粗黄,繅絲再不得法,豈堪織綢?今官家從嘉湖一帶,買得桑來,分散與民間栽種,到治絲之時,從湖州僱人來,作與大家觀看學習,一二年後,大家都學會了,桑樹也長成了。更復年年加增,循環無已,十年以後,温州地方,若不富厚,未之有也。

板存東甌郭博古齋

附:《涉史偶悟》

温忠翰任温處道時,刊刻圖書尚有其父温啟封(雲心)之《涉史偶悟》。《涉史偶悟》五卷,温啟封纂述,温忠翰編輯,清光緒十年(1884)東甌郭博古齋刻本,半葉十行,行二十四字,小字雙行,同黑口左右雙邊,天津社會科學院圖書館藏,索書號:464;温州市圖書館藏,索書號:13714,國家圖書館藏,索書號:74455。上海圖書館藏,索書號:綫普長54912,一册,綫裝,史部,史評類,史論之屬。牌記鎸"光緒十年甲申刊於東甌道署",卷末鎸"東甌郭博古齋刻字"。卷首祁世長序云:"觀味秋之刊是書也,能不滋世長失墜之懼乎","展卷敬誦,見其論斷謹嚴,原本經術,微至處能補涑水、紫陽所未及"。此書共五卷,卷一讀東晉紀，二十五則；卷二讀唐紀，三十則；卷三讀唐紀，二十六則；卷四讀唐紀，二十則；卷五讀唐紀，十二則。

涉史偶悟跋

忠翰十歲而孤，不獲侍先大夫學，一聆緒論。賴先太夫人教養撫育以成人。四十年來，風木之悲，痛深罔機。凡先大夫手澤所存，兢兢守之，弗敢少替。《緑雲仙館詩稿》既刊於長沙以行世，復刊《玉鏡臺詞集》於京師，詞章倡和之作，於兹已備。而是書則寓興衰治亂之原，切身心性命之學，尤先人殫精竭慮於其中者。蓋先大夫於書無不讀，而史學研究尤深，知人論世，必求古賢哲精心所注，表而出之。又嘗比事例詞，貫通前古政治，合千百年聖君賢相如處一堂，誅奸伐惡，論斷謹嚴，此《偶悟》一書之大旨也。

嗟乎！先君自少時隨先大父宦，輒遊覽半天下，左圖右史，抽繹篇章，寒暑無間。十上春官不第，晚年就郎曹，未獲一展抱負，此天之靳我先大夫也。然勛名雖不昭於時，而子若孫，科第緜延不絶，蓋隱受先人之福。肇基有自，非子若孫自爲致之，此又天之報我先大夫也。今忠翰等食先人之報，幸獲微名，素餐滋愧，敢不深自刻勵，讀父書而思繼志乎？嗚呼，吾母先太夫人之殁也，今亦三十三年矣。機絲燈影，課兒誦讀之聲，恍惚在耳目間，而髮白齒摇，年已半百，迴思十歲時，一朝孤露，涕泣靈輀之。前夢如昨，瞻望鄉井，雲山邈然，墓木已拱，明發有懷，纘承空切，爰以是書，亟付手民，用彰先志。俾世之採風君子，知吾先人抱負所寄，乃在經濟，非僅以詞章工也。

光緒八年在壬午仲冬月，男忠翰謹志。

附：觀察浙東觀風示[①]

照得珠光劍氣，精英騰川嶽之輝；玉軸牙籤，文字重琳瑯之選。自論秀書升之法廢，而設科取士之典興。此識見宏通，允屬匡時之偉器；文章典雅，尤爲華國之先聲也。方今聖學日新，皇猷廣運，爾多士沐壽考作人之化，際光華復旦之時，所宜砥礪廉隅，整躬修於蓬户；涵濡典策，篤攻苦於芸窻。庶異時梁棟之才，皆今日藻芹之秀。查温處兩郡，玉環一廳，皆膏腴沃壤，山海名區，鍾毓積自，累朝科名盛於前代。逮及近世，疊見偉人。本道渥荷聖恩，分巡斯土，緬謝公之遺蹟，慨想流風；拜信國之荒祠，眷懷忠藎；劉文成[②]勳加宇宙，邈矣難追；卓忠毅節懍風霜，敻乎莫尚。他若峰高雁宕，具排青聳翠之觀；瀑濺龍湫，成滚雪飛花之勢。泛甌江之夜月，白浪如銀；覩海淀之朝霞，晴嵐散綺，其人文之彪炳，既如彼地勢之雄奇，又有如此者。茲值下車而問俗，宜循舊典以延英。本道恪守家風，夙承庭訓，棘闈應試，亦當年下第之人，蕊榜題名，叨盛世掄材之選，其於寒窻之辛苦，固皆蚤歲所周知。洎乎使節，親持湘蜀，擷菁莪之秀，講帷許，侍蓬萊，依日月之光。久司經局之班，旋晉外臺之秩。茲欲訪求夫吏治，先資延攬於儒林。爾等或學富五車，抱湛深之經術；或名誇七步，著敏妙之詩才；或賦成而擲作金聲；或藻掞而詞同玉潤；更有名山風雨，覩書入著作之林；石室煙霞，遯世作林泉之隱。凡此斲輪之妙手，庶幾脱穎以歸心。至文體規模，一以清真爲準；賦裁趨向，必期典雅爲宗。試律貴合時趨，雜體宜遵古製。詞盡歸乎大雅，格無取乎偏鋒。儻能日試萬言，著雄才於倚馬，願覩源傾三峽，誇吐氣之如虹，各盡爾能，用副予望。

---

① 本文見温忠翰撰《紅葉盦未刊稿》卷一，《未刊稿》共四卷，中國科學院圖書館藏。索書號：263097—100。其中《紅葉盦文存》二卷收入《中國科學院文獻情報中心藏古籍珍本叢書》第一輯（鈔稿本部分）第15册，奏稿、題跋未收。

② 劉文成，即劉基（1311—1375），字伯温，謚曰文成，青田縣南田鄉（今屬浙江省文成縣）人。

雁山遊草

(清)何士循 撰　張朋强 整理

余喜收羅雁蕩山文獻,數年前曾見某書記載清光緒樂清知縣何士循有《雁山遊草》,庋藏河南新鄉市圖書館。奈未能赴豫一睹,深以爲憾。今年四月,適温州圖書館盧禮陽先生與温州大學圖書館田明偉老師赴豫出席第二届全國圖書館地方文獻建設學術研討會,其間得河南師大圖書館王仁磊,新鄉圖書館副館長王惠敏、古籍部主任吴子龍諸先生幫助,獲睹是書,並攝像留存。

是書爲中州文獻徵輯處民國初年抄本,無卷數,一册。初題爲《雁山遊草》《西湖遊草》,一九八一年更題名《何士循詩集》。何士循,字勉之,號鐵翁,清末河南息縣人,光緒十六年庚寅(1890)進士。嘗於光緒廿二年丙申、廿八年壬寅、卅一年乙巳三宰樂邑,以廉能著稱,但思想較守舊。邑人劉之屏有《樂清知縣何勉之事略》詳述其在樂政績。何令亦擅詩文,劉子屏稱"詩文格律雄偉",洪邦泰稱"文似昌黎詩杜甫"。《晚晴簃詩匯》收其詩七首。

五月,盧師囑余就詩集中樂清詩篇,並合佚詩標點刊佈。惜何士循今留存詩作無多,乙未(1895)至庚子(1900)詩篇存《館頭田將軍廟》《白溪》《止宿山寺》《芙蓉早發至大荊》詩四題,《雁山遊草》亦只存《響巖門》《自靈巖村東行遇雨止宿靈峰洞》《再宿靈巖寺》《度丹芳嶺》詩四題,其他亦發現甚少,唯内容多善狀雁蕩山光景。故合稿仍沿用《雁山遊草》名之,以餉世之治詩學者,並供留心掌故者之採擇。

館頭田將軍廟　丙申

桓桓田將軍,勇力直如虎。遭逢王郢亂,血戰躬負努。鵑聲誤師期,一死足千古。廟食甌江頭,丹艧煥堂廡。英靈知未消,日夜潮聲怒。

白溪

踰嶺輿行疾,前塘大道便。煙空燒蠣竈,潮擱捕魚船。瘴雨連山海,腥風滿市廛。駢羅盆盎裏,名不辨鰍鯰。

止宿山寺

輿馬紛投止,一龕明佛燈。驚飛簷外鴿,亂點樹間螢。雲逐月行駛,山隨人語應。夜凉羣動息,獨坐寸心澂。

芙蓉早發至大荊

空齋起對佛燈明,辨色東方已啟行。半嶺松風斤竹澗,一天梅雨大荊城。

方期巖洞恣遊矚[①],擬遶道雁山未果。又覺衣冠苦送迎。[②] 午食不遑日欲暮,煮泉且試雁茶清。

響巖門

百道泉流雙石壁,四圍山色萬松株。世間難得同聲應,到此人争試一呼。

自靈巖村東行遇雨止宿靈峰洞[③]

遠道祀龍神,獲與名山遇。按圖索名峰,慮有流傳誤。仰瞻方未已,春雨忽如注。奇峰未許窺,一一埋煙霧。昔來溪水涸,兹來溪聲怒。水自山石出,衆流争一赴。迤邐循山行,喜見靈峰樹。天欲阻我遊,雨能留我住。

洞口雲繚繞,洞外山崚嶒。石磴七百級,攬衣奮足登。明珠落天半,灑面如寒冰。洞口有珍珠泉,自上飛下。磴濕蒼蘚滑,蹀躞扶老僧。聲如甕盎出,鐘鼓鳴呟噌。緣磴起樓閣,疊架凡九層。一層一憩息,何憂力不勝。我來非參禪,乃得最上乘。白雲隨我至,同坐佛前燈。

流覽《雁山志》,圖記資臥遊。名山自珍閟,僻居東海頭。海水囓山石,土去石骨留。諸峰各肖物,巧如神工鏤。狀山得山概,昔論成千秋。回縣紆道

① 方期巖洞恣遊矚,《晚晴簃詩匯》作"稍分巖壑供遊矚"。

② 又覺,《晚晴簃詩匯》作"猶覺"。

③ 靈峰洞口天王殿後尚留有何士循遇雨止宿石刻,文曰:"光緒癸卯二月十九日,中州何士循詣靈巖邨祀龍神祠,禮成回縣,遇雨宿此。"

至，履齒曾一留。壬寅冬。皮毛未示得，肺腑遑言求。茲來遘陰雨，雲霧迷雙眸。塵鞅卒鮮暇，終難窮奧幽。何如徐霞客，得與飛仙儔。

山川重形勢，人情根風土。雁山土不存，骨立削鬼斧。一眺一驚奇，狀皃無媚嫵。吁嗟濱海氓，十户九瘠苦。野性不能馴，風無成悍武。靈異會有鐘，維嶽生申甫。如何三百年，偉人不一睹。小之傳文章，才亦少鳳吐。安得士萃萃，青雲各力努。食足禮義生，比户樂安堵。山水有光輝，陰陽缺憾補。執卷費沈吟，孤坐夜已午。山靈窺我笑，咄哉腐儒腐。①

何士循　靈峰洞摩崖

再宿靈巖寺　乙巳十月

雨中再宿靈巖寺，四載光陰一刹那。我卻看山情更好，山應驚我鬢成皤。青奴黄嬭長宵對，謂書與燈。辣玉甜冰滋味多。僧以院中蒿菜、蘿蔔見餉。爲避塵囂覓清静，又將僧舍作行窩。

度丹芳嶺　即四十九盤

七七盤空上，人行似蟻旋。雲容連海氣，石骨出山泉。春暖無賓雁，花明有杜鵑。芙蓉村在目，墟落起炊煙。

（以上八題見《雁山遊草》）

① 鈔本如此。

金雞峰

黑風吹海湧狂瀾,月淡星稀玉宇寒。賴有一聲天下白,不須長夜説漫漫。

望天貓

鸞鳳棲遲在枳棘,無端雞犬盡登仙。貓奴也作飛昇想,翹首茫茫只望天。

(以上兩題見周起渭輯《雁山鴻爪》,樂清天一书局民國廿三年甲戌刊本,卷三,二七至二八葉)

鶴瀑

龍湫之瀑,離壁而飛。隨風飄忽,欲往仍回。日呈五色,月漾金輝。迫潭一落,其聲若雷。玆山之瀑,觸石而下。白羽聯翩,仙人鶴駕。噴薄煙雲,鏗鳴日夜。玉簫不聞,銀濤自瀉。名曰鶴瀑,龍湫之亞。

(见於樂清丹霞山雙瀑潭陳伯響雙瀑銘下摩崖)

專著

新疆紀略

林　競撰　張　真整理

林競(一八九四—一九六二),名維瑞,字烈敷,浙江平陽霞關(今屬蒼南)人。先後在寧波四明法政專門學校、日本東京法政大學求學。一九一五年由日本回國,參加討袁運動。此後曾兩度赴西北邊疆考察,五次在西北邊疆任職,對西北地區的各個方面有過詳細調查、記録,著有《新疆紀略》《西北叢編》《中國必能復興之理由》等,成爲研究民國時期西北地區的重要史料。

《新疆紀略》即林氏首次赴西北考察所得。此次考察起於一九一五年冬林氏接到財政部、農業部命令,迄於一九一七年冬返回北京,遍歷天山南北及阿爾泰山地區,歷時近兩年。此次考察所得,除《新疆紀略》外,林氏尚有《西陲紀行》之作,惜未見。

林氏與陳萬言、陳竺同、夏鼐等四先生,係吾温近代研究西北四大家。夏鼐先生著述及日記均已整理出版;陳萬言先生所著之《西北种族史》,近已着手整理成稿;陳竺同先生著述雖曾部分見刊,然散落已久,容陸續整理;而林氏第二次西北考察所得之《西北叢編》等,近有整理本問世,不忍見其《新疆紀略》湮没無聞,爰整理重刊,以慰鄉先賢。

《新疆紀略》由天山學會出版於一九一八年四月,此次整理即據此本。蒙陳彼得先生賜告,此書曾於一九一八年七月一日至八月八日分三十七次在《民國日報》連載(唯七月五日、十八日未載),同年十一月,林氏向北京大學圖書館捐贈此書;陳先生又賜告,此書第五部分"實業",曾以"新疆實業紀略"爲題,刊於《農商公報》(第六卷第十二期,第一四一至一四八頁,一九二〇年七月十五日出版),第六部分"教育",又曾刊於杭州《教育週報》(第二一一期,第二五至二七頁）；筆者所據底本缺最後一頁，蒙陳彼得先生賜示《民國日報》所刊該部分、方韶毅先生賜示所藏原書最後一頁；全書整理稿，又蒙盧禮陽先生精心校正，丹黄殆遍，令人汗出如漿；三位先生所惠之處，難以一一詳述，謹致以誠摯之謝意。

原書中某些字詞帶有歷史痕跡，爲體現原貌而予以保留；"阿渾""哥蘭經"等專有詞彙，保留底本用詞；明顯屬刊印有誤者，據文意徑改，如"兵我"當爲"兵戎"之誤等。

本文係國家社科基金冷門"絶學"和國别史等研究專項"日本絲路學文獻整理與研究"(項目批准號:19VJX104)的階段性成果。

林　競

新疆去京師萬里，孤懸塞外，窮荒絶漠，氣候迥殊，蓋爲士夫所唾棄也久矣，然漢唐之通西域，不憚竭中原之財，殫朝野之智，勞師塞外，血被流沙，曾不稍息，抑又何哉？即近如清代，康、乾兩朝，平定回疆，費數十年；同、光之際，全疆淪陷，左、劉率師，轉戰萬里。伊犁一隅，爲俄所踞，當時朝野上下，以師徒久困，不願開罪强鄰，致興兵戎，莫不主棄地者，獨文襄慷慨陳詞，力争不可，朝廷卒依其請，豈康、乾聖主，好爲窮兵？文襄之智，不及群公哉？誠以新疆一失，則秦隴危；秦隴危，則燕冀震動，而中原瓦解矣。是故重新疆者，固在此不在彼也。

今日者，外交風雲，卷地而來。俄德息争，中央亞細亞之問題以起，新疆維繫歐亞，不特環衛邊圉，動牽全局；而藏富之區，亦久顯於世；況種族龐雜，與人以可乘之機；蓋不待歐戰告終，新疆將有切膚之痛矣，然則内部腹省，又焉得安然無事耶？所望有興亡之責者，切爲未雨綢繆耳。雖然，知己知彼，百戰百勝，己且不知，奚能制人？數千年來文人學士，久以新疆爲絶域，故陽關一曲，倍切銷魂，遂使世界屬目之廣土，我竟無人過問，曷勝痛哉！

乙卯之冬，余奉部令，由京啟行，明年三月，抵烏垣，閲九月，遍歷天山南北暨阿爾泰山，歸途取道俄境，始於去冬返都。馳驅逾歲，目睹躬親，率書盈帙，滿欲彙集成篇，驟難蔵事，而西北烽煙，日甚一日，輿論傳述，殊多隔漠，而熱心邊事者，復交函相催，苦無以應，爰先就吏治、軍政、財政、外交、實業、教育、司法、交通暨各種族感情，述其梗概，俾資留心邊地者之需助。至於山川形勢之險阻、氣候物産之變異、風俗人情之離同、建置制度之沿革，與夫道里交通之遠近、政治經濟之詳況，適有《西陲紀行》之作，容當就正於大雅焉。

一　吏治

吏治之黑暗，蓋莫有甚於昔日之新疆者矣。長官之誅求，屬吏之苛剥，言之傷心，聞者髮指。譬如一石之糧，巧立名目，嘗逾數倍；百斤之草，一入吏胥之手，只得數斤。愚民無從呼籲，轉有遷怒於驢馬，殺之一洩憤者。新省田賦未曾改折、徵收之時，人民以驢馬負車至衙署完納，一驢之力，可負百斤，吏胥上下其手，民不敢怨，故遷怒於驢馬，亦可哀已。故一行作吏，未有不滿載盈歸者。推其原因，莫不因"從官萬里，所爲何事"之一念，有以促之。而土民之愚蠢，無力反抗，使彼得肆無忌憚，亦一原因。然迫之太甚，於是相率而入俄籍，爲叢驅雀，可不哀哉！

民國以還，長官以清廉節儉自持，對於下僚，亦不稍寬縱，間有違法，即處以極刑。風行草偃，新疆吏治之清明，遂甲於各省矣。然各縣知事，官俸太微，公費太薄，上縣省票五百兩，中縣四百兩，下縣三百兩，公費在内，每兩合銀一元。偏僻小縣，尚可維持，沖途繁缺，鮮不巧婦難爲之感，勢必另籌收入，以資彌補。長官雖知，亦只宜裝聾作啞，不予追究。間有認真追究者，皆非長官切己之人，聊以懲一儆百之戒，不可一概論。夫地方官固不宜貪婪枉取，然爲上者，苟一面矯枉過正，一面又稍予通融，適足以長奸養惡，吾於此有間言矣。

二　軍政

新疆自同治年間，淪於叛回，左宗棠、劉錦棠率師出關平定，其時統稱湘軍，盡屬湘人。迨至清末，編練陸軍，始招用陝甘土人，而軍官則多由内地調往，頗具有新智識，故表面殊有可觀。辛亥革命，伊犁亦響應獨立，提法使楊增新請於巡撫袁大化，願親率軍往攻，然鑒於陸軍富有新智識，不易駕馭，防營盡屬會匪，不能用，乃决然利用其官甘肅河州時，深知回人性質之長技，招回隊五營，起用遣犯馬福興。蓋軍隊沿革，至是已三變矣。

楊招回隊後，明言攻伊犁，而實逗留省城不去，袁大化心虚膽怯，倉皇潛逃，楊遂爲督。民國二年，科布多變亂，新疆赴援，楊又招回隊二十餘營，合前統計達三十餘營。其時回隊勢炎，炙手可熱，關心者，莫不慮同治之亂，將復演於今日。殊不知楊督早有成算，不及一年，已解其大半，至今不過十數營耳。而楊督之足以服人者，即在於此。現全省軍隊不過萬五千人，回隊居十之二三，亦名新軍。巡防僅十之二，民國元、二年，新疆到處會匪戕官，實皆防營所爲，故楊深恨之，歷年解散，漸次將盡。餘即統稱爲陸軍。回隊官兵盡屬回人無論矣，陸軍則皆漢人，且皆陝甘人，軍官上級者，則多雲南人。民國元、二年，楊在内地調去雲南學生不少，均與以重要位置，蓋欲利用同鄉，以固地位也。詎民國五年，雲南起義，其同鄉一部分受民黨運動，被楊黨覺察，置之極刑，嗣後鄉誼之情，大爲減少。數年來，被其資遣回籍者，甚不乏人，現所存者，非因勢力較大，不便解除，即係其至戚，且最富於服從者，如斯而已。防營仍屬湖南人，爲數甚微，而腐敗亦最甚。衣服襤褸，煙容滿面，殆類乞丐，訓練固無論矣。回隊亦不訓練，然體質、服裝，皆較防營稍優。陸軍發源於伊犁，故伊犁爲最，喀什次之，省城爲下。雖略事訓練，然槍械之陋窳，服裝之不齊，兵額之不足，較之内地，殆不啻天壤。新疆無論何種兵，其實數與額數相差總在十分之三四，餉疊悉爲官長所吞没。楊於地方知事待遇甚酷，而於軍人獨優容之，故今日有“武官肥、文官瘦”之謡。然其服從性質之富，則又内地諸跋扈將軍所不及也。其軍隊之佈置，類皆互相牽制，例如甲地駐回隊，乙地則駐漢隊，丙地又駐防營，殆亦楊督駕馭之苦心也。

惟新疆軍隊有與内地相反之點者，即不難於解散而難於募集是也。推其原因，蓋以地曠人稀，生活容易。良工一日可得一兩五錢，次之亦可得一兩，代人農作，每月可得工資十五兩至二十兩，而當兵每月只四兩三錢，以現時紙幣高價計算，僅足四元左右，在紙幣低落時，尚不足三元。故非極無賴極怠惰之人，不肯爲兵，則爲兵矣，而每歲值農事興作之時，咸脱逃趨於畎畝之間，農事盡，復趨他處投募，禁無可禁，懲不勝懲，蓋皆無室家之遊民也。故欲使新疆就地取材，編成良好之軍隊，殆無異求魚於木也。雖然，重賞之下必有勇夫，苟能增加餉糈，頒給精良軍裝，勤加操閲，則漢、滿、回、蒙均有有用之才，惟在人爲之耳。現烏蘇某蒙部貝子,自請聽楊督訓練,以備調遣。

三　財政

新疆昔係受協省分,自光緒十一年開省,以至宣統末年,每歲概由内地各省關協餉二百四十萬兩,原定二百八十萬,後始改此數。雖至滿清末造,間有拖欠,未能如數交足,然固未嘗一日不仰頤待哺也。辛亥以後,各省自救不暇,無力兼顧,協餉斷絶。又值伊犁、科布多軍事吃緊之秋,譬如失恃之孩,又發暴疾,其情可知,乃濫發紙幣,達九百餘萬兩,超過需要,價格暴落,每兩衹作三錢使用,市面現金絶跡,俄人復乘機收取紙幣,向省政府兑現,交涉亦因之而困確。

當此司農仰屋之際,苟遇今日,内地各省長官,鮮不抵押礦山,借用外債,以度目前,楊獨能顧全大局,不事此亡國滅種之行爲,毅然從撙節入手,任用情形最熟財政廳長潘鹿磧。各縣皆派主計員清理各縣收入,剔括陋規,涓滴歸公。大縣得二十萬,次縣得十數萬,小縣亦三四萬。昔之公貧官富之新疆,至是遂變爲官貧公富之新疆矣。以所提盡屬吏治中飽,於民毫無所損,而公家收入竟達二百餘萬。近年以統税包辦采買官金,南路數處糧草改折,開墾增多,賦税日增,已加至三百餘萬,出入業經相抵,苟能稍加整頓,將來中央專款,尚可解濟中央,中央專款每年收入三十餘萬,中央即用以協濟新疆。更能於伊犁鎮守使所之草頭税,伊犁草頭税收入達四十餘萬,聞實數尚不止此。塔城道尹所收遊牧税,一概劃歸新省財政廳直接收入,再加整頓,則新疆財政前途未有艾也。

至紙幣狀況,較前已大有起色。第一原因,以漸次收入額數減少。次之,即因三、四兩年有大宗現金輸入,此現金即由甘、新二省之人赴俄境種煙,攜至新疆,關内各省咸負現金販買,三、四兩年得現金達百餘萬。而阿克蘇一道改收省票,亦一原因。阿克蘇舊時地方官均收現金,而繳庫則用省票,及改收省票,人民所出之數仍係現金,而以省票折合計算。現金一兩,可抵省票二兩,而公家所得增加一倍,政府將此餘款,不復再用,即作爲收回紙幣之用。至其收入之大宗,即喀什滙款,蓋喀什一道,每年收入百六十萬,均屬現金,合之省票,適增一倍。政府支出本以省票爲標準,遂將此增加之數,存於喀什道庫,以備商人由省城付喀什匯兑之用。例如商人在省財政廳交省票百兩，又交匯水省票百兩，到喀什時領現金百兩，財政廳即將百兩匯水提出數分作爲收回紙幣之用，故五、六、七數年收回已達二百餘萬。現所存不過七百萬左右，故價格已達七錢餘，是亦民國以來紙幣界之一好現象也。

四　外交

新疆交涉始於漢武，盛於唐代，極盛於有清。然當康乾嘉之際，回部諸小邦畏威懷德，環衛邊圉；歐西强國，亦莫敢逞其凶鋒，憑陵上國。嗣後小邦若安集延，若布魯特，若浩罕，若坎巨提，若克什米爾，或被俄吞併，或受英保護，於是藩籬盡撤，門户洞開。俄鷙英獅，緊迫而來，荊棘叢生，而交涉於以繁矣。然新疆西北兩面均接俄境，與英不過西南一隅，且非直接英境，故交涉之繁以俄爲主，而英則微也。

考自咸豐元年《伊塔通商條約》成後，伊犁、塔城相繼指定貿易圈，於是俄人始有商務於新疆。其時條約尚平允，我能守約，彼亦謹行，陰謀未泄，世人莫知。咸豐八年，俄乘我與英法接釁，奔走其間，自爲勞人。十年，續訂《中俄條約》，而新疆界務之問題以起，司馬之心，遂顯於世。同治初，回回叛亂，全疆失陷。三年，伊犁將軍明緒與俄人訂約，借俄兵收復伊犁，引狼入室。同治九年，俄兵佔領伊犁，進踞綏來、精河等處。自是以後，交涉遂每况愈下矣。迨回亂底定，而退還伊犁之問題又起。崇厚使俄，辱國喪權，定《裏華沙條約》，得不償失。左文襄首先指斥，士大夫和之，使命再出，幸達改約，即光緒七年所定《伊犁條約》也。然伊犁以西，失地千里，嘉峪關以外、天山南北暨科布多、烏里雅蘇臺等處，盡變爲自由貿易之場，故此約失敗，不特商業受害，而門户洞徹，國防堪虞。又以自由貿易之故，不納租税，於是奸商乘弊，糾葛叢生，遂爲今日交涉中之最難解決者。而國界問題，當時復牽連而生紛糾之甚，蓋有過之。蓋自同治三年，明誼勘辦界務，經十餘年，使命往還，相持不下。至光緒十年，始一結果，其明定條約之蹙損，固無論矣。而當時勘界大臣以冒昧情形，未曾躬履其境，一經恫嚇，便無異詞，指水畫山，動輒失實。例如，同治原約以天山正幹分水嶺爲界，俄人狡猾，將舊界碑遷移數百里，我當局以昧於情形，誤以支脈爲正幹，故塔爾巴哈臺之西北、伊犁之西及南喀什噶爾之西南，損地達數千里，險阻盡撤，守禦莫憑，可勝歎哉！余過塔爾巴哈臺時，經察罕鄂博，是地有孟格里克山，自東南而趨西北，山勢雄偉，山之陽有平原，平原之間，有小山，自東趨西。視其地勢，雖婦孺亦知以孟格里克山爲界，乃反以小山爲界，竟將平原劃去二三百里，遂使通行之道，歸於他人之手，足見當時當事荒謬之一斑。

雖然，新疆之關係固不僅一國也，徒以各國方事海面活動，且以新疆係俄之勢力範圍，故一任彼之恣填慾壑，又誰知英之舞爪張牙而來也。光緒十年，英人進兵坎巨提，其意固不在坎而在俄，然坎固我之保護國也，子弟之受欺於人，爲長上者豈得坐視乎？是時三國皆陳兵境上，勢甚岌岌，幸當時上下臣工，折沖得宜，未至決裂，然英自此亦遂有事於新疆矣。光緒二十一年，英設遊歷官於喀什，以保護本國遊歷者爲名。三十四年，改設領事。晚近以來，英人長足進步，南路各城，足跡殆遍，就前二年調查，俄商之在新者三百餘人，住户二千五百餘户，英商亦達百餘人，住户一千三百餘户，土耳其商數人，住户四十餘户，現多驅逐出境。瑞典、法蘭西，不過教士數人而已。而北路伊犁一處，俄人達千一百餘户，幾佔全數之半，而英人即幾全數皆在南路之莎車。

雖然，所謂英、俄人者，豈真撒克遜與斯拉夫人哉？不過俄之東南回部安集延及老蓋義二族，英屬之印度喀什米爾、阿富汗及我國人之入英、俄國籍者耳，而大多數即屬我之入彼國籍者，其入籍，無所謂條件許可，只向英、俄領事購一紙通商票，便認爲脱離我國籍，誠開世界入籍其未有之奇局。其經商也，自由貿易，不納釐税，甚且袒護，華商受其賄賂，抵抗租税；其住户也，置室家，購田宅，享利獨厚吾民，而作奸犯科，官吏獨不敢過問。於商則置商約，於民則置鄉約，如内地地保類。暴戾恣睢，領事復助其虐。嗚呼！是豈關於國力孱弱耶？亦以人事之未盡耳。其第一原因，即以地方官多不諳外交，且無愛國思想，視土地、人民爲無足重輕。第二，地方官雖有據約力争，而中央復不諳該地情形，認外人爲神聖不可侵犯，故姑忍偷息，以至今日。

歐戰以來，俄輒敗北，交涉形勢爲之稍紓。革命以後，新黨蔓延邊境，舊政府派遣之領事，岌不自安，轉而求我庇護，昔之入俄籍者，轉而内向。是固因新疆數年來楊省長維持治安，民多受賜，抑亦俄民之不克自保，故有此現象耳。雖然，吾方岌岌於來日也。自俄舊政府推翻以後，無論新政府已變其侵略方針，則不然，亦疲敝凋敗之餘，斷難驟爾馬首南向，而求償於我。雖虎視眈眈如英，苟俄無野心，彼必不急圖，是則季孫之患，不在顓臾，而德意志之國徽，行恐出現於崑崙之巔矣。蓋以今日論，俄德媾和，凡俄兵之在波斯及土耳其方面者，悉應遵講和條約撤退，於是德國或經由高加索進波斯東北境南下波斯灣，或東進阿富汗斯坦而下印度，任其所欲，擇肥而噬。我新疆與阿恍若比鄰，形勢險隘，在在攸關，勿論我已與彼宣戰，彼固不妨枉顧，則不然，餘波所及，亦將應付爲難。況天山南路，盡系回民，只有宗教，不知有國德，苟無事則已，有事，土耳其者，固彼之傀儡，而肆其煽惑，不待攻而全疆將岌岌莫保矣。以將來論，歐戰以來，德四面受困，經濟受窘，達於極點，一旦平和，有如餓虎出柙，勢必急求經濟發展，然則非洲也，南洋也，以及我國内部，均無彼發展之餘地，故必别求新路，是則西伯利亞與我新疆均將易主而事之矣。雖然，魚遊沸鼎，燕處焚幕，我當局方以殘殺同胞爲武，其腦筋中亦曾念及於此者乎？余將馨香以祝之矣。

摘録《伊犁條約》數條於下：

第六条　大清國大皇帝允將大俄國自同治十年代收、代守伊犁所需兵費，並所有前此在中國境被搶受虧俄商及被害俄民家屬各案補卹之款，共銀盧布九百萬圓，歸還俄國。自換約之日起，按照此約所附專條内載辦法次序，二年歸完。按俄兵踞伊犁幾及十年，自由收税，搶奪富户，其所得尚逾彼之所費，又復要求此鉅款，可痛也。

第七条　伊犁西邊地方應歸俄國管屬，以便因入俄籍而棄田地之民在彼安置。中國伊犁地方與俄國地方交界，自别珍島山，順霍爾果斯河，至該河入伊犁河匯流處，再過伊犁河，往南至烏宗島山廓里札特村東邊。自此處往南，順同治三年塔城條約所定舊界。按此條自霍爾果斯河以西，土地盡失達千里。

第八条　同治三年塔城條約所定齋桑湖迤東之界，查有不妥之處，應由兩國特派大臣會同勘改，以歸妥協，並將兩國所屬之哈薩克分别清楚。至分界辦法，應自奎峒山過黑伊爾特什河至薩烏爾嶺畫一直綫，由分界大臣就此直綫與舊界之間，約定新界。按此條，後日勘界後，損地亦達千里。

第十二条　俄國人民准在中國蒙古地方貿易，照舊不納税，其蒙古各處及各盟設官與未設官之處，均准貿易，亦照舊不納税。並准俄民在伊犁、塔爾巴哈臺、喀什噶爾、烏魯木齊及關外之天山南北兩路各城貿易，暫不納税。俟將來商務暢旺，由兩國議定税則，即將免税之例廢棄。以上所載中國各處，准俄民出入販運各國貨物，其賣買貨物或用現錢，或以貨相易俱可，並准俄民以各種貨物抵帳。按《條約》第十五條尚規定，自换約之日起，於十年後，可以商改，如十年限滿前六個月未請商改，應仍照行十年。此約係光緒七年交换，十七年應商改，我疆臣請廢暫不納税條，俄人借口商務未旺卻之。廿七年，以庚子之役，未舉行。宣統三年，應屆期滿，以武漢事起，又未果。轉瞬民國九年，又屆請改約之期，所望我當局其毋忽之也。

五　實業

與新疆語實業，各省殆無有能望其項背者。言礦産，則崑崙、天山，千支萬派，奇傑雄偉，五行百産之英，孕育繁富。言森林，則枝梢參天，朽幹滿谷。言農牧，則塔里木河、伊犁河、孔雀河諸流域，曠原無邊，氣候適宜。言工，則土人智巧，不遜漢人，鞍韉、齒革、氍毹、霞夷之屬，皆爲中外所稱道。言商，則地處歐亞之脊，四塞靈通，土人嗜利，遠趨不亞粤魯，誠神州天府之區，世界實業之大舞場也。徒以交通不便，人才缺乏，寶藏委地，農工商業，雖有可觀，然資本未充，究渺宏大之規，今試分類述之。

（甲）礦業

西人謂中國礦産甲於全球，而新疆復甲於全國，按其實際，殆非虚語。今試舉其著名者，如于闐縣屬蘇拉瓦克山、宰列克山，且末縣屬阿哈他克山、哈巴山，塔城縣屬喀圖山，綏來縣屬清水河、塔西溝，烏蘇縣屬濟爾格朗河，均産金礦，而以于闐、且末、塔城三處所屬者爲最。拜城縣屬之温巴什及滴水崖，疏附縣屬西山，迪化縣屬南山，焉耆縣屬庫爾泰山，烏什縣屬麥里克，庫車縣屬紅筒廠山，均産銅礦，而以拜城爲尤佳。孚遠縣屬水西溝，拜城縣屬明布拉克，英吉沙爾縣屬阿哈羅提山，均産鐵，而以孚遠爲最旺。烏蘇縣屬獨山子、庫車縣屬紅筒廠山，均産石油，而以烏蘇爲尤顯。至焉耆之庫木什，烏蘇之墩木達，迪化縣屬達坂城，哈密縣屬沁城子，且末縣屬南山之産銀；拜城明布拉克山及新平縣屬茨麻花泉之産鉛；庫車庫達拉山之礬及石蠟；葉城縣屬密爾岱山，洛浦縣屬胡麻地之玉；鄯善縣南之水晶；焉耆縣屬察罕通古之錫：亦均卓卓有名，然皆局於一地，産額雖多，總可數量。惟煤、鹽二礦，無地不有，無地不良，産額之多，蓋不可以數計。余赴阿爾泰山，過奇臺縣屬之煤窑地方，見該煤礦發火，夜間如同白晝，延燒周圍達百餘里，無人過問。過天山時，經阿克蘇，見鹽山口，全山悉係鹽質結成，其佳者如水晶。又，新疆南路無官私鹽局，北路雖有，每年只銷五萬餘元，蓋土人悉就地拾取也，於此足見煤、鹽之富。夫新疆礦産既如是其宏富，宜其鑪冶雲興，富甲全國矣。何以除于闐、且末二處金礦，拜城銅礦，庫車礬礦，與夫塔城、迪化、昌吉、疏附、哈密、奇臺之煤礦，達坂城、精河縣即鹽山口之鹽礦，或官或民，從事採取，奄奄一息而外，餘悉長埋荒山，久閟不宣耶？是不外下之數因：一、無專門人材，故雖開而莫得其源。二、無資本家，故創設不能宏其規。三、人工昂貴，所入不足以抵所出。四、交通不便，運輸爲難。有此數因，遂生此果。雖然，交通不便，誠爲主因，苟交通一便，則其餘可迎刃而解矣。

（乙）森林

新疆地處高原，山脈起伏，幽谷潛溝，森林叢密，太古以來，未嘗斧伐，朽幹枯枝，填滿邱壑，或日光久炙，焚燒不滅。余由伊犁過天山，馬行十九日至庫車，見山陰松樺不絶，有數處白晝煙霧沉沉，晚則火光如萬家燈火，趨視之，始知係松樹經久自焚，詢之哈薩克，云係終歲如是，盛夏尤甚。天山北麓，自奇臺以至伊犁，岡巒斷續，東西横亘千餘里，盡係松杉，鎮西哈密之間，南山之麓，延長二百餘里，松陰蔚互，紅肌細理，名曰紅松，或名萬年松。塔城巴爾魯克山，長二百餘里，松檜陰翳，枝幹枒杈，至崑崙之陰，松樺榆楊，遮岩蔽谷，尤不可以數計，蓋産於山者，盡屬天然，植於地者，則榆楊夾道，千里成陰，夏秋之際，四郊徒步，緑影侵襟。近年來，各縣地方官頗能奬勵種植，每年輒插樹秧數十萬。至南路，于闐、且末、婼羌、新平一帶，尤多胡桐，烏蘇、精河，則多紅柳，彌望茂林，動數百里。然得天獨厚，而人事偏拙，伊犁、塔城，地邊俄境，數十年來，除供彼之偷伐外，而我則未嘗收絲毫之利。晚近雖相繼設立林木公司，防止俄人，然資本不充，交通不便，土人構屋，習用泥土，稀用木料，故亦奄奄無生氣，至其他各處，更無論矣。是故雖擁有如斯保貴之天然山林，除輸出俄國一部分外，更無處可以發洩。苟能禁止俄人偷伐，始可謀輸出，否亦不能。則欲講求保護，奬勵樹植，其誰能行之哉？惟奇臺、昌吉、孚遠、鎮西、阜康、迪化等處，農畝之傍天山之麓者，數十萬頃，全恃雪水融消，以資灌溉，嚴冬積雪，萬松之下，自頂至根，涓涓不絶，千枝萬脈，積溜成渠，自春徂秋，不渴不漲。若木濯山童，雪水見曝，消瀉無餘，必有水患，故土人咸知其利，非時不許樵伐，既非政府督勵之功，而麋鹿在前，固獵者之所必獲耳。

（丙）農業

新疆廣輪二萬餘里，較之四川，殆有兩倍，例之浙江，且及十倍。沙磧舄鹵，崇山絶嶺，除十之三四，餘悉曠茫原野，水草豐饒，天不雨而膏，地不壅而肥，無旱潦饑饉之災。終歲不雨，天山積雪，千秋如是，盛夏曬曝，雪水下融，居民即引以灌地。氣候北路較寒，近來轉變，擬於京津，若南路，則四時温煦，殆類江南。北路若塔城、巴里坤，天氣特寒，擬黑龍江，不宜種稻，南路蒲犁山多瘴氣，氣候較惡，然居新疆最少一部分，不可概論。農事之宜，蓋無逾於此矣。然據最近調查，田畝已開闢者，不過一千三百餘萬，較之江蘇，尚不及十分之一焉。蓋當同治之亂，死亡流離，田園荒蕪，開省之初，勞徠綏輯，計户授田，上地六十畝一户，中地九十畝，下地百二十畝，不取荒價，聽其自領，費數十年之力，始有今日，然交通不便，重以前此長官均未能殫精竭力，從事經營，故進步遲頓若此，固無足怪也。

考該省農民大概分爲土著與客籍二種，南路多土著，北路多客籍。土著悉有室家，安土重遷，然生質蠢惰，非饑寒鞭撻，則輟業而嬉，南路饒瓜果、桑椹、蒲萄之類，壘壘遍原野，夏秋之間，貧民率售其釜甑，攜氈藁就瓜田桑下，仰啖俯啜，坐臥其間，實盡而後去，歲以爲常，家贏三日糧，則足不出户。然其喜治果園，兼植庭樹，是其特性。夏秋旅行，兼緑葉連天，瓜果遍地，煞是大觀，是不特於衛生有益，而其利固甚溥也。客籍伎技優長，固非土著所比，然往來飄忽，遷徙無常，稍有贏餘，輒攜入關，蓋得地既未嘗費貲，而孑然一身，又無妻子之累，殊不足以維繫之耳。惟天津客民，近年攜眷出關者不少，勤勞耐勞，又善蒔蔬，而迪化、昌吉一帶，又多湘人藝稻，稍有成聚之概。民國以來，該省長官鋭意經營，各縣知事以開墾爲考成，治渠放荒，耒耜繁興，總以地廣人稀，其力有限，外省趨者，歲亦不過數千人而已。

其耕種之法，除客民若津湘深耕溉種，稍倣關内，其他則粗淺簡陋，殆無其匹。田無疇列，畝斜横曲，春末夏初，農者侍扶犁一具，駕以兩牲，掀土僅數寸，迎風飄灑其種，旱田一犁之後，任其自長，水田犁行一周，布籽泥淖中，以耙覆之，不知分秧之法，稂莠叢生，弗鋤弗耨，弗事肥料，藉以歇耕。如今歲種甲地，明歲改種乙地，甲地不種，謂之歇地。播種之後，澆水一二次，坐待天成。及秋既刈，委積疇隴，高垛若墉，以圓石周約六尺，徑約二尺，兩端施軸爲盤，植圓柱爲中樞，用騾馬旋轉之，迎風飛颺，去草藏實，而農事畢矣。然收穫之豐，固不亞腹省，而利益之厚，則又腹省所萬不及也。蓋領地不費而田賦又輕，弗事鋤耨，弗事灌壅，而工省也，佣工雖貴，然除此而外，平均利息，當三倍而有餘。

其農産物，大小麥、包穀、高粱爲大宗，稻粱次之。南路阿克蘇、巴楚之米，可比之蕪湖、無錫。此外，青稞、胡麻、芝麻、蕎麥、山芋、大豆、黄豆、黑豆、綠豆、蠶豆、扁豆，無不備産，棉花則有洋棉、土棉二種。洋棉相傳系美國種，柔濡潔白，勝於土棉。産額以吐魯番、鄯善爲最多，年約三百餘萬觔，而以庫爾勒爲最佳。莎車、温宿、新平、和闐、于闐、疏勒，亦徧産，近來伊犁、烏蘇、綏來一帶，亦皆傳播，氣候適宜，不讓他處，蠶桑則盛産，喀什一道，每歲産絲百餘萬斤，阿克蘇、鎮迪諸道，近亦傳播種子，爲數甚微，飼蠶之家，多不知自製蠶連，以故種子純購之俄屬，然出繭碩大，逾於江浙。袛以繅煉不得其法，故色澤較遜，然以制夏夷綢，則勝於山東繭綢。雜棉紗以織花布，勝於舶來電光布，若再設立蠶業傳習所，悉心教授，培植人才，他日進步，固未可量也。

（丁）牧畜

新疆古本行國，近來雖變爲居國，然居民咸農牧兼半。至北路之伊犁、塔城，南路焉耆、烏什、蒲犁諸屬，其間蒙古、哈薩克、布魯特諸族，均係遊牧之民，逐水草而居，固無論矣，即羅布淖爾附近諸縣，雖屬纏回，亦皆農三而牧恒七。蓋舉全疆之人，除少數漢人外，土民冠履、衣裳、飲食，莫不取資於牲畜，蓋天方之俗，至今固未盡變，而當時執政，亦咸注意於是焉，故雖至今，農地之區域，與牧地比較，牧地猶占其多數也。此雖未曾測量，然余遍歷全疆，目睹情形，頗以爲確。

自乾隆二十五年，伊犁興牧政，牛羊馬駝諸廠，相繼設立，領於將軍。烏魯木齊亦設馬廠，領於都統。巴里坤設馬廠三，領於總兵。塔爾巴哈臺設馬廠，領於領隊大臣。其時牧政大興，嘷嘷嗷嗷，千百成群，三年一均齊。分馬群爲四等，一等、二等留廠，三、四等販賣民間，是謂均齊。長官親自檢閱，考核綦嚴。道光之後，全疆糜爛，官廠蕩然，雖數經恢復，總不若舊時之盛，重以不肖之徒，恣爲奸利，盜賣良善，留其駑弱，充當額數，其後漸次停廢，至今除巴里坤尚有馬數百匹外，餘悉無聞。然官廠雖不存，而民間放牧依然，馬之著者，以伊犁、巴里坤、喀喇沙爾，而以伊犁爲最佳，其馬骨幹雄偉，其勢如龍，喀喇沙爾馬性情馴良，而神駿不逮伊犁，伊犁、喀喇沙爾之馬，早間喂料一次，行百餘里，一行數月而馬不倦。巴里坤馬短小精悍，而乖黠不易駕馭，故最下。産額之多，以喀喇沙爾爲最，每歲販賣中外殆十餘萬，蓋盡係蒙古人，其操術精而習業勤也。至牛羊駝，亦以遊牧爲最多，然居民亦無處無之。雞則遊牧未嘗見，漢、纏均養之。豬則限於漢人。羊之孳生極速，利亦最大。

牛羊駝馬之類，其利亦較平常實業數倍。羊毛每年剪二次，一次得四觔，觔一錢，計可得八錢，每歲輸出俄境，總數在四百餘萬斤，毛之佳者，以和闐爲上，巴里坤次之，庫車又次之，迪化、焉耆爲下，皮之輸出，歲達四百餘張。故俗言新疆農業之利，數倍於腹省，而牧畜之利，又數倍於農業。蓋地處崑崙之墟，萬水之源，彌望平原，青草蒽碧，固为天然牧場，則碱灘鹵舄，歲灌水一二次，來春茂生蘆葦，亦可以飼羊，而比閭之民豢擾之術，又習焉若素，無待深學，是以牧畜之盛，今猶然也。惟時移勢久，此風不無稍墜。以馬言，現惟喀喇沙爾蒙古一部，知分別毛色，各置牧放，且知注意馬種，故馬之體質不衰，而馴良特異，其餘則否。所望當局者，於該地特設司牧之官，從事改良，將來畜牧繁興，則新疆一省，可供世界之需求，固不僅稱雄全國已也。至應如何改良，鄙人未曾專門，不敢妄述。總之，司牧固須專官，而放牧則非蒙古、哈薩克遊牧之人不可，可斷言也。

（戊）工藝

工藝之良窳，事業之勤惰，固以人民之開化與否爲衡，而新疆人民固未曾開化之民也，故睢睢盱盱，偷惰成風，嗜好飲食，養生送死之具，莫不薄啬简陋，求足自給而已。即關内之民，殖其地者，大都亡命之徒，無業遊民，求一孜孜業業、勤治其生者，固百不得一焉，然爲上者，苟能鼓勉於上，則其下者，亦不始不勵行於下。新疆歷任長官，率皆舊習太深，只求邊疆安寧，即爲能盡厥職，求其於國計民生上經營提倡，固杳不可得。惟伊犁製革公司，係將軍長庚在任時提倡興辦，至今猶存，營業日見發達，他若迪化、温宿、疏勒、莎車等處，皆有習藝所之設，今即曠廢無存。民國以來，財政竭蹶，雖有志者，亦力有不足，且現楊省長對於工藝頗有漠視之意，聞人談設公司與工廠，輒掩耳蹙額，其意無非愛民太甚，以資本集中，則利歸壟斷。殊不知利源外溢，其害尤甚於壟斷也。夫新疆民情既如是其愚陋，而長官之提倡又若是其淡漠，宜其工藝終無光明之一日。而一切需要，盡仰給於外來也。

雖然，尚未可斷言今日之新疆也。新疆地邊英、俄，土人之趨營商者，耳濡目染，暫知機器之利便，且利之所在，則其餘實業，亦咸知異樣翻新。玆試就其略有可觀者述之。南路喀什一道，歲産絲百萬斤，居民以之織綢，名曰霞夷，佳者擬於紡綢，而匀澤不逮，次者則似繭綢，和闐、洛浦、皮山、于闐均産之，而以于闐屬之策勒村爲最佳，每歲輸出俄國爲大宗。又，花布以絲和棉製成，色澤鮮明，無異舶來電光布，只是供本地纏回之用，洛浦、和闐以羊毛爲經，以棉綫爲緯，織地氈，文采酷緻，燦然奪目。其絲製者，尤爲鮮麗，且其紋理或花卉山水，能隨人意，以之織棹毯衣包均適人用，且甚美麗，較之外來，有過無不及。每歲輸出俄屬，不下數千條。皮山、和闐之紙，純以桑絡爲之，堅韌異常,惜少光澤,現本省長官以節省經費提倡土貨起見,公文中多用之,若能稍加改良,誠可挽回洋紙已失之利。吐魯番、庫車、焉耆盛産棉花,南路各屬亦多産之,土人以製棉布,或加染色,稀疏粗劣,不能耐久,惟和闐所製,較爲細緻,僅供本地土人之需,而輸出外地者殊寥寥。庫車之刀劍,鍛煉精純,晶光閃爍,能使刀面現波痕,殊爲特産,惜所出甚少,不能廣銷。和闐、于闐、洛浦,能刻玉,然遠不及内地。至皮履皮帽,爲纏俗男女所必需,類皆出於土人之手,製造精美,殊不減於外來。鞍韉鐙轡之屬,到處均出,無不精良,蒙古、哈薩克諸族,更事鏤刻,嵌以金銀珠寶,奇麗可觀。遊牧之民,食不外牛羊,居不外氈幕,衣不外皮革,一般均然,無分奢儉,故富者僅得於此等處鋪飾也。以上各種,可謂本地之特色,亦即本地固有之風光。至於利用機器,或仿造外貨,庫車之倣造洋燭,而光差暗,拜城、莎車、庫車,能製石鹼,僅可洗衣,味亦膻腥,惟伊犁製革公司,舊係官商合辦,現統歸商辦。資本五十萬,雇用德人,所製皮革,殊不亞外來,銷售天山南北。莎車新設機器公司,雇用土耳其人,能製火柴,兼印花布,亦爲近來新疆之特色。此外,如吐魯番、疏附、庫車等處之軋棉花,多能利用水力,行使機器,是新疆工藝之興,今殆漸有萌發氣象矣。

所望當局者,勿固守舊習,乘此强俄疲敝,工藝品輸入斷絶之秋,振刷精神,竭力勸導,其有專長之技,或出鉅貲,以辦製造場廠者,爲之請獎,土民好榮之念盛漢人數倍,得此榮耀,莫不奮袂疾驅,一呼衆起,以原料豐富之新疆,工藝之盛行,且駕全國而上矣。聞楊省長進曾派人到津滬購買小機器以織布,果能實行,亦前途好現象也。

(己)商業

新疆地處歐亞之脊,四塞靈通,漢唐之際,建國數十,互市之盛,史不絶書,降及清代,平定西域。其時西征之師,北出蒙古,至科布多、烏里雅蘇臺者爲北路,西出嘉峪關,至哈密、巴里坤爲西路,師行所至,則有隨營商人奔走其後,軍中資用,多取供之。及西師已罷,置重鎮於巴里坤,而巴里坤遂爲關外商人聚會之區。巴里坤即今鎮西縣,近日此道已塞,商旅咸趨古城,而巴里坤遂冷寂異常矣。烏魯木齊地扼中樞,市廛迤邐,肩摩轂繫,當時有"小蘇杭"之稱。伊犁九城,以惠遠最大,地處極邊,華夷雜處,互市稱盛。同光之際,中經回亂,舊時都會,夷爲灰燼,萬里膏腴,悉化榛莽。改建行省之後,巡撫劉錦棠,首治郵驛,以通商路,四方漸歸,然數十年至今,猶未盡復舊觀也。

民國以來,各省災禍相尋,瘡痍滿目,新疆獨安然無恙,生齒日繁,需用日增，商務亦蒸蒸日上矣。奇臺即俗稱古城子。居北路之東樞，地居四塞，秦、隴、豫、蜀、湘、鄂商人，出嘉峪關，趨哈密而至。燕、晉商人，出張家口、歸化，趨蒙古草地而來。歲輸綢緞、茶、紙、磁漆、竹木之器，東西洋貨達三百餘萬，而由歸化一路來者，居十之六七，蓋長途平坦，萬里無人，免釐税之苛剥也。由此分佈天山南北各都會，而西北往科布多，爲通前後營路，外蒙古人每歲輸皮革、乳、油，交换糧食、布帛而歸。又，西北通阿爾泰爲一路，米麵、布帛亦都取給於此。是奇臺者，實西北一大都會也。迪化人民衆多，政令所自出，輪輻雜湊，南關有俄國貿易圈，歲輸綢緞、花布、磁鐵之器，以易棉花、葡萄、皮毛、原料，而本地回民亦有自運至俄之斜米倭、莫斯科、薩瑪諸處，以易洋貨歸者，歲共貿易額三百餘萬。吐魯番爲棉花、葡萄出産之區，且居南北之中。哈密爲東路之咽喉，通巴里坤及甘肅之燉煌，洋商之收買皮毛者，多薈萃於此，故商務亦均稱盛。南路喀什噶爾一道，以疏附爲總樞，俄及阿富汗商由明約路、小阿圖什、大阿圖什三路入境，英商自北印度逾因都庫什山，歷塔什庫爾干而入蒲犁，皆彙集於此，而南路纏民越境商於安集延、費爾干、浩罕者十餘萬，以故交通繁盛，市廛櫛比，伯仲古城，其所以異者，一爲漢商之總匯，一爲纏商之總匯而已，歲貿易額三百餘萬。其西莎車爲南路之精華，物産豐富，其西南出蒲犁，亦通北印度，故英商之集者，亦不乏人，商務之盛，亞於喀什。又，西爲和闐、于闐，即物産所自出，皮毛、棉花、絲綢、氈毯之屬，出口歲輒百萬，而和闐東北經婼羌，取陽關故道，至蘭州下棧道而入成都，歲有纏商數十人，負鉅資販運蜀錦及洋貨達二十餘萬。阿克蘇道居喀什之東北，温宿實爲阿克蘇一道之尾閭，其東出烏什之依布拉引，通俄之哈喇湖，故俄商薈萃於此。庫車地居南北孔道，爲阿克蘇之樞紐，輪輻馳驟，商務稱盛，此新疆南北二路，商務地理上之情形也。

以商人之性質與實力言之，漢商則燕、晉、湘、鄂、豫、蜀、秦、隴，共八幫，燕幫又分京、津二聯，各不相屬。津人多楊柳青人。當同光之初，西師再出，首冒霜露，隨大軍而西。軍中資糧充積，俘獲所得，恣爲汰奢，不屑較錙銖，故津人之行賈者，徵賤居貴，多以之起家。其鄉之人，一時振動，聞風靡從，謂之趕大營，及全疆肅清，遂首先植根基於都會，故今日津人之肆遍南北，居無常貨，凡山海珍供，羅致無遺。惟其俗急功利，好虚榮，所至結納長吏，以矜光寵，及其弊也，奢侈逾度，外强中乾，往往而有。民國以來，此等習氣，漸漸革除，故津人猶執牛耳於商界也。京人多武清人。則遠不及津人，雖設肆遍南北，而在南路者，則多爲押當業，恣取重利。晉商多富庶，同光以前，官茶引課，咸屬晉商，謂之晉茶，亂後流離，轉歸湘人，然握圜府之權，關内輪輦協餉，皆藉其手，故省城一隅，票號十餘家。民國以來，協餉斷絶，漸次歇業，然根本深固，改圖他業，仍屬可觀。湘人從征最多，勢亦最盛，然其人局度褊小，貨殖非其所長，故憑藉雖厚，而無所施，惟擅茶引之權，佔商務大宗，邇來茶引破壞，利復漸歸津、晉及俄人，故湘人除在南路多從事放賬外，北路則寥寥藥鋪而已。鄂人無大賈，多業手藝。豫、蜀亦無大賈，多販藥材，或設典肆。秦隴之民，昔多販運鴉片謀重利，近則此業甚微，轉而積穀屯倉，賤糴貴糶以取利，或貰貸以徵重息，或輦關中百貨，以應稗販之求，號曰行棧，其民忍苦耐勞，不鄙賤作，故久恒致富。若土著纏回，其偷惰好嬉，實爲一般恒性，然吐魯番、伊犁、和闐、喀什、庫車、庫爾勒諸處，其人好賈，慕利之心，較之漢人，尤爲發達。歲由南路喀什趨英俄之屬，若安集延，若阿富汗，若費爾干，若喀什米爾，輒數萬人，而留賈安集延者尤衆。安集延爲由新疆南路回京取俄境必由之路，纏民留賈者，二三萬人，因政府不能保護，屢被俄人欺侮，故官吏之經其地者，招待備至，求轉懇中央設領事。由北路出塔城及伊犁，趨七河省、斜米省、薩瑪、阿里木圖等處，亦數千人。纏民之外，有漢回，皆陝甘人，俄人稱曰東干。其民忍苦耐勞，戒嗜好，善營利，歲赴俄屬，亦不乏人。此華商勢力性質之大概情形也。

至英俄商人何如乎？英商無真正英人，惟英屬印度人爲最多，阿富汗、巴達什罕次之，然阿、巴二國，不過爲英保護國，與英屬印度，迥不相同。祇以《伊犁條約》，有俄人在天山南北暫不納税之權，駐喀什英領事馬繼業，援利益均沾之例，英商亦一律不納税。領事又迫阿、巴人自認爲英人，以便均沾利益。阿、巴人遂不顧國權，自認爲英人矣。印人進口販運金絲緞及花布、糖、巴達克山杏仁、西藏棗紅花之類，出口以蠶絲、麻煙、麻煙出莎車、皮山等處，以麻尖之粉和石灰成之，食之令人醉，可以避瘴氣，銷售與北印度一帶。氈毯、皮毛及四川綢緞爲大宗，然大多數則以放賬爲業，恣取重利，其重者每月一錢五分，輕者七八分。纏回以宗教禁止放賬，不能與競，故一聽其盤剥。南路漢商亦多放賬，官息五分，而私息則七八分，官吏禁止之，然印人之放賬如故也。官禁愈甚，彼愈贏而我愈絀，最可異者，即漢人之負印人債務者，地方官反爲之追討，不能禁止，其倒行有如此。俄商亦無真正俄人，惟俄之老蓋義及安集延人與新疆纏民之入俄籍者。遍天山南北著名商埠，無不設立洋行，其著名者爲仁中信、德盛、德和、天盛、吉盛、池泉湧諸號，資本十數萬，或數十萬。輸入以洋緞、桂子皮、喀喇絨、石油、紙張、鐵器、磁器、磚茶爲大宗，輸出多以棉花、皮毛、葡萄、牲畜爲大宗。此外，精製品則川摹本緞、川縐及南路土布、關内細磁，亦時有之，爲數不多。

按宣統元年統計，新疆與英、俄二國輸出入貿易額計一千二百五十一萬零，出入相抵外，輸出尚超二十餘萬；二、三兩年，未曾統計，無從調查。然按其實際輸入必較輸出爲多，蓋元年統計，磚茶尚輸出二十餘萬，而實際自西伯利亞鐵路通行以後，俄國磚茶年年倒灌入口，爲數已屬不少。民國以來，茶引破壞，俄茶更盛，按新疆原用晉茶，自回亂以後，利歸湘人獨斷，專運湘茶，禁止晉茶，茶商向官領茶引一張，納正課銀百五十兩，税銀百九十三兩六錢，每引運茶四千斤，然湘茶多係細茶，曰米心，曰紅梅，曰建其等名稱，而蒙古、哈薩之性，又喜磚茶，以煎乳相宜也，故晉茶仍轉運粗茶，曰大茶，曰磚茶，曰帽合，曰桶子等名稱，散售各處，而俄人則又在漢口製造磚茶，運至海參崴，由西伯利亞鐵道經斜米而至我國塔城，到我國後，其本國海關退還進口税，聲明系假道赴薩瑪而實則沿途飛灑，違反條約，官不能禁。夫彼僅在我税關納一度出口税，且有火車之便，不數旬則達新疆，而我則税款既鉅，轉運又艱，故彼能暢行，我則滯銷也。則輸出必更減少，自不待言。歐戰發生，俄國上下凋敝，百工俱廢，其輸至新疆貨物，年年減少，殆至去年，除輸入磚茶外，其餘幾等於零。然彼既不能以貨來，遂亦不能换吾貨往，故輸出亦爲減少，惟布匹之出口者，日見其多。余歸途經西伯利亞，見夙昔繁盛之區，今皆呈凋零之狀，行者往來，莫不憂形於色，百貨空虚，雖一絲一縷，亦不可得，故我東三省及山東諸省人，咸販布匹，趨之若鶩，幢幢往來，觸目皆是，無不利市三倍。

夫以今日現狀言之，新疆商業實爲整頓之良機，然根本問題尚未解決，則仍未可與言整頓。舉其大者言之，新疆貨物之來源，首推天津，次則秦、隴、晉、蜀。由天津趨新疆，一由火車至張家口，再用駱駝經歸化及蒙古草地而抵新疆之奇臺，或逕由火車至歸化亦可；一由陝西、甘肅出嘉峪關，經哈密，亦抵奇臺。行張家口一路，行程須九十日至七十五日之間，行大道則非四閲月不可。其由巴蜀趨新疆者，即由棧道至蘭州，出嘉峪關，往北路者，經哈密，仍至奇臺，約六十餘日；往南路者，即由燉煌行陽關故道至和闐，須八十餘日。夫圖商業之發達，交通誠爲最要。新疆交通既若是之困難，是爲阻礙商業者，一至金融機關之多寡，其關係於商業又甚大。

新疆輸至關内貨物極爲稀少，而由關内輸入歲輒二三百萬，然以關内歲須協濟新省二百餘萬，故票號即以互相抵撥，而免轉運銀貨之勞。民國以來，協餉斷絶，票號相繼歇業，輸入貨物之款，無從匯兑，於是俄之道勝銀行遂得大肆其操縱之技。蓋省城若蔚豐厚，若永裕德，若同盛和等錢號，雖負匯兑之名，然不能直接向關内匯兑，仍藉手於道勝銀行。譬如商人交新省紙幣於錢號，錢號復以購俄幣，由道勝銀行匯至北京，或不由道勝銀行，而自購俄幣，由俄郵保險寄至京津分號，然後始交受款人，轉折周旋，匯水愈貴，而道勝銀行復得高低俄幣之價格，甚且至京津道勝銀行取款時，托言電報未至遷延時日，此中匯水及無形損失，歲在百萬以上。至道勝銀行取得新省紙幣時，則交由俄商販賣，土貨出口，大都先期放賬於纏民，到期交彼貨物爲多。尤可痛者，塔爾巴哈臺爲北路貨物出入之咽喉，中外雜居，商務繁盛，乃市面流通，竟盡爲俄幣，即公家收入，亦以俄幣爲標準。邇來俄貨不來，輸出品以增，俄幣亦日以加多，際此俄幣跌落之秋，商民受虧，誠不堪言。此金融機關之缺乏，阻礙商業者二。

我國租税之不均，誠爲世界最，而新疆又爲中國最。自前清光緒七年，伊犁定約，許俄人在伊犁、塔城、喀什、烏魯木齊及嘉峪關外、天山南北各城自由貿易，暫不納税。數十年來，俄人僅持一紙通商票，由領事給發，經我交涉員簽字，内載明某人攜帶銀或貨若干，由某地至某地等語，以便各關卡免驗放行。遂可暢行無阻，暴戾恣睢，關卡不敢過問，甚且包攬阻庇，横肆干涉。其包庇之原因，即由俄商老蓋義、安集延二種人，其狀貌、習慣、言語、宗教，皆與新疆土人相似，感情甚易融洽，故土人每事賄賂，求其包庇，以免納税。地方官雖知，無可如何，迫之太甚，則投入俄籍，雖間有强項官吏，據理力争，無如在上者畏外成性，終歸讓步而後已。故只此“暫不納税”四字，迄今新疆上下交受其困，公家則收入減少，交涉尤難；商則厚薄不均，未能與競，晚來益復變本加厲。昔日之通商票，原限期六月，過期無效，其前往各地點，均須記載明白，近則期限展至十二月，地點統載爲天山南北。昔之通商票係由彼領事發給，經我簽字，近則俄國商約任發手條，遂生效力，雖幾經地方官抗議，無如我政府既無威信，而俄領復蠻横無理。國權喪失，江河日下，此爲阻礙商業者三。猶幸民國九年，即爲改約之期，所望當局諸公，先事預備，到期奮發天良，共挽已失之權，收回莫大之利，國家之幸，亦新疆前途之幸也。

六　教育

新疆教育，一言以蔽之，曰未萌芽時代也。夫新疆之入版圖，垂二百餘年，而設省至今，亦將近四十年，内地之輸將蓋不幾千萬萬也，設官分職，果何所事，而至今教育猶未萌芽耶？余亦一言以蔽之，曰施教雖有人而所施〔未〕得其道也。況教〔育〕百年來，施教育者僅一二人乎？夫人種可滅而宗教萬難滅亡，人身可戮而習慣萬難遽改。新疆者，固人種混雜之區也，舉其大者，曰漢族，曰漢回，曰纏回，曰哈薩克，曰蒙古，習慣、風俗、文字、宗教，各有特徵，强其苟同，是何異削足就履、移規就矩哉！惟新疆土人居十之七，諸族居十之三，而漢族又居諸族中三分之一。漢人之教育利弊，無俟余之嘵嘵也，蒙古、哈薩，無教育之可言也。玆所言者，係專對土人而言，且專就國家教育言，土人固有教育不論也。

蓋土人者，實新疆之主人翁，與新疆具有生存之關係也。在道光以前，新疆未聞有教育，左文襄出關，平定回疆，始創義學，强回民子弟入學，授以漢語及孔孟之書，講制藝，赴省廳試，破格選拔，榮遇特殷，逾於内地，蓋不如是，不足以資鼓勵也。然行之廿餘年，效果莫收，現時尚存有秀才數名。推原其故，蓋有數因：一、宗教不同。孔子雖非宗教家，然在彼之眼光，視讀漢書即爲反教，反教是罪人，故上等之人，寧違法而不敢逼，教迪之太甚，則雇人入學，合數家而雇一貧人代之入學，歲以金周其家，彼等謂之替漢人當差。再逼之甚，投入外籍。二、地方官獎勵無方。讀漢書既被目爲反教，當然爲一般社會所鄙棄，況入學又多係下流社會，故一讀書則謀生之術窮，而當局又不知爲別謀方法，僅用爲通事或差役，上者不過爲書記，使一般人心目中只知讀漢書，將來必須當差，先存畏怯之念。三、因土人有固有教育，凡子弟六七歲者，必入寺院讀《哥蘭經》五六年，其精通回經者，則衆人舉之稱爲毛拉，鄉里咸欽，一生衣食可無憂慮；苟讀漢書，則回文不能精通，此種權利既不可得，而漢書除與官吏及與漢人交際外，不能用於一般。有此數因，故費幾十年之功，而不能收絲毫之效也。維新以後，各省創辦學校，新疆亦相繼設立小學，學者寥寥。宣統末年，學使杜君，熱心提倡，强迫入學，雷厲風行，一歲而成立數十處，大縣數處，小縣亦一二處。然是歲因入學而投外籍者，亦數千人。利害相權，入學愈多，固未前途之幸，然長斯以往，則脱籍者，將如水之赴壑，又豈家國之福？是不得不謂之設施猶未得其當也。

民國以來，教育狀況，又不若前清。現全省無一中學校，惟省城一初級師範，亦多未完全，各縣間有小學一所，漢語學校一所，纏民先儒漢語學校，三年畢業，始入兩等小學，其在漢語學校半日習漢語，半日習回經。甚或無之，或有外標名目，而内容空無所有，遇有官員過境時，則召集數十村童，以掩飾人目，奇形怪狀，殊難以述，推其故，即以上數因外，又有數因存焉：一、教育經費之稀少。新疆全省教育經費僅六萬元，除初級師範一校及教育機關行政經費外，其分配各縣，不過四萬元左右耳，以四十三縣平均，每縣不及千元，然在内地，各省設立一校，尚可收取學費及地方捐款，以資補助，新疆不特此等款項無望，則凡學生之衣食、筆墨，皆須公家供給，以此區區之學款，而望教育之興也，得乎？二、地方長官不肯注意。現任楊省長，本係舊頭腦，其對學校又素不贊成，上有好者，下必甚焉，故間有一二地方官極力提倡，然杯水車薪，無補於事。三、無教育人材。新疆教育既若是不發達，則欲求教材於本省，其難可知，而内地之趨之者亦罕有智識之士，故雖教而不化也。夫無教不足以立國，況處學術角逐之世乎？我當局苟不欲新疆也則已，否則，此廣幅之土地，數百萬生靈，豈區區六萬元之教育經費而有濟乎？又豈以施行内省之教育施此種民族而有效乎？

經費之多寡，政府之事，余無論矣；設施方法，請得而述之，即須以特别教育施行於新疆也。故第一，須求不背其宗教，如修身、國文，教科書須掇其經典中之事蹟及格言，或回教名人歷史，譯成漢文，並編集新疆本地之故事，以爲教授材料，使其不因讀漢書而生反教之感，且對於地方，亦易發生一種特别感情。第二，須將我國古聖格言及提倡愛國精神之文字譯成回文，使一般對於讀漢書不生格外，且足使其發生國家觀念。第三，須用其掌教權之阿渾爲學校校長，因其權力甚大，足以號召子弟入學。第四，須地方官優加獎勵，勿僅使當通事及差役之類，非通文字者，不得爲鄉約，即地保，纏民視爲無上之榮。其子弟之入學或捐助學款者，特别爲請奬，土人虚榮心最重，必收效甚速。第五，須多設立漢語學校，且須設立中等學校，以容納小學畢業之學生，其由中學畢業，成績優者或送内地，或送俄國留學，使彼有向上思想，不至使視讀漢書則不齒於同儕，而歸於無用。第六，學生須注意富家及有聲望之子弟，始足爲一般之模範，則畢業之後，亦可在社會上爲種種活動，不若貧寒子弟，非公家爲之籌計，則無從營生也。夫如是，則新疆教育前途庶有豸乎？

七 司法

立法不外乎人情，苟違乎此，鮮不扞格難行，使社會失其常軌也。新疆人民混雜，性質各異，同一漢人，且迥異内地，新疆昔爲徒流之所，故現留住漢人，大都亡命之徒，則不然亦係無業遊民，不能立足於内地，始流於關外，故新人嘗云"西出陽關無好人"，雖近於謔，亦實事也。若故蒙古、哈薩、纏回、漢回，更無論矣，故欲合諸族而爲一爐，治以常法，徒見其敗也。雖然，法律之繁簡，恒視人類進化與否而有差。哈薩、蒙古，盡係遊牧時代，未曾開化之人，狉狉獉獉，以生以息，故其法也，簡陋而鄙率，蒙古人大都不歸地方官管理，其習慣法惜焉未詳；哈薩則不外偷牛盜馬之事，譬如偷一牛，則賠九牛，其不能賠者，親屬分攤之，殺一人議價若干，均有一定，塔城、伊犁、喀什諸處，與俄國交界，兩國哈薩雜居無常，互相劫盜，每三年，兩國委員辦司牙孜一次，清理積案，案件若干，兩方抵銷之外，所餘則議價賠償，歷年辦理，尚爲公平。今無述焉。若漢，若回，若漢回，今皆同隸於國法之下，然其性情互異，漢人既如上述矣，漢回則險狠成性，藐視法律，且甚漢人，故欲實行司法利度①，誠爲綦難。現新疆全省無法院，惟省城有司法籌備處一所，徒有其名，各縣均兼司法，審判裁決，一如滿清，亦以人情不同，遽難驟改也。惟各知事間有用慘酷非刑，殊乖人道，所望當局者，起而革之，勿徒恃刑訊也。

至於纏回，雖受同等之待遇，然其人性質之特殊，與夫習慣之奇異，試述數事，足以證明，非有特別法律，不足以維繫之者。一夫多妻，文明各國皆爲厲禁，而纏民則莫不然，且諸妻皆平等，其結合易，其離異亦易，一語不入，則夫妻分離。而皮山、和闐、于闐諸處，結婚時毫無證據，故一女無以一夫終，而一夫亦無以一妻終者。惟妻棄夫時，所有財物概不得取；夫棄妻時，則與以相當財物。至於桑間濮上之行，在彼視爲故常。此婚姻制度之應注意者一也。同姓不婚，況列於五倫之間乎？纏回則生我者與我生者之外，無論姊妹姑嫂，

---

① 利度，疑爲"制度"之誤。

均可配合，兄終弟及，恬不爲怪，是在彼眼光視父母之外，無論祖或伯、叔，均無異常人。設有殺傷伯、叔者，在法律應處以傷害尊親屬罪，然原其心，則又屈之矣。此刑律之難施於此種情景者，二也。張某爲余述，有姊妹行，妹嫁於某甲爲妻，姊則嫁於其子爲妻，是姊妹變爲姑媳，在彼固不以爲怪也。纏民遺産分析，女子所得之數，與男子所得之半數相若，是女子有財産權矣。苟該女嫁於本國人，固不成問題，設嫁於外人，則不動産所有權亦爲之所奪矣，故禁之，則反彼教旨不禁，則國權且爲之喪失，此財産制度，不可不注意者，三也。回教之阿渾，有無限權力，人民之信仰阿渾也，甚於信仰地方官。其教規，凡民間婚姻、財産，種種憑據，非經阿渾蓋印不可，蓋猶在政教未分時代也。嘗有因阿渾不道德，不問證據之是非，而妄加蓋印，致起訴訟，地方官亦無法判斷。此以政教不分，足礙司法進行者，四也。常有疑案，兩造相持不下，一令抱經，即解決抱經之法，即被告者以《哥蘭經》載於頭上，向禮拜寺跪祝，其語一如漢人，宣誓抱經之後，則原告雖確知其所爲，亦歸消滅。如不敢抱經，則敗訴矣。此種事在内地，適足助黠者之奸，然新疆固屢行之矣。此種特别心理與一般不同者，五也。纏民之性質，平時若甚懦弱，一有所逼，其殘忍舉動，誠有駭人聽聞者。嘗有因睚眦小怨，殺其父母，或子女以圖賴者，此種事實殆一見不數見。是故就以上種種或關於習慣，或關於性質，皆有特徵之處，是在改革司法者，加之意焉。

八　各種族與漢人之感情及現在趨向

新疆人種，大别爲漢、滿、蒙、回四種。而回之種類曰東干，即漢回；曰哈薩克；曰纏頭；曰塔奇克；曰布魯特；然塔奇克與哈薩克、布魯特，均與纏頭大同小異，不過哈、布二族爲遊牧，而纏頭則住居耳，故回族可大别爲漢回與纏回二種。

全疆人民約二百餘萬，纏回約百二十萬，漢人約二十五萬，漢回約三十萬，哈薩約十八萬，蒙古約十二萬，滿人約五萬。纏回居南路十之七，居北路十之三，多業農，而牧次之，工又次之。南路之喀什噶爾、吐魯番、庫車、庫爾勒、莎車、和闐及北路之伊犁等處，又多事商，其一部分當差役及兵士，近以楊省長提倡，於政治上亦稍有位置。漢回多在天山北路，昌吉、孚遠、綏來、迪化等處，南路次之，居焉耆爲最多，喀什次之，事農與事商爲六與四之比，自楊增新督新，漢回之在軍隊者，占軍界十之二三，政界方面，寥寥無幾。哈薩盡遊牧，居伊犂、塔城、烏魯木齊山中，蒙古亦遊牧，散居北路塔城、伊犂、精河、烏蘇、孚遠，南路焉耆等處。滿人多在北路之奇臺及伊犂、塔城，伊、塔二處，舊時多屬八旗兵丁，事農者多，而在軍政界者少。奇臺自民國以後，盡爲無業之民，生計甚爲困難，其在軍政界者，寥寥數人而已。漢人多居天山北路，又以伊犂及迪化爲最多，南路以焉耆及喀什稍有成聚之觀，此外，散見各處。居南路者，多事商業，北路或商或農或工，而津晉之人，又執全疆商務之牛耳。軍界漢人十之七，政界十之九，此其大概也。

就以上觀察，漢人在新疆，雖握有軍事、商業、政界上之重權，然土地之主人翁不得不讓之纏回。至漢回，人數雖微，既握軍事上之一部分，而其人兇狠强悍，又皆爲漢人所不及，殊不可輕視。蒙古頗有政治思想，近年屢受庫倫之影響，間有反抗之舉，只一部分，且無實力，而楊省長尚處置得當，應不足虞。哈薩克毫無政治思想，視水草優美與否爲趨向，或中或俄，殊無定見，惟近來感於俄國之苛待，多趨向我國，其與漢人，更無何等惡感。滿人與漢人，感情尚洽，蓋以多係關内遷移，而言語習慣又皆相通故也。滿人能滿語者居少數。伊犂辛亥革命，且舉將軍廣福爲都督，益可證明矣。然則有舉動之重輕，與漢人有身首相關者，其惟纏回與漢回乎？夫纏回既擁有如是衆多之人口，且工商之業均不亞於漢人，其言語、風俗、習慣、文字，又皆與漢人不同，何以數十年來帖然就範，未嘗有反抗之爲者何哉？此無他，政治思想不發達，而性質又甚懦弱，且滿清之撫藩屬又皆深仁厚澤，毫無歧視，雖民國以前，間有地方官苛剥民財，纏民含痛茹苦，然自楊爲〔省〕長以來，撫慰備至，無異赤子，租税陋規，或去或免，地方官有不肖，准人民一紙郵書，遂可撤任，得官如此，復何他望？惟自中德宣戰以後，土耳其、德意志輒潛入境内，希圖煽惑，或因土人同種同教關係，不無被動，然爲數極微，防範既周，自無可虞。惟漢回，其言語、狀貌雖同，然數百年來仇殺相尋，情同水火，且有日以仇殺異教爲鼓吹者，際此外交緊急之秋，能不決然思起，以圖一快乎？是不然，民國以來，省長楊君固藉回隊，新疆之有回隊自楊始。以有高位也。其爲人也，精悍而勤廉，官甘肅河州七年，深得回人之心，故近年來，回漢感情日趨融善，而各回隊長官，亦皆深明大義，斷不爲此無利益之舉，可斷言也。至纏回與漢回，雖係同宗教，然漢回派别各殊，新舊互異，與纏回盡奉舊教者不同，故感情未必盡一致也。

九 交通

新疆地處極邊，輪輻廣闊，重以冰嶺雪山、流沙廣漠之阻隔，故交通之困難，時日之久長，雖周行環球，殆無其匹。由北京以抵迪化，計程八千餘里，爲期三月餘；自迪化至南路和闐，須七十餘日；由迪化至喀什，須五十餘日。一省之内，往返常須半載，無舟楫輪軌之利，徒藉笨車驢馬以轉移。即以郵電而論，郵政之達北京，至速須四十八日；若包裹，非半年不爲功；至電報，由迪化至京，亦須一周，甚且轉不若郵政之速者。推其原因，蓋非盡天然之阻力，實則人事有未逮，特詳言之，俾當局者有所取鑒焉。

新疆全省電報局員，無一有電報智識者，其嗜鴉片者，十有八九，而以迪化總局長某爲最甚，此關於當事腐敗者，一也。地面寥闊，戈壁則狂風猛烈，山溝則冰雪連天，摧折甚易，修復獨難，而局員又不講道德，存局修理之費，大半吞没，每遇摧折，仍不發表，反將電文交付郵局遞送，故常有郵書已到，而電報尚未到者。西人譏爲"駱駝電"，良非無因，此關於地理之阻礙，實則由於當事之腐敗者，二也。夫交通既若此之困難，而望社會之進化，實業之發達，得乎？今試將新建全省道路之情形及里程之遠近，條舉於下：

（一）由北京至新疆迪化分爲三道：一，經東三省滿洲里，乘西伯利亞鐵道，三晝夜至伊爾庫斯克，又三晝夜至羅夫尼卡拉斯科，换車乘支綫向西南行，一日夜至斜米帕拉庭斯克，换坐郵政車，六日至塔爾巴哈臺，現郵車甚少，僱民間車，日行兩站，須十二日。由塔爾巴哈臺坐四輪車，十二日抵迪化，大車須十八日。由京抵迪化，大約四十五日至五十日之間。出境在滿洲里檢查，入境在塔爾巴哈臺附近葦塘子檢查。二，由河南鄭州坐海蘭鐵道至觀音堂，换乘轎車，六日抵西安，十六日抵蘭州，由蘭州坐大車，十八日至肅州，出嘉峪關、玉門關，經安西縣，十八日抵哈密，由哈密春冬令取天山南麓，經吐魯番過達坂城，夏秋由天山北麓經古城，均約十八日可達。分道在距哈密七站之七個井。由京抵迪化，大約百日至百二十日之間。蘭州以西至新疆境内，均用大車、轎車二種，大車平均日行六十里至八十里之間，轎車平均日行百里至百二十里之間，沿路人煙稀少，食物困難，出嘉峪關則戈壁無垠，取此路者，須在蘭州豫備糧食暨飲食器具，始可前進。三，出張家口，經歸化城，或逕由歸化城經包頭鎮及阿拉善蒙古、扎薩克國圖汗蒙古，土人謂蒙古草地。至新疆古城，由古城乘四輪臺車，二日抵迪化，大車或轎車，須四日六日之間。此道多平坦戈壁，無山川阻隔，惟沿途無站宿之處，逐水草而居，常人行者甚稀，然商人以駱駝運貨，咸取於是。由北京至迪化，大約七十五日至九十日之間。

（二）由迪化西行，四日至綏來，由綏來西行，四日至烏蘇，由烏蘇分支西北行，十日抵塔城，由烏蘇行，十二日抵伊犁寧遠城，由迪化至伊犁爲西路，由迪化至塔城稱北路，由迪化至塔城、伊犁兩路，現通四輪車，較大車可省五六日。

（三）由迪化東行，過阜康、孚遠，六日至古城，由古城東行，五日至色必口，東南行二日至七個井子，由七個井子東行七日至哈密，由色必口東行，五日至鎮西，由鎮西越天山，四日至哈密，冬令雪大難行。凡由古城至哈密，多由色必口分道經七個井子焉，又由迪化南行過達坂城，東行五日至吐魯番，又三日至鄯善，又六日至七個井子，同歸哈密。凡由迪化至哈密，稱之曰東路。

（四）由迪化南行，過達坂，經吐魯番之托克遜，又西南行十二日抵焉耆縣即喀喇沙爾。由焉耆二日抵庫爾勒，由庫爾勒東南行，經新平縣，十四日抵婼羌縣，即羅布淖爾附近之地也。由庫爾勒東行，六日至輪臺，三日至庫車，又九日至阿克蘇，由阿克蘇分支西行，四日至烏什，由阿克蘇西南行，十日至巴楚縣，由巴楚分道，西南行七日至莎車縣，即葉爾羌。西偏南行九日至喀什噶爾。合疏附、疏勒二縣言。由迪化至喀什，爲期四十日至五十日之間。可通大車及轎車。

（五）由喀什東南行，六日至莎車，由莎車西南行，十二日至蒲犁縣，又由莎車東南漸偏東行，經葉城、皮山諸縣，八日至和闐縣，由和闐六日至于闐縣。即克里雅城。由莎車至蒲犁，此道不通車，過峻嶺時，須騎氂牛，山頂有瘴氣，舊時蒲犁境内不能熟飯，據物理學家言，空氣太薄之故，四人之遊歷者，咸取道於此。

（六）由伊犁通南路有兩道：一，南行過冰達坂，十四日可達阿克蘇，此道惟三、四、五、八、九數月可騎行，餘時過冰達坂，極爲困難。蓋是山全係冰結成，人行其上，遇寒天則冷可死人，熱天即冰水下融，不能前進，尚有行至中途，遇冰山裂縫，人墜其中，千古沉淪者，蓋亦險矣。本地土人販運貨物嘗取之。二，見省内支路下。以上自第二至第六各條，均係舊驛路，除伊犁至阿克蘇一道外，均可通車。

省内支路列下：

（一）由于闐東北十二日至且末縣，即卡牆。又六日至婼羌縣，又婼羌東行，經白龍堆沙地，通甘肅之燉煌，由燉煌至安西與玉門關道合，此即陽關故道，行者甚稀，以中間沙地常有二三百里無水，且流沙無定，容易迷人，今年于闐、和闐土人向四川辦貨者，咸取道於此。有西湖、南湖二道，西湖路短而旅行較難，南湖反之，旅者多取南湖，其岐點在距婼羌城二站之密遠地方，現婼羌知事正在開闢，以利行人，功德不淺也。

（二）由伊犁東行，循崆古斯河過達格達坂，至南路焉耆縣界之巴音勃拉克，八日可達，珠勒都斯河附近。由巴音勃拉克向東偏南行，六日可達到焉耆縣，向南偏西行，過的拉默特達坂，六日可抵達庫車，此道沿途均係遊牧，或絶無人煙，無站宿，須攜帳幕、糧食以行，行者甚稀，冬令大雪封山，不能進，八九月珠勒都斯河水漲，亦不可行，惟行庫車者，則經其上流無阻。

（三）由庫車南行二日至沙雅縣，由沙雅縣南行沖過大戈壁，循和闐行，十六日可達和闐，此道舊時只土人行之，非通道，故由庫車赴和闐者，必經拜城、阿克蘇、巴楚、莎車、葉城、皮山諸處，成一弧形，爲期須三十四日。近日政府派人建築宿站，並修車道，較前殆速一倍，由阿克蘇至和闐，亦通同歸一道。

（四）由伊犁三臺北行經阿瑪圖山間，十日可達塔城，此道車不易行。

（五）由迪化南行，過塔什罕古及察罕格達坂，馬行八日可抵焉耆，較之行大道快三分之一，惟夏間可行，此外大雪封山，不能行。

（六）由伊犁西轉南行，經畢底爾山，繞俄境至南路烏什，十餘日可達，是謂貢古魯克道，自劃歸俄人後，行者較稀，然伊犁通南路只此道較易，當時分界大臣，不審形勢，斷我命脈，可勝歎哉！

省外支路列下：

（一）由奇臺西北至阿爾泰，東北至科布多，均二十餘日可達，但不通車，賴駱駝以轉運，因沿途有數百里無水之處，駱駝能數日不飲水，而馬則不能也。

（二）由奇臺奇臺即古城。至張家口，見前。

（三）由綏來北行，二十日左右至阿爾泰承化寺，可通車，阿山每年糧食轉運多由此。

（四）由塔城四十里出國境，西北行至斜米拍拉庭斯科，見前。

（五）由伊犁西出霍爾果斯縣至哈喇湖薩瑪及阿里木圖，即威爾尼。均十餘日可達。

（六）由塔城東北行，四日可抵齊桑湖，由齊桑有輪通斜米省，下流三日可達斜米，斜米三日可至倭莫斯科，每歲羊毛、皮、棉花，出塔城，均由此道。八月起至來年三月不能行。

（七）由烏什出明布拉引卡，亦通俄之哈喇湖等處。

（八）由喀什西經鐵列克達坂至俄費爾干省之安集延地方，二十日可達，須騎行，深秋不能，因雪水彌漫，馬不能渡，歲由喀什趨俄境營商，或由南路到北京，均取道焉，即所謂明約路也。又，北過圖魯噶爾達坂，有車道通俄之那林司廓，行者較稀。

（九）由葉爾羌即莎車。出蒲犁，經塔什庫爾干巴克達山及北印度，五十餘日可達。又，過喀喇崑崙及克爾格特兩道，亦通印度。

以上若塔城，若伊犁，若烏什，若喀什，均爲出入要隘，而目前所應注意者，則以喀什爲最，然皆有天險，守之較易，若塔城、烏什、伊犁，即康莊無阻，門户洞徹，殊可慮也。

（十）由和闐南行通後藏羅多克城，此道中間有鐵橋，爲董福祥所截，以其時叛回多由此逃後藏，董故截之，殊不知遺害今日也。又，東南行，過托古茲達坂，通前藏拉薩，此道除一二遊歷家外，行者甚稀。

（十一）由且末縣南行，過托古茲達坂，入青海，通西藏，與和闐道合，六十餘日可達。

（十二）由婼羌縣南行，過大小屈莽山，入青海，通四川，又東偏南行，經青海至甘肅之西寧，約三十日可達。

十　結論

余述新疆，不得不咎滿清政府對於邊地經營之失當，且不滿意於今日當局，只顧目前搗亂，不圖遠慮也。昔之開拓新疆，窮兵數十年，擲無量數之頭顱，費無數之金錢，毋論矣。即自光緒十一年開省，以至宣統末年，輦内地之金以供邊塞之需，計達七千餘萬，而此七千餘萬脂膏，除填一般貪官污吏之慾壑與養一般無賴疲癃殘廢之兵而外,未嘗然毫用之於殖民事業也,故今日語實業,即黄金猶封,荒蕪滿地;語交通,即一省之内,往返常須半年;語軍政,即槍械陋劣,品類龐雜;語司法,即保護未周,民命顛危;語教育,即全省學校不及内地一中縣;語工無工,語商無商,晦盲否塞,以此爲甚。民國以來,協餉斷絶,中央除例行公事,一二電文往來外,視爲無關痛癢,萬里膏腴,夷爲化外,使西北藩籬長此空虚少備,言之痛心。賴數年來,該省當局得人,協餉雖絶,猶能維持現狀,苟延至今,不可謂非幸也。雖然,非歐戰發生,則新疆早爲外蒙之續,民國三年,俄陳兵境上,擬乘勢佔踞伊犁,後因歐戰發生,始撤回。即欲苟延殘喘,已不可得,奚待今日?俄德媾和,而使我倉皇無措也。所望政府當局,發奮天良,移其殘殺同胞之雄心,以之對外作長治久安之策,爲一勞永逸之謀,則東隅雖逝,桑榆未晚,否則禍患之來,近於眉睫,殘民者,亦有同歸於燼耳。

惟去疾必清其源,求治當先知弊,而新疆之弊,在於交通之不靈。交通不靈,是故實藏委地,坐視莫舉,邊烽告急,長鞭莫施,是欲圖新疆者,必自鐵道始,可斷言也。然由京至迪化,八千餘里;由蘭州至迪化,五千餘里,縱使海蘭鐵道告成,由蘭州接軌以抵迪化,亦非二三年所能竣事。爲急,則治標莫若先開蒙古草地一路,由歸化以至新疆古城,計六千里左右,行駛軍用汽車不過三四晝夜,較之行内地須百有十餘日,行俄道須四五十日,何啻天壤之别。此道盡係硬戈壁,一望平坦,偶有輕沙,亦易設法,行商此道者,早感有興辦之必要,以提倡無人,故延至今。而沿途設站以及開辦車輛等費,至多不過百萬足矣。至於新疆省内,只須修廣現在道路,通行四輪馬車,處處設站,其重要處修築輕便鐵道,較之今日盡藉笨重大車以轉運,而猶苦沿途無供給飲食之處者,利便自不待言。交通一便,莫重於移民,然利之所在,固不待政府提倡,亦必趨之若鶩矣。惟軍隊則非由内地調换,軍費非由中央供給不可,三年瓜代,重賞有功,倍於内地,則人皆願效力邊廷,不至盤踞内地逞干戈,徒爲口腹謀矣。執此二端,能舉則存,不舉則亡,其著效固不待五年也。

中華民國七年四月印行

實價　大洋貳角

著作者　林　競

發行者　天山學會

印刷者　渡邊平吉

印刷所　鮮明舍日本東京市神田區三崎町一丁目七番地

拾遺

劉景晨集外詩

黄　綠 整理

又是春暖花開的季節。去年此時,與姐姐黄紅、哥哥黄藍和嫂嫂柯善軍一行四人赴臺北市查尋先祖父(黄菊裳將軍)的資料。顧不得欣賞滿樹繁花,來不及漫步婆娑椰林,連續幾日,參觀國父紀念館、中正紀念堂,查詢于臺北市國史館,更埋頭于臺灣大學圖書館查書閱報,雖收益甚微,但也有所獲。

早知姚琮退休以後任臺北温州同鄉會會長多年,而姚將軍是先祖的同學、同事和摯友。因此我們決定拜訪臺北温州同鄉會,爲此黄家兄弟姐妹在表哥項潔先生的陪同下,來到一條古樹参天、清静潔净的小街上,在一處不起眼的門面前,找到臺北市温州同鄉會。門鈴響過,一行人被引入一樓的廳堂,受到邢愛菊理事長、林明華秘書長以及葉青青秘書的熱情接待,鄉親鄉情猶如春風拂面。大廳裡陳列着姚琮將軍的半身銅像,還有姚琮將軍暨其他書法家的多幅墨寶。邢理事長和林秘書長介紹了同鄉會的歷史和現狀,葉秘書拿出一疊同鄉會刊物供我們閲讀。我們此行的主要目的是尋找姚琮將軍子女的聯繫方式,遺憾的是同鄉會無法提供相關資訊。轉眼間已到正午,主人盛情邀請我們共進午餐。一人一盒便當,一碗臺北美食魚丸湯,清香適口,味美又健康。

閒話之餘,一行人参觀設在裡屋的會長辦公室,無意間發現牆上挂着兩幅裝幀精緻的書法作品,湊近一看,竟然是温州名宿劉景晨公的墨寶真跡!仔細讀來,發現其中一首詩是劉景晨贈先祖父的!

從落款和内容看,兩幅作品寫於 1938 年和 1939 年,時值抗日戰争初期,滯留在温州的劉景晨先生,將近作二十二首詩,分兩次寄贈在陪都重慶的姚琮。這兩幅書作作者在什麼環境下書寫，怎樣從戰火紛飛中送達重慶，又是什麼機遇之下，在勝利光復後由重慶到南京，再輾轉至臺灣，最終完好無損地保存在臺北温州同鄉會的？這一切，我們雖已無從知曉，但眼前這兩件八十年前的珍品，無疑是劉、姚二公留給後世的瑰寶！

意外的驚喜，讓一行人興奮不已。征得同意拍了照片，爲的是日後細細研讀。可惜當時室内光綫較暗，放大後的照片清晰度很差，有些手書字體無法辯認，全部書作的整理工作難以完成。去夏，吾弟黄青攜其子黄河去臺灣旅行，特意囑咐他們專程拜訪臺北温州同鄉會，重新拍照。這一次，幸虧黄河執機精心取景，又用特技製作成拼圖，還原成字跡清晰的全景照片。

近日，家姐黄紅以此照片爲底本，夜以繼日，整理成爲電子文稿。文稿經温州大學陳光熙老師點校審定後，抄送劉公長孫劉顯曾先生保存，以了卻我們"完璧歸趙"的心願。

劉景晨先生的這兩幅書作，總共録有二十二首詩，除《題畫梅爲魯雪湘女士七十壽》四首外，其餘十八首未見《劉景晨集》收録，現予披露，或許對劉先生的研究有所助益。

二〇一九年春於美國波士頓

劉景晨書作（右幅）十二首

溪行歸賦

霜林紫赤葉如花，照影波間感鬢華。卅里溪程歸緩緩，秋光濃到夕陽斜。

不知身在畫圖間，設色峰巒近可攀。如是何疑蔣三語，謂叔南。携筇最好晚秋山。

哀長沙次迂叟韵

湘流何日塞餘哀，焚棄當時憤突來。縱以刑誅威衆稚，已於文物弔殘灰。

仇讐咫尺猶窺隙，財粟艱難且拯災。省取茅茨堪出治，慎毋規復亟池臺。

高宗武有歐美之行次迂叟韵以送之

悍者無終黠亦窮，蘭心知自拔荆叢。吾曹宜作千秋想，此别真乘萬里風。

器必晚成方見大，才緣積健始爲雄。好持忠篤行蠻貊，歸振先猷祀与戎。

宗武爲明尚書襄簡公之後。

題畫梅

酒醒無那寫横斜，處處風林噪亂鴉。偏是孤山忘未得，年時惆悵又梅花。

得林佛性重慶寄書并見懷長句次韵酬之

吴戈道阻蜀山深，珍惜還郵墨似金。遥歎守官支半壁，漫勞懷舊託長吟。

離愁經歲真千斛，把臂何時共一林。憤絶蚩尤猶作霧，指南車上豈無鍼。

一彈次和迂叟一電韵

一彈能貽帝父驚，卅年黨籍冠聲名。時來已幸参鈞軸，敵困方图寢甲兵。

臣妾甘心真大惑，山陵遺恨舊同盟。澄清共有無窮望，可許絲絲濁浪生。

題畫梅爲魯雪湘女士七十壽（四章，略）

小寒後二日徐君建三招飲於醒春居酒罷与同席諸君偕登大觀亭遂訪一清泉謁東甌王廟歸而陳仲陶有詩紀之因次其韵

山静川恬得幾州，眼前戈戟未容收。此身剩作登臨客，何計能消醒醉愁。

四海交游萍久散，一亭遮護樹仍稠。艱難要鞏王摇土，内徙寧堪溯越甌。

戊寅十二月十六日，寫近稿十二首，寄呈味辛我兄雅教。墨凍筆秃，小書尤不足觀也。劉景晨記。（鈐印兩方：劉景晨/貞晦）

劉景晨書作（左幅）十首

次和牡丹詩六首

道光二十五年乙巳三月二十三日，嘉興七十八歲老者張廷濟叔未甫賦《牡丹》詩六首。當時和者：其子慶榮，子婦朱瑩，孫男晉爕、福煦，甥徐同柏、徐大杭，孫甥徐士燕，年姪蔣槐世，姻姪王逢辰，世姪朱錦、徐榮宙、史詮，十二人，皆手書妙絶，又徐同柏題端橅漢瓦文曰"宜富當貴"，總二十七紙，流落人間。第一紙有"陳祖綬觀"朱文四字印，則吾永嘉前輩墨農先生嘗見之矣。今梅君冷生裝成巨册，属題其後，因次和六詩，書以歸之，請置册末。蓋九十五年之後猶有好事者一人，附驥之嘲，吾所甘爾。

中華民國二十八年己卯三月十一日。

絶似峨妝人倚樓，酡顔相映醉鄉侯。出墻春過一枝杏，照眼花先五月榴。多與買脂商畫本，也應燒燭讌吟儔。猩屏晚占無雙譽，婪尾繁華第二流。**红**

鳳掖輕寒豔賜袍，魏花新册領宫曹。嬌如歐碧痕終淺，穠到鞓红品未高。金盞粧台酣酒足，綵旛禁苑護春牢。小家却任矜颜色，映竹窺窗百葉桃。**紫**

真王花國闢荒萊，旦日加身衮繡來。正卜两歧登麥隴，可容一摘賤瓜臺。張之雲幄熏成麝，酧以金波酌满杯。種出姚家原帝後，中央土德報祥開。**黄**

妃青儷碧總千般，自古文章本色難。粉稿徐黄同入妙，緇塵京洛莫相干。人言富贵宜行素，我見清真未覺寒。最好倚欄明月夜，白描詩句赴毫端。**白**

名園處處暗蕉天，鬢色如花惜少年。吟賞可安藤下席，移栽宜放柳陰船。九疑仙子皆珠佩，三調才人倚翠韉。草長江南春且老，莫教風雨怨繁絃。**綠**

國色非誇點染工，長安红紫漫叢叢。自緣天遣英奇晦，豈與人争藻墨雄。他日盛名姚魏外，此心玄契老莊中。生香要勝金壺汁，歲歲根芽慎朔風。**黑**

寄懷四將軍詩

沈建豪靖，軍事委員會秘書，清季名諸生。侍太翁宦武昌，遣赴日本，士官學校畢業，歸充江南新軍管带。光復後，累功至少將。善飲酒。

文章弱冠負才名，随宦旋爲投筆行。東海淺深渾在眼，南都輕重夙專營。祇今偏借枚皋檄，何日重張魏尚兵。撫髀可無消遣事，成樽渝釀故能傾。

石宗素鐸，中央軍官學校教官。上年官訓練總監部，嘗奉命出都，簡閱軍隊。著軍事學數書，能畫山水。

樞府嚴兵效遠謨，昔年馳傳簡車徒。山連豫鄂宜摧敵，人重孫吴爲著書。藝事交游匆往跡，材官造就急前驅。銅梁在處佳山水，猶有閒情設色無。

黄菊裳，軍事委員會法規審驗委員會主任委員，原任参謀處長。前年告病歸，僦居郡城。去年再出，有《月夜歸南嶽》詩。今年敵機犯郡，舊僦數椽皆炸毁。

随身藥物得抽閒，事亟何心更掩關。歧海春遲扶病出，衡山月静寄詩還。久參帷幄髮應禿，横挾風雷寇益頑。憶否舊年賃栖處，一場瓦礫且榛菅。

姚味辛琮，軍事委員會辦公廳副主任。有宅在南京，别業在杭州。著《味筍齋詩》，已成第一集。去春招余赴衡山，車來，未果往。

江左吟齋湖上樓，屢叨杯酌勸勾留。滄桑小别百端集，歌哭中年一卷收。猶割黄金贍朋好，逾傾赤膽翊軍謀。同仇亦是書生責，慚對弓招謝白頭。

己卯四月十二日，書近詩十首，寄請味辛我兄郢正。劉景晨。

（鈐印：貞晦詩書畫記）

朱鵬 洪邦泰詩文輯補

南 航 輯補

2007 年,樂清市社科聯策劃出版《樂清文獻叢書》,筆者承擔編注第一輯的《朱鵬集》《洪邦泰集》,當時爲尋訪朱洪兩人散佚詩文如《雁蕩吟》《嚴江吟草》《血世界》等,曾在網上與各圖書館等多方查詢,未有所獲。

2009 年兩集由綫裝書局出版後,樂清學者張炳勛先生提供了朱鵬、洪邦泰多篇佚作。2013 年 12 月,樂清文友鄭金才兄在孔夫子舊書網上拍得《復戡雁蕩吟》,爲 1920 年温州務本石印公司刊本,瑞安鄭德馨題簽,朱鵬好友黄式蘇作序,筆者查對《朱鵬集》《洪邦泰集》,計有八詩一文爲兩集未收。2014 年 9 月,張炳勛著《鱗鴻舊影——近世樂清舊札掇拾》由敦煌文藝出版社出版,内《朱鵬致宋平子書(二通)》一文披露朱鵬集外七絶六首。2018 年 2 月,温州市圖書館編,方浦仁、陳盛獎整理《劉紹寬日記》由中華書局出版,内有洪邦泰散佚詩聯多篇。

現將目前搜集到的朱、洪兩人散佚詩文,分别予以校注輯補。

朱鵬詩文輯補

《復戡雁蕩吟》自敘

（一九二〇年）

復戡昔客嚴陵，在黄子胥庵幕一年[1]，客窗篷背，訪水尋山，積詩一卷，編爲《嚴江吟草》。别黄子歸，有重遊雁蕩之語，故黄子贈行，有"有人夜半負山去，驅使桐嚴落紙飛。祇恐龍湫同被劫，苦思雁蕩未能歸"之句，以爲復戡歸後，雁蕩山中當有此老重來屐印。

乃歸裁兩月，輒襆被走京師，而雁蕩之遊不遂。自出京師，留西湖者半年。老友地造[2]聘主處州師範教席，留括者二年。雖年得一歸，而時日匆匆，雁蕩之遊又不遂。迨謝席旋里，未及月，黄子胥庵適奉檄泰寧，招留賓館，復隨幕寧德者三年，而雁蕩之遊仍不遂。

去冬别黄子歸，決計不復出門，雁蕩之遊自當不負。乃浮沉閭里，俗塵拂拂出衣袖間，幾忘故鄉有雁蕩。重以冬沍春霧，遊雁非宜。因循至今秋，不辭家人，輕裝入山，芒鞋竹杖，獨往獨來於百二峰間，感氣輒嘘，觸興輒發，成長短歌行都六十一首。詩雖不佳，而名山重到，聊記一時遊跡，並以踐我黄子胥庵贈言之意云爾。

庚申八月，復戡朱鵬。

雲曇寺[3]

雲曇古寺久無禪，冷落宗門事可憐。色相塵封身已壞，誰言佛法是無邊？

---

① 嚴陵：指浙江遂安縣。黄子胥庵：黄式蘇，詳見《朱鵬集》代前言 5 頁。

② 地造：馮地造，詳見《朱鵬集》42 頁註。

③ 雲曇寺：據清《道光樂清縣志》轉引《雁山志》，當爲雲曇院，在雁蕩山西内谷，舊爲雲曇庵，清乾隆間建院。

趙石頑上校士淦自寧德防次寄書誤題處所昨始轉到雁蕩山中啟視則端午日書也作此奉酬[①]

一書幸未付浮沉，不負當時憶我心。爲感將軍情意厚，開緘稽首白雲深。

雁湖踏月歸懷胥庵寧德

湖雲攜袖夜歸遲，踏月峰頭忽汝思。四海子由已早逝，平生鮑叔最相知。
買山此地堪招隱，苦宦何時得辦貲。未敢疑君忘雁蕩，寫圖先寄乞題詩。

上龍湫 在大龍湫背三里。

前頭突起一峰横，百丈飛泉劈面迎。此瀑由來人罕到，探源爲上此山行。

南碧霄洞[②]

一寺碧霄古洞前，崖題開元第二年。梯崖我欲捐之去，回首夕陽已在天。

（以上六首録自《復戡雁蕩吟》）

挽徐次明母[③]

我豈東坡老逐臣，書生事業可憐人。杯盤風雨曾爲客，講舍弦歌托比鄰。
奉母欲迎堂上拜，結言已負墓門深。他時倘醒江湖夢，來聽杜鵑恐暮春。

和《迂去年五十老友朱復戡偕門人鄭漢侯解孫爽秋躍諸子集戚友爲迂印詩辭之不獲今冬告成賦此識感兼以爲謝》[④]

朱三珍帚亦成癡，黄九耽吟更可知。[⑤] 但使焦琴成爐響，不妨俗物肆嘲

---

① 趙石頑：詳見《朱鵬集》86 頁註。

② 南碧霄洞：據清《道光樂清縣志》，位於雁蕩山靈峰之南碧霄峰下，與北碧霄洞相對。

③ 據朱璋致張炳勛信而録，題爲筆者所加，原載《徐氏母子哀挽録》，爲七律，收録《朱鵬集》時缺後四句，後張炳勛補全之。徐次明：名幹，詳見《洪邦泰集》86 頁註。

④ 據張炳勛轉告而録，題爲筆者所加。迂：黄迂，即黄式蘇。鄭解：詳見《朱鵬集》205 頁註。孫躍：詳見《朱鵬集》203 頁註。

⑤ 朱三：借指朱鵬。黄九：黄庭堅，借指黄式蘇。

嗤。瓣香玉局能扶雅，別派東嘉得起衰。[1] 弟子侯芭師誼篤[2]，移樽祝壽刊新詩。

補游重九感事兼懷魯山淡如曉蓮諸子[3]

（一九一四年）

曾向嚴陵拾句來，九江嶺上又銜杯。只緣未肯詩降敵，一韻初成鼓疊催。

余歸自嚴陵，胥庵邀集僚友補作重九，限"咸"韻，同人各有疊韻之作。

故人千里久暌違，惆悵樽前對落暉。一髮青山江上望，鄉心應共白雲飛。

十年舊事忍重提，九日吟樽記共攜。嵌月山頭人已去，墓門宿草碧萋萋。

己亥九日，偕魯山、石農、漱秋登嵌月坳[4]，今石農作古，忽十餘年矣。

千林紅樹遠峰齊，愁鎖西風首屢低。知否江南人怨別，聲聲腸斷鷓鴣啼。

弟昆童子舊因緣，記向井虹寺共研。春草池塘魂已冷，不堪回首卅年前。

余年十二，先伯兄雪溪十五，偕魯山、沁芳諸子讀書井虹寺。[5] 今淡如講學是山，招作重九。

吾師山谷冷青氈，宗派江西付孰傳？寂寂師門遥相憶，來生猶許結詩緣。

井虹寺，乃菊襟師講學舊地。[6]

（録自張炳勛著《鱗鴻舊影——近世樂清舊札掇拾》）

例授國學生朝珏公传[7]

（一九一一年）

公諱堃，字朝珏，錫朋其號也。父諱心廣，以海業起家，置田産構廣厦，稱雄鄉里，嘗以"吾家世力農，未有讀書"爲恨。公生而穎異，於是不惜厚脯延師課讀，輒瑯瑯上口，人以爲非凡兒。乃志趣異俗，作文不屑入時，故試輒勿利，遂絶意進取焉，惟以厚鄉里、美俗化爲己任。興築祠宇，公爲領袖。鄉鄰有門

---

① 玉局：指蘇軾，曾提舉成都玉局觀。東嘉：温州古稱。

② 侯芭：又名侯輔，西漢人，揚雄弟子。

③ 魯山，洪邦泰。淡如，鄭淡如，詳見《朱鵬集》115 頁註。曉蓮，鄭曉蓮，詳見《洪邦泰集》265 頁註。

④ 石農，葉石農，詳見《洪邦泰集》38 頁註。漱秋，徐漱秋，詳見《洪邦泰集》147 頁註。

⑤ 雪溪，朱雪溪，詳見《朱鵬集》126 頁註。沁芳，余沁芳，詳見《洪邦泰集》94 頁註。井虹寺，在樂清象陽鎮山上。

⑥ 菊襟，黄鼎瑞，詳見《朱鵬集》代前言。

⑦ 傳主倪朝珏，名堃，朱鵬姑丈，樂清黄華鎮長林人，清國學生。

者,出爲排解,各從其言帖然服,蓋其平日忠厚之風感人之深故也。且和易近人,藹然有儒者氣象。凡里黨少年子弟徵逐嬉游,無所事事,公善言勸導,未嘗以疾聲厲色加之,然不威而畏,往往得一言而終身悔改,以副公諄諄告誡之盛意。其爲鄉里所推重如此。

公狀貌魁傑,修眉偉髯,居家日辨色興,料理内外至田間畜牧耕獲,必躬爲要約,不以頃刻自逸。其撫視家屬輩,未嘗行其嚴厲,終日笑語怡怡,和氣充滿於家庭間,而子弟輩亦未有非分之舉以拂公意也。

余家岐山之麓,去公地不數武,少嘗隨父客於斯,加之公之嫡配乃余之姑姊,故得聞其事而述其崖略,然即此亦以足觀矣。續南氏,儉約自奉,有順從之德。子七:曰型,曰城,曰敬,曰墀,曰水,曰槐,曰箴。長家型,讀書好善,有乃父風,亦公之教也。

時宣統三年歲次辛亥八月廿四穀旦,内姪廩貢生朱鵬頓首拜撰。

(録自樂清黄華《長林倪氏宗譜》,民國刻本)

贈和卿殘句[①]

如此交遊脱俗凡,放翁移贈汝頭銜。

挽高誼母聯[②]

七十歲老母白髮華顛,有孫兒聰穎異常,更兼永叔能文,撒手歸真,含笑應無愁帶去;

八千日亡兄青年住世,與嗣君知交最早,我是仲謀後起,登堂拜奠,傷心更有痛難言。[③]

大雪圍爐(存目)

據樂清劉之屏《盜天廬集》卷五《庚申正月十二夜朱復戡孫愚穀見訪復戡酒間録示〈大雪圍爐〉詩一首即和原韻》。

此外,據《張棡日記》民國十七年二月二十日:"午後與葉婿乘舟赴慈湖北

---

① 據張炳勛轉告而録,題爲筆者所加。和卿:詳見《朱鵬集》33 頁註。

② 據張炳勛轉告而録,題爲筆者所加。高誼,詳見《朱鵬集》153 頁註。

③ 亡兄,指朱鵬伯兄朱雪溪,與高誼結有文社。仲謀,孫權,字仲謀。此以孫權之兄孫策英年早逝,指代朱雪溪。

村，登岸步行上慈湖嶺，中路石壁上見有‘引人入勝’四字，乃友人朱味温題刻者。”（第七册，3277 頁）石刻於今甌海區梧田慈湖嶺。

洪邦泰詩文輯補

《雁蕩吟》題辭

黄子不曾留著作，謂胥庵。雁吟今忽見茲編。名山未老人先老，我記前遊越八年。

準擬一年來一度，余舊遊句。至今此約竟成虚。燈前披讀先生集，仿佛重温舊日書。

又趁西風上海舲，公將有閩海之行。一編懷挾赴滄溟。他時雁蕩重遊日，攜與聽詩叟一聽。

（録自《復戡雁蕩吟》）

和劉厚莊重晤永嘉客邸書贈[①]

（一九三一年三月六日）

同具江南庾信哀，兩年敘晤在松臺。[②] 從今豫訂他年約，一度相逢醉一回。

（録自《劉紹寬日記》第三册，1084 頁，此爲和作，題爲筆者所加）

登煙臺絶頂和素香韻[③]

備寇當年此築臺，至今遺址没蒿萊。江山依舊時非昔，盼絶南塘破敵才。[④]

---

① 劉紹寬（厚莊）原詩見《劉紹寬日記》民国二十年三月五日，亦見《洪邦泰集》（第 319 頁）。

② 庾信，作有《哀江南賦》。松臺，温州市區松臺山。

③ 煙臺，今山東煙臺市煙臺山。素香，陳素香，見《洪邦泰集》44 頁。

④ 南塘，戚繼光，號南塘，山東登州（今蓬萊）人。

掃葉樓[1]

江上青山山上樓，樓中畫隱去千秋。六朝多少興亡恨，剩水殘山一望收。

（以上兩首録自《劉紹寬日記》第四册，1644 頁，民國二十五年六月廿二日）

挽女慶璠與戚某男冥婚聯[2]

無其理，或有其情，習俗既相沿，莫管是是非非，婚嫁不妨從潦草；

未知生，焉能知死，幽明如不昧，果作夫夫婦婦，唱隨可免賦摽梅。[3]

（録自《劉紹寬日記》第四册，1626 頁，民國二十五年五月十一日，題爲筆者所加）

挽劉松琴聯[4]

前事已休休，病榻看君，相見渥蒙青眼待；

遊魂兮渺渺，泉臺回首，望來知否白頭悲。

（録自張炳勛《懷馨閣雜俎》，百花文艺出版社 2003 年 1 月版，293 頁，題爲筆者所加）

潛園宅第聯

此地有良田美池桑竹；

其人唯粗茶淡飯布衣。

（録自張炳勛先生來信）

---

① 掃葉樓，位於南京市鼓樓區清涼山公園，明末清初畫家、詩人龔賢故居。

② 當日洪邦泰告知劉紹寬，其女慶璠二歲而殤。時有親戚之男四歲夭亡，托靈姑訴説，責備其母不爲婚配。母曰無處覓婚，靈姑告洪邦泰之女可，其母遂託人做媒，兩家結爲冥婚，送紙衣物爲嫁妝，洪邦泰又夢其女稱“少一拍腹”，於是燒化予之，挽以聯语。

③ 摽梅，出自《詩經・國風・摽有梅》，寓意女子希望男子求婚。

④ 據張炳勛先生告知，聯作者爲洪邦泰。劉松琴，樂清翁垟人，劉宗堯之子，聯中本事詳見該書。

賀蔣漢星朱蘭香合巹聯[①]

銀漢星聯剛夜永；

玉蘭香暖喜春長。

（録自樂清文史資料第二十二輯《樂清對聯集》，中國文史出版社 2012 年 12 月版，83 頁）

陳雪峰海上樓聯[②]

傑閣千層，陳元龍可以高臥；

掀髯一笑，嚴挺之乃有此兒。[③]

（録自張炳勳《懷馨閣人物談》，《樂清歷史學會會刊》第五期，2018 年 10 月版，2 頁）

贈夏雷詩佚句[④]

世上有財人取盡，窮來賣卜笑君平。[⑤]

（録自張炳勛先生來信）

佚句

河山處處驚風鶴，冠蓋庸庸盡爛羊。

剜將民肉瘡何補，病爲醫庸藥亂嚐。

勢到燎原由爝火，棋差一子全亂枰。

---

① 蔣漢星，亦作蔣漢聲，朱鵬女婿。朱蘭香爲朱鵬之女，認洪邦泰爲義父。此爲嵌名聯。

② 陳雪峰，名永岡，樂清翁垟人，翁垟小學校長，海上樓爲其所建。

③ 陳元龍，名登，東漢人，此用劉備、許汜談論陳登臥百尺高樓之典。嚴挺之，唐代嚴武之父，此用杜甫與嚴武醉談之典。

④ 夏雷，字轍更，樂清清江鎮西沿村人，曾在南京設"漫遊命館"，著有《命理我見》等書。

⑤ 君平，嚴遵，字君平，西漢著名道士，卜筮爲生。

遠渚風帆飛似鳥，横江島嶼小於螺。

牢騷滿腹殊無謂，長短成詩亦足歌。

（録自《劉紹寬日記》第四册，1657 頁，民國二十五年七月二十日）

挽洪母邱太夫人聯[1]

少壯老安富尊榮，還顧吾宗，幾見如斯福命；

子孫曾鴻才碩學，他時表墓，佇看絶大文章。

（録自《洪母邱太夫人哀挽録》，浙甌務本公司民國十年石印本）

挽林母鄭太夫人聯[2]

遊子客他鄉，萬里應深風木感；

不才承厚惠，一狐常當大裘看。

令嗣佛性嘗購禦寒皮袖奉母，母轉給予，至今猶保存也。古人廣廈大裘庇寒士，母殆似之。

挽徐次明聯[3]

頻年内眷，迭有喪亡，知平子工愁，畏醫甚於畏藥；[4]

遠道看君，浩然歸去，倘伯仁竟死，由我寧可由人。

---

① 洪母邱太夫人，樂清人，洪式閭祖母，邱姓。

② 據張炳勛轉告而録，題爲筆者所加。

③ 據張炳勛轉告而録，題爲筆者所加。徐次明：徐堇侯之父，詳見《洪邦泰集》86 頁註。

④ 平子：張衡，字平子，東漢文學家，有名作《四愁詩》。

存目

温州市政協文史存稿篇目匯録

以　中

1959 年 4 月 29 日,中國人民政治協商會議第三届全國委員會舉行茶話會,政協主席周恩來提出:“希望過了六十歲的委員都能把自己的知識和經驗留下來,作爲對社會的貢獻。”他説:“戊戌以來是中國變動極大的時期,有關這個時期的歷史資料要從各方面記載下來。”在周恩來的倡導之下,全國各地政協陸續開展文史資料工作。

梅冷生

温州市政協文史資料工作始於 1962 年。當年 6 月第二届市政協設立文史資料工作組,同年 12 月 6 日正式宣告成立。組長由市政協副主席、民盟市委會主任委員金嶸軒兼任,副組長五人,包括市政協常委柯逢春、梅冷生(以上兩人民革成員)、陳逸人(民盟成員)、謝聖弢(宗教界人士)四人,加上宋津梁(民建成員)。

會後多次舉行文史工作座談會(1963 年 4 月 5 日至 6 日、5 月 31 日,1964 年 2 月 24 日至 25 日、11 月 23 日,1966 年 1 月 13 日),貫徹全國文史資料工作會議精神,積極討論與佈置工作。

根據文史資料親歷親見親聞的“三親”特點,結合各界具體情况,文史工作組擬定比較詳細的撰稿參考提綱,發送到各民主黨派、工商聯和有關人士手中。民革、民盟、民建、工商聯和宗教界先後成立文史工作組,開展徵稿活動,動員各界人士特别是老年知識分子參與這項工作。

經過聯絡、發動,撰稿隊伍(包括翻譯)由原來的四十多人,增加到132人,稿源不斷拓寬。自1962年8月至1965年12月,文史工作組共徵集到220篇稿件。加上此前脱稿的11篇(1959年2篇、1960年9篇),早期政協文史資料總共收到231篇,計2837頁,108萬字。從徵集到的稿件看,題材涉及温州政治、軍事、文教、科技、宗教、社會等多個方面,其中教育、宗教比較集中,分别達到46篇、42篇之多。由於執筆和提供材料的人士大多爲經歷豐富的文教工作者、實業家、和平起義的民主人士及其他方面的知情人,内容以"三親"史料爲主,不少屬於第一手材料,很有分量,相當珍貴。

當時,金嶸軒還是市人民委員會副市長,一身多任,工作繁忙自不待言,組長顯然是挂名。柯逢春作爲永嘉縣前副縣長、民革市委會副主委,兼任副組長,除了提交《我對楊增新統治新疆時期的點滴見聞》《參加永嘉縣競選僞參議長的經過情況》等兩篇稿子,也難以過多兼顧。而梅冷生長期致力於歷史文獻的搜集與傳承,以市圖書館館長的身份兼任副組長,順理成章成爲實際負責人,承擔文史工作組的日常業務,可謂責無旁貸。

作爲民革温州市委會常委,梅冷生首先發動民革同人開展工作。梅冷生日記1963年7月4日載:"上午民革爲文史資料擬題事開會。"民革成員、五十年代初做過圖書館副館長的張達生,很快撰寫了《劉英烈士二三事》《記王金媨烈士被捕和犧牲的經過》等兩篇文章。劉玉亭初稿、方志剛整理的《關於雷高聲被周之庠誘降陷害的簡況》,結尾透露:"本文稿在整理過程中曾得到民革温州市委會文史工作組的部分協助。"均是生動的旁證。

在組稿過程中,湧現一批骨幹作者,熱情之高,令人感佩。

如陳于濱,或通過口述方式請同人執筆,或自己直接撰寫,一人提交十三篇,合計七萬三千字。《1935年到1949年温州反動地方武力發展沿革和形形色色》《温州地方武裝罪惡活動中的兵役舞弊》《温州反動派内部矛盾鬥争的一幕——楠溪官匪妥協親歷記》《美英帝國主義的石油對温州地區的經濟掠奪史》《英商亞細亞煤油公司侵佔清水埠國土建築油池碼頭的經過》《記浙閩海匪》(與蘇宰衡合作),以上六篇係口述,前五篇由孫孟桓筆録,第六篇係田文執筆;《關於永嘉商團》《温州第三次淪陷的"興華莊"》《温州第三次陷時之僞組織情況》《翁光輝在温州》《關於1948年在温州傷兵大鬧寧紹輪局事件的真相》《永嘉自衛團起義的前後真相》《解放前温州班業(十三班)的内幕》(1964 年 12 月 17 日一稿,1965 年 2 月 22 日二稿,與王澤侯合作)等七篇,除個别文章屬於合作之外,均屬陳本人執筆的"三親"見聞。

孫孟桓十一篇,包括《關於永嘉普安施醫施藥局的補充》《一九四七年温州僞國大代表競選醜劇紀略》《劉珍年所部在温州》《陳純白禁煙笑話》《渠口嶺劫官銀案紀聞》《抗日戰争時期温州三次淪陷有關軍事方面情況紀實》(柯逢春、汪人傑、陳于濱、黄柱華、宋任夫、余毅夫等提供資料,孫孟桓負責整理)《記永嘉中學風潮》(張敏齋述,孫孟桓録)《東甌電話公司》(黄伯蘊口述,孫孟桓筆録)《清末至解放前温州古董外流及其他》(王紹棣述,孫孟桓録)《舊時代温州賭博的形形色色》(姜勉述,孫孟桓録)《蔣介石匪幫通貨膨脹下一個投機者的下場》(干焕章述,孫孟桓録),合計兩萬五千字。

方志剛六篇:《温州天主教初起簡史》《温州天主教會在解放前和解放初期的應變活動》《馮烈鴻關於温州辛亥革命的報導》(與鄭濟民合譯)《馮烈鴻的經濟情報》《馮烈鴻的政治和軍事情報——關於温州情報的書信節録》《一幕温州獨立的戲劇》。除了第一篇,其餘五篇均爲譯稿,均屬於宗教題材,前三篇篇幅尤長。此外,他還協助劉玉秀整理《關於雷高聲被周之庠誘降陷害的簡況》《叛徒周新攀的可恥下場》《仗賴帝國主義勢力起家的周德元》等三篇文章。

梅冷生本人三篇:

《記漢奸王永山》(1964 年 6 月 30 日口述,孫孟桓録),全文 16 頁,6500 字,1985 年 9 月收入《温州文史資料》第二輯(紀念抗日戰争勝利四十周年),編輯改題《漢奸王永山其人其事》。

《我在温州創辦慎社與參加甌社的經過》(1964 年 9 月 18 日口述,孫孟桓録),1991 年收入《温州文史資料》第七輯,改題爲《"慎社"與"甌社"》。以上兩篇均係孫孟桓協助整理。

另外一篇《關於一九一八年温州宣告自主的一個文件》(1964 年 9 月 18 日),附《甌海公報》丁巳十月十六日佈告剪報,1985 年 2 月發表于《温州文史資料》創刊號,改題爲《一九一七年温州宣告自主的一份佈告》,剪報則作爲圖片安排於卷首。

文史工作組收到稿件之後,在首頁天頭加蓋收文章,第一欄"政協温州市委會文史稿件",第二欄包括"編號""類别""字數"三格,第三欄"處理意見"。

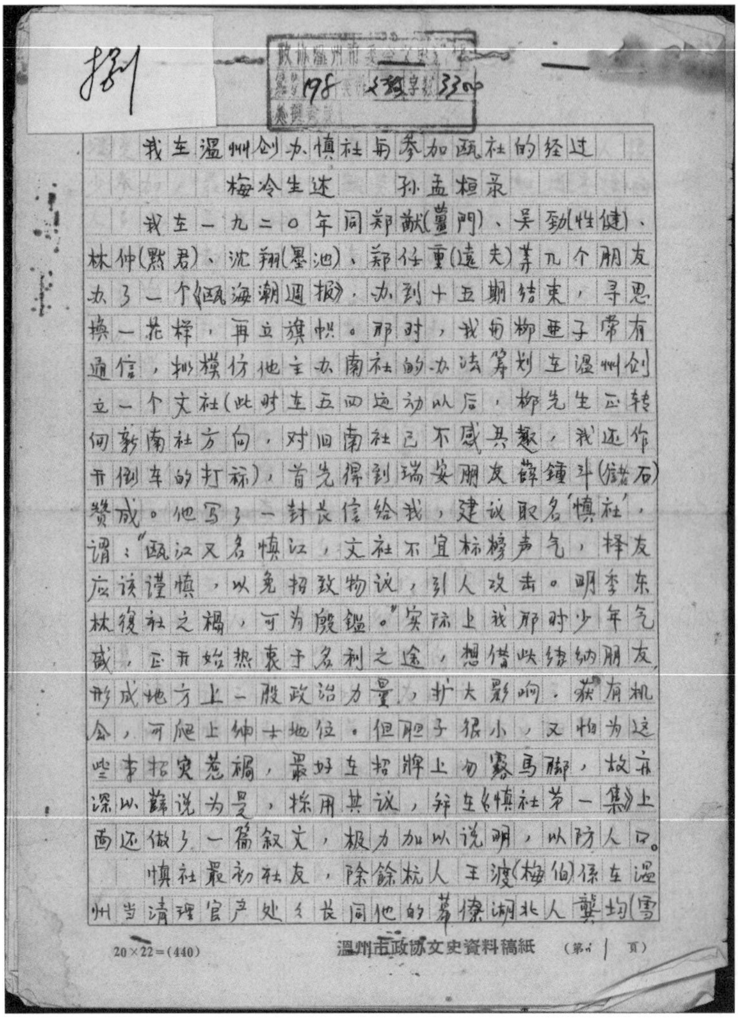

温州市政協文史稿

如《我在温州創辦慎社與參加甌社的經過》，收文章第二欄依次填"編號：198""類別：文教""字數：3300"，可見當年工作細緻之一斑。

"文化大革命"開始，温州市政協機關癱瘓，文史資料工作也被迫擱置多年。所幸梅冷生先生將徵集到的這部分稿件及時轉移到市圖書館收藏，妥善保存，得以躲過一劫。1983 年市政協重啟文史資料工作，曾派專人到圖書館接洽，雙方達成口頭協定，這批文稿繼續由市圖書館保存，但市政協有優先使用權。直至 2007 年編輯《温州文史資料》第二十三輯，文史委派楊志華同志到圖書館查閱存稿，又挑出《清末至解放前温州古董外流及其他》（王紹棣述，孫孟桓録)、《温中附小的回顧》(王曉梅)、《温州綢布店之盛衰及其公會組織經過之概況》(邱百川)、《參加永嘉城河水利委員會之回憶》(徐宗達)、《記陳觳宸二三事》(吴洗凡)等十二篇文稿收入書中,足見早期文史資料工作的成效。

梅冷生先生與文史工作組同仁雖然已經離開我們,但他們精心組織與保存稿件,開創政協文史資料工作的不朽業績,值得後人永遠銘記。

辛亥革命温州光復記(1964 年 12 月 20 日)　葉玉林　17 頁　7700 字
關於一九一八年温州宣告自主的一個文件(1964 年 9 月 18 日)　梅冷生
　附《甌海公報》丁巳十月十六日佈告剪報　2 頁　880 字
我在温州創辦慎社與參加甌社的經過(1964 年 9 月 18 日)
　梅冷生述　孫孟桓録　8 頁　3300 字
五四運動在温州　陳世奇　8 頁　3000 字
五四運動對温州的影響　王希逸　7 頁　2440 字
温州學生在五四運動中"抵制日貨"幾件事(1964 年 5 月 29 日)
　錢啟中　6 頁　2200 字
大革命時期的温州學生運動(1965 年 2 月 16 日)　林　枚　46 頁　18300 字
烈士鄭惻塵首創軟席(1960 年 9 月 26 日)　胡識因　16 頁　6400 字
温州地區大革命史料(初稿)　陳仲雷　38 頁　15100 字
鄭惻塵同志革命事蹟的回憶(1963 年 5 月 30 日)　胡識因　18 頁　7900 字
鄭烈士惻塵革命事蹟回憶録(1964 年 10 月 1 日)　胡識因　35 頁　15300 字
蔡雄烈士被捕和犧牲的前夕(1964 年 11 月 25 日)　錢啟中　3 頁　1000 字
劉英烈士二三事　張達生　3 頁　1200 字
記王金娒烈士被捕和犧牲的經過　張達生　3 頁　920 字
林希騫與紅十三軍　曹訇成　3 頁　900 字
關於雷高聲被周之庠誘降陷害的簡況
　劉玉亭初稿　方志剛整理　3 頁　800 字
叛徒周新攀的可恥下場　劉玉秀初稿　方志剛整理　2 頁　700 字
我所認識的孫仲容先生(1962 年 10 月)　陳守庸　22 頁　6400 字
挽孫詒讓聯及其他(1964 年 5 月 15 日)　游止水　5 頁　1900 字

瑞安孫仲容先生在鄉辦學及致力地方事業事略	郭宰平	18 頁	9000 字
清季温州區各縣興學之經過——紀念瑞安孫公仲容誕生一百十五周年（1962 年 12 月）	董樸垞	13 頁	4800 字
記晚清先進人士林文潛（1965 年 2 月 23 日）	吴洗凡	12 頁	4500 字
記項申甫（1965 年 2 月 25 日）	吴洗凡	10 頁	4200 字
記陳黻宸二三事（1965 年 3 月 13 日）	吴洗凡	16 頁	6000 字
弘一大德在温州（1963 年 8 月 31 日原稿）	陳祖經	12 頁	4400 字
弘一大德在温州（1963 年 8 月 31 日謄抄稿）	陳祖經	12 頁	4500 字
我所認識的洪式閭先生	陳占叔	14 頁	5500 字
記項微塵之軼事（1964 年 5 月 14 日）	董樸垞	3 頁	1300 字
黄溯初先生事略（1963 年 10 月 25 日）	汪惺時	5 頁	2400 字
潘國綱其人	項公博	8 頁	3000 字
朱旲飛先生事略（1964 年 11 月 15 日）	陳大受	6 頁	2400 字
王希天烈士和温屬僑工在日本被難的經過情況	洪特民	14 頁	7000 字
張兆麟先生和他的著作概況（1964 年 6 月 9 日）	張逢辰	16 頁	6100 字
我對楊增新統治新疆時期的點滴見聞	柯逢春	4 頁	1600 字
温州女畫家魯紋（1964 年 12 月 23 日）	游止水	3 頁	1100 字
清末温州私塾的情況（1964 年 12 月）	游止水	22 頁	8700 字
偽永嘉縣教育局（科）長的認識内幕（1964 年 6 月 19 日）	游止水	30 頁	12000 字
記偽永嘉縣教育界二三事（1965 年 8 月）	汪亦萍	4 頁	1700 字
永嘉縣勸學所到教育局（1964 年 5 月）	張季莘	38 頁	14800 字
宏文會的始末概況——浙江省立第十中學和第十師範的學術團體組織之一（1964 年 11 月 23 日）	錢敢中	6 頁	2100 字
早期的浙江省温州第一中學（1965 年 6 月 20 日）	李渭鈞	13 頁	5200 字
"中國文學"編寫前後（1965 年 7 月 20 日）	陳逸人	3 頁	1000 字
抗日戰争時期温州中學的遭遇（1964 年 6 月 2 日）	李渭鈞	23 頁	8800 字
温州三次淪陷時期底"温中"（1964 年勞動節）	董樸垞	10 頁	4000 字
浙江十師體育教師王懷琪（1965 年 6 月 7 日）	游止水	9 頁	3550 字
永嘉縣私立建華中學創立經過（1962 年 8 月 9 日）	陳紀方	11 頁	4400 字
解放前建華中學印象記（1963 年 2 月 22 日）	劉承芳	3 頁	2200 字

清季陳虬創辦利濟醫學堂始末考（1964年12月）　薛凝嵩　21頁　10000字
舊温屬中山商科職業學校校史紀要（1964年11月23日）
鄭濟寬　3頁　850字
温州建康汽車職業學校始末記（1964年9月26日）　王中權　9頁　4000字
温州補習學校之形形色色（1964年12月16日）　王中權　14頁　5840字
永嘉縣立民衆教育館的始末（1964年12月）高景明　王曉梅　8頁　3100字
清光緒年間永嘉楠溪哥老會反清始末記（1963年9月29日）
陳叔平　6頁　2300字
軍統所屬的特務武裝紀略　吴兆瑛　30頁　11760字
1935年到1949年温州反動地方武力發展沿革和形形色色
陳于濱述　孫孟桓録　32頁　9600字
温州地方武裝罪惡活動中的兵役舞弊　陳于濱述　孫孟桓録16頁　6000字
温州反動派内部矛盾鬥争的一幕——楠溪官匪妥協親歷記
陳于濱述　孫孟桓録　9頁　3600字
抗日戰争時期温州三次淪陷有關軍事方面情況紀實（1963年10月26日）
柯逢春、汪人傑、陳于濱、黄柱華、宋任夫、余毅夫等提供資料　孫孟桓負責整理
12頁　（缺第13頁）　4800字
國民黨時期温州黨派的鬥争（1963年8月15日）　陳紀方　13頁　5100字
記國民黨永嘉縣黨部利用反日會敲榨商民的兩件事（1963年6月30日）
邱百川　10頁　3900字
温州商會創立及改革概況（1962年12月25日）　邱百川　10頁　4200字
温州商會試辦章程三十條　14頁　3300字
附編者按語（1963年6月10日）　2頁　1100字
温處兩府郵政事略　葉適庵　6頁　1100字
温州電廠的回顧（1963年6月8日）　何紀英　25頁　7300字
我接辦温州普華電氣公司的經過（1965年7月20日）
張有才　11頁　4100字
英商亞細亞、美商美孚火油公司在温州掠奪市場的經過紀要
（1965年7月5日）　李渭鈞　5頁　2100字
英商亞細亞煤油公司侵佔清水埠國土建築油池碼頭的經過

陳于濱述　孫孟桓録　6頁　2400字

美英帝國主義的石油對温州地區的經濟掠奪史

陳于濱述　孫孟桓記　7頁　2800字

温州英美煙公司之設立及其運煙被搶交涉之經過

陳守庸　口述　王孟冶　筆記　12頁　4500字

記永嘉普安施醫施藥局　蔡冠夫　9頁　3300字

關於永嘉普安施醫施藥局的補充(1963年6月29日)孫孟桓　5頁　1900字

温州葉同仁簡史(1964年10月28日)　楊明濳　25頁　10800字

東甌電話公司　黄伯藴口述　孫孟桓筆録　9頁　3600字

温州普華電燈公司創始記要　董仁山口述　項文彦整理　3頁　1500字

甌綢　馮舉千　4頁　1200字

温州綢布店之盛衰及其公會組織經過之概況(1963年12月11日)

邱百川　3頁　1600字

温州南北貨業史話(1965年12月16日)　蔡仲瑜　43頁　17400字

温州許雲章布店發家史提綱(約1964年)　夏叔常　55頁　24200字

經營百好煉乳廠的回憶(1963年12月30日)　吴百亨

(1)《浙江文史資料選輯》第八輯抽印稿　35頁　26000字

(2)油印稿　46頁　24000字

關於《經營百好煉乳廠的回憶》的補充　吴百亨　5頁　2000字

温州甌海實業銀行簡史(1963年12月17日)　汪惺時　6頁　2000字

關於永嘉商團　陳于濱　14頁　5200字

記永嘉錢業夥友會(1964年9月25日)　徐伯鑄　7頁　3000字

永嘉工商友誼會組織始末記(1964年6月24日)　干焕章　12頁　4600字

附永嘉工商友誼會簡章十條,並童珏璋、周顯楨復函(民國十一年)

解放前温州錢莊業的見聞(初稿)　曾慧中　16頁　8500字

解放前温州錢莊業見聞(1964年9月12日)　曾慧中　24頁　6200字

附有參加座談和提供資料五人名單

記解放前温州三大食品店的營業競爭(1964年9月17日)

夏仲逵　19頁　8000字

解放前的温州水果居間業(1964年10月7日)　林陳連　19頁　8000字

温州絨綫繡花簡史——記美商安羅洋行在温州的活動(1964 年 10 月 8 日)
于鴻基 6 頁 2600 字

温州的棉織業 謝聯壁 25 頁 15300 字

温州中國蠟紙廠簡史 陳鍾毓 18 頁 7800 字

中華基督教循道公會温州教區簡史(1963 年 6 月 15 日)
謝聖弢 6 頁 3400 字

安息日會浙南區會見聞摘記(1962 年 12 月 30 日) 梅介中 16 頁 8950 字

浙南三育教會學校的回憶録(1963 年 7 月 28 日) 梅介中 10 頁 4400 字

温州内地會簡史 胡歸耶 8 頁 3400 字

温州中華基督教自立會簡史 胡歸耶 3 頁 2500 字

中華耶穌教自立會温州分會簡史 胡歸耶 4 頁(缺第 5 頁) 1800 字

温州市基督徒聚會處簡史 章高來 王誠信 1 頁 270 字

温州内地會百年紀要 高建國 6 頁 3000 字

温州内地會辦學校的前前後後(1963 年 7 月 29 日) 高建國 5 頁 2000 字

浙東神學院始末記(1963 年 8 月 27 日) 葉國啟 6 頁 2600 字

看愛樂德的教習目的(1963 年 7 月 29 日) 葉國啟 3 頁 1380 字

訪問汪老元星牧師談往事(1963 年 8 月 21 日) 葉國啟 6 頁 2970 字

傳教士的三件事(1963 年 8 月 27 日) 葉國啟 2 頁 1000 字

看,“傳教士”在温所傳的是什麼“教”(1963 年 7 月 31 日)
葉國啟 8 頁 3100 字

温州天主教初起簡史(1964 年 1 月 5 日) 方志剛 74 頁 28000 字

温州教區建立前奏(1963 年) 陳熙止 19 頁 14800 字

温州天主教教務略述(1963 年 8 月 5 日) 謝擁三 13 頁 6400 字

增爵小學所以開辦之原因 謝擁三 2 頁 800 字

瑞安沙嶴公所教務史略 謝擁三 3 頁 1100 字

温州天主教會在解放前和解放初期的應變活動(1964 年 5 月 30 日)
方志剛 74 頁 29300 字

温州天主教青年會沿革事略 陳達夫 6 頁 4800 字

温州天主堂愛德會創辦史(1964 年 5 月 14 日) 李仁聲 11 頁 4300 字

温州的育嬰堂(1964 年 1 月 29 日) 馮烈鴻撰 鄭濟民譯 11 頁 6500 字

保守教徒與外教人的一件刑事訴訟(1964 年 1 月)

馮烈鴻撰　鄭濟民譯　22 頁　10000 字

馮烈鴻關於温州辛亥革命的報導(1964 年 7 月)

鄭濟民 方志剛合譯　52 頁　25000 字

馮烈鴻的經濟情報(1964 年 7 月 29 日)　方志剛譯　11 頁　5400 字

蔡博敏的言行二則(1964 年 5 月 25 日)　鄭濟寬　1 頁　350 字

附編者批語(1964 年 6 月 12 日,蓋市政協秘書處公章)　1 頁　100 字

顔思敏在温佈道記(1964 年 6 月 24 日)　梅介中　11 頁　4300 字

帝國主義分子愛樂德的罪惡活動(1964 年 9 月 5 日)　吴志英　5 頁　1900 字

回憶育德女校幹些什麼(1964 年 9 月 18 日)　黄秋芳　7 頁　2500 字

温州學生的抵制日貨運動與馮烈鴻的帝國主義面目(1964 年 8 月 5 日)

鄭濟民譯　14 頁　6600 字

基督教佈道團在温州(1964 年 10 月 23 日)　李奉名　10 頁　3700 字

反革命分子張周新在温州搞奮興會的陰謀(1964 年 10 月 15 日)

李奉名　9 頁　3300 字

我所知道尤樹勳反動的言行(1964 年 10 月 20 日)　胡歸耶　10 頁　4000 字

帝國主義分子徐慕心等對温州婦女的毒害的回憶録(1964 年 11 月 13 日)

吴志英　7 頁　2700 字

披著羊皮的豺狼——孫光德(1964 年 11 月 15 日)

楊福道　2 頁　660 字

帝國主義在温州利用不平等條約欺壓人民騙人入教(1964 年 11 月 2 日)

李奉名　6 頁　2240 字

馮烈鴻的政治和軍事情報——關於温州情報的書信節録(1964 年 11 月 20 日)

方志剛譯　10 頁　4800 字

饒永康英帝國主義分子的言論片段回憶(1964 年 11 月 22 日)

汪　仁　3 頁　1200 字

英帝國主義分子孫光德利用宗教教學消滅人民革命意志的一二事

汪　仁　3 頁　1300 字

仗賴帝國主義勢力起家的周德元(1964 年 11 月 27 日)

劉玉秀初稿　方志剛整理　5 頁　1800 字

温州耶蘇教内幕一頁　(1964 年 12 月)　汪一萍　3 頁　1900 字

記馮潔如在温州開會活動情況(1964 年 11 月)　盧理明　12 頁　5200 字

清季預備立憲在温州慶祝(1964年5月25日)　鄭濟寬　1頁　300字
第三届浙江省議會選舉在温州的情形　謝仲偉　7頁　3000字
參加永嘉縣競選僞參議長的經過情況　柯逢春　6頁　1900字
一九四七年温州僞國大代表競選醜劇紀略　孫孟桓　10頁　3900字
《樸莊日記》選録(1964年5月中旬)　董樸垞　13頁　6000字
記軍閥時期閩督周蔭人由閩率殘部入浙過温事略(1963年7月)
蔡冠生　2頁　1000字
劉珍年所部在温州(1964年9月14日)　孫孟桓　3頁　1300字
1935年至1937年僞浙江省第八區保安司令部的特務機構概況(1965年7月)
汪人傑　12頁　5000字
温州三次淪陷事變的回憶　鄭　起　7頁　3200字
抗戰期中温州十八艘帆船出口被日寇焚燬記　徐伯鑄　5頁　1600字
抗日時期永嘉縣沿海鄉村走私小記(1964年9月21日)
項文彦　4頁　1400字
一九四四年永嘉永强區淪陷紀事　張淵其　7頁　2100字
温州第三次淪陷期内江北人民的浩劫(1964年11月15日)
李渭鈞　8頁　3100字
温州第三次淪陷的"興華莊"(1964年2月20日)　陳于濱　9頁　5000字
温州第三次淪陷時之僞組織情況(1964年3月20日)
陳于濱　10頁　3800字
記漢奸王永山(1964年6月30日)　梅冷生述　孫孟桓録　16頁　6500字
翁光輝在温州(1964年8月25日)　陳于濱　26頁　11300字
蔣軍五軍邱清泉部下幾個首要人物的醜態之一——李剛掌經濟大權
汪人傑　2頁　800字
葉芳在温州充專員與假二百師師長來歷概況(1964年4月8日)
汪人傑　7頁　2500字
蔣匪幫的軍風紀巡察團在温州(1964年6月4日)　陳天籟　2頁　640字
甌海關沿革史片段——抗戰前後的甌海關　黄伯蘊　胡文元　8頁　3200字
清光緒永嘉鬧米風潮搗衙門案的經過　徐耀武述　余毅夫記　2頁　700字
我所知道的舊永嘉縣社會科　馮舉千　9頁　3100字
我在僞機關中的點滴回憶　林仲炳　10頁　4600字

帝國主義利用救濟工作的鬼把戲(1964 年 11 月 18 日)　胡歸耶　8 頁　3000 字
温州公共建設發展簡史(1960 年)　馮舉千　15 頁　5000 字
温州今古叢談(1959 年 8 月 10 日)　馮舉千　35 頁　13600 字
温區自然環境(1960 年 8 月 28 日)　胡榮銓　5 頁　2000 字
温區水利灌溉事業發展概況(1960 年 8 月 31 日)　胡榮銓　5 頁　1900 字
關於膺符鎮水利事件(1964 年 9 月 22 日)　王希逸　6 頁　2640 字
温區地質史觀(1960 年 8 月)　胡榮銓　5 頁　1900 字
温州區歷年自然災害概況(1960 年 8 月 25 日)　胡榮銓　4 頁　1500 字
温區礦産分佈概況(1960 年 8 月 27 日)　胡榮銓　11 頁　4400 字
温區礦業史一瞥(1960 年 8 月)　胡榮銓　11 頁　4000 字
温州歷史時期颱風活動情況的分析(1962 年 10 月)　黄寶琦　13 頁　7600 字
記温州市礁下港建設燈塔的始末(1963 年 6 月)　蔡冠夫　2 頁　700 字
參加永嘉城河水利委員會之回憶(附圖一張)　徐宗達　6 頁　2400 字
瑞安縣四大布衣故事(11 月 15 日)　何介夫　5 頁　2700 字
解放前温州班業(十三班)的内幕(1964 年 12 月 17 日一稿,
1965 年 2 月 22 日二稿)　陳于濱　王澤侯　34 頁　13400 字
鴉片流毒在温州(1964 年 11 月 18 日)　戴文席　15 頁　6200 字
温州三青團真面目(1964 年 12 月)　汪一萍　7 頁　3000 字
永嘉的“役政”及其他(1964 年 12 月)　汪人傑　14 頁　6150 字
雁蕩講學會及其講學叢報的簡介(1964 年 12 月 24 日)陳茂楊　3 頁　900 字
甌蘢晨報——商報(1964 年 6 月 25 日)　陳　樞　19 頁　6100 字
回憶一八九四年我在温州之見聞二則(1964 年底)　徐宗達　4 頁　1320 字
温州的下層社會(1965 年 3 月)　王希逸　曾子輝　9 頁　3300 字
玉海樓的今昔(1964 年 12 月 5 日)　董樸垞　5 頁　2200 字
天國醫院的前前後後(1964 年 11 月 13 日)　謝聖弢　38 頁　16500 字
解放前的温州甌海關(1965 年 5 月 31 日)
黄伯藴口述　胡文元補充　李培光代記　18 頁　7600 字
永嘉自衛團起義的前後真相(1965 年 5 月)　陳于濱　19 頁　8700 字
我所知道的僞永嘉地方行政幹部訓練所(1965 年 7 月)
劉承芳　4 頁　1250 字

2019 年 7 月 18 日初稿,8 月 28 日改定